中央大学社会科学研究所研究叢書……46

惑星社会のフィールドワーク

内なる惑星とコミュニティに"出会う"

新 原 道 信 編著

中央大学出版部

惑星社会のフィールドワーク
内なる惑星とコミュニティに"出会う"

Doing Fieldwork in the Planetary Society
——Encountering the Inner Planet and Community
Dentro alla società planetaria
——Incontrare il pianeta interno e la comunità

献　辞

いつも"探究／探求"することの原点へと導いてくれた
古城利明先生とアルベルト・メルッチに捧ぐ

在りし日のアルベルト・メルッチ（Alberto Melucci nel corso del tempo）

は し が き

　本書は，中央大学社会科学研究所の研究チーム「うごきの比較学」（2019 年度〜2024 年度）の共同研究の成果である。新原道信が研究代表者として取得した研究助成金——中央大学基礎研究費「惑星社会の諸問題を引き受け／応答するための都市・地域社会研究」ならびに，中央大学特定課題研究費「"コミュニティを基盤とする参与的調査研究" による "うごきの比較学" の創出」（2020 年度）と「新型コロナウイルス感染拡大下における "「壁」の増殖" に対峙する探求型フィールドワーク」（2022〜2023 年度），および，科学研究費・基盤研究（C）「『壁』の増殖に対峙する共存・共在の智に関する探求型フィールドワーク」（2020 年度〜2023 年度）と「共同研究の事例分析による地球規模の問題に応答する学際的国際共同研究構築手法の開発」（2024 年度〜2026 年度予定）によって実施した調査研究活動の成果も含まれている。

　そしてまた本書は，編者の長年の共同研究者であるイタリアの社会学者アルベルト・メルッチ（Alberto Melucci）とアンナ・ファブリーニ＝メルッチ（Anna Fabbrini-Melucci），アルベルト・メルレル（Alberto Merler）との間で積み上げてきた社会学的探求の一環である。

1．本書の "背景" について

　本書の "背景（roots and routes）" となっているのは，ヨーロッパ研究ネットワーク（中央大学社会科学研究所に所属する研究チーム）のメンバーによる協業の成果としてとりまとめた『"境界領域" のフィールドワーク——"惑星社会の諸問題" に応答するために——』（中央大学出版部，2014 年 3 月）である。

　海外および国内での "境界領域のフィールドワーク（Esplorando sul campo di 'cumfinis', Exploring the field of 'cumfinis')" を中心とした同書の終章で，古城利明教授は，「物理的な限界を取り込むエピステモロジー／メソドロジー」についての重要な問題提起をした（序章で詳しく述べる）。この問題提起に応えるべ

く，"惑星社会（società planetaria, planetary society）"の諸問題を探求し，『惑星社会のフィールドワーク』としてまとめることをめざした。そのため，本研究チームは，メルレル・新原の間で試みてきた"コミュニティを基盤とする参与的調査研究（Community-Based Participatory Research（CBPR））"と，メルッチの"リフレクシヴな調査研究（Reflexive research, Ricerca riflessiva）"を継承し，調査研究を行ってきた。さらに，アンナ・ファブリーニ（メルッチ夫人）との協業で，"療法的でリフレクシヴな調査研究（Therapeutic and Reflexive Research（T&R），Ricerca terapeutica e riflessiva）"を試み，聴く（ascoltare）ことの意味の理解を深化させてきた。

　この試みをすすめるなかで，"境界領域のフィールドワーク"と並行して行ってきた"コミュニティ研究（コミュニティでのデイリーワーク）"についても成果をとりまとめ，『うごきの場に居合わせる——公営団地におけるリフレクシヴな調査研究——』（中央大学出版部，2016年3月）を刊行した。これに続く，『"臨場・臨床の智"の工房——国境島嶼と都市公営団地のコミュニティ研究——』（中央大学出版部，2019年3月）では，"境界領域のフィールドワーク"と"コミュニティ研究"の双方の調査研究の成果をとりまとめてきた。

　これら"多系／多茎"の調査研究を"組み直し"たのが，"惑星社会のフィールドワーク"である。

2．"惑星社会のフィールドワーク"の構成要素について

　"惑星社会のフィールドワーク（Doing Fieldwork in the Planetary Society, Dentro alla società planetaria）"は，メルレル・新原の"境界領域論（visione di cumfinis）"，メルッチ夫妻・新原の"惑星社会／内なる惑星論（vision of planetary society / inner planet）"を"織り合わせる（intrecciare insieme, weave together）"ことで構成されている。

　その構成要素（elementi costruttivi）は，①"境界領域のフィールドワーク"，②"内なる惑星のフィールドワーク"，③"コミュニティ研究（コミュニティでのデイリーワーク）"である。

メルレル・新原の間で行ってきた"境界領域のフィールドワーク"は，主として，「テリトリーの境界領域」におけるサーベイ型のフィールドワークであった。

"内なる惑星のフィールドワーク"は，メルッチ夫妻との研究交流により練り上げられた研究である。その特徴は，「心身／身心現象の境界領域」に焦点をあてた，ステイ型の"療法的でリフレクシヴな調査研究 (Therapeutic and Reflexive Research (T&R)，Ricerca terapeutica e riflessiva)"であった。

そしてこの，"境界領域のフィールドワーク"と"内なる惑星のフィールドワーク"が交差する「十字路」として，日本とイタリア（一部ブラジル）において，ひとつの場所と 10 年以上かかわるステイ型の"コミュニティ研究（コミュニティでのデイリーワーク）"を行ってきた。

3．本書の主要な"フィールド"について
──〈内なる惑星〉と"コミュニティ"

本書は，故・古城利明教授の"問いかけ (interrogazione, asking questions)"に対して，メルッチ夫妻・新原の協業による"惑星社会／内なる惑星論 (vision of planetary society / inner planet)"による応答を試みる。主要な"フィールド"は，〈内なる惑星〉と"コミュニティ"である。〈内なる惑星〉についての研究のとりまとめは，本研究チームにとって，新たな展開である。

〈内なる惑星〉の探究については，これまで新原と共同研究のメンバーが各自の努力により行ってきた。とりわけ，メルッチとの間では，それぞれの親の死，新原の母親の精神的病，メルッチの病と死などの「生老病死」の体験のなかで発表してきた作品群があった（晩期のメルッチの著作・詩集，新原の『現代思想』『ユリイカ』などで刊行された論稿については，序章の注 7 と引用・参考文献を参照されたい）。

また，異なるメンバー構成で，痛み研究会，痛みの臨床社会学研究会など，"痛み／傷み／悼み (patientiae, sufferentiae)"，"社会的痛苦 (doloris ex societas)"に関する研究を積み重ねてきた。本書においては，〈内なる惑星〉についての

これまでの取り組みをひとつにまとめることを企図している。まとめつつも，"複数の目で見て複数の声を聴き，複数のやり方で書いていく"という本研究チームのやり方（ways of exploring）に従い，各自における"多系／多茎の可能性（the possible routes to the various alternative systems)"を尊重するかたちを維持している。

"未発の状態から多系／多茎の方向へと生成していくコミュニティ（comunità nacenti, nacente communities)"については，これまで，『うごきの場に居合わせる——公営団地におけるリフレクシヴな調査研究——』（中央大学出版部，2016年3月），『"臨場・臨床の智"の工房——国境島嶼と都市公営団地のコミュニティ研究——』（中央大学出版部，2019年3月）などで共同研究の成果をとりまとめてきた。『"臨場・臨床の智"の工房』では，都市公営団地である立川団地（仮名）を"フィールド"とした参与的な調査研究の初発の段階についてまとめている。本書では，立川団地における"うごきの場に居合わせる"フィールドワークの続編を提示する。加えて，補論として，大阪・西成でのモノグラフを収録する（ここでは，個々人の内なる「公設市場」「商店街」の"サルベージ"が行われている）。

こうして，『"境界領域"のフィールドワーク』から本書に至る共同研究による刊行書の重ね合わせによって，"惑星社会のフィールドワーク"の三つの構成要素の全体像を提示することとなる。これが，『惑星社会のフィールドワーク』と題する本書において，むしろ"境界領域のフィールドワーク"が後景に退くことの理由ともなっている。

4．本書のタイトル選出のプロセスとその意味について

本研究チームは，協業により作品のタイトルを選出していくプロセスそのものをともにしてきた。"対話的なエラボレイション（co-elaboration, coelaborazione, elaborazione dialogante)"，すなわち，かかわるもの全員で，自分たちのやって来たことをふりかえり，対話し，その行為の意味をあらためて考え，名付け直すというプロセスである。本書のタイトルもまた，刊行の直前まで，対話を続

け，何度も名付け直すプロセスを確保してきており，現時点では，下記のタイトルとなっている。

惑星社会のフィールドワーク——内なる惑星とコミュニティに "出会う"
Doing Fieldwork in the Planetary Society——"Encountering" the Inner Planet and Community
Dentro alla società planetaria——"Incontrare" il pianeta interno e la comunità

「惑星社会のフィールドワーク」をタイトルとして，サブタイトルに「内なる惑星」と「コミュニティ」をいれるところまでは決まっていたが，当初は，「内なる惑星とコミュニティの "うごきの場" に居合わせる」というサブタイトルを考えていた。"うごきの場に居合わせる（being involved with the field, il gioco relazionale nel campo di azione）" という言葉は，『うごきの場に居合わせる』の本作りのなかで，メンバーの "対話的なエラボレイション" によって創り上げられた言葉である。「内なる惑星」と「コミュニティ」という "フィールド" に "うごき（becomings, metamorfosi）" が生じ，その "場（place, space, site, case, circumstance, moment, condition, situation）" に "居合わせ（being involved）"，意味をとらえていくという含意となる。

　しかし，今回は，"境界領域のフィールドワーク" や "コミュニティ研究" における体験／経験の蓄積があるものの，総体としての "惑星社会のフィールドワーク" としては，まだその道の途上にあると考えられる。メルッチ自身も言っているように，私たちはまだ，〈惑星社会／内なる惑星〉〈惑星地球／身体〉という新たな人間と社会の見方（visione）による "探究／探求" に着手したばかりである。そこから，サブタイトルは，「内なる惑星とコミュニティに "出会う"」とした。

　"出会う（incontrare l'altro, encountering the other）"——二つの「領域／フィールド（region / field）」の振動・波動を合わせるというメルッチの言葉について

は，本書の第3章で詳述する。本書における各執筆者の論稿は，「"うごき"を
とらえる（これは次回の研究叢書の課題である）」以前に，他者／自己／コミュニ
ティ／社会に"出会う"ことが主たる叙述の内容となっている。

　「と」でなく「に」となったのは，「に」には，そこに向かう，そのなかに
入っていくという"うごき"の表現があり，「と」には，対象化された相手（他
者）「と」の結末という含意があると考えたからである。"うごき（becomings，
metamorfosi）"，すなわち人間や社会が変わる瞬間に意図的に"出会う"ことは
難しい（可能性を高めることはできるかもしれないが）。それゆえ，ここでの"出会
う"は，「（我が）身を投ずる」（上野英信）という"思行（思い，志し，想いを馳せ，
言葉にして，考えると同時に身体がうごいてしまっているという投企）"であると同時
に，コントロールできない他者性・異質性・偶然性を持つものである。

　英語とイタリア語のタイトル／サブタイトルは，それぞれ本研究チームのメ
ンバーである中村寛と鈴木鉄忠の力添えによって，かたちをとることができ
た。Doing と Dentro は，惑星社会の内へ，なかへの"うごき"を表すために考
えてもらった。単数形で the Inner Planet and Community, il pianeta interno
e la comunità としたことには，「内なる惑星」が，唯一性（unicità）を持った
「個（individuo）」の"生体（corpus corporale）"であると同時に，一つの"複合体
（corpo composito）"でもあることが念頭にある。

　"コミュニティ"もまた，様々な communities, le comunità ということでな
く，惑星地球が一つの運命共同体という意味での"コミュニティ（comunità
nacenti, nascent communities）"であるという「共通感覚（sensus communis）」
（中村雄二郎），"異質性の衝突・混交・混成・重合によって創られるコミュニ
ティ（composite community of heterogeneities, comunità composita di
eterogeneità）"への願望が込められている。

　本研究チームは，トータルな現実を表現すべき言葉を，日本語，イタリア
語，英語などで，繰り返し名付け直すことを行ってきた。そのため，本書にお
いては，多言語が表示され，読者にとっては読みにくいものとなるが，コトガ
ラとコトバの結びつきをつまびらかにするよう努めた。ある特定の時期・瞬間

〔momento, moment〕において成し得た言語化の努力を，その都度，最大限のていねいさで開示していく——これは，メルッチやメルレルの"智（cumscientia）"へのパトスからの学びである。

　本書のタイトルである「惑星社会のフィールドワーク」もまた，Exploring the Planetary Society, Esplorando la società planetaria として始まり，うごいていくなかで，"惑星社会のフィールドワーク（Doing Fieldwork in the Planetary Society, Dentro alla società planetaria)"へと移り変わってきた。

　以下，本書では，メルレル・新原あるいはメルッチ夫妻・新原の間で練り上げてきた固有の概念については，" "を使用する。そして，〈エピステモロジー／メソドロジー／デイリーワーク〉などのカテゴリーの「系（serie, series)」，〈惑星社会／内なる惑星〉〈惑星地球／身体〉など，メルッチが言うところの「分析的な構成概念（costruzione analitica)」については〈 〉を使用する。

　読みにくい文章となるが，日本語であれ，イタリア語であれ，英語であれ，一つの言語では表現を完結させることが出来ない想念の「痕跡（tracce)」（メルッチ）を遺したいと思った。"不協の多声（polifonia disfonica)"を遺したまま，うごきのある（playing and challenging）言葉として"描き遺す"ことをご容赦いただければ幸いである。

　以上が，本書のタイトルの選定理由と英語とイタリア語のタイトルの訳語を選定した理由である。本書においては，メルッチが遺してくれた言葉や想念の遺産（eredità）からの応答を試みることとなる。本書には，社会を認識する科学が，"物理的／生体的な次元（dimensione fisica/corporea, physical/corporeal dimension)"を組み込んだ学として再出発する契機（momento, moment）となることへの願いがこめられている。

調査研究チームを代表して　新 原 道 信

目　　次

はしがき

序　章　限界と向き合う〈エピステモロジー／
メソドロジー／デイリーワーク〉

新　原　道　信

1. はじめに
　　——限界と向き合う〈エピステモロジー／メソドロジー〉………… *1*
2. 成長という限界 ……………………………………………………… *7*
3. 〈惑星社会〉のもとでの都市と地域 …………………………………… *12*
4. "生存の在り方"と「人間」の境界線
　　——"廃棄"，"「壁」の増殖"，"パンデミック"と
　　　"生体的関係的カタストロフ"………………………………………… *18*
5. なぜ〈内なる惑星〉という"フィールド"か
　　——〈惑星社会／内なる惑星〉〈惑星地球／身体〉という
　　　分析的な構成概念 ……………………………………………………… *27*
6. 「生老病死」の〈エピステモロジー／メソドロジー／
　　デイリーワーク〉………………………………………………………… *34*
7. おわりに——惑星社会の内なるフィールドワークへ ……………… *39*

第I部 〈惑星社会／内なる惑星〉という "フィールド"

梗概：新原道信

第1章 〈内なる惑星〉
——資源であり限界と可能性でもある——

アルベルト・メルッチ

（新原道信訳）

1. はじめに——内なる惑星 …………………………………………… *71*
2. エコロジーの問いは一つの徴候である ………………………… *72*
3. ジレンマ …………………………………………………………… *75*
4. 変わる自由 ………………………………………………………… *77*
5. 限界と可能性 ……………………………………………………… *78*
6. 現在に生きる遊牧民 ……………………………………………… *79*
7. 個体化とメタモルフォーゼ ……………………………………… *81*
8. 生きること，ともに生きること ……………………………… *83*
9. おわりに——驚嘆することへの賛辞 ………………………… *85*

【訳者解題】………………………………………………………… *88*

第2章 〈身体〉
——境界線の束であり境界領域でもある——

アルベルト・メルッチ

（新原道信訳）

1. はじめに——旅をすることで異なる世界と出会う ………………… *93*
2. 意味を問うことの意味 …………………………………………… *94*
3. 意味への問いを発するときの二つの条件 ……………………… *95*
4. フィールドワーカー／サイコセラピストという二つの顔 ………… *96*

目　　次　xv

5. 身体は境界線の束，境界領域という現実である ·················· 98

6. 身体への関心と両極性 ································· 100

7. 社会を研究する者の責務 ··························· 102

8. おわりに──パッショーネとともに（con passione）··········· 103

　補遺　会場からの質問への応答として ···················· 103

【訳者解題】··· 107

第Ⅱ部　〈内なる惑星〉に"出会う"

梗概：鈴木鉄忠

第3章　メルッチに"出会う"
──意味は"出会い"のなかで与えられる──

新原道信

1. はじめに──"出会い"を体験したメルッチに"出会う"··········· 121

2. 他者に"出会う"──二つの「領域／フィールド（region / field）」が
"出会う"ということ ································· 124

3. メルッチの編著書の構想からの"サルベージ"··········· 127

4. メルッチの知と智からの"サルベージ"················ 130

5. 〈異質なる身体〉に"出会う"····················· 134

6. "出会い"による"共創・共成"──"生体的関係的想像／創造力"···· 138

7. おわりに──旅の途上で（en route..., in viaggio...）·········· 142

第4章　"境界領域"としての生殖－再生産（reproduction）
──自己を形成するプロセスにむけて──

鈴木将平

1. はじめに──存在を得ようとするものとの間で··········· 161

2. 二足歩行と文化──生物学的に表象される生命・身体········· 162

3.　生殖－再生産（reproduction）の現代的位相 ……………………… *168*

　　4.　地域集団の保因者検査——サラセミア（地中海貧血）……………… *177*

　　5.　民族集団の保因者検査——テイ・サックス病 ……………………… *183*

　　6.　一般人口の拡張保因者検査（Expanded Carrier Screening）……… *189*

　　7.　おわりに——歩く人類の道行き（passages）……………………… *193*

第5章　〈異質なる身体〉が発する声と存在を聴く
——セルフヘルプ・グループにおける
「内なる正常化」への抵抗をめぐって——

利根川　健

　　1.　はじめに——内なる敵に抗うということ ……………………………… *205*

　　2.　〈異質なる身体〉の社会学へ ……………………………………………… *209*

　　3.　セルフヘルプ・グループ（SHG）
　　　　——〈異質なる身体〉が織り成す世界 ……………………………… *216*

　　4.　〈異質なる身体〉の発見 ……………………………………………… *220*

　　5.　おわりに——「内なる正常化」への抵抗可能性 …………………… *234*

第6章　障害者雇用の現場で〈異質なる身体〉に"出会う"
——雇用の場で「社会的関係」が
拓かれるとき——

竹 川 章 博

　　1.　はじめに——"出会い"を探究する作法 ……………………………… *251*

　　2.　異郷の探求——私と障害者雇用をめぐる〈関係史〉………………… *257*

　　3.　障害者雇用を取り巻く「社会的関係」とその合理性を考える ……… *261*

　　4.　障害者にとっての「働く」こととは ………………………………… *264*

　　5.　障害者雇用の推進の過程における諸アクターとの相互作用 ……… *270*

　　6.　おわりに——"出会い"は雇用の場で生まれるか ………………… *278*

第7章 「身体に耳を傾ける」ことの体得とその契機
──ものの見方に変化を与える
ヨガの世界での "出会い"──

栗 原 美 紀

1. はじめに──「身体に耳を傾ける」ことの社会的意味‥‥‥‥‥‥‥287
2. 「わざ」の体得におけることばの意味‥‥‥‥‥‥‥‥‥‥‥‥‥290
3. ヨガの世界で体得される「わざ」‥‥‥‥‥‥‥‥‥‥‥‥‥‥‥299
4. ヨガでの "出会い" によって生じたリフレクションの契機‥‥‥‥‥320
5. おわりに──「身体に耳を傾ける」という見方‥‥‥‥‥‥‥‥‥325

第8章 惑星社会をはだしで歩く
──〈内なる惑星〉と身体の
フィールドワーク──

鈴 木 鉄 忠

1. はじめに──惑星社会における2つの「自然」‥‥‥‥‥‥‥‥‥335
2. "境界線の束" としての身体‥‥‥‥‥‥‥‥‥‥‥‥‥‥‥‥‥337
3. 大地をはだしで歩く──〈内なる惑星〉の一人旅‥‥‥‥‥‥‥‥341
4. 〈内なる惑星〉の共同探索──身体を介した対話‥‥‥‥‥‥‥‥344
5. 「生きるのに本気の人々」の巡礼──ソウルをはだしで歩く‥‥‥‥348
6. おわりに──惑星社会を歩くために‥‥‥‥‥‥‥‥‥‥‥‥‥‥354

第Ⅲ部　コミュニティに"出会う"

梗概：阪口　毅

第9章　"コミュニティ研究"から
"惑星社会のフィールドワーク"へ
──"フィールド／フィールドワーク"の
再定義──

新 原 道 信

1. はじめに──"コミュニティ研究（コミュニティでの
   デイリーワーク)" という "フィールド"……………………375
2. うごきの場に居合わせる ……………………………………377
3. フィールドワークの "限界状態" からの〈エピステモロジー〉……382
4. フィールド／フィールドワークの再定義 …………………………387
5. おわりに──それでも "惑星社会のフィールドワーク" へと
   歩き出す ………………………………………………………392

第10章　「晴れ女」の祭り
──都市公営団地の自治会行事からみる
地域コミュニティの再生産──

阪 口　毅・大 谷　晃

1. はじめに──「晴れ女」は何を象徴するのか ………………413
2. 研究の方法 ……………………………………………………418
3. 自治会組織と年中行事の運営体制──制度的位相の検討 …………424
4. 自治会活動と年中行事の担い手たち──関係的位相の検討 ………436
5. 自治会活動と年中行事の理念──象徴的位相の検討 ……………446
6. おわりに──地域コミュニティの周期的な再生産 …………………455

目　次　*xix*

第 11 章　フィールドワークの"創造力"
——都市公営団地における"リフレクシヴな調査研究"の実践——

大 谷　　晃・阪 口　　毅

1. はじめに——私たちは"創造力"を持ち得るのか……………………467
2. 「新たな契約」の行方——「代替わり」後の協業の可能性と困難…472
3. 顕在化した「共通の問題」——「コロナ禍」の団地と大学…………486
4. 「新たな契約」の萌芽——「小さなフェスタ」の開催………………495
5. おわりに——差異に"出会う"…………………………………………505

付　論　記憶のなかの公設市場
——大阪市西成区玉出のモノグラフ——

史　　　涵・阪 口　　毅

1. はじめに——「玉出商店街」に"出会う"…………………………517
2. 「玉出商店街」のフィールドワーク …………………………………519
3. 「玉出商店街」の人々——ショートストーリーズ…………………534
4. おわりに——記憶のなかの公設市場…………………………………558

終　章　身体・地・時間

石 岡 丈 昇

1. はじめに——「物理的な限界」を考えること………………………563
2. 身体の物理的な限界について…………………………………………565
3. 耳を傾ける ………………………………………………………………567
4. おわりに——内なる惑星，コミュニティ，惑星社会………………570

あ と が き

索　　　引

序　章
限界と向き合う〈エピステモロジー／
メソドロジー／デイリーワーク〉

新 原 道 信

……人間の時間と空間は，私たちが，地球という惑星とそれをこえて広がる宇宙の一部を形づくっているのだという自覚において，分かち難く緊密に絡み合ってくる。人類は，地球に住む（inhabiting the earth）ことの責任／応答力，そして種を破滅に導くような生産物に対して，絶対に侵犯してはならぬ境界を定める（setting unbreachable confines）という責任／応答力を引き受けねばならない。人間の文化は，存在しているものは何であれ，ただ存在するという理由のみによって静かに尊重されるようなテリトリーを，今一度確保すべきである。どのような人間社会も，そのような領域をそれぞれ独自の仕方で認めてきた。今や，自らを創造する力と破壊する力をも獲得した社会は，そのようなテリトリーを自ら定義し直さなければならない。惑星地球における生（life on planet Earth）は，もはや神の秩序によって保証されてはいない。今やそれは，私たちすべての脆く心許ない手に委ねられているのだ。
（アルベルト・メルッチ『プレイング・セルフ──惑星社会における人間と意味』「第9章　地球に住む」第1節の「答えなき問い」

(Melucci 1996a=2008：176-177) より）

1．はじめに──限界と向き合う〈エピステモロジー／
メソドロジー〉

　本書は，1987年から現在に至る日本とイタリアの共同研究者たちとの対話のなかで積み重ねてきた協業の試みの一つに位置付けられる[1]。

『"境界領域"のフィールドワーク——"惑星社会の諸問題"に応答するために』（中央大学出版部，2014年）においては，イタリア，フランス，アメリカなど，海外／国内での研究により，"境界領域（cumfinis）"における人間と社会のうごきをとらえるフィールドワークを試みた（以下，新原 2014a）。

『うごきの場に居合わせる——公営団地におけるリフレクシヴな調査研究』（中央大学出版部，2016年）においては，特定のコミュニティでの長期にわたる調査研究を行った。1990年代半ばから2000年代半ばにかけて，神奈川・湘南地区の都市公営団地と"移動民の子どもたち（children of immigrants）"の"（未発の状態[2]）から多系／多茎の方向へと生成していく）コミュニティ（comunità nacenti, nascent communities）"をフィールドとして行った参与的な調査研究[3]の成果をとりまとめている（以下，新原 2016a）。

『"臨場・臨床の智"の工房——国境島嶼と都市公営団地のコミュニティ研究』（中央大学出版部，2019年）においては，本研究チームの主要な二つのフィールドである"境界領域"と"コミュニティ"——国内外の国境地域・国境島嶼と都市公営団地，とりわけ石垣とランペドゥーザの国境島嶼をめぐるフィールドワークと，立川・砂川地区の都市公営団地で行った参与的な調査研究の成果をとりまとめている。同書では，メルッチの"リフレクシヴな調査研究（Reflexive research, Ricerca riflessiva）"の方法により，研究チーム側の変化のプロセスも含めて考察し，前著『うごきの場に居合わせる』での調査についての続編も収録している（以下，新原 2019a）。

『地球社会の複合的諸問題への応答の試み』（中央大学出版部，2020年）においては，地球規模の複合的社会問題にアプローチするにあたって，新宿・大久保やセウタ，メリリャ，ランペドゥーザ，イストリア，石垣などの国境地域・国境島嶼において局地的になされた"境界領域"と"コミュニティ"のフィールドワークで何ができるかという問いに応えることを試みた（以下，新原他 2020a）。

『人間と社会のうごきをとらえるフィールドワーク入門』（ミネルヴァ書房，2022年5月）においては，共同研究のメンバーおよび交流のある研究者が参集し，フィールドワークによって，どのように現代社会の"生身の現実（realtà cruda)"[4] にふれるかを探求した（新原 2022a）。

　これら一連の共同研究は，中央大学において初期シカゴ学派のように大学教員・院生・学生・地域の人々の協業による共同研究の先達である島崎稔，奥田道大，さらには，中央大学社会科学研究所を拠点とした古城利明の（高柳先男，庄司興吉，矢澤修次郎，新原道信などとの）共同研究の流れのなかでなされてきたものである。

　そして，本書は，2023 年 7 月に逝去された古城利明教授からの，2014 年の"問いかけ（interrogazione, ask questions）"に応えることを主要な目的としている。1994 年から 2000 年まで中央大学社会科学研究所所長であった古城利明は，『"境界領域"のフィールドワーク』の刊行に収録された終章である「再び"境界領域"のフィールドワークから"惑星社会の諸問題"へ」において，「3.11 以降」の社会科学の在り方（ways of being）についての重要な問題提起を遺した。

　同論稿においては，「グローバリゼーションにともなう空間的想像力のゆらぎ」によって近代世界システムが「変容」[5]し，社会的「連帯の基盤の二重化」が，リージョナリズムとローカリズムとして「体化」するという山下範久の理解をふまえる（古城 2011b：8-9）（山下 2009）。その上で，近代世界システムの「ステイトとネーション」という「区分」の「変容」に着目する山下・古城による理解とは異なる世界認識として，その「区分」を「超越」する「プラネタリー」の視点から，「ローカル」を位置付け直すのが，メルレル・新原による"境界領域"論であるとした。

　"境界領域（cumfinis）"とは，いくつもの多重／多層／多面の「境界（finis）」が"衝突・混交・混成・重合"しつつ「ともにある（cum）」場であり，──(1)"テリトリーの境界領域（frontier / liminal territories）"，(2)"心身／身心現象の境界領域（liminality, betwixst and between）"，(3)"メタモルフォーゼの境界領域（nascent moments）"という三つの位相から考え，知見を蓄積してきた。

　主要な"フィールド"としたのは，"テリトリーの境界領域"，すなわち，"多重／多層／多面"の"境界線の束（insieme di confine, a set of boundaries）"が"衝突・混交・混成・重合する（diventando composito, becoming composite）"「場所

(luogo, place)」もしくは，"場 (case, moment, condition, situation)" である。

とりわけ着目したのは，"智" が立ち上がる瞬間，つまりは，"メタモルフォーゼ (changing form / metamorfosi)" が萌芽する瞬間である（新原 2019a：160-161）。後に，この瞬間を "うごき (becomings, metamorfosi)" として再定義した。

新原は，メルレルと 1987 年に出会ってから 2019 年までの 32 年間（2020 年から 2022 年は，「新型コロナウイルス感染症（COVID-19，Coronavirus Disease 2019)」によって，その歩みを一時停止せざるを得なくなったが），サルデーニャ（イタリア自治州），コルシカ（フランス），ケルン（ドイツ），エステルスンド・ストックホルム（スウェーデン），コペンハーゲン・ロスキレ（デンマーク），サンパウロ・リオデジャネイロ・エスピリトサント（ブラジル），川崎・鶴見，沖縄，北海道，香港・マカオ（中国への返還以前），済州島（韓国），リスボン（ポルトガル），アゾレス（ポルトガル自治行政区），カーボベルデ（カーボベルデ），トレンティーノ＝アルト・アディジェとアルプス山間地（イタリア・オーストリア・スイスの間の国境地域），フリウリ＝ヴェネツィア・ジュリアとゴリツィア／ノヴァ・ゴリツァ（イタリア・オーストリア・スロヴェニアの間の国境地域），トリエステからイストリア半島（イタリア・スロヴェニア・クロアチアの間の国境地域），ランペドゥーザ（アフリカからの難民問題に直面するチュニジア対岸のイタリア最南端の島），メリリャとセウタ（アフリカ北岸モロッコ領内のスペインの「飛び地」），ジブラルタル（スペイン領内のイギリスの「飛び地」），アルヘシラス（スペイン）など，国家の「中心」から見るなら "端／果て" とされるような地域，"[テリトリーの]境界領域 (frontier/liminal territories, zona di confine/territorio limitrofo)" の "深層／深淵" をとらえるための "探究／探求" をしてきた[6]。

"境界領域のフィールドワーク" は，"惑星社会／内なる惑星" の "変化の道行き (passage)" と "うごき" をとらえるための〈エピステモロジー／メソドロジー〉であった。これに対して古城は，同書の序章で，惑星社会／惑星地球の限界と向き合うという問題設定が提起されたのにもかかわらず，全体としては「後景化している。それはなぜか」とした上で，下記のように述べている。

序章　限界と向き合う〈エピステモロジー／メソドロジー／デイリーワーク〉　5

“境界領域” 論がこの「物理的な限界」を取り込む「エピステモロジー／メソドロジー」を充分に練り上げていないからではないか，あるいは先送りしているからではないか。だが，既に触れた「3. 11 以降」の状況を踏まえれば，この問題をいつまでも先送りするわけにはいかない。さしあたりそれは，新原のいうように，「“生存の在り方” を問う」なかで，また「人間の境界線」の揺らぎを問うなかで自覚的に取り上げられるべきであろう。だがその「エピステモロジー／メソドロジー」とは何か。ここに残された課題があるように思う。「惑星社会」から「惑星（地球）」を展望に入れた「エピステモロジー／メソドロジー」，それは宇宙論を前提とした身心論なのか，空無を覗き込んだ現象学なのか，課題は深い。

(古城 2014：442-443)

　2014 年に刊行された『“境界領域” のフィールドワーク』の本論部分は，1980 年代後半から 2000 年代にわたって，「3. 11」以前になされたフィールドワークの成果をとりまとめたものである。「多重／多層／多面」の境界区分の『変容』『超越』とともに，グローバル・イシューズが衝突・混交・混成・重合するローカルな『場所（luogo, place）』」としての “境界領域（cumfinis）”」の “うごき” に着目したものであった（新原 2014a：ⅱ）。古城が注目したのは，新原が，序章の冒頭で，下記のように述べたことである。

　核エネルギーや各種の化合物の「発明」は，私たちの “生存の在り方” を問い，遺伝子操作・産み分け・クローンなどによって「人間」の境界線は揺らいでいる。もはや，「物理的限界」を無視した「対処」法……では，未来への不安を消すことは出来なくなってきた。……“多重／多層／多面の問題” は，「3. 11 以前」にも “未発の状態（stato nascente）” で「客観的現実のなかにすでにとっくに存在」し，「3. 11」はその問題が顕在化する契機となったに過ぎない。

(新原 2014a：5)

これは，“生存の在り方（stato di esistenza umana, state of human existence）”と「「人間」の境界線の揺らぎ（gioco biologico di confini 'umani', fluctuation/playing of 'human' boundaries）」への“問いかけ”である。私たちは，「3. 11」以前から“見知らぬ明日（unfathomed future, domani sconosciuto）”に直面し，「本当の意味で人類史の岐路」（Melucci 2000f=2001：2-3）に立っている。

　冒頭のエピグラフでメルッチが述べているように，「地球に住む（inhabiting the earth）」とは，「絶対に侵犯してはならぬ境界を定める（setting unbreachable confine）」という責任／応答力（responsibility）を引き受けるということである。いまでは「惑星地球における生（life on planet Earth）」は，「自らを創造する力と破壊する力をも獲得した社会」の「テリトリーを自ら定義し直す（redefine）」ことを存立の条件としている。

　しかしながら，古城が指摘するように，同書の序論においては，「3. 11」によって顕在化した地球規模の諸問題（global issues）の存在について注意を喚起することにとどまっている。2014年の時点では，「限界と向き合う〈エピステモロジー／メソドロジー〉」の必要性を意識したものの，惑星地球規模の社会が抱える根本問題（fundamental problem）に応答することは，課題として残されたままだった。

　“惑星社会の多重／多層／多面の問題を引き受け／応答する（responding for/to the multiple problems in the planetary society）”という「深い」課題は，これに続く研究叢書や各種の論稿に引き継がれ，今日に至っている[7]。その一方で，「処理水」や「放射性物質」への「対処」をめぐるジレンマといったかたちで立ち現れる“廃棄（dump［ing］）”の問題，“「壁」の増殖（proliferation of 'barrier'）”，「新型コロナウイルス感染症（COVID-19, Coronavirus Disease 2019）」などの問題に直面している。

　本書は，この課題の「深さ」に応えるべく模索してきた各種の試みを“サルベージ”し[8]，“惑星社会のフィールドワーク（Doing Fieldwork in the Planetary Society, Dentro alla società planetaria）”，とりわけ“内なる惑星のフィールドワーク（Esplorando il pianeta interno, Exploring the Inner Planet）”と“コミュニティ

研究（コミュニティでのデイリーワーク）” の現在地を提示する。フィールドワークによる惑星社会の複合・重合的な問題（problema composito, composite problem）への応答の道筋を見出すことを，本書の“ミッション（責務，使命，役目：missione）”と考えている。

2．成長という限界

　限界と向き合う〈エピステモロジー／メソドロジー〉を考えていくために，限界の意味を確認していきたい。私たちがいま直面している限界（limite）は，「物理的限界（physical boundary）」のみにとどまらず，複合的限界（limiti compositi）であると考えられる。

　しかしそれは，「コロナ」以前，いや「3.11」以前にも，「すでにとっくに存在」していた“多重／多層／多面の問題（multiple problem）”であった。「3.11」や「コロナ」によって，私たちは，繰り返し，この社会の“根本問題”は何かを問われてきた。しかし，既存のパラダイムでは，いま目撃している諸問題の意味を理解することは困難であると，メルッチは考えていた。

　　　今日まで社会を解釈する方法として私たちが依拠してきた「近代性」に関
　　　する二つのパラダイム——ひとつは資本主義社会というパラダイムであ
　　　り，いま一つは産業社会というパラダイムである——がもはや時代の変化
　　　についていけなくなった……これらを用いるだけでは，もはや私たちが目
　　　撃している社会を十分に理解することはできない。……私たちが語ってい
　　　る社会がどのようなものなのかは誰にもはっきりしない，ということを明
　　　言した方が，いいのではないか。　　　　　　　　（Melucci 1989a=1997：vii）

　メルッチは，「どのようなものなのかは誰にもはっきりしない」現代の「社会を解釈する方法」をいま創り直すところから“始める（beginning to）”しかないと明言した。それゆえ，『“境界領域”のフィールドワーク』序章では，以下

のような"問いかけ"を自らに課していた。

いまもなお，これからもずっと，放射能を含んだ水が流され続けているこの時代に，なぜ私たちは，自分の身体の問題でもある"惑星社会の問題"を意識できないのか？
受難，死，喪失，社会的痛苦を「おわったこと，なかったこと」にする力に取り囲まれ，一般市民同士の，風水土や他の生物との，未来とのはてしなき相克，闘争が予感されるなかで，"見知らぬ明日"に対して，学問的／社会学的探求には，いかなる使命があるのか？　　　（新原 2014a：3）

　私たちは，一つの事故で，個人，家族，地域生活，グローバル社会，地球環境，等々，様々なスケールで，"多重／多層／多面"の問題が噴出することを，生身で体験した。地球規模での「「壁」の増殖 (proliferation of 'barrier')"[9]とそこから生じる紛争は，同時多発的に各所で勃発し，その影響によるコミュニティの裂け目も生じている。それらは，複合的限界ではあるが，内なるものとして既に在るものを感知できないという限界を併せ持ってもいた。

　気候変動，環境汚染，森林破壊，貧困・格差，飢餓，感染症，民族紛争，移民・難民，核エネルギー，遺伝子操作，テクノロジーの超システム化と身心との不調和——「3.11」以降の"グローバル社会で生起する地球規模の諸問題 (global issues)"は，それまで見ないようにしてきた私たちの思考態度 (mindset)，とりわけその"選択的盲目（現実から目をそらす性向)"，"故意の近視眼 (intentional myopia, miopia intenzionale 意図的に目を閉ざし生身の現実に対して心に壁をつくる性向)""没思考 (inclination toward unreflecting, imprudent and inconsiderate carefreeness)"をあぶり出した。

　この内在的な限界は，人間存在の「有限性」との結び付きの問題ともかかわる。『プレイング・セルフ』の冒頭部分で「グローバルなフィールド」の「可能性の拡大」から話を始めたメルッチが，同書の第9章「地球に住む」では，限界について以下のように語っている。

「限界（limit）」とは有限性（finiteness）を表すものであり，個別具体的な身体性（corporeality）と死が，私たちの条件を画す空間であるという認識を明示している。身体は生きること，苦しみ，そして死を通じて，人間に与えられている時間は常に暫定的なものにすぎないという現実を絶えず想起させ，私たちの科学技術への信仰——これが文化の有する聖なるものとの関係性にとって代わったのだが——を厳しく問いただす。

(Melucci 1996a＝2008：177)

　現代社会は，「人間の時間と空間」が「個」としての身体性が持つ「有限性」によって規定されていることを，忘却あるいは見ないようにして「移動し交換し，社会文化的な活動のフィールドを拡大し続けてきた。しかしながら，「3.11」は核エネルギーの統御について「厳しく問いただ」し，「新型コロナウイルス感染症（COVID-19, Coronavirus Disease 2019）」は，「自明」のものとしてしまっていたヒトやモノの「移動・交換」の流れに，幾重もの裂け目（spaccatura, rupture）を生じさせた。

　ここで問題となっているのは，「外なる惑星」の「物理的限界」にとどまらない。「大きな世界／小さな惑星（Big World / Small Planet）」となった惑星社会によってもたらされる「惑星の限界（Planetary boundary）」[10]のみならず，グローバル市場や国際関係，AI（artificial intelligence）や遺伝子操作をめぐる「統治性の限界（the Limits of Governmentality）」，惑星地球規模となった社会への「想像力の限界」，身心の問題の「知覚の限界」——私たちの社会認識の枠組みが持つ "限界［の本］性（Das Wesen von Grenzen, la natura dei limiti, the nature of limits）" の問題である[11]。

　"限界性" という造語は，「有限性（Endlichkeit, finitezza, finiteness）」から始まる。Endlichkeit（finitezza, finiteness）は，「無限性（Unendlichkeit）」の対概念として「有限性」と訳されている。しかしながら，「成長の限界」ではなく「成長という限界」——「成長」し続けるという欲望を「業（カルマ）」とする「人間（specie umana）」の "成長（するという心性）の限界（la liminalità della mentalità di crescita, the liminality of growth mindset)"という視点から考えるなら,「成長」の追求という志向そのものが,"限界状態(Grenzzustand, stato di limiti/confini, limit state)"に達していると考えられる。

梅棹忠夫の未完となった『人類の未来』という作品の構想においては,「有限系としての地球の発見」「有限性の発見」という言葉が遺されている[12]。「増えることはいいことか」「地球は打ち出の小槌ではなかった」「進歩という幻想」といった言葉も見て取ることができる。そして「ヒューマニズムに対する疑問」は,人間中心主義への"問いかけ"である。

「欲望の解放」は,「資源の浪費」「資源の枯渇」を生み,「分配の矛盾」「価値体系の摩擦」「生態系の摩擦」により,文明と人間は生存を賭けた競争状態に陥る。そのまま放置すれば,「文明との競争」「子々孫々の消滅」「破滅の諸類型」へとつながる。「遺伝子工学」「環境工学」「地球工学」ですべての「問題解決(problem solving)」とはならない。

梅棹はまた,放射能を持った「廃棄物の処理」の問題や,「大流行病時代の到来」を予見していた。ここから「人間存在の目的」は何か,「なぜ『人類』でなければならないか」という"問いかけ"がなされる。そのなかで,「できのわるい動物」である人間ではあるが,もし希望があるとすれば,それは市井の人々の「英知」である,という考えも読みとることができる。

プログラムを生み出すプログラムを創出した人間は,社会というシステムを"発明"し,生物としての自らの閉じた定常系のシステムを破壊する／革新するというアンビヴァレンス(ambivalence)を抱えてきた。生物として系統発生／個体発生のなかにある人間は「例外」や「変異」によって進化するが,拡大された身体としての国家社会は機械化(官僚制化)していき,システム化された社会は,大量で高エントロピーの"造り出された廃棄物(invented refuse)"で満たされる。「限界」の諸相に対する"選択的盲目"によって,「統治不能なもの(the 'ungovernable')」の側にその原因を求め"異物(corpi estranei)"の根絶・排除へと向かう[13]。

現代社会の特徴は,「国民」「市民」といった枠組みからはみ出す"受難者／

受難民（homines patientes）"の惑星地球規模の顕在化（可視化／全方位化）である。冒頭のエピグラフでメルッチは，「人間の時間と空間」の認識に関する"惑星社会論的な転回（Revolution from a vision of planetary society）"について述べた。私たちの「時間と空間」は，「地球という惑星とそれをこえて広がる宇宙の一部を形づくっている（we form a part of the planet and the universe beyond）」（Melucci 1996a=2008：176）。そしてその「宇宙へ導く道」である「内なる惑星は，私たちを最も内奥で規定し（most intimately defines us）」（Melucci 1996a=2008：178）ている。

　ここから，「地球に住むこと（inhabiting the earth）」，「絶対に侵犯してはならぬ境界を定める（setting unbreachable confine）」ことへの"責任／応答力（responsibility）"が定義される。すなわち「限界を受け容れる自由（free acceptance of our limits）」（Melucci 1996a=2008：79）とともに，"ただ存在するという理由のみによって静かに尊重されるテリトリー（territorio del silenzio e del rispetto）"として，いまでは一つの「ローカル」な"場（place, space, site, case, circumstance, moment, condition, situation）"となってしまった〈惑星社会〉を定義し直すことの"責任／応答力"である。

　メルッチの言葉は，以下のような〈エピステモロジー／メソドロジー〉への"問いかけ"につながる。

　　宇宙という大海のなかに浮かぶ塵の一つのような惑星地球，その惑星地球を一つの海として，社会をそのなかに浮かぶ島々として体感するような"智"——惑星地球規模の複合的問題に応答する"臨場・臨床の智"を，いかにして紡ぎ出すのか。惑星地球の，他の生き物の，他の人間の悲鳴を，感知し，感応する"智"をいかにして可能とするのか？

　先取りして言えば，"多重／多層／多面"の"限界状態（Grenzzustand, stato di limiti/confini, limit state）"に直面して，惑星地球／他の生命体／人間の個々の生体という多相（multifase）の〈身体（corpus）〉から発せられているシグナル

(segnale)，メッセージ（messaggio），"兆し・兆候（segni, signs）"，"エピファニー（epifania, epiphany）" を "感知／感応" することが求められている。

私たちは，"ペリペティア[14]" で外皮を剝ぎ取られた生身の現実（realtà cruda che è scortecciata dalle peripezie）" に直面している。「深い」課題となっているのは，〈惑星社会〉の "根本問題（fundamental problem, problema fondamentale）" を "感知する（percieving / sensing / becoming aware, percependo / intuendo / diventando consapevole）" こと，それに "感応する（responding / sympathizing / resonating, rispondendo / simpatizzando / risonando）" ことである。

3. 〈惑星社会〉のもとでの都市と地域

いま述べてきたような「成長という限界」という地点／視点から，いまや「ローカル」な "場" となってしまった〈惑星社会〉において，本研究チームが主要なフィールドとしてきた都市と地域，そして "未発の状態から多系／多茎の方向へと生成していくコミュニティ（comunità nacenti, nascent communities）"[15] は，どのように定義し直されるのだろうか。

メルッチによれば，今日の社会とは，「外部の環境および私たちの社会生活そのものに介入していく力によって，完全に相互に結合していく社会」である。しかし依然として，「そのような介入の手が届かない本来の生息地（natural home）である惑星としての地球（the planet Earth）に拘束されているような社会」でもある。それゆえ「惑星社会（società planetaria, planetary society）」は，「社会的行為のためのグローバルなフィールドとその物理的な限界（physical boundary）という，惑星としての地球の二重の関係（twofold relation）によって規定されている」社会である（Melucci 1996a=2008：3）。

「介入」による「結合」の全面的・全方位的な展開により，「国々や文化はグローバル・システムの内的次元として存在するのみ」（Melucci 1996a=2008：175）である。人類の「本来の生息地である惑星地球（its natural home, the planet Earth）」を「征服の地」（Melucci 1996a=2008：84-86）とすることで，「個

人の行為に対して可能性に開かれた沃野を提供してきた近代世界」の「システムはもはや不可逆的な勢いで惑星全体を包摂するようになり，未来の見通しはカタストロフの恐れで被われていることから，数々の救済神話が持つ楽観論は，根本から成り立たなくなっている」（Melucci 1996a=2008：59）。そしていま，「征服」すべき「外部」を消失した社会は，地球規模の「物理的限界（pysical boundary)」に直面している（新原 2014b：46）。

(1) 〈惑星社会〉のもとでの都市

さらにメルッチは，〈惑星社会〉のもとでの都市について，以下のように述べている。

> 選択は，私たちの時代の不可避の運命である。どこに物理的に居を構えていようとも，私たちはいつも同時に，ニューヨークの住人であり，パリの住人，あるいはロンドン，サンフランシスコ，東京といった，現実のあるいは想像上の大都市の住人である。大都市は，相互に依存しあう高度に複雑／複合的な惑星システム（highly complex planetary system）の端末（terminals）である。　　　　　　　　　　（Melucci 1996a=2008：62）

生命体のような「自己組織化と適応」のプロセスによって発生・生長してきたその「超システム」（多田富雄）であった都市[16]は，〈惑星社会〉のもとで，「相互に依存しあう高度に複雑／複合的な惑星システムの端末」へと「変容」する。そこでは，「想像上の」，ヴァーチャルな，惑星地球規模の都市的世界が立ち現れている。

古城利明は，"多重／多層／多面"の境界区分の「変容」「超越」とともに，グローバル・イシューズが衝突・混交・混成・重合するローカルな「場所」の「"境界領域"化は世界システム中心部のいたるところで進行し」ており，さらに，世界システムの周辺部では，「顕在しているにせよ，潜在しているにせよ，より激烈に展開」しているとした（古城 2014：440）。

すなわち,「惑星システム」化のもとでの"惑星都市化/境界領域化"であり,"境界領域のフィールドワーク"は,この点についての理解を後押ししてくれた。国家の「中心」から見るなら「周辺」「辺境」とされる都市と地域のミクロな現実を見て歩くと,極めてせまいエリアに,"グローバル社会で生起する地球規模の諸問題(global issues)"が山積している。

「世界システムの中心部の周辺」であれ「周辺部」であれ,2008年のアゾレス,2009年のカーボベルデ,2017年の石垣,2018年のランペドゥーザ,宮古・石垣,2019年のメリリャ,セウタ,ジブラルタル,アルヘシラス調査では,問題の二重の"複合・重合性"を見てとることができた[17]。これらのフィールドワークからの知見は,以下のようにまとめることができる(新原 2014a;2019a;2020a;2022a)。

① せまいエリアに諸問題(multiple issues)が複合・重合的,同時多発的に生起する:難民,貧困,搾取,暴力,環境破壊,基地,リゾート化,(ポスト)コロニアリズム,"「壁」の増殖",資本と情報,都市・農村問題,"廃棄"の問題,文化の固有性の消失,他方で,内的問題として"生体的関係的カタストロフ"(この概念については本章第4節で後述)が起こる。

② 個々の問題が解決困難で複合・重合的な問題(composite problem)を内包する:これらの問題(issues)は,特定の領域や分野(経済,福祉,教育など)の問題にとどまらず,内にして外,ミクロにしてマクロ,問題それぞれが"衝突・混交・混成・重合"しているため,これまで蓄積されてきた「問題解決」能力では対処が困難となる。

クリアな境界線の「区分」により成り立ってきた社会概念は,終焉の危機を迎え,新たな,いままでにない現実をとらえる理論,概念,カテゴリー,探求の方法,〈エピステモロジー/メソドロジー〉を必要としている。「相互に依存しあう高度に複雑/複合的な惑星システムの端末」である都市は,非都市空間での廃棄や環境破壊は,都市的生活との全面的・全方位的な「結合」によって

成り立っている。

　プラネタリー・アーバニゼーション研究を牽引するニール・ブレナー（Neil Brenner）は，予測可能でプログラム可能な閉鎖生態系として都市化を理解する傾向に対して，「外部なき都市理論」を提唱し，都市化のプロセスを，「それ自体の持つ本質的かつ体系的に生成された特性」として認識するべきだとする。なぜなら，惑星規模に広がる都市化は，構成的外部を内在化させ，非都市空間は，資本主義の不均等発展を通じて都市を構築するプロセスの戦略的な中心となっているからである。惑星都市化のプロセスは，大地の表面に限られず，地表，地下，流域，大洋，大気圏といった空間を含む地球全体の操作との関連で探求されなければならないとする（平田・仙波 2021：64, 69, 107）（Brenner 2019=2024：344-381）（新原 2022c）。

　そもそも惑星社会のもとでの都市とは何であるのか。人類が突然消えてしまったと仮想した場合，現代都市文明は，地球環境のなかでどのような「末路を辿る」のだろうか。ガラス，コンクリート，プラスチック，鉄骨，軽金属など，人間が生み出した文明の痕跡は，わずか数十年でジャングルに呑み込まれ，風雨によって洗い流され，太陽光線や落雷によって破壊されていく。

　現代都市は，都市機能を維持するため，巨大な建造物，道路，駐車場，ゴミ焼却場，ゴルフ場（などの遊興施設），商業施設，エネルギーの備蓄施設，その他，様々なタイプの"基地（base / camp / installation, basi / campi / installazioni)"を必要とする。その建設には，多くの化学物質あるいは放射性物質が使用される。それゆえ，現代都市は，自然界に存在しなかった物質を生み出し消費する場という意味で，惑星地球にとっての"異物（corpi estranei, foreign body, corpus alienum)"であるかもしれない。

　しかし，人間そのものが"異物"だったのではない。自然環境のなかでかろうじて生きていた人類は他の生物と同じく，この惑星の物質循環の系に組み込まれていた。都市もまた，太古より人間社会にとっては基本的な要素であり，生命体のように発生・生長してきた。しかし自然との困難な「共生」から次第に解放されていくことで，人間は都市での「快適な生活」を獲得した。生物

は，自分にとっての"異物"である食物を同化させることによって生きてきた。自分にとって毒となるものに対しては免疫作用を創出することで生き延びた。いま一度，この惑星にとってという視点（《惑星の目（planetary）》）から，私たちが入り込んでしまっている〈惑星社会〉における都市という段階，そこで「人間（specie umana）」として生きることの意味を考えてみる必要がある。

(2) "地域社会／地域／地"から見たコミュニティ

メルッチは，定義し直すべきは，"ただ存在するという理由のみによって静かに尊重されるテリトリー（the territory where silence and respect are)"とした。では，都市と地域のコミュニティは，"生存の場（luogo di esistenza umana, place of human existence)"として，どのように再定義されるべきなのだろうか。

惑星地球と身体という corpus（corpo, body）から考えてみる。「法人組織の」「団体の」という意味を持つ形容詞 corporate の語源は，ラテン語の corpus に過去分詞語尾がついた corporatus であり，ここから「一体となった」「合体した」さらには「地域の」といった意味が派生する。そして，corporeality は，「身体性」「肉体性」「有形性」の意味を持つ。社会科学の対象は，この有形の国民社会という国体，自治体，諸組織・諸団体，個体とその関係であった。〈国家─地域─個人〉，あるいは〈グローバル─ステイト（個人・普遍性）／ネーション（個別・連帯）─リージョン─ローカル〉という「区分」の構成である。

この構成に対して，これら「有体」の「生息地（ホーム）」として存在している惑星地球と身体という corpus を組み込んだ構成とすることが求められている。個々のローカルな"場"のどこに"線引き"をしても"惑星社会の諸問題"が噴出する社会が〈惑星社会〉である。このような社会における「惑星地球における生（life on planet Earth）」の"場"は，"地域社会／地域／地（regions and communities, territory, terra)"として再定義される。"地域社会／地域／地"は，モノ［風水土（物質圏＝大気圏・水圏・地圏)］，イキモノ［生命系（生物圏)］，ヒト［類的存在としての人類の文明（人間圏)］によって構成される（cf. 松井 1998：1-12)。

序章　限界と向き合う〈エピステモロジー／メソドロジー／デイリーワーク〉　*17*

もはや一つのローカルな"場"となった〈惑星社会〉は，"線引き"できない「圏」の複合・重合体として存在している。「市民」「国民」「正常」「健常」といった「区分」("線引き")によって生じる「選別・排除」によって，「外部」へと「移譲」できない。根絶・排除することができないモノ／イキモノ／ヒトが（再帰的な移動をしつつ）常住する一つの"地域社会／地域／地"であり，〈惑星地球〉と〈身体〉という母胎の上に成り立っている。「成長という限界」のなかで，「移動・交換」によって成り立つ社会を，"異質性の衝突・混交・混成・重合によってつくられるコミュニティ（composite community of heterogeneities)"としての〈惑星社会〉として"組み直す（ricomporre / rimontare, recompose / reassemble)"必要がある。これは，現に在る「コミュニティ」のなかに潜在する"願望のコミュニティ（comunità desiderata, desired community)" [18] でもあり，形骸化し変成（degenerazione, degeneration）していく可能性の"兆し・兆候（segni, signs)"でもある。

　だとすると，『うごきの場に居合わせる』や『"臨場・臨床の智"の工房』でフィールドとしてきた"（未発の状態から多系／多茎の方向へと生成していく）コミュニティ（comunità nacenti, nascent communities)"は，どうとらえ直されるのか。"地域社会／地域／地"，とりわけ，"地域／地"との"織り合わせ（intreccio, weaving together)"によって，"未発の状態（stato nascente, nascent state)"から"有体化（diventare corporeità, becoming corporeality)"する"場（place, moment)"として再定義される。

　免疫学者の多田富雄は，「近年の都市開発で作られた団地の集合住宅街が，都市という生命体に寄生し増殖し続ける癌のように見える」と述べた。しかし，都市計画によって建設された都市公営団地においても，日本の地方からの出身者や，在住外国人，"移動民の子どもたち"が，"身体感覚を通じて出会う（incontrando attraverso i sensi corporei)"ことにより，「都市という生命体に寄生し増殖し続ける癌」としての団地が，生成／変成していく瞬間がある。私たちの"コミュニティ研究（ricerca su comunità nacenti, research on nascent communities)"は，"未発のコミュニティ"が，生命体のように"有体化"する"根本的瞬間

(Grundmoment)" に "居合わせる (essere presenti per caso nei momenti nascenti in cui si emergono gli eventi critici)" ことで成り立ってきた（くわしくは本書の第Ⅲ部を参照されたい）。

4. "生存の在り方" と「人間」の境界線
——"廃棄"，"「壁」の増殖"，"パンデミック" と "生体的関係的カタストロフ"

ではこのテリトリー，"生存の場"，"地域社会／地域／地" は，いかなる問題に直面しているのか？　古城が着目した「核エネルギーや各種の化合物の『発明』」は，"生身の現実" として，私たちが享受してきた近代的生産・生活様式の在り方（ways of being）を問い直す。さらには，「成長」を志向する人間の "生存の在り方（stato di esistenza umana, state of human existence）" への "問いかけ" となっている。この問題を，"廃棄（dump [ing]）"，「壁」の増殖（proliferation of 'barrier', proliferazione di 'barriera')"，"パンデミック（pandemia, pandemic）" から考えてみる。以下の考察は，とりわけ「3. 11 以降」に，"惑星社会の諸問題を引き受け／応答する（responding for / to the multiple problems in the planetary society)" ために行ってきた試行の "サルベージ" となっている。

(1) "廃棄（dump [ing]）"[19]

私たちの "生存" を支える社会システムは，フィードバックされない放射能廃棄物・重金属物質・化学物質・炭酸ガス・産業／一般廃棄物などの "廃棄物の発明（invention of refuse）" を前提として，「高度の生産性」を確保してきた。"廃棄物（refuse）" とは，近代的生産・生活様式とそれを維持・強化するような「開発・発展」の方向によって生み出される生産物であり，むしろ私たちが「生産物」の範囲で考えているものよりも大量に生み出されている。この生産／廃棄のジレンマは，「大量消費の後の廃棄物の処理／森林伐採と洪水／マングローブ林伐採・エビの養殖／海岸浸食と地盤沈下／人間が生物多様性や大地

序章　限界と向き合う〈エピステモロジー／メソドロジー／デイリーワーク〉　*19*

に与える影響／新採掘技術による新資源の開発／資源の枯渇と地球温暖化」といった「問題 (issues)」としてとらえてきている。

　ここでは，"根本問題" としての "廃棄 (dump [ing])" を考えたい。"造り出された廃棄物 (invented refuse)" は，物質循環や生態系のなかで溶解することなく，流動し，残存し，生物の体内に蓄積し，人間の身体へと到達し，"廃棄物の反逆 (rivolta dei rifiuti, revolt of refuse)" として現象する。

　ラテン語系の言葉であれば，「廃棄する = abbandonare (leave, abandon)」，「廃棄 = rifiuti (refuse, waste)」となるが，日本語の "廃棄" に相当するヨーロッパ言語として選択したのは，中期オランダ語 dompen の「沈める」「埋める」，スウェーデン方言 dompa の「ドスンと落とす」などに由来する dump [ing] である。dump は，ゴミを捨てる・投棄する，ひとを見捨てる・見限る・放り出す・首にする，ひとに押しつける，過剰移民を外国に送り出す，責任を投げ出す・転嫁する，考え・政策などを棄てる・やめる，過剰商品を投げ売りする，汚物や核廃棄物を海や陸に棄てる，ひとをだます・弱みにつけこむ・けなす・こきおろす・やつあたりする・破滅させる・殺す，吐く・もどす，患者をたらい回しにする，などの意味を持つ。

　患者の廃棄，外国人の廃棄，地方の廃棄，不採算部門の廃棄，価値の廃棄（民主主義とか，内面の自由とか，平和とか平等とか思想とか，そのような人間的価値の廃棄など），自然，地域，価値，願望，"良心（の呵責）／罪責の感覚"，何よりも人間の価値そのものの廃棄の問題が含まれている。したがって，外部に "異物" を投棄することが同時に，内的な喪失と結び付いている。

　「廃棄する (dispose, throw away [out], scrap, cancel, dump)」「廃棄されたもの (garbage, rubbish, junk, waste, trash, dust)」「廃棄物処理 (a refuse landfill, a garbage dump, RDF (refuse-derived fuel))」「ゴミ収集人と廃棄物処理事業 (a dustman, a waste management business)」「[無許可の] ごみ廃棄場，[放射線廃棄物の] 処理場 (dumping ground)」，「有用な人材 (a useful [valuable] person, a person of service to the nation state)」と「無用のひと／有害なひと (a useless [unserviceable, unhelpful, unwanted] person / pest)」，「プルトニウムと劣化ウラ

ン弾（Plutonium, Depleted uranium ammunition)」と，「廃棄する／される」は，
"閉じない循環（circolarità schiudendo)" を続け，我が身にもどってくる。

　「ゴミ」「瓦礫」「廃棄物」，「役に立たないもの／ひと」「不要物／有用な人材
でないひと」「毒物／（社会の）害虫（とされるひと）」「廃材／廃人」などがひ
とつの "場" として存在する。"廃棄（dump［ing])""廃棄物の発明（invention of
refuse)""造り出された廃棄物（invented refuse)""廃棄物の反逆（rivolta dei rifiuti,
revolt of refuse)" の時代として，現代社会をとらえることが可能である[20]。

(2) "「壁」の増殖（proliferation of 'barrier')"[21]

　1989 年の「ベルリンの壁崩壊」は，"いくつものもうひとつのヨーロッパ
（varie altre 'Europe')" への "願望と企図の力（ideabilità e progettuabilità)" と深く
かかわるものだった。しかしながら，その後の流れをふりかえれば，「9. 11」
からアフガニスタン，イラク，世界金融危機，さらに「3. 11」「コロナ」と，
地球規模のシステム化・グローバル化がもたらす "受難者／受難民（homines
patientes)" の増大，個々人の社会的痛苦に起因する社会紛争と社会統合の危機
は極めて深刻な国際社会問題となっていった。

　現代社会は，地域紛争，テロ，ヘイトクライム，核の脅威，放射能，身心の
不安・ストレス・病，等々，「地域」や「国家」を基準とした政治体制で制御
できない "多重／多層／多面" 性を持った複合的問題（the multiple problems in
the planetary society)" に直面している。

　「問題解決（problem solving)」という枠組みの有効性が疑問視される状況下
で，国民社会・地域社会レベルのジレンマに対する不安・不満は，近年，"異
物への過剰な拒否反応" を引き起こし，移民・難民，障がい者，老人・女性・
LGBT・子どもたちなどのマイノリティが標的となっていく。可視的な現象と
して，アメリカの「壁（barrier, muro)」の建設のみならず，ヨーロッパをめざ
す移民・難民に対するハンガリー他の国境封鎖とフェンスの建設，フィンラン
ド―ロシアやパレスチナでの「壁」の増殖，日本でもヘイトスピーチや牛久や
大村の入国管理センターでのハンガーストライキ・死亡事件が起こっている。

「壁やフェンス」は，「しばしば民主的国家によって一方的に」建設され，（他者を前提としない）「単なる否定」であり，機能面からは，領土紛争中の国家間（西サハラ，インド―パキスタン，イスラエル），政治的緊張のある国家間（北アイルランド，インド―バングラディシュ），軍事紛争後のフェンス（朝鮮半島，キプロス），移民・難民の防止フェンス（アメリカ―メキシコ，モロッコ北部のスペイン領の「飛び地」）に分類される（Novosseloff et Neisse 2007=2017：11-13）。ベルリンの壁崩壊，東欧革命，アラブの春といった潮流を逆転させるかのように，物理的な意味でも比喩的意味でも，"「壁」の増殖" が起こっている。

そしてまた，"「壁」の増殖" から派生するかたちで，"基地の増殖（proliferation of base/camp/installation, proliferazione di basi/campi/installazioni)" も起こっている[22]。ここでの "基地（base / camp / installation, basi / campi / installazioni)" とは，前述のように国際関係や国策によってもたらされる巨大な施設（拠点）のメタファーである。軍事施設のみならず，核施設，空港，清掃工場・最終処分場，下水処理場，石油備蓄基地など，「迷惑施設（NIMBY)」とされるものが多い。

(3)　"パンデミック（pandemia, pandemic)"[23]

"「壁」の増殖" と並行して，私たちは，「新型コロナウイルス感染症（COVID-19, Coronavirus Disease 2019)」のパンデミックに直面した。そのウイルスは，2020 年 2 月 11 日，SARS-CoV-2（Severe acute respiratory syndrome coronavirus 2 の略称）と名付けられた（国際ウイルス分類委員会（ICTV）による）。最初は，2020 年の年明けに，「中国湖北省武漢市で局地的に起こった原因不明のウイルス性肺炎の地域流行（endemic)」として認知された。しかしこの「肺炎」は急速かつ広範囲の流行（epidemic）となり，各地で突発的な規模拡大（outbreak, overshoot）を引き起こし，かつてないスピードで地球規模の「パンデミック」となったことが，2020 年 3 月 11 日，イタリアの旧植民地であったエリトリアに生まれた WHO の事務局長テドロス（Tedros Adhanom Ghebreyesus）によって表明された。

1986 年 4 月 26 日の「チェルノブイリ」に続いて，2011 年の「3. 11」とい

う「たった一つの事故」がもたらしたリスクは，その後，ほとんど消失することなく，地球と私たちの身心に影響を与え続けている。そしてまた，人間がまだ免疫を持たないウイルスは，生まれ変わりながら，この惑星に残存し続け，繰り返し感染の「波」がやってくることを体験した。「宇宙船地球号（Spaceship Earth）」のどこにいても，すべての人々，とりわけ社会的に弱い立場を生きざるを得ない人々のもとに，"パンデミック"が押し寄せる。どんなに扉を閉め，「封鎖」しようとしても，完全に押しとどめることなど，ましてや根絶・排除することなどできはしない。

　特別なウイルスなのではない。実は既に常にあった「想定外」に対する現代文明の脆弱さが，「コロナウイルス」によって試されているだけだ。人間も含めたすべての多細胞生物とともに，微細な構造体であるウイルスは存在し続けた。惑星の隅々まで開発がすすみ，ヒトやモノの移動が迅速かつ大量となるなかで，つまりは社会そのものの根本的なモビリティの変化によって，必然的に生起し勃発した出来事であった。

　密集と移動が極大化したグローバル社会の帰結として，歴史上，体験したことのない速度での"パンデミック（pandemia, pandemic）"――語源的には，ギリシア語の pandemos，つまりは，すべての［pan］，民衆：［demos］が直面する事態）が起こっている。仮想現実により，対面を減じることに成功したグローバル社会が，密集して対面するヒトからヒトへの感染によって急速に感染症を拡散し，孤絶し閉塞する個々人が，インターネット上でかろうじて自らを「つなぎとめる」という何重にも皮肉な現象が起こっている。

　惑星地球というひとつの「船（Spaceship Earth）」の内側で，あっという間に，ある出来事の影響が伝播してしまう社会，「他人事」などない〈惑星社会（planetary society）〉の"見知らぬ明日"を，私たちは生きている。「チェルノブイリ」や「3. 11」がそうであったように，「新型コロナウイルスによる疾患（COVID-19）」を「きっかけ（Trigger）」として，既に在った"惑星社会の複合的問題"を顕在化させた。問題は「解決」という「型」に馴染むことのないジレンマ，アポリアとして突きつけられ，"見知らぬ明日"をこれからもずっと生

きていくことになる。

　"パンデミック"は，惑星地球（the planet Earth）のどこでも突発的に発生（outbreak）するにもかかわらず，"選択的盲目（現実から目をそらす性向）"により実数・実態を把握することを放置してきた「移民・難民，外国人労働者」との「壁」の問題を顕在化させる。スラム街や難民キャンプ，家庭内の虐待，解雇（人間の"廃棄"）──"「壁」の増殖"と"パンデミック"は，"端／果て（punta estrema / finis mundi）"のみならず足元において，惑星地球規模となった社会の至るところで，偏差と隔絶を伴いつつ，「恐怖と欠乏から免れ平和のうちに生存する権利」（憲法前文）から疎外された"受難者／受難民"を生み出していく。

⑷ "生体的関係的カタストロフ（la catastrophe biologica e relazionale della specie umana）"[24]

メルッチはこう言った。

　　いまやカタストロフは，単に自然のカタストロフではありません。単に核によるカタストロフでもなく，人間という種そのものが直面する"生体的関係的カタストロフ（la catastrofe biologica e relazionale delle specie umana）"となっています。いわゆる「先進社会」のより先端部分で暮らす人たちの50％が，「悪性新生物（がん）」という異物（corpi estranei）によって死にます。さらにその半分の25％は，心疾患で死ぬのです。すべての人に幸福と富を約束する社会が，社会の機能に関する理由から人口の 3/4 の人々に病死をもたらすという劇的な収支決算（bilancio dramatico）となっているのです。この"生体的関係的カタストロフ"という面から現代社会をとらえ直さねばならないとわたしは確信しています。まだ多くの人々によって語られてはいないことなのかもしれませんが，"生体的関係的カタストロフ"は，より深く根本的な真のカタストロフなのです。

（Melucci 2000g=2025：104-105）

24

　"受難"の全方位的な展開の奥底で，"生身（corporeità cruda, raw corporeality）"の人間は，何に直面しているのか。上記の言葉は，2000年5月の日本でのセミナーに際して，質疑応答のなかで期せずして発せられた言葉である。メルッチの"生体的関係的カタストロフ"という言葉は，自然や社会といった「大きなもの」の話にとどまらない。「思想」や「価値」や「秩序」の話だけでもない。"生体（organismo vivente）"そして関係性そのものの危機の話である[25]。

　社会（システム）は，「制御」「不確実性への対処」をし続け，アイデンティティは「永続的に，確立し直され，交渉し直され」続けねばならない。「個人は，より自律的で，より自らにリフレクシヴで，より責任を担った応答力をもって，より多くの資源をもった社会的行為者として行為」しなければならない。個々人の内面にまで迫る圧力と操作によって，「新たな」病理や心理的トラブルがますます増加していく。さらには，「際限のない象徴的可能性（財，関係性，情報）にさらされることによって，想像された世界とこれらの可能性への実際上のアクセスとの間に衝突が創り出される。……象徴的な刺激を過度に浴びることによって育まれた夢や期待と比べて，必然的に劣ることになる。その結果，欲求不満や喪失が，より広範囲かつ頻繁に体験され，新たな心理的トラブルを助長している」（Melucci 1996a=2008：199, 201, 206）。

　身体は，過剰に文化・化された社会システムと身体に根ざした人間の体験の根源性が"衝突・混交・混成・重合"する「闘技場（arena）」となっている。「私たちの文化が身体化（bodilization）へ向けて徐々に移行しているのは，『解放』のプロセスでもなければ，ただひとえに新たな合理化や隠された操作の形式であるというわけでもない。そこには深い矛盾の種子が内包されている。なぜなら身体に根ざした体験は，誰に対しても譲渡不可能で，ただ個人にのみ属するものであり，個人だけが身体を『実践』する（'practice' the body）ことができるからである。体験に根ざした身体へのアプローチのプロセスが，新たな自覚の形態を通じて作動し始めたならば，それを再び完全に制御することは不可能である」（Melucci 1996a=2008：208）。ここでの身体は，身体・論の「対象」ではなく，聴かれるべきシグナルやメッセージを宿した生身の身体である。生

体的関係的な身体感覚・皮膚感覚を含んだ応答がこれまでの時代以上に重要となる（新原 2016e：119-120）。

「成長」の「劇的な収支決算（bilancio dramatico）」により，私たちは，極度に産業化した社会の果ての"惑星社会の劇的収支決算による債務相続者（heirs to debt due to the planetary society's dramatic balance)"となっている。これはマクロに対するミクロという二元論とは異なる次元に存在しているものであり，「制度」や「体制」の深奥，根底，背面——特定の社会や個人を成り立たせている"根（radice)"——の問題と深くかかわってくる。ここでは，人間とその社会という存在の意味，その境界線をどこに置くのかという問題が浮かび上がってくる。

(5) 「人間」の境界線の揺らぎ（gioco biologico di confini 'umani', fluctuation/playing of 'human' boundaries)"[26]

自然によって制約されていた人間（specie umana）は，"線引き（invention of boundary)"することで，自分たちの"生存の場（luogo di esistenza umana, place of human existence)"を拡張してきた。自然や他の生命体に対しては「野蛮」や「荒野」や「家畜」として，より弱い人間に対しては「異人（stranger, estranei)」として，"線引き"してきた。人間集団内部での境界線は，人種・宗教・性・年齢・形質の違い・居住地域，等々によってなされ，"生存の場"を自ら決定する「主体」（個人・集団・組織・システムなど）の重層構造として社会を構成した。

しかし，いまや人間は，自らの自然の根源（own natural root）に働きかけるリフレクシヴな力を獲得した。ここでの「リフレクシヴ」とは，人間の諸活動，個々人の諸行為の結果が，自然環境のみならず，自らの環境すなわち，遺伝子操作・産み分け・クローンなどの可能性と問題に直面し，自らの存在の根源が問い直される地点へともどってくる（再帰する）という意味である。

「グローバルなフィールド」の全面的・全方位的な展開は，人間の「境界線（boundary)」をどこに置くかという"根本問題"として照りかえってくる。遺伝子レベル，細胞レベルでの操作が可能となり，生物学的前提に深いところか

らの「変容」が生じ，出生はいまや「選択と意思決定のフィールド」となった
（Melucci 1996a=2008：109-110）。

> 私たちの存続は，もはや私たちの生殖能力に依存するのではなく，むしろ
> 私たちが破壊や，保護，あるいは変容の間でなす選択にかかっているとい
> うことである——そのような選択は，私たち自身とその他の生命種との両
> 者に影響力を持ってくる。そうして今やこれらの現象が，惑星規模にまで
> 広がっている。　　　　　　　　　　　　　　　　　（Melucci 1996a=2008：162）

　私たちの社会は，自らの生産物である"廃棄物の反逆"に直面し，もはや「外
部」や「荒野」など存在しない「ローカル」な惑星地球のなかで，それでも
「壁」をつくることで，自らの生存を確保しようともがく。にもかかわらず，
人間の選択や行為の影響は，同時多発的かつ全方位的に展開していく。このよ
うな惑星地球規模の「限界」に直面する人間の"生存の在り方"の問題は，同
時に，「人間」の境界線（boundary）をどこにどう定めるのかという問題を突
き付ける。
　私たちはいま，「科学的な知識と技術」による「私たちの自然環境と生物学
的構造への介入」，自然の「脱自然化（denaturalization）」とコンフリクトの文
化・化（culturalization）に直面している（Melucci 1996a=2008：206）。「人間とい
う種（specie umana）」の"生存の場"にどこまで「介入」するのか，あるいは，
"生存の在り方"を見直すことから，どこに人間の境界線（boundary, confine）
を定めるのかが問われている。
　"「人間」の境界線（confine di 'specie umana', boundary of 'human species'）"と
いう身体の次元の選択は，"惑星の限界／惑星システムに不可逆的な変化をも
たらさない人間活動の境界線（Planetary boundary, limite planetario）"という惑
星地球の次元の選択との間で，量子もつれ（quantum entanglement, l'entangle-
ment quantistico, correlazione quantistica）のような相関性が生じている。
　いま私たちは，"境界に佇む人間（specie umana al confine, human species on

the border)"となっている。ここで，"生身の現実"を前にして佇んでいるのは，境界線（boundary, confine）を定めるべきものとして対自化された「人間」ではなく，即自的な生身の人間である。

5．なぜ〈内なる惑星〉という"フィールド"か
——〈惑星社会／内なる惑星〉〈惑星地球／身体〉という分析的な構成概念[27]

　いま見てきたように，私たちの"生存の場"であるこの"地"は，"廃棄"，「壁」の増殖"，"パンデミック"そして"生体的関係的カタストロフ"と，立て続けの「ペリペティア（舞台の急転）」（真下 1979：165）によって，危機的瞬間（critical moment）に直面している。そこでは，「人間という種（specie umana）」の"生存の在り方"，"「人間」の境界線"を定めることへの真摯な"問いかけ"が求められている。

　では，惑星社会の"根本問題"を"感知／感応"するため，定義し直されるべき主たる"フィールド（campo in continua ridefinizione, field in continuous redefinition）"はどこであるのか？　多相であり，多重／多層／多面に絡み合っているのであるから，どこからでも始められるはずである[28]。そのなかでも，メルッチは，いま現在，複雑に複合的に絡み合い，織り合わせ（intreccio）られた"複合・重合性（compositezza, compositeness）"を持った問題に対して，〈内なる惑星（pianeta interno, inner planet）〉を"フィールド"として，〈惑星社会〉の"根本問題"を"感知／感応"することが重要であると考えた。

　メルッチは，なぜ〈内なる惑星〉という"フィールド"を重要視したのだろうか？　どうして身体を〈内なる惑星〉と名付け直したのだろうか？　この意味を理解するために，生前のメルッチと新原が共有していた"境界領域（cumfinis）"概念について，まずふれておきたい。古城利明は，メルレル・新原が提起した"境界領域（cumfinis）"概念の三つの位相（テリトリー，心身／身心現象，メタモルフォーゼ）（新原 2014a：38-41）に即して，以下のような理解を示

している。

> 「境界区分の『変容』」とは"テリトリーの境界領域"の変容を軸に"心身／身心現象の境界領域"および"メタモルフォーゼの境界領域"の変容をのぞき込む視点であり，「境界区分の『超越』」とは，後二者の「境界領域」を軸に前一者（"テリトリーの境界領域"）の意味を問うという視点である。このように「変容」の視点と「超越」の視点は異なるが，それらは「既存の単位間」の区分を前提とする議論とは対立しているのである。

> (古城 2014：441)

　惑星社会という空間的な拡がりと，線形の時間から点の時間へ（時間の断片化で未来なき現在の連続）という時間の変化，身体の「経験の内奥の次元 (dimensioni più intime dell'esperienza)」(Melucci 1991: 21) への深化と，問題の"複合・重合"化が起こっている。空間と時間の変容は，「物理的限界」，"「人間」の境界線の揺らぎ"，さらには"限界状態"への"移動・変転 (passaggio, transition)"をもたらした。

　"心身／身心現象の境界領域"は，個々人の身体に埋め込まれ／植え込まれ／刻み込まれ，深く根をおろした成層であり，地域的・物理的・生態学的・地政学的・文化的な成層である"テリトリーの境界領域"と，「変容」「超越」という"うごき (becomings, metamorfosi)"の成層である"メタモルフォーゼの境界領域"の間にあって揺れうごいている。

　この"（軸足をずらし）揺れうごきつつかたちを変えていく (playing and changing form)"という様態を，とらえるためのものの見方，姿勢 (attegiamento, attitude) が必要となる。

　古城からの"問いかけ"である「宇宙論を前提とした身心論」「空無を覗き込んだ現象学」に対して，メルッチの"内なる惑星論 (vision of inner planet)"による"心身／身心現象"の"探究／探求"に基づく応答が可能であると考えられる。

〈内なる惑星（pianeta interno, inner planet）〉概念は，〈惑星社会／内なる惑星〉〈惑星地球／身体〉という「布置連関（constellation/costellazione）」によって，"心身／身心現象の境界領域"をとらえるための分析的な構成概念（costruzione analitica）である（以下，分析的構成概念として言葉を配置する場合は，〈惑星社会／内なる惑星〉〈惑星地球／身体〉というかたちで〈　〉を付けることとする）。

メルッチは，"生身の現実に対して開かれた理論（teorie disponibili verso la cruda realtà, theories open to the raw reality）"を常に考えていた。〈内なる惑星〉と〈身体〉，〈惑星社会〉と〈惑星地球〉は，1980年代より，各所での講演や刊行物のなかで，メルッチが提示してきた概念である。しかし，それらの概念を図式化し，一般理論として提示したことはなかった。その含意と布置連関は，他者との対話のなかで，配置変え（reconstellation/ricostellazione）をしながら，"うごき"のある理論として，造形されていった。ここでの理論とは，下記のようなものの見方（visione）である。

> ……理論とは，体系化され統合された概念体系なのではありません。現実に立ち向かう姿勢（atteggiamento）のことを考えています。……わたしが考えているのは，現実をただあたりまえのもの，明白なものとして受け止めない姿勢です。現実の意味を自らに問いかける（interrogarci）ためには，何らかのフィルター，レンズの役割を果たす何らかの分析的な構成概念（costruzione analitica）が必要なのです。　　　　　（Melucci 2000g=2025：95-96）

この理解は，夭逝する1年前の2000年5月16日，一橋大学での講演での言葉である。メルッチは，現実に立ち向かう姿勢（atteggiamento），フィルター，レンズとして，〈惑星社会／内なる惑星〉〈惑星地球／身体〉という分析的な構成概念（costruzione analitica）を用意したのだろう。これらの構成概念は，"生身の現実"との対峙・対質，自己／他者の"生身の身体"との"交感（interazione emozionale / scambio di cordialità, emotional interaction / exchange of

cordialities)"，対話・談話のなかで，"(軸足をずらし)揺れうごきつつかたちを
変えていく"ものである。

　〈内なる惑星〉については，本書の第1章に収録したイタリアの都市シエナ
での1989年の講演から考察を深化させた，『プレイング・セルフ』の第4章
「内なる惑星」で下記のように述べている。

　　近年，自然の問題が，メディアや巷の注目を集めている。天然資源や私た
　ちを取り巻くエコシステムの保護と保全というかたちで，自然の問題は，
　すでに政治市場における常套手段となり，市場取引の手っ取り早い (tout
　court) 手札としての地位を確立している。しかし，環境に関するイッ
　シューが大規模に流通するようになったといえども (そのことのアンビヴァ
　レンスを忘れるべきではないが)，これらのイッシューに対する私たちの意識
　は，人類の物理的社会的な生息地である惑星の将来に限定されている。つ
　まり，環境主義者が声高に語る脅威や訴え，プロジェクトの背後で私たち
　が心を奪われているのは，「外なる惑星 (external planet)」なのである。
　　しかし，根底からの変容のプロセスに巻き込まれている惑星には，もう一
　つの惑星がある。すなわち，私たちの体験や関係の基盤をなし，生物学
　的，情動的，認知的構造からなるところの，内なる惑星 (inner planet) で
　ある。私たちは，外的な惑星に対して思案するのと同様に，この内なる惑
　星にも関心を持つべきである。なぜなら，個人の生と種の未来という双方
　の観点から見て，内なる惑星に開かれた可能性とそれがさらされている危
　険性が，決定的に重要なレベルに達しているからである。

　　　　　　　　　　　　　　　　　　　　　　　(Melucci 1996a=2008：80-81)

　ここでは，自分たちの外部にある自然として表象する「外にある／外なる惑
星」を，精神もしくは頭脳 (その延長にある科学技術) によって「保護・保全 (操
作)」するという思考態度 (mind-set) が指摘される。「外なる惑星」とは，文
化の範疇，言語によってとらえられた「惑星」，対自的存在としての「外なる

惑星」である。〈内なる惑星〉は，「外なる惑星」の対概念としての表象であ
り，対自的存在としての〈内なる惑星〉である。人間の内部にある自然として
の「身体」もまた「操作」する対象として表象されている。ここで「　」に
よって示された「外なる惑星」「身体」は，自然言語であると同時に，科学的
知の世界でも前提されている二元論（身／心，主体／客体，内／外など）によっ
て配置された概念である。

　これに対して，「人間という種（specie umana）」の物理的社会的な生息地で
ある〈惑星地球〉と〈身体〉は，即自的な存在である。〈身体〉は，複数の"境
界線の束としての身体（corpo come insieme di confine, body as a set of boundaries）"
であり，"心身／身心現象の境界領域"の母胎である。「脱自然化（denaturalization）」
「文化・化（culturalization）」「脳化（cerebralization）」のなかで，その力に身を
委ねる相手ではなくなったが，かといってただ「操作」の対象でもない。

　〈身体〉は，ふだんはその存在を意識していないが，「生老病死」のような個
（体）としての危機に際して，"素（elemento）"であり"地（terra）"として，"感
知"される。〈身体〉は，生体的で「関係的な媒体（relational vehicle, veicolo di
relazione）」であり，心を「体現（embody）」し，「私たちがまるごと統一され
た存在であることを可能にするもの」（Melucci 1996a=2008：87）である。

　〈身体〉は，「私たちの内なる自然と私たちを取り巻く自然の境界（confine）
を縁取」（Melucci 1996a=2008：180）る即自的存在であり，「自然から切り離さ
れた存在」であることと，「自然に引き戻される（restored to nature through our
bodies）」ことの二極の間に在る"境界領域（cumfinis）"である。

　私たちは，「グローバルなフィールド」への「介入」の全面展開によって，
〈惑星地球（the planet Earth）〉と〈身体（corporeality）〉の存在を，社会的現実
として意識化し，自覚するような〈惑星社会〉を生きることになる。"惑星社
会／内なる惑星論（vision of planetary society / inner planet）"は，この状況が"生
身の現実"となった「時代のパサージュ（passaggio d'epoca）」（Melucci 1994a），
すなわち変転・変化，流れ移り行く（passare）時代を自覚し生きることへの問
題提起である。その"根源（radice）"に在るのは gran passaggio（死）である。

メルッチは，自己というアイデンティティについて，"（軸足をずらし）揺れうごきつつかたちを変えていく（playing and changing form）"という観点から以下のように語っている。

　　自己のアイデンティティは本質というより，フィールドとして現れる。それはもはや形而上学的な実在ではなく，動的なシステムであり，認識可能な機会と制約によって定義されるものとなる。アイデンティティはシステムであり，プロセスである。なぜなら，そのフィールドは，一群の関係で定義されるものであり，自らに介入して自らを再構築することができるものだからである。
　　　　　　　　　　　　　　　　　　　　　　　　　　　（Melucci 1996a=2008：68）

　〈内なる惑星〉は，「形而上学的実在」ではなく，動的で生体的，関係的なシステムでありプロセスであり，対象化された「身体」を定義し直した"フィールド"，"［再定義され続ける］フィールド（campo da ridefinire continuamente, field to keep being redefined）"である。〈内なる惑星〉は，〈身体〉と言語が，「行動と再帰性の間で出会う点であり，天と地の結び目，連結点」であり，私たちはまだ，「私たちの内なる風景の中の最もアクセスしやすいフロンティアを探究し始めたにすぎない」（Melucci 1996a=2008：96）のである。

　こうして見てくると，メルッチは，直接その即自的存在をとらえ理解することが困難な存在である〈惑星地球／身体〉に対して，〈惑星社会／内なる惑星〉を，考察かつコミットメントが可能な対自的存在の"フィールド"として，設定し直したと考えられる。〈惑星社会／内なる惑星〉は，私たちが，ただ存在するという理由のみによって静かに尊重されるようなテリトリーとして"組み直す（ricomporre / rimontare, recompose / reassemble）"べき"フィールド"として，私たちの眼前に／内奥に，設定されたと理解することができる。

　それでは，なぜ〈内なる惑星社会〉でなかったのか？　メルッチが，新たな概念で現実を名付け直すときは，"［衝突・混交・混成・重合の果てのトータルな］直観（intuizione composita）"によって実現してきたプロセスを，かたわら

序章　限界と向き合う〈エピステモロジー／メソドロジー／デイリーワーク〉　33

にいて識る者という立場から推論してみる。

「物理的限界」も含めた〈惑星社会〉に生きる人間は，「外なる惑星」に介入するだけでなく〈内なる惑星〉を操作の対象にしようとする。しかし，「神」の目線で〈内なる惑星社会〉を俯瞰することはできない。同じ水平線にあって，〈内なる惑星〉（を操作すること／相対化・俯瞰すること）の限界に"出会う"。限界に"出会い"，限界のなかで，〈内なる惑星〉を創っていく。惑星は，惑う星であり，自分の意志とは異なり，閉じない循環をしつつうごいていく「ホーム」である。

ここから，古城の"問いかけ"である「身心論」「現象学」が持つべきベクトルについて応答する可能性が開ける。「内なる惑星は，私たちを最も内奥で規定し（most intimately defines us），私たちの一部であり，私たちを外なる宇宙へ導く道」（Melucci 1996a=2008：178）である。「上／外」から「ミクロ」な"心身／身心現象"を「まなざす（gazing, sguardare）」というベクトルから，低きより／内奥から，社会を／「外なる宇宙」を見ていくというベクトルでの考察を，メルッチは試みようとした。

〈内なる惑星〉の理解については，メルッチ自身の再定義のプロセスと，それを理解していく私たちのプロセスという二つの"フィールド"が存在している。これ以降の考察は，第1章で，『プレイング・セルフ』（Melucci 1996a）以前の考察であるイタリアの都市・シエナでの1989年の講演を紹介する。そして，第2章では，『プレイング・セルフ』の刊行後，メルレル・新原の"境界領域論（visione di cumfinis）"と"複合的身体（corpo composito）"論にふれた後，言葉をともに紡ぎ出すというプロセスの創起（emergeuti）であった2000年5月の一橋大学での講演を紹介する。そして第3章で，メルッチにおける再定義のプロセスについての現時点での理解を提示することとしたい。

以下では，この新たな"フィールド"で，メルッチが希求しようとしていた〈エピステモロジー／メソドロジー〉——「近代科学の還元主義的モデルとは異なる全体論的なモデル」[29]，「全体論的で循環的なパターン」（Melucci 1996a=2008：86, 121）——をどのように構築していくかを考察していく。どこ

から始めるのか？ "基点／起点（anchor points, punti d'appoggio）" となるのは，いかなる体験／経験か？

6.「生老病死」の〈エピステモロジー／メソドロジー／デイリーワーク〉

　本書では，古城教授の "問いかけ"──限界と向き合う〈エピステモロジー／メソドロジー〉に対して，メルッチ夫妻・新原の協業による "惑星社会／内なる惑星論" による応答を試みようとしている。ここまでの考察で，〈惑星社会〉が直面している "限界状態" を確認し，現在を生きる人間と社会の "根本問題" に応答するための "フィールド" として，〈内なる惑星〉を設定するところまできた。ではこの新たに設定された "フィールド" である〈内なる惑星〉において，私たちは，何を "基点／起点" として，"探究／探求" に着手すればよいのだろうか？

　〈惑星地球／身体〉という "背景（roots and routes）" を持つ動的な "フィールド" である〈内なる惑星〉は，〈惑星社会〉の根底からの変容と連動し，「グローバルなフィールドとその物理的な限界」の二重性，「アンビヴァレンス（ambivalence）」に直面している。〈内なる惑星〉にふれる〈エピステモロジー／メソドロジー〉とは，いかなるものか。

　私たちの日常生活は，社会的大事件のみならず個人の病・死も含めて，"未発の状態" に在る。未発の事件は，実は既にそれに先立つ客観的現実の中に存在していたのであって，ただ私たちが，「同時代のこと」，そして自らの "心身／身心現象" に対して選択的盲目を通していたに過ぎない。限界と向き合う〈エピステモロジー／メソドロジー〉は，特定の状況，とりわけ限界状況において力を発揮する "臨場・臨床の智（cumscientia ex klinikós, composite wisdom to facing and being with raw reality）" であること，支配的なる知とは別の補助線をひき，対立の場の固定化した「区分」を突き崩し，揺りうごかすことが求められている。

序章　限界と向き合う〈エピステモロジー／メソドロジー／デイリーワーク〉　*35*

『プレイング・セルフ』の第9章「地球に住む」では，「有限性」と同時に「可能性」についても語られている。

> しかしながら限界には，制限（confinement），フロンティア（frontier），分離（separation）の意味もある。したがってそれは，他者，差異，還元できないものを承認する（recognition of the other, the different, the irreducible）ということをも意味している。他者性との出会いは，試されるという体験である。……「他者」とは，私たちにとっての限界を意味するだけではなく，それはまた，差異を媒介とした交わりのなかで，より高い水準の共同性へと到達しうることをも表しているのだ。……地球上の地域や人々の間の裂け目が，日増しに深刻化していくにつれて，責任／応答力の場は，ますます個人の行為へとシフトしてきている。……まさにこの理由から，内なる惑星（inner planet）が私たちにとって決定的な事柄となるのである。
>
> （Melucci 1996a=2008：177-178）

個々人そして社会そのものの「有限性（finiteness）」を自覚せざるを得ない。しかしこの「制限（confinement）」のなかにある「境界（finis）」と向き合うことで，「他者，差異，還元できないものを承認する（recognition of the other, the different, the irreducible）」ことへと可能性が開けてもいく。だから，あえて勇気を持って，「差異のただなかで，ともに・生きていくことの責任／応答力とリスク」を引き受けることが必然性を持つ。そこでの「自由」は，「限界を受け容れる自由（free acceptance of our limits）」，すなわち，いま在るかたちを変えるという意味での喪失に応答することを選び取るという側面を持つことになる[30]。このプロセスは，いわば「内なる社会変動」として立ち現われる。

〈惑星社会〉の問題は，〈内なる惑星〉を闘技場（arena）として現象する。他者性と"出会い"，個別具体的な身体の有限性（finiteness of corporeality）に「引き戻される」ことを通じて，私たちは，自らの現在地――「地球という惑星とそれをこえて広がる宇宙の一部を形づくっている（we form a part of the planet and the universe beyond）」（Melucci 1996a=2008：176）ことを"感知／感応"する。〈惑星地球／身体〉にふれる"根本的瞬間（Grundmoment）"，"こころに刻まれる瞬間（momento memorabile, memorabile momentum）"である。この"瞬間"に，私たちは，〈内なる惑星〉を「探索し，定住し，耕す（explore, settle and cultivate）」（Melucci 1996a=2008：87）ことを学ぶ。

〈内なる惑星〉の"深層／深淵"で起こりつつある"毛細管現象（fenomeno della capillarità）"は，"地域社会／地域／地（regions and communities, territory, terra）"において，"胎動／交感／個々人の内なる社会変動"となる。それはまた，時として，二者から三者へのつながりが突然つくられる"未発の社会運動（movimenti nascenti, nascent movements）"[31]としても立ち現れる。つまりは，一つのうねりのなかに，一者と二者と三者（個々の身体と個々人の関係，地域，社会）の相互作用とそれぞれの位相における微細な"うごき"が潜在している。

「生老病死」は，"根本問題"を"感知／感応"する"うごき"にとって，重要な"場（moment, condition）"となっている。ここでは，「生老病死」をケアの対象とするだけでなく，「生老病死」という"フィールドで自分の理解を一度手放し学びほぐすプロセス（process of learning by unlearning in the field）"とすることが含意されている。再定義し／され続ける"フィールド"は，「観察」の後になされる考察の対象ではない。そして，ここからの理解（"エピファニー（epifania, epiphany）"）は，日々の営み（デイリーワーク）との連続性のなかに在る。低きより／内奥から，"フィールドのなかでフィールドを定義し直す（ridefinire il campo all'interno di campo, redefine the field within field）"という「生老病死」の〈エピステモロジー／メソドロジー／デイリーワーク〉である。

この点についての理解を深めるために，古城利明と新原との間でなされた2011 年 8 月のやりとりをふりかえることで問題の所在を明らかにしたい。「生老病死」とかかわって，古城利明は，「3. 11」以前に刊行した新原の論稿を読み直した上で，「方法論（エピステモロジー）を固めた」という判断を示し，新原の〈エピステモロジー／メソドロジー／デイリーワーク〉の特徴を下記の点にまとめた。

序章　限界と向き合う〈エピステモロジー／メソドロジー／デイリーワーク〉　*37*

①　通常は考察の対象としない調査研究者側の "背景"，"道行き・道程（passaggio）"，"固執観念（obsession / ossessione）"，"拘束（servitude humana）" を組み込むことと，調査される側の "心身／身心現象" に迫ることをつなげている：新原の場合は，父母の歴史（とりわけ日本帝国時代に朝鮮半島で生まれ育った父親の特攻隊での体験）が，"根（radice）" の要素として，研究の「マグマ」「パッショーネ」となっていること。そこから，"移動民（homines moventes）""痛む／傷む／悼むひと（homines patientes）" への関心（interesse）が生じていること。

②　他者の "背景"，とりわけその内奥に踏み込むことは極めて困難であり，たやすく暴力となる。しかしもし，通常は研究のなかでは制御できない「パッショーネ」と「火山を抱え込む」方法を持つことが出来れば，深部の毛細管現象や胎動，交感，低きより／内奥から社会変動をとらえることができる。新原は，メルッチとメルレルの社会学を介して，そのための方法論を模索し創案した。

③　上記の「パッショーネ」と「火山を抱え込む」方法論の相互運動により「生老病死」が〈エピステモロジー／メソドロジー／デイリーワーク〉に分かちがたく組み込まれている。ここでの「生老病死」は，個々人のみならず社会の「生老病死」も含意されている。

　古城の言うところの「生老病死」の〈エピステモロジー／メソドロジー／デイリーワーク〉は，理論と実践，調査研究者と当事者，さらには，個々人の "固有の生の軌跡（roots and route of the inner planet）" との結合である。

　①については，調査研究者であれ当事者であれ，一個人として直面せざるを得ない "社会的痛苦（doloris ex societas / patientiae, pain on society / patience）" について述べている。この "痛み／傷み／悼み（patientiae, sufferentiae）" は，言葉とならず，日々の暮らしの奥底で通奏低音（basso continuo）のように潜在し続ける「マグマ」「パッショーネ」であり，制御されないものとして在る。

　②については，「マグマ」「パッショーネ」にふれ，その脈動を感知し，相互

性・相補性を持つ媒介的根源性へと転換するための〈エピステモロジー／メソドロジー／デイリーワーク〉について述べている。根拠となっているのは，個々人の奥深くの個別的根源性（"根"）のレベルで，"根のどよめき（radici risuonando, roots resonating）"が起こるとき，社会に根底からの変容がもたらされるという認識である。

　③の惑星地球の，他の生き物の，他の人間の，自らの身体の微細な"うごきの場"を"感知／感応"することは，社会そのものの「生老病死」に，"わがこと，わたしのことがら（cause, causa, meine Sache）"としてかかわる（s'engager）ことである。内なる「うごめき」（「胎動」）を，他者との間で「翻訳」「転換」するための見方（visione），聴き方，ふれ方，自分を開き，投企し，"メタモルフォーゼ（変身 change form / metamorfosi）"する方法が必要となる。個別的で根源的な体験を，他者との"出会い"のなかで経験化し，相互承認（聴くこと）を可能にしていく方法である。

　この「胎動」と「変身」の往復運動──個々人が体験する"痛み／傷み／悼み（patire）"とそこからの社会参加（partecipare）の"フィールド"と，その個別的で根源的な意味の産出を媒介可能なものとする〈エピステモロジー〉の生成の"フィールド"との"閉じない循環（circolarità schiudendo）"──が，"フィールド"での〈デイリーワーク〉となる。

　〈惑星地球／身体〉の限界と向き合う〈エピステモロジー／メソドロジー〉は，〈惑星社会／内なる惑星〉の「生老病死」の〈エピステモロジー／メソドロジー／デイリーワーク〉として再定義され，日々の営みとして，フィールドのなかでフィールドを定義し直し続けることとなる。

　個々人と社会の「生老病死」を"根本的瞬間"として，そこで"感知"される「限界」「境界」「制限」「フロンティア」「分離」「分立」「他者」「差異」等々は，非日常ではなく，むしろ通奏低音として，「惑星地球における生（life on planet Earth）」を規定し，その「限界を受け容れる自由（free acceptance of our limits）」の"基点／起点"となっている。メメント・モリさらには，メメント・モメントからの"組み直し"である（新原 2007a：227-234）。

7．おわりに——惑星社会の内なるフィールドワークへ

　本研究チームは，人間と社会の"うごき（becomings, metamorfosi）"をとらえる，あるいは"うごき"に巻き込まれる"智（cumscientia）"の創出を志向してきた。もっと言えば，"うごき"の比較，"うごき"に出会うこと（confront）による"危機の時代の総合人間学（cumscientia at moment of crisis）"の創出である。本書は，故・古城利明教授による「「惑星社会」から「惑星（地球）」を展望に入れた「エピステモロジー／メソドロジー」，それは宇宙論を前提とした身心論なのか，空無を覗き込んだ現象学なのか，課題は深い」（古城 2014：443）という"問いかけ"に応えることを"ミッション"としている。

　まだその試みの途上——"フィールドのなかでフィールドを定義し直す"，想定内の「問題解決」ではない"新たな問いを立てる（formulating new questions）"という"創造的プロセス（the creative process, il processo creativo）"のなか——に在る。

　人間中心主義，地球中心主義から離れて，惑星社会と人間，その意味を探求する現象学をめざす。そこで探求される，「惑星地球における生」と「ただ存在するという理由のみによって静かに尊重されるようなテリトリー」は，惑星地球の物質圏（大気圏・水圏・地圏）を母体として存立する生物圏，そのなかの人間圏のすべての「網の目」のなかにしか存立し得ない[32]。

　"境界領域のフィールドワーク（Esplorando sul campo di 'cumfinis', Exploring the field of 'cumfinis'）"では，世界システム論的な視点から，〈惑星社会〉にとっての"うごきの場（field of nascent processes / moments, campo di processi / momenti nascenti）"となるであろうと想定されるテリトリーでの調査を試みてきた（アゾレス，カーボベルデ，ランペドゥーザ，宮古・石垣，メリリャ，セウタなど）。

　しかし，こうしたローカルな「場所」において，むしろ，"心身／身心現象（fenomeno mente-corpo / corpo-mente, mind-body / body-mind phenomenon）"の"うごき"に対面した。テリトリーから入って"心身／身心現象"へという"移行，

移動，横断，航海，推移，変転，変化，移ろいの道行き・道程（passaggio）"
は，〈惑星社会〉のもとでの "内なる惑星のフィールドワーク" として "組み直
す（ricomporre / rimontare, recompose / reassemble）" ことが必要となった。

「はじめに」でも述べたように，"惑星社会のフィールドワーク" は，① "境
界領域のフィールドワーク"：メルレル・新原の間での "テリトリーの境界領
域" におけるサーベイ型のフィールドワーク，② "内なる惑星のフィールドワー
ク"：メルッチ夫妻との間で，メルッチ・新原自身の「生老病死」を "基点／起
点" として，"心身／身心現象の境界領域" に焦点をあてた，ステイ型の "療法
的でリフレクシヴな調査研究，③ そしてこの，"境界領域のフィールドワーク"
と "内なる惑星のフィールドワーク" が交差する「様々な知がぶつかりあう十
字路」（Melucci 1996a=2008：7）としての "コミュニティ研究（コミュニティでの
デイリーワーク）" で構成されている。"コミュニティ研究（コミュニティでのデイ
リーワーク）" は，特定の "場" とかかわり "未発の状態" から多系／多茎の方向へ
と生成していく "うごきの場に居合わせる（being involved with the field, essendo
coinvolti nel campo di ascolto）" ことを，少なくとも 10 年の単位で続けてきた[33]。

これらの試みは，"フィールドワーク" の "対位法（counterpoint, Kontrapunkt,
contrapunctus）" である。実際の〈デイリーワーク〉として行ってきた三つのア
プローチは，いずれも "心身／身心現象" にまで迫るという点で，実践的に現
象学的であり，「すべてについて何ほどかを識り，あることについてすべてを
識る」（アダム・スミス）という「全体論的」（メルッチ）な姿勢を持ってい
た[34]。これはあらかじめのリサーチ・デザインではなく，"フィールド" に引き
込まれ，巻き込まれるなかで，造形されてきたものである。

「"国境地域／境界領域" に入っていき，その土地のひとに出会うなかで……
自らが自らに対位し，異なる声（"不協の多声（polifonia disfonica）"）を同時にあ
げ，それゆえ自らを所在のない不均衡な存在と感じる身体（contrapuntal,
polyphonic, dysphonic and displaced body）」と出会い，「対位するひとの生そのも
のと〈合わせ鏡〉となるようなかたちで，フィールドワークそのものも，遠
き "端／果て" と近き "端／果て"，外への／内奥への力を，対位的に『抱きか

序章　限界と向き合う〈エピステモロジー／メソドロジー／デイリーワーク〉　*41*

かえる』かたちの"対比・対話・対位"するフィールドワークとならざるを得
なかった」（新原 2019a：158-162）のである[35]。

　研究チームのなかで，〈エピステモロジー〉と〈デイリーワーク〉は共有し
ている。〈エピステモロジー〉は，"惑星社会／内なる惑星論"と"境界領域論"
である。〈デイリーワーク〉は，"うごきの場（moment of becomings, momento di
metamorfosi)"に，"居合わせる（being there by accident at the nascent moments
in which critical events emerge)"。内的なプロセス，目に見えない，当人にしか
体感し得ない，生理的・感情的なプロセス，顔の表情やしぐさ，雰囲気などの
身体表現によって，潜在的にもしくは身体表現として生ずる"心身／身心現
象"，"交感／交歓"の"うごき"の瞬間に行き会う，生き合う，立ち会う確率を
高めることを念頭に置きつつ，よりゆっくりと，やわらかく，深く（lentius,
suavius, profundius)，"居合わせ"，待つ。

　"大量で詳細な記述（acumen, keeping perception / keeping memories)"により
"複数の目で見て複数の声を聴き，複数のやり方で書いていく"という"不断／
普段の営み（attività incessanti / quotidiane, relentless / daily activities)"であり，
主要なデータはフィールドノーツとなる。これはまた，メルッチの"リフレク
シヴな調査研究（Reflexive research, Ricerca riflessiva)"を継承することでもあ
る[36]。

　他方で，"境界領域"のフィールドワーク，"内なる惑星のフィールドワーク"，
"コミュニティ研究（コミュニティでのデイリーワーク)"の〈メソドロジー〉は，
各自が複数のやり方（ways of exploring）を創っていくものである[37]。

　では，フィールドワークは何であるかと言えば，〈エピステモロジー〉と
〈デイリーワーク〉をつなぐ〈メソドロジー〉，"フィールドのなかで書き
（writing in the field, writing while committed)""フィールドのなかでフィールドを
定義し直す"ことで，〈構成概念〉を創出し，その〈概念〉によって現実をと
らえる，また現実に「呼び戻され」，再定義されるという往復作業の在り方
（ways of being) ／やり方（ways of exploring）という意味での〈メソドロジー〉
となる。

ロバート・マーフィーなら「地球の裏側／意識の裏側」への旅（Murphy 1990=2006），梅棹忠夫なら「サーベイ型／ステイ型」（梅棹 2012），メルレルとは「"社会文化的な島々"への"旅／フィールドワーク"」（Merler e Niihara 2011a；2011b），メルッチ夫妻とは「（個人／社会の）病・身体に聴く」（Melucci 2000f=2001）といった"対位法（counterpoint, Kontrapunkt, contrapunctus）"によって構成されている。しかし，これは，「型」をつくってからやったというよりは，往復作業をやり続けるなかで生成してきたものである。

その意味では，"うごき"がある学（流れのなか，"うごき"のなかで問い続け学ぶ）であり，グランドセオリーでなく，「軽やかな旅人」（Langer 2011［1996］）として，メタファーとしての〈構成概念〉による軽量の理論をカバンにいれて，各所を〈あるき・みて・きいて・しらべ・ふりかえり・考え・ともに書く〉という"不断／普段の営み"，〈デイリーワーク〉である。

以下，本書では何をどこまで達成するか。

第Ⅰ部では，メルッチ夫妻・新原の間で練り上げられた〈エピステモロジー／メソドロジー／デイリーワーク〉と〈構成概念〉とりわけ〈内なる惑星〉〈身体〉についての考察を行う。

第Ⅱ部では，今回の叢書での新たな展開として，これまで共同研究のなかでは断片的に散見されるかたちでなされてきた試みを，個々人および社会の「生老病死」に即して，"内なる惑星のフィールドワーク"としてとりまとめることを試みる。

第Ⅲ部は，『"臨場・臨床の智"の工房』の第Ⅰ部第Ⅱ部の続編という位置付けである。これまで積み上げてきた"テリトリーの境界領域"における"コミュニティ研究（コミュティでのデイリーワーク）"を，"リフレクシヴな調査研究"（メルッチ）に即してふりかえる。

終章と「あとがき」では，"惑星社会のフィールドワーク"の現在をふりかえる。

序章　限界と向き合う〈エピステモロジー／メソドロジー／デイリーワーク〉　*43*

1) 本書は，中央大学社会科学研究所のヨーロッパ研究ネットワークを母体として着手された共同研究チームである「うごきの比較学」（2019 〜 2024 年度）の研究成果である。研究チーム「うごきの比較学」は，イタリアの社会学者アルベルト・メルッチ（Alberto Melucci）夫妻と新原の "惑星社会／内なる惑星論（vision of planetary society / inner planet）" とアルベルト・メルレル（Alberto Merler）と新原の "社会文化的な島嶼性論（visione di insularità socio-culturale）" と "境界領域論（visione di cumfinis）" に基づき，「可視的局面」の背後で不断に醸成されている「潜在的局面」の "うごき（becomings，metamorfosi）" と社会そのものの変動（transformation / transcendence / changing form / metamorphose）の動態を把握することをめざしてきた。とりわけ，個々人の深部における微細でリフレクシヴ（再帰的／内省的／照射的）な "うごき" に着目し，その "うごき" に応ずるかたちで，領域を横断して新たな問いを立てることを企図してきた。本研究チームの前史である 1996 年より継続しているヨーロッパ研究ネットワークと，同ネットワークを母体とする共同研究チームである「3.11 以降の惑星社会」（2013 〜 2015 年度），「惑星社会と臨場・臨床の智」（2016 〜 2018 年度）については，（新原 2020c）を参照されたい。

2) 顕在化し可視的なものとしてとらえ得る「出来事」の水面下に潜在しつつ流動し変化し蓄積されている状態，「生まれつつあり，生起しつつある（nascenti）」が「未だ発したり現れたりはしていない」状態をとらえようとした概念である "未発の状態（stato nascente，nascent state）" については，「"未発の状態／未発の社会運動" をとらえるために」（新原 2015b）を参照されたい。

3) メルレルたちの研究チームとの協業により，日本とイタリアそれぞれの都市公営団地において，"コミュニティを基盤とする参与的調査研究（Community-Based Participatory Research（CBPR））" を行ってきた。その一方で，メルッチ夫妻との間で，"療法的でリフレクシヴな調査研究（Therapeutic and Reflexive Research（T&R），Ricerca terapeutica e riflessiva）" を創出し，メルッチが夭逝した後も，アンナ夫人との間で，その在り方（ways of being）についての検討を積み重ねてきた。詳しくは，新原（2019a：1-6），Merler（2011c），Whyte（1993=2000），Williams & Kornblum（1994=2010）などを参照されたい。

4) "生身の現実（realtà cruda）" は，メルッチが自分の独自性を表現するときに用いた言葉である。

5) 古城は，スウェーデンの政治学者ジェンス・バーテルソン（Jens Bartelson）の分類にならって，グローバリゼーションの特徴を「既存の単位間でのものごとの移動・交換（transference）」，「システム・レヴェルでの変容（transformation）」，「単位やシステムを成り立たせる区分の超越（transcendence）」としている（古城 2011b：1-2）（Bartelson 2000）。

6) 本書では詳述しないが，"境界領域のフィールドワーク（Esplorando sul campo di ‘cumfinis’，Exploring the field of ‘cumfinis’）" は，"惑星社会のフィールドワーク（Exploring the Planetary Society，Esplorando la società planetaria）" の主

要な構成部分である。メルレルとの世界各地の "境界領域（borderland / limit-situation, zona di confine/territorio limitrofo）" でのフィールドワークについては，新原（2014a；2019a；2020a）などを参照されたい。

7)「3. 11」以降の "惑星社会のフィールドワーク" の試みは，"惑星社会／内なる惑星論" を前提とした "境界領域のフィールドワーク"，"（コミュニティ研究）コミュニティでのデイリーワーク"，"内なる惑星のフィールドワーク" という三つの "系（serie, seriers）" で整理する。"境界領域のフィールドワーク" については，新原（2013a；2013b；2014a；2015a；2015b；2017a；2017b；2018；2019a；2020a；2020b；2020c；2021b；2022b；2023），Niihara（1989a；1989b；1994；1995；1997；1998；2011；2012），Merler e Niihara（2011a；2011b）など，"内なる惑星のフィールドワーク" については，新原（1996；1997a；1997b；1998a；1998b；1998c；2000b；2001a；2001b；2003；2004b；2008b；2014b；2015c；2015d；2016e；2017c；2021c；2024），Niihara（2003a；2003b；2008；2021）など，"コミュニティ研究（コミュニティでのデイリーワーク）" については，新原（2016a；2016b；2019a；2019b；2021a）など，考察を蓄積してきた。"内なる惑星のフィールドワーク" については本書の第3章，"境界領域のフィールドワーク" "コミュニティ研究（コミュニティでのデイリーワーク）" については，本書の第9章でふたたび言及する。

8) 新原（2017b），新原（2023）において，過去のフィールドワークにおいて，実は既にそこで出会っていたもの（オルタナティヴの芽や "未発の瓦礫（rovine nascenti, nascent ruins）"）を "サルベージ（salvage, salvataggio, 渉猟し，踏破し，掘り起こし，掬い／救いとる）" することについて言及している。

9) 1989年の「ベルリンの壁崩壊」とその後の "「壁」の増殖" については，新原（2020b）で論じている。サスキア・サッセン（Saskia Sassen）は，「放逐（explusions）」と「システムの末端（edge）の増殖」という観点から論じている（Sassen 2014=2017）。

10) 科学者ヨハン・ロックストローム（Johan Rockström）は，この状況を，「大きな世界，小さな惑星（Big World Small Planet）」であるとし，「プラネタリー・バウンダリー（惑星が生存可能である境界線）」を越えてしまう前に，社会の在り方，開発・発展の在り方を変えていくべきだとしている（Rockström & Klum 2015=2018）。

11) ラトゥール（Latour 2017=2019），チャクラバルティ（Chakrabarty 2023=2024）などは，ここで述べているような複合的限界，"限界性" の問題をとらえていると考えられる。モラン（Morin et Kern 1993=2022）もまた，「地球運命共同体」について語っている。

12) 小長谷有紀編の梅棹（2012：6-15）に掲載された，梅棹の目次案の原稿の写真より，目次の項目を，下記に筆写した。判読困難な文字は□としている。1970年代に梅棹忠夫が遺した「人類の未来」目次案：

　第Ⅰ部

序章　限界と向き合う〈エピステモロジー／メソドロジー／デイリーワーク〉　*45*

1章　地球的家族論
　　住宅問題　家族とセックス　女性の未来　有限系としての地球の発見
2章　文明との競争
　　子々孫々の消滅　秩序の崩壊　現代の認識　情報の時代
3章　増えることはいいことか
　　人口爆発　光合成能力の限界　交通戦争　遺伝子工学　戦争の功罪　ヒューマニズムに対する疑問
第Ⅱ部
4章　欲望とエントロピー
　　地球は打ち出の小槌ではなかった　資源の浪費　資源の枯渇　廃棄物の処理　欲望の解放　物と空間の占□　文明の意味
5章　目標のない環境工学の意味
　　有限性の発見　地球のシミュレーション　システム・エコロジー　大気の進化　雪と氷　人口氷河　地球の実験
6章　進歩と永遠
　　永遠性の否定　永続観念の基礎　進歩という幻想　予定調和はなかった　科学の本質　破滅の諸類型
第Ⅲ部
7章　分配の矛盾
　　地域と統合性　資源分布の不平等　生態史観　国家の時代　生態系の摩擦
8章　地球国家の挫折
　　戦争の意味　弾道兵器と核　航空機と航空路　地球人の夢　大流行病時代　統合と分離
9章　コスモ・インダストリアリズム
　　ホモ・エコノミクスの虚妄　能率の問題　産業主義　経済による地球の再編成　地球経済による精神の退廃
第Ⅳ部
10章　人間存在の目的
　　なぜ「人類」でなければならないか　目標設定の初段階　人種の意味　進化史的存在としての人類
11章　不信システムとしての文化
　　国民文化の形成　□訳の可能性　価値体系の摩擦　不信　「見知らぬ明日」　文化の責任　歴史は意味をもつか　記憶の悲哀
12章　できのわるい動物
　　人間の構造　情緒の生理　エソロジー　人間改造の可能性　教育は救済になり得るか　宗教の終焉
エピローグ
　　エネルギーのつぶし方　理性対英知　地球水洗便所説　暗躍の彼方の光明

13）この考えは，（新原 2014b）において，メルッチの「限界を受け容れる自由

(free acceptance of our limits)」(Melucci 1996a=2008：79) という概念の解読を試みるかたちで論じている。安部公房『死に急ぐ鯨たち』(安部 1986) も参照されたい。

14)「ペリペティア」は,「8. 15」の意味を理解していく際に, イプセン, ルカーチをふまえ, 恩師・真下信一が駆使した概念であり,「主人公たちの頭と心のなかで『無知から知への急転』がそこで生じねばならないはずの『認識の場』であり, ドラマの窮極の意味が『そうであったのか!』というかたちで了解されるべきラスト・シーン」(真下 1979：165) を意味する。cf.(新原 2015c)。

15)『うごきの場に居合わせる』では,「未発のコミュニティ」として, 同書の全体を貫くテーマとして言及している (新原 2016a：68-74)。

16) 免疫学者の多田富雄は, 著書『生命の意味論』のなかで,「細胞の社会生物学」「心の身体化」という観点から, 都市を, 細胞に新たな組織文化が起こっていくように, 生物学的に発展していく「超システム」として理解している。これに対して,「プログラムされたシステム」としての都市計画によって建設された人工的な都市を対比している (多田 1997：222-227)。

17)『旅をして, 出会い, ともに考える』(新原 2011a) ではアゾレス調査について,『"境界領域"のフィールドワーク』(新原 2014a) ではカーボベルデ調査からの知見について,『"臨場・臨床の智"の工房』(新原 2019a) では石垣調査とランペドゥーザ調査について,『地球社会の複合的諸問題への応答の試み』(新原他 2020a) と「A. メルレルとの"対話的フィールドワーク"のエラボレーション」(新原 2023) においては, メリリャ調査からの知見について発表している。実証的な記述については, これらの著作を参照されたい。

18) ここでの「願望」は, 石牟礼道子の「未来」の含意と共鳴している。石牟礼については,「"受難の深みからの対話"に向かって」(新原 2015c) で言及している。「願望」については,「願望のヨーロッパ・再考」(新原 2020b) を参照されたい。
　　極限状況を超えて光芒を放つ人間の美しさと, 企業の論理とやらに寄生する者との, あざやかな対比をわたくしたちはみることができるのである。……意識の故郷であれ, 実在の故郷であれ, 今日この国の棄民政策の刻印を受けて潜在スクラップ化している部分を持たない都市, 農漁村があるであろうか。このようなネガを風土の水に漬けながら, **心情の出郷**を遂げざるを得なかった者たちにとって, 故郷とはもはやあの, 出奔した切ない未来である。地方を出てゆく者と居ながらにして**出郷を遂げ**ざるを得ない者との等距離に身を置きあうことができればわたくしたちは故郷を再び媒介にして, 民衆の心情とともに, おぼろげな抽象世界である**未来**を共有できそうにおもう。その密度の中に彼らの唄があり, 私たちの詩もあろうというものだ。そこで私たちの作業を記録主義とよぶことにする……と私は現代の記録を出すについて書いている (石牟礼 2004：359-360)。

19)"廃棄 (dump [ing])"についての考察は,「A. メルッチの『限界を受け容れる自由』とともに」(新原 2014b) において一度論じた内容と重なる。

序章　限界と向き合う〈エピステモロジー／メソドロジー／デイリーワーク〉　*47*

20）「廃棄された生（wasted lives）」については，ジグムント・バウマン（Bauman 2004＝2007）の論考も参照されたい。

21）"「壁」の増殖（proliferation of 'barrier', proliferazione di 'barriera'）" についての考察は，「願望のヨーロッパ・再考――「壁」の増殖に対峙する "共存・共在の智" にむけての探求型フィールドワーク」（新原 2020b）において一度論じた内容と重なる。

22）"基地の増殖（proliferation of base／camp／installation, proliferazione di basi／campi／installazioni）" については，「"うごきの比較学" から見た国境地域」（新原 2018）で考察している。

23）"パンデミック（pandemia, pandemic）" についての考察は，「"フィールドに出られないフィールドワーク" という経験」（新原 2021b）において一度論じた内容と重なる。

24）2000 年 5 月一橋大学で行った講演で，メルッチから発せられた言葉である "生体的関係的カタストロフ（la catastrophe biologica e relazionale della specie umana）" については，「『3. 11 以降』の惑星社会の諸問題を引き受け／応答する "限界状況の想像／創造力"」（新原 2015a）で，一度紹介し，論じている。

25）〈関係性〉の「危機」については，平和研究者ヨハン・ガルトゥング（Johan Galtung）とメルッチの問題提起の共通性について，「A. メルッチの『限界を受け容れる自由』とともに」（新原 2014b：46-48），「『3. 11 以降』の惑星社会の諸問題を引き受け／応答する "限界状況の想像／創造力"」（新原 2015a：13-14）で論じている。

ガルトゥングは，Sinking with Style（「優雅に品よく没落を」）（Galtung 1984＝1985）という論考のなかで，以下のような問題提起を行っている。この論稿は，ガルトゥング本人が日本語版のために 7 本の論考を選んだ著作である矢澤・大重訳の『グローバル化と知的様式』（Galtung 2003＝2004）が持つ「実践志向性」と「根底的批判性」の "基点／起点" となっているものだと考えられる。

ガルトゥングは，今日的な「危機」を論ずるにあたって，現在の衰退は，ローマ帝国の没落によって既に経験した事態であるとしている。ガルトゥングによれば，ローマ帝国を成り立たせていたのは，三つの方向に向けての搾取であった。すなわち，①外的プロレタリアートからの搾取：帝国の属領（provinces）からの搾取，②内的プロレタリアート（奴隷）からの搾取，③自然からの搾取：穀物栽培の後の「砂漠」「荒れ地」化を伴うローマへの「パン」の供給，下水道から地中海への余剰の廃棄と環境汚染，エネルギーの蕩尽，飢餓と飽食との "隔絶" であり，特権的な消費と娯楽の水準を維持できなくなったローマ帝国が没落していったのは，搾取すべき，土地と人，自然を消失させていったこと――属領や奴隷の反乱が起こり，自然が荒廃し，「原野」や「フロンティア」，「外部」を確保できなくなったからである。そして，④開拓し搾取するべき「原野」「フロンティア」「外部」がなくなることで没落していくという道を避けるために，高い生産性を科学技術革命によって確保し続けるという「処方箋」が，コロニアリズム以降の

近代西欧社会の特徴であるとした。

①の属領からの搾取は〈都市と地域の関係性〉の「危機」として，②の奴隷からの搾取は，「外国人労働者」は「非正規雇用」などの〈ひととひとの関係性〉の「危機」として，③の自然からの搾取は，〈惑星地球と社会システムとの関係性〉の「危機」として，今日に至る問題である。そして④の高生産性の追求は，「エリート／非エリート」の双方における"自執／自失（perdita antropologica）"と「文明病」，〈社会システムと個々人の身体との関係性〉の「危機」を引き起こした。

ガルトゥングは，「高い生産性」を維持しようとする社会には固有のコストがあると考える。第一に，官僚・経営者・研究者というテクノクラート（資本あるいは「問題」の管理者，「問題」を処理して解決方法を見つける専門家）の複合体が管理する極度にシステム化された管理社会となること。既得権益を占有する階層を中心にこの体制を維持するために必要とされる人間は，高生産性が必要なことは理解するが，「国際政治，歴史，文化，自然，人間」についての理解を欠くことが「出世の条件」となる。第二に，少数の官僚・経営者・研究者によって管理・保護されるそれ以外の人間には，「強制的自由時間，非自発的余暇，無意味な労働」がもたらされ，能力の実現と人とのつながりが奪われる（現代版の「パンとサーカス」）。第三に，システムの「周縁部（margin）」でなく中心部における「ストレス」と「汚染」（身体が受け付けない化合物）がもたらされることによって，精神障害，心臓疾患，悪性腫瘍といった「文明病」に直面する。これは，いわば「荒野」「砂漠」や「荒れ地」からの反逆である。

そして，これらのコストをもたらす「必然的に没落へと至る内なるプログラム（an inner programme that should be implemented）」の背後には，①中心と辺境という空間概念，②進歩や成長の概念（時間概念），③知識の概念化（複雑な問題を操作可能な単位にまで「X-Y関係」に還元し，演繹関係に基づく知的ピラミッド造り），④人間と自然との関係における人間中心主義，⑤白人・男性の優越，垂直的統治，⑥普遍的かつ排他的な存在，唯一の中心といったコスモロジーが存在している。すなわち，「成長の観念」「知識体系化の方法」「自然との関係を組み立てていくやり方」（the idea of growth, the way we organize our knowledge, the way we organize our relation to Nature）や「他の民族，他の性，他の年齢集団との関係を組み立てていくやり方」（the way we organize relations to other peoples, to the other sex, to other age-groups）と，西欧的宗教への信条との間には，「内的一貫性（an inner consistency）」が存在しているのだとする（Galtung 1984=1985：3-28）。

26）「人間の境界線のゆらぎ」については，「フィールドワークの"想像／創造力"」（新原 2022b）という論稿において，「身体」を闘技場（arena）とする病や遺伝子の操作／介入をめぐって考察を行っている。

27）内なる惑星（pianeta interno, inner planet）概念については，「アルベルト・メルッチの惑星社会論と身体への問いかけ——「内なる惑星」概念をめぐって」

序章　限界と向き合う〈エピステモロジー／メソドロジー／デイリーワーク〉　*49*

（新原 2024）において考察している。本節および第3章は，ここでの考察をさらに深化させるかたちでなされている。

28）メルッチが亡くなる直前に故郷リミニで行われた講演を参照されたい。

　　……対話をし続けること，可能性を信じ続けることは，私たちがなすべき重要な使命であると考えています。それはなぜか？　なぜならば，私たちはいま，過去のいかなる時代にも見ることがなかったほどに，相互に衝突・混交・混成・重合し，多重／多層／多面化が極度に進行した現在という時代を生きているからです。……社会のこうした転換によって，ごくごく小さな事件や，小さな集団や，ごくごく小さな行為などによって生み出されることがらから全景把握することを可能にしてくれます。現在の社会においては，ほんの小さな行為が重要な意味をもちます。というのは，この惑星の隅々に至るまで体験や出来事や諸現象を多重／多層／多面化させている相互依存の網の目にとって，それら小さきものこそが，根本的な資源となっているからなのです（Melucci 1996a=2008：vii）。

29）地球科学の立場から人間と社会をとらえることを試みた『社会地球科学』では，松井孝典が「要素還元主義的アプローチの限界」と「システム論的アプローチの必要性」を説いている（松井 1998：1-12）。

30）この知見については，「A. メルッチの『限界を受け容れる自由』とともに」（新原 2014b：51-55）で一度論じている。

31）"毛細管現象／胎動／交感／未発の社会運動（movimenti nascenti)" については，「"未発の状態／未発の社会運動" をとらえるために」（新原 2015b）および「A. メルッチの "未発の社会運動" 論をめぐって」（新原 2016e），「社会学的介入」「未発の社会運動」（新原 2017d）などを参照されたい。

32）〈微生物の目（microbiologial）／生物の目（biological）／生態系の目（ecological）／惑星の目（planetary）〉として "組み直す（ricomporre / rimontare, recompose / reassemble)" こととなる。すなわち，「微生物／生物／生態系／惑星」の間身体性のなかで意識的／非意識的に，惑星地球の，他の生き物の，他の人間の，自らの身体の微細な "うごき" を "感知／感応" する惑星社会の現象学である（新原 2021b：67-78）。

33）『うごきの場に居合わせる』（新原 2016a）の湘南プロジェクトと聴け！プロジェクト，『"臨場・臨床の智" の工房』（新原 2019a）と本書の立川プロジェクトの〈デイリーワーク〉を参照されたい。

34）ロバート・ベラー（Robert N. Bellah）は，共同研究『心の習慣』「付論」の「公共哲学としての社会科学」という「付論」のなかで，「人文科学（文化的伝統の継承と解釈）と社会科学（純粋観察という特権的な地位を持つ）という恣意的な境界」を越える「総観的（synoptic）な見方」の復権について語っている（Bellah et al. 1985=1991：357-364）。

35）「"対比・対話・対位" するフィールドワーク」については，「"うごきの比較学" から見た国境地域」（新原 2018）も参照されたい。「対位法」そのものであるよう

な身体については，エドワード・サイード（Edward W. Said）の下記の言葉が想起される。

わたしはときおり自分は流れ続ける一まとまりの潮流ではないかと感じることがある。堅固な固体としての自己という概念，多くの人々があれほど重要性をもたせているアイデンティティというものよりも，わたしはこちらのほうが好ましい。……それらは「離れて」いて，おそらくどこかずれているのだろうが，少なくともつねに動き続けている。……時に合わせ，場所に合わせ，あらゆる類いの意外な組み合わせが変転していくというかたちを取りながら，必ずしも前進するわけではなく，ときには相互に反発しながら，ポリフォニックに，しかし中心となる主旋律は不在のままに。これは自由の一つのかたちである，とわたしは考えたい（Said 1999=2001：341）。

36）下記の姿勢（attegiamento）であるが，後ほど，第9章で再度取り上げる予定である。

（「想像力」に関する調査をすすめるなかで）ジレンマに直面したことによって，かえって重要な意味を持ったのは，「創造力」に関する実質的な定義を確定してしまわずに，当事者との対話や調査メンバー間の対話のなかで，解釈の配置変えをしていくことに対して開かれた理論（teorie disponibili）を創ろうとしたことだった。そこでは，異なる文化的背景を持った専門的集団が，それぞれに創造力を生み出している。調査のプロセスにおいては，大きく揺れ動きつつも，客観的な立場に立つということも，リフレクシヴであり続けるということも，避けて通ることは出来ず，自らが生産する知や認識のあり方（流儀）の特徴に対して持続的な注意を払うというかまえを保ちつつ，このエピステモロジーのジレンマのなかで生きていくしかない。……こうして，創造力という概念には複数の意味が組み込まれたものとなり，この認識のあり方が調査研究グループ内部にも組み込まれ，これまでの調査研究のプロセスそのもののなかにある多重性が顕在化した。この自らに対してもリフレクシヴな調査研究の実践を通じて，社会を認識するための調査研究の意義を鼓舞する多元的で双方的な性質の意義を再確認したのである（Melucci 2000d=2014：102-103）。

37）新原の場合は，メルレル，メルッチ夫妻，それぞれとの間で，"根（radice）"，"社会文化的な島々（isole socio-culturali）"，"複合的身体（corpo composito）"，"異郷／異教／異境（terra estranea / pagania / confine estranei, foreign land / pagandom / extraneous borders）"，"痛み／傷み／悼み（patientiae. doloris ex societas）"，"境界領域（cumfinis）"，"思行（facendo cumscientia ex klinikós, pensare / agire, thinking / acting）"などのメタファーとしての概念を駆使しての現実理解を〈メソドロジー〉としてつくってきた。

序章　限界と向き合う〈エピステモロジー／メソドロジー／デイリーワーク〉　*51*

引用・参考文献

安部公房，1986『死に急ぐ鯨たち』新潮社。

阿部豊，2015『生命の星の条件を探る』文藝春秋。

Alexievich, Svetlana, 1997, *Chernobyl prayer: a chronicle of the future*, London: Penguin.（＝2011，松本妙子訳『チェルノブイリの祈り―未来の物語』岩波書店）

網野善彦，1992『海と列島の中世』日本エディタースクール出版部。

―――，1994『日本社会再考―海民と列島文化』小学館。

網野善彦他，1986-1988『日本の社会史』全8巻，岩波書店。

―――，1990-1993『海と列島文化』全11巻，小学館。

Bartelson, Jens, 2000, "Three Concepts of Globalization", in *International Sociology*, Vol. 15, No. 2.

Bauman, Zygmunt, 2003, "«Il gioco dell'io» di Alberto Melucci in un pianeta affollato", in L. Leonini (a cura di), *Identità e movimenti sociali in una società planetaria: In ricordo di Alberto Melucci*, Milano: Guerini: 58-69.

―――，2004, *Wasted lives : modernity and its outcasts*, Cambridge: Polity.（＝2007，中島道男訳『廃棄された生―モダニティとその追放者』昭和堂）

Becker, Howard S., 1998, *Tricks of the trade : how to think about your research while you're doing it*, Chicago: University of Chicago Press.（＝2012，進藤雄三・宝月誠訳『社会学の技法』恒星社厚生閣）

Bellah, Robert N. et al., 1985, *Habits of the Heart : Individualism and Commitment in American Life*, The University of California.（＝1991，島薗進・中村圭志訳『心の習慣―アメリカ個人主義のゆくえ』みすず書房）

Bovone, Laura, 2010, *Tra riflessività e ascolto: l'attualità della sociologia*, Roma: Armando Editore.

Braudel, Fernand, 1966, *La Méditeranée et le monde méditerrnéen à l'époque de Philippe Ⅱ*, Paris: Armand Colin, Deuxième édition revue et corrigée.（＝1991，浜名優美訳『地中海Ⅰ　環境の役割』藤原書店）

Brenner, Neil, 2019, *New urban spaces : urban theory and the scale question*, New York: Oxford University Press.（＝2024，林真人監訳，玉野和志他訳『新しい都市空間―都市理論とスケール問題』法政大学出版局）

Cacciari, Massimo, 1997, *L'arcipelago*, Milano: Adelphi.

Chakrabarty, Dipesh, 2023, *One planet, many worlds―The climate parallax*.（＝2024，篠原雅武訳『一つの惑星，多数の世界―気候がもたらす視差をめぐって』人文書院）

Chiaretti, Giuliana e Maurizio Ghisleni (a cura di), 2010, *Sociologia di Confine: Saggi intorno all'opera di Alberto Melucci*, Sesto San Giovanni : Mimesis.

Fabbrini, Anna, 1980, *Il corpo dentro: come i bambini immaginano l'interno del corpo*, Milano: Emme.

―――，2013, "Punti di Svolta", in Laura Balbo (a cura di), *Imparare Sbagliare vivere: Storie di lifelong learning*, Milano : Franco Angeli: 66-79.

古城利明，2000「地域社会学の構成と展開」地域社会学会編『キーワード地域社会学』ハーベスト社。

―――（編著），2006a『リージョンの時代と島の自治―バルト海オーランド島と東シナ海沖縄島の比較研究』中央大学出版部。

―――，2006b「序」古城利明監修，新原道信他編『地域社会学講座　第2巻　グローバリゼーション／ポスト・モダンと地域社会』東信堂。

―――，2011a「総論・地域社会学の構成と展開［新版］」地域社会学会編『キーワード地域社会学 新版』ハーベスト社。

―――，2011b『「帝国」と自治―リージョンの政治とローカルの政治』中央大学出版部。

―――，2014「再び"境界領域"のフィールドワークから"惑星社会の諸問題"へ」新原道信編『"境界領域"のフィールドワーク―惑星社会の諸問題に応答するために』中央大学出版部。

Galtung, Johan, 1984, "Sinking with Style", Satish Kumar (edited with an Introduction), *The Schumacher lectures*. Vol.2, London: Blond & Briggs. (= 1985, 耕人舎グループ訳『シュマッハーの学校―永続する文明の条件』ダイヤモンド社)

―――, 2003, *Globalization and intellectual style : seven essays on social science methodology*. (= 2004, 矢澤修次郎・大重光太郎訳『グローバル化と知的様式―社会科学方法論についての七つのエッセー』東信堂)

Ghisleni, Maurizio, 2010, "Teoria sociale e società complessa: il costruzionismo conflittuale di Alberto Melucci", in G. Chiaretti e M. Ghisleni (a cura di), 2010, *Sociologia di Confine: Saggi intorno all'opera di Alberto Melucci*, Sesto San Giovanni : Mimesia: 53-77.

Glissant, Édouard, 1990, *Poétique de la relation*, Paris : Gallimard. (= 2000, 管啓次郎訳『〈関係〉の詩学』インスクリプト)

―――, 1997, *Traité du tout-monde*, Paris : Gallimard. (= 2000, 恒川邦夫訳『全-世界論』みすず書房)

Guizzarci, Gustavo (a cura di), 2002, *La scienza negoziata. Scienze biomediche nello spazio pubblico*, Bologna: Il Mulino.

Hegel, Georg Wilhelm Friedrich, 1986, *Enzyklopädie der philosophischen Wissenschaften I*, Frankfurt am Main: Suhrkamp. (= 1996, 真下信一・宮本十蔵訳『小論理学』岩波書店)

平田周・仙波希望（編著），2021『惑星都市理論』以文社。

稲上毅，1984「現代社会論」佐藤守弘他編・北川隆吉監修『現代社会学辞典』有信堂。

Ingrosso, Marco (a cura di), 1990, *Itinerari sistemici nelle scienze sociali. Teorie e bricolage*, Milano: Franco Angeli.

序章　限界と向き合う〈エピステモロジー／メソドロジー／デイリーワーク〉　*53*

――――, 2003a, "Il limite e la possibilità. Riflessioni sulla sociologia del corpo di Alberto Melucci", in L. Leonini (a cura di), *Identità e movimenti sociali in una società planetaria: In ricordo di Alberto Melucci*, Milano: Guerini: 244-256.

――――, 2003b, *Senza benessere sociale. Nuovi rischi e attesa di qualità della vita nell'era planetaria e*, Milano: Franco Angeli.

――――, 2010, "Dal Corpo ignoto agli Homines Patientes: un percorso fra salute e cura in Alberto Melucci", in　Giuliana Chiaretti e M. Ghisleni (a cura di), 2010, *Sociologia di Confine: Saggi intorno all'opera di Alberto Melucci*, Sesto San Giovanni : Mimesis: 147-173.

石牟礼道子，2004『新装版　苦海浄土――わが水俣病』講談社。

――――，2013『蘇生した魂をのせて』河出書房新社。

Jedlowski, Paolo, 2000, *Storie comuni. La narrazione nella vita quotidiana*, Milano: Bruno Mondadori.

――――, 2010a, "Costruzione narrativa della realtà e mondi possibili", in A. Sant'Ambrogio (a cura di), *Ostruzionismo e scienze sociali*, Perugia: Morlacchi: 46-65.

――――, 2010b, "Soggettività, interdipendenza e narrazione di sé", in G. Chiaretti e M. Gislena (a cura di), 2010, *Sociologia di Confine: Saggi intorno all'opera di Alberto Melucci*, Sesto San Giovanni : Mimesia: 129-146.

Leonini, Luisa (a cura di), 2003, *Identità e movimenti sociali in una società planetaria: In ricordo di Alberto Melucci*, Milano: Guernii.

鹿野政直，1988『「鳥島」は入っているか――歴史意識の現在と歴史学』岩波書店。

栗原康，1975『有限の生態学』岩波書店。

Langer, Alexander, (a cura di Edi Rabini e Adriano Sofri), 2011 [1996], *Il viaggiatore leggero. Scritti 1961-1995*, Palermo: Sellerio.

Latour, Bruno, 2017, *Où atterrir? Comment s'orienter en politique*, Paris: La Découverte. (＝2019，川村久美子訳・解題『地球に降り立つ：新気候体制を生き抜くための政治』新評論)

Lundin, Susanne and Malign Iceland (eds.), 1997, *Gene Technology and the Public. An Interdisciplinary Perspective*, Lund: Nordic Academic Press. (＝2012，粟屋剛・岩崎豪人他訳『遺伝子工学と社会――学際的展望』渓水社)

真下信一，1979「思想者とファシズム」『真下信一著作集　第2巻』青木書店。

松井孝典，1998「人間圏とは何か」鳥海光弘・阿部勝征・住明正・鹿園直建・井田喜明・松井孝典・平朝彦・青木孝『岩波講座 地球惑星科学14　社会地球科学』岩波書店。

Melucci, Alberto (a cura di), 1984a, *Altri codici. Aree di movimento nella metropoli*, Bologna: Il Mulino.

――――, 1984b, *Corpi estranei: Tempo interno e tempo sociale in psicoterapia*, Milano: Ghedini.

――――. 1989a, *Nomads of the Present: Social Movements and Individual Needs in Contemporary Society*, Philadelphia: Temple University Press. (=1997, 山之内靖・貴堂嘉之・宮崎かすみ訳『現在に生きる遊牧民：新しい公共空間の創出に向けて』岩波書店)

――――. 1989b, "Risorse e limiti del pianeta interno", in *Convegno Internazionale I nuovi limiti fisici sociali ed etici dello sviluppo*, a Siena, 1 – 2 novembre 1989. (＝2025, 新原道信訳「〈内なる惑星〉―資源であり限界と可能性でもある」新原道信編『惑星社会のフィールドワーク―内なる惑星とコミュニティに"出会う"』中央大学出版部)

――――. 1990a, "Debolezze del guaritore: una riflessione sul prendersi cura", in Franca Pizzini (a cura di), *Asimmetrie comunicative. Differenze di genere nell'interazione medico-paziente*, Milano: Franco Angeli.

――――. 1990b, "Frontierland: la ricerca sociologica fra attore e sistema", in Marco Ingrosso (a cura di), *Itinerari sistemici nelle scienze sociali. Teorie e bricolage*, Milano: Franco Angeli: 193–209.

――――. 1991, *Il gioco dell'io   Il cambiamento di sé in una società globale*, Milano: Feltrinelli.

――――. 1994a, *Passaggio d'epoca: Il futuro è adesso*, Milano: Feltrinelli.

―――― (a cura di), 1994b, *Creatività: miti, discorsi, processi*, Milano: Feltrinelli.

――――. 1994c, *"Star bene"*, in Laura Balbo (a cura di), *Friendly : Almanacco della società italiana*, Milano: Anabasi: 128–141.

――――. 1996a, *The Playing Self: Person and Meaning in the Planetary Society*, New York: Cambridge University Press. (＝2008, 新原道信他訳『プレイング・セルフ―惑星社会における人間と意味』ハーベスト社)

――――. 1996b, *Challenging Codes. Collective Action in the Information Age*, New York: Cambridge University Press.

――――. 1997, "The Social Production of Nature", in S. Lundin and M. Ideland (eds.), *Gene Technology and the Public. An Interdisciplinary Perspective*, Lund: Nordic Academic Press. (＝2012, 村岡潔訳「社会的産物としての自然―遺伝子技術，身体，新たなるジレンマ」粟屋剛・岩崎豪人他訳『遺伝子工学と社会―学際的展望』溪水社)

―――― (a cura di), 1998a, *Verso una sociologia riflessiva: Ricerca qualitativa e cultura*, Bologna: Il Mulino.

―――― (a cura di), 1998b, *Fine della modernità ?* Guerini: Milano.

――――. 2000a, *Zénta: Poesie in dialetto romagnolo*, Rimini: Pazzini.

――――. 2000b, *Giorni e cose*, Rimini: Pazzini.

――――. 2000c, *Parole chiave: Per un nuovo lessico delle scienze sociali*, Roma: Carocci.

――――. 2000d, "Verso una ricerca riflessiva", registrato nel 15 maggio 2000 a

序章　限界と向き合う〈エピステモロジー／メソドロジー／デイリーワーク〉　55

Yokohama.（＝2014，新原道信訳「リフレクシヴな調査研究にむけて」新原道信編『"境界領域"のフィールドワーク—惑星社会の諸問題に応答するために』中央大学出版部）

―――，2000e, *Culture in gioco: Differenze per convivere*, Milano: Il saggiatore.

―――，2000f, "Sociology of Listening, Listening to Sociology", relazione orale della conferenza commemorativa alla conferenza dell'Associazione giapponese di studi regionali e comunitari, 14 maggio 2000.（＝2001，新原道信訳「聴くことの社会学」地域社会学会編『市民と地域—自己決定・協働，その主体 地域社会学会年報13』ハーベスト社）

―――，2000g, "Homines patientes. Sociological Explorations", relazione orale al seminario dell'Università Hitotsubashi, 16 maggio 2000.（＝2025，新原道信訳「〈身体〉—境界線の束であり境界領域でもある」新原道信編『惑星社会のフィールドワーク—内なる惑星とコミュニティに"出会う"』中央大学出版部）

―――，2000h, *Diventare persone: Conflitti e nuova cittadinanza nella società planetaria*, Torino: Edizioni Gruppo Abele.

―――，2002a, *Mongolfiere*, Milano: Archinto.

―――，2002b, "La medicina in questione. Il caso Di Bella", （con E. Colombo e L. Paccagnella）, in G. Guizzardi （a cura di）, *La scienza negoziata. Scienze biomediche nello spazio pubblico*, il Mulino, Bologna.

Melucci, Alberto e Anna Fabbrini, 1991, *I luoghi dell'ascolto: Adolescenti e servizi di consultazione*, Milano: Guerini.

―――，1992, *L'età dell'oro: Adolescenti tra sogno ed esperienza*, Milano: Guerini.

―――，1993, *Prontogiovani: Centralino di aiuto per adolescenti: Cronaca di un'esperienza*, Milano: Guerini.

Merler, Alberto （e gli altri）, 1982, *Lo sviluppo che si doveva fermare*. Pisa-Sassari: ETS-Iniziative Culturali.

――― （e G. Mondardini）, 1987, "Rientro emigrati: il caso della Sardegna", in *Antropos*, n. 18.

―――，1988, *Politiche sociali e sviluppo composito*, Sassari: Iniziative Culturali.

―――，1989, "Tre idee-forza da rivedere: futuro, sviluppo, insularità", in *Quaderni bolotanesi*, n. 15.

―――，1990, "Insularità. Declinazioni di un sostantivo", in *Quaderni bolotanesi*, n. 16.

―――，1991, "Autonomia e insularità. La pratica dell'autonomia, vissuta in Sardegna e in altre isole", in *Quaderni bolotanesi*, n. 17.

――― （e M. L. Piga）, 1996, *Regolazione sociale. Insularità. Percorsi di sviluppo*, Cagliari: Edes.

――― （con G.Giorio e F. Lazzari, a cura di）, 1999, *Dal macro al micro. Percorsi socio-comunitari e processi di socializzazione*, Verona: CEDAM.

─────, 2003a, *Realtà composite e isole socio-culturali: Il ruolo delle minoranze linguistiche.*（＝2004，新原道信訳「"マイノリティ"のヨーロッパ─"社会文化的な島々"は，"混交，混成し，重合"する」永岑三千輝・廣田功編『ヨーロッパ統合の社会史』日本経済評論社）

───── (con M. Cocco e M. L. Piga), 2003b, *Il fare delle imprese solidali. Raporto SIS sull'economia sociale in Sardegna.* Milano: Franco Angeli.

─────, 2004, *Mobilidade humana e formação do novo povo / L'azione comunitaria dell'io composito nelle realtà europee: Possibili conclusioni eterodosse.*（＝2006，新原道信訳「世界の移動と定住の諸過程─移動の複合性・重合性から見たヨーロッパの社会的空間の再構成」新原道信他編『地域社会学講座　第2巻　グローバリゼーション／ポスト・モダンと地域社会』東信堂）

───── (and A. Vargiu), 2008, "On the diversity of actors involved in community-based participatory action research", in *Community-University Partnerships: Connecting for Change*: proceedings of the 3rd International Community-University Exposition (CUexpo 2008), May 4 - 7, 2008, Canada, Victoria, University of Victoria.

───── (e M. Niihara), 2011a, "Terre e mari di confine. Una guida per viaggiare e comparare la Sardegna e il Giappone con altre isole", in *Quaderni Bolotanesi*, n. 37.（＝2014，新原道信訳「海と陸の"境界領域"─日本とサルデーニャを始めとした島々のつらなりから世界を見る」新原道信編『"境界領域"のフィールドワーク─惑星社会の諸問題に応答するために』中央大学出版部）

───── (e M. Niihara), 2011b, "Le migrazioni giapponesi ripetute in America Latina", in *Visioni Latino Americane*, Rivista semestrale del Centro Studi per l'America Latina, Anno III, N° 5.

───── (a cura di), 2011c, *Altri scenari. Verso il distretto dell'economia sociale*, Milano: Franco Angeli.

Morin, Edgar et Anne Brigitte Kern, 1993, *Terre-patrie,* Paris: Seuil.（＝2022，菊地昌実訳『祖国地球─人類はどこへ向かうのか　新装版』法政大学出版局）

Morris, Meaghan, 1999, "Globalization and its Discontents".（＝2001，大久保桂子訳「グローバリゼーションとその不満」『世界』2001年4月号）

Murphy, Robert F., 1990, *The Body Silent—The Different World of the Disabled*, New York: W.W. Norton, 1990.（＝2006，辻信一訳『ボディ・サイレント─病いと障害の人類学』平凡社）

中筋直哉，2023「都市社会学のコミュニティ論─その論理と現代的課題」吉原直樹編『都市とモビリティーズ』ミネルヴァ書房。

中村雄二郎，1992『臨床の知とは何か』岩波書店。

新原道信，1990「小さな主体の潜在力─イタリア・サルデーニャ島の「開発・発展」をめぐって」季刊『窓』3号。

─────，1992「島嶼社会論の試み─「複合」社会の把握に関する社会学的考察」『人

序章　限界と向き合う〈エピステモロジー／メソドロジー／デイリーワーク〉　57

文研究』21号。

———，1996「地中海の『クレオール』─生成する"サルデーニャ人"」『現代思想』
Vol. 24-13。

———，1997a「"移動民（homo movens）"の出会い方」『現代思想』Vol. 25-1。

———，1997b「沖縄を語るということ─地中海島嶼社会を語ることとの比較にお
いて」『沖縄文化研究』23号。

———，1998a「THE BODY SILENT─身体の奥の眼から社会を見る」『現代思想』
Vol. 26-2。

———，1998b「境界領域の思想─『辺境』のイタリア知識人論ノート」『現代思想』
Vol. 26-3。

———，1998c「島への道─語り得ぬすべてのものを語るという試み」『ユリイカ』
No. 407。

———，2000a「領域」「移動とアイデンティティ」地域社会学会編『キーワード地
域社会学』ハーベスト社。

———，2000b「『恐怖の岬』をこえて─サイパン，テニアン，ロタへの旅」『EDGE』
No. 9-10合併号。

———，2001a「生起したことがらを語るという営みのエピステモロジー」大阪大
学『日本学報』No. 20。

———，2001b「境界のこえかた─沖縄・大東島・南洋」立命館大学『言語文化研
究』Vol. 13-1。

———，2003「ヘテロトピアの沖縄」西成彦・原毅彦編『複数の沖縄　ディアスポ
ラから希望へ』人文書院。

———，2004a「深層のヨーロッパ・願望のヨーロッパ─差異と混沌を生命とする
対位法の"智"」廣田功・永岑三千輝編『ヨーロッパ統合の社会史』日本経済評論
社。

———，2004b「生という不治の病を生きるひと・聴くことの社会学・未発の社会
運動─A・メルッチの未発の社会理論」東北大学『社会学研究』第76号。

———，2006a「深層のアウトノミア─オーランド・アイデンティティと島の自治・
自立」古城利明編『リージョンの時代と島の自治』中央大学出版部。

———，2006b「現在を生きる知識人と未発の社会運動─県営団地の「総代」「世間
師」そして"移動民"をめぐって」新原道信・奥山眞知・伊藤守編『地球情報社会
と社会運動　同時代のリフレクシブ・ソシオロジー』ハーベスト社。

———，2006c「いくつものもう一つの地域社会へ」新原道信ほか編『地域社会学
講座　第2巻　グローバリゼーション／ポスト・モダンと地域社会』東信堂。

———，2007a『境界領域への旅─岬からの社会学的探求』大月書店。

———，2007b『未発の「第二次関東大震災・朝鮮人虐殺」の予見をめぐる調査研
究』科学研究費基盤研究（C）研究成果報告書（研究代表者・新原道信）。

———，2008a「『『グローバリゼーション／ポスト・モダン』と『プレイング・セル
フ』を読む─A. メルッチが遺したものを再考するために」『中央大学文学部紀要』

社会学・社会情報学 18 号（通巻 223 号）。

―――，2008b「『瓦礫』から"流動する根"」A. メルッチ，新原道信ほか訳『プレイング・セルフ―惑星社会における人間と意味』ハーベスト社。

―――，2009a「境界領域のヨーロッパを考える―移動と定住の諸過程に関する領域横断的な調査研究を通じて」『横浜市立大学論叢　人文科学系列』第 60 巻第 3 号。

―――，2009b「変化に対する責任と応答を自ら引き受ける自由をめぐって―古城利明と A. メルッチの問題提起に即して」『法学新報』第 115 巻第 9・10 号。

―――，2010「A. メルッチの"境界領域の社会学"―2000 年 5 月日本での講演と 2008 年 10 月ミラノでの追悼シンポジウムより」『中央大学文学部紀要』社会学・社会情報学 20 号（通巻 233 号）。

―――，2011a『旅をして，出会い，ともに考える―大学で初めてフィールドワークをするひとのために』中央大学出版部。

―――，2011b「領域」「移動とアイデンティティ」地域社会学会編『新版キーワード地域社会学』ハーベスト社。

―――，2012「現在を生きる『名代』の声を聴く―"移動民の子供たち"がつくる"臨場／臨床の智"」『中央大学文学部紀要』社会学・社会情報学 22 号（通巻 243 号）。

―――，2013a「"惑星社会の諸問題"に応答するための"探究／探求型社会調査"―『3. 11 以降』の持続可能な社会の構築に向けて」『中央大学文学部紀要』社会学・社会情報学 23 号（通巻 248 号）。

―――，2013b「"境界領域"のフィールドワーク(3)―生存の場としての地域社会にむけて」『中央大学社会科学研究所年報』17 号。

―――（編著），2014a『"境界領域"のフィールドワーク―惑星社会の諸問題に応答するために』中央大学出版部。

―――，2014b「A. メルッチの『限界を受け容れる自由』とともに―3. 11 以降の惑星社会の諸問題への社会学的探求(1)」『中央大学文学部紀要』社会学・社会情報学 24 号（通巻 253 号）。

―――，2015a「『3. 11 以降』の惑星社会の諸問題を引き受け／応答する"限界状況の想像／創造力"―矢澤修次郎，A. メルッチ，J. ガルトゥング，古城利明の問題提起に即して」『成城社会イノベーション研究』第 10 巻第 1 号。

―――，2015b「"未発の状態／未発の社会運動"をとらえるために―3. 11 以降の惑星社会の諸問題への社会学的探求(2)」『中央大学文学部紀要』社会学・社会情報学 25 号（通巻 258 号）。

―――，2015c「"受難の深みからの対話"に向かって―3. 11 以降の惑星社会の諸問題に応答するために(2)」『中央大学社会科学研究所年報』19 号。

―――，2015d「"交感／交換／交歓"のゆくえ―「3. 11 以降」の"惑星社会"を生きるために」似田貝香門・吉原直樹編『震災と市民　第Ⅱ巻　支援とケア：こころ自律と平安をめざして』東京大学出版会。

―――（編著），2016a『うごきの場に居合わせる―公営団地におけるリフレクシヴ

序章　限界と向き合う〈エピステモロジー／メソドロジー／デイリーワーク〉　*59*

な調査研究』中央大学出版部。

―――，2016b「惑星社会のフィールドワークにむけてのリフレクシヴな調査研究」新原道信編『うごきの場に居合わせる―公営団地におけるリフレクシヴな調査研究』中央大学出版部。

―――，2016c「乱反射するリフレクション―実はそこに生まれつつあった創造力」新原道信編『うごきの場に居合わせる―公営団地におけるリフレクシヴな調査研究』中央大学出版部。

―――，2016d「『うごきの場に居合わせる』再考―3. 11 以降の惑星社会の諸問題に応答するために⑶」『中央大学社会科学研究所年報』20 号。

―――，2016e「A. メルッチの"未発の社会運動"論をめぐって―3. 11 以降の惑星社会の諸問題への社会学的探求⑶」『中央大学文学部紀要』社会学・社会情報学 26 号（通巻 263 号）。

―――，2017a「A. メルレルの"社会文化的な島々"から世界をみる試み―"境界領域の智"への社会学的探求⑴」『中央大学文学部紀要』社会学・社会情報学 27 号（通巻 268 号）。

―――，2017b「"うごきの比較学"にむけて―惑星社会の"臨場・臨床の智"への社会学的探求⑴」『中央大学社会科学研究所年報』21 号。

―――，2017c「A. メルッチの"未発のリフレクション"―痛むひとの"臨場・臨床の智"と"限界状況の想像／創造力"」矢澤修次郎編『再帰的＝反省社会学の地平』東信堂。

―――，2017d「社会学的介入」「未発の社会運動」日本社会学会理論応用事典刊行委員会編集『社会学理論応用事典』丸善出版。

―――，2018「"うごきの比較学"から見た国境地域―惑星社会の"臨場・臨床の智"への社会学的探求⑵」『中央大学社会科学研究所年報』22 号。

―――（編著），2019a『"臨場・臨床の智"の工房―国境島嶼と都市公営団地のコミュニティ研究』中央大学出版部。

―――，2019b「コミュニティでのフィールドワーク／デイリーワークの意味―惑星社会の"臨場・臨床の智"への社会学的探求⑶」『中央大学社会科学研究所年報』23 号。

―――（他編著），2020a，『地球社会の複合的諸問題への応答の試み』中央大学出版部。

―――，2020b「願望のヨーロッパ・再考―「壁」の増殖に対峙する"共存・共在の智"にむけての探求型フィールドワーク」『横浜市立大学論叢 社会科学系列』71 巻第 2 号。

―――，2020c「"惑星社会のフィールドワーク"の条件―惑星社会の諸問題に応答する"うごきの比較学"⑴」『中央大学社会科学研究所年報』24 号。

―――，2021a「移動民の側から世界を見る―「周辺」としていた土地や人を理解するためのフィールドワーク」中坂恵美子・池田賢市編『人の移動とエスニシティ』明石書店。

―――, 2021b「"フィールドに出られないフィールドワーク"という経験―惑星社会の諸問題に応答する"うごきの比較学"⑵」『中央大学社会科学研究所年報』25号。

―――, 2021c「『出会いの場』としての都市」横浜国立大学都市科学部編『都市科学事典』春風社。

―――(編著), 2022a『人間と社会のうごきをとらえるフィールドワーク入門』ミネルヴァ書房。

―――, 2022b「フィールドワークの"想像／創造力"―惑星社会の諸問題に応答する"うごきの比較学"⑶」『中央大学社会科学研究所年報』26号。

―――, 2022c「書評：平田周・仙波希望編著『惑星都市理論』以文社, 2021年」『日本都市社会学会年報』No. 40。

―――, 2023「A. メルレルとの"対話的フィールドワーク"のエラボレーション―"境界領域の智"への社会学的探求⑵」『中央大学文学部紀要』社会学・社会情報学33号（通巻298号）。

―――, 2024「アルベルト・メルッチの惑星社会論と身体への問いかけ―「内なる惑星」概念をめぐって」『中央大学社会科学研究所年報』28号。

Niihara, Michinobu, 1989a, "Sardegna e Okinawa: Considerazioni comparative fra due sviluppi insulari," in *Quaderni bolotanesi*, n. 15.

―――. 1989b, "Alcune considerazioni sulla vita quotidiana e sul processo dello sviluppo. Confronto fra due processi: Giappone Okinawa e Italia Sardegna," in *Il grandevetro*, n. 102.

―――. 1992, "Un tentativo di ragionare sulla teoria dell'insularità. Considerazioni sociologiche sulle realtà della società composita e complessa: Sardegna e Giappone," in *Quaderni bolotanesi*, n. 18.

―――. 1994, "Un itinerario nel Mediterraneo per riscoprire il Giappone e i giapponesi, Isole a confronto: Giappone e Sardegna," in *Quaderni bolotanesi*, n. 20.

―――. 1995, "Gli occhi dell'oloturia."Mediterraneo insulare e Giappone," in *Civiltà del Mare*, anno V, n. 6.

―――. 1997, "Migrazione e formazione di minoranze: l'altro Giappone all'estero e gli'estranei' in Giappone. Comparazioni col caso sardo," in *Quaderni bolotanesi*, n. 23.

―――. 1998, "Difficoltà di costruire una società interculturale in Giappone," in *BETA*, n. 3.

―――. 2003a, "Homines patientes e sociologia dell'ascolto," in L. Leonini (a cura di), *Identità e movimenti sociali in una società planetaria: In ricordo di Alberto Melucci*, Milano: Guerini.

―――. 2003b, "Il corpo silenzioso: Vedere il mondo dall'interiorità del corpo," in L. Leonini (a cura di), *Identità e movimenti sociali in una società planetaria:*

序章　限界と向き合う〈エピステモロジー／メソドロジー／デイリーワーク〉　*61*

In ricordo di Alberto Melucci, Milano: Guerini.

――――, 2008, "Alberto Melucci: confini, passaggi, metamorfosi nel pianeta uomo," nel convegno: *A partire da Alberto Melucci ...l'invenzione del presente*, Milano, il 9 ottobre 2008, Sezione Vita Quotidiana - Associazione Italiana di Sociologia, Dipartimento di Studi sociali e politici - Università degli Studi di Milano e Dipartimento di Sociologia e Ricerca Sociale - Università Bicocca di Milano.

――――, 2011, "Crisi giapponese―Conseguente al disastro nucleare degli ultimi mesi", nel *Seminario della Scuola di Dottorato in Scienze Sociali*, Università degli Studi di Sassari.

――――, 2012, "Il disastro nucleare di FUKUSHIMA. Scelte energetiche, società cvile, qualitàdella vita", nel *Quarto seminario FOIST su Esperienze internazionali nell'università*, Università degli Studi di Sassari.

――――, 2021, "Il dialogo continua con Alberto Melucci: Il senso ci è dato nell'incontro", in atti di *Seminario internazionale IL FUTURO È ADESSO: Dialogando oggi con Alberto Melucci*, Milano: Casa della cultura.

Novosseloff, Alexandra et F.Neisse, 2007, *Des murs entre les hommes*, Paris: Documentation française.（=2017，児玉しおり訳『世界を分断する「壁」』原書房）

緒方正人（語り）・辻信一（構成），2020［1996］『常世の舟を漕ぎて―水俣病私史（増補熟成版）』素敬 SOKEI パブリッシング。

Parmegiani, Francesco e Michele Zanetti, 2007, *Basaglia. Una biografia*, Trieste: Lint.（=2016，鈴木鉄忠・大内紀彦訳『精神病院のない社会をめざして バザーリア伝』岩波書店）

Petryna, Adriana, 2013, *Life exposed: biological citizens after Chernobyl*, Princeton: Princeton University Press.（＝2016，森本麻衣子・若松文貴訳『曝された生―チェルノブイリ後の生物学的市民』人文書院）

Pigliaru, Antonio, 1975, *Il banditismo in Sardegna. La vendetta barbaricia*, Milano: Giuffré.

――――, 1980, *Il rispetto dell'uomo*, Sassari: Iniziative Culturali.

――――, 2006, *Il codice della vendetta barbaricina*, Nuoro: Il Maestrale.

――――, 2008, *L'eredità di Gramsci e la cultura sarda*, Nuoro: Il Maestrale.

――――, 2011, *Il soldino nell'anima. Antonio Pigliaru interroga Antonio Gramsci*, Cagliari: CUEC.

Pira, Michelangelo, 1978, *La rivolta dell'oggetto. Antropologia della Sardegna*, Milano: Giuffré.

――――, 1981, *Paska devaddis*, Cagliari: Della Torre.

――――, 1985, *Sardegna tra due lingue*, Cagliari: Edes.

Rockström, Johan and Mattias Klum, 2015, *Big world small planet: abundance within planetary boundaries*, Stocholm: Max Ström.（＝2018，谷淳也・森秀行他訳『小さな地球の大きな世界―プラネタリー・バウンダリーと持続可能な開発』丸善出版）

Said, Edward W., 1975, *Beginnings : intention and method*, New York: Basic Books.（＝1992，山形和美・小林昌夫訳『始まりの現象―意図と方法』法政大学出版局）

――――．1994, *Representations of the Intellectual: The 1993 Reith Lectures*, London: Vintage.（＝1998，大橋洋一訳『知識人とは何か』平凡社）

――――．1999, *Out of Place. A Memoir*, New York:Alfred A.Knopf.（＝2001，中野真紀子訳『遠い場所の記憶　自伝』みすず書房）

Sassen, Saskia, 2014, *Expulsions : brutality and complexity in the global economy*, Cambridge, Mass. : Belknap Press of Harvard University Press.（＝2017，伊藤茂訳『グローバル資本主義と「放逐」の論理―不可視化されゆく人々と空間』明石書店）

多田富雄，1993『免疫の意味論』青土社。

――――．1997『生命の意味論』新潮社。

高谷好一，1996『「世界単位」から世界を見る―地域研究の視座』京都大学学術出版会。

高柳先男（編著），1998a『ヨーロッパ統合と日欧関係』中央大学出版部。

――――（編著），1998b『ヨーロッパ新秩序と民族問題』中央大学出版部。

玉野井芳郎，2002a『エコノミーとエコロジー―広義の経済学への道〔新装版〕』みすず書房。

――――．2002b『生命系のエコノミー―経済学・物理学・哲学への問いかけ』新評論。

Tora, Salvatore, 1994, *Gli anni di Ichnusa. La rivista di Antonio Pigliaru nella Sardegna della rinascita*, PisaSassari, ETIESSEIniziative Culturali.

Touraine, Alan, 1978, La voix et le regard, Paris: Seuil.（＝2011，梶田孝道訳『新装　声とまなざし―社会運動と社会学』新泉社）

――――．1980, *La prophétie anti-nucleaire*, Paris; Seuil.（＝1984，伊藤るり訳『反原子力運動の社会学―未来を予言する人々』新泉社）

――――．2003, "Azione collettiva e soggetto personale nell'opera di Alberto Melucci", in L. Leonini（a cura di）, *Identità e movimenti sociali in una società planetaria*, Milano: Guerini.

鶴見和子・市井三郎，1974『思想の冒険―社会と変化の新しいパラダイム』筑摩書房。

鶴見和子，2001『南方熊楠・萃点の思想―未来のパラダイム転換に向けて』藤原書店。

梅棹忠夫著，小長谷有紀編，2012『梅棹忠夫の「人類の未来」―暗黒のかなたの光明』勉誠出版。

Vargiu, Andrea（and Stefano Chessa, Mariantonietta Cocco, Kelly Sharp）, 2016,

序章　限界と向き合う〈エピステモロジー／メソドロジー／デイリーワーク〉　*63*

"The FOIST Laboratory: University Student Engagement and Community Empowerment Through Higher Education, Sardinia, Italy", in Rajesh Tandon, Budd Hall, Walter Lepore and Wafa Singh (eds.), *KNOWLEDGE AND ENGAGEMENT. Building Capacity for the Next Generation of Community Based Researchers*, New Delhi: UNESCO Chair in Community Based Research & Social Responsibility in Higher Education. Society for Participatory Research in Asia (PRIA).

Vico, Giambattista, 1994 [1953 (1744 e 1730)], *Principj di Scienza nuova d'intorno alla comune natura delle nazioni: ristampa anastatica dell'edizione Napoli 1744*, a cura di Marco Veneziani (Lessico intellettuale europeo, 62), Firenze: Leo S. Olschki. [1953, *La scienza nuova seconda: giusta l'edizione del 1744, con le varianti dell'edizione del 1730, e di due redazioni intermedie inedite*, a cura di Fausto Nicolini, Bari: Laterza.] (＝2007-2008, 上村忠男訳『新しい学　1-3』法政大学出版局)

Whyte, William F., 1993, *Street Corner Society: The Social Structure of An Italian Slum*, Fourth Edition, Chicago: The University of Chicago Press. (＝2000, 奥田道大・有里典三訳『ストリート・コーナー・ソサエティ』有斐閣)

Williams Terry and William Kornblum, 1994, *The uptown kids : struggle and hope in the projects*, New York: Grosset / Putnam Book. (＝2010, 中村寛訳『アップタウン・キッズ—ニューヨーク・ハーレムの公営団地とストリート文化』大月書店)

山之内靖他編, 鶴見和子他執筆, 1994『生命系の社会科学　社会科学の方法　第12巻』岩波書店。

山下範久, 2009「グローバリズム, リージョナリズム, ローカリズム」篠田武司・西口清勝・松下洌編『グローバル化とリージョナリズム』御茶の水書房。

山内一也, 2018『ウイルスの意味論—生命の定義を超えた存在』みすず書房。

第Ⅰ部
〈惑星社会／内なる惑星〉という
"フィールド"

第Ⅰ部　梗　概

　本書の第Ⅰ部は，「〈惑星社会／内なる惑星〉という"フィールド"」というタイトルとなっている。

　〈惑星社会（società planetaria, planetary society）〉は，複合社会（società complessa, complex society）における個々人の行為の意味を探求してきたアルベルト・メルッチが到達した現代社会の見方（visione）である。

　メルッチによれば，今日の社会とは，「外部の環境および私たちの社会生活そのものに介入していく力によって，完全に相互に結合していく社会」である。しかしこの「複合社会」は依然として，「そのような介入の手が届かない本来の生息地（natural home）である惑星としての地球（the planet Earth）に拘束されているような社会」でもある。それゆえ「惑星社会（società planetaria, planetary society）」は，「社会的行為のためのグローバルなフィールドとその物理的な限界（physical boundary）という，惑星としての地球の二重の関係（twofold relation）によって規定されている」社会である（Melucci 1996＝2008：3）。

　〈内なる惑星（pianeta interno, inner planet）〉は，今日の社会が身体に関心を寄せることの意味についての考察を深化させ，〈惑星社会〉の〈内なる惑星〉として，〈身体〉を位置付け直した構成概念である。そして，「私たちの体験や関係の基盤をなし，生物学的，情動的，認知的構造からなる」〈内なる惑星〉もまた，〈惑星社会〉の「根底からの変容のプロセスに巻き込まれて」いる（Melucci 1996＝2008：81）。

　「人類は，種を破滅に導くような生産物に対して，絶対に侵犯してはならぬ境界を定める（setting unbreachable confines）という責任／応答力を引き受けねばならない」（Melucci 1996＝2008：176）と考えたメルッチは，行為しその意味を考える"フィールド"そのものを定義し直し続ける必要を説いた。"フィールドのなかでフィールドを定義し直す（ridefinire il campo all'interno di campo, redefine the field within field）"という営みである。

68　第Ⅰ部　〈惑星社会／内なる惑星〉という"フィールド"

"フィールド（campo di ridefinire, field of redefine)"を再定義するには，"生身の現実に対して開かれた理論（teorie disponibili verso la cruda realtà, theories open to the raw reality)"を創出していく必要がある。メルッチは，惑星地球規模となった社会への「想像力の限界」，身心の問題の「知覚の限界」を抱える私たちが，"生身の現実（realtà cruda, raw reality)"にふれるための分析的な構成概念（costruzione analitica）として，〈惑星社会／内なる惑星〉〈惑星地球／身体〉を創出した。この新たな見方（visione）は，私たちがこれまで前提としてきた近代のパラダイムによる世界像（人間と社会のとらえ方）に，新たに像を重ね合わせる（superimpose）ものであった。この新たな構成概念によって，「広がり」と「深まり」のなかにある社会／身体の"全景把握"を試みようとしたのである。

「国際化」「グローバル化」といった言葉によって，社会の認識を責務とする研究者がとらえようとしてきた現象は何だったのか？　「国際社会学」には，可視的な外交制度などに着目する国際関係の社会学（「国際・社会学」），海外の具体的な地域を研究する地域研究の社会学（「国際地域研究」）があったが，見ることも想像することも困難な惑星地球規模の〈惑星社会〉そのものに関する「学」は十分ではなかった。

また，極度に「脱自然化（denaturalization)」「文化・化（culturalization)」「脳化（cerebralization)」した身体に対して，「操作の対象」や「ケアの対象」，神秘化された抵抗の拠点や象徴化された身体論（あるいは「身体論」についての「論」）とは異なるかたちでの〈身体〉の理解も十分ではなかった。

そして今，私たちが直面している"物理的／生体的な次元（dimensione fisica / corporea, physical / corporeal dimension)"の"限界状態（Grenzzustand, stato di limiti / confine, limit state)"，"惑星の限界／惑星システムに不可逆的な変化をもたらさない人間活動の境界線（Planetary boundary, limite planetario)"の問題は，学問の"組み直し"を求めている。〈惑星社会／内なる惑星〉〈惑星地球／身体〉という構成概念は，まさにこの"生身の現実（realtà cruda, raw reality)"をとらえる新たな理論，概念，カテゴリーの要請に応えるためのものであった。

第Ⅰ部　梗概　**69**

〈惑星社会／内なる惑星〉は，地球規模の「広がり」と，個々人の身心への「深まり」を持つ現代社会の問題に，外部からの観察者や操作者でなく，一人のプレーヤーとしてかかわるための構成概念として設定された。〈惑星社会／内なる惑星〉の"探究／探求"は，いまだ始まったばかりであり，これからの学問がなすべき"使命（missione, professione, Beruf, calling, vocation）"を示したところで，メルッチは夭逝した。

第Ⅰ部では，メルッチが遺した〈惑星社会／内なる惑星〉〈惑星地球／身体〉という新たな見方（visione），とりわけその"惑星社会／内なる惑星論（vision of planetary society / inner planet）"の根幹をなしている〈内なる惑星〉〈身体〉の理解を深めることを課題としている。

序章では，本研究チームの導き手であった故・古城利明教授から託された課題である「限界と向き合う〈エピステモロジー／メソドロジー〉」に応答する試みについて言及する。「3.11」「新型コロナウイルス感染症（COVID-19, Coronavirus Disease 2019）」などの"惑星社会の諸問題を引き受け／応答する（responding for / to the multiple problems in the planetary society）"ために，メルッチの"惑星社会／内なる惑星論"に即して"フィールドワーク（ricerca sul campo, fieldwork）"を再定義していく。

第1章と第2章では，メルッチが構想しつつあった"惑星社会／内なる惑星論"，とりわけ〈内なる惑星〉と〈身体〉についての探求の軌跡を辿っていく。

第1章「〈内なる惑星〉——資源であり限界と可能性でもある」では，"［再定義され続ける］フィールド（campo da ridefinire continuamente, field to keep being redefined）"として，〈内なる惑星〉という"フィールド"がどのように創出されていったのかを辿る。

第2章「〈身体〉——境界線の束であり境界領域でもある」では，2000年5月一橋大学における対話の場で，どのように新たな"智（cumscientia）"が生み出されていったのかを証言することを試みる。

このようにして，第Ⅰ部では，本研究チームが積み重ねてきた"フィールドのなかでフィールドを定義し直し"続けるという営みを，あらためて，"惑星社

会のフィールドワーク（Doing Fieldwork in the Planetary Society, Dentro alla società planetaria)"——① "境界領域のフィールドワーク", ② "内なる惑星のフィールドワーク", ③ "コミュニティ研究（コミュニティでのデイリーワーク）"として再把握する。その上での新たな展開として, "内なる惑星のフィールドワーク" についての複数の試みを第Ⅱ部で提示し, 第Ⅲ部では, 10 年以上の "リフレクシヴな調査研究" の現在の軌跡をふりかえることとしたい。

引用・参考文献

Melucci, Alberto, 1996, *The Playing Self: Person and Meaning in the Planetary Society*, New York: Cambridge University Press.（＝2008, 新原道信他訳『プレイング・セルフ―惑星社会における人間と意味』ハーベスト社）

（新原道信）

第 1 章
〈内なる惑星〉
——資源であり限界と可能性でもある——

アルベルト・メルッチ
（新原道信訳）

明治時代の禅師・南隠は，禅についての教えを請うべく訪ねてきた大学教授を出迎えた。南隠は，お茶をふるまった。客人の湯呑みにお茶を満たし，いっぱいになっても注ぎ続けた。教授はお茶があふれ出るのを眺めていたが，もはやこらえきれずに言った。「湯飲みはもういっぱいです。これ以上は入りません！」
南隠は答えた。「この茶碗のように，あなたは，自分の意見や思い込みでいっぱいです。あなたがご自分という湯呑みを空にしないのなら，わたしはどうやって禅についてあなたに説けばよいのでしょうか。」

1．はじめに——内なる惑星

エコロジーというテーマは，メディアと一般市民の意識を確実にとらえている。このテーマは既に，政治の市場，単に（tout court）市場の欲望を刺激する貴重な対象となっている。しかし，この成功にもかかわらず，アンビヴァレンス（ambivalenza）を確認することには意味がある。その意識は，ほとんどの場合，人間という種の物理的・社会的生息地（habitat）として理解されるこの惑星の将来（sorti）に限定されたままである。地球環境の変動がもたらす恐怖，アピールあるいはプロジェクトにおいて，私たちが，もっとも頻繁に関心を寄せるのは，「外にある／外なる惑星（pianeta esterno）」の将来である。

しかしながら，私たちが居合わせている根本的な変容のプロセスには，別の

惑星が巻き込まれている。私たちそれぞれの体験と諸関係の土台となっており，生物としての，感情や認知の構造とかかわるところの惑星である。

私がかかわりたいのはこの惑星だ。なぜならこの惑星に関する可能性とリスクは，個々人の生と人間という種の将来にとって，極めて重要だからである。エコロジストの文化においては，こうした次元への関心は，マージナルなエリアに追いやられ，時には「女性的な差異」というもはや儀式的となってしまった敬意に，あるいは，もっぱら知識人の議論に委ねられたりしている。

遅ればせながら発見されたグレゴリー・ベイトソン（Gregory Bateson）でさえ，すぐに流行や古い言葉の性急なメーキャップに変わってしまい，異なる見方への真の理解は生まれなかった。したがって，「内なる惑星（pianeta interno）」について語るということは，既に策定されたアジェンダに新たなテーマを加えるということではなく，むしろ，早急に取り組むべき問題として，視線（sguardo）をあらためる必要性を示すことなのである。

2．エコロジーの問いは一つの徴候である

身体からのメッセージ，まさに一つの徴候（sintomo）を前にして，人は，二つの異なる姿勢で，エコロジーをめぐる諸問題（problemi ecologici）に立ち向かうことができる：「解決する（risolvere）」か，「聴く（ascoltare）」かだ。技術的で介入主義的な医療は，「問題解決的」療法（pratiche "risolutive"）の勝利を確認し，傾聴の可能性を一掃した。エコロジーの問い（questione ecologica）に直面したときも，同じような方向性が優勢になる可能性がある。それは，現象する徴候の本性を認識するよりも，現象を介入の独占的な対象とし，技術の有効性でその成功を測るというものである。こうして，徴候の排除は，病（male）の終焉ではなく，転移（trasferimento）でしかないことを忘れてしまう。

なぜエコロジーという問い（questione ecologica）が存在するのか？　汚染が私たちの存在を脅かし，環境災害が誰の目にも見えるようになったからというだけではない。私たちが生きる現実に対する文化的・社会的な知覚が，深いと

ころで変わったからである。私たちが世界を表現する仕方そのもの，つまりは私たちの精神や感情へのふれかたそのものにおける質的な飛躍（salto）を考慮に入れなければ，私たちが自らに問いかける問い（domande）は，「環境の問題（problemi dell'ambiente）」という幻想に限定されてしまうかもしれない。一方で，「エコロジーの問い（questione ecologica）」は，より根本的な仕方で現代人の意識に問いかけているのである。

　第一に，エコロジーの問いは，何よりまずシステムの問題（problema di sistema）である。つまりは，惑星地球規模の相互依存を明らかにし，人間の意識と行為の境界（confine）を変えるものである。直線的な因果関係，単一の因果からの説明，「最終決定」は終焉を迎えている。私たちは惑星システムの一部であり，そこでは原因が循環しているため，私たちの認識のモデルや現実に対する私たちの予測を再構築する必要がある。それはまず，世界に関する「客観的」な視線の再定義（ridefinizione dello sguardo）を必要とする。ここでの再定義とは，観察のフィールドにおける観察者の目的，感情，脆弱性――これまで主観的な「ゆがみ（deformazione）」とみなされてきたものすべてを含むものであり，真に「ハード（hard）」な科学の堅固な核心から外れた（estranea）ものの再定義である。

　公的制度としての科学が，その確実性を誇り高き自信を持って提唱することは，科学研究の現実や，増えつつある科学者の自覚とは一致していない。知識の限界（limiti），研究の仮説的性質，科学者の意思決定や選択が，不釣り合いなほど不確実な領域であることは，すべて，科学に関する公の言説に含まれなければならない諸要素である。これらは，迫り来るカタストロフからの救済の希望を科学に託すという，広く期待されている技術信仰の基盤を解体しないまでも，弱めることに力を貸しているのである。

　第二に，エコロジーの問いは，人間の行為の文化的次元を前面に押し出している。産業社会は，経済法則の不可避性と技術の力のもとでその体験を秩序立ててきた。エコロジーの問いが明らかにするのは，生存の根底にあるのは，もはや目的（scopo）への合理性に基づく手段のシステムではなく，結末（fini）

74 第 I 部　〈惑星社会／内なる惑星〉という "フィールド"

の問題，すなわち行為を導く文化的モデルの問題であるということだ。

　対象物や関係に意味を与える能力としての文化は，乗り越えがたい地平（l'orrizonte invalicabile）である。ここでは，人類の運命（destino del genere umano）について問いかける（domande）ことができる。社会関係や象徴体系，情報の流通に介入することなしに，少なくとも，そしておそらく，技術的な装置に介入することなしに，生存可能な未来（futuro vivibile）を想像することはできない。

　モノ（cose）に働きかけることで複雑性を制御することにかかわる人は，遠近法（visione prospettica）の誤り，ある種の実質的近視眼（miopia sostanziale）に陥る危険性がある。今日，モノへの有効性は，日常生活，政治システム，生産と消費の形態を組織する象徴的コードに働きかける能力にますます依存している。私たちが生きている現実は文化的な構築物である。私たちの表象は世界と私たちの関係にフィルターをかけている。

　種の歴史上初めて，現実が文化的構築物であるという言葉は，文字通りの意味で，真実となった。事実，私たちが語る世界は，いまや惑星規模のグローバルな世界である。ただ情報によって，つまり私たちがそれを表現する文化的プロセスによってのみ，世界はそうなっている。この変化がもたらす結果は甚大である。国家間のシステム，すなわち主権国家間の関係に基づくシステムの，グローバルな問題に対処する不十分さが増している。社会の*問題*（issues）や社会的アクターにおけるトランスナショナルな次元の出現は，政治的な問い（questione）である以前に，人間の行為が今や文化的に独自の空間を生み出していることの表れである。この惑星はもはや単なる物理的な場所ではなく，統一された社会的空間となっているのである。

　エコロジーの問いが果たす徴候としての機能は，環境問題が，集団や階級，国家の構成員としてではなく，個人そのものに影響を及ぼすという事実によって，あらためて注目すべきものである。近代において利害と連帯を形成する基礎となったこれらの帰属が存在しなくなるわけではないが，種とエコシステムの運命が，いまやすべての人の生活に影響を及ぼす問題であることはますます

明らかになっている。変化はもはや個々人の責任／応答力（responsabilità）と切り離すことはできず，直接的かつ個人的な力の投入（investimento）が，システムに介入するための条件であり資源となる。

　最後にエコロジーの問いは，コンフリクトが複雑なシステムの生理学的な次元であることを示唆している。利害や文化の分化，人間の行為の永続的な条件である不確実性は，除去不能な量のコンフリクトを生み出す。産業（主義的）文化は，コンフリクトを搾取の必然的な結果，あるいは社会的病理とみなしていた。コンフリクトを除去することはできないが，管理し，交渉し，解決することだけはできるということを認識することは，共存（convivenza）の基準を再定義することを意味する。人間生活とかかわる差異，可能性，拘束（vincoli）を透明化し交渉可能にする努力によってのみ，ミクロな関係とマクロなシステムの双方に新たな連帯を創設することができるのである。

3．ジレンマ

　エコロジーの問いが徴候であり，他の何かを示すものであるとするなら，この問いは，グローバルな村と化した惑星の住民の意識に何を語りかけているのだろうか？　たしかに，現代の風景（scenario）を見渡すと，個人の生活や社会生活には大きなジレンマが横たわっている。不確実性が，私たちが生きるシステムの複雑性の増大を特徴付けるものであるならば，意思決定は，行為の空間における不確実性を縮減しようと応答するものである。

　しかし，行為を可能にする意思決定は，意思決定それ自体の根底にあるジレンマから逃避し，否定し，隠蔽する試みでもある。ここには，複雑性の文化的・社会的境界を定めるという解決なき問題がある。なぜなら，選ぶことのできない両極，その緊張関係こそが高度に分化したシステムの不安定なバランスを支え，新しくする道筋（filo）となるからだ。問題を解決しようとしないことは不可能だが，解決策は不確実性を別の場所に移動（spostare）させるだけである。決断は，私たちがそれらに対処する方法であるが，決断することは，

76 第I部 〈惑星社会／内なる惑星〉という"フィールド"

時に耐えられないと思われる緊張を避けて通ることを意味する。すなわち，ジレンマの可視化とジレンマに名前を付ける可能性を回避する態度である。

　何よりもまず，自立と統制（autonomia e controllo）の間の緊張，個人の能力と選択肢を高めようとする意欲と，人間の行動を操作する毛細血管的な管理システム（sistemi capillari）をつくり出そうとする傾向との緊張の問題がある。

　現代社会は，過去のいかなる文化も到達したことのないフロンティアにまで，自ら行動する力を押し広げている。核の状況と遺伝子工学は，破壊の限界まで「自らを生産する（prodursi）」現代社会の力の極限を，様々なかたちで示している。それゆえ，全能感と責任／応答力の間，つまり，人間のシステムが自らに介入する能力を拡大しようとする衝動と，私たちの内外の「自然」の拘束（vincoli）に応答する力（response-ability）の必要性との間に，新たなジレンマが生じる。

　この力は，ただちに別のジレンマと結ばれる。人間という種の行為が自分自身とその環境に及ぼす作用は，不可逆的な科学的知識に依存しており，もはや消し去ることはできない（到達した進化の段階をゼロにするような逆行的カタストロフという仮説を除けば）。同時に，この知識の使用は，可逆的な選択に依存しており，エネルギー政策，科学政策，軍事政策，そしてこれらの選択を統制する政治機構の行動と結び付いている。情報の不可逆性／選択の可逆性というジレンマは，ポスト核時代における公共倫理の展望について，今日既に，刺激的かつ劇的なリフレクションの場を開いている。

　最後に，世界システムのプラネタリゼーション（planetarizzazione del sistema mondiale）は，もはや「外的」なものではなくなり，テリトリーと文化は，惑星システム（sistema planetario）の内的次元としてのみ存在する。しかし，この「内部化（internalizzazione）」は，新たな包摂／排除のジレンマへの道を開く。包摂は，差異を平準化する方向を押し進め，周辺の文化を，数少ない中心にとっての取るに足らないフォークロア的な付属物へと変えてしまう。ここでは，周辺の文化は，文化的コードの精緻化と，大規模なメディアの市場における普及の度合いに依存していく。この同質化（omologazione）への

抵抗は，ほとんど必然的に排除のプロセスを生み出すことになる。それは，沈黙と文化的な死への還元を意味するのである。

4．変わる自由

　複雑性の統治を特徴付ける決定の背景には，このような大きなジレンマが，ほとんど常に名付けられることなく横たわっている。手続きの中立性は，可視化することから，ひいては「市民社会」による議論や管理から，人々の生活，種の運命，可能な進化の質とかかわる問題の多くを，取り去る。これらのジレンマを明るみに出すために，今日，私たちには，さらなる自覚（coscienza）と行動（azione）が求められている。こうしたことから，私たちは近代から受け継いだ自由の概念を再定義するよう求められている。

　基本的な欲求が満たされるポスト物質社会では，欲求からの自由は，欲求の自由，すなわち，欲求は選択であり，欠乏によって押しつけられる必要性ではないという意識に取って代わられる。欲求の文化的次元が優位となり，企図，創造，無償性といった予測不可能な空間が開かれる。ホモ・エコノミクスを特徴付けていた「持つ自由」は，「在る自由」に取って代わられようとしている。誕生と死，健康と病気，個々人の生物学的，性的アイデンティティに介入する新たな権力と，自分の存在を自由にし，その質を決定する要求との間に，対立が生まれる。近代革命の旗印であり，いまだ真の達成にはほど遠い平等への権利から，今日，差異への権利が生まれつつある。個々人，言語，文化の多様性を認め，尊重することが，連帯と共存の新しい定義への道を開く。

　とりわけ，地政学的ブロック間の絶望的な亀裂，ほとんど和解不可能な南北の不均衡，そして排除された人々に蓄積された怒りを考えるのならば，私たちの住む世界は，平等や差異への権利からはまだほど遠い。それでも，これらの権利は既に私たちの間に存在し，日常生活や市民文化のなかに道が開かれている。現代の大きなジレンマや，劇的に解決不可能に見える惑星規模の問題でさえも，異なるやり方で立ち向かう可能性がある。

これらの権利をめぐって，今日，汚染のリスクをはるかに超え，種の新たな文化とかかわる出会い（confronto）が始まっている。人間の空間と時間は，惑星，さらには宇宙の一部であるという知覚（coscienze）のなかで，いまや不可逆的に絡み合っている。人間として生きるということは，この地球に住む（abitare la terra）こと，私たちの種が行う破壊的な生産活動にこれ以上譲れない境界を定めることの責任／応答力を私たちに託すということである。そこは，ただ存在するという理由のみによって静かに尊重されるようなテリトリー（territorio del silenzio e del rispetto dovuto a ciò che esiste in quanto esiste）である。

それは，あらゆる人類社会が様々なかたちで認識してきた難しい境界（confine）であり，自らを創造し破壊する力を持ってしまった社会がいま，再定義しなければならないものである。この惑星での生は，もはや神の秩序によって保証されたものではない。脆く不確かな人間の手に委ねられているのだ。

5．限界と可能性

ここで確認された事実は，人間の行為を，限界のなかでの可能性を構築するものとして定義する必要性を浮き彫りにしている。限界（limiti）は，二つの意味で理解される。限界とは，有限性（finitezza），つまり人間の条件をかたちづくる空間として，身体性（corporeità）と死を認識することである。生きている身体，苦しんでいる身体，そして死んでいる身体は，他の文化に存在する聖なるものとの関係に取って代わった私たちの技術信仰に，人間の時間が常ならぬものであること（provvisorietà）を想い起こさせ続けている。

しかし，限界は同時に，境界（confine），フロンティア，分立（separazione）を意味する。それゆえ，他者，異なるもの，還元できないものを認識することでもある。他者性との出会い（confronto con l'alterità）は，試練を体験することである。そこから，力ずくで差異を縮減しようという欲望が生まれるか，あるいは，常に再び始まる試みとしてのコミュニケーションへの挑戦が生まれる

かである。

　他方で，可能性の強調は，痛みや死の限界を越え，経験の時間と空間の境界を動かそうとする，人間の行動の抑えがたい衝動を示すものである。第二に，それは，脳化（cerebralizzazione），高次の能力によって生み出される感覚の中で身体を「昇華」させることへの種としての傾向の証しである。私たちは自然であるが，その自然は，意味を求め，生み出し続けている。第三に，多様性を不透明で還元不能なものでなくする衝動として，連帯とコミュニケーションの次元を可視化する。

　こうした限界／可能性の間の緊張は，近代西洋の地平で定義されてきた合理性の概念に特に影響を与える。手段−目的（mezzi‐fini）の計算のみに基づく合理性の不安定さが明らかになるにつれ，何ごとかを識るための他の方法への道が開かれる。私たちが個人と社会の現実を構築するプロセスに，感情，直観，創造力，そして「女性的」に世界を知覚（percezione）することが，完全に入り込む。その役割を認識し，その存在を隠さないことだ。

　倫理的能力もまた，絶対的な目的の確実性を失い，異なる人々の間での共存の責任／応答力とリスクに託されることになる。惑星上の地域と人々を隔てる格差の深刻さが増すにつれ，責任／応答力はますます個々人の行為へとシフトしていく。エコシステムの存続は，私たちの意識的な選択の能力に委ねられている。だからこそ，内なる惑星は，私たちに密接に関連しているのだ。なぜならそれは，私たちを定義し，私たちに属する，もっとも個人的なものだからである。

6．現在に生きる遊牧民

　近代世界はその誕生以来，個々人の行為に対して，可能性の開かれた場として自らを提供してきた。進歩と自由の神話は，技術の力に服従することで，自然の拘束から解放されるというプロメテウスの夢を育んできた。しかし，解放の約束は，同時に個人の生にもかかわるものであり，個人の自立と潜在力の完

80 第I部 〈惑星社会／内なる惑星〉という"フィールド"

全な実現に向けた止められない道のり（cammino）が予想されている。

こうした方向性は，モダニティの歴史的地平を，合理主義的であれユートピア的であれ，様々なかたちで囲い込んできた。私たちの希望，私たちの恐怖の語彙は，いまなおこの遺産の中で動いている。複雑性，不可逆的に惑星化した一つのシステム（un sistema irreversibilmente planetario），カタストロフの脅威によって宙づりにされた未来というシナリオは，救済神話の楽観主義を，根本からひび割れさせた。しかし，モダニティのもっとも刺激的で劇的なもの——すなわち個々人として存在する必要と責任／応答力を，私たちから取り去ることはできなかった。つまり，方向性と意味を持つことができる行為の主体であると同時に，共存とコミュニケーションのネットワークの極（poli）でもあるということだ。

これまで述べてきたようなジレンマは，私たち魔法をとかれた子どもたちの日常的な体験を包囲する。個々人は，社会的地位，関連するネットワーク，準拠集団の増殖から生じる帰属の複数性（pluralità）に巻き込まれていることに気づく。私たちは昔よりずっと頻繁に，そして速く，こうしたシステムに出入りしている。私たちは，大都会の迷宮を移動する動物であり，惑星の旅人であり，現在に生きる遊牧民である。

私たちは，これまでのいかなる文化とも比較にならないほど大量の情報を発信し受容する感度の高い端末へと変容している。メディア，職場環境，対人関係，そして自由時間でさえも，個々人に向けられた情報を生み出し，個々人は，それを受け取り，分析し，記憶し，そしてほとんど常に，さらなる情報とともに応答をしなければならない。

加速する変化のリズム，帰属の多重性（molteplicità），過度の可能性（ecesso di possibilità）とメッセージの過剰は，私たちの認知的感情的体験を拡大し，誰もが自分の存在の一貫性と継続性の土台としてきた伝統的な参照点（家族，教会，政党，人種，階級といった）を弱める。

私たち一人ひとりが，「私は……」と時間をかけ確信を持って言える可能性は，曖昧で不確かなものになる。私たちは常に，「私は誰なのか」という問い

かけに応える必要がある。私たちは常に土台を必要とする存在の脆さに追い立てられる。自分を続けていくための錨を求め，自分の来歴（biografia）を疑う。こうして，「居場所の喪失」は，共通の体験となり，個人は，出来事や人間関係の差し迫った変化に直面しながら，自分の「ホーム」を築き，再構築しなければならなくなる。

　日常の時間は，多重的で不連続なものとなる。なぜならそれは，ある経験の宇宙から別の宇宙への移行・移動の道行き・道程（passaggio）を意味するからである。すなわち，自分が帰属するところの，あるネットワークから別のネットワークへ，ある領域の言語とコードから，意味的にも感情的にも離れた社会空間への移行・移動である。時間はその一様性（uniformità）を失い，私たちが送受信する情報の流れと質によって課される可変的なリズムを帯びる。私たちの知覚は，私たちが参加したり引きずり込まれる移動（migrazioni）の可変性のなかで，拡大したり縮小したり，遅くなったり速くなったりする。

　モダニティは，その出現において，神話の循環的な時間を消し去り，キリスト教的な時間の目的論的な直線性に適合した。進歩や革命を求める脱宗教化した説明において，近代世界は，人間の歴史は救済に向かって歩むものであり，現在が意味を持つのは時間の目的（終わり）がわかっているからだという考えを堅持してきた。

　今日，偉大なる救済の物語の没落に立ち会い，時に打ちのめされつつある証人として，私たちには，選択の運命が迫っている。私たちを誘惑すると同時に脅かすような可能性を前にして，私たちは，決断のリスク（カタストロフはその極端な姿のメタファーであるが）から逃れることはできないのである。

7．個体化とメタモルフォーゼ

　しかし，限界のない開放性と同時に，出口がない（可能性の間で選択しないことは不可能である）というパラドックスそのものが，初めて明白なかたちで，個人の体験の唯一性（l'unicità dell'esperienza individuale），個体化（individuazione）

への抗いがたい呼びかけを明らかにしたのである。時間が最終目的を失えば，それは繰り返せない構築物となり，そのなかの一瞬一瞬が，無限という尺度を獲得する。時間は，誰もが自分自身と自分の世界の創造主であること以外に意味を持たない。つまりは，その人が生み出し，他の人と分かち合うことができるものである。

とはいえ，このことで，統一性の必要，変化のなかで永続性を探究（ricerca）することを減じるものではない。しかし，個人の体験の継続性は，もはや一つのモデルや集団，文化に，そしておそらくは伝記的な来歴にさえ，安定した本人確認（identificazione）を任せることはできない。そうなると，脱魔術化した世界の住人に必要な資質は，シニシズムとデタッチメントの無味乾燥であるように思われるかもしれない。

しかし現実には，シニカルな人間ほど動かないし，はっきりと言わない自分の脆弱さをデタッチメントで守るために用いることほど，大きな硬直はない。複雑性の世界の住人に必要なのは，この冷たさではない。自らのかたちを変え，現在の自分を定義し直し，選択と決断を可逆的なものにするパッショーネ（情熱）を伴った力（capacità appassionata）なのだ。

メタモルフォーゼは，様相（volti），言語，人間関係を増加させることを求める世界に対する応答である。すなわち，恐怖と震えに傷つくことなく，惜しみなく愛を与えるところの「温かな」応答（risposta "calda"）である。自分自身と他者への共感，希望と慎み深さ（umiltà）がなければ，かたちを変えることはできない。そうでなければ，人は仮面を変えることしかできない。自己表現という空虚なゲームを，いつまで信じているのだろうか？

数多くの情報回路が交差し，複雑な関係のネットワークの交差点で，個人は，ノイズのなかにかき消され，あまりに多くの交流や欲望に引き裂かれる危険にさらされる。自らの統一性を保つことは，メッセージの流れ，可能性の呼びかけ，愛情の要求に対して，開いたり閉じたり，参加したり撤退したりすることができるようになって初めて可能となる。

したがって，情報のやりとりを可能にする人間関係の出入りのリズムを発見

することは，誰にとっても不可欠である。コミュニケーションの感覚を失うことなく，コミュニケーションの主体を失うこともなく。

8．生きること，ともに生きること

　人と人との関係は，もはや生物学的必然性や歴史的法則の宿命によって保証されるものではなく，選択のフィールドとなり，不確実性とリスクの地（terreno）となる。コミュニケーションは，異なる人々の間で可能な出会いとなり，他者と自分自身に「応答」する能力としての責任の空間となる。贈り物と互恵性としての出会いの無償性（gratuità dell'incontro）は，個人的な関係を超えて，人間と宇宙との関係を包含するまでに拡がる。

　しかし，エロス，創造力，表現の透明さのある社会を予想することとは程遠く，この見通しは，個人的・集団的な人間の行為のアンビヴァレンスを強調する。それは，人間の社会性のパラドックスのなかに私たちをまるごとすべて位置付けるものである。無償の，計算不可能な秩序は，個人と個人の関係，一者と二者の関係が削減できないものであることを証し立てている。それは同時に，私たちが「ともに在ること（eistere-con）」を根本的に必要としていることを明らかにする。

　人と人との関係がほとんど選択のみに託されるようになると，連帯の基盤は脆くなり，社会の絆は大きな不安定にさらされる。社会の分裂と破局的な（catastrofico）個人主義の脅威が，私たちの視野に入ってくる。

　しかしまさに，私たちの関係のすべてが計算できるわけではなく，すべてが交換に費やされるわけではないことを受け入れるならば，各個人の体験を特徴付ける還元不可能な他者性（l'alterità irriducibile che caratterizza l'esperienza di ogni individuo）は，新たな自立（autonomia）の基盤となり，盲目的でないパッショーネとともに（con una passione non cieca）連帯を育むことができるのだ。この脆さを自覚することから，共存の土台となる倫理的な方向性の変化が始まるのである。

私たちには，選択のリスクを回避せず，選択の土台にある目的と基準についてメタ・コミュニケーションできる倫理が必要なのだ。状況倫理とは，個人の決断に尊厳を与え，個人と種，生物，宇宙を結び付ける糸を結び直すことのできる倫理である。かたちを変えることを止めることなく，存在するものの前で驚嘆する可能性を保つところの倫理である。

救済がもはや歴史の最終的な運命によって保証されるものではないことが明らかとなり，西洋の合理性は，その絶対性の主張と支配への意志において挫折する。しかし同時にそれは，意味を与えられた人間の生き方への願望として再生する。ともに生きることの良識（ragionevolezza）として，また有限性の体験としてである。

もはや（旧来の）価値観が絶対的な印章（sigillo）とならないのであれば，人間が合意を形成する能力が，唯一の基盤となる。直立し，大脳を持つ種であるホモ・サピエンスが，東洋の古代の智慧（saggezza）が言うように，人間が「大地と空の間」に投げ出された存在であることを認識すること，人間が自らの足を置く大地に根ざす（存在である）ことを受け入れ，頭を向けている空への願望を肯定するということである。

言語能力によって自然から切り離され，身体によって自然に引き戻される（restituiti）という，人間の条件の境界を示す二つの極の間の緊張，言語と身体のなかにこそ，複雑性を持つ人間が，もはや人間の介入によって完全に造形された惑星の問題に立ち向かうことのできる倫理の基礎を求めることができるのである。

身体は，私たちの内と外の自然の限界（limiti）——誕生と死の偉大なリズム，昼と夜のサイクルの永続的なつながり，季節，成長と老化——を描写する。技術によって構築された世界においては，バランス，リズム，限界の尊重は，もしそうであるなら，もはや「母であり教師である」自然による内発的な（spontaneo）結果ではない。そうではなく，それらは個人的，集団的な選択の結果，「責任を担う（si fa carico）」意識的な道徳律（moralità）の結果である。それは同時に自然に対して「応答する（risponde）」ということである。

Responsabilità とは，事実，**責任を持つ**（respondere *di*）能力と**応答する**（rispondere *a*）能力を同時に持つことを意味している。

まさにこの責任／応答力の二重の価値観が，同時に倫理の根源を言語のなかに位置付けるのである。文化は，あらゆる道徳的な選択が，かたちづくられる空間である。情報が惑星地球規模で浸透した惑星社会では，名付けることは存在させることに等しい。言語をどう扱うか，それが複雑性の倫理の新たなフロンティアである。

いまや世界を造り上げ，世界に声を与える（あるいは与えない）記号に世界を従わせることを可能にする名付けることの力を，私たちはどのように，どのような目的のために使うべきなのだろうか？　意味の挑戦あるいは記号への還元に直面するのは言語である。自然でさえも名付けられたり，消されたりするのが言語なのである。

身体と言語の間，あるいはむしろ，私たちの世界を名付ける様々な言語の間で，柔軟性とともに，変化に対して自分を開き，限界を尊重しながら，身を動かすことができなければならない。私たちの選択の指針となる基準や価値観については，構築された性格や時間的な境界を認識しながら，私たちがともに生み出すことができるもの以外には，もはや安定した停泊地（ancoraggio）はない。集団と同様に，個人にとっても，自らが終わりのある存在であり，変化する可能性があることを受け入れることが重要なのだ。

こうして，メタモルフォーゼというテーマ，つまり，ともに生きるための条件として，かたちを変える能力というテーマに戻ってくるのである。

9．おわりに——驚嘆することへの賛辞

かたちを変えるには，うごきのなめらかさ（fluidità dei passagi），抱きしめる力と手放す力（la capacità di mantenere e di perdere），リスクへの寛容さ（il rischio generoso）と限界への思慮深さ（prudenza del limite）が必要である。西洋の近代的経験を導いてきた計算という冷たい合理性は，この要請に適していな

86 第Ⅰ部 〈惑星社会／内なる惑星〉という"フィールド"

い。新たな資質が求められているが，私たちはまだ学び始めたばかりである。

一つのかたちから別のかたちへと，爆発することなく移動し，予測不可能なものの断片を一緒にして保つには，隔離された領域に常に閉じこめられてきた直観力と想像力——夢，遊び，芸術，愛の出会いといった，時折，例外的にふれることが許されるもの——が求められる。

喪失も展望（visione）もないメタモルフォーゼなどあり得ない。かたちを変えていけるのは，自己の喪失を進んで受け入れ，不思議なことに驚き，想像をめぐらすときだけだ。脱魔術化した世界の住人に必要な寓話は，もはや妖精や魔女の話ではない。しかし，それでも寓話は常に，私たちに驚くことを教えてくれる。

私たちは驚きを表す言葉を失ってしまった。不思議なことに驚嘆するには，汚れなき目と邪念のない心が必要だ。技術信仰の継承者たちがこの条件を満たすのは稀である。私たちはいまだ産業社会の文化の子であり，ユートピアへの情熱はもはやない。進歩という大きなぜんまいは，もはや歴史の時計の針を動かすことはなく，私たちは希望の孤児のまま放置される。

こうして私たちは，過去を背負い，未来に憧れながらも，信じるという安らぎを持てずにいる。幻滅（disincanto）は，大都市近郊を取り囲む**不毛の土地**（terrains vagues），つまり文明の残骸があふれた不毛の砂漠に容易に似てくる。

これに対して，驚嘆することは，根をはり成長するための間（spazio per attecchire）を必要とする。内なる惑星のテリトリーは無限であり，私たちはまだその探求を始めたばかりである。これからの数年で，未知なる大陸が姿を現すことになりそうだ。貪欲で粗野なイダルゴたち（Hidalgos）は，既にエルドラド／黄金郷（Eldorado）を探す軍隊を準備している。他方，誰もが，このユニークで親密な土地では，探検家であり保護者になれるようにしなければならない。内なる惑星をケアし，脅かすリスクから守り，敬意を払い暴力なしにこの地を耕す（coltivarle con rispetto e senza violenza）ことは，既にいま，私たちへの呼びかけがなされているところの責任／応答力である。これは個々人を必要とする課題であるが，個人的な問題として考えることはできないものである。

第1章 〈内なる惑星〉　*87*

　経済的選択，政治，技術のエコロジー（生態学）は，日常生活のエコロジー，つまり私たちが内なる惑星を存在させたり破壊したりする言葉やしぐさのエコロジーなしには成り立たない。リフレクティビティとコミュニケーションの形態は，第二レベルの学習が適用される分野であり，それは既に，内容，価値観，目標のみを中心とする文化に取って代わり始めている。社会の変化のスピードによって，老朽化がますます加速し，内容の取り替えが起こるとき，人間の行為の形態とプロセスは，極めて重要となる。どのように行為するかは，何をするかということと同様に，またそれ以上に，言葉の価値を獲得する。

　身体的，認知的，関係的なプロセスを，意識的な介入の場とすることは，行動をメッセージに，意味のある言葉に変換することを意味する。ここでの言葉とは，内と外，私たち自身の自然と私たちが住む自然との間の深いつながりを証し立てることができる言葉である。私たちの前にある挑戦とは，自然と文化をつなぐ連続性と不連続性の中に存在することである。意識的に，つまり，文化的に自然になるというパラドックスのなかに生きるということである。

　ここまで述べてきたように，私たちはいまのところ，内なる惑星の地形（paesaggi）については，より近くの縁辺（bordi）しか踏査していない。発見が私たちにもたらすものすべてが，近代西洋が定義したような合理性の秩序に属するわけではない。深い精神的な欲求は，しばしばこの定義によって死滅させられてきた。今日，新たな神秘主義が生まれ変わり，聖なるものへの満たされない渇きを思い出させてくれる。それらは，救済の説教と同じく暴力的である。征服者は武力に頼るが，宣教師は言葉の暴力で彼らを従える。内なる惑星を植民地化する役割は，この二つの暴力が分かち合っている。

　このようなリスクに立ち向かうことは，聖なるものを聖なるものでなくすることを経験（una esperienza desacralizzata del sacro）するというパラドキシカルな道を歩むことを意味する。すなわち，私たちが絶えず避けていることに対して自分を開き，言葉を発するのを休止し，そこに居合わせ，待つこと（presenza e attesa）である。困難な道だ。それを名付けるための言葉さえも使い尽くされているように思えるからだ。しかし，内なる惑星は，幻滅を乗り越え驚嘆す

88　第Ⅰ部　〈惑星社会／内なる惑星〉という"フィールド"

ること（meraviglia）を恐れない人たちを，この探究（ricerca）へと招いているのである。

【訳者解題】

　2024年3月にミラノのアンナ・ファブリーニ＝メルッチ夫人（Anna Fabbrini=Melucci）を訪ねた。久しぶりの対面での出会いとなり，メルッチの「遺産（eredità）」をどのように継承するかについて，三日間にわたる話し合いをした。研究叢書を準備中であるという話をして，〈内なる惑星〉をテーマとする原稿についての確認をした。本章はそのなかで，アンナ夫人から提供された原稿である。

　テクストとなっているのは，1989年11月1～2日にイタリアの都市シエナで開催された国際シンポジウム「社会の新たな物理的限界と発展の倫理（I nuovi limiti fisici sociali ed etici dello sviluppo）」における報告原稿である。報告のタイトルは，「内なる惑星という資源と限界（Risorse e limiti del pianeta interno）」となっている。日本語のタイトルは，〈内なる惑星〉という「資源（risorse）」が植民地化されていくことに対し，自覚的にそこに「住む」ことと，「敬意を払い暴力なしにこの地を耕す（coltivarle con rispetto e senza violenza）」ことが可能性へとつながるというメルッチの考えに沿うものとした。

　この報告の内容は，1991年に刊行された『私という遊び――グローバル社会における自己の変化（Il gioco dell'io――Il camobiamento di sé in una società globale）』（Melucci 1991）の内容と重なる部分が大きい。同書では，「多重／多層／多面の私（io molteplice）」が"（軸足をずらし）揺れうごきつつかたちを変えていく（playing and changing form）"プロセスとして，個々人の変化から社会の変容をとらえている。メルッチは，同書を書き直すかたちで，1996年に英語版の『プレイング・セルフ――惑星社会における人間と意味（The Playing Self: Person and Meaning in the Planetary Society）』（Melucci 1996=2008）を刊行した。アンナ夫人と相談し，メルッチの智の"フィールド"がどのように形成されていったのかを理解する手がかりになると考え，本研究叢書への掲載を決めた。

第1章 〈内なる惑星〉 *89*

　報告のタイトルは,「内なる惑星 (Il pianeta interno)」となっているが, 内容としては現代社会が直面している問題についての考察となっており, これまで目にしてきたメルッチの文章のなかでは, 生硬な文体に属するものである。その理由として, 以下のようなことが考えられる。

　メルッチは, アンナ夫人の影響から身体の問題に関心を抱くようになり, 社会の根本的変容と, 個々人の内奥での微細な変化の間の相関関係をとらえる方法を模索していた。「新しい社会運動」の研究で世界的に知られるようになっていたが, 身体／身心についての関心の意味について, 周囲の理解は十分になされていないと感じていた。自分の研究がマクロかミクロかという二元論を前提として「区分」されるという「無理解」への失望を漏らすことがあった。

　生前, トリノで開催された国際シンポジウムから帰宅したメルッチが, ミラノの自宅で,「この10年, 智が生み出されたと思うか, 答えはノーだ!」と強い口調で, 理解のなさに憤っていたこともあった。『プレイング・セルフ』の副題を,「惑星社会における人間と意味 (*Person and Meaning in the Planetary Society*)」としたのも, 身体／身心についての関心の意味について伝えることを強く意識したからだと考えられる。

　それゆえ, おそらくこのシンポジウムにおいても, これから切り開こうとしていた "惑星社会／内なる惑星論 (vision of planetary society / inner planet)" を, 慎重かつ周到に伝えるため, 緊張感を持って組み立てたのではないかと推察している。こうした報告における「存在証明」の試みの後に, 『私という遊び (*Il gioco dell'io*)』(Melucci 1991), そして, 『プレイング・セルフ (*The Playing Self*)』(Melucci 1996a=2008) が刊行されたのであろう。それゆえ, イタリア語, 英語の二つの著作と内容的に重なる叙述ではあるが, 1989年の時点で, メルッチが, "惑星社会／内なる惑星論", 〈惑星社会／内なる惑星〉〈惑星地球／身体〉という構成概念をどのような結び付け方で考えていたかの「証人」として, 本書に収録することとした。

　この報告は, 私たちの文化的・社会的な知覚が, 深いところで変わったことへの注意喚起から始められている。「プラネタリゼーション (planetarizzazione)」

は，「外的」なものではなくなり，テリトリーと文化は，もはや惑星システム（sistema planetario）の内的次元としてのみ存在する。すなわち，〈惑星地球〉というシステムの知覚である。〈惑星地球〉は，もはや単なる物理的な場所ではなく，社会的文化的な一つの空間である。このシステムに介入するための条件であり資源となるのは，個人の意志決定と行為である。

　しかし，行為を導く文化的モデルをめぐるジレンマが存在し，意志決定はジレンマからの逃避ともなってしまう。ここから新たな自由の定義と倫理が求められる。その際に重要となるのは，「差異への権利」「他者性との出会い」である。そして，〈内なる惑星〉は，身体と言語の，行動とリフレクシヴィティの「出会い」の場であり，私たちはまだその探求を始めたばかりである。この探求を通して，「複雑性を持つ人間が，もはや人間の介入によって完全に造形された惑星の問題に立ち向かうことのできる倫理の基礎を求めることができる」のだとする。

　内容的な重複もあり，"想像／創造力（immaginativa / creatività）"を抑えた筆致ともなっているが，それでも，本来の特徴が，イタリア語のきめ細やかな選び方から読みとることができる。メルッチは，論理的な整合性のみならず，一つ一つの言葉の使い分けのきめ細かさを持つひとだった。

　本章においても，questione は，domanda や interrogazione などとともに，「何が問題かを問う」意味で使われている。これに対応するのが rispondere（応答する）である。本章における problema は，issues とともに，「解決（soluzione）」「解決する（risolvere）」の対象としての「問題」として使われている。

　Individualizzazione（個人化）でなく，「身体性（corporeità）」を持った「個」が，「限界（limite）」を体感し体験するという観点から，individuazione（個体化）という言葉を選択しているのも，特徴的である。

　またジレンマ（dilemma）は，di=doppio（二重の）と lemma=assunto, premessa（推論，前提），アンビヴァレンス（ambivalenza）は，二つ（ambi=tutti e due）の力（valentia=forza）を併せ持つ，正反対の感情が同時に在る（presenza simultanea di sentimenti opposti）という語源的な意味をふまえ，使っている。

「限界（limite）」についての言葉は，『プレイング・セルフ』との間で，異同が存在している。本章では，境界（confine），フロンティア（frontiera），分立（separazione）となっているが，『プレイング・セルフ』では，制限（confinement），フロンティア（frontier），分離（separation）となっている。

また，「システム（sistema）」についても，「社会システム」「世界システム」「エコシステム」など，複数の「システム（sistemi）」を包含した「不可逆的に惑星化した一つのシステム（un sistema irreversibilmente planetario）」としてとらえている。

「出会い」については，第3章で詳述するが，"衝突と出会い（scontro e incontro）"の背後に在るものとして，「各個人の体験を特徴付ける還元不可能な他者性（l'alterità irriducibile che caratterizza l'esperienza di ogni individuo）」との「出会い（confronto con l'alterità）」を想定している。ここから，「差異」の「比較（confronto）」とコミュニケーション，さらには，"交感／交歓（interazione emozionale / scambio di cordialità，emotional interaction / exchange of cordialities）の可能性が開けていく。

さらに最後の一節では，〈内なる惑星〉という"フィールドのなかでフィールドを定義し直す（redefining field while engaged, ridefinire il campo mentre si lavora）"ことが，「惑星地球における生（life on planet Earth）」の歩むべき道であることを示している。

そしてまた，おそらく会議の場においても，「パッショーネとともに（con passione）」，下記の言葉を語っていたのではないかと想像できる。

　　複雑性の世界の住人に必要なのは，この冷たさではない。自らのかたちを変え，現在の自分を定義し直し，選択と決断を可逆的なものにするパッショーネ（情熱）をともなった力（capacità appassionata）なのだ。

メタモルフォーゼは，様相，言語，人間関係を増加させることを求める世界に

92 第I部 〈惑星社会／内なる惑星〉という"フィールド"

対する応答である。すなわち，恐怖と震えに傷つくことなく，惜しみなく愛を与えるところの「温かな」応答（risposta "calda"）である。自分自身と他者への共感，希望と慎み深さ（umiltà）がなければ，かたちを変えることはできない。

第2章に収録した2000年5月の一橋大学での公演でも，「パッショーネ（passione）」「温かな（calda）」「慎み深さ（umiltà）」などが大切な言葉として使われていた。こうした言葉は，細部にまで注意が行き届き，よくコントロールされた概念群のなかに，時折立ち現れる驚嘆（meraviglia）の言葉であった。

メルッチのきめ細やかな論理の根茎（rizoma, rhizome）となっているのは，その生身の「身体性（corporeità, corporeality）」から発せられる熱い息吹き（respiro caldo）であったのだと，没後23年の時を経て，あらためて理解し直している。

引用・参考文献

Melucci, Alberto, 1991, *Il gioco dell'io—Il cambiamento di sé in una società globale*, Milano: Feltrinelli.

———, 1996, *The Playing Self: Person and Meaning in the Planetary Society*, New York: Cambridge University Press.（＝2008，新原道信他訳『プレイング・セルフ—惑星社会における人間と意味』ハーベスト社）

第 2 章
〈身 体〉
——境界線の束であり境界領域でもある——

アルベルト・メルッチ
（新原道信訳）

1．はじめに——旅をすることで異なる世界と出会う

　ひさしぶりに，美しいキャンパスを持つ一橋大学に戻ってこられたことを，とても嬉しく思っております。1年ほどしか経っていないという感覚があるのですが，もう6年も経っていたのですね。ここで親愛なる友人のみなさんと再会できたことを嬉しく思っています。ヨーロッパでお会いした方，数年前に矢澤修次郎先生とミラノでお会いしたときにご一緒した方もいらっしゃいます。このような機会を与えてくださった矢澤先生に，あらためてお礼を申し上げたいと思います。矢澤先生とは，ミラノで再会し，一緒にここに戻ってきたと言えます。そして，いつもこのような訪問に同行し，通訳や翻訳をしてくれる友人の新原道信さんにも感謝しています。

　この場に集ってくれている方たちの大半は，極めて若い学生のみなさんです。そのこともまた私はとても嬉しく思っております。と申しますのは，このような機会はめったにないことであり，旅をして，若いひとたちを通して，異なる国の異なる世界と出会っているからです。おそらく，この世界，文化のなかで，いまはまだ，目に見えないかたちで胎動し，生まれつつある未発のもの（quello che sta nascendo）と出会う機会だからです。

　だからいま，私たちはお互いから学ぶためにここにいます。私の話を聴くた

94 第Ⅰ部 〈惑星社会／内なる惑星〉という"フィールド"

めだけにここにいるのではありません。あなたがた全員が話さなくとも，議論
の時間が短くても，私がみなさんから聴けることはたくさんあると信じていま
す。あなたがたの顔つき，表情，様子を通して，あなたがたのことを受けとめ
ることができるはずです。

　ですから，この場は，型通りの公的な「レクチャー」ではなく，インフォー
マルで身近なやりとりをする「おしゃべり（chiacchierata）」という性格を持た
せたいのです。単に考えていることの交換ではなく，私のなかに生まれ，熟成
していった世界についても交換する，つまりは，私の根となっているもの
（radici），個人的な知的形成の道程とも深くかかわってくるやりとりを試みた
く思っているのです。

2．意味を問うことの意味

　この場にいらっしゃるのは，社会科学を学ぼうとする教員・学生のみなさ
ん，つまり社会とは何かについてふりかえることを専門的に行う社会調査の実
践者です。そのようなひとたちの場合，自分がしていることをなぜするのかと
問い続けることは，極めて重要です。それは，個人的に調査研究の動機を明ら
かにするという意味にとどまりません。なぜならそれは，既に自らが加担して
しまっている社会的諸活動に，意識と自覚を持ってかかわることを意味するか
らです。

　ですので，これからお話しするのは，私が，いったい何に突き動かされて，
社会を研究し，社会問題とかかわろうとしてきたのかということです。私は，
これまでずっと，人間の社会的な行為が，刺激に対する単純な反応というより
も，なんらかの意味を内包したものであるという点について考えてきました。
私がとりわけ関心を持ったのは，人間の諸行為の意味するところを理解するこ
とだったのですが，しかしそのためには，日常生活のなかに埋没したままでな
く，行為をしつつ，折々ふりかえり，自覚的であることが必要です。

　つまり，世界をただそこにあるもの，あたりまえのものとみなしているだけ

では不十分なのです。もちろんこうした態度は，私たちにとって，日常的・習慣的な態度であり，その態度は常に意識することの難しさから来ています。しかし，私たちがあたりまえだと思っていること，既に与えられているものとして明白に思えることが，うまく機能しない瞬間（momenti）に遭遇することも多々あります。誰の人生にも，計算の合わない瞬間があるでしょう。個人的な生活のなかで，社会的文脈のなかで，さらにはより広い政治的社会的状況のなかで，いずれの場合も，あたりまえのように思っていたことが通用しなくなる瞬間があります。そのような瞬間にこそ，「いかなる意味があるのか？（Che senso ha?）」という問いが生じるのです。

　あたりまえのように思っていたことが通用しなくなる，まさにその瞬間にこそ，リフレクションは必要となります。非意識的に社会生活を営む行為主体という単純な構図から，ひとまずは距離をおき，覚醒した行為主体となるということです。その行為は自分にとっていかなる意味を持つのか，あるいは他者にとって，あるいは自らが埋め込まれているところの社会的文脈にとっていかなる意味を持つのかを問い続ける行為主体です。

3．意味への問いを発するときの二つの条件

　専門的に社会を研究する人が，このような意味への問いを発し続けることをしないという状況は，私には想像できません。この問い（domanda）には二つの条件が含まれていて，それらは，問いそのものの内に含まれているものです。この二つの条件は，私が社会的現実に取り組み始めて以来，研究活動の原動力となってきたものです。

　意味への問いの第一の条件は，理論が必要だということです。ここでの理論とは，体系化され統合された概念体系なのではありません。現実に立ち向かう姿勢（attegiamento）のことを考えています。

　私が考えているのは，現実をただあたりまえのもの，明白なものとして受け止めない姿勢です。現実の意味を自らに問いかける（interrogarci）ためには，

96 第 I 部 〈惑星社会／内なる惑星〉という"フィールド"

何らかのフィルター，レンズの役割を果たす分析的な構成概念（costruzione analitica）が必要です。

このような意味での理論なしに，現実を観察することも，社会調査をすることもできません。経験主義の視点からの神話は深みのないもので，それ自体がしばしば矛盾した神話です。というのは，私たちが観察する世界をフィルターにかけている何らかの分析枠組みを持つことなく，単に現実を観察したり，経験的な研究をしたりすることができると私たちに信じさせているからです。ですから，ここでの理論への関心というのは，繰り返して言いますが，必ずしも統合された一般理論の体系という意味ではありません。現実を観察する私たちの視線を導く問い（domande），私たちの観察を導く分析の基準としての理論への関心が，私の仕事の原動力の一つとなっているのです。

意味への問いの第二の条件は，社会で行動する生身の具体的な男女が，自分たちのすることに意味を与え，意味を見出すことができるということです。そして，私たちが理解できるものからもっとも遠い社会的行為や，私たちにはもっとも非合理的で無意味に見える行為であっても，意味を持たない行為など存在しないということです。

つまり，私の仕事の第二の原動力は，ごくふつうの人々が何を考え，何をしているのかということへの関心と好奇心なのです。優れた仕事をする哲学者には敬意を表しますが，純粋な理論だけに私の関心があるわけではありません。実際にその場に行って，ごくふつうの人々が何を考え，何をしているのかを見ることに関心があります。なぜなら，意味は，知識人や哲学者の頭のなかだけで構築されるものではなく，ごくふつうの人々が，日常的な社会関係に絶えず巻き込まれながら，行為し，自分の生を生きること――具体的な実践のなかで構築されるものだからです。

4．フィールドワーカー／サイコセラピストという二つの顔

私の仕事の大半は，理論的なものだと思われているのですが，むしろ私は，

その場にいて，人々が何を考え，何をしているのかをよく見て，聴くこと，フィールドで仕事する（lavorare sul campo）ことを愛する社会科学者であると自分のことを考えています。そのために，私は大きく分けて二つのことをしてきました。一つは，多くの研究者との間で行ってきた社会運動などについてのフィールドリサーチ（ricerche sul campo）です。この調査研究は極めて骨の折れる仕事であり，私ひとりではできないものであることから，しばしば多くの共同研究者と研究をともにしました。

　もう一つは，20年ほど続けてきたサイコセラピー（心理療法）による療法的な仕事です。ここでは，聴くことを通じて，人々や集団が抱える痛みや生きづらさと出会ってきました。そして，若者，老人，成人など様々なカテゴリーの人々，個々人，集団との協業をしてきました。そしてまた，私は長きにわたって，他者の痛みにふれる仕事をする人々——臨床心理士，医師，看護師，ソーシャルワーカ——などの専門教育の仕事にもかかわってきました。この仕事については，本当にたくさんの国々の異なる社会文化的な文脈のなかで仕事をしてきました。異なる文脈を生きるひとたちとの仕事に，実に膨大な時間を費やしてきたのです。

　こうして，私は，二つの顔を持って，人間そして社会的現実と出会い，人が何をして何を考えるかということの意味と出会ってきました。フィールドリサーチとサイコセラピーの実践と訓練という二つの顔を一緒に保つことは，必ずしも容易ではなかったのですが，私のなかでしだいに融合されてきています。

　というのは，専門的な世界と学問的なディシプリンの世界はしばしば分断され，非常にリジッドな境界（confine）を持っています。その境界線（frontiera）を越えて両者を近づけようとしたり，対話させようとしたりすることは必ずしも容易ではないからです。

　これは，いくつかの著作のなかでも書いたことなのですが，境界線（フロンティア）を越えて移動することは，二重の経験となります。まずは，自分のテリトリーの限界（limiti）を識ること，そして外の世界には自分たちにはない何かがあることを見ることを可能にしてくれます。たとえば，ある境界線（フ

98　第Ｉ部　〈惑星社会／内なる惑星〉という“フィールド”

ロンティア）を越えると，同じものが異なる名前で呼ばれていたり，あるいは逆に異なるものが同じ名前で呼ばれていたりすることに気付きます。この「故郷喪失（spaesamento）」と呼ぶべき体験は，私たちの智と経験を，より総体的な（più in generale）ものへ進ませる可能性を持っています。

　それゆえ私は，社会学的な調査研究においては，個人の次元そして社会に組み込まれている諸主体の内なる感情，情動の次元へと関心を向けてきました。他方で，サイコセラピーの療法的実践においては，個々人の痛みがいかなる文脈，環境的条件，関係のなかに置かれているかということに関心を向けてきました。おそらくこうした学問的な姿勢によって，私は，何年も前，1970 年代初頭から，まだその頃には社会学の世界においてはまったく注目されていなかったテーマである身体への関心を持ち，研究に着手したのです。

5．身体は境界線の束，境界領域という現実である

　いまや，身体の社会学は，流行となってしまっており，膨大な数の書籍が出版されています。*Body and Society* という雑誌があるくらいです。時代の変化によって，身体というテーマがこれだけ注目を集めるようになったのです。ですが，ここでは，この身体への関心についての思想史の収支決算（bilancio）を語るつもりはありません。なぜ私が身体というテーマに関心を持つに至ったのかということのみを，みなさんにお話ししましょう。

　身体は境界線の束，境界領域であるという現実（Il corpo è una realtà di confine）があります。何よりも，内と外との境界領域であり，生物学的，生理学的，感情的（emozionale），情動的（affetivo）なレベルで私たちの内側にあるものと，人間関係やコミュニケーション，他者との関係のなかで外的にあるものとの境界領域です。

　身体は，もっとも内面的な，したがって，誰もが自分自身でしか体感できない，もっとも目に見えない，生理的，感情的なプロセスが生起する場です。しかし同時に，身体は，他者に自分を見せるためのものでもあります。まさにそ

の身体表現によって，顔で，体つき（fatezze）で，しぐさ（gesti）で，他者に対して自らを示します。それゆえ，このような意味において，身体は，内なる（interno）と外なる（esterno），内部（dentro）と外部（fuori）の境界領域（confine），フロンティア（frontiera），ボーダーライン（境界線）です。

しかし，身体はまた，個人と社会の境界領域でもあります。実際，身体ほど個体的／個人的（individuale）なものはありません。なぜなら，私たち一人一人が自分自身の身体を持っており，私たちの身体はかけがえのないものであり，交換可能なものではありません。この点で，身体ほど個体的／個人的なものはありません。

しかし，身体は同時に，何よりもまず肉体という意味（senso fisico）での社会的現実です。たとえばあなたがたの日本的な身体と私のイタリア的な身体とは，生物として同じ種なのにもかかわらず，異なっています。というのは，身体は，それぞれの身体が埋め込まれていた文化，社会的関係，各々が体験した社会的歴史などによって形成され，構築されています。他方で，身体は他者とのコミュニケーションの媒介装置（strumento）であり，表情やしぐさで，他者にふれるかふれないかを通して，コミュニケーションをとります。逆説的（パラドキシカル）ですが，身体ほど社会的なものはなく，身体ほど個体的／個人的なものはないのです。

最後に，身体は，自然と文化の境界領域，フロンティアでもあります。身体は，私たち人間の構造の生物学的な場です。私たちの身体に生じるプロセスのほとんどは，私たちが統制できるものではありません。生物学的なプロセスやメカニズムの産物であり，それは私たちが選択するものではなく，種の遺伝やそれぞれの個体の生物学的な歴史に属するものです。しかし，身体は同時に，まるごと文化によって形成されるものでもあります。粘土の彫像のように，陶芸家によって成形される花瓶のように，身体は文化によって形成されます。その形，身体表現，身体の動きはすべて，文化が私たちに伝え，社会的存在として要求してきたことの象徴的な現れ（manifestazione）なのです。

ここ数日，私はホテルのテレビで大相撲を観戦していたのですが，これはた

100　第Ⅰ部　〈惑星社会／内なる惑星〉という"フィールド"

しかに，文化によって形成された身体のもっとも明らかな例です。少し大げさに言えば，もはや自然なものは何もなく，すべてが社会的な構築によって生み出されたものです。しかし同時に，逆説的（パラドキシカル）ですが，身体ほど自然なものはありません。力士が自然に由来する力でぶつかり合う瞬間に立ち現れるのは，すべて自然な身体です。ここには，境界領域のパラドックスがあります。身体ほど自然なものはなく，身体ほど文化的なものもないのです。

6．身体への関心と両極性

今日，このフィジカルであるのと同時にシンボリックである身体への社会的関心が高まっています。テレビ，映画，新聞，雑誌，広告などを見るだけで，私たちは，身体の凱旋勝利に圧倒されます。ここでの「身体」は，何でも売るために使われる「身体」です。ポルノグラフィーから，医薬品・化粧品の宣伝まで，想像し得るあらゆるかたちで展示されています。「身体」は，もはや，この情報社会が提供し続けるイメージとなっています。

ここで「いかなる意味があるのか？（Che senso ha?）」という最初の問いへと戻りましょう。身体への一般的な関心，身体の顕示が一般化される現象はどこから来るのかということです。その答えはもちろん単純ではありません。難しい問題を単純化したくはありません。ここではいくつかの手がかりを残すことができるだけなのですが，さきほど私が述べた，「身体は境界領域という現実である（Il corpo è una realtà di confine）」という視点は，この問いに応答するための手がかりを与えてくれると思います。それは，今日の社会において身体は，愛と痛みの中心となっているという事実によっています。

様々な体験の中で，私たちを人間たらしめているもっとも奥深くにある体験とは，愛と痛みにかかわる体験です。これらの体験は，私たちの身体に関係しています。そして，文化が身体への関心を示すことで，いまだ潜在的な意味への要求が表出され，一人一人が自分自身のために，そして社会全体が求めているのです。

第 2 章 〈身　体〉　*101*

　それはまるで，身体への関心を通して，人々は，私とは何者であるのかを問うているかのようです——愛することの意味，ともに在ることの意味，他者とかかわることの意味，苦しむ（soffrire）ことの意味，私たち一人一人が，人生のなかで一度や二度は体験する痛み（dolore）には，「いかなる意味があるのか」。それゆえ，身体への関心について識ろうとすることは，ごくふつうの人々が生み出す意味についての深い研究となり得ます。

　しかし同時に，この研究テーマは，権力と社会統制の現代的形態についての研究ともなり得ます。消費と展示の対象となった「身体」は，もはや主体のものではなくなり，身体を通して何らかのかたちで伝達される思考や行為の様式を，主体に負わせる装置となります。ここでの「身体」は，いくつかの特殊化した技術を有する数種のカテゴリーの専門家による特権的な介入の対象です。ファッションや化粧の専門家は，私たちがどのように服を着るべきか，どのように「身体」を見せるべきかを語ります。セクシュアリティの専門家は，私たちがどのように愛するべきかを語り，医学の専門家は，何が健康で何が病気かを語ります。さらに，これは SF 小説ではないですが，遺伝子操作の専門家たちは，私たちがどのような「身体」，どのような臓器，どのような感情を持つべきかを教えるのです。

　このように，私たちの身体はいま，私たちの文化，私たちの社会において，両極性（polarità）を持っています。一方で，身体は，もっとも個体的／個人的で深遠な母体（matrice），固有の意味を持つ根源（radice）となっています。他方で，「身体」は，もっとも緻密でもっとも一般化された操作の対象となっています。この両極性の結末は，決して予見できるものではなく，この両極性をめぐってコンフリクトや社会運動が起こることが予想され，既に起こり始めています。

　医学の分野では，このようなコンフリクトの最初の兆し・兆候（segni）が既に現れていますし，遺伝子操作の問題をめぐっては，また別のコンフリクトが生じることでしょう。いずれにせよ，身体をめぐる両極性は，現在も開かれており，どちらかの方向に何らかの結果をもたらすために参加し，介入するかど

うかは私たちのものなのです。

7. 社会を研究する者の責務

　研究者として，社会的現実を考察する者として，私たちの仕事は何よりもまず，この両極性を可視化することにあります。私たちは，声を与えるために仕事をすることができます。身体への関心を通して表現される深いところにある要求を可視化し，耳を傾けることができるようにすることです。愛と痛み，そして意味とかかわる要求，つまりは他者とかかわることへの要求は，今日，身体への関心を通して現れているのです。私たちは同時に，新たな形態の権力が，「身体」を対象として使用する緻密なプロセス，権力の目的のために多くの人が気付かないうちに身体を操作するプロセスを，可視化することに取り組むこともできます。

　そうすることで，私たちは社会全体のために何かをすると同時に，私たち自身のためにも何かをするのだと思います。というのも，身体のパラドックスとは，身体をどちらか一方の極に置くことはできないということであり，身体が構成する現実の二つの顔をつなぎ合わせなければなりません。なぜなら，身体は私たちの身体でしかなく，抽象的な別の「身体」など存在しません。存在する唯一の身体は，私であり，彼であり，みなそれぞれの身体だからです。

　私たちにできることは，決して頭脳や精神だけで行うものではありません。常に私たちの身体とともにあり，私たちの感情，他者との関係の在り方，痛みについての考え方，私たちを人間として構成する次元としての死についての考え方をも巻き込むことが，私たちにできる仕事です。もし私たちが，本当に，意味を問うことができるのであれば，私たちは社会のために働くたびに，これら身体のすべてをたずさえていくことになるのです。

8．おわりに——パッショーネとともに（con passione）

　さて，いよいよ本日の話の最後となりますが，「パッショーネとともに（con passione）」という言葉で締めくくりたいと思います。passione という言葉は，英語であれ，フランス語であれ，ほとんどすべてのヨーロッパ言語で使われている言葉で，ラテン語の patire を語源としています。patire とは，痛みや苦しみを受ける，こうむるという意味をまずは持っています。しかし，この言葉には，同時に，参加する，私たちが何ごとかをなすとき，自らの情動や力のすべてをふりしぼっての内からわきあがる熱意という意味もあります。喜び，高揚，痛み，苦しみを受けとめるには，同じく膨大なエネルギーを必要とします。いまこの場所で，私は，そのためのエネルギーを費やしました。それと同じようにみなさんもまた，パッショーネとともに，膨大なエネルギーを費やしてくれたら何よりです。

補遺　会場からの質問への応答として

　①　ごくふつうの人々の体験の意味についての質問への応答（“時代の分岐点”）

　いま “時代の分岐点（un punto di svolta）” にあるのですが，私たちはいまだ人間の体験を定義する近代の見方にしばられています。近代的な伝統のなかには，他にも様々な道筋（filo）があったのですが，支配的な道筋（filo）は，人間の体験を，合理的で認知的な次元に縮小することをしてきました。学問の世界は，この継承を制度的に表現しているに過ぎないのです。

　そして私たちは皆，この「遺産」を多少なりとも受け継いでいます。人間の体験に対するこの考え方の相続者なのです。しかし今日，社会のなかで，そして人々のなかで起こっている変化の最初の兆し・兆候（segni）があります。私は，これが，始まりつつある分岐点（svolta）の兆しであると考えています。

　だからこそ私たちは，このような兆しを見逃さないよう注意して，それらのかけらを収集し，兆しに耳を澄ますことが必要です。このような兆しにもっと

も敏感な人々は，少数のアクティヴな人間として重要な役割を果たすことができます。そして，今日，焦眉の課題となっているパラダイムシフトを加速させるために働くことができます。たとえば医療や遺伝子操作の分野は，このパラダイムシフトが必要とされる劇的な問題となっています。このような兆しを感知することができるすべての人々は，その兆しをより可視化するために努力する責任があるのです。

② 情報社会についての質問への応答（"生体的関係的カタストロフ"）

情報社会は，あらゆるレベルでのコミュニケーションの可能性を増幅させます。そして，身体のレベルも含めて，互いに関与することのない世界や人々をつなぐことができ，たとえば医学的，生物学的な発見をリアルタイムで知ることができ，誰にでも応用できます。

しかしその一方で，情報社会は，生身の身体からますます距離を置く社会であり，「身体」は純粋に象徴的な次元，純粋にバーチャルな次元の存在となっています。もちろん，これは非常に大きなリスクです。なぜなら，キーボードを打っているときでさえ，私たちは常に現実の身体のなかにいるわけです。あるいは，スクリーンから送られてくる映像やその他の情報を見ているのは，私たちの物理的な目であり，私たちの身体です。その結果，肉体を忘れることから来る新たな苦しみ，新たな病が大量に発生することになるのです。

理想的，あるいは，ともかく私たちがめざすべきゴールは，情報社会を可能な限り，象徴的かつ身体的なものにすることでしょう。これはパラドックスなのですが，身体は常に二つの顔を併せ持つ「境界領域であるという現実（realtà di confine）」であり，これらの顔を切り離せば，カタストロフに向かうからです。

いまやカタストロフは，単に自然のカタストロフではありません。単に核によるカタストロフでもなく，人間という種そのものが直面する"生体的関係的カタストロフ（la catastrofe biologica e relazionale delle specie umana）"となっています。いわゆる「先進社会」のより先端部分で暮らす人たちの50％が，「悪

性新生物（がん）」という異物（corpi estranei）によって死にます。さらにその半分の25％は，心疾患で死ぬのです。すべての人に幸福と富を約束する社会が，社会の機能に関する理由から人口の3/4の人々に病死をもたらすという劇的な収支決算（bilancio dramatico）となっているのです。この"生体的関係的カタストロフ"という面から現代社会をとらえ直さねばならないと私は確信しています。まだ多くの人々によって語られてはいないことなのかもしれませんが，"生体的関係的カタストロフ"は，より深く根本的な真のカタストロフなのです。

③　インターネットについての質問への応答（"パッショーネ（passione）を持つこと"）

現代のテクノロジーの現実はとても強力で，たしかにそれを過小評価すべきではありません。が，同時にそれは，とても壊れやすく，まさにその内部の力学によって，いくつかのリスクや弱点を内包しており，活用することも可能です。インターネットを利用する人なら誰でも知っていることですが，最初の30分ほどで情報の過剰さが目に見えてわかります。もはやそこには情報はなく騒音だけがあります。

この体験は，私たちが情報を必要としているだけでなく，沈黙も必要としていることを即座に明らかにしてくれます。情報が届くためには開くことが必要なだけでなく，閉じることも必要です。つまり，このテクノロジーのユーザーである私たち一人一人が，人間的な使い方を発明することができ，私たち個々人の責任／応答力が問われることになります。私たちは他人によってコントロールされる機械の小さな歯車にもなり得ますし，自分の体験，私たちの困難や苦しみを生かすこともできます。

私たちは，他者とのコミュニケーションにおける異なる在り方の「予言者」となることもできます。つまり私たちは沈黙の重要性を強調する人間，疲れに耳を傾けることができる人間，開くことと閉じることの間に適切なリズムを見つけることができる人間になれます。ここでは，「誰かが解決策を見つけるだ

ろう」という態度はとれません。誰もが解決策を見つけ，それを他の人に惜しみなく提供し（renderla disponibile agli altri），循環させることができるのです。私たちが，自分の体験に耳を傾け，ふりかえり，私たちの身体に聴く（ascoltare il nostro corpo）ということができれば，私たちは，大きな変化を生み出す人間となり得るのです。

現代世界の問題に直面したとき，私たちはいつも，生態系のリスクに対して何が出来るか，戦争に対して何ができるか，貧困に対して何ができるかと，無力感を感じます。何一つできないのではないかと。しかし，事実は，私たちの誰もがこの世界に対する責任と同時に応答力を持っており，この世界で起こっていることに対して変化を生み出すことができるのです。

傲慢にならずに，驕り高ぶらずに，慎み深さ（umiltà）を持って，個々人の経験に根ざすかたちで，この世界を変えていくための装置としてインターネットを使用することもできるのです。悲観論と不信感は，予言の自己成就となってしまいます。私たちが何かを変えられると信じることは，既に変わるための方法であり，これは私たちの行為が，パッショーネ（passione）を持つことの必要性へと私たちを連れ戻すのです。

④　身体をめぐるコンフリクトと文化的差異についての質問への応答（"差異は他者と出会うための深い理由だ"）

「身体」は今日，社会的コンフリクトの闘技場（arena）となっています。人間の根本的体験である誕生と死，たとえば妊娠・出産の医療的操作は，既に現実のものとなっています。人体への介入，臓器の使用，遺伝子操作など，胚（embrione）が特に注目される分野では，既にコンフリクトが起こっています。

死に対する医学的管理が，終末期医療の安楽死問題で一連のコンフリクトを生んだのと同じように，「身体」が舞台となるもう一つの明白な分野であるセクシュアリティでも，セクシュアリティが生殖から切り離された瞬間に，コンフリクトが起こっています。セクシュアリティは，生殖との結びつきから解放され，恋愛の意味を表現する場，あるいは，よい恋愛のルールを外部から操作

第2章 〈身　体〉 *107*

する場となりました。いまや書店に行けば，恋愛の仕方に関するマニュアル本
が棚いっぱいに並んでいます。

　では，操作の対象以外の身体の側面とはどういうものでしょうか。もし私た
ちが，「身体」を操作の対象とするだけで，身体の出会い（un incontro fra i
corpi）を無視するのであれば，私たちは間違いなくカタストロフに向かうで
しょう。文化の差異は言語の差異だけでなく，身体の差異でもあります。それ
ゆえ，異なる文化間の出会いは，決して言語の出会いだけでなく，身体の出会
いでもあるのです。私たちがお互いを必要としていることを認識するか，カタ
ストロフに向かうかです。

　希望と楽観主義を持てるとしたら，私たちは多様性と差異を必要としている
からです。そうでなければ，私たちは，他者に出会うことにまったく興味を持
たないでしょう。もし私たちがみんなクローン人間だったら，私たちはお互い
に出会うことには興味を持たないはずです。

　ですから，差異は，私たちが他者と出会うための深い理由なのです。差異が
分断の理由とならないように，このエネルギーの方向を逆転させる努力をしな
ければなりません。なぜなら，分断と出会いのエネルギーは同じで，自分とは
異なる相手と戦うために使うこともできるし，自分とは異なる人と出会うため
に使うこともできるからです。もし私たちがみんな同じだったら，世界はとて
もつまらない（noia）ものになってしまうでしょう。幸いにも私たちは，差異
を持っており，だから他者と出会いたいと欲するのです。

【訳者解題】

　白血病となってから，人前に出ることの少なくなったミラノのメルッチのも
とに通い，二人で日本行きを計画した。本章のもとになっているのは，2000
年5月16日に一橋大学で行われた講演である。元原稿は存在せず，メルッチ
は，報告原稿なしに，メモらしいメモもなく，即興で話を続け，訳者（新原）
もまた，次にどのような話が出てくるのかを待ちつつ，緊張と期待のなかで通
訳していた。本章は，その"場"で，聴衆との間で沸き起こった"智"のセッ

108 第Ⅰ部 〈惑星社会／内なる惑星〉という"フィールド"

ションの映像から，文字起こしをしたものである。

　既に地域社会学会の 25 周年記念講演として，「聴くことの社会学」と題する講演が行われていた[1]。こちらは，研究者向けの講演であり，ある程度は conventional な（学界の慣習に則した）発話となっていた。これに対して，一橋大学の講演では，研究者のみならず，一橋大学社会学部や社会学研究科の学部生・院生も参加すると聞かされており，それならぜひ，chiacchierata（おしゃべり，談話）のかたちで話したいと言っていた。

　国立のキャンパスに向かう前に，強い薬を飲み，横浜の三渓園へと向かい，園内をゆっくり歩いた。三渓園の建造物を鑑賞しながら，［関係性のうごきのなかの］"不均衡な均衡（simmetria asimmetrica, asymmetrical symmetry)"，"［変化し続ける］"偏ったトタリティ（totalità parziale, partial totality)" といった新たな言葉が，どちらからともなく，二人の「おしゃべり（chiacchierata)」のなかで生まれていた。

　そして，一橋大学においても，「今日，自分が何を話すか，聴き手として，出会うべき言葉を待つ」という姿勢のままに話を始めた。地域社会学会の記念講演では，「聴くことの二重性」についての話をしていた。固有の「限界」と「身体性（corporeità, corporeality)」を持った二者が，〈話す／聴く〉という二元論でなく，聴くことが相手への話しかけであり，話すことが相手のことを聴いているようなやりとり（"交感／交歓（interazione emozionale / scambio di cordialità, emotional interaction / exchange of cordialities)"）の二重性である。メルッチは，長年の臨床実践での経験からのメタ・コミュニケーション――話を聴いているときに，その表情・しぐさでむしろ相手に語りかけているような，あるいは，話をしているときに，相手の内奥に去来している想念を聴いているような相互行為――を，この"場"でも実践していた。

　「身体性」を持ったメルッチの内奥で〈聴く／話す〉は循環し，訳者の新原との「間」でもまた，表情・しぐさ，視線のやりとりなどによって，メタ・コミュニケーションの"閉じない循環（circolarità schiudendo)" が起こるかたちで，言葉が発せられていった。しばしば，日本語がわからないはずのメルッチが，

第2章 〈身　体〉　*109*

「まだその話はしていないよ。これから話すつもりだったんだ」と声をかけて
きたり，目配せをしてきた。たしかに，このときは，イタリア語で発せられて
いた言葉の背後の想念の "どよめき（risuonando, resonating）" を "感知" し，考
えると同時に身体と言葉がうごいてしまっているという状態だった。"身体感
覚を通じて出会う（incontrando attraverso i sensi corporei）" ことが起こっていた
のかもしれない。

　この日のやりとりのなかで，生まれた理解がある。メルッチは，限界，境
界，境界線などを表す言葉として，limite, confine, frontiera などを使ってき
た。この日の話でも，limite は限界，有限性の意味で使っていたが，confine
を境界線の束の意味で使うときもあった。frontiera は，イタリア語としては，
国境の検問所の意味があるが，ここでは，科学界の境界線の意味で使っている
ときと，身体について言うときは，未知の領域，未開拓の土地といった意味で
のフロンティアでとして使っているときもあった。

　「身体は境界領域という現実である（Il corpo è una realtà di confine）」という
理解は，実は，セミナーの最中，メルッチの言葉を新原がどう訳すかについて
なされた短いやりとりから生まれた。メルッチは，当初，「境界（confine）」と
いう言葉を，身体のなかに，内部と外部，個人と社会，自然と文化などの複数
の境界線が束のように存在しているというイメージで語っていた。"境界線の
束としての身体（corpo come insieme di confini, body as a set of boundaries）" であ
る。

　通訳の途中で，「各部を分析的に見た場合は境界線の束（insieme di confini）
であるが，その総体の全景把握を試みて名付け直した場合は "境界領域
（cumfinis）" なのではないか」という話を，メルッチにした。メルッチは，自
らの学問について定義するとき，Sociologia di confine（境界領域の社会学）と
いう表現をしている。これがもし複数形の confini だったら，Sociologia dei
confini（様々に存在する境界線の束を行き来する社会学）となる。

　身体は，内であり外であり，個人であり社会であり，自然であり文化であ
り，フィジカルでありシンボリックでもあり，異なるものが "対位的（contrapuntal,

polyphonic, and dysphonic)" に "衝突・混交・混成・重合の歩み (percorso composito, composite route)" をする "境界領域 (cumfinis)" となっている。メルッチはこの見立てに納得し，その後は，"境界領域" の意味で話をすすめた。セミナーの最中に，言葉の "メタモルフォーゼ（変身 change form / metamorfosi)" が起こったのである。

　三ヶ月ごとにミラノのメルッチ邸に通っていたときもそうだったが，とりわけこの日，2000 年 5 月 16 日は，三渓園から一橋大学まで，そこでのやりとりのなかで言葉が生まれ，名付け直すという "根本的瞬間 (Grundmoment)" を "ともに（共に／伴って／友として）創ることを始める (iniziare a cocreare)" こととなった。

　一橋大学での報告は，タイトルを決めていなかったのだが，矢澤修次郎教授と相談して，「情報社会化のなかでの身体への関心が意味するもの——これまでの知的形成の道程とかかわって」というタイトルを付けた。後に，文字起こししたものをメルッチ自身が見て，「痛むひと（オミネス・パツィエンテス）——社会学的探求 ("Homines patientes. Sociological Explorations)"」と改題している。いま考えれば，「"境界領域を生きるひと (gens in cumfinis)" の社会学的探求」としてもよかったかもしれない。

　セミナー当日までのメルッチとのやりとりにおいては，メルレル・新原の "複合的身体 (corpo composito)" とメルッチの "多重／多層／多面" の私 (io molteplice)，メルッチの「境界領域の社会学 (sociologia di confine)」とメルレル・新原の "境界領域論 (visione di cumfinis)" が親近性を持つことが共有されていた。そのため，本章のタイトルを，「〈身体〉——境界線の束であり境界領域でもある」とすることを，メルッチは許してくれるのではないかと考えている。

　メルッチが亡くなった後も，対話し，名付け直す旅が続いていることは，2021 年 9 月ミラノの追悼シンポジウム『未来は今　アルベルト・メルッチといま対話する』において，「アルベルト・メルッチとの対話は続く——意味は出会いのなかで与えられる」というタイトルで報告している（Michinobu

第 2 章 〈身　体〉 *111*

Niihara, 2021, "Il dialogo continua con Alberto Melucci: Il senso ci è dato nell'incontro", in atti di *Seminario internazionale IL FUTURO È ADESSO: Dialogando oggi con Alberto Melucci*, Milano: Casa della cultura）。

　「旅の途上（en route..., in viaggio...）」は，『プレイング・セルフ』（Melucci 1996=2008：196-197）と 『私という遊び――グローバル社会における自己の変化』（Melucci 1991：146）の最終章の結びの節のタイトルであるが，ここでの理解もまた「旅の途上」である。

　1）この講演の内容とそのときの様子については，アルベルト・メルッチ，新原道信訳「聴くことの社会学」および新原道信「聴くことの社会学のために」地域社会学会編『市民と地域―自己決定・協働，その主体 地域社会学会年報 13』ハーベスト社，2001 年　で紹介している。

引用・参考文献

Melucci, Alberto, 1991, *Il gioco dell'io—Il cambiamento di sé in una società globale*, Milano: Feltrinelli.
―――. 1996, *The Playing Self: Person and Meaning in the Planetary Society*, New York: Cambridge University Press. (＝2008, 新原道信他訳『プレイング・セルフ―惑星社会における人間と意味』ハーベスト社)

第Ⅱ部
〈内なる惑星〉に"出会う"

第Ⅱ部　梗　概

　本書の第Ⅱ部は，「〈内なる惑星〉に"出会う"」を主題としている。

　第1章と訳者解題で詳しく論じられたように，メルッチが〈内なる惑星〉という概念を初めて打ち出したのは，1989年のシエナで開催された国際シンポジウムだった。エコロジーの文脈で語られる〈外なる惑星〉と双対関係になるもので，「私たちそれぞれの体験と諸関係の土台となっており，生物としての，感情と認知の構造とかかわるところの惑星」が〈内なる惑星〉とされた。

　いったいなぜ，身体や体ではなく，〈内なる惑星〉という表現を持ち出さねばならなかったか。それは想像力を働かせて地球の外部に出なければ地球全体を見晴らすことができないように，「自分の意見や思い込みでいっぱい」になった身体イメージからいったん離れて，そして再び〈身体〉に戻っていくような視線でなければ，「私たちが居合わせている根本的な変容のプロセス」に気付くことはできないと，メルッチは考えたからだった。通常は二項対立にイメージされるマクロとミクロ，文化と自然，言語と行動，「天と地」の間にはしごをかけ，それらの間の往来を可能にする分析的な構成概念が〈内なる惑星〉だったのである。その試みは差し迫った必要性から生じたものであった。なぜなら「この惑星に関する可能性とリスクは，個々人の生と人間という種の将来にとって極めて重要」になると，メルッチは確信したからである（本書第1章：72）。

　「内なる惑星のテリトリーは無限であり，私たちはまだその探求を始めたばかり」で，「これからの数年で，未知なる大陸が姿を現すことになりそうだ」とシエナの講演でメルッチは語った。それから実に35年余りの歳月が流れた。その予見通り，〈内なる惑星〉に関する探求と解明は急速に進み，「未知なる大陸」が次々と姿を現している。完全解読された人体の遺伝子情報，iPS細胞による再生医療，人工知能の飛躍的な発展，快楽を生み出す脳内メカニズムの解明，五大疾病の一つになった精神疾患など，脳・心・体の新たな地図は日々書

116　第Ⅱ部　〈内なる惑星〉に"出会う"

き換えられ，心身の不調を解決するテクノロジーや医薬品やノウハウの目録は日々長くなっている。

　こうした「内なる新大陸の発見」は，私たち個々人の生と人間の種の将来にどのような影響を与えるのか。可能性だけでなく，リスクはどれほどなのか。第Ⅱ部の書き手は，メルッチが設置した〈内なる惑星〉というはしごを借りながら，身体をめぐる具体と抽象を上り下りする。そこで"出会った"対象とともに，現れつつある未知なる大陸の可能性とリスクを可能な限り見定めようというのが，第Ⅱ部の目的である。

　第3章「メルッチに"出会う"」は，第Ⅱ部全体の原論に位置付けられる。第Ⅰ部で論じられた〈内なる惑星〉と〈身体〉に加えて，メルッチの"出会い"概念の内実が検討される。差異を持った二者が接触するとき，そこに"出会い"が自然と起こるわけではない。なぜなら差異は分断の理由にも利用されるからである。分断のエネルギーを"出会い"に変換するためには，二者が主体として互いに近づくこと，異なる意味の領域をいっしょにすることが求められる。そうした他者との"出会い"のなかで浮上するキーワードが，〈異質なる身体〉と〈聴くこと〉である。前者は外なる他者と双対の分析概念であり，自分自身の内なる他者の存在に注意を向ける。後者は外なる／内なる他者と自己の"出会い"の場をつくり出すための概念である。〈異質なる身体〉と〈聴くこと〉の二本柱は，自己と身体，内と外，個人と社会の間にはしごをかける効果を持ち，その後のすべての章に貫通するモチーフとして展開する。

　第4章から第8章は，叙述のタイムスパンの長さに応じておおむね配置されている。

　第4章の「"境界領域"としての生殖－再生産（reproduction）」は，人類誕生から現代までの超長期的な時間軸をカバーする。そして遺伝学の現在地とそれが〈内なる惑星〉の生殖－再生産の領域にもたらす可能性とリスクを検討する。生殖－再生産の問題は，環境への適応から人間の選択のフィールドへと変化している。遺伝学的検査をめぐっては，自己の決定の同意能力の問題だけでなく，私が〈自己を決定する〉というアイデンティティ形成の問題を作り出し

ている。

　人類史的時間を扱った前章に対して，第5章の「〈異質なる身体〉が発する声と存在を聴く」は，近世・近代以降の新しい事態に焦点を据える。M. フーコーの規律権力論に依拠しながら，人間の身体の「正常化」が残滓としての「生きづらさ」をたえず産み落とすメカニズムを確認する。生きづらさを抱えた心身は，生産性を最優先する近代のシステム社会のなかで「障害（者）」とみなされ，周辺化されてきた。そして自らも正常化のまなざしを内面化することで，〈異質なる身体〉を抱えるようになる。

　戦後最悪の犠牲者を出した2016年の知的障害者施設の殺傷事件で顕在化したように，〈異質なる身体〉はあるとき「生きるに値しない生」として排除の標的にされる。しかしながら，正常化のミクロな規律権力だけでなく，それに抵抗するミクロな社会運動もありうるのではないか。生きづらさを抱えた人々がつくるセルフヘルプ・グループの調査研究を通じて，〈異質なる身体〉の声を聴くことの場はいかにして可能なのか，希望はどこに在るのかを探る。

　心身の「生きづらさ」を聴くという課題を，親密な小集団から社会や職場へ移した論稿が，第6章の「障害者雇用の現場で〈異質なる身体〉に出会う」である。ここでは現代の障害者雇用の現場に焦点が据えられる。時代の流れとして，2006年に国連総会で障害者権利条約が採択され，日本は他国に遅れに遅れながらようやく2014年に批准した。この条約は，障害を理由とした差別の禁止と合理的な配慮の提供を義務付けており，その適用範囲にはむろん職場も含まれる。だが実際はどうであろうか。

　R. マーフィーの通過儀礼としての障害の視点を手がかりとしながら，生産性が求められる雇用の現場で，〈異質なる身体〉からどのような社会的関係が築かれるのかを第6章は描いていく。〈異質なる身体〉を生きる当事者と雇用者の出会いから生まれる関係は，法定雇用率の達成のためだけの関わりなのか，それとも能力の共同性につながるのか。後者の可能性に賭けるとしたら，その諸条件と過程とはどのようなものかを社会的関係のレベルで析出する。

　これまでの3つの章で論じられた〈異質なる身体〉が大きな病や心身の障害

に深く関連するものだとすれば，続く2つの章は普段あまり意識しないような心身の「ちょっとした不具合」について論じたものである。

第7章の「「身体に耳を傾ける」ことの体得とその契機」では，ヨガ指導者が「身体に耳を傾ける」という「わざ」を体得する過程に着目する。既に1980年代の西欧において，ヨガを含めた東洋発祥の身体実践のブームが起きていたことをメルッチは注目していた。現在もこの勢いは止まらないどころか，新たな身体実践が日々開発されている。

かつては神秘的で言語化するのは困難とみなされたヨガの「わざ」の体得過程についても，第7章で紹介されるように，その解明と言語化が進んでいる。背骨に違和感と痛みを抱えながらやがてヨガ指導者になった対象者の自己変容の過程を追いかけながら，語ることと行うこと，言語と行動の間にはしごをかける。その間を往来しながら，自らの〈内なる惑星〉に出会って驚き，その好奇心旺盛な探求者となり，よき開拓者へとなりゆく可能性を論じる。

ヨガとは別のかたちで「身体の声に耳を傾ける」方法を主題とするのが，第8章の「惑星社会をはだしで歩く」である。近代の都市文化において，靴を脱いで大地をはだしで歩くことは「未開」「危険」「汚い」「貧しい」「恥ずかしい」「正気とはいえない」逸脱行為とみなされるようになった。だが2000年代頃から身体が大地に直接ふれるアーシング／グラウンディングへの関心が生まれ，大地でのはだし歩きの効能が科学的に明らかにされつつある。メルッチの「"境界線の束"としての身体」を手がかりに，〈内なる惑星〉のテリトリーを自ら歩き，観察し，その声を聴くための方法を，はだし歩きの語りと実践から探る。

以上の各章は，メルッチの切り拓いた〈内なる惑星〉の地平を，各自の試行錯誤で探索したものである。だが，この惑星には未知の大陸がなおも広がっており，今回，現代に生きる惑星人の地図として描き出せたのは，そのごく一部に過ぎない。「意識的に，つまり，文化的に自然になるというパラドックスのなかに生きる」（本書第1章：87）ことは，いかにして可能だろうか。35年余り前に発したメルッチの問いかけは，社会と人間の惑星化に気付き始めた私たち

に，より差し迫ったものとして立ち現れる。第Ⅱ部は，この問いかけに対する現時点での一所懸命の応答である。

（鈴木鉄忠）

第 3 章
メルッチに "出会う"
──意味は "出会い" のなかで与えられる──

新 原 道 信

出会いは，意味の二つの領域（region）をいっしょにする。そしてそれは，私たちが調整している異なった振動数をもつ二つのエネルギーのフィールドを，互いに共鳴するところにまでもっていく。出会いは，苦しみ，感情，病をともにすること（*sym-pathy*）である。すなわちそれは，自らの情動や力のすべてをふりしぼって，内からわきあがる熱意をもって，喜び，高揚し，痛み，苦しみに参加すること・ともにすること（*com-passion*），ある他者と・ともに・感じている（*feeling-with-another*）ということである。ここで発見するのは，意味は私たちに帰属するものではなく，むしろ出会いそれ自体のなかで与えられるものであり，にもかかわらず，それと同時に，私たちだけがその出会いをつくり出すことができるということである。　　　　　（Melucci 1996a=2008：139-140）

1. はじめに──"出会い" を体験したメルッチに "出会う"

　本書第Ⅰ部の第1章では，イタリアの都市・シエナでの1989年の講演，第2章では，2000年5月の一橋大学での講演を紹介した。第1章が "惑星社会／内なる惑星論" の萌芽であるとするなら，第2章は，「宇宙論を前提とした身心論」「現象学」，さらには新たな調査研究の〈エピステモロジー／メソドロジー〉の萌芽であった。

　第3章では，身体への関心から〈内なる惑星〉という〈エピステモロジー／メソドロジー〉を紡ぎ出していったメルッチの探求の道行き（passaggio di esplorazione）を探る。メルッチはいかにして〈内なる惑星〉と "出会った" の

かについての理解の現在地を提示することとしたい。「現在地」と言ったのは，その理解は，没後 20 年を経ても，いまだ現在進行形であるという意味からである。章末に添付した「アルベルト・メルッチの生涯」を見ていただきたい。新原が招聘された没後の追悼シンポジウムだけでも，2002 年，2008 年，2021 年と，メルッチの学問についての理解の試みが，現在進行形で継続している[1]。

　メルッチは，身近な人でも，その "学智（cumscientia）" の全貌はわからず，畏敬の念とともに，「智者（saggio）」と呼ばれていた[2]。中村雄二郎は，近代科学が生の〈現実〉から遠ざかってしまったことを問題として，本来は「主人公」であるはずの〈現実〉に即した〈臨床の知〉を模索した。そして，著書『臨床の知とは何か』の冒頭で，メルッチの考え方には，自らの「〈臨床の知〉に通じる考え方がある」（中村 1992：2-4）としている。最晩年のメルッチは，新原との話のなかで，ことに臨み，かたわらに在る，身体化された "智" として，"臨場・臨床の智（cumscientia ex klinikós）" について語り始めていた[3]。

　その彼が，一人の「病者（patientes）」となった。白血病という「ペリペティア（舞台の急転）」（真下 1979：165）から遡って考えてみれば，メルッチは，病と自らの生をともにする以前に，この限界（limiti）への "予感／予見（doomed premonition, premonizione dell'apocalisse / previsione, prevision）" があったかのようであった。いやむしろ，「限界と向き合う〈エピステモロジー／メソドロジー〉」がメルッチの "智" の根幹（radice）にあったのだろう。

　メルッチは，「有限性，身体性と死を識ること（finitezza, riconoscimento della corporeità e della morte）」（Melucci 1991：131）が，私たちの「惑星地球における生（life on planet Earth）」（Melucci 1996a=2008：177）の「条件の時空（spazio della nostra condizione）」（Melucci 1991：131）となっていると述べていた。そしてこの「有限性，身体性と死」は，個々人の "生体（corpus corporale）" のみならず〈惑星社会〉，さらには〈惑星地球〉についても認めるべきことがらであった。

　イタリアを代表する社会学者の一人であるラウラ・ボヴォーネ（Laura Bovone）の著書『リフレクシヴィティと聴くことの間』は，「もし自らの限界

（limiti）を識る社会学であるならば，その社会学を擁護しよう」（Bovone 2010：7）という序文で始まる。同書では，メルッチのリフレクシヴィティ論を最重要視している。ここでは，グールドナー（Alvin Ward Gouldner），ハーバーマス（Jürgen Habermas），ブルデュー（Pierre Bourdieu）のリフレクシヴィティが検討され，メルッチの言うように，本当の意味での聴くことへと開かれた，分断されていない，一つのまとまりを持ったリフレクシヴな態度こそが，古くからの激しい論争であった客観主義／リアリズムと主観主義／相対主義の対立を乗り越えさせてくれるとする（Bovone 2010：7-14）。とりわけ重要なのは，ボヴォーネが，メルッチが見ていた世界のすべてを理解しているわけではないという「限界（limiti）」の観点からの接近を試みている点である。

　本章においても，いまだ理解の「旅の途上（en route..., in viaggio...）」にあるという「限界」を受け入れることが必要となる。「何もかも全てが暴かれたわけではないこと，全てが語られたわけではないこと，そしてきっと，全てが語られる必要はない」（Melucci 1996a=2008：197）とするメルッチの認識の地平線を目撃した者として，証言と再解釈を重ねていくことしかないと考える。

　メルッチは，〈内なる惑星〉は，まだその一部，「縁辺（bordi）」を探っただけで，これからわかっていくべき〈惑星〉であるとした。メルッチが，〈内なる惑星〉と名付けたフロンティアの理解は，いまだその途上にある。内奥に在って（その内奥は他者へと，社会へと，宇宙へとつながっているのだが），既に出会っていたのだが，その出会うべき相手に"出会う"旅が必要となる。

　こうした理解は，メルッチが遺してくれたテクストを解読することのみならず，メルッチが"晩年の様式（late style, stile tardo）"を生きた「時間と空間」を，"ともに（共に／伴って／友として）"したことからの「証言」である[4]。The End of Life という"限界状態（Grenzzustand, stato di limiti / confini, limit state）"のなかで，"生体的関係的想像／創造力（Biotic, relational imagination and creativity）"を発揮したメルッチの皮膚感覚，息づかいのリズム，パルス，振動は，まだ生々しくのこっている。

　この"身体感覚を通じての出会い（un incontro attraverso i sensi corporei）"の

意味を掘り起こし，サルベージし（掬い／救いとり），"感知／感応"することを試みたい。Conventional な（会議の場あるいは論文の形式で語られる「型」通りの）言葉としてではなく，ある特定の"状況と条件"に埋め込まれた（situational and conditional），個々人の身体の奥底で生じている喪失，変性，変異とそれに対する応答のつらなり，そこから紡ぎ出された言葉による臨場・臨床的（ex klinikós）な"感知／感応"である。

2. 他者に"出会う"——二つの「領域／フィールド（region / field）」が"出会う"ということ

〈内なる惑星〉の理解については，メルッチが身体を再定義していくプロセスと，それを理解していく私たちのプロセスという二つの"フィールド"が存在している。そのなかで，メルッチが，「他者」との差異，内なる異質性をどう理解していたのか。初期の著作『異質なる身体（*Corpi estranei*)』（Melucci 1984b）に登場する corpi estranei という言葉は，ふつうに訳せば「異物」だが，この言葉にはいかなる意味がこめられていたのかを考えることが重要となる。

本章冒頭のエピグラフでは，メルッチにおける"他者と出会う（incontrare l'altro, encountering the other)"ことについての考え方が示されている。この一節については，英語版『プレイング・セルフ』（1996）と，原書である『私という遊び——グローバル社会における自己の変化（*Il gioco dell'io——Il camobiamento di sé in una società globale*)』（Melucci 1991）との間には，英語とイタリア語の表現の固有性の違いを含みつつ，微妙なずれを伴う表現が存在している。

ここで，メルッチは，「他者性との出会い（confronto con l'alterità)」（Melucci 1989b=2025：78）は，二つの意味の「領域（region, regione)」をいっしょにすること，異なる振動数を持つ二つの「フィールド（field, campo)」を共鳴させることとしている[5]。英語版では，「異なった振動数を持つ二つのエネルギーの

第3章 メルッチに"出会う" *125*

フィールドを，互いに共鳴するところにまで持っていく」となっている。これ
に対して，イタリア語版では，「出会いは，意味の二つの領域（regione），異
なった振動数（周波数）を持つエネルギーの二つのフィールド（campo）を近付
けた上で，ともに振動させる（farli vibrare insieme）」となっている。他方，英
語版では，「振動させる（farli vibrarevibrate them）」ではなく，「互いに共鳴す
るところまで調整する（we adjust until they resonate with each other）」となって
おり，「共鳴する（resonate, risuonare）」が選ばれている。「共鳴する」では，
より"感応する（resonating, risonando）"要素が強調されている。

　そこでは，「あたりまえのように思っていたことが通用しなくなる瞬間」に
直面し，「いかなる意味があるのか？（Che senso ha?）」と"問いかけ"る二者が
存在することが条件となる。その二者は，「生老病死」を宿命とする身体性（そ
の身体は社会の「生老病死」[6]にも直面している），固有の振動数（周波数），パルス，
リズムを持っている。それぞれに異なる意味の領域を生き，自らのエネルギー
の「フィールド」を形成している。

　横にいるだけでは"出会う"ことはできない。""出会う"ためには，異なる「意
味の領域」をいっしょにする（bring together），あるいは「近づける（accostare）」
ことが必要となる。また，振動数（周波数），異なるパルス，リズム，身体性，
社会文化的文脈を持った二者が，互いを"感知し（percieving / sensing / becoming
aware, percependo / intuendo / diventando consapevole）"，"感応する（responding /
sympathizing / resonating, rispondendo / simpatizzando / risonando）"ことが必要と
なる。

　「波長が合う」には，"感応する（resonating, risonando）"の要素があり，"感
知する（percieving, percependo）"以前に，うごいてしまう／うごかされてしま
うという体感，「同じ波のなかに在る（Siamo nella stessa onda）」という含みが
ある。

　ここでは，差異への問い（questione delle differenze）が重要となる。メルッ
チは，2000年5月の一橋大学での講演で，第2章で見てきたように，会場か
らの質問に応えるかたちで以下のように述べていた。

126 第Ⅱ部 〈内なる惑星〉に"出会う"

> 文化の差異は言語の差異だけでなく，身体の差異でもあります。それゆ
> え，異なる文化間の出会いは，決して言語の出会いだけでなく，身体の出
> 会いでもあるのです……差異は，私たちが他者と出会うための深い理由な
> のです。差異が分断の理由とならないように，このエネルギーの方向を逆
> 転させる努力をしなければなりません。なぜなら，分断と出会いのエネル
> ギーは同じで，自分とは異なる相手と戦うために使うこともできるし，自
> 分とは異なる人と出会うために使うこともできるからです。
>
> (Melucci 2000g=2025：107)

　この講演に先立つ地域社会学会の記念講演においても，会場からの質問に応
えるかたちで，聴くことを妨げるものとして，差異の否定についての話をして
いる。

> 聴くことを妨げるのは，他者を否定すること，他者との差異を否定するこ
> とです。この妨げをすべて排除することはできないとしても，軽減し，差
> 異とともに在ろうとすることだと私は信じています。そのためにはとりわ
> け，私たちの間の差異を隠さないということです。……私たちは異質であ
> るとしても，かかわることはできます。……なすべきことは，私たちが常
> にお互いを必要としているという認識をもつことです。　(Melucci 2000f)[7]

　序章で取り上げた"「壁」の増殖"は，「分断のエネルギー」だが，このエネ
ルギーの方向を逆転させることが求められるし，また"衝突と出会い（scontro
e incontro)"のエネルギーは同じであるのだから，逆転できるはずだとする。
差異（differenze）との"出会い"は，内なる異質性（eterogeneità all'interno）と
の"出会い"でもある。私たちの間の異質性，それと同時に，自らの内なる異
質性とともに在ることを受け入れること，その「限界を受け容れる自由（free
acceptance of our limits)」(Melucci 1996a=2008：79)[8]のもとで，自己を否定しな
いことは他者を否定しないことと"織り合わせ（intreccio, interweaving)"られ

第3章　メルッチに"出会う"　*127*

る。

　それゆえ，「出会いの苦しみと喜びは，微妙な均衡のなかにある。他者性の挑戦に向き合えるかどうかは，自己を失うことなく他者の観点を引き受ける力にかかっている」（Melucci 1996a=2008：139）。そして，「かたちを変える（changing form）には，変化の流動性，保持しながら喪失を受容する能力，リスクへの寛容，限界を見極める分別（prudence of limitation）が必要」（Melucci 1996a=2008：79）となるのである。

3. メルッチの編著書の構想からの"サルベージ"

　まだ50代の若さで「最晩年」を生きたメルッチは，三ヶ月に一度ミラノで会うたびに，「いまでは先のことを考えるということはできなくなった。その日その日を生きている。生命の危機とともに生きるいま，もっとも考えたいこと，考えねばならないことに，残された時間とエネルギーを使って生きたい」と言っていた。

　そのメルッチが，自らの身体の「限界（limiti）」を見据えつつテクストとして遺そうとした作品群から，メルッチの生きた想念（idee viventi）を"サルベージ"したい。生前のメルッチは，自分の研究のなかで後世に遺すものについて，新原と相談し，二つの編著書を構想していた。「過去に書いたものは，共同研究のなかで他の執筆者との調整を図りつつ，あるいは時代の空気（aria）のなかで書いたものであるが，もし自分一人であったなら，どのような構成を考えたかという観点から組み直してみたい」と言っていた。

　ミラノのメルッチ邸の書斎で，いっしょに過去の著作を探索・渉猟しながら，編著書の構成・題目を考え，コピーをとって，一冊にまとめたものに，メルッチ本人が加筆・修正をしていった（残念ながら，この加筆の作業は，病の進行により途中で終わった）。

　以下の二つは，メルッチと新原との間でまとめられた，著作の構想である（いずれも，メルッチ著，新原道信編訳）[9]。一冊は"臨場・臨床の智"の社会学につ

128　第Ⅱ部　〈内なる惑星〉に "出会う"

いて，もう一冊は質的社会調査と共同研究についての論稿をまとめたもので
あった。

§ "臨場・臨床の智" の社会学について：『オミネス・パツィエンテス──聴
　くことの社会学のために (*Homines patientes*──*Per una sociologia
　dell'ascolto*)』(仮題)

1章　元気であるということ (Star bene) (Melucci 1994c：128-141)

2章　感知する身体：療法的実践におけるオリエンテーション (Un corpo che
　　　sente. Orientamenti di una pratica in psicoterapia) (Melucci 1984b：15-
　　　32)

3章　女性の身体：妊娠をめぐる対話 (Il corpo al femminile. Un dialogo sulla
　　　gravidenza) (Melucci 1984b：97-110)

4章　聴くことの場／成長期の子ども達が抱える生きにくさとそれへのサー
　　　ビス：聴くことの経験といくつかのモデル
　　　1. ミラノ　2. ヴェローナ　3. ミラノ，4. ミラノ　5. ニューヨー
　　　ク (Disagio evolutivo degli adolescenti e servizi. Esperienze e modelli di
　　　ascolto; Caso 1. Milano; Caso 2. Verona; Caso 3. Milano; Caso 4 Milano;
　　　Caso 5. New York) (Melucci e Fabbrini 1991：9-16, 19-32, 61-74)

5章　育ちゆくことの労苦そして願望 (La fatica e la voglia di crescere)
　　　(Melucci e Fabbrini 1991：201-214)

6章　体験の諸相：青少年向け電話相談室プロントジョヴァニはいかなる役
　　　割を果たしたか (I colori dell'esperienza: come ha funzionato il Pronto
　　　giovani) (Melucci e Fabbrini 1993：57-82)

7章　代替療法家の弱さ：治療についてのリフレクション (Debolezze del
　　　guaritore: una riflessione sul prendersi cura) (Melucci 1990a：115-123)

§ 質的社会調査と共同研究について：『リフレクシヴな社会学にむけて──
　質的社会調査への問い (*Verso una sociologia riflessiva*──*Una domanda*

sulla ricerca sociale riflessiva）』（仮題）

1章　近代的な，あまりに近代的な：近代の終わりか，それともあらたな社
　　　会の誕生か？（Moderno, troppo moderno: fine della modernita' o nascita
　　　del sociale?）（Melucci 1998b：13-28）

2章　質への問い，社会的行為と文化：リフレクシヴな社会学にむけて
　　　（Domanda di qualità, azione sociale e cultura: verso una sociologia
　　　riflressiva）（Melucci 1998a：7-11, 15-31）

3章　リフレクシヴな調査研究にむけて［横浜で録音］（Verso una ricerca
　　　riflessiva）（Melucci 2000d=2014）

4章　質的方法とリフレクシヴな調査研究（Metodi qalitativi e ricerca
　　　riflessiva）（Melucci 1998a：295-317）

5章　行為の調査へ／"兆し・兆候のなかの社会運動（Alla ricerca dell'azione
　　　/ Movimenti in un mondo di segni）（Melucci 1984a：15-62, 417-448）

6章　創造力：神話，対話，プロセス／創造力の体験（Creatività: miti,
　　　discorsi, processi / L'esperienza della creatività）（Melucci 1994b：11-32,
　　　224-249）

　"臨場・臨床の智" の社会学については，新原からの提案は，「オミネス・パ
ツィエンテス――痛みの臨床社会学（Homines patientes――Verso una sociologia
clinica di dolore）」であったが，メルッチによって，下記の書き込みが遺されて
いる。

　オミネス・パツィエンテス――社会学的アプローチ（Homines patientes――
A sociological approach）

　オミネス・パツィエンテス――日常の痛みの社会学（Homines patientes――
A sociology of everyday suffering）

　オミネス・パツィエンテス――社会学的探求（Homines patientes――
Sociological explorations）

130 第Ⅱ部 〈内なる惑星〉に"出会う"

オミネス・パツィエンテスの社会学（Sociogy of homines patientes）

　質的調査については，新原からの提案は，「聴くことの社会学――質的社会調査への問い（Sociologia dell'ascolto――Una domanda sulla ricerca sociale riflessiva）」であったが，メルッチからは，「質的社会調査」の別案として，「リフレクシヴで参与的な調査研究（ricerca riflessiva e partecipativa）」が提示されていた[10]。

　ここから読みとれるのは，メルッチのなかでも，臨床実践による個々人の身体との対話を通じて社会の"うごき"をとらえるという「領域／フィールド（region / field）」と，社会的行為と文化に関する質的社会調査と共同研究という「領域／フィールド」が，"対位的（contrapuntal, polyphonic, and dysphonic）"に存在しているということである。

　メルッチ自身のなかでも，この自らの内なる異質性（eterogeneità）との間で，"出会い"直し続けてきており，その流動性のなかで，その時その時，各所で現実をトータルにとらえようとして，ジレンマやアンビヴァレンスの動態を名付け直し続けていたと理解できる。

4．メルッチの知と智からの"サルベージ"

　前節では，療法的な「領域／フィールド（region / field）」と社会的行為と文化に関する質的調査研究の「領域／フィールド」の"出会い"方を見てきた。本節では，科学知（"知慧（sapienza）"）と生活智（"智恵（saperi）"）の二つの「領域／フィールド（region / field）」の"出会い"方を見ていきたい。

　本書の第1章で紹介したシエナでの講演は，国際シンポジウム「社会の新たな物理的限界と発展の倫理（I nuovi limiti fisici sociali ed etici dello sviluppo）」でなされた報告の元原稿であり，事前に提出されたものである。聴衆は，科学「界」の「領域／フィールド（region / field）」に属する人たちである。メルッチの報告のタイトル「内なる惑星という資源と限界」と，以下の1から9の項目は，メルッチ本人が名付けたものであり，後の著書『私という遊び』（Melucci

1991)，さらに，『プレイング・セルフ』（Melucci 1996a=2008）における記述と照応する部分が多い。以下に対応関係を示す。『私という遊び』と『プレイング・セルフ』は基本的に同じ章構成をしている。対応関係は「：」で明記する。

1. 内なる惑星：『私という遊び』『プレイング・セルフ』第4章「内なる惑星」第1節「徴候のエコロジーの向こうに」の前半部分

2. エコロジーの問いはひとつの徴候である：『私という遊び』『プレイング・セルフ』第4章「内なる惑星」第1節「徴候のエコロジーの向こうに」の後半部分

3. ジレンマ：『私という遊び』『プレイング・セルフ』第9章「地球に住む」第1節「答えなき問い」の前半部分

4. 変わる自由：『私という遊び』『プレイング・セルフ』第9章「地球に住む」第1節「答えなき問い」の後半部分

5. 限界と可能性：『私という遊び』『プレイング・セルフ』第9章「地球に住む」第2節「限界と可能性」

6. 現在に生きる遊牧民：『私という遊び』『プレイング・セルフ』第3章「多重／多層／多面の自己のメタモルフォーゼ」第1節「現在に生きる遊牧民」

7. 個体化とメタモルフォーゼ：『私という遊び』『プレイング・セルフ』第3章「多重／多層／多面の自己のメタモルフォーゼ」第4節「メタモルフォーゼと個体化」

8. 生きること，ともに生きること：『私という遊び』『プレイング・セルフ』第9章「地球に住む」第3節「生きること，ともに生きること」

9. 驚嘆することへの賛辞：『私という遊び』『プレイング・セルフ』第3章「多重／多層／多面の自己のメタモルフォーゼ」第6節「現在の境界（The boundaries of the present）」（『私という遊び』では「現に在ることの境界（I confine della presenza）」と題されている），第10章「驚嘆することへの賛

132　第Ⅱ部　〈内なる惑星〉に"出会う"

辞」第6節「旅の途上で……」，第4章「内なる惑星」第5節「探求することと守ること」

『私という遊び』『プレイング・セルフ』は，第1章から3章で，時間，欲求とアイデンティティ，自己の多重／多層／多面性とメタモルフォーゼと展開した後に，第4章「内なる惑星」，第5章「身体」，さらに第6章から8章を，ケア，差異，情愛（生の選択）と展開し，第9章「地球に住む」，第10章「驚嘆することへの賛辞」，「エピローグ」（『私という遊び』には「エピローグ」は付されていない）で結んでいる。

『私という遊び』『プレイング・セルフ』は，メルッチの主著の一つであるが，学術書として精緻かつ難解ということだけでなく，その"想像／創造力（immaginativa / creatività)"の飛翔についていくことの難しさがある。時間論から身体論へと展開し，差異の問題へと入り込んだ後，一転して，地球へ，そして，道化師の話から驚嘆へという縦横無尽な展開が持つ難しさである。

シエナの報告原稿においても，聴衆への配慮はなされている。まず現代社会論から報告に入り（節のタイトルには「内なる惑星」を冠しているが），エコロジーという問いから，自己の内なる変動の議論へと向かい，第8節，第9節で，独自の議論へと飛翔する展開となっている。

これに対して，本書第2章の一橋大学での講演は，『私という遊び』『プレイング・セルフ』の第9章以降，シエナでの報告の第9節に相当する内容から，自由自在な展開を見せている。これは，メルッチのもう一つの「領域／フィールド（region / field)」である「ごくふつうの人々（gente, uomo della strada, ordinary simple people)」が生み出す"智"に寄り添い学問を創り続けるという「領域／フィールド」と結び付いていたと考えられる。

アンナ夫人と新原は，1994年の著作である『時代のパサージュ──未来は今（*Passaggio d'epoca: Il futuro è adesso*)』（Melucci 1994a）が重要であるという点で意見が一致している（2008年の追悼シンポジウムのタイトルとなるよう二人で推薦し実現した）[11]。

第3章　メルッチに"出会う"　133

　この著作は，メルッチが，ほとんど初めて，アカデミズムとは縁のうすい「ごくふつうの人々（gente）」に向けて書き下ろした著作であり，彼の表現を借りれば，「自分のおじさんにも読んでもらえるように書いた」ものだった。アカデミズムの枠から見れば"規格外で型破り（fuori classe, endo-esogeno）"と言ってもよい作品であった。

　しかしながら，ミラノでの書評会や，全国紙の書評欄においても，この新著は，残念ながらほとんど理解されなかった。1995年1月ミラノのメルッチ邸に寄宿した折に，出版されたばかりの同書の書評会のいくつかにメルッチともども参加した。

　そこでは，全国紙の書評欄を担当する「著名な評論家や学者」たちから，「これまでの学術書とあまりにちがう」「一般向けのエッセイだ」といった言葉が発せられた。既存の社会構造認識から生まれるべき思想や理論を想定していた知識人にとって，同書で開示された"想像／創造力（immaginativa / creatività）"は，あまりにも「突飛」だった。笑みを絶やさずに各種の批判に応えていたメルッチは，会議が終わった後，表情をこわばらせながら，「どうだい。これがわたしの闘技場（arena）なのだよ」と言った。

　白血病となってからのいくつかの作品（Melucci 2000c；2000e；2000h など）は，むしろこの『時代のパサージュ』の傾向をより深化させたものとなり，アカデミズム以外の場に生きる読者の深い理解を獲得していることが，2008年10月のシンポジウムでも伝わってきた（「本屋で偶然メルッチの本を手に取り，言葉のひとつひとつが自分に入り込む体験をした。だから，このシンポジウムの告知を見たとき，どんな人だったのだろうと気になり，ここに来た」と語る臨床現場の実践家がいた）。

　病を得てからのメルッチは，いくつかの詩集と本，そして対話を遺した（Melucci 2000a; 2000b; 2000c; 2000d; 2000e; 2000f; 2000h; 2002a）。それらの作品は自分の「娘たち」に向けて書かれたものだった[12]。この場合の「娘たち」とは，「ジャーゴン（アカデミズムの専門用語）」は知らないけれど，「知の専門家」以上にこの社会の問題に"感知／感応"する人たちのメタファーであった。

　メルッチは，科学知（"知慧（sapienza）"）と生活智（"智恵（saperi）"）の二つ

134 第Ⅱ部 〈内なる惑星〉に "出会う"

の「領域／フィールド（region / field）」の "出会い" のなかで生きてきた。そして亡くなる直前には，概念の言葉と日常の言葉で，すなわち「明晰判明さ（intelligible）」と，"ほのかに感じとるしかない兆し・兆候（segni）" が混交した言葉で，社会のすすむべき方向について声を発していた。

5. 〈異質なる身体〉に "出会う"

ここでは，本書第 2 章で取り上げた 2000 年 5 月の一橋大学の講演において，期せずして発せられた言葉である "生体的関係的カタストロフ（la catastrofe biologica e relazionale della specie umana)" から考察をすすめたい。この言葉については，序章第 4 節でふれているが，メルッチは，"生体的関係的カタストロフ" として "感知" した現代社会の "限界状態（Grenzzustand, stato di limiti / confini, limit state)" に応答する途上で亡くなった。

彼自身が「病んだ近代」の「劇的な収支決算」の一つであるとした白血病を自ら患った。最初は，当人にはなんの "兆し・兆候" も，ちょっとした不具合（piccoli mali）も，"感知" させない病だった。しかしひとたび顕在化すれば，身体の内から湧き出るシグナルによってではなく，医療機器から「排出」されるデータによってのみ，その姿を現す。身体は，〈異質なる身体（corpi estranei, foreign body, corpus alienum)〉として発見される。

本章第 3 節で紹介した "臨場・臨床の智" の社会学の構想では，メルッチは，第 2 章と第 3 章を，著書『異質なる身体（*Corpi estranei*)』（Melucci 1984b）から選んでいる。

メルッチは，1984 年に，社会運動の共同研究に基づく『もうひとつのコード――大都市の社会運動（*Altri codici. Aree di movimento nella metropoli*)』（Melucci 1984a），臨床現場での療法的実践に基づく『異質なる身体――心理療法における内的時間と社会的時間（*Corpi estranei: Tempo interno e tempo sociale in psicoterapia*)』（Melucci 1984b）を刊行している。

社会運動の研究をするなかで，社会を変えなければならないという当為

（dovere）のなかで苦しむ男女に遭遇し，実際にサイコセラピーを実践するなかで，身体レベルで起こっている変容のプロセスに関心を持つようになった。そして，身体レベルで起こっていることと，社会の変容との間の関係について解き明かそうと考えるようになった。"対位法（contrappunto, contrapunctus）"とも言うべき，調査研究の〈エピステモロジー／メソドロジー／デイリーワーク〉——社会変容のうごきを身体に即して考え，身体レベルでの変容に未発の状態で潜在している社会変容の萌芽を見てとるという在り方（ways of being）／やり方（ways of exploring）を実践し続けた。

『異質なる身体』では，セラピー（精神療法／心理療法）は，「自らを再発見し，異質なる身体（corpi estranei）あるいは敵と和解し，内的時間と社会的時間のつながりを再建する試み」（Melucci 1984b：9）であるとしている[13]。Corpi estranei は，直訳すれば「異物（foreign body, corpus alienum）」となり，「あるいは敵」として表象されるものであった。しかし，ここでは，「異質なる身体（corpi estranei）」という訳語を選択した。その理由を以下に述べる。

メルッチは，アンナ夫人との協業による療法的実践と共同研究により，身体レベルの変容についての理解を深めてきた。そのなかで，身体は，内的時間と社会的時間，自然と文化，個人（個体）と社会の境界（confine）であるという理解が深められていった。では，「異質なる身体（corpi estranei）」と訳した方がよいのはどうしてか？

メルッチによれば，私たちは，「グローバルなフィールド」への「介入」の全面展開によって，惑星地球（the planet Earth）と身体（corporeality）の存在を，社会的現実として意識化し，自覚するような〈惑星社会〉を生きることになる。〈身体〉は，「関係性の媒体（relational vehicle）」であり，心を「体現（embody）」し，「私たちがまるごと統一された存在であることを可能にするもの」（Melucci 1996a=2008：85-87）である。〈身体〉の存在を"感知／感応"するには，近代科学の還元主義的モデルとは異なる全体論的なモデルが必要となる。即自的存在としての〈身体〉そのものをとらえられないが，〈身体〉を"感知／感応"することで，対自化された「様々なレベル及びシステムが接触する

136 第Ⅱ部 〈内なる惑星〉に "出会う"

接合部」である〈内なる惑星〉をとらえ，この地を耕すことができると考える
に至った。

　メルッチの身体をめぐる考察は，「複合社会」「個人」「主体」という概念構
成から，しだいに〈惑星社会／内なる惑星〉〈惑星地球／身体〉という分析的
な構成概念（costruzione analitica）へと深化していく。1984年での療法的実践
の経験の蓄積のなかで生まれた corpi estranei という概念は，社会運動へのコ
ミットメントのなかで，痛み（sofferenza）を抱えた人々の皮膚感覚から発せら
れた言葉からの学びの果実である。

　〈身体〉そのものをとらえることはできないが，「身体によって自然に引き戻
される（restituiti）」とき，〈身体〉という即自的存在を対自化する。そのとき，
〈身体〉は，なかなか結び合うことのない内的時間と社会的時間の "織り合わ
せ（intreccio）" の「ホーム」である。「ホーム」は，いくつもの内なる「異物
（corpi estranei）」の闘技場（arena）として，"感知" される。

　〈異質なる身体（corpi estranei, foreign body, corpus alienum）〉とは何か。社会
統制との闘争のなかで，自らの深いところの要求からも，自らが切り離されて
いることに異物感を感じるとき，社会的時間と内的時間が衝突するとき，病変
した腫瘍を感知するとき，その異物感は，自らへの異物感であり，このとき，
自らの内には，いくつもの〈異質なる身体〉が生息し，声をあげていることを
"感知／感応" するのである。

　こうして "異物（corpi estranei, foreign bodies）" を "感知／感応" することで，
〈異質なる身体（corpi estranei, foreign body, corpus alienum）〉もまた分析的な構
成概念となり得る。対自化された〈内なる惑星〉を踏査・渉猟するとき，対面
し，また，自らの内での "どよめき（risuonando, resonating）" として在るのが
〈異質なる身体〉である。〈異質なる身体〉と "出会い"，"複合・重合性
（compositezza, compositeness）" を持った〈身体〉から「呼び戻され」ているこ
とを "感知／感応" するということになる。

　理解をまとめたい。メルッチが，〈惑星社会／内なる惑星〉〈惑星地球／身
体〉という構成で身体と変容（"うごき"）をとらえようとしていく前段階で，

〈異質なる身体（corpi estranei）〉という言葉に“出会って”いた。その後，この概念を発展させてはいない。

しかし，メルッチが最初に見ていた世界——政治的な理念（社会と個人はかくあるべき）と実存する身体との離齬，内なるコンフリクトという「布置連関（constellation / costellazione）」は，ネオリベラリズムに追い立てられ身心が悲鳴をあげる現代人の“心身／身心現象（fenomeno mente-corpo / corpo-mente, mind-body / body-mind phenomenon）”に応用可能である。

科学にも神秘主義にも従属しきることなく，安定し確固としたアイデンティティを追い求めることもなく，自らの“複合・重合性”を認め，「解決」を急がず，対話し，五感が働くような状態に，自らの茶碗を「空」にして，何度も“出会い”直していくのが“（軸足をずらし）揺れうごきつつかたちを変えていく（playing and changing form）”プレイング・セルフとなる。うごきのなか，余裕のないなかで自らふりかえり続ける，その営みを特定の他者との間で“交感／交歓”し続けようとするという在り方である。

惑星システム（物質圏，生物圏，人間圏の複合体）と社会システムとの“裂け目（spaccatura, rupture）”，個々人の心身の内奥の“裂け目（spaccatura, rupture）”は，“ちょっとした不具合（piccoli mali, minor ailments）”や“居心地の悪さ（disagio, malaise）”として“感知”される。この状態を分析する概念が〈異質なる身体〉であり，〈身体〉の対自化の始まりである。この“心身／身心現象”を“感知”し，自らの内なる〈異質なる身体〉とのコンフリクト，葛藤のただなかにある自分に“感応”することを通じて，〈内なる惑星〉が対自化されていくことになる。

メルッチは，諸科学の領域間，科学知と生活智，非言語と言語，超越と変容，様々な両極性の間を行き来し，差異を受けとめ，ときにはそれまでの「自己」を喪失するなかで，内なる異物とともに在るひとだった。“流動性のなかにやすらぐ（Flüssichkeit, in sich ruhe）”ことで，総体としての〈身体〉は〈惑星地球〉と“織り合わせ（intreccio, interweaving）”られている。その“フィールド”で，惑星，生命，人間の諸相を，何度も名付け直し続けた。

138 第Ⅱ部 〈内なる惑星〉に "出会う"

　私たちに必要なのは，「名付けようとする努力」である。なぜなら，「その背後にある何か」は，「惑星システムの不安定な均衡それ自体を支えつつ，新たにつくり変える糸を紡ぎあげている」（Melucci 1996a=2008：174）からである。それゆえ，メルッチは，まだ名付けられていない，二分法でもどちらか一方の選択でもない「緊張関係」「アンビヴァレンス」「ジレンマ」「コンフリクト」が持つ "衝突・混交・混成・重合の歩み（percorso composito, composite route）" を，"対位的（contrapuntal, polyphonic, and dysphonic）" に，playing&challenging にとらえ，表現することにチャレンジした[14]。

　読み解かねばならない言葉がいくつも遺されている。

6．"出会い" による "共創・共成"
——"生体的関係的想像／創造力"

　メルッチとともに臨床社会学的な調査研究を行ってきたマルコ・イングロッソ（Marco Ingrosso）は，2002年と2008年の追悼シンポジウムに参加し，臨床社会学分野からのコメンテーターとして重要な役割を果たしている（Ingrosso 2003a）。「未知なる身体から "痛むひと（homines patientes）" へ」という論稿（Ingrosso 2010）のなかで，メルッチの社会運動の社会学とアイデンティティ論以外の学問的貢献として，「身体の発見」を取り上げている[15]。

　この論稿では，「治療」のパラダイム，薬理実践，健康への社会学的ビジョンの形成に向けての考察をすすめるなかで，とりわけメルッチの功績が，病を前にした人間として発揮した "責任／応答力" の在り方であり，（抽象度を高めた単数形としての）「痛むひと（homo patiente）」に関する深く充実したリフレクションからさらに，具体的な "痛むひと（homines patientes）" のなかから発せられた生々しいリフレクションであったとする。そして，メルッチが，両親の介護と他界，そして自身が白血病と向き合わねばならなくなるという大きな状況・条件の変化とそこでの新原など少数の友人との "出会い" のなかで，"移動民（homines moventes）" としての "道行き・道程（passaggio）" に "痛むひと

(homines patientes)"を加えていったことを指摘している（Ingrosso 2010: 167-168）。

　イングロッソは，2000年5月の日本での講演をもとにした2002年の追悼シンポジウムにおける新原の報告およびL. レオニーニ編の追悼論文集に掲載された二つの論稿「痛むひとと聴くことの社会学」「ボディ・サイレント――身体の内側から世界をみる」（Niihara 2003a; 2003b）に着目し，下記の「証言」を引用し結論部としている。

> 2000年5月，その生の最も困難な時期に，メルッチは日本にやって来た。……出来る限りの呼吸をともにし，同じ場所で同じ空気を吸いながら，互いの生存を確かめあった。移動する列車の中，庭園の日溜まりの中，あるいは喧噪の横浜の町中で，きわめて率直に，形容詞を必要とせずに，"痛み（patientiae, sufferentiae, doloris）"とともにあるひとがいかにこの混交・混成（contaminazione）のなかで生きるのかについて話し合った。社会科学の言葉と自分の身体を語る言葉をかさねあわせながら，トータルでクリニカルな現実と向き合っていった。はじめて網膜剥離の話をした翌日，彼は自分自身がその痛みを被ったかのような切実さで，わたしの身体をいたわろうとした。……わたしたちは，互いの身体の歴史に深く刻み込まれ，いつのまにか自らの根（radice）を構成する要素となってしまった"痛むひと（homines patientes）"の歴史がお互いに浸潤し，他者の身体を串刺しにしている諸感覚を受け止める力，その意味で，実質的で奥深いものとしてのみ存在するところの共感の力（compassione），よりゆっくりと，やわらかく，深く，耳をすまして聴き，勇気をもって，たすけあう力，この限界状況での"臨場・臨床の智（cumscientia ex klinikós）"を介して「聴くことの社会学」が開かれていった。　　　　　　　　　（Niihara 2003a: 196-197）

　メルッチの共同研究者でもあるパオロ・ジェドロウスキー（Paolo Jedlowski）[16]は，「ナラティブはひとつの歴史をともに創る」という視点（Jedlowski 2000）

140 第Ⅱ部 〈内なる惑星〉に"出会う"

——現実を定義することについての間主観的な協約，自然言語に媒介されたアイデンティティの再構成・表出，複数形の歴史を横断して歴史を創る可能性に着目している。本章第1節で紹介したボヴォーネもまた，双方向的／相補的にリフレクシヴな行為がいかにして可能かという自らの「問い」に対して，2000年5月の日本での講演「聴くことの社会学」におけるメルッチの言葉を長く引用し，"共創・共成（co-creating / co-becoming）"の可能性を論じている（Bovone 2010: 134-135）（Niihara 2003a: 195-196）。

　こうした"共創・共成"は，"出会い（incontrare l'altro, encountering the other）"のなかに在る。しかしその実現は，理論のレベルのみならず，「体験」すなわち，見通し（prospettiva）を姿勢（attegiamento）に，さらには道行き（passaggio）へと転回／展開させていくことしかない。つまりは，異なる「領域／フィールド（region / field）」の"生体的関係的"な"感応（resonating, risonando）"による"出会い"を「体験」することである。

　ここで「体験」と言ったのは，イタリア語では，「体験」「経験」どちらもesperienza という言葉で表現されてしまうが，メルッチは，「体験」と「経験」を識別しているからだ。メルッチがもしドイツ語の使い手であったならば，「経験（Erfharung）」と「体験（Erlebtnis）」を使い分けていただろう。「体験」とは生起する社会的／個人的出来事を通り抜ける（fahren）ことであるが，経験する（erfaren）とは，自らが体験したことがらを，痛みを伴うかたちで（なぜなら自己の解体に直面するから），自らを切り刻み（analysieren），ことがらのなかに自己自身（sich selbst）を埋め込み，かつそこから切り離すという道行きである。ガラス越しに対象を眺めるだけでは経験とはならない。かといってただ通り抜けるだけでは手元に残るものはない（新原 1997a：184-185）。

　メルッチが，「個人の体験の唯一性（unicità），個体化（individuazione）」（本書の第1章第7節）と言うときは，個々人の体験が持つ個別的根源性（古城利明が「マグマ」「パッショーネ」と定義したもの）について語っている。「身体に根ざした体験は，誰に対しても譲渡不可能で，ただ個人にのみ属するものであり，個人だけが身体を『実践』する（'practice' the body）ことが出来る」（Melucci

1996a=2008：208)。「体験（Erlebtnis）」の動詞形の erleben は，身をもって識る，ある瞬間を生きて迎えるという「個体」の leben の「唯一性」とかかわる。ただしこの lebendig（vivo）な生命あるものを神秘化することではない。

「体験（Erlebtnis）」の個別的根源性は，「切り刻み，埋め込み，切り離す」という否定性の運動によって初めて「経験」として，媒介性を持った根源性となる。体験は，それだけでは「石化」してしまうが，経験は体験なしには醸成しないし，その意味（組成）を把握することもできない。"身体感覚を通じて出会う（incontrando attraverso i sensi corporei)" ことによって媒介可能性（交感／交歓（interazione emozionale / scambio di cordialità, emotional interaction / exchange of cordialities）可能性）を醸成できるのである。

"生体的関係的想像／創造力（Biotic, relational imagination and creativity)" は，"生体的関係的カタストロフ"のなかで，そこでの"出会い"のなかで，体験を経験化することで立ち現れる"想像／創造力"である。現在の「知」が行使する分解（Scheidung）の力は，大波のごとくに"心身／身心"を打ち砕き，切り刻み，標本化する。しかし，その生々しさの最後の一滴までもが奪われ尽くされようとする"喪失"の瞬間にこそ，かえってその内側から，予想以上の応答する（rispondere）力が沸き上がってくる。そしてこの"応答力（responsabilità, responsibility)" に後押しされて，大波を乗り越え，航海し続ける道が開ける。ここに，"生体的関係的カタストロフ"のもとでの"出会い"，すなわち，"生体的関係的想像／創造力"への希望を見出すことができる[17]。

「日常生活における数々の体験は，個人の生活の単なる断片に過ぎず，より目に見えやすい集合的な出来事からは切り離され，私たちの文化を揺るがすような大変動からも遠く隔てられているかのように見える。しかし，社会生活にとって重要なほとんどすべてのものは，こうした時間，空間，しぐさ（gestures），諸関係の微細な網の目のなかで明らかになる。この網の目を通じて，私たちがしていることの意味が創り出され，またこの網の目のなかにこそ，センセーショナルな出来事を解き放つエネルギーが眠っている」（Melucci 1996a=2008：1）のである。このエネルギーは，"出会い"の経験によって，人間

142 第Ⅱ部 〈内なる惑星〉に "出会う"

と社会の "うごき（becomings, metamorfosi）" を創り出していくのである。

7．おわりに——旅の途上で（en route..., in viaggio...）

　残念ながらわたしの病状は不安定なままで，新しい薬は望んでいるような結果をもたらしてはくれないでいる。いまはただ，その日その日を生きている。……わたしのために祈ってくれ。

（2001 年 6 月 6 日　メルッチから新原への私信より）

　わたしは，あいかわらず，その日その時その瞬間を，希望をもちつづけようとしつつ，たたかいつつ，あるいはただ，この河の流れに身を任せようとしつつ，生きている。君の友情，君の祈りは，わたしにとって本当に大切なものだ。愛をこめて君を抱きしめる。

（2001 年 6 月 28 日　メルッチから新原への私信より）

　メルッチが，「その日その時その瞬間を，希望をもちつづけようとしつつ，たたかいつつ，あるいはただ，この河の流れに身を任せようとしつつ，生きる（continuo a vivere giorno per giorno, sperando, lottando o semplicemente cercando di lasciare che il fiume scorra）」姿をずっと見てきた。いまでもずっと，メルッチの顔つき，表情，しぐさ，声音は残っている。そのような身体性を持った個人／個体の遺した言葉を，理解していく「旅の途上（en route..., in viaggio...）」にある。

　これが古城利明教授の "問いかけ" へのひとまず応答でもある。メルッチと新原の本当の意味での "出会い" は，互いの親の死，メルッチの病という個（体）的で内奥の「生老病死」の体験を通して起こった。"身体感覚を通じて出会う" ということを "身体でわかる（understanding through the corporeality, comprendere attraverso la corporalità）" という体験だった。しかしその体験は，複数の学問，複数の文化，複数の「領域／フィールド（region / field）」の差異と異質性の往

還と“共感・共苦・共歓（compassione, compassion）”のなかでの“身実（自ら身体をはって証立てる真実）”の経験であった。

第Ⅱ部の著者たちもまた，この「生老病死」の〈エピステモロジー／メソドロジー／デイリーワーク〉のなかで苦闘し，言葉を紡ぎ出しているはずである。

1) G. プレーヤーズ（Geoffrey Pleyers），S. ナトーリ（Salvatore Natoli），新原道信などが招聘された 2021 年ミラノのシンポジウムの意味についてはまだ書いていないが，2002 年，2008 年のシンポジウムについては，「生という不治の病を生きるひと・聴くことの社会学・未発の社会運動」（新原 2004b），「A. メルッチの“境界領域の社会学”」（新原 2010），「A. メルッチの“未発のリフレクション”」（新原 2017c）を参照されたい。

2) 新原とかかわりのあったイタリアの社会学者たちは，メルッチを評するときに，「枠外（stravagante）」「並外れた（straordinario）」「周囲となじまない（estraneo）」「変わった（strano）」などの表現によって，イタリア社会学「界」での「位置付けられなさ」「位置づけの困難さ」について語っていた。それと同時に，いくつもの科学知（scienza, sapienza）と生活智（saperi）を有機的に結び付け，それらの間を縦横無尽に移動することができる「智者（saggio）」であるとも言われていた。

3) “智”という漢語に対応するラテン語系の cumscientia という造語は，cum（いっしょに），scientia（“識る＝scire”こと）という組み立てとなっている。“智（cumscientia）”とは，日々の仕事や暮らしのなかで培われた個々の“智恵（saperi）”と，それらが結び付けられて，一つのまとまりを持ったものとしての“智慧（saggezza）”，そして，複数の「知（scienza）」を組み合わせ一つのまとまりとなった“知慧（sapienza）”と“織り合わせ（intrecciare insieme）”られているものである。

4) とりわけ白血病となってからのメルッチとは，多くの機会と時間を“ともに（共に／伴って／友として）”し，そのなかで“ともに創ることを始める（iniziare a cocreare）”ことを試みた。くわしくは，「生という不治の病を生きるひと・聴くことの社会学・未発の社会運動—A・メルッチの未発の社会理論」（新原 2014b）を参照されたい。

5) 英語版では，The encounter brings two regions of meaning together, two fields of energy at different frequencies which we adjust until they resonate with each other（Melucci 1996a: 102），イタリア語版では，L'incontro è la possibilità di accostare due regioni di significato, due campi di energia a frequenza diversa e di farli vibrare insieme（Melucci 1991: 106）となっている。

144 第Ⅱ部 〈内なる惑星〉に"出会う"

6) メルッチが「社会の病」について，身体性との「相関（correlazione）」で考えていたことについては，『境界領域への旅』（新原 2007a：212-227）で述べている。

7) 地域社会学会の記念講演は，当日の映像より訳出し，（Melucci 2000f=2001）として公刊しているが，今回は，後に入手した当日の話を文字起こししたテクストをもとに訳し直している。

8) 「限界を受け容れる自由（free acceptance of our limits）」についての記述は，イタリア語版の『私という遊び』（Melucci 1991: 60）には存在していない。英語版『プレイング・セルフ』で新たに書き足されている。

9) この構想については，「A. メルッチの"未発のリフレクション"」（2017c）で紹介している。

10) 2024 年 3 月ミラノのメルッチ邸で，アンナ夫人と話し合い，この構想に対して，『オミネス・パツィエンテス―聴くことの社会学のために（*Homines patientes Per una sociologia dell'ascolto*）』というタイトルを考えた。「聴く」のは「痛み」だけでなく，異質性や差異，喜びや時代の空気（aria）など，個人への療法的実践にとどまらず，より社会への広がりを意図しているからだ。

   質的社会調査と共同研究については，まだ確定しきれていないが，いまのところ，『リフレクシヴな社会学にむけて―質的社会調査への問い―（*Verso una sociologia riflessiva―Una domanda sulla ricerca sociale riflessiva*）』を考えている。

   いまひとつ，惑星社会と身体とかかわる論稿をまとめることができないかという話もアンナ夫人としており，『惑星社会と身体―内なる惑星を探求する―（*La società planetaria e il corpo: Esplorare il pianeta interno*）』というタイトルを考えている。

11) この著作の意義と 2008 年の追悼シンポジウムについては，「A. メルッチの"境界領域の社会学"」（新原 2010）で一度紹介している。『時代のパサージュ』の構成は，「イントロダクション」に始まって，以下のようなものとなっている。

   1. 道行き（パサージュ）の言葉（Parole di passaggio）
   2. 個人になる（Diventare individui）
   3. 差異（Differenze）
   4. 時間に暮らす（Abitare il tempo）
   5. 癒やす，あるいはケアする（Guarire o prendersi cura）
   6. 責任／応答力（Responsabilità）
   7. わたしたちのような他者（Altri come noi）
   8. コンフリクト（Conflitti）
   9. 民の力（Democrazia）
   10. 驚き（Meraviglia）

12) 『時代のパサージュ』の書評会では，自分の叔父に向けてという表現をしていた。病を得てから後は，二人の娘たちのことが念頭にあったのではないかと推察

している。長女のアレッサンドラは、メルッチの死後、「父が何を言いたかったのかをわかりたい」と言って、日本の新原のもとを訪ねてきている。その後、結婚し、スイスのルガーノに移住し、環境運動の活動を続けている。

13)「集団で行為することの激しく深いかかわりのなかで、多くの人が、生きることの痛み（sofferenza）、病気、自己の喪失に出会ってきた。ある人々にとっては、セラピー（精神療法／心理療法）は、自らを再発見し、異質なる身体、あるいは敵との間で和解し、内なるものと外なるものとのつながり（un nesso tra interno ed esterno）を再建するための道であった。」（Melucci 1984b: 9）

14) 英語版の主著である『プレイング・セルフ（*The Playing Self: Person and Meaning in the Planetary Society*, New York: Cambridge University Press, 1996)』（Melucci 1996a=2008）と『チャレンジング・コード（*Challenging Codes. Collective Action in the Information Age*, New York: Cambridge University Press, 1996)』（Melucci 1996b）に、それぞれ playing と challenging というタイトルを冠したことからも、その思想のリズムやパルスを読み取ることができる。

15) イングロッソやジェドロウスキー、ボヴォーネたちの議論については、「A. メルッチの"未発のリフレクション"」（新原 2017c）で一度紹介している。

16) ジェドロウスキーは、2008 年の追悼シンポジウムにおいても、同様の議論をしており、この報告の内容については、キアレッティたちの追悼本で再論している（Jedlowski 2010b: 131-144）。

17)「『3. 11 以降』の惑星社会の諸問題を引き受け／応答する"限界状況の想像／創造力"」（新原 2015a）でもこの考えを述べた。

引用・参考文献

安部公房, 1986『死に急ぐ鯨たち』新潮社。

阿部豊, 2015『生命の星の条件を探る』文藝春秋。

Alexievich, Svetlana, 1997, *Chernobyl prayer: a chronicle of the future*, London: Penguin. (＝2011, 松本妙子訳『チェルノブイリの祈り―未来の物語』岩波書店)

網野善彦, 1992『海と列島の中世』日本エディタースクール出版部。

―――, 1994『日本社会再考―海民と列島文化』小学館。

網野善彦他, 1986-1988『日本の社会史』全8巻, 岩波書店。

―――, 1990-1993『海と列島文化』全11巻, 小学館。

Bartelson, Jens, 2000, "Three Concepts of Globalization", in *International Sociology*, Vol. 15, No. 2.

Bauman, Zygmunt, 2003, "«Il gioco dell'io» di Alberto Melucci in un pianeta affollato", in L. Leonini (a cura di), *Identità e movimenti sociali in una società planetaria: In ricordo di Alberto Melucci*, Milano: Guerini: 58-69.

―――, 2004, *Wasted lives : modernity and its outcasts*, Cambridge: Polity. (＝2007, 中島道男訳『廃棄された生―モダニティとその追放者』昭和堂)

Becker, Howard S., 1998, *Tricks of the trade : how to think about your research*

146　第Ⅱ部　〈内なる惑星〉に "出会う"

while you're doing it, Chicago: University of Chicago Press.（＝2012，進藤雄三・宝月誠訳『社会学の技法』恒星社厚生閣）

Bellah, Robert N. et al., 1985, *Habits of the Heart : Individualism and Commitment in American Life*, The University of California.（＝1991，島薗進・中村圭志訳『心の習慣─アメリカ個人主義のゆくえ』みすず書房）

Bovone, Laura, 2010, *Tra riflessività e ascolto: l'attualità della sociologia*, Roma: Armando Editore.

Braudel, Fernand, 1966, *La Méditeranée et le monde méditerrnéen à l'époque de Philippe II*, Paris: Armand Colin, Deuxième édition revue et corrigée.（＝1991，浜名優美訳『地中海Ⅰ　環境の役割』藤原書店）

Brenner, Neil, 2019, *New urban spaces : urban theory and the scale question*, New York: Oxford University Press.（＝2024，林真人監訳，玉野和志他訳『新しい都市空間─都市理論とスケール問題』法政大学出版局）

Cacciari, Massimo, 1997, *L'arcipelago*, Milano: Adelphi.

Chakrabarty, Dipesh, 2023, *One planet, many worlds—The climate parallax.*（＝2024，篠原雅武訳『一つの惑星，多数の世界─気候がもたらす視差をめぐって』人文書院）

Chiaretti, Giuliana e Maurizio Ghisleni（a cura di），2010, *Sociologia di Confine: Saggi intorno all'opera di Alberto Melucci*, Sesto San Giovanni : Mimesis.

Fabbrini, Anna, 1980, *Il corpo dentro: come i bambini immaginano l'interno del corpo*, Milano: Emme.

─────, 2013, "Punti di Svolta", in Laura Balbo（a cura di），*Imparare Sbagliare vivere: Storie di lifelong learning*, Milano : Franco Angeli: 66-79.

古城利明，2000「地域社会学の構成と展開」地域社会学会編『キーワード地域社会学』ハーベスト社。

─────（編著），2006a『リージョンの時代と島の自治─バルト海オーランド島と東シナ海沖縄島の比較研究』中央大学出版部。

─────，2006b「序」古城利明監修，新原道信他編『地域社会学講座　第2巻　グローバリゼーション／ポスト・モダンと地域社会』東信堂。

─────，2011a「総論・地域社会学の構成と展開［新版］」地域社会学会編『キーワード地域社会学 新版』ハーベスト社。

─────，2011b『「帝国」と自治─リージョンの政治とローカルの政治』中央大学出版部。

─────，2014「再び "境界領域" のフィールドワークから "惑星社会の諸問題" へ」新原道信編『"境界領域" のフィールドワーク─惑星社会の諸問題に応答するために』中央大学出版部。

Galtung, Johan, 1984, "Sinking with Style", Satish Kumar（edited with an Introduction），*The Schumacher lectures.* Vol. 2, London: Blond & Briggs.（＝1985，耕人舎グループ訳「シュマッハーの学校─永続する文明の条件」ダイヤモ

ンド社)

―, 2003, *Globalization and intellectual style : seven essays on social science methodology*. (＝2004，矢澤修次郎・大重光太郎訳『グローバル化と知的様式―社会科学方法論についての七つのエッセー』東信堂)

Ghisleni, Maurizio, 2010, "Teoria sociale e società complessa: il costruzionismo conflittuale di Alberto Melucci", in G. Chiaretti e M. Ghisleni (a cura di), 2010, *Sociologia di Confine: Saggi intorno all'opera di Alberto Melucci*, Sesto San Giovanni : Mimesia: 53-77.

Glissant, Édouard, 1990, *Poétique de la relation*, Paris：Gallimard. (＝2000，管啓次郎訳『〈関係〉の詩学』インスクリプト)

―, 1997, *Traité du tout-monde*, Paris：Gallimard. (＝2000，恒川邦夫訳『全-世界論』みすず書房)

Guizzarci, Gustavo (a cura di), 2002, *La scienza negoziata. Scienze biomediche nello spazio pubblico*, Bologna: Il Mulino.

Hegel, Georg Wilhelm Friedrich, 1986, *Enzyklopädie der philosophischen Wissenschaften I*, Frankfurt am Main: Suhrkamp. (＝1996，真下信一・宮本十蔵訳『小論理学』岩波書店)

平田周・仙波希望 (編著)，2021『惑星都市理論』以文社。

稲上毅，1984「現代社会論」佐藤守弘他編・北川隆吉監修『現代社会学辞典』有信堂。

Ingrosso, Marco (a cura di), 1990, *Itinerari sistemici nelle scienze sociali. Teorie e bricolage*, Milano: Franco Angeli.

―, 2003a, "Il limite e la possibilità. Riflessioni sulla sociologia del corpo di Alberto Melucci", in L. Leonini (a cura di), *Identità e movimenti sociali in una società planetaria: In ricordo di Alberto Melucci*, Milano: Guerini: 244-256.

―, 2003b, *Senza benessere sociale. Nuovi rischi e attesa di qualità della vita nell'era planetaria e*, Milano: Franco Angeli.

―, 2010, "Dal Corpo ignoto agli Homines Patientes: un percorso fra salute e cura in Alberto Melucci", in Giuliana Chiaretti e M. Ghisleni (a cura di), 2010, *Sociologia di Confine: Saggi intorno all'opera di Alberto Melucci*, Sesto San Giovanni : Mimesis: 147-173.

石牟礼道子，2004『新装版 苦海浄土―わが水俣病』講談社。

―，2013『蘇生した魂をのせて』河出書房新社。

Jedlowski, Paolo, 2000, *Storie comuni. La narrazione nella vita quotidiana*, Milano: Bruno Mondadori.

―, 2010a, "Costruzione narrativa della realtà e mondi possibili", in A. Sant'Ambrogio (a cura di), *Ostruzionismo e scienze sociali*, Perugia: Morlacchi: 46-65.

―, 2010b, "Soggettività, interdipendenza e narrazione di sé", in G. Chiaretti e M. Gislena（a cura di）, 2010, *Sociologia di Confine: Saggi intorno all'opera di Alberto Melucci*, Sesto San Giovanni : Mimesia: 129-146.

鹿野政直，1988『「鳥島」は入っているか―歴史意識の現在と歴史学』岩波書店。

栗原康，1975『有限の生態学』岩波書店。

Langer, Alexander,（a cura di Edi Rabini e Adriano Sofri）, 2011［1996］, *Il viaggiatore leggero. Scritti 1961-1995*, Palermo: Sellerio.

Latour, Bruno, 2017, *Où atterrir? Comment s'orienter en politique*, Paris: La Découverte.（＝2019，川村久美子訳・解題『地球に降り立つ：新気候体制を生き抜くための政治』新評論）

Leonini, Luisa（a cura di）, 2003, *Identità e movimenti sociali in una società planetaria: In ricordo di Alberto Melucci*, Milano: Guernii.

Lundin, Susanne and Malign Iceland（eds.）, 1997, *Gene Technology and the Public. An Interdisciplinary Perspective*, Lund: Nordic Academic Press.（=2012，粟屋剛・岩崎豪人他訳『遺伝子工学と社会―学際的展望』溪水社）

真下信一，1979「思想者とファシズム」『真下信一著作集　第２巻』青木書店。

Melucci, Alberto（a cura di）, 1984a, *Altri codici. Aree di movimento nella metropoli*, Bologna: Il Mulino.

―――, 1984b, *Corpi estranei: Tempo interno e tempo sociale in psicoterapia*, Milano: Ghedini.

―――, 1989a, *Nomads of the Present: Social Movements and Individual Needs in Contemporary Society*, Philadelphia: Temple University Press.（=1997，山之内靖・貴堂嘉之・宮崎かすみ訳『現在に生きる遊牧民：新しい公共空間の創出に向けて』岩波書店）

―――, 1989b, "Risorse e limiti del pianeta interno", in *Convegno Internazionale I nuovi limiti fisici sociali ed etici dello sviluppo*, a Siena, 1－2 novembre 1989.（＝2025，新原道信訳「〈内なる惑星〉―資源であり限界と可能性でもある」新原道信編『惑星社会のフィールドワーク―内なる惑星とコミュニティに"出会う"』中央大学出版部）

―――, 1990a, "Debolezze del guaritore: una riflessione sul prendersi cura", in Franca Pizzini（a cura di）, *Asimmetrie comunicative. Differenze di genere nell'interazione medico-paziente*, Milano: Franco Angeli.

―――, 1990b, "Frontierland: la ricerca sociologica fra attore e sistema", in Marco Ingrosso（a cura di）, *Itinerari sistemici nelle scienze sociali. Teorie e bricolage*, Milano: Franco Angeli: 193-209.

―――, 1991, *Il gioco dell'io―Il cambiamento di sé in una società globale*, Milano: Feltrinelli.

―――, 1994a, *Passaggio d'epoca: Il futuro è adesso*, Milano: Feltrinelli.

―――（a cura di）, 1994b, *Creatività: miti, discorsi, processi*, Milano: Feltrinelli.

―――, 1994c, *"Star bene"*, in Laura Balbo（a cura di）, *Friendly : Almanacco della società italiana*, Milano: Anabasi: 128-141.

———, 1996a, *The Playing Self: Person and Meaning in the Planetary Society*, New York: Cambridge University Press.（＝2008，新原道信他訳『プレイング・セルフ—惑星社会における人間と意味』ハーベスト社）

———, 1996b, *Challenging Codes. Collective Action in the Information Age*, New York: Cambridge University Press.

———, 1997, "The Social Production of Nature", in S. Lundin and M. Ideland (eds.), *Gene Technology and the Public. An Interdisciplinary Perspective*, Lund: Nordic Academic Press.（＝2012，村岡潔訳「社会的産物としての自然—遺伝子技術，身体，新たなるジレンマ」粟屋剛・岩崎豪人他訳『遺伝子工学と社会—学際的展望』溪水社）

——— (a cura di), 1998a, *Verso una sociologia riflessiva: Ricerca qualitativa e cultura*, Bologna: Il Mulino.

——— (a cura di), 1998b, *Fine della modernità?* Guerini:Milano.

———, 2000a, *Zénta: Poesie in dialetto romagnolo*, Rimini: Pazzini.

———, 2000b, *Giorni e cose*, Rimini: Pazzini.

———, 2000c, *Parole chiave: Per un nuovo lessico delle scienze sociali*, Roma: Carocci.

———, 2000d, "Verso una ricerca riflessiva", registrato nel 15 maggio 2000 a Yokohama.（＝2014，新原道信訳「リフレクシヴな調査研究にむけて」新原道信編『"境界領域"のフィールドワーク—惑星社会の諸問題に応答するために』中央大学出版部）

———, 2000e, *Culture in gioco: Differenze per convivere*, Milano: Il saggiatore.

———, 2000f, "Sociology of Listening, Listening to Sociology", relazione orale della conferenza commemorativa alla conferenza dell'Associazione giapponese di studi regionali e comunitari, 14 maggio 2000.（＝2001，新原道信訳「聴くことの社会学」地域社会学会編『市民と地域—自己決定・協働，その主体 地域社会学会年報13』ハーベスト社）

———, 2000g, "Homines patientes. Sociological Explorations", relazione orale al seminario dell'Università Hitotsubashi, 16 maggio 2000.（＝2025，新原道信訳「〈身体〉—境界線の束であり境界領域でもある」新原道信編『惑星社会のフィールドワーク—内なる惑星とコミュニティに"出会う"』中央大学出版部）

———, 2000h, *Diventare persone: Conflitti e nuova cittadinanza nella società planetaria*, Torino: Edizioni Gruppo Abele.

———, 2002a, *Mongolfiere*, Milano: Archinto.

———, 2002b, "La medicina in questione. Il caso Di Bella", (con E. Colombo e L. Paccagnella), in G. Guizzardi (a cura di), *La scienza negoziata. Scienze biomediche nello spazio pubblico*, il Mulino, Bologna.

Melucci, Alberto e Anna Fabbrini, 1991, *I luoghi dell'ascolto: Adolescenti e servizi*

150 第Ⅱ部 〈内なる惑星〉に"出会う"

di consultazione, Milano: Guerini.

———, 1992, *L'età dell'oro: Adolescenti tra sogno ed esperienza*, Milano: Guerini.

———, 1993, *Prontogiovani: Centralino di aiuto per adolescenti: Cronaca di un'esperienza*, Milano: Guerini.

Merler, Alberto (e gli altri), 1982, *Lo sviluppo che si doveva fermare*. PisaSassari: ETS-Iniziative Culturali.

——— (e G. Mondardini), 1987, "Rientro emigrati: il caso della Sardegna", in *Antropos*, n. 18.

———, 1988, *Politiche sociali e sviluppo composito*, Sassari: Iniziative Culturali.

———, 1989, "Tre idee-forza da rivedere: futuro, sviluppo, insularità", in *Quaderni bolotanesi*, n. 15.

———, 1990, "Insularità. Declinazioni di un sostantivo", in *Quaderni bolotanesi*, n. 16.

———, 1991, "Autonomia e insularità. La pratica dell'autonomia, vissuta in Sardegna e in altre isole", in *Quaderni bolotanesi*, n. 17.

——— (e M. L. Piga), 1996, *Regolazione sociale. Insularità. Percorsi di sviluppo*, Cagliari: Edes.

——— (con G.Giorio e F. Lazzari, a cura di), 1999, *Dal macro al micro. Percorsi socio-comunitari e processi di socializzazione*, Verona: CEDAM.

———, 2003a, *Realtà composite e isole socio-culturali: Il ruolo delle minoranze linguistiche*. (＝2004，新原道信訳「"マイノリティ"のヨーロッパ—"社会文化的な島々"は，"混交，混成し，重合"する」永岑三千輝・廣田功編『ヨーロッパ統合の社会史』日本経済評論社)

——— (con M. Cocco e M. L. Piga), 2003b, *Il fare delle imprese solidali. Raporto SIS sull'economia sociale in Sardegna*. Milano: Franco Angeli.

———, 2004, *Mobilidade humana e formação do novo povo / L'azione comunitaria dell'io composto nelle realtà europee: Possibili conclusioni eterodosse*. (＝2006，新原道信訳「世界の移動と定住の諸過程—移動の複合性・重合性から見たヨーロッパの社会的空間の再構成」新原道信ほか編『地域社会学講座 第2巻 グローバリゼーション／ポスト・モダンと地域社会』東信堂)

——— (and A. Vargiu), 2008, "On the diversity of actors involved in community-based participatory action research", in *Community-University Partnerships: Connecting for Change*: proceedings of the 3rd International Community-University Exposition (CUexpo 2008), May 4‒7, 2008, Canada, Victoria, University of Victoria.

——— (e M. Niihara), 2011a, "Terre e mari di confine. Una guida per viaggiare e comparare la Sardegna e il Giappone con altre isole", in *Quaderni Bolotanesi*, n. 37. (＝2014，新原道信訳「海と陸の"境界領域"—日本とサルデーニャを始めとした島々のつらなりから世界を見る」新原道信編『"境界領域"のフィールドワー

ク—惑星社会の諸問題に応答するために』中央大学出版部）

――（e M. Niihara), 2011b, "Le migrazioni giapponesi ripetute in America Latina", in *Visioni Latino Americane*, Rivista semestrale del Centro Studi per l'America Latina, Anno III, N° 5.

――（a cura di), 2011c, *Altri scenari. Verso il distretto dell'economia sociale*, Milano: Franco Angeli.

Morin, Edgar et Anne Brigitte Kern, 1993, *Terre-patrie*, Paris: Seuil.（＝2022，菊地昌実訳『祖国地球—人類はどこへ向かうのか　新装版』法政大学出版局）

Morris, Meaghan, 1999, "Globalization and its Discontents".（＝2001，大久保桂子訳「グローバリゼーションとその不満」『世界』2001 年 4 月号）

Murphy, Robert F., 1990, *The Body Silent—The Different World of the Disabled*, New York: W.W. Norton, 1990.（＝2006，辻信一訳『ボディ・サイレント—病いと障害の人類学』平凡社）

中筋直哉，2023「都市社会学のコミュニティ論—その論理と現代的課題」吉原直樹編『都市とモビリティーズ』ミネルヴァ書房。

中村雄二郎，1992『臨床の知とは何か』岩波書店。

新原道信，1990「小さな主体の潜在力—イタリア・サルデーニャ島の「開発・発展」をめぐって」季刊『窓』3 号。

――，1992「島嶼社会論の試み—「複合」社会の把握に関する社会学的考察」『人文研究』21 号。

――，1996「地中海の『クレオール』—生成する"サルデーニャ人"」『現代思想』Vol. 24-13。

――，1997a「"移動民（homo movens)"の出会い方」『現代思想』Vol. 25-1。

――，1997b「沖縄を語るということ—地中海島嶼社会を語ることとの比較において」『沖縄文化研究』23 号。

――，1998a「THE BODY SILENT—身体の奥の眼から社会を見る」『現代思想』Vol. 26-2。

――，1998b「境界領域の思想—『辺境』のイタリア知識人論ノート」『現代思想』Vol. 26-3。

――，1998c「島への道—語り得ぬすべてのものを語るという試み」『ユリイカ』No. 407。

――，2000a「領域」「移動とアイデンティティ」地域社会学会編『キーワード地域社会学』ハーベスト社。

――，2000b「『恐怖の岬』をこえて—サイパン，テニアン，ロタへの旅」『EDGE』No. 9-10 合併号。

――，2001a「生起したことがらを語るという営みのエピステモロジー」大阪大学『日本学報』No. 20。

――，2001b「境界のこえかた—沖縄・大東島・南洋」立命館大学『言語文化研究』Vol. 13-1。

152 第Ⅱ部 〈内なる惑星〉に "出会う"

———，2003a「ヘテロトピアの沖縄」西成彦・原毅彦編『複数の沖縄 ディアスポラから希望へ』人文書院。

———，2004a「深層のヨーロッパ・願望のヨーロッパ—差異と混沌を生命とする対位法の "智"」廣田功・永岑三千輝編『ヨーロッパ統合の社会史』日本経済評論社。

———，2004b「生という不治の病を生きるひと・聴くことの社会学・未発の社会運動—A・メルッチの未発の社会理論」東北大学『社会学研究』第 76 号。

———，2006a「深層のアウトノミア—オーランド・アイデンティティと島の自治・自立」古城利明編『リージョンの時代と島の自治』中央大学出版部。

———，2006b「現在を生きる知識人と未発の社会運動—県営団地の「総代」「世間師」そして "移動民" をめぐって」新原道信・奥山眞知・伊藤守編『地球情報社会と社会運動 同時代のリフレクシブ・ソシオロジー』ハーベスト社。

———，2006c「いくつものもう一つの地域社会へ」新原道信ほか編『地域社会学講座 第 2 巻 グローバリゼーション／ポスト・モダンと地域社会』東信堂。

———，2007a『境界領域への旅—岬からの社会学的探求』大月書店。

———，2007b『未発の「第二次関東大震災・朝鮮人虐殺」の予見をめぐる調査研究』科学研究費基盤研究(C)研究成果報告書（研究代表者・新原道信）。

———，2008a「『グローバリゼーション／ポスト・モダン』と『プレイング・セルフ』を読む—A. メルッチが遺したものを再考するために」『中央大学文学部紀要』社会学・社会情報学第 18 号（通巻 223 号）。

———，2008b「『瓦礫』から "流動する根"」A. メルッチ，新原道信ほか訳『プレイング・セルフ—惑星社会における人間と意味』ハーベスト社。

———，2009a「境界領域のヨーロッパを考える—移動と定住の諸過程に関する領域横断的な調査研究を通じて」『横浜市立大学論叢 人文科学系列』第 60 巻第 3 号。

———，2009b「変化に対する責任と応答を自ら引き受ける自由をめぐって—古城利明と A. メルッチの問題提起に即して」『法学新報』第 115 巻第 9・10 号。

———，2010「A. メルッチの "境界領域の社会学"—2000 年 5 月日本での講演と2008 年 10 月ミラノでの追悼シンポジウムより」『中央大学文学部紀要』社会学・社会情報学 20 号（通巻 233 号）。

———，2011a『旅をして，出会い，ともに考える—大学で初めてフィールドワークをするひとのために』中央大学出版部。

———，2011b「領域」「移動とアイデンティティ」地域社会学会編『新版キーワード地域社会学』ハーベスト社。

———，2012「現在を生きる『名代』の声を聴く—"移動民の子供たち" がつくる "臨場／臨床の智"」『中央大学文学部紀要』社会学・社会情報学 22 号（通巻 243 号）。

———，2013a「"惑星社会の諸問題" に応答するための "探究／探求型社会調査"—『3. 11 以降』の持続可能な社会の構築に向けて」『中央大学文学部紀要』社会学・社会情報学 23 号（通巻 248 号）。

———，2013b「"境界領域"のフィールドワーク(3)—生存の場としての地域社会にむけて」『中央大学社会科学研究所年報』17 号。

———（編著），2014a『"境界領域"のフィールドワーク—惑星社会の諸問題に応答するために』中央大学出版部。

———，2014b「A. メルッチの『限界を受け容れる自由』とともに—3. 11 以降の惑星社会の諸問題への社会学的探求(1)」『中央大学文学部紀要』社会学・社会情報学 24 号（通巻 253 号）。

———，2015a「『3. 11 以降』の惑星社会の諸問題を引き受け／応答する"限界状況の想像／創造力"—矢澤修次郎，A. メルッチ，J. ガルトゥング，古城利明の問題提起に即して」『成城社会イノベーション研究』第 10 巻第 1 号。

———，2015b「"未発の状態／未発の社会運動"をとらえるために—3. 11 以降の惑星社会の諸問題への社会学的探求(2)」『中央大学文学部紀要』社会学・社会情報学 25 号（通巻 258 号）。

———，2015c「"受難の深みからの対話"に向かって—3. 11 以降の惑星社会の諸問題に応答するために(2)」『中央大学社会科学研究所年報』19 号。

———，2015d「"交感／交換／交歓"のゆくえ—「3. 11 以降」の"惑星社会"を生きるために」似田貝香門・吉原直樹編『震災と市民 第 II 巻 支援とケア：こころ自律と平安をめざして』東京大学出版会。

———（編著），2016a『うごきの場に居合わせる—公営団地におけるリフレクシヴな調査研究』中央大学出版部。

———，2016b「惑星社会のフィールドワークにむけてのリフレクシヴな調査研究」新原道信編『うごきの場に居合わせる—公営団地におけるリフレクシヴな調査研究』中央大学出版部。

———，2016c「乱反射するリフレクション—実はそこに生まれつつあった創造力」新原道信編『うごきの場に居合わせる—公営団地におけるリフレクシヴな調査研究』中央大学出版部。

———，2016d「『うごきの場に居合わせる』再考—3. 11 以降の惑星社会の諸問題に応答するために(3)」『中央大学社会科学研究所年報』20 号。

———，2016e「A. メルッチの"未発の社会運動"論をめぐって—3. 11 以降の惑星社会の諸問題への社会学的探求(3)」『中央大学文学部紀要』社会学・社会情報学 26 号（通巻 263 号）。

———，2017a「A. メルレルの"社会文化的な島々"から世界をみる試み—"境界領域の智"への社会学的探求(1)」『中央大学文学部紀要』社会学・社会情報学 27 号（通巻 268 号）。

———，2017b「"うごきの比較学"にむけて—惑星社会の"臨場・臨床の智"への社会学的探求(1)」『中央大学社会科学研究所年報』21 号。

———，2017c「A. メルッチの"未発のリフレクション"—痛むひとの"臨場・臨床の智"と"限界状況の想像／創造力"」矢澤修次郎編『再帰的＝反省社会学の地平』東信堂。

154 第Ⅱ部 〈内なる惑星〉に "出会う"

———，2017d「社会学的介入」「未発の社会運動」日本社会学会理論応用事典刊行委員会編集『社会学理論応用事典』丸善出版。

———，2018「"うごきの比較学" から見た国境地域―惑星社会の "臨場・臨床の智" への社会学的探求(2)」『中央大学社会科学研究所年報』22 号。

———（編著），2019a『"臨場・臨床の智" の工房―国境島嶼と都市公営団地のコミュニティ研究』中央大学出版部。

———，2019b「コミュニティでのフィールドワーク／デイリーワークの意味―惑星社会の "臨場・臨床の智" への社会学的探求(3)」『中央大学社会科学研究所年報』23 号。

———（他編著），2020a，『地球社会の複合的諸問題への応答の試み』中央大学出版部。

———，2020b「願望のヨーロッパ・再考―「壁」の増殖に対峙する "共存・共在の智" にむけての探求型フィールドワーク」『横浜市立大学論叢 社会科学系列』，第71 巻第 2 号。

———，2020c「"惑星社会のフィールドワーク" の条件―惑星社会の諸問題に応答する "うごきの比較学"(1)」『中央大学社会科学研究所年報』24 号。

———，2021a「移動民の側から世界を見る―「周辺」としていた土地や人を理解するためのフィールドワーク」中坂恵美子・池田賢市編『人の移動とエスニシティ』明石書店。

———，2021b「"フィールドに出られないフィールドワーク" という経験―惑星社会の諸問題に応答する "うごきの比較学"(2)」『中央大学社会科学研究所年報』25 号。

———，2021c「『出会いの場』としての都市」横浜国立大学都市科学部編『都市科学事典』春風社。

———（編著），2022a『人間と社会のうごきをとらえるフィールドワーク入門』ミネルヴァ書房。

———，2022b「フィールドワークの "想像／創造力"―惑星社会の諸問題に応答する "うごきの比較学"(3)」『中央大学社会科学研究所年報』26 号。

———，2022c「書評：平田周・仙波希望編著『惑星都市理論』以文社，2021 年」『日本都市社会学会年報』No. 40。

———，2023「A. メルレルとの "対話的フィールドワーク" のエラボレーション―"境界領域の智" への社会学的探求(2)」『中央大学文学部紀要』社会学・社会情報学 33 号（通巻 298 号）。

———，2024「アルベルト・メルッチの惑星社会論と身体への問いかけ―「内なる惑星」概念をめぐって」『中央大学社会科学研究所年報』28 号。

Niihara, Michinobu, 1989a, "Sardegna e Okinawa: Considerazioni comparative fra due sviluppi insulari," in *Quaderni bolotanesi*, n. 15.

———, 1989b, "Alcune considerazioni sulla vita quotidiana e sul processo dello sviluppo. Confronto fra due processi: Giappone Okinawa e Italia Sardegna," in *Il grandevetro*, n. 102.

―――, 1992, "Un tentativo di ragionare sulla teoria dell'insularità. Considerazioni sociologiche sulle realtà della società composita e complessa: Sardegna e Giappone," in *Quaderni bolotanesi*, n. 18.

―――, 1994, "Un itinerario nel Mediterraneo per riscoprire il Giappone e i giapponesi, Isole a confronto: Giappone e Sardegna," in *Quaderni bolotanesi*, n. 20.

―――, 1995, "Gli occhi dell'oloturia."Mediterraneo insulare e Giappone," in *Civiltà del Mar*e, anno V, n. 6.

―――, 1997, "Migrazione e formazione di minoranze: l'altro Giappone all'estero e gli'estranei' in Giappone. Comparazioni col caso sardo," in *Quaderni bolotanesi*, n. 23.

―――, 1998, "Difficoltà di costruire una società interculturale in Giappone," in *BETA*, n. 3.

―――, 2003a, "Homines patientes e sociologia dell'ascolto," in L. Leonini (a cura di), *Identità e movimenti sociali in una società planetaria: In ricordo di Alberto Melucci*, Milano: Guerini.

―――, 2003b, "Il corpo silenzioso: Vedere il mondo dall'interiorità del corpo," in L. Leonini (a cura di), *Identità e movimenti sociali in una società planetaria: In ricordo di Alberto Melucci*, Milano: Guerini.

―――, 2008, "Alberto Melucci: confini, passaggi, metamorfosi nel pianeta uomo," nel convegno: *A partire da Alberto Melucci ...l'invenzione del presente*, Milano, il 9 ottobre 2008, Sezione Vita Quotidiana - Associazione Italiana di Sociologia, Dipartimento di Studi sociali e politici - Università degli Studi di Milano e Dipartimento di Sociologia e Ricerca Sociale - Università Bicocca di Milano

―――, 2011, "Crisi giapponese―Conseguente al disastro nucleare degli ultimi mesi", nel *Seminario della Scuola di Dottorato in Scienze Sociali*, Università degli Studi di Sassari.

―――, 2012, "Il disastro nucleare di FUKUSHIMA. Scelte energetiche, società cvile, qualitàdella vita", nel *Quarto seminario FOIST su Esperienze internazionali nell'università*, Università degli Studi di Sassari.

―――, 2021, "Il dialogo continua con Alberto Melucci: Il senso ci è dato nell'incontro", in atti di *Seminario internazionale IL FUTURO È ADESSO: Dialogando oggi con Alberto Melucci*, Milano: Casa della cultura.

Novosseloff, Alexandra et F.Neisse, 2007, *Des murs entre les hommes*, Paris: Documentation française. (=2017, 児玉しおり訳『世界を分断する「壁」』原書房)

緒方正人 (語り)・辻信一 (構成), 2020 [1996]『常世の舟を漕ぎて―水俣病私史 (増補熟成版)』素敬 SOKEI パブリッシング。

156 第Ⅱ部　〈内なる惑星〉に"出会う"

Parmegiani, Francesco e Michele Zanetti, 2007, *Basaglia. Una biografia*, Trieste: Lint. (=2016, 鈴木鉄忠・大内紀彦訳『精神病院のない社会をめざして バザーリア伝』岩波書店)

Petryna, Adriana, 2013, *Life exposed: biological citizens after Chernobyl*, Princeton: Princeton University Press. (=2016, 森本麻衣子・若松文貴訳『曝された生―チェルノブイリ後の生物学的市民』人文書院)

Pigliaru, Antonio, 1975, *Il banditismo in Sardegna. La vendetta barbaricia*, Milano: Giuffré.

――, 1980, *Il rispetto dell'uomo*, Sassari: Iniziative Culturali.

――, 2006, *Il codice della vendetta barbaricina*, Nuoro: Il Maestrale.

――, 2008, *L'eredità di Gramsci e la cultura sarda*, Nuoro: Il Maestrale.

――, 2011, *Il soldino nell'anima. Antonio Pigliaru interroga Antonio Gramsci*, Cagliari: CUEC.

Pira, Michelangelo, 1978, *La rivolta dell'oggetto. Antropologia della Sardegna*, Milano: Giuffré.

――, 1981, *Paska devaddis*, Cagliari: Della Torre.

――, 1985, *Sardegna tra due lingue*, Cagliari: Edes.

Rockström, Johan and Mattias Klum, 2015, *Big world small planet: abundance within planetary boundaries*, Stocholm: Max Ström. (=2018, 谷淳也・森秀行他訳『小さな地球の大きな世界―プラネタリー・バウンダリーと持続可能な開発』丸善出版)

Said, Edward W., 1975, *Beginnings : intention and method*, New York: Basic Books. (=1992, 山形和美・小林昌夫訳『始まりの現象―意図と方法』法政大学出版局)

――, 1994, *Representations of the Intellectual: The 1993 Reith Lectures*, London: Vintage. (=1998, 大橋洋一訳『知識人とは何か』平凡社)

――, 1999, *Out of Place. A Memoir*, New York:Alfred A.Knopf. (=2001, 中野真紀子訳『遠い場所の記憶　自伝』みすず書房)

Sassen, Saskia, 2014, *Expulsions : brutality and complexity in the global economy*, Cambridge, Mass. : Belknap Press of Harvard University Press. (=2017, 伊藤茂訳『グローバル資本主義と「放逐」の論理―不可視化されゆく人々と空間』明石書店)

多田富雄, 1993『免疫の意味論』青土社。

――, 1997『生命の意味論』新潮社。

高谷好一, 1996『「世界単位」から世界を見る―地域研究の視座』京都大学学術出版会。

高柳先男（編著）, 1998a『ヨーロッパ統合と日欧関係』中央大学出版部。

――（編著）, 1998b『ヨーロッパ新秩序と民族問題』中央大学出版部。

玉野井芳郎, 2002a『エコノミーとエコロジー ―広義の経済学への道〔新装版〕』み

すず書房。

─── , 2002b『生命系のエコノミー─経済学・物理学・哲学への問いかけ』新評論。

Tora, Salvatore, 1994, *Gli anni di Ichnusa. La rivista di Antonio Pigliaru nella Sardegna della rinascita*, PisaSassari, ETIESSEIniziative Culturali.

鳥海光弘・阿部勝征・住明正・鹿園直建・井田喜明・松井孝典・平朝彦・青木孝, 1998『岩波講座 地球惑星科学14 社会地球科学』岩波書店。

Touraine, Alan, 1978, *La voix et le regard*, Paris :Seuil.（＝2011, 梶田孝道訳『新装 声とまなざし─社会運動と社会学』新泉社）

─── , 1980, *La prophétie anti-nucleaire*, Paris; Seuil.（＝1984, 伊藤るり訳『反原子力運動の社会学─未来を予言する人々』新泉社）

─── , 2003, "Azione collettiva e soggetto personale nell'opera di Alberto Melucci", in L. Leonini（a cura di）, *Identità e movimenti sociali in una società planetaria*, Milano: Guerini.

鶴見和子・市井三郎, 1974『思想の冒険─社会と変化の新しいパラダイム』筑摩書房。

鶴見和子, 2001『南方熊楠・萃点の思想─未来のパラダイム転換に向けて』藤原書店。

梅棹忠夫著, 小長谷有紀編, 2012『梅棹忠夫の「人類の未来」暗黒のかなたの光明』勉誠出版。

Vargiu, Andrea（and Stefano Chessa, Mariantonietta Cocco, Kelly Sharp）, 2016, "The FOIST Laboratory: University Student Engagement and Community Empowerment Through Higher Education, Sardinia, Italy", in Rajesh Tandon, Budd Hall, Walter Lepore and Wafa Singh（eds.）, *KNOWLEDGE AND ENGAGEMENT. Building Capacity for the Next Generation of Community Based Researchers*, New Delhi: UNESCO Chair in Community Based Research & Social Responsibility in Higher Education. Society for Participatory Research in Asia（PRIA）.

Vico, Giambattista, 1994 [1953（1744 e 1730）], *Principj di Scienza nuova d'intorno alla comune natura delle nazioni: ristampa anastatica dell'edizione Napoli 1744*, a cura di Marco Veneziani（Lessico intellettuale europeo, 62）, Firenze: Leo S. Olschki. [1953, *La scienza nuova seconda: giusta l'edizione del 1744, con le varianti dell'edizione del 1730, e di due redazioni intermedie inedite*, a cura di Fausto Nicolini, Bari: Laterza.]（＝2007-2008, 上村忠男訳『新しい学 1-3』法政大学出版局）

Whyte, William F., 1993, *Street Corner Society: The Social Structure of An Italian Slum*, Fourth Edition, Chicago: The University of Chicago Press.（＝2000, 奥田道大・有里典三訳『ストリート・コーナー・ソサエティ』有斐閣）

Williams Terry and William Kornblum, 1994, *The uptown kids : struggle and hope in the projects*, New York: Grosset / Putnam Book.（＝2010, 中村 寛 訳『アップタウン・キッズ―ニューヨーク・ハーレムの公営団地とストリート文化』大月書店）

山之内靖他編, 鶴見和子他執筆, 1994『生命系の社会科学 岩波講座社会科学の方法 第12巻』岩波書店。

山下範久, 2009「グローバリズム, リージョナリズム, ローカリズム」篠田武司・西口清勝・松下冽編『グローバル化とリージョナリズム』御茶の水書房。

山内一也, 2018『ウイルスの意味論―生命の定義を超えた存在』みすず書房。

第3章　メルッチに"出会う"　*159*

アルベルト・メルッチの生涯（Biografia di Alberto Melucci：1943-2001）

西暦	歳	事　項
1943	0	アドリア海に面する保養地リミニで，列車を修繕する職能を持った熟練労働者の息子として生まれ，左派カトリック文化の雰囲気で育つ。
1966-68	23-25	ミラノ・カトリック大学で哲学を学ぶ。修了後は大学助手に。カトリック青年運動への関与と失望／大学改革案に反対する学生デモ・大学占拠。
1968	25	奨学金を得てポーランドへ。社会主義の事例調査／大学占拠闘争が激化。
1969-70	26-27	国立ミラノ大学大学院で社会学を学ぶ。米国の機能主義や実証的な調査手法を摂取。機能主義とマルクス主義に不満。A・ファブリーニと結婚／労働争議頻発と「暑い秋」。
1970	27	パリ大学へ留学し，社会学者のA・トゥレーヌに師事。「行為」の重要性を説いたトゥレーヌの運動論から深い影響。ハーバーマス，バウマンと学問的交流。パリ大学の臨床人間科学科で心理学の博士号取得。精神療法／心理療法（サイコセラピー）の訓練を積む。
1974	31	博士論文『支配階級と産業化—フランス資本主義発展における支配的イデオロギーと実践』。
1970後半	27-37	ミラノ都市圏で社会運動に関する長期の質的調査。アンナ・ファブリーニ夫人と青少年支援と共同研究「チェントロ・アリア」を組織／伊・「鉛の時代」で社会運動の急進化と「停滞」期。
1980前半	37-42	運動調査研究の成果を『現在のインヴェンション』（1982伊），『いくつものもうひとつのコード』（1984伊），心理療法調査の成果を『異質なる身体』（1984伊）に発表。／伊・「泥の時代」。
1980後半	42-47	社会運動研究の国際交流が活発。Social Research 1985年特集号にメルッチら欧州研究者が英語圏に紹介され「新しい社会運動」の理論的旗手として大きな反響。日本では『思想』1985年特集号にて高橋徹らによりメルッチの運動論が紹介。英語版『現在を生きる遊牧民』（1989）発表／ベルリンの壁崩壊。
1990前半	47-52	社会運動研究と心理療法調査，マクロな変動と個人の体験の総合を試みた諸作品『私という遊び』（1991伊）『聴くことの場』（1991伊）『黄金の年代』（1992伊）『若者への救急対応』（1993伊）『創造力』（1994伊）『時代のパサージュ』（1994伊）などを発表／湾岸戦争，ソ連崩壊。
1994	51	日本へ初来日。北海道大学，名古屋大学，一橋大学で講演会。『思想』1995年誌上で山之内靖・矢澤修次郎によるインタビュー。
1996	53	英語版の主著『プレイング・セルフ』と『チャレンジング・コード』発表。
1997	54	ミラノ大学で日本の社会学と社会変容に関するセミナーを新原道信と共同で企画する。
1998	55	骨に腫瘍があることが判明。手術困難な重い病を患う。共同調査の成果『リフレクシヴな社会学にむけて』発表。
1999	56	9月長い逡巡の末に移植手術，入院。病床のなかで「聴くことの社会学」を構想。
2000	57	1～3月入退院を繰り返す。5月に病をおして日本を再訪。地域社会学会で「聴くことの社会学」，一橋大学で「身体への関心」についての講演。故郷リミニでの講演。リミニ方言／イタリア語の詩集『ふつうのひとびと』出版。社会学の著書として『キーワード』『ひとになる』『文化というゲーム』刊行。
2001	58	二度の摘出手術後も病状は悪化。9月11日にNYで同時多発テロ。9月12日，白血病のため志半ばで夭逝。
2002		ミラノ大学でメルッチ追悼の国際シンポジウム。トゥレーヌ，バウマン，ヴィヴィウォルカ，マルティネッリ他，日本からは矢澤修次郎と新原道信が招聘される。
2008		ミラノ大学／ミラノビコッカ大学共催でメルッチ追悼の国際シンポジウム。日本からは新原道信が招聘される。
2021		ミラノでメルッチ追悼の没後20年の国際シンポジウムを開催。日本からは新原道信が招聘される。

出所：（Melucci 1989a=1997；1996a=2008）（新原 2004b；2008b）などを参照して鈴木鉄忠が作成し，新原道信が加筆した。

第 4 章
"境界領域" としての生殖－再生産（reproduction）
──自己を形成するプロセスにむけて──

鈴 木 将 平

現在のある個別の瞬間とは，非在と未発の間の岐路にたたずみ，うごめくものであり，そして過去とは，われわれの手でつかみとられることによってしか獲得されず，その自ら獲得する過去をとおしてしか現在の現実と出会えないのであれば，端のほうに押しやられた過去の片々や，（未来から見た過去の片々であるところの）いま生起しつつある小さな兆候を，自らの手でつかみとる "旅" をつづけるしかない。

(新原 2007：56)

遺伝的問題を明らかにする妊婦の検査は，今まで知られなかった新たな問題，危惧，ときどきの劇的な選択に当事者（妊婦，胎児，家族）をさらしている。（しばしば家族内の他の者の経験から既に知られている）痛みや致命的な経過を伴う疾患の遺伝的浸透を検証する診断行為は，現実の苦しみや予見される苦痛に，まさにその苦しみの絶望的な予感を上塗りしてしまう。これらは，知識の力により作り出された完全に新しい問題である。これらの問題は，明らかに医療装置や医療技術内部の論理だけで扱うことはできず，さらに新たな倫理的，文化的，社会的な枠組みの中に位置づけられる必要がある。

(Melucci 1997=2012：65-6)

1．はじめに──存在を得ようとするものとの間で

人間の生殖－再生産（reproduction）は，新たな生命と関係を持つという個々人の極めて私的で特別な経験であると同時に，地球上に生物が誕生してから40億年という遠大な時間のなかで連綿と繰り返されてきたありふれた営みで

162　第Ⅱ部　〈内なる惑星〉に "出会う"

もある。また他方で，ありのままの自然や単なる生理現象でもなく，高度な科学的知識・技術，そして社会的，政治経済的な制度や構造が介入する，極めて公的で，過去に例を見ない出来事にもなっている。生殖－再生産は，自然であるとともに文化でもあり，個人的であるとともに社会的であるといった，境界性によって特徴付けられる。

　言い換えれば，生殖－再生産は，人類の長期的な歴史のなかで，現在の社会が相対的にどのような構造や拘束力を持つのか，そこで個々人がどのような経験をし，新たな意味を生み出しているのかを問う，「社会学的想像力」（Mills 1959=2017：19-24）を必要とする象徴的な領域である。

　特に，生殖に関する医学的知識や技術は，「非在」や「未発」，あるいは未生のものである受精胚・胎児・新生児，そして男女の生殖能力をますます可視化し，存在を左右するようになっている。生殖－再生産をめぐって，日々生み出される新たな技術や知識の一つ一つが，これらの存在を得ようとするものとの関係性をどのように作り変えつつあるのか，過去の「片々」や現在の「兆候」とともに，その組成（composition）をとらえることを試みたい。

　本章では，生殖－再生産をめぐる大まかな人類史の展開をふまえた上で，特に特定の地域・民族集団を対象に行われてきた遺伝学的検査（保因者検査）の拡張を例に取り，今日の科学的知識・技術が，人間をどのように表象するようになっているのか，そして，そのことがどのような含意を持つのかということを検討していく。

2．二足歩行と文化──生物学的に表象される生命・身体

(1)　文化的存在へ

　個人の生活を長期的な歴史変動に結び付けることが「社会学的想像力」であるとすれば，生殖－再生産に関しては，人類の進化史を含める必要がある。なぜならば，そもそも二足歩行という生物学的な特徴が，ヒトという種および個

第 4 章　"境界領域"としての生殖−再生産（reproduction）　*163*

体の「誕生」に大きな影響を与えているからである。第一に，二足歩行によって女性の産道が狭まった上に，脳が巨大化したことで，出産は非常に困難になった（Liberman 2013=2017a：187）。第二に，他方でその巨大な脳によって文化を作り出し，生存のための環境そのものを作り出すことができるようになっている。個体の出生と種の存続は，二足歩行という生物学的な条件によって規定されているのである。そこで，人類が二足歩行を開始してから現代に至るまでの長期的なプロセスを見ておこう。

　まず，およそ 500 万年前頃から起きた地球環境の寒冷化のなかで，二足歩行によってより効率的な食料採集と移動のエネルギーを節約することができる類人猿が現われ，適応が進んでいった（Liberman 2013=2017a：85）。やがて，300 万年ほど前から狩猟採集が開始され，人類は，栄養が豊富な肉を食べ始めるようになり，さらに食料を加工してより効率的に栄養を摂取するようになる。こうした過程で，日中に長時間・長距離にわたって獲物を追いかけるための，土踏まずや長いアキレス腱を持つ，ばねのような足へと適応が進んだ。また，効率的に栄養を摂取できるようになったことで消化のためのエネルギーを節約し，腸が短くなった分，脳を発達させる方向に進化した。そして，発達した脳によって，道具の作成や言語の使用が可能となった。このような特徴は，現生人類や，絶滅したネアンデルタール人やデニソワ人の共通祖先であるホモ・エレクトスから始まったとされる。

　そのなかで，人類の一つの種であるホモ・サピエンスがアフリカ大陸に誕生したのがおよそ 30 ～ 20 万年前と言われる。ホモ・サピエンスは，それまでの人類と異なり，文化を作り出す力に長けていた。およそ 5 万年前から始まる後期旧石器時代になると，特殊で繊細な道具が作り出されるようになるなど，「どういうわけか，人々がそれまでとは違う考え方，違う行動のしかたをするようになった」（Liberman 2013=2017a：229）。たとえば，「人々が初めて信念や感情を象徴的なかたちで定期的に永続的な媒体に表現するようになった」のがこの時期とされる。身体的な進化よりも革新的に速いスピードで，集団として文化を発達させ，環境に適応するようになったのである。

164　第Ⅱ部　〈内なる惑星〉に"出会う"

そして，およそ6〜5万年前頃にかけて，何度かの，数千人程度のごく少数の集団が「出アフリカ」を果たし，世界各地へと移動し，子孫を残していった。中東地域では，ホモ・サピエンスと同様にホモ・エレクトスから進化したネアンデルタール人と出会い，東南アジアではデニソワ人と出会い，交雑したとされる（Hartl 2020=2021：284-5）。

(2) 人類史における革命

狩猟採集民であった現生人類は，およそ1万〜5000年前頃に定住と農耕を開始し，自らの糧となる食糧を生産するようになる。特に，ムギやイネ，トウモロコシといった穀物が生産されたことで人口の増加が起こり，さらに土地の所有や食糧の配分をめぐって統治のための専門的な職種や身分が生まれた。また，人間は種子から芽吹く穀物の成長や，天体の動きや季節の移り変わりを見て，自然の神秘を感じ取り大地への信仰を持つようになった。ユーラシア大陸のメソポタミアに生まれた文明は，エジプト，インダス，中国へと伝播し，これとは異なる経緯で，中南米にも独特の文明が栄えた。

そして3000年前頃から，ギリシア，インド，中国，イスラエルにおいて，哲学，思想，道徳，宗教が発達し，今日に至る人類の精神的な大転換が起こる。とりわけ，ヨーロッパでは，アラビアを経由した古代ギリシアの哲学と，キリスト教の信仰が組み合わさったことで，自然の神秘を探究する営みが，やがて近代の科学革命へと至る（伊東 2016［2007］）。と同時に，客観的・論理的・普遍的な知識の体系となった科学は，神や教会の権威，旧来の社会的な秩序を相対化させることとなった。合理的な科学的知識や技術は，自然や異文化を改変し，支配するための道具となった。とりわけ，「未開」「野蛮」と「文明」という近代的な発想のもとでは，「人間の身体そのものが，土地や資源などの外部的自然に代わる内部的自然としてその対象とされた」（石井 1997：35）。

科学史家の伊東俊太郎は，以上のような人類史における複数の転換点を，人類革命，農業革命，都市革命，精神革命，科学革命と呼んでいる（伊東 1988）。こうした複数の革命を経て，あらためてヒトの生物学的な特徴を考えてみる

と，環境への適応によって獲得した二足歩行や巨大な脳，そして，集団での生活や文化の創造による自然の開発（development）[1] にあると言える。

　ところが現在では，急速に発展した生活様式に対して，数百万年という単位で適応してきた身体的な仕組みが追い付かず，新たなリスクを生み出すようになってもいる。たとえば食品を加工するという行動は，火や道具を使い効率的に栄養を摂取するという適応から生まれたものであるが，加工された高カロリーの食品を日々摂取することは，様々な慢性疾患のリスクを高めることとなっている。肥満や運動不足などが原因で起こる心疾患や糖尿病などの疾病は，人間に過剰なエネルギーを供給し続けてしまう文化の産物でもある（Liberman 2013=2017b：121-88）[2]。

　こうした事態に対して，人間はさらなる文化的革新によって対処しようとする。現在，もっとも高度に科学的知識・技術が投入され，新たな発見と応用が目覚ましい開発の対象は，ほかならぬヒトである。とりわけ，医療分野において明らかになりつつあるヒトのからだの複雑なリズムやメカニズムは，個人の疾病を予防ないし治療し，生命の質（quality of life）を向上させ，ひいては人口集団全体の幸福を増進するため，そして，そうした医療ニーズを満たすための産業を生み出す点で経済的にも重要な資源となっている。

　かつて，からだのバランスや不調は，天体の動きや体液の性質についての形而上学的なイメージなど，現在から見ると呪術的，非科学的に理解され，「小宇宙」であるからだの理解や治療に，現在のような解剖学的知識は必要とされていなかった（立川 1995：174）。人体を構造的に把握する解剖学的な発想は，13世紀末のイタリアで始まったとされるが，家畜を食肉として解体するときに体内に病変が見つかったことと関係していると言われる（立川 1995：178）。これには，都市という共同体における感染症の管理，食品の衛生という問題が背景にあった。後に，死体の解剖から人体や疾病を理解する「臨床医学」的な転換（Foucault 1964=2011）が起こり，また，19世紀以降の細菌学や公衆衛生の発達に伴い，近代以降の社会では，人間が経験する病理や苦痛は，病原菌や，部位の損傷・変異として理解されるようになった。これを特定病因論という。

166 第Ⅱ部 〈内なる惑星〉に"出会う"

　他方で，1970 年代以降の医療・医学領域では，「リスク」という概念が多用
されるようになっており，疾患を「様々な要因の複合的結果」としてとらえる
「確率論的病因論」が支配的になっている（美馬 2012：43）。こうした医療観の
もとでは，医学的な介入は，疾患だけではなく疾患の予防の段階から行われ
る。つまり，今のところ何の疾患も持たない人や，病気に関わるとされるライ
フスタイル，あるいは遺伝情報が対象となる。特に遺伝情報は，特定の疾患の
メカニズムの把握，あるいは治療方法の選択において重要な情報源となってい
る。

(3)　情報としての生命

　生物のからだは，一つ一つの細胞の核の中に染色体を持っている。この染色
体に折りたたまれているのが DNA（デオキシリボ核酸）であり，アデニン，チ
ミン，グアニン，シトシンの 4 つの塩基（ATGC）が二重らせん構造に連なっ
たものをゲノムと呼ぶ。その内，タンパク質を生成する特定の箇所を遺伝子と
呼ぶ。この遺伝子の働きによって，生命活動が維持されている。遺伝子は，ヒ
トの場合は，精子と卵子が受精し，子宮に着床して無事に胎児へと成育するこ
とによって，次の世代へと伝わる。

　生命が地球上に誕生してから 40 億年という長い年月のなかで，遺伝子はた
びたび変異や重複を起こし，生物は非常に複雑な構造や機能を獲得してきた。
そのようなこと自体が，高度な科学技術によって明らかにされている。集団的
な遺伝情報を系統的に追跡することで，種としてのヒトの数万年単位の移動経
路や分布，生活環境といったルーツを辿ることもできるようになってきてい
る。あるいは，地理的・宗教的な理由等によって他の集団と交わらなかった集
団では，特異的な遺伝子変異が受け継がれていることがあり，それが特定の疾
患の原因の解明に役立つこともある（米本 2006：60, 66；Wexler 1995=2003）。

　現在，こうした遺伝学的な研究によって得られる情報量は膨大である。1865
年にオーストリアの植物学者メンデルが生物の遺伝法則を発見し，1953 年に
はワトソンとクリックによって DNA の二重らせん構造モデルが提唱された。

第 4 章 "境界領域" としての生殖 – 再生産（reproduction）　*167*

　その後，1960 年代から 80 年代にかけて，DNA を操作・培養・解析するための様々な技術革新が進んだ。新型コロナウィルス（COVID-19）の診断に使われる PCR 検査[3]もこの時に誕生している（Rabinow 1996=2020 [1998]）。そして，1989 年に，ヒトのゲノム配列を解読するプロジェクトがアメリカで開始されると，民間企業の協力などによって予定よりも早く，2001 年には終了した（Keck & Rabinow 2006=2010：94）。

　その後，次世代シークエンサー（Next Generation Sequencer：NGS）の登場により，膨大なゲノム配列を比較的短時間で安価に解析することも可能になっている。また，2012 年には，ねらったゲノム配列を切断・接合させる CRISPR-Cas9 と呼ばれるゲノム編集技術が登場している。2012 年にノーベル賞を受賞した iPS 細胞の作製技術は，分化したヒトの細胞を初期化し，再び多様な組織へと分化させることが出来る。iPS 細胞から，生殖細胞や，ヒト受精胚のモデルを作成することも技術的に可能である。しかし，それが通常のヒト受精胚のように発達するのかどうかはわからない。

　このように，分子生物学的な研究によって，ますます生命の進化の過程や生物としての特徴が明らかになりつつある。言い換えれば，人類は，高度な科学的知識や技術によって生命を表象し，そうした表象によって生命を自然として存在させるようになっている。生命は，人間の文化的な営みによって知覚され，自然として存在するに至っているのである。ヒトという種も例外ではない。そこでは，二足歩行と脳を獲得した人類は，自然と文化，すなわち「天と地の間」をつなぎ，媒介する存在となる。

　　私たちは，自然と文化を結びつける連続性と不連続性の中で存在すること，意識的に，つまり文化的に自然になるというパラドクスの内に存在することに挑戦せねばならない。直立し，脳を発達させた種であるホモ・サピエンス（Homo sapiens）は，古代東洋の智恵のいう「天と地の間」にみずからが立つという仕事にとりかからなければならない。私たちは，自分が立つ地に根ざしていることを受け容れつつ，頭上の天へと向かう熱望を

168　第Ⅱ部　〈内なる惑星〉に"出会う"

肯定しなければならない。内なる惑星は，身体と言語が行動と再帰性の間で出会う点であり，天と地の結び目，連結点である。

(Melucci 1996=2008：96)

このように，科学的知識が高度に発達した社会において，人間は自然と文化の結節点となり，新たな探求のフィールドとして現れる。そのことはまた，文化的に表象されつつある自然としてのヒト自身が，新たな意味や関係を共に作りあげる相手になるということを示唆する。それでは，個体や種としての人間の生殖−再生産は，どのようなフィールドとなっているのだろうか。

3．生殖−再生産（reproduction）の現代的位相

(1)　性と生殖の分化

現在，新生児・胎児・受精胚の発育，さらには男女の生殖能力そのものが，深い開発（development）の対象となっている。しかし，農耕と定住が始まる1万年前まで，ホモ・サピエンスの人口は30万年もの間「増加も減少もせず」，自然環境によって制約された「静止人口」であったと考えられている（木下 2020：32）。長らく，ヒトの出生率は，「ほぼ自然と言っていいような所与性を持ったままであり，人間の介入をほぼ完全に逃れていた」（Melucci 1996=2008：110）。

ところが，農耕と定住の開始，そしてこのわずか250年ほどの科学革命を経て，生殖は，環境や気候に左右される単なる生物学的な繁殖行動や，男女の性愛の結果ではなくなっている。現代では，避妊や人工妊娠中絶といった「生まない（生ませない）ための技術」，あるいは不妊治療のように「生む（生ませる）ための技術」，そして，出生前診断のように「生命の質を選別するための技術」によってコントロールされるものとなった（柘植 1995：5-13）。社会学者のアンソニー・ギデンズは，ミシェル・フーコーの議論をふまえ，「性と生殖の分

第 4 章　"境界領域"としての生殖−再生産（reproduction）　*169*

化」（Giddens 1992=1995：47）という事態に，現代社会の特徴をみる。たしかに，日本の場合，1970 年代以降に顕著にみられるように，出産は医療化され病院で管理されるようになり，死産率・周産期死亡率・新生児死亡率，妊産婦死亡率は劇的に改善し，現在では世界でもっとも低い水準に達している。人の生殖は，様々な医学的知識・技術，政治的・経済的・法的な制度，そして，社会的な期待や関心が注がれる，「選択と意思決定のフィールドとなった」（Melucci 1996=2008：110）のである。

　　生命を与える身体，特に生命を育み世界に送り出す女性の身体は，もはや生物としての必要性を盲目的に媒介するものではなく，可能性，入念な注意，選択といったことが入り込む舞台となった。にもかかわらず，同時にその身体は，外的，技術的，医療的権力の手に委ねられた客体ともなりうる。身体は，再び単なる容器になってしまい，その内容は専門家だけによって調べられることになる。生命を与えるという潜在力をめぐって，私たちの身体はいままで以上に賭け金となっている。

　　　　　　　　　　　　　　　　　　　　　　　　　（Melucci 1996=2008：110）

　つまり，生殖−再生産というフィールドでは，多様な選択の可能性とともに，様々な装置や制度による管理が拡大しているのである（Melucci 1996=2008：166-7）。

　他方で，選択や管理が拡大したとはいえ，人の誕生そのものが，完全に文化的なコントロール下に置かれたということではない。むしろ，様々な選択や管理によって，人の誕生はますます葛藤や不確実性をもたらすものになっていることも注目しなければならない。「妊娠・出産がコントロールできるものになった分だけ，女性にとっていつ産むかの決心はつきにくくなり，また医学的に出産が安全になったと言われる分だけ，出産の危険性も強調される結果，女性はますます産みづらくなっている」（松岡 2014：3）。このような葛藤は，現代の医療が患者自身の自己決定を原則とすることとも関わっている。

170 第Ⅱ部　〈内なる惑星〉に"出会う"

(2)　生殖医療をめぐる不確実性と葛藤

　1960 年代以降，特にアメリカにおける社会運動を通して，医療の場では自
己決定や自律尊重が重視されるようになってきた。これには，有害な医学研究
から被験者を保護するためのインフォームド・コンセントの原則や，患者の権
利，そして，人工妊娠中絶についての女性の自己決定権を求める社会運動が背
景にあった。特に，1990 年代以降，国際的にはリプロダクティブ・ヘルス＆
ライツという理念が提唱され，妊娠や出産・家族形成に関して，安全な避妊や
中絶へのアクセスや，性教育や情報を提供するよう呼びかけられている（柘植
2023）。2015 年に国連総会で採択された持続可能な開発目標（Sustainable
Development Goals：SDGs）においても，こうした性と生殖の権利という理念
は掲げられている[4]。

　しかし，性と生殖の自己決定には様々な障壁や困難がある。まず，「生まな
い（生ませない）ための技術」について見てみる。母体の身体的および経済的
理由が懸念されるとき，日本では，妊娠 22 週未満であれば，人工妊娠中絶を
行うことが法的に認められている。しかし，日本では WHO がもっとも安全
な方法として推奨している経口中絶薬や吸引法ではなく，掻爬法と呼ばれる手
技が一般的である。また，中絶手術自体が保険適用外のため高額であることな
どから，女性の身体的・心理的・経済的負担は非常に大きい。避妊方法につい
ても，日本では男性用コンドームの使用が主流で，経口薬（ピル）や子宮内リ
ングなどの避妊方法は普及しているとは言いがたい。そして，妊娠が管理でき
なかった場合や，医療や支援が行き届かない，あるいは周囲からの協力が得ら
れない場合，女性が一人で出産し子どもを「遺棄」したとされる事件が度々報
じられているように，出産は，母子にとって危機的な状況となる[5]。このよう
に，医学的な管理や介入が届かないこと，選択肢がないこと，負担が大きいこ
との問題がある。

　次に，「生む（生ませる）ための技術」について見てみる。出産年齢の高齢化
を理由として，不妊治療の件数が増加している。不妊治療には，女性に排卵誘

発剤を用いて排卵を促して自然妊娠を行うものや，男性から採取した精子を注入する人工授精，女性から卵子を採取し容器内で精子と受精させる体外受精，そして，体外受精の一つとして，状態のよい特定の精子を卵子に注入する顕微授精という方法がある。

　日本産科婦人科学会によれば，2022年に体外受精で生まれた子どもは7万7,206人で，約11人に1人の割合に至っている。しかし，体外受精による出生数が増加していることは事実であるが，体外受精の実施そのものは54万3,630件（前年から4万5,000件増）とされる。つまり，不妊治療全体の件数の内，出産まで至る確率は必ずしも高くない。日本産婦人科学会が公開している2022年の資料では，20代でも，実際に受精胚を子宮に移植した後に，着床し，妊娠に至る場合が5割，無事に出産にたどり着くのは2割にとどまる。30代を超えるとこの割合は徐々に下がっていく（日本産婦人科学会 2024）。さらに言えば，こうした統計では，そもそも採卵がうまくいかなかったり，受精胚が移植可能なレベルまで成長しなかったケースは除外されている（柘植 2022：14）。

　このような状況にあって，不妊治療への保険適用が拡大するなど，子どもを持つことへの期待そのものが社会的に作られ，結果的に心理的・身体的・経済的負担を強いる状況となっている。生殖補助医療について当事者への聞き取りを行ってきた社会学者の柘植あづみによれば，不妊治療にかかる費用や時間，「排卵誘発剤の副作用」，治療の不快感，「妊娠できなかったときに抱く絶望感」「欠損感・不全感」や「焦燥感」などの苦痛に加え，男女ともに患者の抑うつ状態も問題となっている（柘植 2022：15）。

　この他にも，第三者から精子の提供を受けて子どもをもうける人工授精の場合，生まれてきた子どもにも深い葛藤が生じる。父親と遺伝的なつながりがないことを積極的に知らされていなかった場合，子どもは自分の出生が「後ろめたいもの」とされることに抵抗を感じる。また，出生の経緯を知らされた場合も，自分が単なる人工的な技術や「種」のようなモノからではなく，「人と人の間に生まれた」ことを確認したいと感じる（柘植 2022：305）。親としても，自分に生殖能力がないことを伝えることができず苦しむ，あるいは，子どもの

病気の遺伝的要因が不明となることや，「本当の親」の存在に不安を感じることがある。

このように，人の誕生は，技術や知識に媒介されることによって，かえって不確実性や葛藤をもたらしている。また，そもそも，生殖補助医療が存在する社会は，人間の身体が抑圧されている社会であるとも言える。メルッチによれば，不妊症の原因の多くは，「ストレス，汚染，食事などの機能的要因」にあり，不妊症は「文明の喧噪によって無音化された，身体の沈黙を表している」（Melucci 1996=2008：128）。すなわち，「豊かな社会は，生殖領域における研究の勝利と技術の征服を祝うだけの理由を感じたまさにその瞬間，自らの再生産の基盤を崩し始めている」（Melucci 1996=2008：128）のである。人間が作り出した文化によって不調をきたした身体を，また知識や技術で補い，生殖−再生産を達成するという矛盾をはらんでいる。

このように，生殖−再生産という領域は，様々な規範や知識・技術によって埋め尽くされ，期待やリスク，不確実性が束となっている。文化的なコントロールの可能性が高まった一方で，リスクはますます脅威として感じられる。選択肢は増えた一方で，実際に選択できることは限られている。こうした事態はむしろ，子どもの命が「この世」と「あの世」をたまたま行き来するような生命観，日本の民俗学が明らかにしてきたような，人の誕生の境界性，"境界領域"としての性質を浮かび上がらせているのではないだろうか。

　　人間の「生」と「死」は二つの連続（接続）する世界を移動し，その移動が繰り返され，循環するものであると考えられていた。また子どもの生命も同様に「あの世」から「この世」にステップバイステップで移動してくるものであるが，時には死によって「この世」から「あの世」に戻り，あるいはまた「一度戻ったあの世」から再生し「この世」にやってくる，といった具合に二つの世界をまさに「行き交うもの」として考えられていたと推察できるだろう　　　　　　　　　　　　　　　　　　　（中山 1995：32）

第4章 "境界領域" としての生殖－再生産（reproduction）　*173*

　生殖－再生産は，個体と種，個人と社会，生と死，妊婦と胎児，過去と未来，選択と管理，可能性と限界といった"境界領域"として現われる。このことをふまえた上で，具体的に出生の前後で行われる遺伝学的検査の問題とその組成を見ていくことにする。

(3)　出生前後の遺伝学的検査

　生殖－再生産をめぐって希望と葛藤をもたらす技術の一つが，遺伝学的検査である。遺伝学的検査には，新生児・胎児・受精胚に何らかの先天的な異常がないかを調べるための出生前後の検査のほか，がんや糖尿病，心臓病などのように，何らかの遺伝的要因のほか環境要因によって生じる多因子疾患のかかりやすさ（易罹患性）や発症の確率を調べるための遺伝学的検査がある（日本医学会 2022）。本章では，出生に関わる遺伝学的検査に限定して考えていく。

　出生前後に行われる遺伝学的検査としては，着床前検査，出生前検査，新生児マススクリーニング検査が知られている。しかし，いずれの検査も，対象となる疾患の数は限られており，すべての異常を事前に把握できるわけではない[6]。

　まず，着床前検査は，体外受精による不妊治療の際に行われ，培養した受精卵の細胞の一部を分析し，染色体の異常を調べ，正常な受精胚を子宮に移植するための検査である（Preimplantation Genetic Testing：PGT）。そのなかには，何らかの遺伝性疾患の家族歴がある場合にのみ，重篤な疾患の遺伝子変異を調べるための検査（PGT-M）もあるが，実施には日本産婦人科学会の審査や承認が必要な上，遺伝子変異が実際に発症につながるかどうかや，特定された遺伝子変異以外の影響がないかどうかまでは判断が難しいとされる。

　次に出生前検査は，10週以降の胎児の状態を調べる検査で，確定検査と非確定検査がある。先に非確定検査について述べると，たとえば超音波診断やMRIのような画像診断が該当する。そのほか，母体への侵襲が少ない，母体血清マーカー検査や，非侵襲性出生前遺伝学的検査（Non-Invasive Prenatal genetic Test：NIPT），いわゆる「新型出生前診断」と呼ばれるものがある。母

体血清マーカー検査に比べて NIPT の方が精度が高く，妊娠週数が早い時期で実施できるが，日本では約 20 万円前後と高額である。また，あらゆる遺伝性疾患が判定可能なわけではなく，ダウン症等の染色体異常の確率のみである。こうした非確定検査の結果によって，絨毛検査や羊水検査という確定検査が行われるが，子宮への穿刺を行うため，わずかに破水や流産のリスクも生じる。

そして，出生後に治療が必要な先天性疾患を早期発見するための新生児マススクリーニング検査がある。新生児のかかとから微量の血液を採取し，フェニルケトン尿症のような代謝異常や，脊髄性筋萎縮症（Spinal Muscular Atrophy：SMA）[7] のような神経難病を調べるもので，対象疾患は少しずつ拡大している。

新生児マススクリーニングの対象となっているフェニルケトン尿症や脊髄性筋萎縮症などの疾患は，染色体の数や構造によってではなく，両親から受け継いだ遺伝子変異によって生じる，常染色体潜性（劣性）遺伝病（Autosomal Recessive Disease：ARD）と呼ばれる。ARD は，1 対の染色体の内，片方にのみ遺伝子変異がある状態（ヘテロ接合）では発症せず，遺伝子変異を持ってい

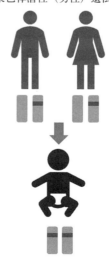

図 4-1　常染色体潜性（劣性）遺伝病の遺伝形式

る者は，「非発症保因者」と呼ばれる。しかし，1/4 の確率で両親から同じ遺伝子変異を受け継いだ場合（ホモ接合）に，重篤な疾患を発症する。そのため，新生児マススクリーニング検査は，子どもの重篤な遺伝性疾患を早期発見するだけでなく，間接的に，両親が ARD の非発症保因者であることも明らかになる検査である（笹谷 2019）。また，罹患児が生まれて初めて保因者であることがわかるため，次子の出生の判断が迫られることになる（笹谷 2019：102-3）。

遺伝子変異を持っている両親は非発症保因者であるが，1/4 の確率で同じ遺伝子変異を受け継いだ場合に子どもが重篤な疾患を発症する。

(4) 常染色体潜性（劣性）遺伝病の保因者検査

このように，ARD に関しては，出生後の早期発見・早期治療の前に，両親が特定の遺伝子変異を持っていないかどうかを調べ，場合によっては結婚や生殖を回避することが，「予防」の観点では有効な方法となる。そのため，例えばフェニルケトン尿症に関しては，1960 年代に全国の自治体で行われた「不幸な子どもを生まない運動」でも，優生結婚（結婚の回避）等による「予防」の対象とされてきた（松原 2000：210）。

実はこうした ARD の非発症保因者の特定（保因者検査）と，罹患児の出生予防は，世界的に広く行われてきた。ARD の中には，特定の民族や地域集団に高い頻度で発生する疾患があり，1970 年代以降，家族歴の探索や妊娠前の保因者検査によるリスクの把握が行われてきたのである。そして，出生前検査によって妊娠中に疾患が判明した場合には，人工妊娠中絶が行われることも少なくない。政策的に行われる場合もあり，重篤な遺伝性疾患の「予防」が，家族形成やコミュニティ，ひいては国家の問題となっているのである。

世界的に保因者検査の「成功」例として知られているのが，地中海や中東におけるサラセミア（地中海貧血）と，東欧系ユダヤ人におけるテイ・サックス病（米本 2000b：246-7）の保因者検査である。このような，特定の地域や民族集団を対象にしたものを，集団的保因者検査（Population Based Carrier Screening）と呼ぶ。

176 第Ⅱ部 〈内なる惑星〉に"出会う"

そして，これらの集団的な保因者検査の「成功」，そして遺伝子の検査・解析技術の高度化に伴って，2010年代以降には，一般人口のARD等のリスクを幅広く調べるための，拡張保因者検査（Expanded Carrier Screening：ECS）の導入や検討がアメリカやオーストラリア，オランダなどの多民族国家で展開しつつある。

日本でも，海外に拠点がある民間企業による遺伝子検査ビジネスの一環として，2017年にARD等の保因者検査となる「夫婦遺伝子スクリーニング検査」の導入が検討されたことがあったが，遺伝医学や周産期関連の10学会等の反対によって計画が中止されることがあった（鈴木ほか 2022）。この計画では，対象となる疾患が1,050種にもおよぶことや，サラセミアやテイ・サックス病のようなARDの「地域集団の特性」といった「背景」がないことから，「必然性が不明」であるという理由などがあげられた（日本遺伝カウンセリング学会ほか 2017）。これらの特徴は，この保因者検査が一般人口を対象としたECSであったことを示している。また，非発症保因者は「患者ではない」ため安易に実施すべきでないとも指摘されていた[8]。

しかし，地域的な背景や「必然性が不明」という指摘は，論理的には有効な批判足り得ない可能性がある。なぜならば，ECSは，そもそも一般人口の，ARD等を含めた幅広い遺伝性疾患の潜在的なリスクを調べるためのものであり，遺伝性疾患の「必然性が不明」であることこそ，ECSが実施される理由になるからである。

2017年の時点で，このようなECSの特質については深く掘り下げられることはなかった。関連学会の声明では，このような計画は単なる「商業主義」的なビジネスとしてとらえられ，海外で行われてきた地域・民族集団における保因者検査とは異なるものとして認識されていた。しかし，既に述べたように，ECSは集団的保因者検査が「拡張」されたものである。以下では，特に保因者検査の「成功」とされている，1970年代サラセミアとテイ・サックス病の集団的保因者検査が実施されてきた歴史的な条件について見ていく。

第4章 "境界領域" としての生殖−再生産 (reproduction) *177*

4．地域集団の保因者検査——サラセミア（地中海貧血）

(1) 感染症への適応と遺伝性疾患

　拡張保因者検査（ECS）が行われるようになっている経緯を理解する上で，再び人類史を見ておく必要がある。およそ1万年前頃から起きた気候の温暖化と安定化という，やはり地球環境の変化に適応して，人類は定住と農耕を開始した。食糧を生産することによって，着実に人口が増加し，やがて都市が生まれ，文明が発達する。定住と農耕は，人間の生殖−再生産にとって大きな利益をもたらした。

　しかし，狩猟採集に適応してきた人類にとって，こうした生活様式は，新たなリスクももたらした。その一つが，感染症への暴露である。感染が広がることのできる人口密度の高い集団が存在するようになったことに加え，造成された農地や淀んだ用水，食糧を貯蔵する家屋，身につける衣服，そして人間や家畜の大量の排泄物は，感染症を媒介する小動物や微生物の繁殖にとっても好都合だった（Liberman 2013=2017b：40-7）。集住は，狩猟採集の時代にはなかった衛生という問題を生み出した。

　そして，近代以降，世界規模での侵略と収奪，交通網の発達による人や物資の移動によって，感染症はさらに媒介されることになった。感染症とは，人間の活動によって作り出された「開発原病」（見市 2001：4）なのである。そして，感染症は，細菌学や公衆衛生の発達を促し，感染症を克服することで，結果的にさらに人口が増加する要因ともなった。しかし，国際的な移動手段がさらに発達した結果，新たな感染症は瞬く間に世界へと広がるようになった。2019年から始まったCOVID-19（Corona Virus Disease 2019）は，1万年の人類史の一つの帰結でもある。

　さて，人間が定住し人口が増加することによって広がるようになった感染症の一つに，マラリアがある。マラリアは，熱帯・亜熱帯地域に生息するハマダ

ラカがマラリア原虫を媒介することによって引き起こされる。そのため，アジアやアフリカの植民地化や奴隷貿易，プランテーションによって，アメリカでも猛威をふるい，風土病として定着することとなった（見市 2001：15）。

　マラリア原虫は，肝臓の中で増殖し，成長すると血液中の赤血球を破壊する。感染すると，高熱，嘔吐，臓器不全等を引き起こす。WHO によれば，2020 年の時点で，世界に 2 億 4,100 万人の感染者がおり，死者数は 62 万 7,000人に上ると推計されている[9]。

　こうした微生物の生態に対して，人間の方では，変形した赤血球を持つような遺伝子の突然変異が起こった。異常な赤血球を作り出すという，人体にとっては有害な適応は，マラリアに対する免疫となり得た（Hartl 2020=2021：412-3）。

　一方で，こうした遺伝子変異によって，正常な赤血球を作ることができなくなり，重篤な血液疾患を引き起こす場合がある。その一つがサラセミア（地中海貧血）である。「サラセミアは，ギリシャ語で海を意味する語 "thalassa" と，血を意味する語 "heama" に由来」し，「世界で最も頻度の高いヒト単一遺伝子疾患」（Nussbaum 2016=2017：237）である。サラセミアが発見されたのは 1925年のアメリカで，地中海地域にルーツがあるイタリア人やギリシア人に多く見られたことからこの名前がついているが（Greco and Marino 2022），今から 6,000年ほど前（紀元前 4000 年）に人が定住と農耕を始めた頃のギリシアは，マラリアが蔓延していた可能性が指摘されている（Sanctis et al. 2017）。

　特に地中海のキプロス，イタリアのサルデーニャ，およびパキスタンのように，血族結婚を行う地域集団では発症率が高いとされている（Nussbaum 2016=2017：540）。とはいえ，この遺伝子変異を持つ保因者の頻度は，地中海に限らず，アフリカ，中東，インド，中国，東南アジアに広く分布する。加えて，大規模な移民・移住によるサラセミアの広がりは，国際的な公衆衛生上の問題になりつつある（WHO 2021）。

　サラセミアは，先述の常染色体潜性遺伝（ARD）の形式をとり，対になっている染色体の片方にのみ遺伝子変異がある場合は無症状もしくは軽症だが，両

第 4 章 "境界領域" としての生殖−再生産（reproduction） *179*

親から同じ遺伝子変異を持った染色体を受け継いだ場合，重篤な症状を発症する。

　とりわけ，βサラセミアと呼ばれるタイプは，無治療の場合 5 歳までに 8 割が死亡する重症型である（Nussbaum 2016=2017：540）。毎年世界で 7 万人の β サラセミアに罹患した新生児が誕生しているとされ，近年，輸血によって生存が可能になっている一方，生涯を通じた長期的な治療は，本人や家族の身体的・精神的・経済的な大きな負担があると言われる（Nussbaum 2016=2017：245）。たとえば，疾患に関しては，輸血によって蓄積した過剰な鉄分の除去，骨格・性機能の発育不全，鉄の過剰によって引き起こされる心臓や肝臓，腎臓の機能低下などの合併症も含めると，非常に高額な医療費が必要となる（細谷 2020：431）。また，社会生活に関しては，長期的な就労が難しく給与が低い，あるいは差別的・非協力的な環境であることや，家族が介助することで生産性が低下するなどということが言われている（Sanctis et al. 2017）。

　そのため，βサラセミアは，1970 年代に発達した遺伝学的検査の対象となり，大規模な「予防」が行われた。その代表的な「成功例」として知られているのが，イタリアのサルデーニャ島での予防プログラムである。

(2)　サラセミアをめぐる社会文化的プロセス

　サルデーニャは，古代から民族や文化が，"衝突・混交・混成・重合"する「島」であった[10]。「サルデーニャへは旧石器時代より人の移動が始まり，新石器時代より定住が始められた」（新原 2007：154）。少なくとも紀元前 4 〜 5000 年前頃には，山間地域に人が定住していた形跡があり，紀元前 1500 年頃から「ヌラーゲ」と呼ばれる石を積み上げた建造物が造られ始めた。内陸部は先史時代から「水と森に恵まれマラリアを避けることができる豊穣の土地だった」（新原 2007：150-1）。

　こうした内陸部に対し，サルデーニャの海岸部は，地中海の覇権をめぐる要衝として植民や占有の対象となり，紀元前 6 世紀頃にはギリシア人が，その後もフェニキア人，カルタゴ人，ローマ人，サラセン人が来訪し，要塞や港が造

180　第Ⅱ部　〈内なる惑星〉に“出会う”

られ，あるいは襲撃を受けたという。絶えず，ヨーロッパ，アラブ，アフリカ
の様々な勢力が海岸に現れた（新原 1997：43-4）。そして，造成された港は時
間がたち，あるいは放棄されると，泥がたまり沼地になり，マラリアが発生す
る危険な場所にもなった。16 世紀から 17 世紀に発生したマラリアによって人
口が大きく減少することもあったとされる（新原 2007：143）。

　こうした地理的条件と社会文化的プロセスのなかで，サラセミアの遺伝子変
異は，生存にとって適応的だったのであろう。1970 年代のサルデーニャは，
250 人に 1 人の割合，1 年に 100 人ほどの β サラセミアの罹患児が出生してい
た（Reilly 2015=2018：94）。そして，当時アメリカでユダヤ人を対象に行われて
いた集団的な保因者検査（次節で論じる）に着想を得た医師の Antonio Cao に
よって，本格的なサラセミアの「予防」が行われた。既に β サラセミアの患者
がいる家系を集中的に調べて保因者を特定し，妊娠している場合には出生前検
査を行い，罹患児であることがわかった場合には人工妊娠中絶が行われた
（Reilly 2015=2018：94）。州都カリアリにある，サラセミア等の遺伝性疾患の医
療センターとなっている小児科病院（L'Ospedale Pediatrico Microcitemico di
Cagliari）では，1977 年から 2017 年までの間に 8,564 件の胎児診断が行われ，
2,138 人の胎児が β サラセミアに罹患していることが判明し，98.2％が中絶を
選択したとされる（Monni et al. 2018）。

　その結果，2009 年には β サラセミアの罹患児の出生は 250 人に 1 人から
1,660 人に 1 人の割合にまで減少し（Cao & Kan 2013：12），2018 年の時点で罹
患児の出生は 3 〜 5 人程度となっている（Monni et al. 2018）。現在では，家族
歴がある場合に加えて，妊娠を検討しているカップルに対しても保因者検査を
行い，リスクがあるとわかった場合には，サラセミアの詳しい病態のほか，子
どもを持つ手段として，出生前診断，第三者からの配偶子提供による人工授
精，養子縁組といった選択肢について説明が行われる（Cao & Kan 2013：9）。
また，学校でもサラセミアについての教育が行われているようである。

　サルデーニャでのサラセミアの「予防」プログラムは，その後，ほかの地中
海地域のギリシアやキプロス，さらには中東のサウジアラビアやパキスタンで

第 4 章 "境界領域" としての生殖−再生産（reproduction）　*181*

も実施されている。こうした集団的な保因者検査は，実際にサラセミアの「予防」を可能にした。

　一方で，「予防」や輸血による治療が可能となったことで，子どもの出生や家族・コミュニティとの関係，そして自身のアイデンティティをめぐって，様々な葛藤が生じていることが示唆される。イギリスでは，生殖に関する様々な選択肢を提供する目的で，2001 年からサラセミアのスクリーニングプログラムが開始されているが，サラセミア保因者や患者に対して行われたインタビュー調査では，βサラセミアの保因者や患者であることが，雇用や修学の機会，旅行，経済，妊娠，社会関係に影響していると言われている。疾患の重さ（severity）は，生物学的な意味での重篤さだけではなく，社会的なスティグマによって形成されている。特に，人工妊娠中絶に否定的な宗教的理由から，中東にルーツを持つ人々にとって，サラセミアはスティグマと結びつきやすいようである（Boardman et al. 2020）。

　中東におけるサラセミアとリプロダクション政策を研究している細谷幸子によれば，イランでは，サラセミアをめぐる保因者検査，出生前診断，人工妊娠中絶を含めた，「予防」の取り組み，そして治療方法の開発によって，サラセミア当事者の家族形成の経験は大きく変わりつつあるという。

　イランでは，宗派によって異なるものの，イスラーム法の解釈として「胎児は全能の神の創造物で，出生前にも生きる権利を持ち，その命を奪うことは刑罰の対象」（細谷 2017：74）であった。「子どもは神からの授かり物で，結婚，妊娠，出産と子の養育はイスラームを信仰する者にとって重要な宗教的善行ともいわれる」（細谷 2018：159）。一方で，イランにはサラセミアの保因者が多く，同族結婚によってβサラセミアの罹患児も少なくなかったことから，高額な治療費の問題もあり，1997 年以降，結婚する前にカップルがサラセミアの保因者検査を受けること，「婚前保因者スクリーニング」が義務となった（細谷 2017：74）。そして，カップルが保因者である場合に，「結婚を再考するようカウンセリングが行われ」るなどした（細谷 2018：165）。

　ところが，検査の義務化は混乱を招いた。胎児の生命を奪うことが刑罰の対

象となっていたため，検査によって保因者同士であることがわかっているカップルが妊娠した場合に，「重症型サラセミアの子を出産することを恐れて，不法に人工妊娠中絶をおこなう例が後を絶たなかった」（細谷 2017：75）と言われる。こうした事態を受けて，2005年，重症型サラセミアや血友病に関しては妊娠16週（4ヶ月）までは人工妊娠中絶が認められるようになった。保因者検査が義務付けられたことに加え，人工妊娠中絶が認められた結果，重症サラセミアの出生数は大きく減少したとされる。

　他方で，さらに複雑な状況が生まれている。重症サラセミアの治療方法が改善したことによって家族形成が可能な年齢まで生存が可能になってきてもいるからである（細谷 2018：167-8）。つまり，重篤な疾患が予防され，かつ治療も可能になったことで，サラセミアは希少な小児疾患から，より希少な成人疾患へと変化しているのである。そして，重篤であり希少となったサラセミア当事者は，自身の生殖機能の問題や，治療にかかる時間や費用の問題を抱えつつ，「健常者の価値観を基準とした『普通』の生活を送ることを期待される」（細谷 2018：171）ようになっている。そして，自らの身体的な条件をコントロールし，高等教育を受け，サラセミアの保因者ではない「健常者」と結婚して子どもを産み育てることができる者が「成功者」，「めざすべき目標」（細谷 2018：172）とされるのである。しかし，そのような規範的なライフコースではなく，サラセミアの苦悩を理解できる患者同士のコミュニティを通じて，結婚に限らない親密な関係性を形成する場合もある（細谷 2018：178）。

　このように，サラセミアの予防と治療の発展は，一方では，集団において「健常者」と「保因者」「患者」の間に差異を作り出すとともに秩序の一部として包摂するというアンビヴァレントな状況を，もう一方では，新たな関係性を作り出すための環境をもたらしてもいる。

　これと関連して，遺伝学的な検査が，集団への帰属意識を強化する例もある。たとえば，イギリスに移住したギリシア系キプロス移民が，βサラセミアの保因者検査を「自発的に求める」ことがある。つまり，「自らが『ギリシア人であること』（トルコや中東と対置される古代ギリシアとのつながりを意味する）

の根拠」として，保因者検査や遺伝性疾患が結び付けられているのである（Koenig 2007：44）。保因者検査は，過去と現在，個人と集団の関係性を作り出すようになっている。

　数万年の環境への適応の結果として保有されてきた微細な遺伝子変異は，諸個人を差異化しつつも集団や秩序に帰属させ，また，宗教，家族，法律，歴史などの多様な文脈を媒介し，関係性を新たに再編するような「"複合し重合する私（io composito）"」（Merler 2004=2006：72）の構成要素の一つとなっているのである。

5．民族集団の保因者検査——テイ・サックス病

（1）　コミュニティを通じた集団的検査

　人間にとって有害な遺伝子変異は，環境への適応（自然選択）だけでなく，文化的な要因によっても保持されることがある。たとえば，宗教的な理由や，地理的な理由などで，比較的小さい人口集団が隔離された場合，何らかの遺伝子変異を持った人の子孫には，共通の遺伝子変異が受け継がれることがある。これを創始者効果もしくは入植者効果と呼ぶ（founder effect）。そして，そうした子孫の間で交配が行われることによって，特定の遺伝子変異や疾患の頻度が高くなることがある[11]。たとえば，南アフリカは，17世紀に20人のオランダ人が入植し，その子孫を増やしていったが，入植者の一人にハンチントン病の遺伝子変異があったため，南アフリカの白人の間ではハンチントン病[12]が多いと言われている（新川監修 2020：68）。

　こうしたメカニズムで，現在のポーランド東部やウクライナ，ロシア西部にルーツを持つ東欧系（アシュケナージ系）ユダヤ人の間では，テイ・サックス病という，酵素異常の先天性疾患の頻度が高いことが知られている。治療法はなく，神経変性が起こり2～4歳までに死亡する（Nussbaum 2016=2017：257, 538-9）。サラセミアと同様にARDの一つで，保因者である両親は無症状である。

184 第Ⅱ部 〈内なる惑星〉に"出会う"

　近代以前のユダヤ人の人口データがないため，テイ・サックス病の最初の遺伝子変異がいつ頃起こったのかについてははっきりとしていないが，11 世紀頃の中央ヨーロッパで始まったと見られているようである。11 世紀の時点で，ヨーロッパの各地にいたユダヤ人は 10 万人程度だったと推定されているが，十字軍の遠征による迫害や，14 世紀のペストの流行によって，人口が大きく減少したと考えられている（Slatkin 2004；Frisch 2004）。15 世紀には 1 ～ 2 万人程度まで減少していた可能性もあり，このような遺伝的多様性が減少した小さな集団の子孫の間で家族形成が繰り返されたことで，有害な遺伝子変異が定着した可能性が指摘されている。

　アシュケナージ系ユダヤ人でのテイ・サックス病の保因者の頻度はおよそ1/30 であるため，アシュケナージ系ユダヤ人同士のカップルが両方とも保因者である確率は 1/900，そして，同じ遺伝子変異を受け継ぐ確率は 1/4 で，計算上は，3,600 人に 1 人の患者が生まれることになる。ほかの民族集団では，保因者の頻度は 1/300 であり，発症頻度は 100 倍の違いがある（Nussbaum 2016=2017：187）。このようにユダヤ人に頻度が高いことから，テイ・サックス病はナチス時代に「ユダヤ人迫害の格好の根拠に使われると考えて発表を差し控えたこともある」疾患と言われる（米本 2006：67-9）。

　そして，この致死的な疾患を「予防」するため，アメリカでは 1960 年代以降にユダヤ系コミュニティを対象とした集団的な保因者検査や出生前検査が行われた。テイ・サックス病の集団スクリーニング検査を開発した Kaback（2000）によれば，1970 年代初頭に疾患の原因となる酵素の異常が特定されると，間もなくアメリカやカナダに住む，適齢期のアシュケナージ系ユダヤ人の自発的な意思に基づいた検査が実施された[13]。

　こうした集団的な検査は，ユダヤ教のコミュニティを介して行われたようである。Reilly によると，検査は，国からの支援にはよらず，「土曜日の朝に寺院で頻繁に開催された」（Reilly 2015=2018：89）という。また，「ユダヤ教ラビ（聖職者）を中心に当事者が何度も話し合い」，カップルの双方が保因者だった場合には，「自発的に遺伝カウンセリングと出生診断を受け，妊娠中絶を選ぶ

などして発病を劇的に抑えた」とされる（米本 2006：67）。ワシントンではラビを介さずに友人や親族と相談した人が多かったようだが，シナゴーグでの活動を通じて保因者検査の情報を得る人が一定数存在していた（Childs et al. 1976）。ほかにも，カナダのトロントで行われた保因者検査は，ユダヤ人の権利団体・相互扶助コミュニティであるブネイ・ブリス（B'Nai B'Rith），なかでも女性によって組織された B'Nai B'Rith Women の支援で行われている（Lowden et al. 1974）。さらに，見合い結婚が行われているユダヤ教の超正統派の間では，保因者検査の結果を利用してカップルの適合性を調べる Dor Yeshorim という組織が 1985 年に発足した（Rose 2007=2019：326）。その結果，保因者同士の「何百もの結婚が回避された」（Reilly 2015=2018：89）とされている。

　これらの活動によって，1974 年から 2006 年までの間に，世界で 200 万人以上のアシュケナージ系ユダヤ人が検査を受け，出生前検査でほとんどの胎児が中絶された。アメリカでは 2007 年のテイ・サックス病の新生児の出生は 1 割以下，10 人未満に減少したという（Reilly 2015=2018：89）。

　このような，コミュニティの積極的な協力を得られたことが保因者検査としての「成功」とみなされている理由である。アメリカでは，アフリカ系アメリカ人に多いとされる鎌状赤血球症[14]の保因者検査も同時期に試みられているが，差別的であるという理由からコミュニティの強い反対によって頓挫した（Reilly 2015=2018：92）。なぜ，1970 年代に，こうした検査に協力的なユダヤ人のコミュニティが存在したのか，そもそもアメリカに多くのユダヤ人が集住するようになった経緯を確認しておこう。

（2）　ヨーロッパとアメリカにおけるアシュケナージ系ユダヤ人

　ヨーロッパのユダヤ人のほとんどは，16 世紀頃から「東」に集中していた（野村真理 2023：271）。もともとヨーロッパの各地にいたユダヤ人は，11 世紀の十字軍の迫害を受けて，また，15 世紀頃にはペストの原因として迫害され，ポーランドに定着するようになったとされる（黒川 2018：185；野村真理 2022：

24-5）。この過程で，テイ・サックス病の遺伝子変異が定着したと考えられていることは先述の通りである。

定住先となったポーランド・リトアニア共和国は，穀物の生産と輸出により栄えた，現在のウクライナやバルト三国も含めた大国であり，政治的な理由ではあれユダヤ人の共同体が認められた例外的な国であった。ところが，台頭しつつあったプロイセン，ロシア，オーストリアによって，1772 年，1793 年，1795 年の三度にわたって領土を分割され，国家が消滅する。このとき，およそ 100 万人のユダヤ人がロシア（現在のウクライナ領域）に組み込まれることとなり，「ロシアは当時世界最大のユダヤ人人口を有する国となった」（黒川 2018：188）。そして，1880 年代以降，ロシアに併合された地域では，ユダヤ人に対する反感や差別意識が高まり，迫害・暴行・殺人・略奪（ポグロム）や，極度の経済的困窮が起こり，これを逃れるためにユダヤ人の移住が増加したのであった（大津留 1998：94）。

19 世紀のヨーロッパは，前例のない人口増加と資本主義の拡大により，農村と都市，あるいは国を越えた移動・移住が大規模にすすんでいた。もっとも多くの移民が向かったのはアメリカだったが，オーストラリアやニュージーランド，アルゼンチンやブラジル，第 1 次世界大戦後はカナダ，フランスにも移民が渡った（山田 1998：9-10, 13）。こうしたヨーロッパからの大規模な移住は，鉄道や蒸気船航路の開通という，19 世紀の運輸革命（黒川 2018：218）によって可能となった。

特にアメリカには，1880 年代まではアイルランドやドイツなどの北西ヨーロッパから，1880 年代以降はロシアやポーランドなどの東ヨーロッパに加えて，イタリアなどの南ヨーロッパからの移民が増加した。1820 年から 1920 年までに，統計上は 3,366 万人が流入したとされる（野村達朗 1999：65）。トマスとズナニエツキの『ポーランド農民』の時代である。しかし，東欧と南欧からの移民は，カトリックやユダヤ教徒で，大家族であり出生率が高かったことから，アメリカでは「脅威」として人種の生物学的優劣や移民制限法の対象となっていく（丸山 2018：44）[15]。

第4章 "境界領域"としての生殖−再生産（reproduction） *187*

ユダヤ人移民全体で見ると，1880年から1920年頃までの間におよそ205万人以上がアメリカに渡った。そのなかでももっとも多かったのが，中欧から東欧に住むアシュケナージ系ユダヤ人で，その数は156万人にのぼった（野村達朗 1999：68）。1900年の時点で，世界の1,060万人のユダヤ人の内，70％がアシュケナージ系であった（大津留 1998：84）。

アメリカに渡った移民たちは，まずニューヨークのエリス島で入国審査を受けた[16]。ユダヤ人の多くは，ニューヨークの特にローワー・イーストサイド地区を拠点としてコミュニティを形成し，生活していた。ただし，出身地域，文化，コミュニティの規模によって住むエリアや業種は異なっていたようで，ユダヤ人の間でも「お互いに異質な存在という認識があった」（大津留 1998：115）とされる。ローワー・イーストサイド地区は，ほかにも「イタリア人，ボヘミア人，ハンガリー人，スロヴァキア人，ギリシア人，ポーランド人，シリア人の地区，そしてチャイナタウンがあった」が，「最大のコミュニティーは東欧系ユダヤ人のものだった」（野村達朗 1999：70）。ユダヤ人たちは，シナゴーグ（教会），市場，家庭を含めた「シュテットル」と呼ばれる共同体を作った（黒川 2018：222）。

ロシアや東欧出身のユダヤ人たちは，はじめ，衣料品関係の仕事や，熟練労働に就く者が多かったようである（大津留 1998：111-2；野村達朗 1999：73）。彼らには，「ユダヤ的風習に修正を加えながらアメリカ生活に適応しようとする努力」（野村達朗 1999：70）が特徴的に見られ，「伝統の継承と断絶」による独特の「移民世代のユダヤ人世界」を作り出したという（野村達朗 1999：80）。その子どもたち，第2世代[17]になると，「社会的上昇は著し」く，弁護士や医師といった専門職種に占める割合も高くなる（野村達朗 1999：83）。北米におけるアシュケナージ系ユダヤ人の家庭は，それ以前のドイツ系ユダヤ人よりは宗教的に保守的ではあったが，世代を経るごとに「ユダヤ人家庭はもはや宗教生活の場ではなくなる傾向にあった」とされる（黒川 2018：228）。

社会学者のタルコット・パーソンズの弟子の一人であり，社会学者であるとともに生命倫理学者でもあるレネー・フォックスは，こうした東欧系ユダヤ人

188 第Ⅱ部 〈内なる惑星〉に"出会う"

移民の第3世代である。フォックスの祖父母のうち3人がロシア，1人がルーマニアからの移民であり，フォックス自身もニューヨークで生まれ育った[18]。フォックスによれば，祖父母たちを含めた最初の移民は，「アメリカの生活に順応しつつあり，成功をめざして懸命に努力」し，「自分の子供たちや孫たちをできるかぎり『アメリカ人』にすることに一生懸命」（Fox 2001=2003：8-9）だったという。1970年代にテイ・サックス病の保因者検査に自発的に協力したという人々は，このようにアメリカに「順応」した移民の第3～4世代であったと考えられる。

　このように見ると，1970年代にアメリカで行われたユダヤ人の集団的な保因者検査は，重篤な疾患の「予防」が可能になったという生理学的な進歩にとどまらない含意がある。ユダヤ人の若者たちが遺伝学的な検査を受けるという私的で個人的な経験を掘り下げていけば，テイ・サックス病の起源となったと考えられている中世の人口減少，国境線の移動や国家の消滅，移住先でのコミュニティの形成と適応といった，長期的な社会的・文化的プロセスにつながっていく。

　やがて，1990年代になると，テイ・サックス病以外にもアシュケナージ系ユダヤ人に頻度が高いほかの遺伝性疾患，たとえば囊胞性線維症（Cystic Fibrosis）などに保因者検査の対象が広がる。ところが，この囊胞性線維症の保因者の頻度は，アシュケナージ系ユダヤ人で1/24だが，コーカサス系で1/25，ヒスパニック系で1/58，アフリカ系アメリカ人で1/61，アジア系で1/94といったように，複数の民族集団に幅広く分布していることが判明した（ACOG 2017a：39）。こうして，保因者検査は，複数の地域・民族集団，複数の疾患へと広がるようになっていった。

　最後に，2010年代以降に進展している，拡張保因者検査とその特質について見ていこう。

6. 一般人口の拡張保因者検査
（Expanded Carrier Screening）

(1) 「不明」という動力

重篤な常染色体潜性（劣性）遺伝病（ARD）の「予防」は，サラセミアやテイ・サックス病のように，まず特定の地域・民族集団を対象にして実施されてきた。特にカップルの両方が同じ疾患の遺伝子変異を持っている場合，1/4の確率で子どもが重篤な疾患を発症するため，それぞれの集団における保因者の頻度を把握することが問題となる。保因者検査は，ヒトを，このような確率的存在として表現する。

しかし，特定の疾患のリスクが常に予測可能であるとは限らない。なぜなら，世界規模での人の移動と混交が進むことによって，重篤な遺伝性疾患のリスクは，特定の地域・民族的なルーツとは結び付かなくなっているからである。また，他の集団にも，それぞれリスクがあることがわかってきた。たとえば，先述の嚢胞性線維症のほか，サラセミアに関しても，当初は地中海地域に多いと見られていたが，アジアにも分布していることがわかってきた。また，アシュケナージ系ユダヤ人に頻度が高いと考えられてきた遺伝性疾患のリスクは，一般集団にも少なからずあり得ることがわかってきた。日本での保因者検査ビジネスが批判されたように，まさに，遺伝性疾患と地域・民族集団との「必然性が不明」（日本遺伝カウンセリング学会ほか 2017）になりつつあるのである。

しかし，重篤な疾患を「予防」するという観点からすれば，これでは十分ではない。むしろ「必然性が不明」であるがゆえに，2010年代には，一般人口を対象とした，複数の疾患を含めた保因者検査が行われるようになりつつある。これを，拡張保因者検査（Expanded Carrier Screening：ECS）と言い，アメリカやオーストラリア，オランダで先進的に実施されている。

190 第Ⅱ部 〈内なる惑星〉に"出会う"

ECS は，表向きでは性と生殖の自己決定や自律の可能性を高めることを目的としている。妊娠を検討している，あるいは妊娠中に検査を受けることで，出生前診断や早期治療の計画，あるいは，人工授精といった代替案を検討することができるというものである。

2020 年から 2022 年にかけて行われたオーストラリアの Mackenzie's Mission[19] を例に見てみよう。このプログラムは，オーストラリアの 9,107 組のカップルを対象に保因者検査を提供し，ARD を含めた 750 疾患に関する 1,300 もの遺伝子を調べるもので，リスクのあるカップルの割合を把握するほか，ECS の有効性や，検査に対するカップルの受容のされ方，心理的な影響，あるいは倫理的な問題，経済的な効果，どのような情報提供や医療制度が望ましいかを検討するために実施された。2022 年の欧州人類遺伝学会の報告では，96％が低リスクで，4％が高リスクであるとされていた。研究結果は今後さらに検討されると思われるが，こうした研究の動向から，現時点で考えられる ECS の特質について述べておきたい。

ECS の特徴は，その名の通り，これまでの保因者検査に比べて格段に広い範囲の遺伝子変異を対象にし得る点にある。そして，どういった集団が，どのような遺伝子変異を有するのか，どの程度のリスクがあるのかが「不明」であることによって動機付けられる点にある。

たとえば，Mackenzie's Mission という名称は，脊髄性筋萎縮症（Spinal Muscular Atrophy：SMA）で生後間もなく死亡した男児の名前に由来している。SMA は，日本でも 2023 年に新生児マススクリーニングの対象に含まれるようになった疾患だが，重症のケースでは座ることや自発呼吸ができなくなる指定難病である。近年，原因の解明と治療薬の開発が進められており，なかでも遺伝子治療薬と呼ばれるタイプのゾルゲンスマ® は，神経変性が始まる前に投与すれば健常児と変わりなく発育が期待できるようになっている一方で，1 億 6,700 万円という国内最高額の薬価が設定されたことでも注目を集めた[20]。

SMA は，2017 年の時点でアメリカでも保因者検査を推奨する対象疾患の筆頭にリストアップされている（ACOG 2017b）。ECS に含めるべき疾患のリスト

のなかでは，SMA の保因者の頻度は，コーカサス系で 1/35，アシュケナージ系ユダヤ人で 1/41，アジア系で 1/53，アフリカ系アメリカ人で 1/66，ヒスパニック系で 1/117 とされており，複数の集団において保因者の頻度が予想されている。しかし一般人口の頻度は「不明」（unknown）となっている（ACOG 2017a：39）。つまり，リスクを事前にとらえることが難しい遺伝性疾患を「予防」する方法として ECS が注目されていると言える。

　他方で，遺伝子解析技術の高度化によって生じる懸念もある。2010 年代以降，遺伝情報を網羅的かつ安価に調べることができるようになってきている。そのため，技術的には，何らかの変異や遺伝的特徴を検出することはできるようになった。しかし，それが正しい結果なのか（偽陰性・偽陽性）ということに加えて，実際に疾患に結び付くのかどうか（浸透率）の解釈が難しいケースも増える。このように，遺伝情報を突き詰めていくと，何らかの残存リスク（residual risk）が生じる。たとえば，臨床的には，白人むけに設計された検査では，アジア系やアフリカ系で正しい結果が出ないということがある。また，民間企業が ECS を実施した場合，リスクを評価する方法が企業によって異なることもある。そのため，専門的な知識を持ったスタッフが適切にフォローできなければ，当事者はかえって不安を抱えたり，期待を大きくしてしまう恐れもある（鈴木ほか 2022）。このように解析の性能が高まることで，疾患との関連が「不明」な情報も増大するため，臨床的に有用な範囲の疾患や遺伝子変異を対象とするように検討が進められている。

　こうした不確実性という点は，出生前診断や新生児マススクリーニングのようなほかの生殖医療にも共通する。しかし，日本に導入されようとしたビジネスや，オーストラリアのプログラムでは，対象を絞っているとはいえ，疾患に関わる数百から千単位の遺伝子変異を検出できる能力がある。臨床的には，ここまで多くの遺伝子変異を対象とすることが現実的かどうかという問題もあるが，技術的には可能であり，先天的な遺伝性疾患と遺伝子変異の関係が明らかにされれば，今後対象となる範囲がさらに拡大していく可能性は大いに考えられる。ECS は，潜在的なリスクが存在する限り，拡張し続ける（expandable）

192 第Ⅱ部 〈内なる惑星〉に"出会う"

プログラムなのである。

(2) 自己を決定する

このような，重篤な遺伝性疾患の「予防」のための取り組みは，かつての優生思想のように国家によって強制的に行われるものではなく，あくまで自己決定の可能性の一つとして提供される選択肢である。これを新優生学と表現する場合もある。ミシェル・フーコーの生権力や統治の議論をふまえ，遺伝学的知識と主体性の関係を論じるニコラス・ローズは，遺伝学的検査に代表されるような生物学的な知識や技術において，「強制と同意の境界線は曖昧になる」（Rose 2007=2019：55）という。ところが，ローズは，こうした遺伝学的な検査が優生学的か否かというよりも，新たな「自己統治」の形式，「生物学的シチズンシップ」と呼ばれるものを作り出していることに注意を向けている。

> 問題になっているのは，ゲノム医学の時代において，個人的および集団的な人間のアイデンティティを理解しようとする仕方が変わりつつあるということであり，また，個人的にであれ集団的にであれ，自分たちの差異を統治する仕方にとってそのことがもつ含意なのである。
>
> （Rose 2007=2019：342）

すなわち，遺伝学的検査を通じて，私たちは，自分自身を，何らかの遺伝子変異を持つという生物学的な表象，あるいはリスクや確率的な存在，さらには，地域・民族的なルーツと結び付けて把握し，コントロールすることが求められているのである。

このように見ると，ECS は，生殖－再生産にとって，管理や介入，商業化をおしすすめ，自己決定を一層迫る驚異的な技術と映るかもしれない。実際，2017 年の遺伝関連学会の声明ではそのように問題化されていた。たしかに，網羅的に遺伝子変異が検出されることは，周産期における臨床的な実践として様々な不利益が生じる可能性が高い。

しかし，ECS という技術は，個体としても集団としても，人間が，複雑で有機的な全体性を持った存在であることを表象する，一つの文化でもある。医学的なリスクとして何らかの変異や疾患が可視化されることは，誰もが生物として有限性や不確実性を持つこと，様々な情動や葛藤のなかで揺れ動くこと，種や集団のなかの個であること，長期的な時間のなかの一時的な存在であること，多であると同時に一つであることを想起させる[21]。

これを言い換えるならば，遺伝学的検査は，検査を受けるかどうか，結果を知るかどうかを「自己が決定する」という同意能力の問題だけではなく，自分自身をどのように把握し行動するか，すなわち「自己を決定する」という，アイデンティティの形成能力に関わる問題領域を作り出していると言えるだろう。

7．おわりに──歩く人類の道行き（passages）

これまで見てきた生殖−再生産（reproduction），および保因者検査の拡張が持つ含意を整理して，本章の結びに代えたい。

生殖−再生産は，現代においてもっとも高度な科学的知識や技術によって開発されている。保因者検査の発展に見られるように，重篤な疾患の「予防」は，地域・民族集団と関連付けられる遺伝性疾患から，一般人口において頻度が「不明」な疾患を対象にするようになっている。また，生殖医療一般に関して言えば，不妊治療の成績や出生前後の検査がそうであったように，新たな生命が宿ること，受精胚・胎児・新生児という存在，および男女の生殖能力は，生物学的な情報，確率やリスクとして表象される。

こうした状況は，生殖−再生産が，自然と文化，個人と社会，個体と種，生と死，妊婦と胎児，過去と未来，選択と管理，可能性と限界といった"境界領域"であることをあらためて示している。生物学的に表象される範囲が広まり，かつ深まることは，人間が自然であることをますます明らかにするとともに，生身の体が様々な社会的な介入の対象になり，また同時に，個々人が「自己を

194 第Ⅱ部 〈内なる惑星〉に"出会う"

決定する」ための根拠となるという，多面的な経験をもたらしている。遺伝学的な知識や情報は，ヒトを不確実性やリスクとして存在させ，「潜在的には，生殖について考えるすべての人間に遺伝子リスクを計算することを要求し，選択を義務づける」（Rose 2007=2019：177）ようになっている。これを新たな統治の形態とみなすこともできるだろう。

　しかし，ここには別の潜在力を考えることができる。人類は，変化する自然環境のなかで，長い時間をかけて二足歩行に適した骨格や脳を獲得してきた。つまり，外界からのフィードバックによって自己を形成してきた。それだけならば他の生物もそうであるが，文化を作り出すようになった帰結として，高度な科学的知識と技術によって，自分たちを生物学的な「自然」として表象するようになっており，私たち自身が新たな「環境」そのものであるという状況が生まれている。だとすれば，そうした「自然」である私たちの，未知や不確実性を持った身体との相互作用，フィードバックによって，自己を形成していくことも，人類の道行き（passages）となるのではないだろうか。

　　身体は，私たちの内なる自然と私たちを取り巻く自然の境界を縁取っている。すなわち，誕生と死という大いなるリズム，昼と夜，季節の移り変わり，成長と老化という恒久不変の周期がそれである。科学技術によって構築された世界においては，均衡やリズム，そして限界に対する畏怖の念は──もしかつてはそうであったとしても──「母であり師である（mother and mentor）」自然の帰結では断じてなくなっている。むしろそれらは，個人や集合的な選択によってもたらされる成果である。すなわち，自然に対する責任（responsibility for）と，自然へ向けて応答する（responds to）ことを同時に引き受けるという自覚的な道徳性の果実なのである。
　　　まさしくこの責任を引き受ける力と応答する力のもつ二重の意義こそ，倫理を語る言語の中に根付かせる必要がある。（Melucci 1996=2008：180-1）

　異なる点があるとすれば，そのときの「自然」は，外部の環境ではなく〈内

なる惑星〉としての身体にあること，そして，自己を形成するプロセスは，自然選択（natural selection）の結果ではなく，自分たち自身で自己を決定するという，人間の選択であることだ。

1）開発を意味する development は，封をされているもの，包まれているもの（envelope）の中身を取り出すことを意味する。つまり，もともとあった自然の状態に，人間の力をもってはたらきかけ，資源や能力や価値などを引き出すことである。たとえば，木々が生い茂る原野を切り開き，人が住めるようにすることや，よりよく暮らすための糧を得ることが，development である。また，開発という日本語はもともと仏教の言葉で，「かいほつ」と読み，悟りに近づくこと，知性や感性の発達を意味する言葉でもある。「開発とは，文化や精神の発展にかかわるコンセプトでもあるのだ」（山内 1997：5）。開発もまた，生殖－再生産と同様に，人類に普遍的な営みである。

2）ほかにも，「靴を履く」ことには，地面から得られる情報が遮断されるほか，様々なサポートがついていることによって，かえって，着地の衝撃を和らげたりバランスをとったりする足本来の調整機能が働かなくなるということも指摘されている。既に引用してきた人類進化生物学者リーバーマンによれば，裸足で歩いたり走ったりするとき，足の指の付け根あたりから着地すれば，ほとんど衝撃を吸収することができるが，クッション性の高い靴や，ソールが固い靴では，かかとから着地することになり，固い地面を移動するときにはけがの原因にもなるという（Liberman 2013=2017b：234-46）。

3）ポリメラーゼ連鎖反応によって DNA を増幅させる技術。アフリカ系アメリカ人に多く見られる，常染色体潜性（劣性）遺伝病の一つであった鎌状赤血球症（Sickle Cell Anemia：SCA）の出生前診断のための検査方法として実用化され，分子生物学的な知識の体系，遺伝子産業そのものを作り出した（Rabinow 1996=2020 [1998]：182）。なお，鎌状赤血球症に関する遺伝子の変異は，本章で取り上げるサラセミアと同様にマラリアへの耐性として獲得されてきたもので，三日月形の赤血球を造るが，両親から同じ遺伝子変異を受け継いだ場合，重篤な貧血を引き起こす。

4）目標3「すべての人に健康と福祉を」では，3.7「2030 年までに，家族計画，情報・教育及び性と生殖に関する健康の国家戦略・計画への組み入れを含む，性と生殖に関する保健サービスをすべての人々が利用できるようにする」。また，目標5「ジェンダー平等を達成し，すべての女性および女児の能力強化を行う」では，5.6「国際人口・開発会議（ICPD）の行動計画及び北京行動綱領，ならびにこれらの検証会議の成果文書に従い，性と生殖に関する健康及び権利への普遍的アクセスを確保する」ことが明記されている。

5）朝日新聞，2023 年 6 月 8 日「『孤立出産』は近年発見された　追い込まれる女

196 第Ⅱ部 〈内なる惑星〉に "出会う"

性の背景にあるもの」，「『産み捨てた』」と批判される孤立出産　女性を追い詰める堕胎罪の存在」，2022年10月8日「ひとり自宅で死産した被告…『なぜ彼女が有罪に？』声上げた母親たち」。

6）朝日新聞，2021年9月26日「『念のため』の出生前検査でパニックに　妊婦さんの判断どう支える？」。

7）朝日新聞，2023年3月9日「新薬3種で治療，大きく進展　『2歳で生命の危険』の難病SMA」，2023年11月22日「公費負担，2難病追加へ　新生児マススクリーニング検査　国方針」。

8）ここでは発症している者が「患者」となっているが，英語のpatientは，「受け身」（passive）や，「情動」（pathos），「情念」あるいはキリストの「受難」（passion），「病理」（pathology）などとともに，感情や身体をコントロールできず耐えている，という意味のpatiorというラテン語に由来する。そのため，発症している「患者」とpatientの対応関係は，実は自明ではない。また，中村雄二郎は，現実を加工し分解する普遍的・論理的・客観的な「科学の知」に対して，人間の経験が身体性を持った受動的なものであるとして，これを「パトスの知」と呼んだ（中村1992）。

9）日本WHO協会，2021「世界マラリア報告2021：昨年のマラリア患者数と死亡者数が増加」（2024年8月13日閲覧，https://japan-who.or.jp/news-report/ 2112-14/）。

10）ヨーロッパには，狩猟採集民，初期ヨーロッパ農耕民，そして遊牧民という三つの遺伝的集団のルーツがあるとされ，現在のサルデーニャ人は，アルプスで発見された「アイスマン」や，スウェーデン，ハンガリー，スペインにおける「初期ヨーロッパ農耕民族（Early European Farmer）」に近い遺伝的特徴が見られるという（Marcus et al. 2020）。

11）ただし，5～6万年前に「出アフリカ」を果したヒトも，数千人程度の集団であったと考えられ，アフリカの人々に比べて遺伝的多様性は少ない。

12）ハンチントン病は，染色体の片方に変異がある場合でも発症する可能性がある常染色体顕性（優性）遺伝で，発症した場合，不随意運動や認知機能の低下や抑うつ状態が見られる。

13）この検査で行われる採血や研究には日本人も参加していたようである（岡田1973；松田2004：6）。

14）注3）も参照。

15）入国審査では「東欧・南欧系移民の生物学的劣等性」（米本2000a：43）を測るためのIQテストが開発されるなどした。

16）ただし，トラコーマ（トラホーム）や疥癬といった伝染病を理由に本国へ送還される者もあった（山田1998：20）。

17）社会学者のロバート・マートンもアシュケナージ系ユダヤ人の第2世代であった（佐藤2011：224-5, 260-1）。また，アーヴィング・ゴフマンも，カナダに移住したウクライナにルーツを持つアシュケナージ系ユダヤ人の第2世代である

第4章 "境界領域"としての生殖−再生産（reproduction）　*197*

（薄井 2019：1）。

18）こうした，自分自身の出自やニューヨークの多様性のほか，教育を受けること
に高い価値を置くというユダヤ教的な価値観から高等教育を志し，すぐれた「参
与観察者」として医療や生命倫理の問題を鋭く描き出していくことになる（田代
2010：96−9）。

19）THE MACKENZIE'S MISSION, 2019（2024年8月13日閲覧，https://www.
mackenziesmission.org.au/）.

20）朝日新聞，2020年5月14日「国内最高1.7億円，保険適用　難病治療薬『ゾ
ルゲンスマ』」，朝日新聞，2023年3月7日「（患者を生きる：4483）きょうだい
が見る世界：7　1歳1カ月『歩けたね！』」。

21）このような結節点としての人間のとらえ方は，キリストの三位一体を論証しよ
うとした古代の人々が到達した人間観・宇宙観でもあった。神であり人である，
父であり子であり聖霊であるという，矛盾した関係性や非論理性をなんとか編み
合わせるための概念が，ラテン語のペルソナ（人格，役割，仮面）であった。そ
してペルソナに対応するようになったギリシア語が，液体と固体の間の「沈澱」，
存在を得るという動的なイメージを持つヒュポスタシスであった。キリストの似
姿である人間もまた，流動し，かたちを変えながらも，一時的にとどまり，一つ
のものとして保たれ，多・他と関わっている，そのような存在として観念されて
いた。

　　　ペルソナは仮面として，劇場という人間的関係の場での一つの役割として，
　　交流の内でのみ存在を得るものであり，ヒュポスタシスは宇宙的・存在的な
　　全連関のうちでの，生命的存在の大きな流れの束の間の沈澱・結ぼれとして
　　の存在であった。どちらも，基本的に動のうちの一点，関係あってはじめて
　　成り立ちうる存在性であった。　　　　　　　　　　　　（坂口 2023：357−8）
　　　ヒュポスタシス＝ペルソナは，知，情，意，身体的なもの心的なもの，すべ
　　てをひとしなみに集め，かけがえない個として形づくるものである。しかも
　　それは，それら多なる要素を束ね，集め，覆い，あるいは生み出す純粋な働
　　きであり，他のそのような純粋な働きたちと，根において連なり，交流して
　　いる純粋存在性である。　　　　　　　　　　　　　　　　（坂口 2023：353）

このようなヒュポスタシス＝ペルソナ的な人間理解は，"境界領域"としての生
殖−再生産（reproduction）において特に重要な意味を持つ。伝統的な生命倫理
学におけるパーソン（person）論では，理性や意識がある者を道徳的な存在
（パーソン）として尊重する。その場合，妊娠している女性はパーソンであり，
胎児はパーソンではないという，非対称的な関係が想定される。しかし，パーソ
ンの語源であるペルソナ（persona）は，そうした道徳的地位以外にも，役割，
仮面，神の位格，法人といった意味があった。この内の，役割や仮面という意味
に着目すると，不妊治療や人工妊娠中絶，あるいは「産み捨て」といった現代の
生殖をめぐる葛藤や緊張関係をより鮮明にとらえることができる。妊娠している
女性は，一人の個人であるとともに，既に「母」としても扱われる。同時に，母

198 第Ⅱ部 〈内なる惑星〉に"出会う"

胎内の「胎児」は様々な検査技術によって可視化され，生まれる前から「新生児」と同じように社会的な関係を持つようになる。しかし，これが望まれない"出会い"であったとき，それぞれのペルソナは緊張関係となる。とはいえ，母体と胎児は別々の存在ではなく，生理的には連続した一体をなしている。遺伝学的検査や，胎児手術といった手技は，このような「非在」「未発」，存在を得ようとする未生の存在との間で，新たな"出会い"を作り出している。本章では，主に遺伝学的検査の一つである保因者検査を取り上げたが，"境界領域"としての生殖−再生産という主題そのものの領域性や複数性については，このヒュポスタシス＝ペルソナから着想を得ている。ヒュポスタシス＝ペルソナの概念に至るビザンツ初期の宗教論争は，「捉えがたいもの」（坂口 2023：37）を何とか名付けようとする営みであった。

参 考 文 献

The American College of Obstetricians and Gynecologists (ACOG), 2017a, Committee Opinion 690: Carrier Screening in the Age of Genomic Medicine (2024 年 8 月 13 日閲覧，https://www.acog.org/clinical/clinical-guidance/committee-opinion/articles/2017/03/carrier-screening-in-the-age-of-genomic-medicine).

―――, 2017b, Committee Opinion 691: Carrier Screening for Genetic Conditions, (2024 年 8 月 13 日閲覧，https://www.acog.org/clinical/clinical-guidance/committee-opinion/articles/2017/03/carrier-screening-for-genetic-conditions).

Boardman, K. Felicity et al., 2020, Social and cultural influences on genetic screening programme acceptability: A mixed—methods study of the views of adults, carriers, and family members living with thalassemia in the UK, *Journal of Genetic Counseling.* 29 (6): 1026–40 (2024 年 8 月 13 日閲覧，https://www.ncbi.nlm.nih.gov/pmc/articles/PMC7754126/).

Cao, Antonio and Yuet W. Kan, 2013, The Prevention of Thalassemia, *Cold Spring Harbor Perspectives in Medicine* (2024 年 8 月 13 日閲覧，https://www.ncbi.nlm.nih.gov/pmc/articles/PMC3552345/).

Childs, B. et al., 1976, Tay-Sachs screening: motives for participating and knowledge of genetics and probability, *American Journal of Human Genetics*, 28 (6): 537–49 (2024 年 8 月 13 日閲覧，https://www.ncbi.nlm.nih.gov/pmc/articles/PMC1685190/).

Foucault, Michael, 1964, *Naissance de la Clinique*, Presses Universitaires de France.（神田恵美子訳，2011『臨床医学の誕生』みすず書房）

Fox, C. Renée, 2001, *Conversation in Japan and The Human Condition of Medical Professions.*（中野真紀子訳，2003『生命倫理をみつめて―医療社会学者の半世紀』みすず書房）

Frisch, A. et al., 2004, Origin and spread of the 1278insTATC mutation causing Tay-Sachs disease in Ashkenazi Jews: genetic drift as a robust and parsimonious hypothesis. *Human Genetics.* 114: 366-76（2024 年 8 月 31 日閲覧，https://link.springer.com/article/10.1007/s00439-003-1072-8）.

Giddens, Anthony, 1992, *The Transformation of Intimacy: Sexuality, Love and Eroticism in Modern Societies*, Polity Press, UK.（松尾精文・松川昭子訳，1995『親密性の変容　近代社会におけるセクシュアリティ，愛情，エロティシズム』而立書房）

Greco, Francesca, and Marino, Franca, 2022, Social Impact and Quality of Life of Patients with β-Thalassaemia: A Systematic Review, European Medical Journal Hematology（2024 年 8 月 13 日閲覧，https://www.emjreviews.com/hematology/article/social-impact-and-quality-of-life-of-patients-with-%ce%b2-thalassaemia-a-systematic-review-j060121/）.

Hartl, L. Daniel, 2020, *Essential Genetics and Genomics: Seventh Edition*, Jones & Bartlett Learning, LLC, Burlington, USA.（中村千春・岡田清孝監訳，2021『エッセンシャル遺伝学・ゲノム科学（原著第 7 版）』化学同人）

細谷幸子，2017「イランの『治療的人工妊娠中絶法』をめぐる議論」『生命倫理』27（1）：72-8。

─────，2018「イランにおける遺伝性疾患と家族」村上薫編『不妊治療時代の中東─家族をつくる，家族を生きる』アジア経済研究所。

─────，2020「イランで病をもって生きる」和崎春日編『響きあうフィールド，躍動する世界』刀水書房。

石井洋二郎，1997「思想としての開発」川田・岩井・鴨・恒川・原・山内編『岩波講座　開発と文化 2　歴史のなかの開発』岩波書店：29-46。

伊東俊太郎，1988『文明の誕生』講談社。

─────，2016［2007］『近代科学の源流』中央公論新社。

Kaback, Michael, 2000, Population-based genetic screening for reproductive counseling: the Tay-Sachs disease model. *European Journal of Pediatrics*, 159: 192-5（2024 年 8 月 13 日閲覧，https://link.springer.com/article/10.1007/PL00014401）.

Keck, Frédéric and Paul Rabinow, 2006, Invention et mise en scene du corps génétique, Colbin, Alain, et al. eds., *Histoire du Corps 3: Les mutations du regard. Le XXe siècle*, France.（寺田光徳訳，2010，「遺伝子の身体の創造と上演」岑村傑監訳『身体の歴史Ⅲ　20 世紀　まなざしの変容』藤原書店）

木下太志，2020「狩猟採集社会の人口学的分析」秋田茂・脇村孝平編『人口と健康の世界史』ミネルヴァ書房：21-39。

Koenig, A. Barbara, 2007「ヒトゲノム計画・医療政策・生命倫理」山中浩司・額賀淑郎編『遺伝子研究と社会』昭和堂。

黒川知文，2018『ユダヤ人の歴史と思想』株式会社ヨベル。

Lieberman, E. Daniel, 2013, *The Story of the Human Body: Evolution, Health, and Disease*, New York: Pantheon Books.（塩原通緒訳，2017a『人体六〇〇万年

史—科学が明かす進化・健康・疾病　上』早川書房）

———. Daniel, 2013, *The Story of the Human Body: Evolution, Health, and Disease*, New York: Pantheon Books.（塩原通緒訳，2017b『人体六〇〇万年史—科学が明かす進化・健康・疾病　下』早川書房）

Lowden J A. et al., 1974, Screening for carriers of Tay-Sachs disease: A community project. *Canadian Medical Association Journal*, 111（3）: 229-33（2024年8月13日閲覧，https://www.ncbi.nlm.nih.gov/pmc/articles/PMC1947670/）.

Marcus H. Joseph et al., 2020, Genetic history from the Middle Neolithic to present on the Mediterranean island of Sardinia, *Nature Communications*, 24; 11（1）（2024年8月26日閲覧，https://www.ncbi.nlm.nih.gov/pmc/articles/PMC7039977/）.

丸山直起，2018『ホロコーストとアメリカ—ユダヤ人組織の支援活動と政府の難民政策』みすず書房。

松原洋子，2000「日本—戦後の優生保護法という名の断種法」米本ほか『優生学と人間社会—生命科学の世紀はどこへ向かうのか』講談社。

松田一郎，2004『生命医学倫理ノート—和の思想との対話』日本評論社。

松岡悦子，2014『妊娠と出産の人類学—リプロダクションを問い直す』世界思想社。

Melucci, Alberto, 1996, *The Playing Self: Person and Meaning in a Planetary System*.（新原道信・長谷川啓介・鈴木鉄忠訳，2008『プレイング・セルフ—惑星社会における人間と意味』ハーベスト社）

———, 1997, The Social Production of Nature, Lundin, S., and Ideland, M., eds., *Gene Technology and the Public. An Interdisciplinary Perspective*, Lund: Nordic Academic Press.（村岡潔訳，2012「社会的産物としての自然—遺伝子技術，身体，新たなジレンマ」粟屋剛・岩崎豪人監訳『遺伝子工学と社会—学際的展望』溪水社）

Merler, Alberto, 2004, "Mobilidaze humana e formação do novo povo" and "L'azione comunitaria dell'io composito nelle realtà europee.（新原道信訳，2006「世界の移動と定住の諸過程—移動の複数性・重合性からみたヨーロッパの社会的空間の再構成」古城利明監修『地域社会学講座　第2巻　グローバリゼーション／ポスト・モダンと地域社会』東信堂）

Mills, C. W., 1959, *The Sociological Imagination*, Oxford University Press.（伊奈正人・中村好孝訳，2017『社会学的想像力』筑摩書房）

見市雅俊，2001「病気と医療の世界史—開発原病と帝国医療をめぐって」見市・斎藤・脇村編『疾病・開発・帝国医療—アジアにおける病気と医療の歴史学』東京大学出版会：3-44。

美馬達哉，2012『リスク化される身体—現代医学と統治のテクノロジー』青土社。

Monni, Giovanni et al., 2018, From Prenatal to Preimplantation Genetic Diagnosis of β-Thalassemia. Prevention Model in 8748 Cases: 40 Years of Single Center Experience, *Journal of Clinical Medicine*. 7（2），35（2024年8月

26 日閲覧，https://www.ncbi.nlm.nih.gov/pmc/articles/PMC5852451/）．

中山まき子，1995「子どもを持つこととは―生命の誕生をめぐる日本人の考え方」浅井美智子・柘植あづみ編『つくられる生殖神話―生殖技術・家族・生命』サイエンスハウス。

中村雄二郎，1992『臨床の知とは何か』岩波書店。

日本遺伝カウンセリング学会ほか，2017「民間事業者が提供する非発症保因者診断を目的とした臨床研究『夫婦遺伝子スクリーニング検査』についての懸念」。

日本医学会，2022「医療における遺伝学的検査・診断に関するガイドライン」（2024年 9 月 6 日閲覧，https://jams.med.or.jp/guideline/genetics-diagnosis_2022.pdf）。

日本産婦人科学会，2024「体外受精・胚移植等の臨床実施成績」『委員会報告 ART データブック』（2024 年 8 月 13 日閲覧，https://www.jsog.or.jp/activity/art/2022_JSOG-ART.pdf）。

日本ユニセフ協会，2024「持続可能な世界への第一歩　SDGs CLUB」（2024 年 8 月 23 日閲覧，https://www.unicef.or.jp/kodomo/sdgs/）。

新原道信，1997『ホモ・モーベンス―旅する社会学』窓社。

――――，2007『境界領域への旅―岬からの社会学的探求』大月書店。

新川詔夫監修，2020『遺伝医学への招待（改定第 6 版）』南江堂。

野村真理，2022『ガリツィアのユダヤ人―ポーランド人とウクライナ人のはざまで［新装版］』人文書院。

――――，2023「近代ヨーロッパとユダヤ人」木畑洋一・安村直己編『岩波講座世界歴史 16　国民国家と帝国　19 世紀』岩波書店。

野村達朗，1999「ユダヤ移民とアメリカ社会」樺山紘一ほか編『岩波講座世界歴史 19　移動と移民』岩波書店。

Nussbaum, L. Robert et al. (eds.), 2016, Thompson & Thompson, *Genetics in Medicine*, eight edition, Medical Sciences International, Ltd.（＝2017，福嶋義光監訳『トンプソン＆トンプソン遺伝医学　第 2 版』メディカル・サイエンス・インターナショナル）

岡田伸太郎，1973「Tay-Sachs 病」『日本臨床』31（8）：67-72。

大津留厚，1998「ガリツィア・ユダヤ人のアメリカ」望田幸男・村岡健次監修『近代ヨーロッパの探究① 移民』ミネルヴァ書房：75-123。

Rabinow, Paul, 1996, *Making PCR: A Story of Biotechnology*, The University of Chicago Press.（渡辺政隆訳，2020［1998］，『PCR の誕生―バイオテクノロジーのエスノグラフィー』みすず書房）

Reilly, R. Philip, 2015, *Orphan: The Quest to Save Children with Rare Genetic Disorders*, Cold Spring Harbor Laboratory Press, New York.（末松誠訳，2018，『オーファン―希少遺伝性疾患の子どもを救うために』アドスリー）

Rose, Nikolas, 2007, *The Politics of Life Itself*, Princeton University Press.（桧垣立哉監訳，2019『生そのものの政治学―二十一世紀の生物医学，権力，主体性』法政大学出版局）

坂口ふみ，2023『〈個〉の誕生—キリスト教教理をつくった人びと』岩波書店。

Sanctis, De, Vincenzo et al., 2017, β-Thalassemia Distribution in the Old World: an Ancient Disease Seen from a Historical Standpoint, *Mediterranean Journal of Hematology and Infectious Diseases*（2024 年 8 月 13 日閲覧，https://www.ncbi.nlm.nih.gov/pmc/articles/PMC5333734/）.

笹谷絵里，2019『新生児マス・スクリーニングの歴史』洛北出版。

佐藤俊樹，2011『社会学の方法—その歴史と構造』ミネルヴァ書房。

Slatkin, Montgomery, 2004, A Population-Genetic Test of Founder Effects and Implications for Ashkenazi Jewish Diseases, *American Journal of Human Genetics*, 75 (2): 282–293（2024 年 8 月 26 日閲覧，https://www.ncbi.nlm.nih.gov/pmc/articles/PMC1216062/）.

鈴木将平ほか，2022「常染色体潜性遺伝（劣性遺伝）病における保因者検査の現状と ELSI」『生命倫理』32：76–85。

立川昭二，1995『ヨーロッパ歴史紀行　死の風景』講談社。

田代志門，2010「レネー・C・フォックス『生命倫理をみつめて』」小林多寿子編『ライフストーリー・ガイドブック—ひとがひとに会うために』嵯峨野出版。

柘植あづみ，1995「第 1 章　生殖技術の現状に対する多角的視点」浅井美智子・柘植あづみ編『つくられる生殖神話—生殖技術・家族・生命』サイエンスハウス。

———，2022『生殖技術と親になること—不妊治療と出生前検査がもたらす葛藤』みすず書房。

———，2023「日本におけるセクシュアル・リプロダクティブ・ヘルス／ライツの現状と課題—医療・ジェンダーの視点から」『連合総研レポート DIO』35 (9)：10–3。

薄井明，2019「ユダヤ人移民二世アーヴィング・ゴフマンと彼の著書『スティグマ』—二十世紀の北米ユダヤ人の社会的地位の変化がゴフマン社会学に与えた影響—」『北海道医療大学看護福祉学部紀要』26：1–16。

Wexler, Alice, 1995, *Mapping Fate: a Memoir of Family, Risk, and Genetic Research*, New York: United States, Time Books.（武藤香織・額賀淑郎訳，2003『ウェクスラー家の選択—遺伝子診断と向きあった家族』新潮社）

WHO, 2021, *Regional desk review of haemoglobinopathies with an emphasis on thalassaemia and accessibility and availability of safe blood and blood products as per these patients' requirement in South-East Asia under universal health coverage*（2024 年 8 月 13 日閲覧，https://www.who.int/publications/i/item/9789290228516）.

山内昌之，1997「福沢諭吉とスルタンガリエフの視点によせて」川田他編『岩波講座　開発と文化 2　歴史のなかの開発』岩波書店。

山田史郎，1998「移住と越境の近代史」望田幸男・村岡健次監修『近代ヨーロッパの探究①—移民』ミネルヴァ書房：1–23。

米本昌平，2000a「イギリスからアメリカへ—優生学の起源」米本ほか『優生学と

人間社会―生命科学の世紀はどこへ向かうのか』講談社。
―――，2000b「生命科学の世紀はどこへ向かうのか」米本ほか『優生学と人間社会―生命科学の世紀はどこへ向かうのか』講談社。
―――，2006『バイオポリティクス―人体を管理するとはどういうことか』中公新書。

第 5 章

〈異質なる身体〉が発する声と存在を聴く
——セルフヘルプ・グループにおける「内なる正常化」への
抵抗をめぐって——

利根川　健

1．はじめに——内なる敵に抗うということ

　私たちの知り合いで，それほど重くない脳性麻痺にかかった一人の若い役
人が，車椅子に乗って入ってきた。その顔は涙で濡れていた。興奮がおさ
まると彼は説明した。身障者である彼について，同じ階で働く他の課のある
男が連れに向かって，こんな風にいうのをきいたというのだ。「僕なら
生きていないね。死んだ方がましだ」。この話をきいた私の心の内にいく
つかの疑問が湧いた。その男はそれにしても，なぜ本人にきこえてしまう
ような声でそんなことをいったのか？　身障者の若者はなぜその言葉に大
きな衝撃を受けたのか？　そして，これは特にだいじなのだが，果たして
本当に一個の人間にとって，"死んだ方がまし" などということがありうる
のか？　この最後はたしかに大きな問題だ。これに答えるには，では生と
いうものは何によって成り立っているのか，という問いにも答えねばなら
ないだろうから。　　　　　　　ロバート・マーフィー『ボディ・サイレント』

（Murphy 1987=2006：24-25）より

　2016 年 7 月 26 日未明，神奈川県相模原市にある知的障害者福祉施設・津久
井やまゆり園において，施設職員の植松聖（1990～）によって施設入所者であ

る障害者 19 名が殺害され，入所者・職員計 26 名が負傷するという事件が起こ
された。単独犯としては戦後最大の死者となる 19 名の死者を出したこの事件
は，連日にわたりセンセーショナルに報道され社会的な注目を集め，障害当事
者本人・家族・支援者たちを戦慄させたのみならず，障害者たちを人間として
扱わない社会に対して権利擁護の闘いを歴史的に重ねてきた各種の障害団体と
闘いのための道具立てを提供してきた知識人たちに，深い衝撃をもたらした。
「事件番号『平成 29 (わ) 212』」として処理されたこの事件は，2020 年 3 月 16
日横浜地方裁判所において死刑判決が言い渡され，被告・植松聖の意思によっ
て控訴の取り下げがなされた後，死刑判決が確定した。

　この事件の戦慄と衝撃を，そして犠牲者と関わりを持った人々の痛苦をより
一層苛烈なものにしたのが，植松聖が犯行に至った動機であった。死刑判決が
言い渡された判決文において，それは以下のようなものとして記述されている
（長くなるが，本章の議論の前提となるため引用したい）。

　　　犯行動機は，概要，以下のような内容と認められる。

　　　すなわち，被告人が意思疎通ができないと考える重度障害者は不幸であ
　　り，その家族や周囲も不幸にする不要な存在であるところ，自分が重度障
　　害者を殺害することによって不幸が減り，重度障害者が不要であるという
　　自分の考えに賛同が得られ，重度障害者を「安楽死」させる社会が実現
　　し，重度障害者に使われていた金を他に使えるようになるなどして世界平
　　和につながり，このような考えを示した自分は先駆者になることができる
　　というのが犯行動機であったと認められる。

　　　（…）

　　　一方，L 医師は，(a)「重度障害者は不幸を作る。」，「重度障害者を安楽
　　死させるべきである。」という考えから，(b)「自分が重度障害者を抹殺す
　　る。」といった了解できない思考への大きな飛躍・逸脱があるとしている。

　　　しかし，上記(a)の考えは，重度障害者が存在することに否定的な内容と
　　いう点で上記(b)の考えと方向性が同じであるといえるから，この考えに結

第5章 〈異質なる身体〉が発する声と存在を聴く　*207*

びつくことが特に不自然とはいえない。

　また重度障害者がいなくなれば他に使える金が増えるという考え自体も，到底是認できない内容とはいえ，明白な矛盾や誤りがあるとまではいえないところ，重度障害者が不幸を生む不要な存在であり，「安楽死」させるべきであると考えていた被告人が，国際的なテロ等に関するニュースを見るなどし，重度障害者を「安楽死」させる世界が実現すれば，重度障害者に使われているお金を他に回すことによって紛争等がなくなり，世界平和につながると考えるに至った点についても，到底是認できない内容とはいえ，情報源として一応合理的といえるニュース等の根拠に基づくものと見ることができるから病的な飛躍があるとはいえない。

　さらに，被告人自身が重度障害者を殺害するという点についても，重度障害者が不幸を生む不要な存在であり，「安楽死」させるべきであると考えていた被告人が，過激な言動で注目されている海外の政治家に関するニュースを見るなどし，自分自身が障害者施設で勤務していた経験を有していたこともあって，重度障害者がいなくなれば世界平和になるということは自分だけが気付いている真実であり，海外の政治家と同様に，自分も他人ができない言動をすることができる，すなわち，自分が重度障害者を殺害することにより，世間にも重度障害者が不要であると気付かせ，これによって重度障害者を「安楽死」させる社会が実現して平和になれば，自分が先駆者になれると考えたものと理解することができる。このような思考形成過程についても，到底是認できない内容とはいえ，障害者施設での勤務経験や情報源として一応合理的といえるニュース等の根拠に基づくものと見ることができるから，病的な飛躍があったとまではいえない。

　（…）

　したがって，犯行動機の中核である被告人の重度障害者に関する考えは，その形成過程を踏まえれば，自分が重度障害者を殺害するという点を含めて了解可能なものであり，病的な思考ないし思考障害によるものとはいえず，この点に関するL医師の判断は不合理であるといわざるを得な

い。 (「事件番号『平成29（わ）212』判決文」10-11, 11-12, 13)

　植松聖の犯行動機は，【意思疎通ができない「重度障害者」たちは「不幸を生む不要な存在」であるのだから，彼らの存在を「抹殺」「安楽死」していくことで不幸も不要もこの世界から消し去ることができる】という浄化（cleansing）の思想の一種であると言ってよい。つまり，【ネガティヴな属性を持った実在＝否定的なものを根絶・排除することによって，自分と世界はより正しく・より善く・より美しくなるはずだ】という心性が，彼のなかには認められる。このような浄化の思想・心性は，私たちの生身の身体のなかに，社会のなかに毛細管的に浸透している。冒頭のエピグラフにあるような「僕なら生きていないね。死んだ方がましだ」といった否定的なものを根絶・排除する言葉は，いまやSNS上で剝き出しに現れる本音として容易に発見できるような言葉だ。

　そうであるからこそ，彼の非合理な行為は——「到底是認できない内容とはいえ」——合理的なものとして理解可能なのだ。彼のなかにある浄化の思想・心性は，程度の差こそあれ，私たちのなかにも植え付けられている。この事件は，植松聖という特異な逸脱者・異常者が引き起こした事件などでは決してない。この事件は（彼の存在は），この時代を象徴する社会的な産物なのだ。

　津久井やまゆり園元職員であり，事件で亡くなった犠牲者19人の内7人の生活支援を担当していた西角純志は，「当時のことを知る元職員として社会科学者として自分にはその責任があると感じ，植松聖被告に接見し，事件についての記録を残すために裁判の傍聴をやっていくこと」を決意し，「2017年以降，今日まで被告との面会を17回」続けるという極めて地道かつ苦心に満ちた調査を遂行する。その調査の果てに，「この事件は，障害者施設に対する不満，社会に対する復讐や怨恨によるものではない」という見解に達する（西角2021：13, 12, 15）。そして西角は，私たちの社会に蔓延している「根源悪（radikal Böse）」——「自分の行っている行為が正義や善であることを疑わず，自分の外に不正や悪が存在するとして，その悪と闘うことで自分の存在を正当化する

思考方法」（西角 2021：327）――が，この事件を引き起こした根本的な原因であると結論付けた。植松聖は，この社会に蔓延している「根源悪」に取り憑かれたがゆえに事件を起こしたのだ[1]。

　西角が多大なる労苦の末に獲得した洞察とは次のようなものである。「植松被告は『根源的な悪』」（西角 2021：319）にほかならない。しかし「誰もが心に『根源悪』をもつ」。それは「絶え間ない『内省』によって自らコントロールするしかない」。「心の内なる『根源悪』の存在に自ら気づき，自己の卑小さに謙虚に向き合うこと。人格の陶冶，自己と他者を同様に尊重し，特性を涵養する」という「実に孤独な作業であるが，一生をかけるに値する努力」を一人一人が実践していくしかない（西角 2021：327）。なぜなら，「『敵』は外部ではなく内側にいる」からだ（西角 2021：13）[2]。

　私たちのなかに植え付けられた浄化の思想・心性――否定的なものを根絶・排除する作用――が「根源悪」へと転化することがないように生きていかなければならないということ。自分も相手も同じように「内なる根源悪」を抱えて生きているということ。だからこそ，「内なる根源悪」をお互いに批判し合い闘い続けていかなければならないということ。つまり，内なる敵への抗いという共通の課題を抱えた人間であることをお互いに認め合いながらともに生きていこうとしていくこと……このような生のヴィジョンを絶対的な基準とした上で，本章の議論は展開されていく。

2．〈異質なる身体〉の社会学へ

　自らの声を聴くことと他者の声を聴くこととは，じつはいっしょにあるもの，ともに行き，出会うものだといえます。この二つの聴くことがなぜ互いに補い合うものであるかといえば，われわれが自分の声を聴くというときには，すでに自らの内なる二重性について識るということが含意されているからです。われわれのだれもが自らの内にもうひとりの自分を抱えています。自分の識らない，異物や異端であるような，看過していたり，放

210 第Ⅱ部 〈内なる惑星〉に"出会う"

置していたところの自分のかけらです。自らの内奥，見知らぬ自分，内な
る異質性へとむかうということは，二重性，欠如，他者を識るということ
に他なりません。それゆえ他者の声を聴くことの力があるということは，
同時にもうひとりの自分の声を聴くことができるということであり，逆
に，われわれの内なる声を聴くことができるということは，他者の声を聴
きつつ，われわれ自身のことを聴くことを学んでいるのです。このよう
に，自己と他者の声を聴くことは，ひとつの循環をなしています。他者の
声を聴くことができないものは自らの声を聴くこともできず，自らの声を
聴くことのできぬものは他者の声を聴くことはありません。

　　アルベルト・メルッチ「聴くことの社会学」（Melucci 2000=2001：7）より

　本章の目的は，「自らの声を聴くことと他者の声を聴くこと」の循環性や二
重性を分析・考察の指針とした上で，〈異質なる身体〉[3]が発する声と存在を聴
くという実践の社会文化的な意味を経験的なデータに基づき明らかにすること
である。
　〈異質なる身体〉とは，冒頭のメルッチの言葉にあるような「自らの内なる
二重性」「自分の識らない，異物や異端であるような，看過していたり，放置
していたところの自分のかけら」「自らの内奥，見知らぬ自分，内なる異質性」
といった，自分のなかに生きられてしまう他者（性）にアプローチしていくた
めに設定された「分析的な構成概念」[4]である。自分のなかに生きられてしま
う他者（性）というものは，人間が「自然」に対する「文化的なコントロール」
を行うなかで産み出した意図せざる結果として存在している。本書第4章が詳
説しているように，「文化的なコントロール」という人類史的な営みは，むし
ろ，コントロールし得ないもの（「リスク」や「不確実性」）としての「自然」と
いう表象を強化し続けている。そしてそれは，外にある「自然」（＝〈惑星地
球〉）のみならず，内なる「自然」（＝〈身体〉）にまで広がり今日の社会は成り
立っている。このような時代と社会のただ中にあって〈異質なる身体〉という
概念は，〈身体〉のコントロールし得ない領域——自分のなかに生きられてし

まう他者（性）──にアプローチしていくための有力な足場になり得るものとなる[5]。

さらに〈異質なる身体〉という概念は，ミシェル・フーコー（1926-1984）が切り拓いた，いわゆるミクロ権力論が提起した問題を分析・考察していくための足掛かりになり得るものとしても位置付けられ得る。したがって本章は，議論の導入としてミクロ権力論の知見についての整理から開始する。その整理から，〈異質なる身体〉という概念に込められている問題関心を導出していくこととしたい。

（1）「個人」を産み出す規律権力

ミクロ権力論とは，フーコーが『狂気の歴史』（Foucault 1967［1961］=2020［1975］）において記述した歴史認識に基づき提案することとなった，革新的な権力分析を指す。したがってまずは，ミクロ権力論の前史である『狂気の歴史』の論考の中身と到達点を，必要最小限度の範囲で確認する。

佐々木（2004a）の整理に従えば，『狂気の歴史』の中心的な問いとは「西洋の歴史上のある時期に──それが近代なのだが，狂気は精神疾患と見做され，治療の対象になった，それと同時に狂人は，彼等を治療するための，と言われる特別な施設に隔離──収監されることになった，それはなぜなのか」というものである。より具体的には「**狂気を精神疾患と見做す**ことによって，近代の狂気意識［狂気を表象・知覚する理性］が暗黙の裡に求めていたものとは何か」を明らかにすることであった（佐々木 2004a：5, 8［以下，断りがない限り太字原文ママ，［　］は筆者補足］）。

『狂気の歴史』の主張の要点は，①「狂気＝精神疾患」という今日的な解釈図式は決して自明なものではなく歴史的に特殊なものであること（【「狂気＝精神疾患」図式の相対化】），②「狂気＝精神疾患」図式によって「**壁の中での救済**，つまり（狂人から社会を護る）排除機能と（疾患から狂人を護る）医学機能とを兼ね備えた，新たな監禁空間［精神病院］の設置という折衷的形式」（佐々木 2004a：9）が結果として誕生したこと（【排除／治療の場としての精神病院】），し

212 第Ⅱ部 〈内なる惑星〉に "出会う"

たがって，③「精神医学の本質は，社会規範から逸脱した人々に対する排除，監禁，統制の営為」（蓮澤 2023：163）であり，その実践が治療ではなく社会統制的な性格を持つものへと構造化されざるを得ないこと（【社会統制／治療としての精神医学】），以上のように整理することができる。

　これら【「狂気＝精神疾患」図式の相対化】・【排除／治療の場としての精神病院】・【社会統制／治療としての精神医学】といったテーゼを前提にしながら考案されたのが『精神医学の権力』（コレージュ・ド・フランス 1973 ～ 1974 年講義）であった。この講義でフーコーは，19 世紀初頭の精神医学の誕生期になされた諸実践・介入を題材として，それら精神医学的な「戦術（tactique）」を組織化・配置するものとしての「規律権力（puvoir disciplinaire）」仮説を検証していく。1973 年 11 月 21 日講義において，フーコーは規律権力概念を初めて定式化する（池田 2020：62）。

　　私が考えている規律権力とは，以下のようなものに他なりません。すなわち，権力のいわば末端にある毛細管的なある種の形態。権力の最後の中継地点。政治的権力ないし諸権力一般が最下位のレヴェルで身体に触れてそこに食い込み身振りや行動様式や習慣や発話を考慮に入れるある種の様式。そうしたすべての権力が，個人の身体そのものに触れるほど下部の方に集中しつつ，「脳の軟質な繊維」とセルヴァンが呼んでいたものにはたらきかけたりそれを変容させたりそれを管理したりする，そのやり方。

　　　　　　　　　（Foucault 2003［1973-74］=2006：52［下線部筆者補足］）

　規律権力の本質とは，① 末端的・毛細管的な形態として作用するものであること（【ミクロな権力】），② それは生身の身体（物理的な肉体）を対象とし，身振りや行動様式や習慣や発話といった身体的行為に作用するものであること（【身体に作用する権力】），③ それらの身体的行為への作用が精神（脳組織）にまで及ぶ力を持っていること（【身体を通じて精神へ間接的に作用する権力】），これらのテーゼによって特徴付けられる権力として整理することができる。

ここで整理した【ミクロな権力】・【身体に作用する権力】・【身体を通じて精神へ間接的に作用する権力】というテーゼを踏まえフーコーは，既存の権力理解を根本から覆す革新的な権力理解を提出することになる。そこで転倒されることになるのが，「君主権的権力」（Foucault 2003［1973-74］=2006：54）とよばれる古典的権力である。関（2001）や中山（2010）が明快に整理しているように，「犯罪者に死を与えることが君主の権力の特徴」（中山 2010：33）である。それは合法的に暴力（身体刑）を行使することによって社会秩序を維持する「法律的─政治的機能」（関 2001：43）を果たしている。私たちが一般的にイメージする権力とは，このようなネガティヴな（抑圧する）権力であると言ってよい。

　それに対して「規律権力」は，むしろ，ポジティヴな（生産する）権力として位置付けられる。それは「監視，報い，処罰，圧力」（Foucault 2003［1973-74］=2006：66）などの規律的な諸技術を用いた絶え間ない・尽きることない訓練によって「従属化された身体」を造り出し，「心理学的に正常な主体」として理解される「個人（individu）」という現実（性）を唯一可能にする権力として理解される（Foucault 2003［1973-74］=2006：73-74）。つまり，権力作用それ自体の対象となり得るような身体と精神──概念化すれば【従順な身体を持った心理学的に正常な主体という意味での個人】──を産出・再生産することができる唯一の技術として，規律は存在している。「規律とは，個人を生産する唯一の装置」（池田 2020：73）にほかならず，私たちは規律権力によって産出・再生産されていく歴史的・社会的な産物なのだ。

（2）　規律権力の本性としての「正常化」の作用

　このようにフーコーは，「個人」を産出・再生産していく権力を規律権力として定式化した上で，「精神医学のメカニズムを理解するためには，規律権力がどのように機能しているかという問いから出発する必要がある」としている（Foucault 2003［1973-74］=2006：54）。その理由は，規律権力の作用を担うシステム（以下，規律システム）に内在する「正常化＝規範化＝規格化（normalization）」[6]

214　第Ⅱ部　〈内なる惑星〉に "出会う"

の論理から導かれる。廣瀬（2011）が概念的に整理している通り，規律システムは「normalization」の作用を本性とする。それは「逸脱や偏差をたえず縮減するような行為のうながし」（廣瀬 2011：55）を個体（生身の身体）にもたらすような「正常化」——逸脱・異常といった否定的なものの根絶・排除——の作用であり，非‐逸脱・非‐異常を逆説的に価値あるものにしていく。つまり，規律システムの作用によって非‐逸脱・非‐異常の価値付けが私たちのなかに内面化されていくのだ[7]。こうして，「標準や平均などのノルムを基準として各個人や社会集団が自らの行動を決定する」という規範的な機能が可能となり，剥き出しの暴力を行使せずとも社会秩序は維持されていく（関 2000：90）。

(3)　規律権力の「残滓」の発見

　ここで決定的に重要な点は，規律システムには必然的に「残滓，還元不可能なもの，分類不可能なもの，同化不可能なもの」（Foucault 2003 [1973-74] =2006：68）が存在し続けるということである。これら規律システムにとっての「残滓（residú）」は，「正常化」の作用により非‐逸脱・非‐異常へと誘導されていく。そしてその作用の裏面として，規律権力が「正常化」し得ない「あらゆる規律に同化不可能な者」「あらゆる残滓のなかでもその最たるもの」が「精神を患う者」——『狂気の歴史』の主題となった「狂人」[8]——として発見されていくのだ（Foucault 2003 [1973-74] =2006：69）[9]。

(4)　規律権力のコードとしての「正常性／まともさ」

　私たちが生きる現代社会は，規律権力が私たちの生身の身体のなかに，社会のなかに毛細管的に浸透した社会として成立している。私たちのなかには「正常化」の作用の結果＝効果としての非‐逸脱・非‐異常の価値付けが植え付けられており，それゆえ自分自身のなかに／自分ではない他者のなかに逸脱・異常（＝規律権力の残滓）を執拗なまでに発見し続ける。そしてそれら規律権力の残滓を非‐逸脱・非‐異常へと誘導すべきもの，言いかえれば，無条件に受け容れることができない「正常化」してしまいたい異物として理解する。メルッ

チが端的に指摘するように,「現代社会において,私たちの存在に関わるすべての根源的な出来事は——それは定義からして身体が含まれているような出来事のことをいっているのだが——正常性／まともさ（normality）という基準によって規制されている」（Melucci 1996: 73 ［=2008：100］）。とすれば,「正常であること／まともであること」[10] は,私たちと（自他の）生身の身体との関係性を生理的な次元から根深く規制する[11],規律システムのコード[12]であるのだと解釈することができる。私たちの生身の身体のなかに息づいている「正常でないこと／まともでないこと（anomaly）」（＝規律権力の残滓）は,「正常性／まともさ」のコードによって枠付けられた「正常化」の作用を通じて,絶えず縮減する／される方向へと誘導されている[13]。そして冒頭に述べた「浄化の思想・心性」というものは,このようなコードと作用の結果＝効果にほかならない。

(5) 規律権力の残滓としての〈異質なる身体〉からの問いかけ

以上のような文脈を踏まえ本章は,規律権力の残滓として発見されていく実在——「正常化」し得ない自己や他者の逸脱・異常,私たちの生身の身体のなかに息づいている「正常でないこと／まともでないこと」——を〈異質なる身体〉という概念によって分析的に構成し理解していく。そして,私たちが本章で主題化しようとしているのは,このような〈異質なる身体〉に対する関わり方である。メルッチが的確に論じているように,〈異質なる身体〉が発する声と存在を聴くという実践は,自らの生を再定義・再構成するというミクロなレベル（＝〈身体〉の他者性との出会い）[14] においても,あるいは自分とは異質な他者との共生を可能にするために「共存の基準」を再定義し「新たな連帯（solidarity）の基盤を据える」というマクロなレベル（＝他者の〈身体〉性との出会い）[15] においても（Melucci 1996=2008：84）,現代社会を生きるすべての者たちに求められる「責任／応答力（responsibility）」の実質を形作っている。とすれば,〈異質なる身体〉が発する声と存在を聴くという実践の社会文化的な意味を見定めていくことによって,私たちがミクロ・マクロの双方のレベルで必要

216　第Ⅱ部　〈内なる惑星〉に"出会う"

としている「責任／応答力」のヴィジョン[16]を摑まえることができるだろう。

　以上の議論を踏まえ本章では，〈異質なる身体〉とはいかなるものであるのか，その声と存在を聴くという実践にいかなる社会文化的な意味があるのか，経験的なデータに基づき分析・考察する。

3．セルフヘルプ・グループ（SHG）
──〈異質なる身体〉が織り成す世界

　本章は，〈異質なる身体〉が発する声と存在を聴くという実践が具体的に観察されるフィールドとして，ひきこもり・生きづらさの問題からの回復をめざすセルフヘルプ・グループ（Self-help Group：SHG）[17]を参照した。以下では，調査者である筆者と調査フィールドとの関係性の変遷を記述し，本章が事例としている〈異質なる身体〉が発する声と存在を聴くという実践の位置付けについて具体的に説明することとしたい。

(1)　「療法的な状況」が生まれる場としてのSHG

　本章が参照しているSHGは，「ひきこもり」の当事者・経験者たちによって構成される「ひきこもり問題や孤立」からの回復を目指すSHGである。SHGにおいては，この社会を生きていく上での「日々の悩みや生きづらさ」を抱えた人たちがその場に集い，同じような悩みや苦しみを抱えた他者（仲間）と出会うことによって，「生きていくことの希望や新しい人生の展望」を見出すといったプロセスが生じている。本章が参照しているSHGでは，「日々の悩みや生きづらさ」を分かち合うミーティングが定期的に営まれていた。SHGの参加者たちは，この息苦しい・息が詰まる社会のなかにあっても，自分の弱さや周囲の人たちに対する不平不満を，そのような弱さや不平不満が解決・解消できないがゆえに生じてくる「精神的不調（mental disorder）」（Melucci 1996=2008：57）を，ミーティングの場で仲間に正直に話す／ただ静かに受け容れてもらうという営みを重ねていた。

そのようなプロセスを筆者は，等身大の自分／在りのままの世界をなんとか受け容れることによって回復を実現していこうとする，療法的なプロセス[18]のひとつの局面として解釈するようになった。その観点からすれば，SHGの参加者たちが実践の目的としている「回復（recovery）」というものは，異物感のある自分と世界と和解する・折り合う・調和するプロセスを含むような「責任／応答力」の再定義・再構成プロセスであるのだと考えられる[19]。本章の文脈で言いかえれば，彼らの回復実践のなかには〈異質なる身体〉を「正常化」していく治療＝再規律化[20]の論理とは異なる療法的なプロセスが存在しているのではないかと推察された。

筆者はこうした，この社会の片隅で，小さく，しかしながら確実に進行しつつあるSHGにおける「療法的な状況（psychotherapeutic situation）」（Melucci 1996=2008：124）[21]のプロセスの下支えをしながら，そのようなプロセスの社会文化的な意味を調査研究していくこととなった。

(2) 「療法的な状況」の困難性という問題

筆者は6年（2018〜2024年）にわたる関与型のフィールドワークを継続するなかで，前述した「療法的な状況」のプロセスの下支えと調査研究を遂行してきた。その経過のなかで筆者は，療法的なプロセスが必ずしも一律平等・満場一致に広がっていくわけではないという問題の意味を考察する必要性を感じるようになっていった。回復する人／しない人，関わり続ける人／離れていく人……このような当事者間の差異・境界・断絶が現に生じているという問題を，一体どのように受け止めたらいいのかを考えあぐねるようになっていった。そのような社会的文脈のただ中において筆者は，次のような調査依頼書をSHGメンバーたちに共有しインタビュー調査をしていくことになった。

　　常日頃，SHGの活動に関わり下支えをしていただき感謝申し上げます。
　　（…）
　　私自身は2018年3月より，当事者かつ調査研究者としてSHGへのフィー

ルド・リサーチを継続してきました。SHG で出会った仲間たちに，ミーティングの場とは別にインタビュー調査の場を設けて対話を深めながら，【SHG という，もうひとつの社会に関わっていくことを通じて，「生きていくことの希望や新しい人生の展望」を見出すという体験や瞬間──「療法的な状況」(A. Melucci)──がどのようにして可能／困難になるのか？】という問題を考えようとしてきました（すでに投稿論文としてとりまとめたものもありますので，希望される方にはデータを提供いたします）。

　この社会を，ともに生き延びていくための取り組みの一環として，「療法的な状況」をともに創り上げていく調査研究／実践にご協力いただけますと幸いです。

○今回のインタビュー調査依頼内容

　今回の調査研究の目的は，【「ひきこもり」の SHG における「回復」実践をめぐるジレンマとの関わり】を明らかにすることです。インタビューという対話の機会を通じ，① SHG に現在進行形で参加し続けている自分が，自分なりに理解している SHG という場の意味や価値（SHG から自分に与えられたもの）をふりかえること，② SHG が自分も含めた参加者に与えているものの多様性や異なりや不均衡がどのように作られているか対話のなかで一緒に考えること，この二つを行えればと思っております。

（2022 年 5 月 25 日：インタビュー依頼書）

（[傍点は筆者補足　※一部マスキングと記号の修正箇所有]）

　筆者が SHG に行ったアプローチは，一義的にはアクション・リサーチの性格を持つものだと解釈できる。なぜなら，調査者・被調査者の双方を「『療法的な状況』をともに創り上げていく調査研究／実践」へと巻き込んでいくような関与型の調査のスタイルであったからだ。具体的にそれは，「療法的な状況」の結果＝効果に関わる「多様性や異なりや不均衡がどのように作られているか対話のなかで一緒に考える」ということであった。

調査に協力してくれた SHG メンバーたちにおいても，このような調査研究／実践が必要とされているように調査者には感じられた。その必要性というのは，自分と同じような回復プロセスを達成できない（ようにみえてしまう）仲間に対するアンビヴァレンス[22]の感受に関わっている。つまり，そのような愛憎を半ばしてしまう仲間（の声と存在がもたらす他者性）に対して，自分がどのように関わっていけばよいのかという悩みが，被調査者たちに共有されているように調査者には感じとられた。

SHG メンバーたちの心のなかには，【お互いの回復プロセスの差異に対して下されてしまう価値判断から，いかなる距離をとればよいのか？】あるいは【自分がほかの SHG 参加者に対して下してしまう否定的な評価／SHG 参加者が自分自身に対して下してしまう否定的な評価──「差異化→本質化→価値化」[23]の論理──から，いかにして自由になれるのか？】といった実践的な問題関心（悩み）が沈潜し続けているのではないか……6 年にわたる調査の果てに，筆者はこのような洞察を獲得するに至った。本章の文脈を踏まえてこの洞察を言い直せば，【〈異質なる身体〉に対する否定的な評価をいかにして拒絶し，それに抵抗することができるのか？】という問いに定式化することができるだろう。

(3) リサーチ・クエスチョンの設定

以上の議論を踏まえ本章は，上記の問いに応答することを念頭に置いた上で，2 つのリサーチ・クエスチョンと（それに対応した）2 つの考察を検討していく。構成は以下の通りである。この構成に基づき，〈異質なる身体〉が発する声と存在を聴くという実践の社会文化的な意味を見定めながら，現代社会を生きる私たちが必要としている「責任／応答力」のヴィジョンを掴まえていくこととしたい。

RQ①：SHG メンバーたちに発見される〈異質なる身体〉とは，具体的にどのようなものか？　どのような文脈のなかでそれは発見されるのか？（4節1項・2項）
RQ②：〈異質なる身体〉に対する SHG メンバーたちの関わり方は，具体的にどのようなものか？（4節3項）

↓

考察①：SHG において構築される「正常性／まともさ」のコードとは，具体的にどのようなものか？　どのような文脈のなかで「正常化」の作用は生じているのか？（5節1項）
考察②：考察①を踏まえたうえで，〈異質なる身体〉に対する SHG メンバーたちの関わり方は，いかなる意味をもつものとして再解釈（社会学的に評価）することができるか？（5節2項）

4．〈異質なる身体〉の発見

　本節では，インタビュー調査に協力してくれたインフォーマントのなかでも，自分と同じような回復プロセスを達成できない（ようにみえてしまう）仲間に対するアンビヴァレンスの感受を語ってくれた SHG メンバーの B さんと C さん（仮名）の語りを紐解きながら，RQ①②を検討していく。

　インフォーマントである B さん C さんに共有されていた立場性（positionality）は，① SHG へのメンバーシップを確保している（自分が SHG のメンバーであることを他のメンバーに表明するという手続きを済ませた）当事者であること，② 当時の置かれていた状況が，就労・就学といった社会参加を継続（自宅以外での生活の場を確保）できている状態にあったこと，しかし同時に，③ 就労・就学といった社会参加を継続できていても，それでもなお「生きづらさ」が解消されない状態にあるため SHG への参加を継続していること，などであった。

　以下，B さんと C さんの語り——《6つの事例》——を読み解いていき，(1) SHG の外部社会を生きるなかで自分のなかに発見される〈異質なる身体〉について，(2) SHG の回復実践をともにする仲間のなかに発見される〈異質なる

身体〉について，(3)((1)(2)のように発見された)〈異質なる身体〉同士の共鳴・共感・共苦の語りと，それにもかかわらず／そうであるからこそ生じているアンビヴァレンスの感受について，それぞれ順番に見ていくこととしたい。

本章の問いは〈異質なる身体〉の中身と関わり方を明らかにすることにあるが，そのためには，〈異質なる身体〉の実在性をBさんとCさんに生きられている文脈——「対峙する世界」（石岡 2016：127-133）[24]——のなかで理解していくことが重要である。したがって，〈異質なる身体〉がどのような文脈のなかで発見されるのかということに注目しながら彼らの語りを解釈・記述していく。

(1) SHGの外部社会に生きている自分のなかに在るものとして

まず，Cさんの語りを紐解いていくことから始めていく。以下，太字箇所はインフォーマントの語り，「——」の箇所は筆者の語り，地の文のなかの（　）はトランスクリプト作成時にインフォーマントと協働して補足的に加筆した箇所となる。引用末には出典を明記している。

《事例①：〈異質なる身体〉の発見——SHGの外部社会への接続に際して》
　　　　——［SHGに出会うまで感じてきた］疎外感・劣等感っていうのは，どういう場所をイメージしての［ものですか］？
　　　もろ今の大学ですかね。あとバイトをしていたときは，バイト先とかでも感じることもありましたね。いわゆる一般社会みたいな。
　　　　——それは，比べられる場所っていうことなんですか，イメージとして？
　　　比べられるっていうか，自分が勝手に比べているのかもしれないです。
　　　　——じゃあ違い探しで自分が違う側，っていうイメージが出てくる場所っていう感じですか？
　　　そうですね。バイト先でも大学でも，自分が周りと比較して落ち込んでしまうのは，コミュニケーション能力，そこが大きいですかね。なんでみん

なあんなに当たり前に（コミュニケーション）できていて，自分はあんまり喋れないんだろうとか，そういうことを感じて落ち込んでしまって。……**SHG**の場では同じ悩みを抱えている人ばっかりだなっていうのがある。それで，自分と同じような人って世の中にいるんだなって。そういうのは大学とか，バイト先とか，もちろん1人1人，心の中でひょっとしたら自分と同じような人もいるのかもしれないですけど……深く話し合うみたいなこともないので，とくに。［でも］**SHG**では，悩みは自分と似ている人が多いなっていうのが，話を聞いていてすごいありました。

───その悩みっていうのは，どういうところですか？

そうですね……人の中に入っていけないとか，疎外感・劣等感，人が怖いとかそういうのだとか。……そういう，細かいところが似ている人が本当にたくさんいる。……大学は，共感を得られる場とか，そういう親しくなれる（体験ができる）気もしないし，どうしても違う生き物とか違う動物として見えちゃうみたいな，他の人を。そういう自分と違う人たちがいる場所に劣った自分っていうんですかね，見た目に関しても中身に関してもですけど，そういう惨めな自分っていうのを中に入っていくと味わってしまうので，だから大学には極力行きたくないっていうのがあります。

（2022年5月28日：Cさんインタビュー）

　Cさんの語り自体は，SHG／SHGの外部社会を対比させながら，その対比を根拠付けるものとしての「疎外感・劣等感」について語ったものである。Cさんは，SHGの外部社会を生きる際に感受してきた／している自己存在の欠損や欠落感と，その主観的感情としての「疎外感・劣等感」を語っている。Cさんに生きられている世界においては，SHGの外部社会は「劣った自分・惨めな自分」を感受させるものとして理解される。それゆえ，SHGの外部社会を生きる人たちは自分とは「違う生き物」「違う動物」としても感受される。

　注意しなければならないのは，Cさんによって感受されるこのような精神世界は，被害妄想や自意識過剰といった精神論に（認知行動療法で言うところの「認

知のゆがみ」の問題に）還元しきれるものではないということだ。たしかに，C さん自身が被害妄想や自意識過剰に見えるような精神世界を生きている面はある（C さん自身もおそらく，それを自覚している）。しかし同時に C さんは，SHG の外部社会にも自分と同じような悩みを抱えている人はいるかもしれないと語り，けれども SHG の外部社会では誰かと深く話し合うこともないため自分と同じような悩みを抱えている人がいるかどうかも確かめることができないと語っている。それゆえ，SHG の外部社会を生きる人たちは自分とは「違う生き物・違う動物」として，自分のことは「劣った自分・惨めな自分」として感受し続けてしまうのだと C さんは説明しているのだ。このような明晰な語り口のなかに，「認知のゆがみ」を認めることの方が難しいと言うべきである[25]。C さんは，「現実のなかでの自らの立ち位置」（Melucci 1996=2008：124）に対して，十分に反省的（reflexive）なのだ。

　したがって，C さんの語りにみられるような「比べられるっていうか，自分が勝手に比べている」という自己反省的（self-reflexive）な態度と，「どうしても周囲の人たちを『違う生き物』『違う動物』として見てしまう」という反省的な態度（reflexivity）を越え出るような身体性の感受とが，同時に生きられてしまっているという事実こそ決定的に重要になる[26]。C さんによって感受されている自己存在の欠損や欠落感と，その主観的感情としての「疎外感・劣等感」は，この事実を踏まえて理解しなければならない。

　このことは《事例②》においても言える。B さんの語りからも C さんと同様に，自己存在の欠損や欠落感の感受を読み取ることができる。

《事例②：〈異質なる身体〉の感受》

　　自己肯定感とか自己受容とか，自己受容は「SHG のプログラム」[27] の中にも同じような感じであると思うんですけど，自己受容っていうのが難しくて，そこがまだできてない。「SHG のプログラム」を使ってもできてない。使ってないのかもしれないけど，でもこれが自分にとって大きな（ハードルですね）。

224 第Ⅱ部 〈内なる惑星〉に "出会う"

───「自己受容」っていうのは，どんな体験，どんなイメージですか？

自己受容できていれば，対人，誰かと対峙しても（自分を）大きく見せる必要もないし，「こう思われてるんじゃないか……」とかそういうのは［無くなる］

───なるほど，自然体で。（『そうですね。』）在りのままみたいな。（『そうですね。』）やっぱり今の自分のままで，イエスと言えるみたいな，ところですかね？（『そうですね。』）自分の人生にイエスと言いたい，っていうところが強いんですか？

そうですね。やっぱり，「ひきこもり」って多分そういうの，俺だけじゃないと思うんだけど，経験値がなかったりだとか，人との関係が作れずにきてしまっていて，（対人関係の）数が，友達がいないとか，そういうのがあるので。

───欠如しているとか，マイナスだっていうイメージになっちゃいますね。

それが解消されないうちは自己受容できないのかなっていうか。そこらへんが，やっぱりどうしても格差を感じちゃうんです。普通というか多くの人との差があるなって。

───マイナスに対する（自分自身の）距離っていうことですよね……（『そうですね。』）ありがとうございます。やっぱり，「マイナスを取り除きたい」っていう感じなのか，「マイナスもプラスに」「意味はあった」みたいなので言ったら，どっちなんですかね？

意味はあったとは思わないんですけど，マイナスでもいいというか，マイナスはマイナスでしょうがない，取り返しがつかないので，それもそれで，自分であるっていうか。……ありのままの自分を，OK 出したいですね。

(2022 年 5 月 27 日：B さんインタビュー)

　B さんの語りは，B さんにとっての回復のイメージである「自己肯定・自己受容」──自分の人生にイエスと言うこと・ありのままの自分に OK を出す

こと――がなかなかどうしてうまくいかない，自己存在の欠損や欠落感の感受の強さを語るものである。その感受は，当人自身の意に反して・認知的なコントロールを食い破って生きられてしまうような身体感覚なのだ。

そしてそのような欠損や欠落感は，「普通の人」「多くの人」との格差としてBさんには感受されている。Bさんが語る「自己肯定・自己受容」を困難にさせてしまうような自己存在の欠損や欠落感の感受は，《事例①》においてはCさんに「疎外感・劣等感」を産み出すものとしても語られていた。Bさんにおいても，「疎外感・劣等感」のような主観的感情が生きられていることが推察できる。

BさんとCさんの語りに共有されていることは，① SHG の外部社会を生きる際に，自己存在の欠損や欠落感が感受されているということ――「劣った自分・惨めな自分」（Cさん），「経験値がない・人との関係が作れずにきてしまった」（Bさん）――，② そのような欠損や欠落感を抱えていない存在――「違う生き物・違う動物」（Cさん），「普通の人・多くの人」（Bさん）――が生きている場として SHG の外部社会が観念されているということ，しかもそのような感受が，③ 当人自身の意に反して・認知的なコントロールを食い破って生きられてしまうような身体感覚であること，これら3点であると解釈することができる。SHG の外部社会を生きるなかで自分のなかに発見される〈異質なる身体〉というものは，このような①②③の性格を持つものとして自己の内部に感受されていく。

(2) SHG でともに生きている仲間のなかに在るものとして

このようにして発見され感受される〈異質なる身体〉は，解決・解消が困難な「精神的不調」（Melucci 1996=2008：57）をもたらすようなものとして SHG の参加者たちには理解されている。この意味で SHG という場は，〈異質なる身体〉を「正常化」――自己存在の欠損や欠落感を根絶・排除――できずに持て余している人々同士であるからこそ成り立つような相互援助・相互支援の場であると位置付けられる。このような文脈ゆえに SHG という場は，外部社会

226 第Ⅱ部 〈内なる惑星〉に"出会う"

における「正常化」の作用から自分たちの身を守るためのアジール・シェルターのような場[28]としても機能していくのだ。

　しかし注意しなければならないのは，このような「正常化」の作用からのアジール・シェルターでもあるという場の設定が，かえってその場の参加者同士の間に差異・境界・断絶を生んでしまうということである。《事例③》と《事例④》は，このような場の設定が引き起こす参加者の差異・境界・断絶の問題が言語化される。

《事例③：〈異質なる身体〉の発見——SHG の内部において》

　今 SHG に〈仲間〉[29]が参加されているわけですけど，SHG にいわゆる定義上，今参加されている仲間で，定義上「the ひきこもり」っていうなにかに当てはまる人って，実は〈仲間〉ぐらいしかいらっしゃらなくて。僕も，心理的には「ひきこもり」だと思っていますけど一応学生ですし，X さんも学生かつ働いてらっしゃるじゃないですか？ B さんも働いてらっしゃるし，E さんも，いま働きだした。本当に，本当の意味で「ひきこもり」って多分〈仲間〉ぐらいしかいないですよね。それで，疎外感感じちゃうっていうのはあると思うんですよね。
　　（…）
　〈仲間〉にとっては SHG じゃなくって，もうワンランク下げたっていうか，本当に自分の，疎外感とかをまったく感じずに，自分らしくいられる場っていうのが，必要なんじゃないかなぁ，とは思うんです。SHG に繋がっているだけでは，多分苦しいままなんじゃないか，みたいなことは思ったりします。（2022 年 5 月 28 日：C さんインタビュー）

　たとえば〈仲間〉とか，会社に行って今仕事している時点で，「ひきこもり」からは脱出しているっていう，自分よりは格段にいい，回復しているっていうふうに，そういうふうに（自分のことを）思っていると思うんです。そこに対して，［会社に行って仕事をしている］自分が［ミーティ

ングに]行くことによって，劣等感を刺激するような……実際に今それも
あると思うんです。で，こっちもこっちで，同じような状況を脱出するよ
うな動きをしていないように（〈仲間〉が）見えてしまうので，何かした方
がいいんじゃないかっていう気持ちもあったりもするんですよね。そこら
辺が，どっちかっていったらやっぱり〈仲間〉とかの側（「ひきこもり」か
ら脱出していない人）のほうを，自分は一番優先するべきだと思うんですよ，
自分よりは。そうなると，自分がいるから行きたくないみたいな，そうい
うふうなことを［〈仲間〉に］思われている可能性もあるなっていう。（自
分に対して〈仲間〉が）劣等感を感じちゃうというか……たまに言っていま
すよね，ミーティングでもそんなような言い方をしているので。
───そうですね，正直に，明確には言っていますよね。
そういうのが，こっちは気にはなっています。だったら（自分が）仕事辞
めたら（ミーティングに）出てもいいのかなとか，そんなことは思います。
　　　　　　　　　　　　　　　　　（2022 年 5 月 27 日：B さんインタビュー）

　B さんと C さんはともに，アジール・シェルターとして機能しているはず
の SHG においてさえ「疎外感・劣等感」を感受してしまう〈仲間〉の存在を
語る。そのような「疎外感・劣等感」は，「ひきこもり」から脱出した当事者
／「ひきこもり」から脱出していない当事者という差異に関わるものであり，
「就労・就学の有無」によって生じるものだと観念されている。「定義上の『the
ひきこもり』」であるかどうか（就労・就学などの自宅以外での生活の場が失われた
状態に現在いるかどうか）という C さんの語りや，当事者同士の関係性が就労の
有無によって差異化されてしまうことに逡巡した思いを吐露する B さんの語
りから，そのことは読み取れる。
　以上のようにして SHG メンバーたちによって発見される，「ひきこもり」
から脱出していない当事者＝ SHG においてさえ「疎外感・劣等感」を感受し
てしまう〈仲間〉の声と存在は，SHG の内部において（SHG でともに生きてい
る仲間のなかに）発見される〈異質なる身体〉として位置付けることができる。

228 第Ⅱ部 〈内なる惑星〉に"出会う"

《事例①②》に基づき分析した〈異質なる身体〉の性格に重ねて言い直せば，① SHG の内部を生きる際に，自己存在の欠損や欠落感が感受されており，② そのような欠損や欠落感を抱えていない存在が生きている場として SHG が観念されており，しかもそのような感受が，③ 当人自身の意に反して・認知的なコントロールを食い破って生きられてしまっている，このような声と存在をSHG の内部で発する者として「ひきこもり」から脱出していない当事者＝SHG においてさえ「疎外感・劣等感」を感受してしまう〈仲間〉が発見されているのだと考えることができる。

(3) 共鳴・共感・共苦のアンビヴァレンス

しかしながら，このようにして発見される〈異質なる身体〉は〈仲間〉のなかにのみ在るものとして観念されているわけではない。むしろ，それを発見している自分自身のなかに在るものとしても SHG では観念されていく。つまり，B さんと C さんと〈仲間〉との間には相互浸透（共鳴・共感・共苦）が生じており，〈仲間〉について語ることは同時に B さんと C さんについて語ることでもあるという間身体性があるのだ。《事例④》から，このような間身体的な理解を浮かび上がらせていこう。

《事例④：〈異質なる身体〉への共鳴・共感・共苦》

たとえばレベルが，SHG に来るレベルに達していないみたいなふうに［〈仲間〉のことを］言っちゃうのは駄目なんだと思うんですけど，かといって，そのまま［〈仲間〉の変化を］待ち続けるのかっていうのが，ジレンマ。ねぇ，自分もいつそう［＝「ひきこもり」に］なるかわかんないくせに，人を何とかどうにかしようっていうのがよくないなと思うんですけど。……

──「変わらないままでいいですよ」っていうのは違いますよね。それは，現実がそれを許さないみたいな。だから悩むってことですもんね。

そうですね。変わらないのは本人も嫌だろうし……じゃあどうするんですかっていうところを，自分がどうして何ができるのかな，っていうのは考えます。

（2022年5月27日：Bさんインタビュー）

［〈仲間〉は］SHGにも頑張って参加しているみたいな，そういう状態なので。だから多分，［SHGが］安心できる場とかではないだろうから……厳しいだろうなと思います。
───そういう感情［＝〈仲間〉が抱えている苦しみ］に対してどう感じますか？
そうですね……僕はSHGに，参加することは全然緊張もないし，なにも疎外感も感じないんです。でも，大学で今ゼミをやっている，ゼミに入っているんですけど，そこではもう，すごい疎外感とか緊張もする。だから〈仲間〉がSHGで参加している，SHGに出る苦しみっていうのは，多分僕に置き換えると大学で感じている疎外感とかと多分一緒だとは思うんです。だから，そう考えると……苦しいだろうなと。

（2022年5月28日：Cさんインタビュー）

　BさんとCさんはともに，自分自身の身体感覚や経験を参照しながら〈仲間〉の置かれている状況を理解しようとしている。Bさんにおいては「自分もいつそう（＝『ひきこもり』に）なるか分からない」「変わらないのは嫌だろうし」という語りとして，Cさんにおいては「〈仲間〉がSHGで感じている苦しみは自分が大学で感じている疎外感と多分一緒だと思う」という語りとして，〈仲間〉の身体感覚や経験に対する共鳴・共感・共苦が表現されている。

　このようにSHGでは，「苦痛（suffering）が否定されるのではなく理解される」ような「療法的な状況」が意味や価値を持っていくことになる（Melucci 1996=2008：124）。つまり，〈異質なる身体〉を「正常化」していく論理ではなく，むしろ，〈異質なる身体〉が発する声と存在に相互に媒介され合うという論理──〈共鳴・共感・共苦による心理的な苦悩の緩和と縮減〉──が志向さ

230 第Ⅱ部 〈内なる惑星〉に"出会う"

れていくことになるのだ。

　ここで重要な点は，このような〈異質なる身体〉が発する声と存在に相互に媒介され合うという論理への志向性ゆえに，SHG メンバーたちの〈仲間〉に対する共鳴・共感・共苦の臨界点（limit）——共鳴・共感・共苦できない領域——がアンビヴァレンスとして構造化されてしまうということだ。《事例⑤》と《事例⑥》を通じて，その構造を解釈・記述していくこととしたい。

《事例⑤：共鳴・共感・共苦のアンビヴァレンス——「社会適応」の不可避性》

　　　——C さんだったら，〈仲間〉が今 SHG にいる時の状況と C さんが今 SHG の外の社会にいるときの状況って似ているわけじゃないか？ C さんは，たとえば SHG の外の社会からはどういうふうにしてほしいと思います，自分に対して？

　そこなんですよね。……それを **SHG** の外の社会に要求するっていうことになると，本当に幼稚的な，それこそ身勝手な，恥ずかしい要求になっちゃうので。「話しかけてほしい」とか，「そういう自分を気にかけてほしい」みたいな，そういう自己中な要求になっちゃって，それは自分でも違うなと思うので。（——「『疎外感感じさせてごめんね』とか」）そうそうそう，そうなんですけど，そういうことをどこかで要求している自分がいるんですけど，それは絶対違うなと，明らかにおかしいのは自分なので。だから，なるべく，疎外感を感じさせないように／感じないようにするにはっていうことなのかな……難しいですよね。自分に置き換えるとどうしようもないかなって（笑），今のところは現実としてはなっちゃうかもしれないです。「自分が変わるしかないんじゃない？」と思っちゃうかもしれないです。

　　（…）

　逃げることに関して，社会の場から，大学とかバイト先もそうですけど，逃げることについて肯定するっていうのは，「逃げている君は間違ってないよ，正しいよ」って，それは違うと思うんですよ，やっぱり。ただ，

「いや，逃げる気持ちはすごい分かりますよ」っていうそういう共感だったりとか，それは否定されてないし，共感してくれるっていう，それがやっぱり力になっているので。逃げている自分を肯定するっていうのとは，ちょっと違う。……逃げている自分を肯定すると「逃げている俺たちは正しいんだ」みたいな「社会が間違っているんだ」みたいな，変な方向に行っちゃう気がするので，それはちょっと違うかなと。

（…）

［自分が **SHG** に求めているものは］素直に自分を，在りのままの自分をさらけ出せる場っていうのを，一番求めているじゃないかなと思います。……自分的にはそういう無条件肯定というか，そういう場であってほしいみたいなところは正直あったりして。ただ，これは **SHG** に実際に参加している人たちそれぞれに与えられるというよりは，仲間の中には，無条件肯定っていうよりは，**SHG** もあくまで社会なので，ちょっと常識がないのは嫌だみたいな……もちろん，社会的常識っていうのは大事なことだと思うんですけど，それこそ社会に出ていく上では不可欠なことだと思うんですけど，でもそれを……**SHG** の場でもそれを取り入れてしてしまうと，うちらが，社会的常識が備わっていることに越したことはないんだけど，それを **SHG** の場でも求めてしまうことで，さっき言ったような無条件肯定みたいなところからちょっと外れてしまうんじゃないかな，ってところがある。

（2022 年 5 月 28 日：C さんインタビュー）

　C さんが感受するアンビヴァレンス――「心理的に正反対の方向に引き裂かれる体験上の傾向」――は次のような構造を持っている。一方で C さんには，「自分が変わるしかない／自分たちが正しいというのは間違っている」「社会に要求するのは間違っている／社会から逃げている自分を肯定することはできない」といった傾向性がある。しかし他方で C さんには，「社会から逃げてしまう気持ちはすごくよく分かる」「共感（否定することの否定）が力になる」「SHG が無条件肯定の場であってほしい」といった傾向性もある。つまり，【自己否

定を伴ってでも社会適応しなければならない】という思いと【「自己否定を伴う社会適応」の困難性を（否定せず）尊重したい】という思いとが，相反する傾向性としてＣさんのなかで生きられているのだと解釈することができる。

　解釈の上で重要な点は，【自己否定を伴う社会適応】という傾向性と，【「自己否定を伴う社会適応」の困難性の尊重】という傾向性とが，一見すると相反する傾向性のようでいて，根底において「社会適応」という前提を疑い得ないものにしているということである。しかし他方で，《事例⑥》ではこのような「社会適応」の前提自体に対する問い直しも含んだアンビヴァレンスも見受けられる。

《事例⑥：共鳴・共感・共苦のアンビヴァレンス──「行動と変化」の根源的な必要性》

　回復っていうと結局，就職するっていうような感じになっちゃいますよね。ひきこもっている状態から社会と繋がって就職するようになるみたいな。そういうお決まりのコースみたいなのがあって，そういうものではないような気もするけど，そうしないと回復しないみたいな。そのために行動する人はいいけど，しない人はじゃあどうするのかなっていう……自分も，圧力をかけちゃっているのかなって気持ちはあります。

　　　───お決まりの回復コースっていうのは，職を得てみたいな，そういうものだと思います？

　そうですね，じゃあどうなったら回復なんだっていうので，なにか行動しないと，「SHGのプログラム」でもありますよね，「変えられるものは変える」っていう。でも，変えない人とかもいるじゃないですか，〈仲間〉とかね，いるじゃないですか。

　　　───そうか。行動するために心を変えるとかってことですよね。

　そうですね。実際に行動しないと回復しない，しないというか，仲間との回復を願いつつも，なにか回復しようとしていない／しないのか，なかなか回復できないものに対する，苛立ちみたいなのが出てきたりとかして。

第5章 〈異質なる身体〉が発する声と存在を聴く　*233*

そこは気になります，自分の中で今。……それぞれが，〈仲間〉がっていう感じになっちゃうけど，変わっていける，それぞれが変わっていける集団にはなりたいなっていう感じはします。

（…）

やっぱり行動しないといけないじゃないですか，〈仲間〉見ているとわかるとおり。行動しないと悩みがずっと続いちゃう，行動してなにかが変わったっていうことがないかぎりは。そこが，きついのかな？　行動して結果が出て自信がついたみたいなことが必要ですよね……と，思うんです。……行動するにも勇気がいるから，その勇気が出てこないんだろうという感じはします。

───行動する勇気ってどこから出てくるものなんですか？

うーん，それは，もう苦しみたくないというか，もうこのまま変わらない状態から這い上がって何とかしたいっていう（笑）。それが，今のままいることに限界を感じてっていう。そう思うかどうかですかね。今のままでもう，ズルズルしていてもしょうがない，このままズルズルするしかないっていうのに抵抗する気持ちっていう感じですかね。皆さんどうなんでしょうね？　同じようなこと思うと思うんですよね。

（…）

───［行動することが］できないことに対する理解っていうのは，どんな感じなんですか？　「気持ちはわかるけど……」みたいなそんな感じなんですか？

「気持ちはわかるけど，そのままいったらもっとキツイよ」っていうか，でもそれを選んでいるのは，厳しい言い方になっちゃうけど，「それを自分で選んでいるんですよ」っていう感じです。……自分もそういうところは昔あったので分かるんですけど，分かるというか分かったと言い切ってはいけないんですけど，まぁ想像はするんですよ。（「───思い当たるものがあるってことですよね。」）でもそこで（自分は）やっぱり動き始めたんですよね。逆に動かない方がキツイ。　（2022年5月27日：Bさんインタビュー）

Bさんの語りにおいては、「『社会適応（就労）に向けた行動＝回復』でしかないのだろうか？」という問いかけを通じて「社会適応（就労）に向けた行動＝回復」という支配的な図式が相対化され、【それぞれが、それぞれのやり方で『行動と変化』を達成していける集団でありたい】というオルタナティヴが提示されているのだと解釈することができる。しかし他方で、「行動と変化」が必要であるという前提は疑い得ないものになっている。なぜなら、「『行動と変化』がないと悩みがずっと続いてしまう」からであり、「悩み苦しみ続ける現実に抵抗する」という根源的な意味での自己責任能力を、どうしても自分自身のなかに／自分ではない他者のなかに期待しないわけにはいかないからだ。

《事例⑤》と《事例⑥》を対比することで次のようなことが読み取れる。《事例⑤》では、「行動と変化」の必要性は「社会適応」というある一定の方向性に還元されている。それに対して《事例⑥》では、「行動と変化」の必要性を「社会適応」に還元するという図式は解除されている。しかしその解除の先に待ち受けているのは、【行動と変化」の根源的な必要性】──「行動と変化」それ自体の必要性──であり、それは解除し得ない前提としてSHGの内部に残り続けていくことになるのだ。

5．おわりに──「内なる正常化」への抵抗可能性

本章の目的は、〈異質なる身体〉が発する声と存在を聴くという実践の社会文化的な意味を明らかにすることにあった。冒頭で述べたように、否定的なものを根絶・排除する言葉が充満したこの時代において、浄化の思想・心性が身体と社会の隅々に浸透して成り立っているこの社会において、〈異質なる身体〉に対する関わり方は根源的な主題にならざるを得ないものとなる（それを最悪なかたちで主題化してしまったのが植松聖の犯行なのだ）。SHGにおいてそれは、【〈異質なる身体〉に対する否定的な評価をいかにして拒絶し、それに抵抗することができるのか？】という実践的な問題関心（悩み）として主題化されることになる。彼らが抱え続けている悩みは、おそらく、〈異質なる身体〉を根絶・

第5章 〈異質なる身体〉が発する声と存在を聴く　*235*

排除することに対する根源的な抵抗も含んでいる。自分自身に／自分ではない他者に「死んだ方がまし」と言ってしまいかねない時代と社会のただ中にあって，彼らの営みは決定的に重要な意味と価値を持ち得るはずだ。そのことを念頭に置いた上で，リサーチ・クエスチョンと（それに対応した）考察を以下に取りまとめていくこととしたい。

(1) SHG において構築される「正常性／まともさ」のコードの意味

　本章が経験的なデータに基づき検討してきたように，〈異質なる身体〉とは，① 社会を生きる際に，自己存在の欠損や欠落感が感受され，② そのような欠損や欠落感を抱えていない存在が生きている場として社会が観念され，しかもそのような感受が，③ 当人自身の意に反して・認知的なコントロールを食い破って生きられてしまう，このようなプロセスのなかで発見される（社会的に構築される）実在として定式化することができる。それが，SHG の外部社会においても，SHG の内部においても生み出されていることはすでに確認した（RQ ①への回答）。

　そして，SHG の内部に発見されるものとしての〈異質なる身体〉に対する関わり方——「ひきこもり」から脱出していない当事者 = SHG においてさえ「疎外感・劣等感」を感受してしまう〈仲間〉の声と存在に対する関わり方——は，SHG メンバーにアンビヴァレンスを感受させながら実践されていた。一方で SHG メンバーは，〈異質なる身体〉を「正常化」していく論理（= 自己存在の欠損や欠落感の根絶・排除）ではなく，むしろ，〈異質なる身体〉が発する声と存在に相互に媒介され合うという論理（=〈共鳴・共感・共苦による心理的な苦悩の緩和と縮減〉）を達成しようとしていた。しかし，それにもかかわらず／そうであるからこそ，〈仲間〉に対する共鳴・共感・共苦の臨界点がアンビヴァレンスとして構造化されていた。C さんにおいては【「社会適応」の不可避性】によって，B さんにおいては【「行動と変化」の根源的な必要性】によって，〈仲間〉に対する共鳴・共感・共苦の境界（limit）が線引きされていたのだと解釈することができる（RQ ②への回答）。

BさんとCさんという限られたインフォーマントの語りに基づくものとなるが，本章が事例としたSHGにおいては，【「社会適応」の不可避性】・【「行動と変化」の根源的な必要性】といった「正常性／まともさ」のコードに（最終的に）枠付けられるかたちで，〈異質なる身体〉に対する関わり方が管理・統制されているのだと解釈することができる。SHGにおいて構築されているこれら「正常性／まともさ」のコードの位置付けは，〈異質なる身体〉が発する声と存在に相互に媒介され合うという論理を達成しようとしても，それでもなお残されてしまう〈異質なる身体〉を「正常化」していく作用，ということになる。言いかえれば，SHGの外部社会において課せられる「正常化」とは異なる意味での「内なる正常化」——〈療法的な正常化〉[30]——のプロセスが生きられているのだと解釈することができる。そして，〈療法的な正常化〉に反発したり，それに適応したりすることができない人々，つまり，「社会適応」をめざさない／めざせない・「行動と変化」をめざさない／めざせない人々が，SHGの内部で〈異質なる身体〉として発見（社会的に構築）され続けていくのだと考えられる（考察①への回答）。

(2) メンバーたちの抵抗可能性
——〈出会いの希求〉という抵抗の萌芽

　本章の知見は，「ひきこもり問題や孤立」からの回復をめざすSHGという，極めて限られた事例に基づくものである。したがって，「ひきこもり」以外の問題経験を参照点・結節点とした無数に存在するSHGに対して，（より広い文脈で言えば）なんらかの社会的マイノリティが創出する社会空間に対して，本章の知見をそのまま一般化することはできないだろう。しかしながら，本章の知見はおそらく，なんらかのマイノリティ集団のなかに構造的に潜在し続けている困難性を示唆している。つまり，マイノリティ集団の内部でマイノリティが社会的に構築されてしまうという構造的な問題が，本章の知見から導出していくことができると思われる。その一般的な問題について以下検討していく。

　マジョリティが創り出す支配的文化に対してのオルタナティヴを提供し得る

マイノリティの対抗的文化・下位文化においても，支配的文化の論理は再生産される可能性がある（本章においてそれは，SHG の外部社会において課せられる「正常化」と，SHG の内部において現象する〈療法的な正常化〉の連続性として記述された）。つまり私たちは，社会文化的なシステムを再生産させる枠組み（＝コード）を相互に参照し合うことによって「連帯の基盤」（Melucci 1996=2008：84）を達成しながらも，同時にそれを支配的文化として感受してしまう他者をも構造的に産み出す可能性があるということだ（本章においてそれは，SHG 内部において発見される〈異質なる身体〉として記述された）。このようにして構造的に産出され得る他者の存在に対して，私たちは自分たちが依拠するコードを押しつけるだけで終わるのか。あるいは反動的にコードを解体して「連帯の基盤」それ自体を掘り崩すかたちで終わるのか。それとも，「差異のただなかで，ともに・生きていく（co-living）」（Melucci 1996=2008：178）ことにつながるような対話的な道筋があり得るのか……問われるべき／乗り越えられるべき課題が，このようにして導出されていくことになる。

　本章で遂行された調査研究／実践においては，この課題に対する決定的な回答を見つけることはできなかった。しかしそれでも，その回答の前提条件となり得る萌芽的なプロセスのようなものは確認することができた。おそらくそれは〈出会いの希求〉とでも呼ぶべきものの実在性を表している。その萌芽的なプロセスの記述を考察②への回答とみなし，現代社会を生きる私たちが必要としている「責任／応答力」のヴィジョンを提示することとしたい。

　　まぁ〈仲間〉に関しては，ちょっと［先が］見えないですよね。だけど，ミーティングに来て，何か心が動くっていうことはいいことかもしれないです。何かしら，いい意味で何か楽しみを，楽しんでもらえたらいいなっていうのはあります。
　　───［自分の］変化を受け容れるっていうことですよね。
　　ええ。多少の刺激にはなっているから，それだけでもいいのかなと思いますけど，そこからちょっと，次［＝行動］をもう求めちゃっているってい

うのが［自分のなかには］あります。

　（…）

　自分も人の役に立ちたいっていう気持ちがあるっていうことは感じました。それはグループに出るっていうことの理由の一つなんです。誰かの役に立つというか，別に（ミーティングの場に）いるだけでも役に立っているっていう，そういう気持ちには気付けたのかな。あとは，自分に［背景が］近い人には声をかけていきたいとか。まぁ背景が違う人には……自分は繋がっていきたい，何か種類が違っても苦しみは持っているんだろうからから繋がっていきたいっていうのはあるんですけど，うまくやっていけてないですね，やっぱり。　　　　　　（2022年5月27日：Bさんインタビュー）

　仲間のため……というとやっぱり話を聞いて，耳を傾けてしっかり聞くっていうこと。今の自分にできることは，それぐらいですかね。……心に余裕がないと自分のことで精いっぱいになっちゃうっていうのがあって。Xさんとかもそうですけど，僕の分かち合い［＝ミーティングの話］の内容とか覚えてくださったりとか，ミーティング後にアドバイスくださったりとかして，すごく嬉しいし，すごいなぁと思う。でも今の自分はどうしても，自分のことで精いっぱいになっちゃう情けない自分がいるなぁなんて最近は感じていて。自分に今できることって限られている……できるとしたら，本当に，誰かの話に耳を傾けてあげるっていう，今の自分にできることはそれぐらいしかないのかな，と思います。

（2022年5月28日：Cさんインタビュー）

　BさんとCさんはともに，今の自分にできることは限られている（限界がある）と理解しながらも，それでもなお，ミーティングの場という機会──「心を動かすこと」「仲間の役に立つこと」「話に耳を傾けること」──を他者に提供し続けていくというコミットメントの意思を保持している。もちろん，このような意思を持ったからといって，「正常化」の作用自体が（SHGの内外から）

消えて無くなることは決してないだろう。より一般化して言えば，支配的文化の論理の再生産／他者の産出という構造それ自体を回避することはできないということだ。しかし，それでもなお，ミーティングの場という「正常化」の作用を宙づりにしていくような時空をともに生き続けていくこと。そのような時空において可能となる〈異質なる身体〉が発する声と存在に相互に媒介され合うという論理（＝〈共鳴・共感・共苦による心理的な苦悩の緩和と縮減〉）を志向し実践し続けていくこと。それによって自他にもたらされる変化と（その果てにあり得る）回復への期待と信を抱き続けていくこと……このような「自らの声を聴くことと他者の声を聴くこと」が相互浸透を起こしながら発展していく「循環的な関係性（circular relationship）」（Melucci 1996=2008：127）を，それを可能にしていく「特別な空間と時間（privileged space and time）」（Melucci 1996=2008：126）を，SHG メンバーたちは創り続けようとしているのだ。

　このように，他者との「出会いそれ自体のなかで与えられる意味」（Melucci 1996: 102 [=2008：139]）に希望を抱き求め続けていくという心性——〈出会いの希求〉——は，SHG メンバーたちの心のなかで，たしかに生きられている。このことの成否にかかわらず，〈出会いの希求〉[31] は，たしかに実在し続けている。私たちのなかに植え付けられた浄化の思想・心性が，根絶・排除できなかった残滓として。「それでもなお」と抱かれ生きられてしまう人の思いとして。支配的文化の論理の再生産／他者の産出という構造に対する抵抗の可能性は，〈出会いの希求〉が摘み取られない限り，潜在し続ける[32]。このような原理的な意味合いとしての「希望」（Fromm 1968=1970：27）[33] を捨てずに他者とともに生きていこうとしていくこと……SHG という場は，もっとも純粋な意味での他者に対する「責任／応答力」のヴィジョンを私たちに伝え続けている。

（3）「他者との出会い」がもたらすものへ——結びに代えて

　本章は，「他者との出会い」——他者の〈身体〉性／〈身体〉の他者性との出会い[34] ——がもたらす変化の記述ではなく，それが意味や価値を持ち得る

240 第Ⅱ部 〈内なる惑星〉に"出会う"

ような社会文化的な文脈の記述に重きを置くものとなった。それはつまり，本章が事例とした SHG は，いまだ「出会いそれ自体のなかで与えられる意味」を生み出していく苦しみのただ中に在ることを意味する[35]。その苦しみの果てに何が生まれてくるのかは，今はまだわからない。その記述は今後の課題として引き受けた上で，SHG の生みの苦しみの顛末を見届けていくこととしたい。

　続く本書第6・7・8章では，「他者との出会い」がもたらし得る微細な変化が──「〈異質なる身体〉に出会う」ことが「社会的関係」をどのように変化させ得るのか（6章）・「身体に耳を傾ける」＝〈身体〉に出会おうとする自己がいかにして達成されていくのか／何を達成していくのか（7章）・「はだし歩き」＝〈身体〉に出会うことから何が生まれてくるのか（8章）──それぞれ検討されていく。彼らの議論は，本章が提示しきれなかった「他者との出会い」がもたらす意味を示していくはずだ。

1）植松聖は，彼が信じている人間／非－人間を分け隔てる断絶・線引きの正しさを，事件によって社会に証明しようとした思想犯であると理解することができる。つまり，自分の思想の正しさを，剥き出しの暴力を行使してでも承認・理解させようとしたがために（【意思疎通のできない存在は非－人間である→非－人間は生きるに値しない】という「根源悪」の論理を暴走させたことによって）事件は起こされたのだ。

2）西角は，【意思疎通のできない存在は非－人間である→非－人間は生きるに値しない】という「根源悪」の論理は，植松聖を死刑に処すこと──【植松聖は非－人間である→非－人間は生きるに値しない】──を支持している私たちの社会にもそっくりそのまま当てはまるものであり，私たち（の社会）は「根源悪」たる植松聖を死刑に処すという「根源悪」を行使していることを指摘している。「死刑判決を支持した瞬間に，私たちもまた，植松被告と同種の論理に巻き込まれてしまった」のだ（西角 2021：285）。植松聖を死刑に処したところで，「根源悪」それ自体はなんら批判されることなく私たち（の社会）のなかに温存され続けていくことになる。だからこそ，「『敵』は外部ではなく内側にいる」としか言いようがないのだ（西角 2021：13）。

3）〈異質なる身体〉という概念は，アルベルト・メルッチ（1943-2001）が心理療法的な実践と分析を通じて捻出した概念である「corpi estranei」に由来する（本書第3章を参照されたい）。本章における〈異質なる身体〉概念の社会学的な位置付け（理論的な構成）については本章の2節において先んじて詳述するが，具体的な中身（経験的な構成）については本章の4節のなかで個別具体的なデータ

に基づきながら明らかにしていく。

4）本章では分析的な構成概念を，現実記述の端緒として構成され，現実記述のただ中でその中身が構成され直されていくような再帰的な分析概念と解釈する。本章では〈異質なる身体〉と，その現実記述の展開に連なるようにして構成されていった〈仲間〉・〈共鳴・共感・共苦による心理的な苦悩の緩和と縮減〉・〈療法的な正常化〉・〈出会いの希求〉が分析的な構成概念として使用されている。また，本書全体の分析的な構成概念として使用されている〈惑星社会／内なる惑星〉・〈惑星地球／身体〉の概念対についても〈　〉にて表記している。

5）筆者の理解では，本書の基軸概念である〈惑星社会／内なる惑星〉という概念は，コントロールし得ないものを内在させながら人間にコントロールの対象として絶え間なく・尽きることなく表象され続けていく〈惑星地球／身体〉を表現したものである。そして〈異質なる身体〉という概念は，〈身体〉のコントロールし得ない領域を表現したものである。その理解を踏まえ本章では，〈異質なる身体〉の概念を「文化的なコントロール」の意図せざる結果として構築される〈身体〉のコントロールし得ない領域を指すものであると解釈していく。

6）normalization のプロセスの基本的なイメージは次のようなものになる。それは，自らの浄化的な作用——norm（al）でないものを norm（al）へと漸近させる作用——によって，norm（規範）や normal（規格）の現実性＝実在性そのものを自ら立ち上げていくような運動である。松野（2022）は，フーコーの指導教官であり彼の normalization の概念に直接的な影響を与えたジョルジュ・カンギレム（1904-1995）との比較から，フーコーの normalization が「社会組織体」のなかに「ホメオスタシスを維持するという生体システムの目的」と親和的なプロセスを，つまり，「規律訓練という権力の自己保存」のプロセスを見出すための概念であったことを明らかにしている（松野 2022：51, 55）。つまり規律権力とは，権力作用の「障害に対してメカニズムを自己産出することで，その機能を増強すると同時に自らの延命を図る」ようなプロセスとして動いていく（松野 2022：55）。このように規律権力は，拡張・膨張するシステム特性を内在した権力であり，この権力特性ゆえに社会の全域に毛細管的に浸透することが可能になったのである。

7）非－逸脱・非－異常の価値付けは，厳密に言えば「イデオロギーに基づくもの」（廣瀬 2011：29）でも「内面化されるもの」（前川 2022：63）でもない。なぜなら，非－逸脱・非－異常の価値付けは「イデオロギー」や「内面化」といった認識論的な層にではなく，むしろ，存在論的な層（生理的な次元）に植え付けられるからであり，このような価値を受肉して生み出される個体（生身の身体）こそが「個人」にほかならないのだ。詳細については廣瀬（2011：23-61）・前川（2022）を参照されたい。

8）おそらく規律権力とは，「自分の内なる多様性（多数派のあり方から外れる要素）」（関水 2016：361）を「正常化」することによって，（「正常化」された）マジョリティ・（「正常化」されない）非－マジョリティという現実（性）と，それ

を可能にする（「正常性／まともさ」を基準とした）マジョリティ／非－マジョリティを分け隔てる断絶・線引きを生み出していく権力であるといってもよい。フーコーにとって「個人」とは，私たちの社会における（非－マイノリティとしての）マジョリティを，他方で「狂人」とは，私たちの社会における（非－マジョリティとしての）マイノリティを，それぞれ理念型として記述したものだとみなせる。おそらくフーコーにとって「人間」と呼ばれる存在は，「個人」と「狂人」，マジョリティとマイノリティの両極の間のどこかに「自らの立ち位置」（Melucci 1996=2008：124）を占めるような，どちらにも属するがどちらにも還元できないような現実性を生きている社会文化的な実在なのだと思われる。本章も，このようなフーコー的な「人間」理解を議論の前提に据えている。

9）近代的な「狂気」意識――精神医学が特権的にアクセス可能な「精神」の問題，「狂気＝精神疾患」図式の現実性――というものは，規律システムに内在する「正常化」の作用を不断に拡張・膨張し続けることによって，初めて成立可能になったのである（天田 2010：41-45，廣瀬 2011：52-55）。このように「狂気」（心理と精神の問題性）というものは，規律権力の拡張・膨張の裏面として発見された／発見され続けていくような歴史的・社会的な産物にほかならないのだ。

　このような文脈に内在する限り，フーコーが批判的に読み解いた19世紀における精神医学的な「治療」（それを信奉する限りでの精神医学）というのは，治療者（精神医学）の権力の浸透を通じての再規律化である，ということになる。「規律に従順な身体，最適化された規律を刻印された身体……この身体が獲得された時，患者は治療された」とされ，「これが再適応と社会復帰の具体的で現実的な意味内容だった」のである（佐々木 2005：46）。規律権力が【従順な身体をもった心理学的に正常な主体という意味での個人】を産出・再生産するという先の概念を踏まえれば，「従順な身体」が「心理学的に正常な主体」をもたらすという飛躍が，当時の精神医学が依拠した治療（再規律化）の論理である，ということになる。つまり，「再適応と社会復帰の具体的で現実的な意味内容」は，あくまで治療者（精神医学）の側から供給されるものであり，「徹頭徹尾，他動的な治療であり，単に患者を，規範の型にはめこんでいるに過ぎない」のである（蓮澤 2023：341）。

10）本章における normality の概念は，norm（規範，目標，理想）と normal（規格，普通，標準）の両側面を併せ持つものとして理解する。重要な点は，normality というものは（それが norm 的であるにせよ normal 的であるにせよ）それ自体として実体として存在しているものでは本来なく，normalization の作用の結果＝効果として事後的に実体化されるに過ぎないということである。言いかえれば，逸脱・異常（＝規律権力の残滓）の実在性が normality に対して論理的に先行する。この点を詳説したものとして廣瀬（1998）を参照されたい。

11）メルッチによれば，normality とは「医者や，専門家の意見，そして消費モデル」などが押しつける「他律的な定義付け」の一種であり，そのような定義に枠付けられて「生と死，性と愛，生殖と子どもの教育，健康と病気，身に着け

第5章 〈異質なる身体〉が発する声と存在を聴く　*243*

るものと身体のケア」といった身体の出来事は社会的に実在している（Melucci 1996=2008：100）。

12）コード（code）とは，「システムの作動の規則を観察者の位置からとらえたものである」（河本 1995：205）。なんらかの作動／うごき（process）が観察者の内に感じとられたとして，それはまったくの無秩序（カオス）ということではなく，なんらかの枠組みのなかで・枠組みによって秩序ある実在（システム）として観察していくことができる（そうでなければ，作動／うごきは観察者に感じとられても対自化されず，実在性は即自の段階に留まり観察は困難になる）。コードの本質は，現実の秩序だった観察を可能にするための枠組みであり，なんらかの作動／うごきをカオスからシステムへと変換していく文化的な装置としても機能する。その理解を踏まえ本章では，normality の概念を規律システムの実在性を観察可能にする文化的な枠組み（＝コード）であると解釈していく。

13）このような「正常化」の作用に抵抗するために，「正常でないこと／まともでないこと」を自己のアイデンティティとして引き受け，自己の差異を承認・理解させようとしていく闘争的な方向性（アイデンティティ・ポリティクス）も存在する。その闘いの意義自体は決して否定されるべきものではないが，それのみが絶対視されれば危うい問題が生じる。なぜなら，「差異のみが旗印として掲げられるとき，その結果は逆説的となりうるのであり，たいていの場合，より暴力的となる。不幸にも差異を極端に強調することのほうがずっと深刻であり，それは原理主義や暴力という劇的な形態となって現れる」からだ（Melucci 1996=2008：159-160）。

14）私たちの生身の身体が（医学的）技術と知識による操作・管理・統制の対象として客体化されていく――（医学的）権力による植民地化――という問題に対してメルッチは，「生身の身体／生きている身体（living body）」が発する言語を学ぶ・対話することが必要であるとしている。

　　　医学が持ち出してくる無菌の身体に対して，私たちは，ただ生身の身体を存在せしめることができるだけなのであり，そのためにまず，その生きている身体が発する言語を学ばなければならない。自覚と親密さが内側に宿っていない身体は，簡単に外的操作の対象となる。身体の発する言語に親しみ，いつもそれと何らかの対話をしているような身体ならば，器官と装置の寄せ集めに還元されにくくなる。こうして私たちは，個人の権利の感覚を養いうるのであり，それにより外的指標に基づいて測定された健康や壮健の定義に対抗することができ，また病に立ち向かう必要があるときにはいつでも，私たち自身が治療の主体になることの助けとなりうるのである。

（Melucci 1996=2008：112）

〈異質なる身体〉が発する声と存在を聴くという実践は（ミクロなレベルでは），「外的指標」や「外的操作」といった「他律的な定義付け」の犠牲者に私たちがなっていく危険性を減らすと同時に，それに抵抗・対抗し得るような自分にとっての生の意味・尊厳・権利を私たちが再発見していくための「責任／応答力」の

244 第Ⅱ部 〈内なる惑星〉に"出会う"

発揮の機会（chance）になり得る。これは，〈身体〉の他者性に出会う経験が可能にしていくプロセスであると言える。

15)〈異質なる身体〉が発する声と存在を聴くという実践は（マクロなレベルでは），自分とは異質な他者が抱える「差異のただなかで，ともに・生きていく（co-living）」（Melucci 1996=2008：178）ための「責任／応答力」の発揮の機会になり得る。これは，他者の〈身体〉性に出会う経験が可能にしていくプロセスであると言える。

16) メルッチは，〈異質なる身体〉との共生を達成していくために求められる新たな道徳的態度・倫理を「メタモルフォーゼ（metamorphosis）」「形を変える（change form）」（Melucci 1996=2008：158-159）と名付けることによって表現しようとしている。つまりメルッチは，〈異質なる身体〉との出会いを媒介にして，「私たちに既に与えられているアイデンティティを乗り越えていく力」（Melucci 1996=2008：159）を培っていくこと，そしてそのような実践を通じて，〈惑星地球／身体〉の存続を可能にしていく（人類という）「種の新しい文化」あるいは「存在しているものは何であれ，ただ存在するという理由のみによって静かに尊重されるようなテリトリー」を，私たちが意識的に創り出していくことが求められるとした（Melucci 1996=2008：176）。

17) SHG とは「共通の問題や悩みを抱えた当事者同士が集まり，互いに支え合いながら，その問題の克服を目指す集団」である（福重 2004：304）。

18) 等身大の自分／在りのままの世界をなんとか受け容れることが療法的なプロセスのひとつの局面であるという理解は，メルッチの以下のような「療法」理解との対話に基づいている。

　　　心理療法では様々に異なった，時に神秘的でさえある仕方で「回復」することがある。悩める者にとって，あるいはセラピスト本人にとっても，なぜ良くなるのかとか，なぜ悩みが収まるのかは必ずしも明らかではない。しかし，どの場合にも言えることは，セラピーを受けている本人にとってそうした事態は，意識の覚醒，自らの実存の認識，さらには現実の物質的・感情的・心的および精神的位相において自らが占める位置に対する責任を引き受けることへと通じる道程なのだ，ということである。……自らの占める位置こそが患いの根源なのである。現代のセラピー医療が目指しているのも，こうした［自らの占める位置に対する］意識的再編なのである。

（Melucci 1989=1997：182-183）

19) メルッチによれば，「心理的な苦悩」は「自分自身のアイデンティティを意識的に創造すること」を妨げる「個人的および社会的障害の結果」として生じる（Melucci 1989=1997：162, 161, 162）。それゆえ，精神療法／心理療法がもたらす治療・治癒・回復の本質とは（精神医学的な治療＝再規律化に結果的に重なるのだとしても）自己アイデンティティの創造を妨げている個人的・社会的な障害に対する「知覚と定義の修正」（Melucci 1996=2008：124）にほかならない。そのような修正を受け容れることによって「病人（sick person）」は，「現実のなかで

の自らの立ち位置に対して，肉体的，情緒的，心理的，精神的次元のすべてにおいて，責任／応答力を引き受けることができるようになる」のだ（Melucci 1996=2008：124）。とすれば，SHG において営まれている「日々の悩みや生きづらさ」を分かち合うミーティングというものは，自分自身の知覚と定義を集合的に修正することによって，異物感のある自分と世界との和解・折り合い・調和を達成していこうとするプロセスの一環であるのだと解釈することができる。メルッチの議論に重ねるならば，「心理的な苦悩」の原因である「個人的および社会的障害」を受け容れることで「自分自身のアイデンティティを意識的に創造する」準備を整えていく，ということに等しい。

20）治療＝再規律化という概念の位置付けは，注9）と注18）・19）を対比させながら理解されたい。注意すべきは，治療＝再規律化としての精神医学的な介入（他律的な治療）と，アイデンティティの意識的創造としての心理療法／精神療法的な介入（自律的な治療）との対比は，あくまで治療の方向性を理念型として把握したものであり，現実の治療プロセスはこの両極の間のどこかに位置付けられる。このような治療プロセスの両義性の問題は，「境界状態（liminality）」という（個人と社会を巻き込んだ）「危機（crisis）」に対する「矯正（redress）」プロセスの両義性の問題として一般化することができる（Turner 1974=1981：40-43；宮坂 1988：49）。言いかえれば，社会が望む「矯正（＝支配）」と個人が望む「矯正（＝解放）」は，二者択一のように選ぶことはできず，この両極の間で絶えざる意志決定をしていくしかないのだ（この両義性は，本書第6章でも論じられている）。

21）「療法的な状況というのは，聴くことと歓迎することにかかわっていて，苦痛（suffering）が否定されるのではなく理解されるような空間と時間に根ざしたものである」（Melucci 1996=2008：124［傍点筆者補足］）。

22）アンビヴァレンス（ambivalence）の本質は「同一人物に対する愛と憎とか，承認と拒否，肯定と否定というように，心理的に正反対の方向にひきつけられる諸個人の体験上の傾向」である（Merton & Barber 1963=1969：376［傍点筆者補足］）。本章で使用するアンビヴァレンスの概念は，この用法に従って使用している。

23）石川（2001）は，マイノリティの（否定的）アイデンティティの立ち上げプロセスを「分節化・差異化」→「差異の本質化・実体化」→「差異の価値化」として段階論的に整理している（石川 2001）。議論の急所は，「差異化，本質化，価値化のいずれかの作用を切断」（石川 2001：164）し得るようなマイノリティの言説戦略がいかにして可能か，ということである。SHG メンバーたちにおいても，この問いは重要性を持っているものだと解釈された。

24）「人びとが対峙する世界」に立脚するという分析視点は，「対象者を受動的な容器としてではなく，能動的な働きかけをおこなう主体として捉える」という方法論的な指針に留まらず，「危機状態を生き延びる人に届く社会学」を構想することはいかにして可能かという，社会（フィールド）と社会学（分析者）の関係性

246 第Ⅱ部 〈内なる惑星〉に"出会う"

形成の指針にもなり得る極めて重要な視点である（石岡 2016：130, 152）。

25）Cさんが生きている世界を「認知のゆがみ」と切って捨てる人の方が，はるかに認知がゆがんでいると言うべきである。問題は，言語や認知の力を借りた反省的な態度を超えたところで生じている。

26）この事実を受け容れない限り，SHGメンバーたちの多くに生きられている苦悩は理解し損なう。このような言語や認知の力によってなされる反省的な態度を越え出るような身体性——認識論的な力によってはコントロールできないような存在論的な問題——は，病い・障害・老いといった「身体の出来事」に典型的に生じる根源的な苦悩である。なお，身体をめぐるコンフリクトについては，注11）・14）を対比して理解されたい。

27）守秘義務の都合上，「SHGのプログラム」という用語でマスキングをしている。

28）「正常化」の作用から自分たちの身を守るという場への期待があるからこそ，〈異質なる身体〉を「正常化」していく治療＝再規律化の論理とは異なるプロセスがSHGで生じているのだと思われる。

29）本章では，インフォーマントたちがアンビヴァレンスを伴いながら語った具体的な個人を〈仲間〉と表記している。

30）SHGの外部社会において課せられる「正常化」とは異なる意味でのSHGにおける「内なる正常化」——〈療法的な正常化〉——を概念化するにあたり，メルッチが洞察した「解放と支配の弁証法」の議論を参照した。また，注20）の治療プロセスの両義性の問題も参照されたい。

　　あらゆる「セラピー機能」は解放と支配の間の解消不能な弁証法の中に位置することになる。どんな「セラピー」にせよ，社会的諸関係の特定の文脈内部の個人的欲求に反応する。それは社会的に作られた正常性の規範を，程度の差はあれ，緩やかに適用することで，個人的な苦悩を和らげることを目指しているのであるから，セラピーの立場の両義的不安定性は避けられないものである。　　　　　　　　　　　　　　（Melucci 1989=1997: 162-163）

31）おそらく，〈出会いの希求〉という人間の根源的な希望と欲求をSHGという場（社会文化的装置）は可能にしている。SHGでは，目的である回復がある程度果たされてもなおSHGに留まり続けるメンバーが一定数いる（【SHGから卒業して外部社会へ】となっていかない）現実が確認されるのだが，その理由の一端はここにあるのだと思われる。なお，「出会い」の根源性については，本書第2・3章を参照されたい。

32）〈出会いの希求〉は抵抗というには，あまりに未熟で微小な形態であるように思われるかもしれない。しかし同時に，このような抵抗以外に，その抵抗が他者に連なり広がっていくことのほかに，再生産ではないような新しい何かは生まれてこないこともまた確かなことである（そして仮に，出会いが何も生み出さずに失敗に終わるのだとしても，この事実自体は揺るがないであろう）。なお，「再生産」と〈新しい何かを生み出す〉「創造力」との関係性については，本書第Ⅲ部においても論じられる。併せて参照されたい。

33）希望の原理的な意味合いについては，エーリッヒ・フロム（1900-1980）の以下のような「希望」理解との対話に基づいている。

> 希望は逆説的である。希望は受動的に待つことでもなく，起こりえない状況を無理に起こそうとする非現実的な態度でもない。……希望をもつということは，まだ生まれていないもののためにいつでも準備ができているということであり，たとえ一生のうちに何も生まれなかったとしても，絶望的にならないということである。　　　　　　　　　　（Fromm 1968=1970: 27-28）

　希望には，希望それ自体を希望する（希望がないことに絶望しない）という根源的な意味合いが含まれている。たとえ結果が約束・保証されないのだとしても，たとえすべての努力が無駄になるのだとしても，新しく生まれてくる何かのために自分にできる最善を尽くしていくというニュアンスが希望には含まれている（〈出会いの希求〉という概念にも，そのようなニュアンスを込めている）。そしておそらく，本書第Ⅲ部で論じられる「創造力 creativity」という問題にも，希望の問題は深く関わっている。併せて参照されたい。

34）「他者との出会い」には，自分のなかに新たに生まれてくるもの——他者の〈身体〉性／〈身体〉の他者性——を引き受けそれに応答していく「責任／応答力」の発揮というニュアンスがあるように思われる。本章で使用している「他者との出会い」という概念には，すべてこのニュアンスを込めて使用している。なお，「責任／応答力」については注14)・15)を，「出会い」については本書第3章（特に2節）の議論を参照されたい。

35）本章の議論（調査者—被調査者の双方が取り組んだ調査研究／実践）が最終的に行き着いた問題とは，結局のところ他者に対する「責任／応答力」の問いであった。他者の声と存在は，調査者—被調査者の双方に対して，極めて困難な問いを発し続けているのだ。おそらくそれは，【SHGにおいて構築されている「正常性／まともさ」のコードに，〈異質なる身体〉が発する声と存在に相互に媒介され合うという論理を達成しようとしながら，それでもなお残されてしまう「正常化」の作用に，いかにして・いかなる意味合いにおいて抵抗することができるのか？】という問いに定式化できる。この問いは，いまだ解かれぬまま／乗り越えられぬまま SHG の内部に残り続けている。本章が記述した事柄とは，SHG で構築される「正常化／まともさ」のコードと「正常化」の作用に抵抗することの困難性と，それでもなお残り続けている抵抗の可能性である，と言えるのかもしれない。その抵抗のなかから個々人の「メタモルフォーゼ」が，それらの連なりのなかから「種の新しい文化」あるいは「存在しているものは何であれ，ただ存在するという理由のみによって静かに尊重されるようなテリトリー」が可能になっていくのだと思われる。この点については，注16)も参照されたい。

参考文献・URL

天田城介，2010「思想と政治体制について—ソ連における精神医学と収容所についての覚書」『生存学研究センター報告』14：13-65。

248 第Ⅱ部 〈内なる惑星〉に"出会う"

Foucault, Michel, 1967 [1961], *Histoire de la folie à l'âge classique*, Gallimard.
（＝2020 [1975]，田村俶訳『狂気の歴史―古典主義時代における（新装版）』新
潮社）

―――, 2003 [1973-74], *"Le puvoir psychiatrique" Cours au Collège de France
1973-1974*, Gallimard.（＝2006，慎改康之訳『精神医学の権力―コレージュ・ド・
フランス講義 一九七三―一九七四年度』筑摩書房）

Fromm, Erich, 1968, *The Revolution of Hope: Toward a Humanized Technology*,
Harper & Row.（＝1970，作田啓一・佐野哲郎訳『希望の革命 [改訂訳]』紀伊國
屋書店）

池田信虎，2020「フーコーにおける『規律』〈discipline〉再考に向けて」『哲学の
探究』47：59-78。

蓮澤優，2023『フーコーと精神医学―精神医学批判の哲学的射程』青土社。

廣瀬浩司，1998「分身の系譜学と権力のテクノロジー―フーコー『監獄の誕生』の
哲学的意義」『言語文化論集』48：55-72。

―――，2011『後期フーコー―権力から主体へ』青土社。

福重清，2004「セルフヘルプ・グループの物語論的効果再考―『回復』することの
曖昧さをめぐって」『現代社会理論研究』14：304-317。

石川准，2001「マイノリティの言説戦略とポスト・アイデンティティ・ポリティク
ス」梶田孝道編『国際化とアイデンティティ（講座・社会変動 第7巻)』ミネ
ルヴァ書房：153-181。

石岡丈昇，2016「参与観察」岸政彦・石岡丈昇・丸山里美『質的社会調査の方法―
他者の合理性の理解社会学』有斐閣。

河本英夫，1995『オートポイエーシス―第三世代システム』青土社。

前川真行，2022「身体の牢獄―ふたたび規律権力について」『社会学雑誌』39：59-
94。

松野充貴，2022「正常化の技術論について―カンギレムからフーコーへ」『日仏社
会学会年報』33：43-60。

Melucci, Alberto, 1989, *Nomads of the Present: Social Movement and Individual
Needs in Contemporary Society*, London: The Random House Century Group.
（＝1997，山之内靖・貴堂嘉之・宮崎かすみ訳『現在に生きる遊牧民―新しい公
共空間の創出に向けて』岩波書店）

―――, 1996, *The Playing Self: Person and Meaning in the Planetary Society*,
NewYork: Cambridge University Press.（＝2008，新原道信・長谷川啓介・鈴木
鉄忠訳『プレイング・セルフ―惑星社会における人間と意味』ハーベスト社）

―――, 2000, *"Sociology of Listening, Listening to Sociology"*.（＝2001，新原道信
訳「聴くことの社会学」地域社会学会編『市民と地域―自己決定・協働，その主
体（地域社会学会年報第13集)』ハーベスト社）

Merton, Robert K. and Barber, Elinor G., 1963, "Sociology of Ambivalence",
Tiryakian, Edward A. ed., *Sociological Theory, Values and Sociocultural*

Change, The Free Press, 99-120.（＝1969，森東吾・森好夫・金沢実訳「アンビバランスの社会学理論」『社会理論と機能分析（現代社会学体系　第13巻）』青木書店）

宮坂敬造，1988「儀礼過程における反省作用—儀礼をとらえる一分析概念の位置と，事例を通して展開させる展望について」吉田禎吾・宮家準編『コスモスと社会—宗教人類学の諸相』慶應通信：47-68。

Murphy, Robert F., 1987, *The Body Silent: The Different World of the Disabled*, New York: Henry Holt and Company, LLC.（＝2006，辻信一訳『ボディ・サイレント』平凡社）

中山元，2010『フーコー 生権力と統治性』河出書房新社。

西角純志，2021『元職員による徹底検証　相模原市障害者殺傷事件—裁判の記録・被告との対話・関係者の証言』明石書店。

佐々木滋子，2004a「近代の狂気と精神病院権力—フーコーの精神医学批判(1)」『一橋大学研究年報 人文科学研究』42：3-87。

———，2004b/2005『フーコーの精神医学批判』『言語文化』41：35-59/42：33-60。

関良徳，2000「法・ノルム・合理性」『一橋論叢』124 (1)：87-102。

———，2001『フーコーの権力論と自由論—その政治哲学的構成』勁草書房。

関水徹平，2016『「ひきこもり」経験の社会学』左右社。

Turner, Victor, 1974, *Dramas, Fields, and Metaphors: Symbolic Action in Human Society*, Cornell University Press.（＝1981，梶原景昭訳『象徴と社会』紀伊國屋書店）

「事件番号『平成29(わ)212』判決文」（最終閲覧日2024年9月10日，https://www.courts.go.jp/app/hanrei_jp/detail4?id=89467）。

第 6 章
障害者雇用の現場で〈異質なる身体〉に "出会う"
──雇用の場で「社会的関係」が拓かれるとき──

竹 川 章 博

1. はじめに──"出会い" を探究する作法

　本章は，障害者雇用を取り巻く社会的関係の在り方の変化をとらえる方法論を提示し，惑星社会における〈異質なる身体〉の出会いを巡る "うごき" をとらえ，本書の目的へ応答することを試みる。具体的には，ウェーバーの「社会的関係」(social relationships) の議論を手掛かりに，企業が障害者と雇用関係において出会うことにより，職場がいかにして他者にとって開放的に転じるのかを論じることを試みる。

　本書第 3 章で新原が論じているように，〈異質なる身体〉は単一の定義に収れんする概念ではない。あえて一言で言うならば，〈異質なる身体〉は分析的な構成概念であり，内的時間と社会的時間がもつれる際に，身体に現象するちょっとした違和感や不具合とでも言うべきものである。本章においては，文化人類学者のロバート・マーフィーとメルッチの議論を対話させることで，この概念を定義することを試みた。

　本章において〈異質なる身体〉は，障害者が職場への参入に際して健常者の働き方を意識するときに，職場への参入に際して健常者の働き方を意識した際に，自らの〈身体〉との差異として，知覚されるものである。他方では障害者を受け入れる職場の同僚が，自らの働き方の常識が通用しない相手を目の当た

252　第Ⅱ部　〈内なる惑星〉に"出会う"

りにすることで，同様に意識されていなかった差異として〈身体〉に知覚される
るものである。それゆえ，障害者雇用の現場においては，受け入れ側と参入側
の双方が〈異質なる身体〉を知覚する，という構図を想定している。

　マーフィーは障害を通過儀礼との関係で論じる。マーフィーによれば，通過
儀礼は社会における個人のひとつの在り方から，別の在り方への転生の機会に
社会を巻き込む[1]，という側面がある。このプロセスには三つの段階があると
いう（Murphy 1987=2006：235-236）。

　　①　隔離と指導
　　②　儀礼の場への登場
　　③　新しい役割を携えての社会への再統合

　②から③への境界状態（リミナリティ）の持続下[2]に置かれた障害者は，マー
フィー自身がそうであったように，自らの制御困難な異質さを自覚しつつ，そ
れらとうまくやっていきながら再統合されることをめざしていく。たとえば
マーフィーは以下のように振り返る。マーフィーは自らの孤立を防ぐために，
研究室のドアを開け放しにしておくようにしていた。

　　門戸開放策のおかげで私の研究室は間もなく学部の社交の中心となっ
　た。門戸開放というのは文字通りの意味で，それは，開け放しにしておか
　ないといちいちドアを空けにいくこともできず，私の弱い声では一日中
　"どうぞ"と叫び続けるわけにもいかなかったからだ。……理由がなんであ
　れ，私のオフィスにはたいてい客があり，私は学部内に起こる出来事なら
　何でもその渦中にあるという感じをもっている。同僚の教授たちがちょっ
　と立ち寄っては話していく。……だが一番頻繁にやって来るのはやはり大
　学院の学生たちだ。……身体障害のおかげで，私は学生たちにより近い存
　在となりえた。　　　　　　　　　　　　　（Murphy 1987=2006：283-284）

第6章　障害者雇用の現場で〈異質なる身体〉に"出会う"　253

　マーフィーは，身体の物理的な制約に拘束されつつ，その拘束によって生まれた空間の特性を生かし，自らの研究室を社交場へと転じさせた。身体障害者という立場を逆手に取り，社会への再統合を部分的に達成し得たように思われる。

　他方で，完全な再統合もまたおそらく実現し得なかった。マーフィーは以下のようにも振り返っている。

　　自分の社会的な同類といる時に，理由もなく見当外れのことで当惑してみたり，自分が低くつまらないものに感じられたりする。ここに私の傷ついた自我が痛々しく露呈していた。人類学部の同僚のほとんどは古くからの私の友人たちで，中には大学時代からの友人もおり，全体に親切で協力的だった。しかし他の学部や大学当局の人々はそうはいかない。復帰後最初の学期中，私は数度教職員会館での昼食会に出たが，次第にその場の張りつめた空気に気がつき始めた。知り合いたちが私の方を見ないようにしている。会釈をかわすだけの顔見知りも会釈すらしないで，忙しげに他の方向を見やっている。他の人々は私の車椅子のために，まるでそのまわりに汚染雲がかかっているとでもいうように広々とした場所を空けてくれるのだった。これらは不愉快な思い出だ。　　　　　（Murphy 1987=2006：163）

　職場に復帰したマーフィーが直面したのは，一部の他者からの冷遇だけではない。自らの身体の障害に起因する機能不全感もまた，自我を傷つける経験となっていた（Murphy 1987=2006：158-162）。他者の対応と，自己認知の双方から自我が傷つけられるという事態を，マーフィーは以下のように考察している。

　　障害を持つ者と特にこれという問題のない者との緊張をはらんだ関係は，単に後者の鈍感，偏見，愚かさなどの結果として片づけられるべきことではない。健常者のなかで最も良心的な部類の人でも，障害者がどうい

う反応に出るかなかなか予測できないで困る。からだの損傷がいわば解釈のひずみを引き起こすわけだ。さらに複雑なのは，身障者自身が社会的な場面にねじれた見方をもち込むことである。彼らのからだが変形しているだけではなく，自分自身について，また周囲の人々や事物についての彼らの見方，考え方そのものが大きな変貌をとげてしまっているのだから。障害者はいわば意識の革命を経験するのだ。それは変身であり，変質である。

(Murphy 1987=2006：157)

　このように，障害者[3]というアイデンティティを有したまま，社会への再統合を目指していくのには，他者からのまなざしの変容と，自身の意識の変容という，2つの変容に起因する困難が付きまとう。自己と他者の双方によって，絶えず障害の所在が露わにされることで，通過儀礼における儀礼の場への（再）登場に次ぐ社会への再統合は実現せず，その過程における境界状態で，障害者は宙づりになる[4]。

　ここで述べられている重要な点は，障害者との出会いにより健常者の側も，自らと障害者の間に存在する差異と向き合わざるを得なくなる，という指摘である。障害者は，健常者が中心の職場に入っていくにあたり，健常者との間の差異を目の当たりにし，〈異質なる身体〉に気づく。しかし同様に，健常者の側も障害者と自らの差異に対面し，〈異質なる身体〉の所在に気づかされる。マーフィーは自らの生老病死でもって，健常者と障害者の双方において〈異質なる身体〉が知覚される，という事態を描き出した。

　しかし思うに，マーフィーの議論は，通過儀礼から再統合の持続の道行きを十分に論じてきれていない。まず，通過儀礼は他者を巻き込む過程を伴うというが，マーフィーの議論は，彼自身が職場への再統合を試みたときに職場に生じた変化について，悲観的な変化の記述に重きを置いているように思われる。また，この過程で生じる障害者と健常者の出会いについても，悲観的な見通しのみを有している[5]。

　問いの領域を拓くにあたり，メルッチの議論が補助線になると考えられる。

メルッチは、"出会い"において差異の持つ可能性と脅威のそれぞれについて、以下のように言う。

　他者との出会いは、自らを差異の深淵（abyss of difference）にさらけだすことである。毎日毎日、他者性とのコミュニケーションは、私たちに試練を与えている。関係性の構築を試みるとき、私たちは、社会のなかで他者が私たちに対して構成している膨大な差異に直面するのであり、それは文化、集団、個人の多様性がより明白になるときは特にそうである。差異は、まさにそれが内包している豊かさゆえに私たちを惹き付けるが、リスクにも、差し迫った脅威にもなる。つまり、他者のもつ差異は、私たちにとって二つの意味で挑戦となるのだ。第一に、私たちは自分自身と向き合わせられ、自分の限界と同時に、独自性とも向き合わせられる。第二に、架け橋となるもの、ふれるための共通の接点をたえず探し求め、交換するための言葉とルールを構築することを強いられる。

(Melucci 1996 = 2008：138)

　マーフィーの経験に改めて言及するまでもなく、雇用の場は障害者の再統合の可能性に大きな限界と制約を有する。障害の有無以前に、限られた人にのみ開かれた場である。だが、さらにメルッチは言う。限界があるからこそ可能性もあるのではないか、と。

　……限界には、制限（confinement）、フロンティア（frontier）、分離（separation）の意味もある。したがってそれは、他者、差異、還元できないものを承認するということをも意味している。他者性との出会いは、試されるという体験である。……しかし、コミュニケーションへの挑戦もまた同時に生み出すからである。それは、絶え間なく新たに始めつづける試みである。
　……「他者」とは、私たちにとっての限界を意味するだけではなく、そ

れはまた，差異を媒介とした交わりのなかで，より高い水準の共同性へと
到達しうることも表しているのだ。
　　……地球上の地域や人々の間の裂け目が日増しに深刻化していくにつれ
て，責任／応答力の場は，ますます個人の行為へと場面を転換してきてい
る。……まさにこの理由から，内なる惑星が私たちにとって決定的な事柄
となるのである　　　　　　　　　　　　（Melucci 1996＝2008：177-178）

　冒頭に立ち返れば，本章は，〈異質なる身体〉との"出会い"で生まれる可能
性の探求の試みだ。より踏み込んで言えば，限られた人にのみ開かれた雇用の
場において，健常者と障害者の"出会い"が，互いに自らの異質さと向き合い
つつ，メルッチの言う「より高い水準の共同性」へ到達し得るのかを探求する
試みだ。その過程のなかで，〈異質なる身体〉が〈内なる惑星〉をわがものと
することが有する可能性についても付言したい。
　上記を論じるにあたり，本章では以下の手順で議論を展開する。
　まず基点となるのは，〈異質なる身体〉と，それを取り巻く社会という異郷
の探求である（2節）。これを〈関係史〉という方法論に依拠して試みる。筆者
自身，精神障害者として就職活動を通じて雇用の場に参入した〈異質なる身
体〉である。また，雇用の場で障害者を受け入れる側でもあったという意味で
も，〈異質なる身体〉の所在を知覚していた。これが障害者雇用という本章の
対象を限定し，規定しているという意味において，本章は「リフレクシヴな調
査研究」（Melucci 2000＝2014）の試みでもあると言ってもよい。
　第2に，社会的関係に関する先行研究に雇用関係を位置付ける（3節）。社会
的関係は，開いたままであったり，閉じたままであったりするものではない
し，平面的でもない。これらは力学的関係のもとで開いたり閉じたりし得る
し，同時に階梯構造を持ち得るものであることが示唆されるだろう。階梯構造
を有する社会的関係が，開いたり閉じたりする力学的プロセスこそ，本章がと
らえることを狙う"うごき"である。
　第3に，障害者にとっての雇用の場での労働の意味を，筆者の力量の及ぶ範

囲で記述することを試みる。併せて採用側の判断の変数になり得る事項も記述する（4節）。就労から雇用への移行を促す制度的要因が，〈身体〉へ介入するテクノロジーとして，ここでは記述されるだろう。

　第4に，〈異質なる身体〉の能力の処遇に関する議論を展開するために，ケーススタディとして法人Aにおいて障害者雇用が推進されたプロセスを確認する（5節）。ここでは，〈異質なる身体〉の“出会い”の帰結が描かれる。

　最後に，本章の総括として，身体への様々なテクノロジー／技術工学の介入による植民地化と，当事者による〈内なる惑星〉をわがものとすることが両義的な意味合いを帯びていること，そして，職場における〈異質なる身体〉同士の“出会い”が持つ可能性と限界について論じていく（6節）。

2．異郷の探求──私と障害者雇用をめぐる〈関係史〉

(1) 〈関係史〉の試みについて

　本章は，後述するように半構造化インタビューと，関連する二次資料のレビューにより議論を展開しているが，土台となったのは前職における雇用の場での仕事の経験，すなわち「デイリーワークとしてのフィールドワーク」（新原 2021：11）である。フィールドワークと〈関係史〉については，石岡が以下のように指摘している。

　　　フィールドワークとは，〈関係史〉を捉える営みである。これが本章の一貫した立場だ。誰が調査をおこなっても結果の変わらない実証的な記録を目指すのではない。……調査対象は「ある」ものではなく，問題意識によって「構成されるもの」だ。また，問題意識が対象を切り取ることを可能にすると同時に，対象によって問題意識が鍛え直されていく。いずれにしてもここで強調しておきたいのは，フィールドと私の〈関係史〉が重要になるという点である

（石岡 2021：116-117）

258 第Ⅱ部 〈内なる惑星〉に"出会う"

このことの含意は，対象を自分との関係において受け止めることなしに，対象の世界を追体験することは困難である，という点にある。それゆえここでの試みは，私と障害者雇用の関係性をめぐる歴史の記述となるだろう。

(2) 病の経験と就職活動

2018 年の 1 月下旬から 2 月上旬にかけてのことだったと思う。私は統合失調症の診断を実家の栃木県内のクリニックにて受ける。自力で医療につながれる状況ではなく，家族の強い勧めもあって，渋々医療機関に通った結果の診断であったため，簡単に受け止められるものではなかった。

振り返ってみると，兆候はかなり前からあった。幻聴というよりは，頭に言葉が浮かんでくるという感覚に近かったが，そうしたことが，少なくとも診断を受ける半年ほど前からあった。複数の教員の影響を受ける中で，いつの間にか先生方が頭のなかでディスカッションを始め，自分自身の自我を見失うことが何度もあった[6]。

思考が統合できなくなるという症状に関して言えば，大学院入学時の 2017 年からあった。発病に関しては，なにかきっかけがあったというよりも，様々な要因での疲労の蓄積が大きかったのだと思う。

診断を受けて，私は研究戦略の練り直しが必要になった。これには大きく二つの理由があった。一つ目は当時の研究のスタイルに起因する。修士課程まで環境学を専攻していた私は，いわゆるよそ者が地域の存続に資する可能性に関心を持っていた。環境学の特徴はその学際性にある。そうしたバックグラウンドをベースに，私は専門性を強化するために，社会学を専攻できる大学院の門戸を叩いた。以前は月に 1 度フィールド調査に赴くべく飛行機に乗る生活をしていたが，当時の私は病状もあって疲労が著しく，そうしたスタイルの限界を自覚しつつあった。二つ目は経済的な理由で，家族から就職活動をするように迫られていた。当時業績も無に等しかった私は，アカデミアを去る選択肢も現実的に考えていた。

陰性症状もあり思考がまとまらず，あらゆる意味での能力的限界と条件的制

約を実感していたなかだった。アカデミアの領域に身体はあるが，思考能力も調査遂行能力も，アカデミアの水準から見れば不適格であるように思われた。アカデミアに所属しているが，その実感値は低い。まさしくどっちつかずだ。それでもなお，できないなりに考え続けたいことは何なのか。そのことを問い，研究テーマの変更を決めた。障害者雇用の研究は，障害者として就職活動をし，実際に障害者として働く側に回る人間にとっては，うってつけのテーマに思えた。

　では，働きながらにして，障害者雇用の実際を学べる職場／フィールドは，どういった場所なのか。就職活動をするなかで，自然と障害者雇用支援に従事する民間企業や，支援機関の存在が目に留まるようになった。様々な求人票に目配りをするなかで，障害者専用の求人票も目にしたが，あまり積極的に選択肢にすることができなかった。いくつかの求人票を比較した限りでは，障害者専用の求人は，そうでないものと比較して賃金が低いように思われたからである[7]。私は大学院を休学し，研究活動の継続を容認してくれる職場を探すこととなった。2018 年春頃から新卒採用枠で就職活動を開始した。障害を理由に長期就業に対する懸念を表明され，不合格をいただくこともあった[8]が，2019 年 4 月に障害者雇用支援事業を展開する 1 社から，大学院での研究継続を容認いただくかたちで内定を得た。その場で即決し，2020 年 4 月 1 日から入社した。

　この頃から，障害者の能力と雇用可能性というイメージをぼんやりと有していた。A 社では雇用可能と判断されるが，B 社，C 社ではそうではない。この水準の違いはなんなのか。振り返って考えれば，選択肢は雇用という道以外にもあったと思う。障害者手帳を早々に取得して，障害年金を受給するという選択肢もあり得たかもしれない。福祉機関の利用者として働きながら，参与観察調査を行うという道もあっただろう。

　当時の私には，法人に雇用される以外の選択肢が見えていなかったし，私の両親にも見えていなかった。年金を受給するほど，自分の障害が重度であるとは思われなかった。あるいは，そうした状態であると認めることを，無意識に

拒否していたのだろう。

(3) 異質さと歩み，問いを立てる

　入社してすぐに気が付いたのは，仕事を求める障害者と門戸を閉ざす企業というシンプルな図式[9]は，十分な解像度を有していない，ということである。実際のところ，少なくない人事担当者にとって，法定雇用率への課題意識は大きなものであった。しかしながら，障害者雇用に対する他部署の温度感と，人事担当者の温度感の高さの乖離が，障害者雇用を進めていくにあたり大きな障壁の一つとなっていた。「仕事を求める障害者と門戸を閉ざす企業」という図式により踏み込んでみると，法定雇用率の達成に向けて動く人事と，必ずしもその動きと連動しない他部署や経営層という，力学的な関係が存在しているように思われた。

　また，雇用の場で働くことを求める障害者の数が想像以上に多かった。当時在籍していた企業が扱う求人での待遇は，健常者のそれと比較すると，決して良いものではない。おそらく就労継続支援Ａ型事業所と同様の水準であっただろう。それでも，そうした事業所から法人での雇用の場で働くことを希望して，応募してくる求職者は後を絶たなかった。私自身も囚われていた，雇用の場で働くことの有する磁場が，私の関心の一つとなった。

　今一つ気が付いたのは，障害のある従業員の受け入れが有する可能性である。私の勤めていた企業は，他社の障害者雇用支援に従事していたこともあり，自社での障害者の雇い入れには慎重かつ非常に大胆であり，組織の一員として戦力化するノウハウも有していた。それゆえ，雇い入れた障害者が各部署で活躍していくケースは非常に多かった。このこと自体，非常に稀有な事例である。しかし，それにとどまらず，部署へ配属されるのに先立って生じていた組織の変化が，私には大変興味深く思われた。その整備のプロセスについて具体的な言及はできないが，部署内の誰もが同じ業務に従事できる体制が整ったと言えると思う。当時の私の上司は，障害者雇用に関しては卓越した知見を有しており，明らかに意図して障害者雇用を進めていたし，それを組織力の強化

につなげることも考えていたと思う。

　私自身，障害のある同僚と働く中で，少なからぬ戸惑いにも直面した。おそらく私と働く同僚もそうであったのだろうが，働く上でこちらの常識が通用しないことは何度もあった。しかし同時に，時として発揮される想像以上の業務の正確さや緻密さには，少なからず驚かされた。条件さえ整えば，彼らからは時として健常者以上の120％のパフォーマンスを引き出せる。一般論で言われているような，環境によって障害は障害でなくなるという状態を，身体で理解できたと思う。

　海老田は「組織デザイン」と「作業デザイン」という概念を提唱している。「組織デザイン」は，人の配置や，制度および組織化に関わる調整行為，「作業デザイン」は，障害のある従業員の特性や困難に合わせた，作業方法の調整行為に当たる（海老田 2020：35-53）。こうした研究から学びを得ながらも，これらが形成されていく過程をとらえたいと思った。そして，人事担当者が最も骨折りを強いられているであろう，他部署との調整行為に関しても記述をしたいと思った。その存在に関しては，前職での経験もあり半ば確信に近いものがあった[10]。

　かつての勤め先で起こっていたことは，プロセスの異同はあれど，他の法人においても生じているのではないか。こうした発想が，本章における問いの基点であり，事例の解釈に当たっての参照軸となっている。

3．障害者雇用を取り巻く「社会的関係」と
　　　その合理性を考える

　自立した個人が労働の場へ入っていくことを巡って，これまで社会的包摂ないしは社会的排除を巡る研究において展開されてきた。こうした論点は大きく以下の2点を主題としているように思われる。

　①　消費社会への移行に伴って貧困状態を自己責任に帰結させる言説が強化

され，相対的に弱者とされた個人の社会からの排除が正当化されたことから，このことに対する批判理論が展開された（Bauman 2005）。

② このことに対する問題意識のもとで，貧困状態へ陥った個人をいかに社会へ再び包摂するかを検討する研究が展開された（埋橋 2007；福原 2007；岩田 2008）。

他方，そうしたなかで障害者が実際の労働の場においてどのように処遇されてきたかを巡る議論は，必ずしも十分になされていない。

筆者の見解では，これには 2 つの理由がある。まず，一時期の社会学の在り様の問題がある。旧来の社会学において，障害は個人に帰属するものであり，社会的抑圧や排除を巡る社会学の研究対象ではないものととらえられてきた[11]（Barnes, Mercer et al. 1999=2004：15-16）。次に，障害学の発想法を巡る問題がある。障害学は障害の所在の一部を社会の側にあるとするが，労働の場においては，否応なしに個人の能力が問題になり，それが社会に帰属する障害（disability）に起因するものなのか，個人的な資質[12]によるものなのかという，同定困難な論点に派生してしまう（立岩 2006［2001］：172-175）。

本章においては，社会に帰属する障害の一部と，雇用者側による個人の資質を，一括りにして評価する合理性の一形態をエンプロイアビリティと定義し，それによって影響を受ける，障害のある従業員と法人の間の社会的関係の内実を明らかにすることをめざす。

障害者のエンプロイアビリティを問う本章のアプローチは，ウェーバーの社会的関係に対するとらえ方から着想を得た[13]。ウェーバーは社会的関係について次のように述べる。

　　共同社会関係たるとを問わず，社会的関係は，次のような場合，外部に対して開放的であると呼ばれる。すなわち，実際に参加の能力および希望を持つ人間であれば，右の社会的関係を構成し，その意味内容に即して取り行われる相互的な社会的行為に参加することを効力ある秩序によって禁

じられていない場合である。これに対して，社会的関係の意味内容或いは効力ある秩序が参加を排除したり，制限したり，条件を課したりする場合，外部に対して閉鎖的であると呼ばれる。開放性も閉鎖性も，伝統的，感情的，価値合理的，目的合理的に規定されていることがある

(Weber 1922=1972：70-71)

ウェーバーの指摘からは以下 2 点が読み取れよう。

① 社会的関係は能力の有無，希望の有無，そして参加を禁じる秩序の有無が問題になっていること。
② 先に述べた能力・希望・参加を禁じる秩序の有無が，なんらかの合理性によって規定されていること。

上記の引用箇所は，能力や希望が客観的に測定可能であると断言しておらず，能力や希望の有無を解釈する枠組みがどういったものであり，それによって能力や希望の有無がいかに解釈されるのか，を問題としているものと思われる。

労働者と企業との間にある雇用関係を，社会的関係であると仮定した場合，残念ながら，それは多かれ少なかれ閉鎖的でしかあり得ない[14]。言うまでもなく，就職を希望したもの全員が採用とはならないし，なんらかの選考プロセスを経て，それを通過した者のみ採用となる。健常者であれ障害者であれ，それは同様である。

しかし，障害の有無に対する判断が，社会的関係の閉鎖性に作用することもあれば，作用しないこともあり得る（立岩 2006 [2001]）。本章のアプローチは，エンプロイアビリティを，社会的関係を規定する合理性の一形態ととらえ，その内実を明らかにするものである。マーフィーの言う境界状態の議論との対応で言及すると，エンプロイアビリティは各法人において設けられている，社会に再び入っていくか否かを審級する概念である。こうした合理性が，〈異質な

る身体〉との"出会い"によって揺らぎ，社会的関係の開放性の度合いに変化が生じるのではないか——以上が本章における仮説である。

4．障害者にとって「働く」こととは

本章においては，障害者を「障害者手帳を有している者」として定義する。この定義を採用するのは，法人の障害者雇用のインセンティブを考慮する際に，法定雇用率の概念が不可欠となるからである。

2024年4月1日現在において，各年度の6月1日時点での常用雇用者数が40名以上の企業は，障害者雇用促進法により常用雇用者数[15]のうち2.5%（法定雇用率と呼ばれている）の雇用が義務付けられているが，障害者雇用促進法の対象となるものは身体障害者手帳・療育手帳・精神障害者保健福祉手帳のいずれかを保持するものに限られており，自立支援医療受給者証・難病受給者証のみを所持しているものは対象外となる。

障害者雇用促進法においては，原則1人の障害者を雇い入れることで1名分（1ポイント分）の雇用とみなされるが，身体障害者手帳を保持しており等級が1級・2級である場合と，等級が3級かつ重複の障害がある場合，あるいは療育手帳を保持しており程度がAとされているか，児童相談所・知的障害者更生相談所・障害者職業センターによりそれに相当すると判断されているものを雇い入れる場合には，1人の雇用で2名分（2ポイント分）の雇用としてみなされる。20時間未満の短時間勤務の障害者も0.5ポイント分の雇用とみなされる場合もある。

この法定雇用率の達成が，法人にとって障害者雇用の最大のインセンティブとなる。法定雇用率が未達であり，かつ以下のいずれかに該当する場合行政指導の対象となる（厚生労働省 2023）。

① 不足数5ポイント以上かつ実雇用率が全国平均未満であること
② 法定雇用者数が3～4ポイントで，1名も雇用していない状態であること

行政指導を経て法定雇用率に改善が見られなかった場合，厚生労働省のホームページにて社名が公表される[16]。一度社名が公表された場合，今のところ取り下げられる見込みはなく，各法人には大きな経営リスクになっている。したがって，法人が障害者の雇用を考えるにあたり，法定雇用率の達成を前提に判断をすることが必然的に多くなる。

この法定雇用率は継続的に引き上げられている。そのため，職場において健常者と障害者が出会う蓋然性は，相対的に高まってきている。

どういった障害種別の人が健常者と職場で出会うのか。「生活のしづらさなどに関する調査」は 2011 年から 5 年おきに厚生労働省によって実施されている調査で，本章は 2016 年度版を参照している[17]。

図 6-1 は障害者手帳の所持者の内訳を示したものである。身体障害者手帳を有する者が多いことがわかる一方で，実際に企業就労に従事し得ると考えられる 18 歳〜64 歳[18]の層に焦点を当てると，療育手帳・精神保健福祉手帳を有する人数が，身体障害者手帳を有する人数を上回ることがわかる[19]。特定の

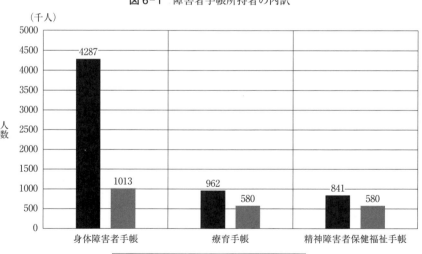

図 6-1　障害者手帳所持者の内訳

出所：2016 年度『生活のしづらさなどに関する調査』より筆者作成

266　第Ⅱ部　〈内なる惑星〉に"出会う"

表6-1　65歳未満の障害者手帳所持者の日中の過ごし方（複数回答）

(単位：%)

区　分	身体障害者手帳 （n＝859）	療育手帳 （n＝631）	精神障害者保健福祉手帳 （n＝472）
正社員（障害者向けの求人）	5.5	3.0	1.1
正社員（障害者向けの求人以外）	11.3	4.3	8.1
正社員以外（障害者向けの求人）	4.5	7.0	5.9
正社員以外（障害者向けの求人以外）	10.1	5.7	12.3
自営業	5.8	1.0	3.6
療養介護	0.1	0.2	0
生活介護	5.0	13.2	3.0
自立訓練	0.2	2.1	1.9
就労移行支援	0.6	2.7	3.0
就労継続支援A型	1.2	4.1	4.7
就労継続支援B型	3.3	14.7	10.2
地域活動支援センター	0.5	1.4	2.1
作業所等	1.2	4.9	2.1
介護保険の通所サービス	4.0	5.4	0.6
病院等のデイケアを利用している	1.2	0.2	6.1
リハビリテーションを受けている	7.9	3.5	1.5
学校に通っている	5.2	21.2	2.5
学童保育	0.2	1.0	0.2
保育園・幼稚園・認定こども園	0.6	3.0	0
障害児通所施設	2.1	13.2	0.8
社会活動などを行っている	3.6	4.9	1.9
家事・育児・介護等を行っている	11.5	15.7	9.5
家庭内で過ごしている	36.9	21.7	49.8
その他	4.8	3.6	7.4
不詳	12.5	7.9	7.8

注：障害者手帳を有する回答者の総数は1776名[20]。
出所：2016年度『生活のしづらさなどに関する調査』より筆者作成

障害種別の人口が突出して多いわけでもないことから，各法人は，様々な種別の障害者手帳を有するものを採用の候補とする必要があることが示唆される[21]。

障害者手帳を有する人のうち，どの程度の割合の人が法人に雇用され，働いているのか。

表6-1に示されている数値には，18歳未満の手帳所持者も含まれているこ

とに注意を払う必要があるが，身体障害者手帳所持者においては約４割[22]，療育手帳の所持者に関しては約２割，精神障害者保健福祉手帳の所持者に関しては約３割が一般就労と呼ばれる区分，ないしは自営業に従事していることが読み取れる。一般就労とは，法人と雇用契約を結び，労働者として勤務する働き方を指す。

　障害者にとって，一般就労のハードルは決して低くない。国勢調査による2016年６月１日時点の数値では，０歳〜64歳の人数が92,572,000名[23]であるが，労働力調査によれば2016年度の労働者数の平均値は64,860,000名[24]であり，約７割が何らかのかたちで就労に従事している。先述の各障害者手帳の種別ごとの割合と対比しても，雇用の場での労働に従事する困難さがよくわかる。

　そうしたなかでも，一般就労は多くの障害者にとって目標となっていると考えられる。表6-2は，現在とは異なる日中の過ごし方をしたいと回答した者の，今後の日中の過ごし方の希望に関する質問への回答割合を示したものである。一般就労や自営業を希望する回答割合を集計してみると，身体障害者手帳の所持者は５割強，療育手帳の所持者は４割強，精神障害者保健福祉手帳の所持者に至っては約８割に上る。

　障害者を一般就労に駆り立てるものは何なのか。駒澤真由美は以下のように指摘する。

　……精神障害者に対して行政や社会が「一般就労し，生活保護から脱却すること」を求めているがゆえに，そうできない人たちへの社会の偏見が助長されているのである。

　国が精神障害者の就労を階層化し，一般就労することを頂点に置くことで，一般就労できなければリカバリーできないと思わせるような施策になってしまっている。それによって，働けない精神障害者の自己肯定感／自尊心を低めている

（駒澤 2022：198）

268 第Ⅱ部 〈内なる惑星〉に "出会う"

表6-2 今後の日中の過ごし方に対する希望への回答結果（複数回答）

(単位：%)

区　分	身体障害者手帳 (n＝154)	療育手帳 (n＝103)	精神障害者保健福祉手帳 (n＝197)
正社員（障害者向けの求人）	20.1	15.5	24.4
正社員（障害者向けの求人以外）	6.5	8.7	14.2
正社員以外（障害者向けの求人）	16.2	11.7	25.9
正社員以外（障害者向けの求人以外）	7.1	6.8	9.1
自営業	5.8	1.9	6.1
療養介護	0.6	1.0	0
生活介護	1.9	5.8	2.0
自立訓練	0.6	5.8	6.1
就労移行支援	0.6	4.9	5.1
就労継続支援A型	1.3	6.8	6.6
就労継続支援B型	0.6	9.7	5.1
地域活動支援センター	4.5	3.9	3.0
作業所等	2.6	7.8	4.1
介護保険の通所サービス	1.9	0	1.0
病院等のデイケア	1.9	2.9	6.6
リハビリテーション	16.9	3.9	4.1
学校に通いたい	3.9	9.7	5.6
学童保育	0.6	1.0	0.0
保育園・幼稚園・認定こども園	1.9	3.9	0
障害児通所施設	1.3	11.7	0.5
社会活動	7.8	3.9	5.6
家事・育児・介護等を行いたい	4.5	1.0	5.6
家庭内で過ごしたい	18.2	9.7	14.7
その他	8.4	7.8	13.7
不詳	9.1	12.6	7.1

注：障害者手帳を有する回答者の総数は403名[25]。
出所：2016年度『生活のしづらさなどに関する調査』より筆者作成

　福祉政策に目を向けてみると，2005年に障害者自立支援法（2016年に障害者総合支援法に改正）が制定されている。ついで障害者雇用政策に目を向けると，2018年の障害者雇用促進法の改正により，精神障害者が法定雇用率への算定がなされるようになった。これらの法律の制定により，福祉的就労を担う支援機関の役割は，障害者の一般就労への移行をめざす場として再編されていった。こんにちの障害者の働き方を取り巻く就労系福祉サービスは，図6-2の

第6章　障害者雇用の現場で〈異質なる身体〉に"出会う"　269

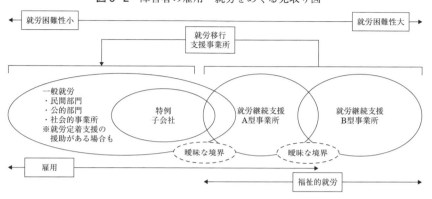

図6-2　障害者の雇用・就労をめぐる見取り図[26]

ように整理することができる。

　障害者の働き方は，福祉的就労と一般就労の2つに大別される。前者は障害者総合支援法の法的根拠のもと設立されており，後者は障害者雇用促進法によって従事する人数の増加が図られている。福祉的就労を担っているのは就労継続支援A型事業所（以降A型事業所と表記）と就労継続支援B型事業所（以降B型事業所と表記）である。利用者はこれらの事業所にて軽作業に従事し，一般就労をめざすことになる。このうちA型事業所に関しては利用者と雇用関係が取り結ばれるため，最低賃金が保証される。他方でB型事業所に関しては雇用関係が取り結ばれないため，工賃と呼ばれる別の体系に則って報酬が支給される[27]。就労移行支援事業所も障害者総合支援法を法的根拠に持つ機関であり，利用者は福祉的就労や，一般就労からの転職に際して就労訓練を受けることができる。

　このように，障害者自立支援法以降の障害者雇用を取り巻く制度の在り方は，障害者の働く在り方を階層化し，障害者に福祉的就労から一般就労への自立を促す体系になっている。マーフィーの置かれていた時代状況においては，社会文化的なベクトルは障害者の隔離に向けて作動していたが，今日の日本社会においてはそれと同等かより上回るような，障害者を雇用の場に駆り立てる

ベクトルが作動しているのである。

5. 障害者雇用の推進の過程における
諸アクターとの相互作用

　冒頭の問いに立ち返ろう。4節までの議論において，障害者雇用を事例に〈異質なる身体〉の"出会い"を問うための前提を確認してきたが，これらの議論がいかなるうごきをとらえることに資するのか。

　本章において扱う事例は，法人Aにおける障害者雇用の事例である。法人A[28]では，いくつかの要因によって障害者雇用が進められ，その過程で様々なアクターとの相互作用（inter play / encounter）があり，社会的関係の編成が徐々に変化していった。

　2022年11月25日に，筆者は同法人の人事部人事課の担当者に，半構造化インタビューを実施した。その際に得られた回答と，それ以降のメールでのやり取りをもとに，本節の内容は構成されている。

(1) 法人内の相互作用──エンプロイアビリティと社会的関係の力学性

　法人Aが障害者雇用を推進していくきっかけには，法定雇用率やコンプライアンスの観点など，外発的な複数の動機付けが大きな要因として存在した。とりわけ推進していくきっかけとして大きかったのは，法定雇用率が未達成であったことにより，ハローワークから行政指導を受けたことであるという。このように，人事部門にとって障害者雇用は大きな課題となるが，法人内の他の部門は必ずしもこの温度感に同調しない。法人Aの障害者雇用担当者は以下のように述べている[29]。

　法人A担当者：
　課題はすごく盛りだくさんで，業務をマッチングする前提となる業務を切

り出すときに人事部門というのは法定雇用率と一番向き合っているところでもあるので，それはもう決まったゴールとしてそこに向けてどうするかって話はしやすいんですけど，全ての部署がそうしているかっていうとそんなことはなく，何か知らない，知らないからこその抵抗というのは，どうしても出てきてしまうかなあと思います。あと最終的には個々の人とのマッチングなんですけど，そこに行く前の段階でストップしてしまうみたいなこともあるので一般的な業務の切り出しはいろんな課室に依頼したり，協力依頼はするんですけど……

———部署によってはこう，理解があったりなかったりというのは……

ありますあります。

この発言から，人事とほかの部署で雇い入れに対する意向の齟齬があったことが読み取れる。このように，雇い入れの推進自体が力学的なプロセスであった。人事が相対的に開放的であった一方で，閉鎖的な部署も存在した。障害者雇用を推進していくためには，他部署に対し障害者雇用のメリットを訴え，雇い入れるためのポジションの創設に向けて働きかけをする必要があった。

そのための手立てとして，大きく二つのことが試みられた。一つ目が，法人内での説明会の開催である。先立って人事課では障害のある従業員の雇用を行っていたため，そこで蓄積したノウハウを開示することで，法人内の理解を得ることが試みられた。併せて，ほかの課室での雇用事例も併せて紹介され，人事課でしか進められない話ではないということの立証が試みられた。二つ目が，社内営業のような進め方であった。法人Ａの担当者は以下のように述べている。

作戦として，こちらの業務が少しそんなに繁忙期ではない時期があったりするとき，コロナ禍でちょっと業務量が減ったときとかもあったので，他の課室で大変だけど定型的な業務でいっぱいになっているところとかにちょっとサポートに行って……

272　第Ⅱ部　〈内なる惑星〉に"出会う"

———たしかに猫の手も借りたい状況のときありますよね……

[そのときに](筆者追記)ちょっと行ってもらってとか。逆にその作業のものをもらったりとかして,こちらでどんどんやってもらって,こういうこともできるんですっていうようなお話をしたりして,ちょっとずつ事例を増やしていくというか。

　このように,障害のある従業員が,実際に業務に従事している様子を見てもらい,アウトプットをもとにしてほかの部門の担当者と話をすることで,理解を得ることが試みられたのである。人事課の担当者によると,一度業務に従事をした結果,2度目以降の抵抗は大幅に縮減された。その背景には,単に業務適性があると認識されたことだけでなく,業務に従事させるメリットがあると認知されたことが背景にあると思われる。

職員に張り付いていた仕事がパートタイム職員の方にどんどんお願いできるようになったとかっていうこともあるので。結構いいことはいっぱいあって。一度やってみると,次への抵抗ってすごく減るんだろうなと思うんですけど。

　障害のある従業員に業務を従事させるためには,俗人化している業務の工程を,誰でも担うことができるように,マニュアル化するなど見えるようにしていく必要がある。そのため,特定の従業員に張り付いていた業務を,障害のある従業員に任せたことにより,その業務も可視化され,他のパートタイム職員に下ろすことができたケースもあったのである。

　ここまでの議論から,二つの含意を引き出すことができよう。まず,雇い入れにあたり部門間で意向の離齬が存在したことについて。本章における社会的関係の観点から検討すると,ウェーバーが示唆していた通り,階梯構造が存在するように見受けられる。これは同時に力学性を帯びていた。合理性も静態的なものではなく,人事からの働きかけも功を奏して変化が生じ,当初は理解の

なかった部署においても開放的なものへと変化していった。

次に、その合理性の変化と、開放的になった社会的関係がいかなるものであるのか、という点について。合理性の変化に関して言えば、部署の内部において障害者雇用を進めていくことに対し、法定雇用率の達成以外のメリットが見出されたことであろう。いかなる部署の立場から考えても、業務に従事可能な人手を確保できるというメリットは小さくない。加えて、俗人化していた業務が組織で運用できるようになっていく、というメリットもあった。

このように、社会的関係の閉鎖性は静態的なものではない。部門間の相互作用を経て、より開放的にもなり得るのである。

(2) 人事部門と支援機関の相互作用——〈内なる惑星〉を わがものとする

では、そもそも「雇用可能である」ことを判断するのにあたり、どういった点が判断材料になってくるのか。端的に言えば、障害者雇用においては、「能力」に留まらない特有の論点が浮上してくることが見受けられる。

法人Ａは行政指導を受けてハローワーク主催の説明会等に参加し、とある就労移行支援事業所支援機関Ｂとつながりを持つに至った。法人Ａの障害者の雇い入れは、主に支援機関Ｂを介在して行われている。

障害者雇用を進めていくにあたり支援機関の役割は非常に大きい。通常障害者雇用を進める際に、新たに雇い入れる障害のある従業員に、どういった業務であれば従事させられるのかを検討することになる。しかしながら、それにあたっての判断材料が、雇い入れる法人側にあることは稀である。支援機関は、それにあたり必要な様々な情報を提供するリソースになる。

特定のその方をずっとサポートされてきた担当の方が一緒にいて誰々さんはこういうところが得意でとか、こういうところまで働いていてとか、っていうところを教えてもらいながら進めるっていうかんじなので……

274 第Ⅱ部 〈内なる惑星〉に"出会う"

　さらに，業務遂行能力にかかわる内容に留まらず，家庭環境や成育歴など，本人の私生活にかかわる領域も問題とされる。

　　　……実際に，お一人お一人の障害者雇用を進めて，その方が職場に見えるってなったときには，その方の生い立ちといいますか，どの時点で障害が判明していて，ご家族とこれまでどういう関係で過ごされていてっていうところも伺って，どのように障害と向き合われてきたとか。こういうふうにすると過ごしやすいとか働きやすいとかっていうことをお聞きして。その上でどういうような準備をしていくとこの業務をやっていってもらえるかなみたいなところを，この支援の事業所と一緒にご相談をしながら，そこら辺の情報も……
　　　───やはり支援機関になって……
　　　そうですね。

　このように，私生活と業務遂行能力が分けて考えられるものではなく，私生活の延長線上で業務遂行能力が考えられていることが窺える。こうした考え方自体は決して突飛ではない。私生活の安定も含めて仕事であるという趣旨のビジネス本は少なからず流布しており（たとえば菅沼 2019），障害の有無を問わず，社会常識として浸透しているものと思われる。ただし，障害のある従業員に対しては，それがより徹底しているのではないだろうか。

　一般論ではあるが，就労移行支援事業所での訓練に通所する障害者は，まず自らの障害特性に向き合う。そして働く上での困難さの所在の探求と言語化，その縮減のための条件の明確化を試みる。精神障害者や発達障害者であれば，生活や働く上での困難さが生起したきっかけや要因の探求に踏み込む。身体障害者や知的障害者においても，この事情は大きくは変わらない。当事者たちは，障害に起因する自らの困難性を働くこととの関係で探求し，どういった対処のもとで縮減が可能かを言語化することを試みる[30]。支援機関は，必要に応じてこうした知見を企業と連携し，企業はそれをもとに雇用可能性を判断する。

松為・菊池（2006）においても，障害者の健康状態や生活状態（家族関係も含む）の管理が，安定就労につながることを示す記述が頻繁に見受けられ，障害者雇用に長らく従事している担当者から見れば，ごく一般的な理解であると思われる。こうしたことからも，メルッチが〈内なる惑星〉として概念化した領域が，管理の対象として拡大していくことで，障害者を労働の場に再統合できる，という認識が広がっていると考えられる。

（3）「社会的関係」を拓く──〈異質なる身体〉に出会うとき

では，開放的になった社会的関係はいかなるものなのか。法人Ａの担当者が指摘したように，障害のある従業員に向けた業務の切り出しは，業務プロセスを明確に可視化する工程として進められる。実際，「職員に張り付いていた仕事がパートタイム職員の方にどんどんお願いできるようになった」という発言も法人Ａの担当者からあった。そして，「一度やってみる」と，さらなる障害者雇用の推進への「抵抗はすごく減る」。

この事態を解釈するにあたり，竹内章郎の《能力の共同性》にかかわる議論と，アルベルト・メルッチの"出会い"にかかわる議論を補助線としたい。

まず，竹内は能力が個人の内部にありながら，外部にあるという事態が成立し得ると述べている。

　　《能力の共同性》とは，能力概念から見れば，能力が諸個人の内部にあると同時に外部に分離されて存在することを意味し，共同性概念から見れば，共同性が諸個人の外部（諸個人間）と同時に諸個人内部においても成立することを意味する。しかも，《能力の共同性》を捉えることは，能力自体をより社会と文化の広がりの中で，したがって，より現実的に把握することを意味する。　　　　　　　　　　　　　　　　（竹内 1993：151-152）

議論の要諦は，特定の個人に紐付けられていた業務が，様々な人に依頼ができるようになったという点である。この過程で，様々な配慮や関係部署との交

渉が試みられたことは想像に難くないが，障害のある従業員がその業務に従事できる体制を整えていくなかで，正社員だけでなく，他のパートタイム職員も業務に従事できる体制になった。結果的に，当該の部署に関して言えば，障害者をさらに受け入れていく土壌が整うことになった。この点に《能力の共同性》の萌芽を見て取ることができるのではないか。そして，その萌芽こそが，閉じられた社会的関係が開かれたものへと転じていく契機になったものと思われる[31]。

《能力の共同性》が成立するトリガーを考える際に，アルベルト・メルッチの"出会い"にかかわる議論は一つの参照軸になる。障害者との接点をこれまで持ってこなかった部門の従業員にとって，一時的であれ障害のある従業員の受け入れは，受け入れ側にとっても，〈異質なる身体〉との〈出会い〉の契機になる。こうした"出会い"は，障害者と部門の間で架け橋になり得る接点の模索を生じさせる（Melucci 1996=2008：135-160）。法人Aの担当者は，この契機を意図的に仕掛けていたことになる。履歴書や職務経歴書の記載や，支援機関への通所歴や，訓練内容といったシンボルのみで提供される情報に加えて，「出来栄え（goods and services / performances）」を提示することで，受け入れ側と障害者の間に存在する差異を越えて対話する余地を生み出したのである。

障害者を一度雇い入れた部署で，さらに障害者雇用が進むのは，〈異質なる身体〉の"出会い"が正の循環を生んでいるからであろう。障害者雇用による便益を経験として蓄積した部門は，他の障害のある候補者や従業員にとっても，より開放的になっていく。社会的関係は自ら開くのではない。合理性が"出会い"によって変容し，拓かれるのである。

ただし，"出会い"は危うくもある。雇い入れの体験がネガティブなものであった場合，負の循環が作用し，社会的関係がより閉じていくことも考えられる。この意味で"出会い"の合理性，ひいては社会的関係の開放性や閉鎖性への作用の在り方は両義的であると考えられる。

"出会い"が成功裏に終わるためには，当事者が〈内なる惑星〉を自分のものにすることで，働く上での困難性の一定のコントロールと，その社会的対処に

よる制御の手段の法人側とのコミュニケーションが必要となる。これにより，差異を記号化することが，それぞれの〈異質なる身体〉の対話が開始される必要条件なのではないか。この意味で〈内なる惑星〉を自分のものにすることは，可能性と制約の両義性を孕むと考えられる。当事者自身やほかの当事者の働く場を拓く可能性を有しつつ，相対的に働く上での困難性の少ない人と比較した場合，より管理される立ち位置に身を置くことになるのである。

(4) 働く当事者と人事部門の交渉の不在——開放の度合いの限界について

では，障害のある従業員にとって，職場はどこまで開放的になり得るのか。2018年に実施された障害者雇用実態調査によれば，多くの障害者にとって無期雇用の正社員というポジションは開放的ではない（厚生労働省 2019）。法人Aにおいても，障害者採用のトラックで無期雇用の正社員で働いている従業員はいないとのことであった。こうした状況は，法人の側と働く当事者の側の合理性が行き交った帰結として生まれていると思われる。

> ───求職者さんの動きとしてもあちこちお仕事を探すっていうよりも
> 1ヶ所のところに長くいるって動きをする方が多いんですかね。
> **多い気がします。ここで定着したいっていうようなお声を聞く方が多いので。**
> ───ご自身の体調という観点でいっても急激な環境変化やっぱり避けたいし。
> **だと思いますね。日頃のリズムとかやっぱり崩れちゃったり，通勤が変わるとかもあると思うので。**

現在法人Aが雇用している従業員からも，キャリアアップや無期雇用を求める声は上がってきていないという。障害のある従業員側も，生活リズムの安定を重視してあえて無期雇用の正社員のキャリアを望んでいないという法人A

の担当者の説明は，この点からも説得力を有している。先立ってセーレンセンは社会的関係の開放性の度合いは双方の交渉力に依存すると指摘していたが，この点は障害者雇用においても近しいことが言えるものと思われる。障害のある従業員からは，正規雇用を求める交渉自体が行われる頻度が非常に限定的であり，正規雇用従業員の数も限られているものと思われる。

6．おわりに――"出会い"は雇用の場で生まれるか

　本章は，障害者雇用を取り巻く社会的関係の在り方の変化をとらえる方法論を提示し，障害者雇用の実態の解釈を試みることで，惑星社会における〈異質なる身体〉の処遇をめぐる"うごき"をとらえるという，本書の目的へ応答することを試みた。分析の結果得られた知見は4点ある。

① 社会的関係とその閉鎖性の度合いを規定する合理性は，階梯構造を有していた。それらは静態的なものではなく，変動する力学的かつ可変的なものであった。この過程で《能力の共同性》の萌芽が見られ，このことが閉鎖的である社会的関係を開放的にすることが示唆された。

② 社会的関係をより開放することとの関連で，"出会い"は有効な契機になり得る。本章の事例においては確認できなかったが，それは社会的関係をより閉鎖的なものに転じさせる可能性もあり，この意味において両義性を帯びていると考えられる。

③ 雇用可能であることが審級される際には，〈内なる惑星〉の位相が問題とされていた。このことは，社会的関係をより開放的なものに転じさせる可能性がある一方で，労働者の管理の強化をも意味する。当事者が〈内なる惑星〉を自分のものにすることと，管理者側による〈内なる惑星〉の植民地化の両義的な関係の所在が示唆される。

④ 〈内なる惑星〉の開拓による開放性の拡張の度合いには限界が存在した。この点は，交渉の有無に依存しているものと思われるが，障害者の側に

も自身の体調などを考慮に入れた独自の合理性が作用しているものと考えられる。

　物質的な有限性の拘束を受け，同時に私たちの内面までもがフロンティアとして開拓されつつある今日の社会の在り方を，メルッチは〈惑星社会〉と表現した（Melucci 1996=2008）。そうした有限性に拘束された社会は，近代化とともに「廃棄物」（wasted lives / defused）を生み出してきた（Bauman 2004：52；新原 2014：48-49）。〈惑星社会〉は近代の一つの到達点であり，設計が脅迫的になされ続け，〈身体〉までもがいまや設計の対象となっている。「廃棄物」は設計の産物である。私たちの設計図が，理想像（vision）とともに，無秩序（chaos）としての「廃棄物」を生み出す。職場における選別は，この過程と酷似しており，第4章はその帰結を暗示している。第5章は理想像（vision）との間で，内的時間と社会的時間がもつれる身体の在り様を描いている。

　たとえ社会的時間が支配的な場であっても，〈異質なる身体〉との“出会い”は訪れる。自らに現象した異質さを，理想像（vision）のもと切り捨てず，むしろ違和感を覚えている側とともに新たな共同性を生み出す可能性が，いまだ雇用の場にはある。このことが制度という制約によって可能になっているとはいえ，本章の知見は，雇用の場での〈異質なる身体〉との“出会い”が持つ可能性を示しているのではないか。限界も多い，ほんのわずかな可能性だが，私はそれに賭けたい。

　本章に続く第7章では，より長期的な時間軸のなか，師弟関係という制約により生まれる“出会い”について論じられるだろう。

1）ロバート・マーフィー（1924-1990）は，1972年に脊椎に腫瘍が見つかり，そこから身体障害者としての生活を送ることになる。マーフィー自身も身障者のアイデンティティを持ちながら，職場に復帰をする際に「通過儀礼」を経験した。マーフィーは当時コロンビア大学で教鞭をとっており，1977年の復職の間際に大学の学生から授業の内容を讃える賞を受賞する。その際の受賞夕食会についてマーフィーは以下のように記している。
　　受賞夕食会はまた私の社会復帰の機会でもあり，それを祝う格好の儀礼の

280　第Ⅱ部　〈内なる惑星〉に"出会う"

場となってくれた。学問的な栄誉を与えるための場であるはずのパーティは図らずも"通過儀礼"として機能することになったわけだ。アーノルド・ヴァン・ジェネップの使ったこの通過儀礼ということばは，ひとつの社会的アイデンティティから他のアイデンティティへの人間の移行を画する一連の儀式のことをさしている。この儀礼は例えば，少年から成人男性への，少女から成人女性への，独身から既婚者への，生者から死者への変遷を劇的に表現する。私の場合には身障者という新しいアイデンティティをもって社会へと再浮上するというわけだ。

　　パーティは盛況で，聴衆の反応は奇妙なくらいに温かだった。私はやがて気づいた。私が賞められているのは教師としてというよりは"生存者"としてなのであり，これは私の生還を祝する式なのだ，と。どちらでもよい。感情にいつわりはなかった。私は再び自分が大学の一員であると感じることができた。異なるからだをもって昔からの関係者や知人に再会することに対して抱いていた深い不安を鎮めるのに，受賞式という儀礼は確かに大きな効果をもっていた。　　　　　　　　　　　　　　　（Murphy 1987=2006：136-137）

2）①から②の境界状態の持続下に置かれた身体を，マーフィーはどっちつかず（betwixt and between）な身体と評した。他方で，マーフィー自身も同時代的制約下にあり，この議論が現時点でも部分的には有効性を帯びつつ，こんにちにおいては，少なくない数のどっちつかずな身体が社会への再統合をめざし，実際に組み込まれるようになった。後述するように，少なくない数の障害者が，福祉施設で訓練され，職場に迎え入れられ，何らかのかたちで役割を付与されて雇用されている。障害者雇用は，①から②に留まらず，②から③への移行過程をとらえる格好の事例と言ってよいだろう。

3）マーフィーの事例は身体障害者に関するものだが，本章において障害者という言葉を用いる際には，特定の障害種別の障害を有する者を指さない。障害者雇用を行う法人は，後述する通り障害種別を絞らず，様々な障害を有する求職者を雇用する必要に迫られているからである。

4）境界状態の持続下に置かれた〈異質なる身体〉は，完全なる移行をめざし続けるものと思われる。マーフィー自身以下のように振り返っている。

　　学生たちとの関係が変化するにつれ，私はますます教えることに熱中した。これは車椅子生活の最初の数年の特徴，つまり自分が障害者であることを否定して昔の自分にすがりつこうとする試みのひとつの現われだったといってよい。私の場合，否定するといっても，自分の身にすでに起こったこと，今起こりつつあること，そして将来起こるだろうことを認めまいとするわけではなかった。むしろ障害が日常生活に及ぼす影響をしかたのないこととして受け入れる準備が私にはなかったということだ。自分のからだが絶望的な状態にあることはいやというほど承知をしていたし，それを特に人に隠そうともしなかった。しかし私は自分が社会的に，そして人間関係の上でも，機能不全だと認めるわけにはいかなかった。この点を人にそして自分自身に向け

て証明するために，私は人の倍も努力したと思う。平常にふるまうことにかけて私はなかなか上手なので，人は，障害が私の心に重くのしかかっていることを知ってびっくりする。　　　　　　　　　（Murphy 1987=2006：285-286）

5) 後者の論点に関しては，おそらく理論的な前提の問題でもある。

　……フロイトが使った"原光景"（両親の性行為を目撃するという子供にとってショッキングな経験）という表現を借用しながら，ゴフマンは，一般に人間たちが出会う場面になにか重大な"欠陥"がある場合のことを意味しようとした。例えば，出会いの場面で片方の側の人間に鼻がない，という風に。この欠陥のために対面の場がぶちこわしにならないとも限らない。そこにはしたがうべき文化的なガイドラインが失われて，人々はお互いに相手から何を期待したらいいかわからなくなってしまう。欠陥は社会的不祥事を引き起こす力を秘めている。　　　　　　　　　（Murphy 1987=2006：156-157）

6) 本書が〈異質なる身体〉を複数形としてとらえるという第3章の議論や，第8章の議論の境界線の束としての身体という言葉を考えるとき，こうした体験が基点となっている。

7) この所感に関して言えば，インタビューを経て，雇用者側と被雇用者側の合理性が行き交った帰結であることに気が付くことになる。

8) 皮肉なことに障害者雇用分野では業界で最大手と言っても過言ではない企業である。そうであるからこそ，当該企業と，〈異質なる身体〉との出会いのすべてが幸運なものではなかったのだろう。正直無理もない判断であったと思うし，当時の私の雇用に踏み切った企業が非常に大胆であったと思う。

9) 就職活動中の私の実感であった。障害のある求職者が少なからず実感している感覚であると思う。

10) 障害者雇用の「学び舎」となった前職を，私は2024年2月付けで退職することになる。理由はいくつかあるが，増大していく職責に対し，自らの身体の「異質さ」をコントロールしきれず，そこから先のキャリアが見えなくなったことが大きい。私が障害者手帳を取得したのはこのタイミングである。障害を背負うと，社会との共存の技法の終わりなき探求を強いられる。これが「学び舎」から得た最後にして最大の教訓であった。どういった条件下でさらなるキャリアアップが望めるのかは，私自身模索の途上にある。

11) 旧来の社会学が障害に対して無関心であったわけではない。「障害」を扱う社会学的研究は，慢性病や機能的疾患を巡る個人に帰属する経験の解釈学的なアプローチがほとんどであったとされている。バーンズらの指摘した問題の所在は，障害が個人に帰属するものとしてとらえられていることであって，社会の側が障害者（disabled）を無力化する（disabling）メカニズムへの言及がないことにある。イギリス障害学はこうした事態へのアンチテーゼを内包しており，障害の（一部の）所在を社会の側に求めるアプローチを発展させてきた（Barnes, Mercer et al. 1999=2004：16）。

12) 能力を社会的に構築されたものであるということはできる。とはいえ，能力が

問題にされない社会を考えてみても，別様の個人の資質が労働の場において問題になると考えられる。言い換えれば，別様に構築された別様の能力が問題になるだけである。能力が社会的に構築されているということと，個人の能力が労働の場において問題になるという言明は必ずしも矛盾しない。障害を関係論的に（星加 2007），あるいはシステム論的にとらえることで（榊原 2016），障害に付随する能力の本質主義的問題の乗り越えを図る研究もあるが，何らかの位相で個人の能力が問題になるという事態は解消し得ない。こうした立場は立岩（1997：324）から示唆を得ている。

13) 岩田正美は社会的関係について，「自立した個人と社会の関係を考える」にあたり基盤的な概念として位置付けている（岩田 2008：197）。またセーレンセンらも，雇用関係を社会的関係の一形態としてとらえることで，雇用関係をめぐる先行研究を整理することを試みている（Sørensen & Arne 2014）。

14) セーレンセンらは「雇用関係」を，「雇用者と被雇用者の間で生み出される財（goods）やサービス（services）で成立している社会的関係（social relationships）」であると定義する（Sørensen & Arne 2014：440-441）。

この定義から引き出し得る含意が少なくとも三つあると思われる。一つ目の含意は，雇用関係の開放性／閉鎖性の度合いは，雇用者と被雇用者の交渉力（bargaining power）に依存するということである。雇用者側は雇用機会をコントロールすることを試みる。そして，被雇用者は仕事内容を自らの望むものにすることを試みる。このように，開放性／閉鎖性の規定においては，「交渉」の所在が示唆されており，交渉力の有無によって被雇用者同士の競争の在り方が決定付けられる。

二つ目の含意は，ここで言う雇用関係が，典型的な「資本主義的産物」（capitalist production）であるということである。雇用関係の成立過程において，雇用者と被雇用者はそれぞれの便益を最大化することを試みる。したがって，雇用者と被雇用者は，雇用関係を取り結ぶプロセスにおいて，合理的な行為者であることが前提されていると見てよい。

三つ目の含意は，雇用関係を巡る雇用者と被雇用者の合理的選択が集積した結果として，労働力の流通の在り方も説明できると考えられることである。

ここまでセーレンセンらによる雇用関係の定義を検討してきたが，障害者雇用を考える際に，三つ目の含意がとりわけ重要なのは，障害者雇用の場合，判断が一層複雑化するからである。日本社会における障害者雇用にあたり，雇用者側の判断基準には法定雇用率が大きく関わり，雇用関係の帰結として生み出される財やサービスだけが必ずしも優先されるとは限らない。その結果，後述するように，様々な選択肢の優先度が複雑に変化することが考えられる。加えて，ここに時として差別や偏見といった変数も加わり，合理的選択は一層歪められる。また交渉の存在が指摘されていることから，雇用関係の成立に至るまでの合理性も静態的なものとは考えるべきではないだろう。このように，セーレンセンに依拠すれば，障害者の雇用をめぐる労働市場における流通の在り方を問うことは，経済合理性

以外の合理性も関与する資本主義的産物を扱うことになる。

15) 事業所，企業等に所属している従業者（他の会社など別経営の事業所へ派遣している者（労働者派遣法にいう派遣労働者））を含む。詳細な定義は以下を参照のこと。(https://www.e-stat.go.jp/surveyitems/items/390020005#: ～: text=%E4%BA%8B%E6%A5%AD%E6%89%80%E3%80%81%E4%BC%81%E6%A5%AD%E7%AD%89%E3%81%AB,%E3%81%A6%E3%81%84%E3%81%AA%E3%81%84%E5%A0%B4%E5%90%88%E3%81%AF%E9%99%A4%E3%81%8F%E3%80%82 2024 年 2 月 9 日最終閲覧)

16) 社名公表に際しては報道でも取り上げられる。

17) 2024 年 8 月 24 日現在において，最新のデータは 2021 年度版である。2021 年度版の調査では，重要な質問項目が変更されている。そのため，本章はあえて 2016 年度版を参照している。

18) この抽出方法は参照できるデータの限界でもある。「生活のしづらさなどに関する調査」ではコーホートごとにセグメントされているが，その集計単位は 0～9 歳，10～17 歳，18～19 歳，20～29 歳，30～39 歳，40～49 歳，50～59 歳，60～64 歳，65～69 歳，70～74 歳，75～79 歳，80～89 歳，90 歳以上となっている。

19) 複数の障害者手帳の交付を受けているものもいると考えられることから，この数値には重複が生じていると考えた方が良い。あくまで参考値として考えるべきであろう。

20) 手帳所持者数の各回答者数を合計すると 1962 になるため，複数の障害者手帳を有するものが回答者の内少なくとも 186 名存在するものと思われる。

21) 後述する本章のインフォーマントである法人 A も，障害種別を絞らず多種多様な障害種別の従業員を雇用しているとのことだった。

22) 正社員（障害者向けの求人），正社員（障害者向けの求人以外），正社員以外（障害者向けの求人），正社員以外（障害者向けの求人以外），自営業と回答した者の割合の合算値。療育手帳・精神障害者保健福祉手帳の所持者の割合に関しても同様の値となる。

23) https://www.e-stat.go.jp/stat-search/files?stat_infid=000031504515 (2024 年 8 月 25 日最終閲覧)

24) https://www.e-stat.go.jp/stat-search/files?stat_infid=000040104500 (2024 年 8 月 25 日最終閲覧)

25) 手帳所持者数の各回答者数を合計すると 403 になるため，複数の障害者手帳を有するものが回答者の内少なくとも 51 名存在するものと思われる。

26) 長谷川ほか（2021），駒澤（2022）を参照し筆者作成。図 6-1 では一般就労へ至る経路が就労移行支援事業所を介してのみに見えてしまうが，実際には A 型事業所・B 型事業所から直接一般就労へ至る（B 型からの移行は限られているが）場合もある。また近年では，健常者の職業指導員が不在である社会的事業所も注目を集めている。こうしたケースをどう区分するかは問題含みではあるが，今回

284 第Ⅱ部 〈内なる惑星〉に "出会う"

は一般就労の一形態として区分した。就労困難性の記載は障害の程度を把握する医学モデル的な発想ではなく，社会との間で生じる就労上の困難さの度合いを示している。

27) 直近の B 型事業所の工賃の月額平均支給額は 16,507 円である。詳細は以下を参照（https://www.mhlw.go.jp/content/12200000/001042285.pdf　2024 年 2 月 12 日最終閲覧）。

28) 法人 A は 2023 年 6 月 1 日現在において，常用雇用者数が 1,588 名の内資系の法人である。租税特別措置法おいては大規模法人に区分される。業種の区分への言及は避けるが，比較的定型業務が多いことが法人の特色としてあげられる。まとまった定型業務があれば，障害者雇用のために業務が切り出しやすくなる。また，外資法人のようにヘッドカウントの運用がなされていないため，業務に合わせて柔軟にポジションを用意する余地があった可能性がある。配属部門の受け入れ意思などの条件が整えば，障害者雇用が進むポテンシャルを，法人 A は前提として有していたと言ってよい。

29) 以降断りのない限りインタビュー箇所の発言の引用は法人 A の障害者雇用担当者のものである。「―――」の箇所は第 5 章同様筆者の語りとなる。

30) 知的障害者が，就労移行支援事業所の利用を通して，〈内なる惑星〉の自分のものにすることを試みたプロセスについては，根本（2018）が論じている。根本の議論は，一度就労を経験した当事者が，再度就労の場を意味付けなおすというものである。身体障害者の〈内なる惑星〉を自分のものにする試みとしては，たとえば長島（2020）による語りがある。長島（2020）は，とりわけ生活リズムや食生活の改善を就労移行支援事業所の利用を通して達成したことが読み取れる。発達障害者・精神障害者に関しては，このプロセスを詳細に記述したものは管見の限り確認できていないが，全体像については河村・船橋（2023）が論じている。いずれにしても，何らかの達成したい欲求の実現に向けて身体の制御困難性を少しでも縮減するために，働きかけを試みているという点では一致していると思われる。

　　　ただし，リハビリテーションの帰結は，当事者によって望ましいものになるとは限らない（熊谷 2009）。このことは十分に留意しておく必要がある。

31) それを進めるにあたり，法人 A の担当者をはじめとする障害者雇用を推進する側の計り知れない尽力があったであろうことは言うまでもない。

参 考 文 献

Barnes, Colin, Geof Mercer, and Thomas Shakespeare, 1999, *Exploring Disability*, Polity.（＝杉野昭博・松波めぐみ・山下幸子訳，2004『ディスアビリティ・スタディーズ―イギリス障害学概論』明石書店）

Bauman, Zygmunt, 2004, *Wasted Lives: Modernity and Its Outcasts*, Polity Press.
―――, 2005, *Work, Consumerism and the New Poor*, 2nd ed., Open University Press.

海老田大五朗，2020『デザインから考える障害者福祉―ミシンと砂時計』ラグーナ出版。

福原宏幸，2007『社会的排除／包摂と社会政策』法律文化社。

長谷川珠子・石﨑由希子・永野仁美・飯田高，2021『現場からみる障害者雇用と就労―法と実務をつなぐ』弘文堂。

星加良司，2007『障害とは何か―ディスアビリティの社会理論に向けて』生活書院。

石岡丈昇，2021「マニラのボクシング・キャンプから―〈関係史〉として社会をとらえる―」新原道信編『人間と社会のうごきをとらえるフィールドワーク入門』ミネルヴァ書房。

岩田正美，2008『社会的排除―参加の欠如・不確かな帰属』有斐閣。

河村佐和子・船橋篤彦，2023「発達障害のある人に対する就労移行支援に関する事例的考察：A事業所におけるエスノグラフィーに基づく分析」『広島大学大学院人間社会科学研究科附属特別支援教育実践センター研究紀要』21号：29-38。

駒澤真由美，2022『精神障害を生きる：就労を通して見た当事者の「生の実践」』生活書院。

厚生労働省，2023「障害者の雇用の促進等に関する法律に基づく企業名公表について」（2024年11月12日取得，https://www.mhlw.go.jp/stf/newpage_32284.html）。

熊谷晋一郎，2009『リハビリの夜』医学書院。

松為信雄・菊池恵美子，2006『職業リハビリテーション学―キャリア発達と社会参加に向けた就労支援体系』協同医書出版社，改訂第2版。

Melucci, Alberto, 1996, *The Playing Self: Person and Meaning in the Planetary Society*, Cambridge University Press.（＝新原道信・長谷川啓介・鈴木鉄忠訳，2008『プレイング・セルフ―惑星社会における人間と意味』ハーベスト社）

―――, 2000, "Verso una ricerca riflessiva", registrato nel 15 maggio 2000 a Yokohama.（＝2014，新原道信訳「リフレクシヴな調査研究にむけて」新原道信編『"境界領域" のフィールドワーク―惑星社会の諸問題に応答するために』中央大学出版部）

Murphy, Robert, 1990 [1987], *The Body Silent--The Different World of the Disabled*, New York: Norton.（＝辻信一訳，2006『ボディ・サイレント』平凡社）

長島義夫，2020「障害と『私の人生』（Vol. 11）就労移行支援で音楽の仕事に復帰 ネット配信，HP制作，開業へ―今月の人 長島義夫さん（53歳）疾患名：左半身まひ，高次脳機能障害」『月刊ケアマネジメント』31（12）：46-49。

根本治代，2018「一般就労を目指す軽度知的障害者の就労移行支援：離職体験を踏まえた支援プロセスに焦点をあてて」『国際文化研究紀要＝International Cultural Studies』24号：43-67。

新原道信，2014「A. メルッチの「限界を受け容れる自由」とともに―3. 11以降の惑星社会の諸問題への社会学的探求⑴―」『中央大学文学部紀要』社会学・社会情報学24号（通巻253号）：43-67。

―――, 2021「フィールドワークとは何か―地球の裏側へ／足元のはるかな旅から

286 第Ⅱ部 〈内なる惑星〉に"出会う"

　　―」新原道信編『人間と社会のうごきをとらえるフィールドワーク入門』ミネル
　　ヴァ書房：1-34。
Oliver, Michael, 1990, *The Politics of Disablement*, London: MacMillan.（＝三島
　　亜紀子・山岸倫子・山森亮・横須賀俊司訳，2006『障害の政治―イギリス障害学
　　の原典』明石書店）
榊原賢二郎，2016『社会的包摂と身体：障害者差別禁止法制後の障害定義と異別処
　　遇を巡って』生活書院。
Sørensen, B. Aage and L. Kalleberg Arne, 2014, "An Outline of a Theory of the
　　Matching of Persons to Jobs," *Social Stratification Class, Race, and Gender in
　　Sociological Perspective*, Routledge: 438-446.
菅沼勇基，2019『社会人1年目の教科書：「伸びる人」の習慣「伸びない人」の習
　　慣』クロスメディア・パブリッシング。
竹内章郎，1993『「弱者」の哲学』大月書店。
立岩真也，1997『私的所有論』勁草書房。
―――，2006［2001］「できない・と・はたらけない―障害者の労働と雇用の基本
　　問題」『希望について』青土社：171-191。
埋橋孝文，2007『ワークフェア：排除から包摂へ？』法律文化社。
Weber, Max, 1922, "Soziologische Grundbegriffe, Wirtschaft Und Gesellschaft."
　　（＝清水幾太郎訳，1972『社会学の根本概念』岩波文庫）

第 7 章
「身体に耳を傾ける」ことの体得とその契機
── ものの見方に変化を与えるヨガの世界での"出会い"──

栗 原 美 紀

1. はじめに──「身体に耳を傾ける」ことの社会的意味

　本章の目的は，ヨガ[1]指導者の実践から，「身体に耳を傾ける（Listen to Your Body）」という「わざ」[2]が体得されていくプロセスを検討することである。昨今，保健医療やフィットネスの領域を中心に，「身体に耳を傾ける」ことが推奨される場面が増えてきた。このことばは慣用的な表現であり，その意味は明確には規定できないものの，おおよそ「その人自身のケアをする義務」という含意を持ち（Versteeg et al. 2018：434），様々な状況に置かれ唯一無二の身体を持つ個々人の，健康を養うための基礎的かつ根本的な実践であるとされる。したがって，「身体に耳を傾ける」ことは，一般的には個人の問題であるようにみなされている。

　それに対して，「身体に耳を傾ける」ことが集合的・社会的な実践としても意味を持つと論じるのが，アルベルト・メルッチである。彼は，人々の生活の基盤を成してきたこれまでのシステムの限界として，社会に表出している問題への向き合い方自体を指摘する。従来のシステムでは，「直線的な因果関係，単一要因による説明，目的志向の論理」という原則に従って「解決する」ことが重視されてきた（Melucci 1996=2008：82）。問題を「解決する」ためには，その要因を特定せねばならない。したがって，様々な要素が複雑に絡み合う現代の問題を「解決する」とは，その作業に都合の悪い部分を自分たちの認識の外

288 第Ⅱ部 〈内なる惑星〉に "出会う"

に押しやっているに過ぎないのである。

　従来のシステムの限界を乗り越える在り方としてメルッチが提示したのが，「聴くこと（listening）」だった。「聴くこと」とは，問題と向き合うこと自体を中心化し，従来切り離されて考えられていた要素をも含みこんで現状をとらえることである[3]。メルッチ自身は，これまで人々の認識の外側に置かれてきたものについて，現代に顕在化するエコロジーの問題を通して説明する。人々のエコロジーへの関心からは，「表層の背後に惑星規模の相互依存という現象があること」（Melucci 1996＝2008：82）が明らかにされるという。ここで論じられている惑星とは，「人類の物理的社会的な生息地」としての「外にある惑星（external planet）」（Melucci 1996＝2008：81）に限らない。メルッチは，「私たちの体験や経験の基盤をなし，生物学的，情動的，認知的構造からなる」個人の内的世界を〈内なる惑星（inner planet）〉と呼ぶ（Melucci 1996＝2008：81）。

　現代世界を惑星社会としてとらえ，〈内なる惑星〉という概念を設定することによっては，身体の意味も再定義される（本書序章参照）。従来の身体観では，身体を理性に従属するもの，あるいは，自然と地続きに言語化可能なものとしてみなしてきた。両者はいずれも社会の変化に対して身体の影響を見出さないという点で共通している。一方で，人間社会を脱中心化し，動態的な惑星という視点をとることでは，従来のシステムで前提とされてきた境界線を相対化し，人間とこの世界との関係の再考を促す（本書第2章参照）。その意味は，これまで切り離されてとらえられていた身体の内側と外側のつながりを明示し，新しいシステムへの変革のプロセスを生理的・文化的・社会的次元という有機的な連関の上に位置付けることである。身体を「聴くこと」はメルッチが以下に述べるように，個々人が〈内なる惑星〉を自覚し，社会との意味連関をつくり直していくプロセスであるといえよう。

　　……それはまた識るということ，つまり他の視点を明らかにし，隠されていた問いを表面化させることのできるようなものの見方へと向かう途上の暫定的な段階でもある。身体は，それが聴かれ，解読され，そして応答さ

れるべきメッセージである。身体は語る，しかしそれは公的な場で人目に
つくことを通じてだけでなく，数々のシグナルを通じて私たちのひとりひ
とりがおたがいに個人的に語るのだ。その意味で，責任／応答力へと通ず
る道として，応答の仕方を示すために，身体は聴かれる。私たちは自分た
ちの身体に対して応答することを学んでいるからこそ，責任を持つことが
できるのである。　　　　　　　　　　　　　　　（Melucci 1996=2008：101）

　本章は，本節で論じたメルッチの〈内なる惑星〉と身体に関する議論を前提
とする。併せてメルッチは，社会変化をとらえる際には個々人による行為への
意味付けとリフレクションが重要であることを述べており（新原 2010 参照），
個人の実践がシステム自体の変化を促すとする。現代において東洋発祥の修練
やヨガが多くの人々に実践されていることについても，「こうしたことの探究
は，ただひとり個人にのみかかわることのようにみえるかもしれないが，実は
それは，私たちが身体を探求し，見つめ，ふれ，名付けるように仕向けてきた
欲求が変容していることを如実に示している」（Melucci 1996=2008：97）と評価
し，現代に普及する身体文化の受容と実践が，身体を「聴くこと」の具体例と
とらえられているようである。これをふまえ本章では，「身体に耳を傾ける」
ことによって〈内なる惑星〉とされる領域に個人がどのように気づき，ものの
見方を変化させていくのかを考えたい。
　ただし留意が必要なのは，〈内なる惑星〉を知覚する人間には限界があるこ
とである。メルッチの惑星社会論は，先述の特徴に加えて，物理的な限界を含
みこんだ枠組みであり（本書序章参照），「人間の行為を限界のなかで可能性を
構築するものとして定義する必要性」（本書第 1 章参照）を説いている。無限に
広がるともとらえられる世界において，個々人にその限界を自覚させ，〈内な
る惑星〉をつくっていくことを可能にするのが「出会い」である（本書序章参
照）。出会いとは，「異なる『意味の領域』を一緒にする（bring together），あ
るいは『近づける』（accostare）こと」（本書第 3 章参照）であり，出会うことの
身体感覚が，個人の行為へのリフレクションを促し，社会の変化につながって

290 第Ⅱ部 〈内なる惑星〉に"出会う"

いく。既に第6章においては、〈異質なる身体〉の出会いが、従来のものの見方を打ち崩し、他者と新たな関係性をつくる契機になると論じられていた。それに対して本章では、「身体に耳を傾ける」ことをヨガの実践によって身につく見方とし、ものの見方の変化のプロセスを追う。そうすることで、出会いによる〈内なる惑星〉の知覚の在り方について検討できるだろう。しかし、身体とものの見方の変化の関係をとらえるためには、身体実践の特徴をふまえねばならない。そこで、まずは次節において、身体実践に関する先行研究を参照し、「身体に耳を傾ける」こととものの見方の変化の関係をとらえる方法を検討する。

2.「わざ」の体得におけることばの意味

(1) ヨガとことば

本節では「身体に耳を傾ける」という表現が意味することとそれをとらえる方法を論じていく。まず第1項において、具体的な事例とするヨガの概要を示した後、本章に関わるヨガの特徴として、そこで使用されることばの性質について、筆者自身の経験を含めながら記述する。そして第2項では、筆者の調査中の経験をふりかえり解釈することで、「身体に耳を傾ける」を1つの「わざ」として位置付け、その習得プロセスを検討する方法を探る。

ヨガは、現代社会において多様な目的で実践される身体技法である。それはもともと、インド周辺で実践されてきた禁欲的な修行法であったが、特に19世紀末以降、様々な社会変化や文化的権力関係を背景に、世界各地に広まっていった。そのなかでの大きな変化は身体運動の前景化だろう（Singleton 2010=2014参照）。ヨガは元来、インドの六派哲学の一つとして位置付けられており、身体を通してこの世界について理解することをめざす実践哲学でもある。かつては特定の人々によって継承されてきたヨガが、より多くの人々に実践されるようになったのは、それに含まれる身体運動的側面が現代社会の需要

と一致したためだとされる[4]。長い時間をかけて世界各地に広まったことで、現代においてヨガが実践される理由も、心身の鍛錬から美容や健康までと幅広い。意味付けの多様性を前提としつつ、その多目的化した実践をヨガという1つの技法としてまとめるなら、それらに共通するのは身体実践の背後にある独特な思想であろう。つまり、身体における物理性のみならず、精神性や霊性をも重視することが、様々な分野に取り入れられている要因となっている。「身体に耳を傾ける」という表現は、そのようなヨガの特徴を表している。

　本章が検討するのは、この「身体に耳を傾ける」と表現される状態がヨガの実践者に体得されるプロセスであるが、そもそも「身体に耳を傾ける」というのは、ある種の比喩表現であり、それ自体が単独で直接的な意味を持つものではないことをあらかじめ理解しておく必要があるだろう。むしろそれは、ヨガの場で用いられる数々の特殊な表現の1つであり、他の表現とともに、ある状態を導く役割を担う。

　そこで、ヨガに関わることばの全体像を把握するために、筆者がヨガの聖地と呼ばれるインド北部のリシケシというまちを訪れたときの記録を参照したい。ヨガの聖地と聞いて、筆者が最初に想像したのは、身体運動を行う施設が町中にある様子であったが、実際にはそれだけでなく、精神的指導者たちの講話会も連日開かれていた。世界各地からリシケシに集まったヨガ実践者は、毎日のようにその会にも参加しているようで、どうやらそれらはヨガとも切り離せないようだった。

　　（ヨガのクラスの最後に先生が）シヴァ神は半分女性で、半分男性だという。そしてそのバランスをとるためにヨガがあると話す。（1人の）人間にも男性サイドと女性サイドがあってどちらか（右か左か）が弱かったり異なったりすることは当然だけど、そのバランスをコントロールすることが必要だと話す。ある1人の生徒の例をとりあげ、その女性は当初男勝りで気が強く、人の意見を聞こうとしないし協力的ではなかったのに、先生のところでたくさんヨガをやったら女性らしい部分をもつようになり、友達もで

292　第Ⅱ部　〈内なる惑星〉に"出会う"

きてすごく変わったと話していた。つまり，ヨガをやることで，自分をコントロールする力を身に付けた，という話だった。

（2016 年 3 月 5 日：フィールドノート）

（現地で知り合ったヨガ実践者 2 人は，ある精神的指導者の講演を受けて）「『次は何？』はやめないと。『今は何？』にしないといけない」と話していた。また，別の精神的指導者に「神は存在するのか」と聞いた人がいて，その指導者はその人に対して「あなたは存在しますか？」と聞き返したそう。その人が「はい」と答えたところ指導者は「じゃあ神も存在します」と答えたそうで，2 人は「いい答えだ」と言っていた。

（2016 年 3 月 5 日：フィールドノート）

　上述した一つ目の記述は，ヨガの運動を指導する際に指導者がその効用を説明している場面であり，ヒンドゥー教の神であるシヴァを例に用いている。二つ目の記述は，精神的指導者の講話についてヨガ実践者たちが会話している場面である。これらに共通しているのは，神の存在について言及していることであるが，ここでの神は人間とは別の存在というより，人間と一致させてとらえられているようである。筆者がヨガの研究をすると決めて，最初に訪れたのがリシケシュであったが，神や自己をめぐる現代に一般的な理解[5]とは異なる表現や会話が，当然のように成立している状況に疑問を持った。

　その後，筆者は調査対象地をマレーシアのクアラルンプールに移した。クアラルンプールでは，ヨガの現代的展開にマレーシアの文化的特性[6]があいまって，リシケシュと比べるとヨガに関わる場面で特徴的な表現が使われることは少なかった。しかし，そのなかでももっともよく耳にしていたのが「身体に耳を傾ける」という表現だった。通常，ヨガの運動の指導は 1 回 60 〜 90 分で行われる。筆者が関わってきたヨガ教室でも，身体運動を中心に行うが，だからといって誰も一言も発さずに黙々と身体を動かし続けるわけではない。特に「身体に耳を傾ける」という表現は，ヨガの様々な場面で用いられる。

たとえば，以下はヨガの身体運動中に，指導者のインストラクションに従って生徒たちが身体を動かしている場面である。ヨガの身体実践は，指導者やクラスごとに，運動量や難易度が異なる。このときは，数分〜十数分の間，連続して身体を動かし，比較的運動量の多い内容だった。各回のクラスには，身体的状況の異なる生徒が集う。そこで指導者は，生徒自身が自分の状況に応じて実践内容を調節できるよう，選択肢を提示する。ここでの「身体に耳を傾ける」という声かけの意味は，自分のペースで運動することを肯定する意味だった。

> 「いつでもダウンドッグはスキップしてチャイルドポーズをしても大丈夫。身体に耳を傾けましょう。（どんな選択でも）それはヨギーの選択です。」と言っていた。「ヨギーの選択」はSさんがオプションを示すときによく使う。[7]
> （2024年3月9日：フィールドノート）

またヨガ実践者は，身体運動の実践中のみならず，日常的な心構えとしても「身体に耳を傾ける」ことが推奨されている。次の記述は，あるクラスの最後に指導者から生徒たちに向けられた語りである。

> 最後はPさんが身体に耳を傾けること，身体の状態を見て自分のやることを決めることの大切さを，自分のいとこを例にしながら話していた。彼は月曜日に癌で亡くなったそう。自転車が大好きでいろんなところに出かけていったけど，身体の調子を自分で見て何をするか，ということをしなかったと話す。
> （2018年8月23日：フィールドノート）

「身体に耳を傾ける」という表現は，まさに身体運動の最中に実践者が持つべき意識を示すこともあれば，身体運動を超えて日常生活における身のこなし方を示すために使われることもある。ヨガの実践においては，身体運動の習慣化のみならず，それを通して，その人のライフスタイルやものの見方に変化を

294　第Ⅱ部　〈内なる惑星〉に"出会う"

もたらすことが望ましいと考えられている。このように「身体に耳を傾ける」ことは，ヨガの実践を構成する複数の位相において一貫して，ヨガを実践することの意味や，ヨガの実践を通して習得すべきことを示し，ヨガの運動と思想を結び付けている。

(2) 「わざ」の体得プロセス

　筆者はリシケシュでの調査以来，ヨガやそれに関わる場で用いられることばの意味に疑問を持っていた。しかしその数年後，それらのことばの意味を当たり前のように理解していることに気がついた。前述で記述した表現はいずれも，自分に意識を向けること，そしてその内側で発される感覚を中心化して自分と世界をとらえること，を導くためのことばだということである。筆者が無自覚のうちにその意味を理解できるようになったのは，「身体に耳を傾ける」ということが１つの「わざ」であり，それを体得した結果であろう。そう考えられる理由は，以下に述べるような身体実践と言語の関係についての特徴による。

　第一に，身体実践においては，技法の習熟度によって実践に関わることばの理解度が変わることが指摘されている（たとえば，内田ほか 2017：420）。すなわち，技法の熟達者には理解できることばが，初心者にはまったく意味を把握できなかったり，同じことばについて，熟達者と初心者では受け取り方が異なったりするということである。

　これに関わる第二の特徴として，実践における言語の複数性があげられる。たとえば，伝統芸能の継承を通して身体実践に関わる言語体系を検討した橋本裕之は，学習を社会的実践という観点からとらえたジーン・レイヴとエティエンヌ・ウェンガーの研究（Lave and Wenger 1991=1993）をもとに，身体実践においては実践者が「実践について語る」ことと「実践の中で語る」ことを使い分けていると述べる（橋本 1995）。前者には，第三者に向けた実践の概要説明や実践を継承するための物語が該当する。それに対して後者は，実践者がその技法を習熟させるために用いる表現などがあげられ，実践において目指される

第7章 「身体に耳を傾ける」ことの体得とその契機　*295*

到達点を，当事者がイメージしやすくなるように使用される。

　第三の特徴として，技法を習得した人がその習得プロセスをふりかえって論理的に語ることの困難がある。暗黙知について研究したマイケル・ポランニーは，「私たちは言葉にできるより多くのことを知ることができる」（Polanyi 1966=2003：18）と論じている。つまり，そもそも「わざ」を習得するということに，たとえその人が知覚できていたとしても，他者に対しては説明できないことが内包されている。

　これらの特徴をふまえて筆者の経験をふりかえると，筆者がヨガの場で耳にした数々の表現は，ヨガの実践において当事者たちが語る「実践の中での語り」であったといえよう。筆者はヨガの研究を始めるのと同時にヨガの実践を始めた。調査開始当初は，実践の外側にいたために，「実践についての語り」と「実践の中の語り」の違いに気づかなかったが，ヨガの指導現場での参与観察を中心に調査を進めていたため，回数を追うごとに，筆者自身もヨガの「わざ」を熟達させていったと考えられる。その結果，ヨガの実践における言語構造を把握し，当事者用の言語も理解できるようになっていった。しかし，筆者自身も実践の当事者であるため，その変化のプロセスを論理的にとらえることはできなかったのだろう。つまり，「わざ」の体得によって得られるとされる「身体全体を通した認識の質的変化」（生田 2007［1987］：93）が，筆者自身にも起こっていたのである。

　一般的に「わざ」の体得については，神秘的プロセス，あるいは個別性の高い現象であるとみなされてきた（生田 2007［1987］：91）。哲学者の湯浅泰雄も，ヨガのような東洋的な心身論は，その基礎に修行をおき，「真の哲学的知というものは，単なる理論的思考によって得られるものではなく，『体得』あるいは『体認』によってのみ，認識できるものである」（湯浅 1990：21）と論じ，非言語的な理解に基づくものであるとする。このような「わざ」の習得プロセスを体系的に示したのが生田久美子である。教育学者である生田は，日本古来の伝統芸道に着目し，学習方法としての「身体全体でわかっていくわかり方」を分析した（生田 2007［1987］：v）。日本の伝統芸道をはじめとした「わざ」は，

296 第Ⅱ部 〈内なる惑星〉に"出会う"

それを習得することで,「学習者の身体全体を通しての認識の質的変化」(生田 2007 [1987]：93) が起こるという。彼女の議論からは,「わざ」を体得させるために必要とされる二つの構成要素を指摘できる。

一つ目は,「特殊な,記述言語,科学言語とは異なる比喩的な表現」(生田 2007 [1987]：93) という意味での「わざ」言語である。生田は,日本舞踊の例から「わざ」言語について説明する。日本舞踊の指導では,師匠が学習者の間違いを理論的に説明して細かく正そうとしない。代わりに伝えられるのは「膝をやわらかく」や「天から舞い降りる雪を受けるように」などといった比喩的な表現である (生田 2007 [1987]：93-5)。比喩表現を活用することで,学習者はことばの意味に疑問に持ち,内的な対話活動が活性化させられ,「自分の知るべき『形』を身体全体で探っていこうとする」ようになるという (生田 2007 [1987]：99-100)。

しかしながら,このような表現は一般的とは言えず,誰に対してでも効果を発揮するわけではない。そこで必要とされるもう一つの要素が「わざ」の世界である。学習者が予めその「わざ」について「善いもの」であると同意し,そ「の状況への身体全体でのコミットメント」(生田 2007 [1987]：93) が生じている場合に,「わざ」言語は意味を成す。生田は,「わざ」の世界の構成について,マルセル・モース (Mauss 1968=1976) の「ハビトス」と「威光模倣」という概念を用いながら次のように説明する。

まず,「わざ」の習得とは「形」の模倣から始め,最終的に「型」を身につけることであり,その間の学習者の認知プロセスの構造は図7-1のように表される。ここでの「形」と「型」とは,実践において身につく知識の種類である。「形」とは,「外面に表された可視的な形態であ」るのに対して,「型」とは,「現実感を持った人間として生存する基本」とされ (生田 2007 [1987]：23),モースの身体技法の議論における「ハビトス」と同義である (生田 2007 [1987]：26参照)。加えて生田は,モースの「威光模倣」という概念をふまえつつ,「ハビトス」,すなわち,「型」は,学習者による「単なる反復運動によって獲得されるものではな」いことを指摘した (生田 2007 [1987]：26)。そして,

第 7 章 「身体に耳を傾ける」ことの体得とその契機　297

図 7-1　「『わざ』習得の認知プロセスの構造」

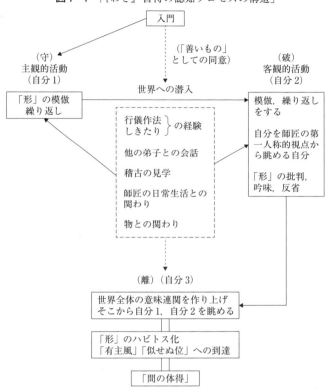

出所：生田 2007［1987］：85 を基に筆者作成

　学習者が「形」の模倣を始めようとするのは，その動作やそれを産み出す者についての価値判断を学習者自身が行い，自ら「善いもの」として同意しているためであるとする（生田 2007［1987］：27）。つまり，「わざ」のハビトス化には，指導者に対する学習者の信頼が基盤となる。

　生田の議論から，「わざ」の世界には大きく三つの局面があるといえる。第 1 局面は，学習者が「形」の模倣を始めるために，学習者がそれを「善いもの」であるとみなし，その「わざ」の世界に身を置くことである。第 2 局面は，学習者が「わざ」の世界に入り，身体全体を通して「形」の学習から「型」の学

習へと展開していくことである。その結果として第3局面では、学習者が指導者の「形」の模倣を超えて「わざ」をハビトス化し、学習者のものの見方が変化した状態になる。

身体実践をめぐる先行研究をふまえると、「身体に耳を傾ける」ことがある種の「わざ」言語としてとらえられる。また、筆者の経験知からは、ヨガの場で使用されていたその他の言語表現も「わざ」言語として作用し、それらを積み上げていくことによってヨガ実践者たちは何らかの認識の質的変化を生じさせていることが推察できる。そうして身につけられた「わざ」もまた、後で論じていくように、「身体に耳を傾ける」という表現以外が難しい[8]。そこで本章では、このような議論をふまえ、「身体に耳を傾ける」ことを一つの「わざ」と「わざ」言語とみなす。そして、それが体得される方法について、「わざ」の世界という観点から三つの局面に分けて記述したい。とりわけ本章で焦点を当てるのは、「わざ」の習得に影響を及ぼす重要な他者としての「指導者」の存在である。次節では、「身体に耳を傾ける」ことを体得していくプロセスについて二者関係の視点から論じていき、〈内なる惑星〉の理解における出会いの意味を考察したい。

ただし、本研究において生田の議論を分析の軸とする妥当性については今後さらなる検討が必要である。生田が事例として参照した伝統芸道は、「わざ」の継承という文脈が含まれているのに対し、本章は、「わざ」の習得が手段とされ、その結果として生じるものの見方の変化が論点となっている。この違いにより、「わざ」の世界への潜入として想定されている様相や、「わざ」によって習得されるものの見方の射程も異なるだろう。また、生田の提示した枠組みは、図7-1にも示唆されているように、「ハビトス」や「威光模倣」を軸としつつも師弟という二者関係にはとらわれない要素も含まれている。一方で、本章が焦点を当てる二者関係による「わざ」の体得という論点ではヨガにおいても、その「の特質は、単にその実践的側面にあらわれるばかりでなく、師より手ほどきを受ける仕組みにもあらわれる」（Eliade 1954=1975：26）と述べられるように、生田の想定する「わざ」の実践と類似した性質を持っている[9]。これ

らをふまえ，本章は「身体に耳を傾ける」実践の理論的検討に向けた試論と位置付け，その分析枠組みの精緻化は今後の課題としたい。

3．ヨガの世界で体得される「わざ」

(1)　「身体に耳を傾ける」ことの埋め込み

　本節では，リサさん（仮名）という一人のヨガ指導者の実践を記述し，「身体に耳を傾ける」という「わざ」が体得されていくプロセスを検討していく。リサさんは50代の女性で，現在マレーシア・クアラルンプールに在住するヨガインストラクターであるが，日本出身である。彼女もまた，ヨガの指導において，生徒たちに対し「身体に耳を傾ける」ことを促す。

> （リサさんは生徒に対して）「右腕を伸ばして，その上に左腕を重ねます。手首を絡めて，あなたの身体に聴いてみましょう。『私はこれできる？』」と言いながら，腕を少し上げる動作をする。……「右腕を上げます。左手で右ひじをもって，あなたの肩に聴いてみましょう。『私はこれできる？』準備ができたら，左腕を下からまわして背中に。手をもちましょう。」とインストラクションする。　　　　　（2024年3月12日：フィールドノート）

> リサさんは（クラスの最初に）「今日は自分の身体に深く意識を向けていきたいです」と話し始める。「なぜかというと，私たちは普段，私たちの身体に耳を傾けないから。私は側弯症で，背骨がこう（ジェスチャーしながら）曲がっています。私がヨガを始めたとき，一番つらかったポーズは何かというと，シャバアーサナ[10]。私は背骨の弯曲で身体のいたるところが痛くて，全然リラックスできなかったんです。でもヨガが私をたくさん助けてくれました。ヨガをしてから，私の身体中の痛みはなくなりました，背骨の弯曲はなくなっていないけど」と話す。

300　第Ⅱ部　〈内なる惑星〉に "出会う"

（2024 年 8 月 29 日：フィールドノート）

　リサさんは身体運動の指導中に「身体に耳を傾ける」ことを頻繁に促す。また，そうする理由も上述のように語られ，「身体に耳を傾ける」ことがリサさん自身に与えた影響の大きさは明らかである。加えて，身体運動にとどまらず，リサさんは日常生活の中にも「身体に耳を傾ける」ことを埋め込んでいることがうかがえる。以下は，ヨガを始めて間もない M さんとリサさんの会話である。M さんがリサさんに対して，21 日間のヨガの集中講座を受けている間に食生活に気を付けていたことがストレスだったことを相談している。

　　M：お菓子が大好きで，ポテトチップスとか。21 日コースに行ってた時
　　　　はぴったりやめてみたんですね。で，まあ，それがやっぱりストレス
　　　　なんですよ。ストレスを自分に良いように解釈して，自分に合う食生
　　　　活，もちろん身体に良いものではないんですけど，食べても良いか
　　　　なって。
　　リ：食べても良いのよ〜。でも，だんだんきっと身体が言ってくると思
　　　　う。でも良いじゃない，ポテチ一生食べたって。おいしいもん（笑）。
　　　　もう 1 人 H さんって，（リサさんが担当する）ヨガに来て下さる人も大
　　　　好きなの，ポテトチップスが。「もうどうしても，リサさん，ポテト
　　　　チップスだけやめられない」とか言って。先週よ，彼女は「でもね，
　　　　最近ちょっとね，オーガニックのチップスに変えてみたの！」とか
　　　　言って（笑）。「良いじゃない」って。

　これらの語りから，リサさんはヨガの運動でも日常生活でも，「身体に耳を傾ける」ことを実践していることが読みとれる。リサさんは，日本にいる間も「細々とヨガをやっていた」[11] そうであるが，師匠を見つけ，ヨガの世界に入ったのは，約 20 年前にクアラルンプールに来てからのことであり，それ以降実践を続けてきた。次節以降では，彼女のヨガ実践のみならず，彼女の幼少期や

その後の生活に関わることなど，個別の状況も併せて記述していく。そうすることで，リサさんがヨガの世界から「身体に耳を傾ける」という「わざ」を体得していくプロセスが詳細に浮かび上がるだろう。本節で分析するのは，インタビュー調査[12]によって聞きとった，リサさんのライフヒストリーが中心である。ただし，紙幅の都合上，リサさんの語りは文脈とは切り離さないように細心の注意を払った上で一部編集している。また，各語りにおける文脈の補足には，上記のインタビュー以外の調査時に得た資料を参照することもある。次項では，ヨガの世界における最初の局面として，ヨガを「善いもの」とみなし，特定の指導者に付き，ヨガの世界に入ると決めるまでを記述する。

(2)「わざ」の世界に入る──「善いもの」としてのヨガとの出会い

北海道で育ったリサさんは 13 歳のとき，けがをして病院に行ったことがきっかけで，自身が側弯症であることが発覚した。側弯症とは，「背骨が左右に弯曲した状態」で，左右の肩の高さの違い，肩甲骨の突出，腰の高さの非対称，胸郭の変形，肋骨や腰部の隆起などの変形が生じる疾患である（日本整形外科学会 2024）。背骨の弯曲は骨の発育とともに広がるため，リサさんは側弯症の診断を受けた後，成長期の間はコルセットを着用して過ごした。そのような日常的な対処に合わせて，リサさんの母親が側弯症にはヨガがいいと聞いたことで，近所の公民館で開かれているヨガ教室に行く機会もあったそうである。したがって，彼女が初めてヨガに触れたのは 10 代の頃だった。しかし，リサさんはこのときの心情を以下のように語り，結局実践を継続するには至らなかった。

でも当時は，今みたいな，おしゃれ，じゃないけど，なんていうか，畳の部屋でおばちゃんたちが「あはははは！」って言いながら身体なんかやってる，みたいな，私だけが若い女の子で，「やだ，ここはちょっと違う」と思って全然続けなかったの。だから結局，ずっとそのままだったんだけど，でもどこかで「ヨガやらなきゃ」というのはあって，でもしてなかっ

たよね。

　リサさんがこのヨガ教室に通い続けなかった要因は，ヨガ自体にあったというよりも，それをとりまく雰囲気にあったといえよう。一方で，この経験によってリサさんとヨガの関係が断ち切られることはなかった。リサさんがその後の生活を過ごすなかでも，ヨガという単語は頭の片隅に置かれていたようである。彼女はヨガ以外にも，整体やカイロプラクティックなどといった，民間療法的な技法を試したが，どれも続かなかったという。なかには，その施術者に心無いことばをかけられることもあり，それは次の語りにも表れているように，リサさんの記憶に残っている。リサさんは側弯症の診断を受けて以来，長い時間をかけて自身の身体のためになることを探していた。その間に，ヨガは他の技法に入り混じりながら試され，彼女の意識は少しずつヨガに向かっていく。その直接的なきっかけの一つとして，リサさんは以下の出来事をあげている。

　　1回，フィットネスクラブのヨガの先生のクラスとったの。そしたら結構お年を召した，あの時の私から見たら，そうだな，70歳くらいだったんじゃないかな，その先生。でもレオタードをぴしーっと着て，すごい元気なの。若い私なんかより全然。で，私が彼女に「私側弯症あるんです」って言ったら，彼女だけが唯一「大丈夫，治るわよ」って言ってくれたの。私，その時泣いちゃって，今まで死ぬとか言われてたのに，この人だけが治るって言ってくれたと思って，やっぱりヨガやった方が良いんだなと思いつつ，でもなかなかやっぱり，その後アメリカ行ったりしてたから……

　リサさんは20代で結婚した後，夫の仕事の都合で何度か転居していた。上述のエピソードでは，彼女はヨガを「善いもの」としてみなしてはいるものの，自身の生活状況を背景に，ヨガの世界に入ることにはならなかった。最終的に，リサさんが現在に至るまで継続してヨガを実践するきっかけを得たの

は，彼女の夫の仕事に合わせてマレーシアに住むことになってからである。そのときリサさんは，出産からしばらく経ち，自分の時間を持てるようになっていた。そこで，再びヨガに意識が向いていき，ヨガスタジオを探していたが，通いたいスタジオがなかなか見つからなかったという。そんなある日，リサさんは人づてに評判の良いスタジオを聞き，その体験レッスンに参加してみることにした。そのスタジオのオーナーはインド出身のニーシャさん（仮名）という女性であり，後にリサさんの師匠となる人である。リサさんは，そのスタジオに通い始めたときのことを次のようにふりかえる。

> （体験レッスンのときに）「うわ，きつっ」って気持ち悪くはなっちゃったんだけど，こう，シャバアーサナしてる時に，（スタジオ）の天井をぼーっと見つめてて，なんか直観で，「ここだ」って思ったの。その時，「私はここに来続ける」って思ったの。でもあまりにきつかったんで，全然レギュラーにならなかったの。子供も小さかったし，……だから3ヶ月に1回とか，1ヶ月に1回行けたら「やった！」みたいなレベルだったの。それで，いつも皆にも言うんだけど，背骨のこともあるから，いつも後ろの端でやってたの。

　リサさんがニーシャさんのスタジオに通い続けようとした決め手は，論理的に意味づけられていたというよりも，むしろ直観という身体感覚を表すことばによって説明されている。既にリサさんはヨガを「善いもの」として認識していたものの，ヨガの世界に入ることになったこの直接的な出来事について言えば，一般的に予想されるような「善い」という認識を強化させる出来事があったり，自分の居心地よさを感じたりということはなかったようである。また，ニーシャさんのスタジオを知ってからも，ニーシャさんの指導は厳しく運動量も多かったために，リサさんは最初から積極的に熱心に通おうという姿勢を持っていたわけではない。しかし，結果的に「通える時に通う」という姿勢でヨガに臨んでいたことで，リサさんはあることに気づく。それは，ヨガの指導

者のなかにも，自分に合う人とそうでない人がおり，それは時として他者に合う指導者と異なるということである。

> 今思えば，ヨガは大事な時間だから，良い先生のところに行きたい。時間を無駄にしたくないっていうか（笑），良い先生のヨガを受けたいという気持ちがあるけど，当時は自分の都合優先。で，その先生をとってたの。でも，ある時その先生が１ヶ月くらいインドに修行に行っちゃったの。その時に代講で来た先生が，すっごいソフトな先生だったの。……ちょうど震災が日本であったときだったから，震災の後クラスに行ったらその先生だけが唯一私のところに来て「あなたの家族は大丈夫か？」ってふわ〜って聞いてきて，「あーなんて良い人なの」って。厳しいのも良いんだけど，やっぱり優しさも大事だよねってすごく感じて。その頃からエネルギーが合う，波長が合う，ってことはあるんだなって思った。

　スタジオを基準にヨガの世界の入口を決めたリサさんは，そこに通い始めた当初，誰が教えているのかではなく，いつ開催されているのかというスケジュールを判断基準としてクラスに通っていた。ヨガスタジオではたいていの場合，複数の指導者が在籍しており，曜日や時間帯，内容ごとに担当者が異なっている。リサさんが定期的に通っていたクラスの担当者が突然変わったことで図らずとも，一概にこのスタジオのすべての指導者が「善い」わけではなく，自分の感覚によって指導者の善し悪しを判断できることを体験的に理解していった。リサさんは，自分に合うという感覚があることを自覚したことで，ヨガの世界に含まれる，うまくことばにはできない感覚の世界を認めるようになっていく。
　ここまでの記述から，リサさんがヨガの世界に没入していくまでに，大きく二つの契機があったと言える。まずは，リサさんがヨガを「善いもの」として認識したことである。ただしリサさんは，ヨガを「善いもの」として認めているが，それはヨガ全体を「善い」と考えていることとまったく同義ではない。

むしろ，リサさんが「善い」とみなしているヨガの背後には，個別の人物が想定されている。リサさんは，あるヨガ指導者からかけられたことばをきっかけにヨガが「善いもの」であるという認識を深めている。また，その後も指導者を選ぶことの重要性を語っている。つまり，具体的な他者との出会いがヨガを「善い」とみなす前提条件となっていた。

　一方で，ヨガを「善いもの」と認識させた人物がリサさんの師匠となったわけではない。リサさんがヨガの世界に入る二つめの契機は，ニーシャさんのスタジオを訪れたことである。リサさんがそこに通うことにした決め手は「直観」と表現され，その後の指導者選びにおいても，「波長」を実感したと言語化されていた。すなわち，リサさんの選択や決断に直接的な影響を及ぼしているのは，身体感覚である。その感覚自体が生じたメカニズムを直接記述することはできないが，リサさんの語りからは，それを生じさせた要因が指摘できる。リサさんがヨガを「善い」と判断した背後には，経験の持続と比較という身体の内側で起こる現象があった。彼女はヨガと他の技法，複数のスタジオ，そして，複数の指導者を意識的にも無意識的にも比べていた。そのプロセスで自分の感覚の違いとその意味を理解していった。この気づきが成立したのは，リサさんが過去の経験を記憶していたからである。また，リサさんがヨガの世界に入ったのは，ヨガが「善い」と聞いたときでも，「善い」と感じたときでもない。リサさんの決断には，彼女自身が置かれる状況も大きく影響しており，タイミングの合致も重要な条件となっていた。他方で，リサさんは 10 代でヨガに触れてから 30 代でヨガの世界に入るまで，ヨガをめぐる経験を記憶し，身体の内側で積み上げていた。

(3) 「わざ」の世界で学ぶ──ヨガの「形」の広がり

　リサさんがニーシャさんのもとでヨガの世界に入った後，本項で記述していくのは，彼女のヨガという「わざ」の世界へ潜入中の様子である。前項において，リサさんは身体感覚を重視する非言語的な領域の存在に気づいていたが，その領域自体は無限に広がっている。そのなかでリサさんが自ら考え，自身に

306 第Ⅱ部 〈内なる惑星〉に"出会う"

とって未知の領域を知覚しながら新たなものの見方をつくっていく。生田によれば，「わざ」の学習者は指導者をはじめとした人間関係を通して，「形」の模倣から学習の範囲を広げていく（生田 2000［1987］: 77-9 参照）。リサさんも大筋はそれに類似した経験をしている。ただし，ここで留意が必要なのは，リサさんが，ニーシャさんを師匠としながらも，ニーシャさんと親密な他の指導者からもヨガを学んだと語っているということである。リサさんの語りに複数の指導者が出てくる意味については別稿[13]で検討することとし，本章では暫定的に，ニーシャさんを中心とした「信頼する指導者たち」とリサさんという関係を二者関係としてとらえることとする。

　本項では，リサさんの学習における「形」からの広がりの様相を三つのエピソードから考えたい。まず記述するのは，リサさんがあるワークショップに参加したときのことである。このワークショップは，ニーシャさんの師匠であるCさんが，エクササイズを指導していた。リサさんの背骨の弯曲は左右のゆがみにねじれが加わっており，「右の肩が内転している」という。

　　だからこの，ホイールポーズとかがすごい難しいのね。で，いっつも苦手として，嫌いだったの，ホイールポーズは。先生も一生懸命助けてくれるんだけど，全然できないから，「ごめんなさい」っていう気持ちでずっといたんだけど，そのニーシャの先生のCっていう人のワークショップをとった時に，その先生が言ったことはね，"Just sing, lah la la la lah"って言っただけなの（笑）。「え，なに，それだけ？」って。なんかわかんないけど，催眠にかけるみたいな感じよ。だから，「自分は苦手」とか「自分は嫌い」とかそういうのが頭にがっと来るから全然リフトアップできないんだけど，"la la la"とか言われたらぽっと上にあがったの。「おぉ！」って自分でも思って。「あ，マインドブロッケージだったんだ」と思って。

　自身の身体的特徴によって，ポーズの得手・不得手があるというのはヨガ実践においてよく耳にする話である。「ホイールポーズ[14]」は，あおむけの状態

から四肢を使って胴体を持ち上げ後屈するポーズであり，肩を外旋させることとなる。それゆえに右肩が内巻きになっているリサさんは，自身の身体状況を考えるとできないはずであると思い込んでいたということである。

　筆者の調査では，複数の指導者が，ヨガの身体運動に取り組む意味として，自分の身体の動かし方を理解することをあげていた[15]。上記の語りに示唆されていることの一つは，リサさん自身の身体認識と実際の身体にはずれが生じていたということであり，もう一つは，指導者の役割である。つまりＣさんがヨガの「形」を直接的に教えるだけでなく，リサさんが自ら身体を動かして理解できるようになるような声かけをしていた。そうすることで，リサさんはこれまでとは異なる身体認識の獲得につながっていく。このように身体運動においても，「形」の指導が繰り返されることで，学習者には未だ知覚されていない領域の経験が促されていくのだと推察できる。そのためには，学習者自身が自分の身体を注意深く観察していなければならない。身体運動において「身体に耳を傾ける」ことが要請されるのは，それゆえのことである。

　また，ヨガの指導では，運動の前後に指導者からヨガや心身，健康に関する話を聞く機会も多い。

　　やっぱヨガに来ると気持ちいいし，身体だけじゃなくて，ニーシャの良いところは，ありがたいお話を言うでしょ？　説法みたいのも大事にしてるから。そういうのを聞いて癒されるって言うの？　そういうの聞くのが好きだったんだろうね。

　このようにリサさんは，指導者からの話を日常生活で活用していることを述べているが，次からはそのなかでもリサさんの考え方に影響を与えたとされるエピソードを二つ記述していく。一つ目は，不二一元論の立場をとるアドヴァイタ[16]がリサさんに与えた影響である。リサさんも「アドヴァイタを知ってからはすごい楽になった気がする」と話し，自分と他者とのかかわり方に変化が生じたという[17]。

308 第Ⅱ部 〈内なる惑星〉に"出会う"

　その，（アドヴァイタの教えは）1エナジーって言うんだけど，結局はみんな
一つですよっていう。みきちゃん（筆者）も私だし，だから，じゃあ殺人
犯はどうなの？ってなるのよ，絶対ね。でも，それも責めちゃいけないと
いうか，その人はその人の学びを今生するというかね。私の代わりに経験
してくれてるのね，みたいな。だからそれから，誰に会っても，そんないつも「あなたは私」とか思ってるわけじゃないけど，肉体がある限りセパ
レートって思っちゃうけど，ほんとになんか，コンドのガードさんとかでも，優しくなれるって言ったら変だけど，「今日も頑張ろう！」みたいな，そういう感じになってるの。

　リサさんは，新たな考え方を知ることが，自分を優しくさせたと話すが，それを語る背後には，次のような意味があった。

　昔は私すごい短気でこわかった，今もこわいんだけど（笑）。父親がね，ほんとに短気ですごいこわかったの。そういうの見て育ったから，そういう人嫌いって思ってたんだけど，自分もちゃんと血を引いてるというか
（笑），子育てとかしてみてわかったんだけど，「そんなことしちゃだめよ
〜」って言いたいのに，「そんなことしちゃだめーー！！」って。だから，家族に，うん，変わりたいっていう思いがあったの。自分が変わりたいって。だから娘に対しても，自分の未熟な部分が申し訳ないなっていう気持ちがいつもあったから，変わりたいっていう気持ちもあって……

　リサさんは先述した通り，アドヴァイタを知り誰に対しても優しくなったと話していたが，その根底には，自身の家族に対して優しくなりたいという願望があった。ヨガの世界において，他者と自分が切り離せないことを知ることで，それまで自身が抱いていた変化の欲求に手が届くようになったようである。
　ヨガは哲学でもあり，身体実践の背後には思想の体系がある。指導者はその

体系から学習者の状況に応じて情報を選び伝授する。それは，指導者にとっては情報伝達の工夫であると同時に，学習者の視点では，リサさんが「普段自分が全然タッチしないところ，日常生活では掘り下げないところを掘り下げられる」と語るように，普段の自分では考えないことが論題となる。そうすることで，それまでの自分にとって無自覚だった領域を自覚するようになっていく。

　二つ目のエピソードは，「受け入れる」（surrender）[18]という教えをリサさんが理解したことを示す象徴的な場面である。リサさんは，長年クアラルンプールに住んでいるが，その間に一年だけシンガポールに転居していたことがある。実際にシンガポールに住んだのは，一回きりだったが，その数年前にも一度，リサさんの夫にシンガポールへの異動の話があった。最初の転居の話が来たとき，同じタイミングでリサさんは子どもの進学に合わせてクアラルンプール市内での引っ越しを予定していた。その住居や学校への入学などの手続きも済ませたときに，異動の話が舞い込んできたために，リサさんは大きなショックを受けたという。このときにリサさんは，ニーシャさんのクラスを受けに行ったが，ニーシャさんもそのクラスが終わった夜から，しばらくの間オーストラリアに行くことが知らされた。

　　だから「あ，じゃあこれで会うの最後だ。」と思って。私もシンガポール行っちゃうし，ニーシャもオーストラリア行っちゃうし，私は「もう最後なんだ」って思ったらなんか（ニーシャさんのところに話かけに）行けなくて，ずっと座って待ってたの。さよならだけ言おうって。そしたらもう，彼女が感じ取って，「リサ，座りなさい」とか言って。「いや，良いんです，良いんです〜」って涙ぽろぽろ〜ってなってきて，「あなたの時間をとりたくない」とか言って。「良いのよ，we need to talk」とか言われて。

リサさんの様子がいつもと異なることに気づいたニーシャさんが，リサさんに声をかけ，リサさんは自身が置かれている状況を話すことになった。リサさんは，「（クアラルンプール市内に引っ越しをする）準備は私整えてたのに，私シン

310 第Ⅱ部 〈内なる惑星〉に "出会う"

ガポール行けって言われたんです」と話したところ，ニーシャさんからは次の
ような返事があったそうである。

> がっと見られて，「リサ，シンガポール行きなさい」って。"surrender" っ
> て言われたの。で，「行きます」とか言って（笑）。「抵抗したら人間は苦
> しむんだから，その流れに乗りなさい」って。「あなたはシンガポールに
> 行くの。You support your husband. 私だって，誰もわからないんだよ，
> 未来のことは。私だってこのオーストラリア行きのチケット，持ってるけ
> ど，飛ぶかなんてわからないでしょ？ だめよ，そんな思い悩んじゃ」と。

ニーシャさんは，夫を支えるというリサさんの役目と，人間の苦しみを生む
要因について助言をし，リサさんがシンガポールに行くよう促した。そのとき
にニーシャさんが使ったのが，「受け入れる（surrender）」ということばであ
る。また，上の語りからは併せてリサさんがニーシャさんに寄せている信頼も
うかがえる。しかし結局，この転居の話は立ち消えとなり，ニーシャさんが
オーストラリアから戻ってきた後もリサさんは引き続きクアラルンプールで暮
らしていた。

> ニーシャが1ヶ月後に帰ってきた時に，クラスにまたいて（笑）。「恥ずか
> し〜まだいる〜」とか思って先生のとこ行って "I'm here" とか言ったら，
> "I told you! You never know!" とかすごい言われて。で，その時にすごい
> "surrender" って言葉が自分の中にすーっと入ってきたの。委ねる，みた
> いな。だから，「こうしたい，ああしたい」みたいにもがいても，ねえ，
> ここに来ちゃうから，surrender みたいなのが大事なんだなってすごいわ
> かったの。そしたら，その2年後に，ほんとにシンガポール行くことに
> なったの。でもその時はすごい気持ち良く，さ〜って。"I'm ready!" みた
> いな，「行きますよー！」って，変わってたの，自分がその時には。もう，
> 慌てない，みたいな。

第7章 「身体に耳を傾ける」ことの体得とその契機　311

　この語りには，リサさんがニーシャさんから与えられた「受け入れる」ということばの理解が変化したことが示唆されている。シンガポールに行くようニーシャさんに言われたときは，師匠であるニーシャさんに言われたという，いわば「形」の理解であったが，その後，リサさん自身が先のことはわからないという経験をした結果，それがリサさんにとって現実を示す適切なことばとして認識されるようになった。また，その数年後，実際にシンガポールに転居したときの心情から，その「受け入れる」という考え方がリサさんに身体化されていることもわかる。

　このやりとりは，ヨガの指導中ではない時間の出来事だったが，ここでもニーシャさんはリサさんの日常での困りごとに対しヨガの教えを用いてアドバイスをしている。これ以外にも，リサさんが日常で疑問に思ったことをニーシャさんに問いかけ，解消してもらった，という語りが複数見られた。リサさんは後にニーシャさんのもとで指導者養成プログラムを受講した際に，体系的にヨガ哲学を学ぶことにはなるのだが，それ以前においては，全体を学ぶというより，自身のそのときの状況を基点にヨガの考え方を少しずつ理解していった。

　本項で記述した3つのエピソードから，リサさんが指導者との関係性のなかで，「わざ」と日常生活とを結び付けていったプロセスを整理したい。まず，リサさんが指導者から学んだことは大きくは，二つにわけられる。一つ目は，ヨガの「形」である。ここでの「形」は身体運動と同義とみなすことができるが，その指導はリサさんの認識のずれを気づかせる（栗原 2022b：51-2参照）と同時に，別の見方を探る後押しとなっていた。

　リサさんが習っていたことの二つ目としてあげられるのは，端的には「1エナジー」や「受け入れる」ということばで示されるような，日常生活への姿勢である。これらは，現代に主流の価値観ではないため，教えられたとしても無条件に受け入れることは難しいはずである。彼女が指導者に疑問を投げかけることができ，かつ，ニーシャさんからの回答に納得することができたのは，両者に信頼関係があったためだろう。

312 第Ⅱ部 〈内なる惑星〉に"出会う"

しかし，リサさん自身がニーシャさんの教えに納得するには，リサさん自身から発される，変化の欲求も併せて必要だったようである。リサさんは「変わりたかった」と述べたり，日常のなかで具体的な問題に直面したりしていた。これは，リサさんがヨガの世界に潜入している間，常に彼女の意思が先行し，ニーシャさんからの応対があったということであり，「わざ」の学習が相互行為の上に成立していることを意味する。生田によれば，「わざ」の世界に入った当初は「学習者は自分と『形』との関係にのみ焦点を合わせた，いわば自分を中心とした主観的活動を行って」おり（生田 2007［1987］：86），徐々に「形」の共有の試みを超えて，指導者と生活のリズム自体を重ね合わせていく（生田2007［1987］：76）という。リサさんは身体運動の学習から始まり，少しずつニーシャさんから学ぶ範囲を広げながら，ニーシャさんが身につけているヨガの視点に自分の視点を合わせていったと考えられる。

また，三つのエピソードは，それぞれ異なる位相でのリサさんの変化を示している。一つ目のポーズのエピソードでは，「形」の繰り返しを通して自分の身体理解を広げていった。二つ目のアドヴァイタから受けた影響については，他者認識と結び付けて語られている。リサさんは自分と他者とが切り離せないことを知ったことで，他者との関係性を変化させていった。三つ目の「受け入れる」ということばをめぐるエピソードは，現実の受け入れ方の変化ついてであり，リサさんと具体的には特定できない存在との関係性の変化を示す。

ヨガの世界に入るまでのプロセスと同様に，ヨガの世界に没入している間も，リサさんが何かを理解し変化するするきっかけになっていたのは，身体感覚であった。一方で，第1局面では，感覚があること自体が変化の契機であったが，本項で論じた第2局面では，自分のそれまでの認識や予期せぬ出来事など，自分が自覚していなかったという前提の重要性が示唆されている。このように絶えずリフレクションすることが，次項で論じる指導者やヨガの世界の相対化の道筋になっているのかもしれない。

(4) 「わざ」の世界を活かす——ヨガの「型」の習得と意味

前項では，リサさんの主観的活動を中心としつつ，師匠たちからの教授をリサさんなりに理解していった様相を記述した。一方で第3局面として，「わざ」の習得を通して学習者のものの見方の変化を起こすためには，学習者の「わざ」の習熟に伴う指導者との関係性の変化と，「わざ」の世界の全体像の把握が求められる。リサさんの場合も，実際に現在までに指導者との関係性の変化があったと語っている。次の二つの語りは，リサさんによるニーシャさんの認識とその変化を示す。

まずは，リサさんがティーチャートレーニングと呼ばれるヨガ指導者養成プログラムを，リサさんの自発的な意志というより，ニーシャさんに誘われて突発的に受けることになったときのことである。リサさんはこのとき，ニーシャさんを自分の師匠と改めて認識したようである。

> ティーチャートレーニングをやったの。私も絶対先生を持つのは良いことだと思うのね。波長も合う合わないもあるから，だからもう，ニーシャでいいやってのは失礼なんだけど（笑），ほんとの聖人とかはヒマラヤでずっと座ってるじゃん。会えないでしょ（笑）？　ニーシャも言ってるけど，町中での方がよっぽどの修行だ，みたいな，ね？　それこそ，主婦なんて大変じゃない？　よっぽど修行ができる。

一方で次の語りは，リサさんがニーシャさんとの関係性が変化したと認識していることを示す。リサさんはニーシャさんのもとでヨガを習い続けていたある日，ニーシャさんからふと心無いことを言われたという。その出来事が，ニーシャさんに対する認識を変えたきっかけになった。

> だからもちろん彼女もパーフェクトじゃないし，"we are all perfect"っていつも言うけど，それはそれでパーフェクトなのかもしれないし，前はな

んか「あ～ニーシャ～」（手を組んで憧れのジェスチャー）って感じだったん
だけど，もう今は仲間？っていうか，もちろん先生なんだけど，彼女だっ
て色々あるだろうし，うん。

　ここでは，リサさんにとっての未知の領域にニーシャさんが名前を与えると
いう，ニーシャさんとのそれまでの関係性とは異なり，両者が以前より対等な
関係性に移行したことがうかがえる。この直接的な変化については，個別の会
話がきっかけであるため解釈が難しいものの，リサさんの語りのなかには他に
も，ニーシャさんの関係性を相対化させる社会的な影響があったことも浮かび
上がっている。その影響とは，リサさんがニーシャさんのスタジオでヨガの指
導を行うようになったことである。そこで本項では，両者の関係性が変化した
社会的な背景とともに，その結果リサさんが到達した固有の「わざ」とものの
見方について記述したい。
　現代のヨガ指導においては，ハタヨガ，パワーヨガ，アイアンガーヨガ，な
ど，様々なヨガのスタイルが体系的に分類されていて，1回のクラスでは一つ
のスタイルが教えられるという構成であることが多い。そのようななかでリサ
さんは現在，ニーシャさんのスタジオでは陰（いん）ヨガというスタイルを中
心に教えている。このことについて，リサさん自身は「なぜか，私が陰ヨガに
なっちゃって」と話す。これも自分の意思というよりは周囲の要請から，リサ
さんが陰ヨガを担当することになったことがうかがえる。陰ヨガとは，他より
もポーズを保持する時間が長いことを特徴とするが，ニーシャさんの教えるヨ
ガのスタイルとは異なっている。それゆえ，リサさんはそれまで陰ヨガを学ん
だ経験が少なく，「みんなはもっと深く学んでるのに私良いのかな？ってプ
レッシャーがちょっとあって」，意識的に陰ヨガの師匠を探すこととなった。

　　私は私の先生を探したいと思って。で，「Jに習おっかなぁ」って思って
　たら，最近シンガポールにＺっていう，陰ヨガの先生がいて，なんか，
　「この先生かな」って思ったんだよね。で，先月かな？　行って，すごい

良かったから，「じゃあこの先生のところでティーチャートレーニングやろう」って思って。

　陰ヨガの師匠を探す際にも，他の陰ヨガ担当者がそれぞれに師匠に付いていることを念頭に置きながら，複数の指導者を比べて直観的に行動し決断している様子が読みとれる。リサさんはニーシャさんとは異なるヨガのスタイルを学ぶことについて，「やっぱり，極端はいけないねってのはわかりつつも，深めてるっていうか」という理解を持つ。リサさんは，ニーシャさんから得た「わざ」を根底に置きつつ，それ以外の「わざ」の世界に触れることで，「わざ」の全体像をつくり，自分の実践を位置付けようとしているのである。

　他者からの要請と併せてもう一つ，リサさんの「わざ」がニーシャさんの「形」の模倣になりきらないのは，リサさん自身も固有の身体を持つためである。それを象徴的に表しているのが，ニーシャさんのスタジオにおいてリサさんが開催した「側弯症のためのヨガ」というワークショップである。筆者も参加した回の側弯症のワークショップ[19]では，リサさん自身の側弯症の経験を話した後，そのワークショップの参加者の身体的状況を聞き取り，身体運動が始まった。リサさんはワークショップ中，様々なエクササイズを紹介しており，それらは「私の先生（ニーシャさん）からこう習った」と説明するものもあれば，筋膜リリース[20]や陰ヨガなど，ニーシャさん以外に習ったことも積極的に取り入れ，共有していた。リサさんは特に，側弯症の人向けのエクササイズが紹介されたある本の内容を中心に取り上げていた。「側弯症の本なのに，愛に溢れているっていうか」と言うほど感銘を受け，その施術が行われている整骨院に訪問したそうである。このことについて，リサさんは次のように話す。

　　「側弯症のヨガ」に関していえば，ニーシャとも「これはヨガって呼んでいいかどうか」って。最初ワークショップ始めた頃は，ヨガの中から良いポーズをピックアップして，私も実際スコリオシスのヨガの有名な先生が

やってたので自分がちょっと「良いな」って思ったのは取り入れたりして
やってたんだけど，こないだ日本に帰った時に新しい本に巡り合って，私
もね，「この先生に昔会いたかった」とか思って。だから今，もうちょっ
と内容を変えて，コアエクササイズ，「この本から紹介します」って言っ
て。「もうやるかやらないかは自分次第だけど，自分の身体だから，やる
なら毎日やらなきゃいけないし，でもこういうのもあるんですよ」って紹
介でもできれば良いなって。

　リサさんは，「側弯症のためのヨガ」というワークショップについて，ヨガ
以外の要素を多分に含めているため，それをヨガと呼んでいいか疑問を持って
いるようである。しかし，ここでの中心はヨガの指導ではなく，側弯症への対
応である。実践の軸を「わざ」から身体にすることによって，ヨガの世界が相
対化されている[21]。
　併せて指摘しておきたいことは，リサさん自身もこのワークショップ中に，
参加者の主観的活動を喚起するような発話を行っていたことである。上に語ら
れた通り，相手に実践を強制しないことを前提として，ワークショップ中も，
「今日私がやったことはみんなのなかに種を植えただけ。それが育つかどうか
は皆さん次第。私はみなさんが自分のために少しでも時間をつくって実践して
くれることを願っている」と話したり，ある陰ヨガの指導者から聞いて感銘を
受けた「動くことは薬」ということばを紹介したりしていた。そうすること
で，参加者に対して，自ら行動を選ぶことを促している。リサさんがワーク
ショップ中「みんな違う身体だね」と話していたように，（たとえ「側弯症」と
いう同じラベルが貼られていたとしても）それぞれが唯一無二の身体を持つことを，
リサさん自身がヨガの世界のなかで理解していったため，リサさんが指導者に
なってからも，そのような言語表現に基づく指導が受け継がれていく[22]。
　リサさんの実践をまとめる最後として，リサさんが自分自身と世界との関係
をどのようにとらえているのかを以下に記述したい。

第7章 「身体に耳を傾ける」ことの体得とその契機　*317*

結局はさ，遊び？　みんな何かで遊んでる。みきちゃんは，その，論文書
いて遊んで。……遊んでるって言ったら失礼かもしれないけど，なんかし
に来たんだよね，ここに。だからその，ヨガのフィロソフィーで，プル
シャ[23]とか出てくると思うんだけど，なんて言うんだ，アドヴァイタで
言うエナジーが，大きな海だとしたら，みんなは白波，みたいな。でも，
結局は海なんだよっていう。日本語で言ったら真我っていうの？　プル
シャが体験したいからそういうことが起こってるんだよっていうフィロソ
フィーなんだよね。

　ここでもヨガのことばを用いて自分の理解を説明していることから，ヨガの
思想がリサさんのものの見方の形成に大きな影響を与えていることがわかる。
プルシャとは，もともとインド哲学の概念であるが，現代のヨガの現場では，
周囲の何からも影響を受けない自分の本質というような意味で用いられること
も多い。それをふまえてリサさんは，自分のなかの奥底にプルシャがあり，そ
れによって自分の意識が動かされ，社会のなかで様々な経験をさせられるとと
らえている。この語りに示唆されているのは，リサさんが，自身の身体の内側
に在る自分の意識ではコントロールできないものとして，物理的な部分以外の
要素を認めているということである。ここでは，それが「プルシャ」というこ
とばで表現されている。

だからみんなで話し合ってた時に，「じゃあ，子育てにイライラしたりす
るのも，プルシャが体験したいからなの？」って言って「そう」とか言っ
て。「プルシャのために泣いたり笑ったり苦しんだりしなくちゃいけない
のね」って。でも，こう揺らぐじゃない。私もニーシャに言ったときが
あったんだけど，「あ，見つけた」って思うときと，揺らぐときがある
じゃない。私ももちろん揺らいでるし，でもずっと揺らぐんだろうし，揺
らぎを楽しもう，みたいな。そういうことばは，最近思ってる。でも，な
んかさ，あんまりヨガを極めない方が良いよ（笑）。やっぱり，揺らぐよ

318 第Ⅱ部 〈内なる惑星〉に"出会う"

ね。そっちと現実世界，お付き合いの世界，とかさ。だから，付き合う人
たちも変わってくし，もちろん変わってって良いんだけど，そこで揺らぎ
ができるよね。[24]

　本節を通して，リサさんがヨガの世界でヨガの見方を身につけていくプロセ
スを記述してきた。リサさんは，ヨガの世界で用いられることばを使って自分
の世界認識を説明していたが，一方でそれはリサさんのなかでヨガの見方を確
立したことを意味するわけではない。そのことについてリサさんは「揺らぐ」
と表現している。すなわち，彼女は身体の内側の「プルシャ」と身体の外側の
社会，言い換えれば，ヨガの見方と社会の見方の間を往来している。リサさん
は，ヨガの実践を通して身体の内側にある様々な領域とそれらの関係性を，少
しずつ理解していった。しかしながら，リサさんが社会のなかで生きていく限
りは，「わざ」の世界の外の影響を受け続ける。身体の内側に迫ろうとすると
同時に社会の一員であろうとするという，二つの極の間でバランスをとること
を肯定するのが，リサさんのものの見方である。そして，本節第1項で述べた
ように，ヨガの枠に落とし込むことなく生きることが，「身体に耳を傾ける」
ということばで表される内容である。

　ここで，本項冒頭に示した二つの論点について整理したい。一つ目の論点
は，リサさんがニーシャさんとの関係性を変化させる契機である。その契機
に，ニーシャさんからの直接的な発話に加えて，ヨガを教えるという，リサさ
んのヨガの世界の外側との接続があった。担当クラスの都合から，ニーシャさ
ん以外の「形」を学ぶことになり，ニーシャさんの存在とニーシャさんから学
んだ「わざ」を相対化させることとなった。併せて，リサさんの固有の身体も
ニーシャさん以外の「わざ」を取り入れる原動力となっていた。ニーシャさん
との関係で言えば両者の身体の違いがあり，側弯症のためのヨガワークショッ
プに参加した他者との関係で言えば，「側弯症」というラベルが貼られている
身体に共通する特徴とが重なり合い，リサさんはニーシャさんの「わざ」を身
体に取り込みながら自分の「わざ」をつくりあげていった[25]。つまり，指導者

との関係の変化には，リサさんが「わざ」の世界の外とのつながりと，自分の内側とのつながりが重要であった。

　それをふまえて本項の論点の二つ目は，リサさんに固有の「わざ」の構成とものの見方の関係である。これは指導者との関係を相対化させることが基点となっている。自分の固有の身体をもとに外の世界との関係を築こうとすることで，それまでリサさんの認識において中心にあった「わざ」自体が周辺に移動し，他者との関係を築く結節点としての身体が中心化された。ものの見方が変わるとは，その人の認識をつくっている要素同士の関係性が変化すると言えるかもしれない。常に相手によってそれらの要素の位置や関係性が変化していくために，人のものの見方は誰かと出会う度に変化していくのではないかと考えられる。

　ただし，ニーシャさんとの関係が変化したからと言って，リサさんが現在ニーシャさんの影響を受けずに生活しているわけではないことも明記しておく。むしろ，ニーシャさんから学んだことは，リサさんの身体に埋め込まれ，リサさんはそれを新たな出会いにおける準拠点としながら新たな学びを得ていく。経験は身体のなかに埋め込まれ，新たな出会いによって比較される。身体実践を通して学ぶことは，その繰り返しであると言えるだろう。また，さらに言えば，その背後にはリサさん自身の宗教への関心や，それに関する幼少期の経験もエピソードとして語られていた。本章では，紙幅の都合上それらを記述し分析することはできないが，結局のところ，「わざ」を体得するプロセスは，一般化して単線的な形に示すことは難しいということである。しかしそれは裏を返せば，「わざ」が多方向に広がる可能性を秘めているということでもある[26]。

4. ヨガでの "出会い" によって生じたリフレクションの契機

(1) 体得する契機としての身体感覚——異なる位相の 「出会い」の連関

　前節では，リサさんがヨガを通して「身体に耳を傾ける」という「わざ」を体得するプロセスを，三つの局面に分けて記述してきた。しかしそれは，直線的で地続きのプロセスとして語られたというよりも，リサさん自身が変化を自覚した各契機の語りだった。それは第2節で論じた感覚の論理的説明の難しさに起因する。リサさんがヨガの「わざ」を習得していくときの中心に置かれていたのは，身体感覚だった。ヨガにおける実践と感覚の重要性は，湯浅 (1990) が論じた通りであるが，それはヨガと，従来に主流なシステムの基盤としての近代科学との違いを示すための理念にとどまらず，ヨガの実践を継続するなかでも絶えず欠かせないものとなっている。身体感覚は，最終的にはその人の内側から発生するものであり，内側のメカニズム自体を論理的に記述することはできず，実際にリサさんから語られることもなかった。一方で前節からは，リサさんの出会ったものとその意味が浮き彫りになる。そこで本節では，リサさんの出会いの意味を考察したい。

　ここで改めて，局面ごとのリサさんの変化のプロセスを整理していく。第1の局面として，「わざ」の世界への入門に際してリサさんは，身体感覚自体に気づく場面があった。身体感覚は常に人々のなかにあるものであるが，現代を生きる人々にとっては知覚することが難しい (Melucci 1996=2008：26-7 参照)。それを経験することで，自分の知っている世界がすべてではないという認識が芽生え，「わざ」の世界の探求が始まっていく。

　第2の局面であるヨガの世界での潜入中も，リサさんはこれまでとは異なる感覚が学習の手がかりだった。加えてこのときには，身体の外側で起こる現象も，自身の身体を通して知覚されていた。リサさんの感覚や経験を名付ける役

割を果たしているのがニーシャさんたち指導者である。そのときの自分では解釈できないものの確かに知覚しているという現象に対し，指導者たちがことばを与え，リサさんは自分の解釈可能なものとして受容していく。加えて，第1局面以上に，そのときの自分と自分の過去とを比べていることが明示されていた。そうすることで身体実践の域を超えて，彼女のものの見方にも影響を与えていった。

　そして最後に第3の局面として，ヨガの世界を俯瞰できるようになり，身体を準拠点とした見方を獲得した。それは，ニーシャさんの「わざ」を相対化することによって成り立つ。身体と社会双方からの影響を受け，間に置かれたリサさんはこれまでの「わざ」とは別の「形」を学習する。そうすることで，「わざ」とその世界の全体像をつかむことができた。つまり，身体感覚は個人に帰属するものではなく，個人の内的な感覚と外在する社会環境との相互循環によって生起する。

　リサさんが身体や世界についての理解が変化したと語るときには，必ずと言っていいほど感覚が基点となっていたが，併せてそれを生起させていたのは何かとの出会いだった。リサさんがヨガの世界で出会っていたのは，主に三つの対象で，それらは，具体的な他者，集合的な他者，そして自分の身体感覚自体である。出会うということが，異なる二つの意味の領域を一緒にすることであるとすると，この三つの対象はそれぞれ次のように理解できる。

　まず，具体的な他者との出会いは，今回はリサさんとヨガ指導者との出会いのことを指す。それは，自分と他者という異なる領域の接近である。このヨガ指導者たちは，リサさんに二つの役割を果たしていた。とりわけ，第1，第2局面では，リサさんに自らの感覚，つまり，未知の領域を気づかせ，ことばを与えていた。つまりこれは，リサさんとヨガの世界を仲介し，同一化を図るような役割である。一方で第3局面では，リサさん自身が固有性を考える差異化の軸となっていた。

　次に集合的な他者とは，ヨガの世界の外側の人々のことである。主に第3の局面では，リサさんが固有の「わざ」をつくりあげることを促していた。併せ

322 第Ⅱ部 〈内なる惑星〉に"出会う"

て，ヨガの世界に入る前に出会ったとして語られた人々も，ヨガの世界と社会という異なる世界の媒介者として考えれば，同様に位置付けられる。集合的な他者も，「わざ」の体得において差異化と同一化の二極的な役割を持つ。つまり，リサさんが物事を考える際の比較の準拠点となり，ヨガの世界に入る以前に出会った他者は，リサさんと社会を切り離してヨガの世界に入ることを間接的に誘導し，ヨガの世界に入った以後に出会った他者たちは，リサさんと社会の結節点を見出す役割を担っていた。

　最後に，感覚自体との出会いとは，リサさんの身体の内側で起こった異なる二つの領域の接近である。リサさんは，自身の身体の内側で積み上げられてきた経験と，外側の表象とが近づくことで，身体感覚に気づいていた。自身の身体感覚を自覚することはリサさんにとって，自分の見方をつくりあげていくと同時に，言語化できる思想を相対化していくという二つの意味を持っていた。

　これら三つの領域の出会いの意味は，それぞれ相互に排他的ではなく，一方ではそれらが密接に関わりあって成立し，他方では反発し合うように作用しているようである。このようにして，身体と言語は様々な位相で完全に一致することなく，しかしながら，完全にその人からは切り離されることはない。その結果，身体の内側の各領域は絶えず影響を与え合い，うごき続け，ものの見方の変化につながっていく。さらにここから言えることは，ものの見方の変化は，ヨガという対象自体に出会うことで生じるのではなく，ヨガを通して様々な人々や領域に出会うことで促されていくということである。

　メルッチも，他者との出会いには必然的に自己と他者とを比べることを内包すると考えていたようである。他者と出会うことでは，自己と他者の差異を認識することとなり，自分の限界と独自性を知ると同時に，「他者と架け橋となるもの，ふれるための共通の接点をたえず探し求め，交換するための言葉とルールを構築することを強いられる」ことになるという（Melucci 1996=2008：138）。本章においては，その具体的な出会いの連鎖や関係性の断片を記述した。

(2) 身体感覚とものの見方の変化の関係
──〈内なる惑星〉への理解が築かれるプロセス

前項では，出会いが相対する複数の意味を持ち，相互に連関していくことで
「わざ」の理解が深まることを論じた。それをふまえ本項では，出会いがもの
の見方の変化を促すことについて当事者的視点から考えたい。すなわち，感覚
や情動，認知などのメルッチが論じた〈内なる惑星〉を含んだものの見方をつ
くりあげていくプロセスである。

リサさんがヨガの世界に潜入している間に経験していたことは，身体感覚の
獲得であり，それを通じて自身にとって未知だったことを自覚し，自分の世界
認識にそれを含めていくことだったと言える。感覚を知覚するとは，言い換え
れば，自分が今まで気づいていなかったことに気づく，ということである。し
かし，この未知のこととは，一部の人にしかわからないものではなく，人々に
より身近なものである。真木悠介は，現代における日常生活が「抽象化された
記号の進行する論理」によって合理化されていることを指摘し，「われわれの
自我の深部の異世界を解き放つこと」を説いている（真木 2003［1977］：229-
30）。現代社会においては，論理的に説明可能なものだけで社会が構成され，
非論理的とされる内的な感覚が軽視される。リサさんについても，論理と科学
が重視されたことで身体に貼られたラベルが，最初はその人自身を示すかのよ
うにみなされていた。しかし，ヨガという身体実践によって自分自身の身体を
認識しなおすことで，そのラベルを相対化することが可能になっていた。

加えて前節での記述からは，その感覚を生じさせる要素にも複数の位相があ
ることが読み取れる。それらは，ラベルと身体感覚自体の対立，意識としての
身体と実態としての身体の対立，そして，感覚によって知ることができる身体
と知覚できない身体との対立，である。ヨガの世界でリサさんは，自身の身体
感覚を細分化していったが，そうして掘り下げていっても知覚できない領域の
ことを「プルシャ」と表現していた。人は新たな領域に出会ったとき，「まだ
適切な名前を持たない欲求に声を与えるための言語，実践，象徴を求めてい

図7-2 ものの見方が変わっていくプロセス

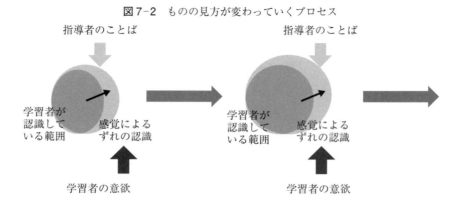

る」（Melucci 1996=2008：119）という。指導者たちがその名付けの仲介者となっていたが，新たな領域は身体を介して出会い，出会うことで名前を与えることができ，名前を得ることでその人のものの見方の一部分を担うこととなる。感覚を自分の認識に取り込んだ後，再び「わざ」の世界の外側である社会に戻ることでは，ヨガ以前に自己認識の中心だった可視化されているものとしてのラベルと実体が周辺化され，可視化されにくいものである感覚が中心化されることとなった。これが，ものの見方が変わっていくという現象の一断面だろう。そして，それでも理解できないものを示すことばとして「プルシャ」を理解している。その存在をも含めることで，リサさんのものの見方は固定化されず，「揺らぐ」こととなる。

　また，感覚を辿っていくものの見方の変化のプロセスは，図7-2に示すように，常に自分の身体に準拠しているため，地道で時間がかかる。自分の身体との向き合い方の変化も，現実との向き合い方の変化も，どちらも自分の意識ではコントロールできない性質のものへの向き合い方として共通している。それゆえに，変化が生じるメカニズムも同じ構成をとる。これに関しては，生田の議論の通り，学習者の主観的活動と，指導者との関わりが重要であることが確認できたが，一方で，生田の議論との相違点では，主観的活動の内容があげられる。生田の議論もリサさんも，自らが現状を認識するということについて

は同じであるが,「わざ」の習得を試みる動機付けについて,前者は「わざ」を習得したいという欲求であるのに対し,後者は「自分を変えたい」という欲求に基づいていた。つまり,「わざ」の習得を目的とするのか,手段とするのか,によって違いが生じているが,それは本章第2節で論じた本章の限界にも通じる論点である。ものの見方の変化自体を検討するための枠組みの精緻化は今後の課題とする。

5. おわりに――「身体に耳を傾ける」という見方

本章ではここまで,リサさんというヨガ指導者の実践を事例に「身体に耳を傾ける」という「わざ」が体得されるプロセスと意味について検討してきた。本章の最後に改めて「身体に耳を傾ける」ことの社会的意味を明示したメルッチの議論に立ち返り,本章の意義とメルッチの議論との関係について整理したい。本章の意味は,個々人が「身体に耳を傾ける」ことが社会変化につながっていくことを前提としたときに,そのものの見方の獲得はどのようにして起こり得るのかを検討したことである。本節ではその中でも重要な論点を以下の三つにまとめ,今後の展望を述べていく。

一つ目の論点は,本章の主題でもあるものの見方が変わるプロセスについてである。端的に述べれば,「身体に耳を傾ける」というものの見方は,身体を介した出会いによって獲得されていた。出会うことによっては,他者との比較から自分自身についての理解が深まる。そのような身体感覚を介すことでその人はおのずと自分の内側に意識を向けることとなり,〈内なる惑星〉の存在やその構成,そして様々な領域の連関を認識していくようである。また,それは自分自身の経験となり,自身の世界認識の中心に置かれる。それに対して,それまで自身の世界認識の中心に在った社会の言語は周辺化され,ものの見方が変わるという現象が起こる。

これまでの研究においては,現代に支配的なシステムやパラダイムの限界が指摘されると同時に,宗教・スピリチュアリティ研究を中心に,それとは異な

326　第Ⅱ部　〈内なる惑星〉に "出会う"

る価値観に従って生きる人々がとらえられてきた。実際に，ヨガもスピリチュ
アルな文化を代表する事例ととらえられることがあるが，このような先行研究
では，現代に支配的な価値観に対するオルタナティヴが残余のようにみなさ
れ，無限の可能性が開かれている，もしくは，神秘的な領域であるように論じ
られてきた。しかし，本章が示しているのは，オルタナティヴとされる価値観
を獲得していく際に具体的な出会いが条件付けられているということである。

　出会いは，本書を通底する重要概念であるが，本章においても，出会いの繰
り返しが見方を変化させる原動力となっていたと言える。「身体に耳を傾ける」
実践はともすれば，一時的な意識の向き，あるいは，ごく一部のスピリチュア
ルな人々にとっての実践と位置付けられるかもしれない。しかし，本章ではも
のの見方の変化の背後に出会いがあることを記述することで，それが誰にでも
経験し得るものとして提示した。ただし，それは誰でもいつでも体験できる現
象ではなく，以下にメルッチが述べるような条件が求められる。そして本章か
らは，その「不思議なこと」を受け入れる条件に指導者の存在や，自身の欲求
などがあることが示唆されていた。

　　　かたちを変えていけるのは，自己の喪失を進んで受け入れ，不思議なこと
　　　への驚きをもって，想像をめぐらすときだけだ。……不思議なことに驚く
　　　には，汚れなき目と邪念のない心が必要だ。　　　　　　（本書第1章参照）

　これを前提に二つ目の論点は，「身体に耳を傾ける」ことが「わざ」であり
「わざ」言語でもあることの意味である。上述したものの見方の変化のプロセ
スは，言い換えれば「身体に耳を傾ける」ということばがきっかけとなり，個
人のリフレクションが促されるということである。身体実践においては「技が
名目的に同一であっても，それを身に付けたときの実質的な有効性は同一では
な」（倉島 2007：5）いと論じられるように，同じ「わざ」を学習していてもそ
の人が置かれている状況によって表出される「形」は異なる。リサさんの実践
プロセスが示している通り，時間を経ることによって，その人の世界認識が広

第7章 「身体に耳を傾ける」ことの体得とその契機　*327*

がっていくため，その都度「身体に耳を傾ける」ということばが指し示す状態
も変化するのである。

　そのときの状況に応じて理解できることが違うということは，〈内なる惑星〉
を考えることにも示唆的である。本章の冒頭では，〈内なる惑星〉という概念
の意味が，従来の線引きを相対化し，後傾させられていた感覚や情動を身体の
外側の領域と結び付ける枠組みであることを述べた。リフレクションを行う視
点の違いによっては，とらえられる〈内なる惑星〉の領域や側面，見え方も異
なることが考えられる。これをふまえると，本書第Ⅱ部でここまで論じられて
きた内容はいずれも，身体をめぐるリフレクションの異なる視点を示していた
と言える。次章では，このように視点によって異なる結果を導く身体へのリフ
レクションについて，その複数の位相の体系について論じられる。

　三つ目の論点とは，新たに獲得されたものの見方に関することである。前節
では，リサさんが自身の身体感覚を辿ることで，彼女が持つ世界認識が広がっ
ていくことを示した。しかし，これは今まで与件としてきた境界線がまったく
なくなることとは同義ではない。リサさんは自分と外の世界のつながりをたし
かに認識していたが，その前提には，違いの自覚があった。したがって，新た
なものの見方は境界線をなくすことではなく，それをとらえ返すことである。

　メルッチは，他者との出会いが「自らを差異の深淵（abyss of difference）に
さらけだすことである」（Melucci 1996＝2008：138）と述べる。実際にリサさん
は出会いを繰り返すことで自己認識や他者との差異を自覚していた。それらは
たとえば，社会によって身体に貼られたラベルと自分の生身の身体，ヨガの技
法の継承とヨガの技法の活用，現実の偶然性と自分の意思，ヨガを実践してい
る自分と外の世界，などである。また，自身がとらえられない領域を「プル
シャ」とみなし，自分の意識自体も相対化させている。リサさんはこうした複
数の対立の中で絶えず自分を認識しており，それが「揺らぐ」と表現されてい
ることの意味である。そしてそれらの対立は，身体の中で再解釈することが可
能となっている。本章で論じたものの見方の変化とは，メルッチが以下に論じ
るように，その無数の境界上での視点の移動であるとも言えるだろう。

328　第Ⅱ部　〈内なる惑星〉に"出会う"

……すでに慣れ親しんだ領域が隣接する境界線上（on the borders）では，ある領域で見た同じものが違って見えてくることに気づくことが重要である。ものの見方の組成を少しずつ変化させながら元いた場所からは少しずれた地点に戻っていくのである。　　　　　　　　　　（Melucci 1996=2008：6）

　ここまで，本章で検討した論点を整理してきたが，最後に今後の展開についても述べておく。本章で論じたものの見方の変化は，「癒し」のプロセスの一部としてもとらえられるかもしれない。医療と社会文化の関係を研究したアーサー・クラインマンは，文化システムを土台とした病者と治療者の相互行為や説明の方法によって，癒しが成立していることを論じているが，そこでも病者である当事者の問題のとらえ方が論点としてあがっている（Kleinman 1980=2021 [1992]）。本章の結果には，身体実践をとらえる枠組みによって，問題の当事者のものの見方の変化のプロセスを検討できる可能性が示されている。そうすることで，科学と神秘の間にある，人々の社会的な癒しの実践をより詳細にとらえられるかもしれない。ただし，癒しを考えるとき，本章で論じた社会文化的・心理的な側面だけでなく，物理的な側面も切り離すことはできない。本章でも，実際リサさんも身体の痛みの軽減を経験しており，本来であればそれも含めて論じる必要があったという限界がある。したがって，身体感覚の領域の関係を細分化し，それぞれの社会とのつながりを検討していく必要があるだろう。癒しの獲得プロセスについて，身体感覚を通じて形成され変化していくものの見方に着目して分析していくことをこれからの課題としたい。

　付記　本章は，筆者が2021年度に提出した博士論文「ヨガにおける身体的経験と言語的実践─マレーシア・クアラルンプール周辺の指導者を事例として」の一部をもとに，大幅な加筆修正を行ったものである。また，本調査研究を遂行するにあたっては，日本学術振興会・若手研究者海外挑戦プログラム（2018年度），公益財団法人日本科学協会・笹川科学研究助成（2020年度），および，日本学術振興会・科学研究費助成事業（若手研究・22K12981）の助成を受けた。最後になったが，本章の執筆に多大なる協力をいただいたリサさんに，心より感謝申し上げる。

1) 宗教学や哲学などの研究では「ヨーガ」という表記が主流であるが，現在日本では，「ヨガ」と表記されることが多い。「ヨーガ」とされる理由は，その語源であるサンスクリット語に用いられるデーヴァナーガリー文字の表記法には短母音のoがなく，oの発音は常に伸ばされるためであるが，実際には「オー」と「オ」の中間の長さであるとも言われている（山下 2009：20-1）ことに加えて，本章で記述するリサさんも「ヨガ」と発音するため，本章中は，引用文以外においては「ヨガ」の表記に統一する。

2) 本章の分析枠組みに参照している生田の用語である。「わざ」という概念は「一義的な技術あるいは技能」という意味を超えて，「そうした『技』を基本として成り立っているまとまりのある身体活動においてめざすべき『対象』全体を指示している」（生田 2007［1987］：8）。本章ではヨガの実践を通じて習得される「身体に耳を傾ける」という状態を「わざ」とする。

3) この解釈は，2024年7月29日に開催された研究会において，本書の編著者である新原道信との対話のなかで理解したことである。

4) ヨガの大衆化のプロセスについては国内外を問わず研究が行われてきた。たとえば，ジェンダーの視点から日本社会におけるヨガブームの変遷を論じた入江恵子は，1980年代に興った「身体を動かすことに金銭を支払い，その対価として痩身をはじめとした希望する『健康な身体』を手に入れるというフィットネス文化は，後の大規模なヨガブームのための重要な素地を作った」（入江 2015：152）ことを指摘する。消費文化の中でフィットネスへの関心が高まったことが，ヨガの身体運動の部分が着目され，より多くの人々に実践されることになったという背景にある。

5) 比較宗教研究では，神と人間との関係のパターンについて豊富な研究の蓄積があるが，筆者がヨガの研究を始めた当初はそれすらも知らなかったため，ここで筆者が考えていた「現代に一般的な理解」とは，近代化が進んだ社会において神の存在が後景化し，人間とは切り離されてとらえる考え方である。

6) マレーシアでは，2008年に国内最大のイスラーム団体より国内のムスリムのヨガ実践に否定的なファトワーが出されていた。ファトワーとは，イスラームの教義全般に関して一般のムスリムが質問したことに対して出される回答であり，ムスリムがイスラーム的に正しく生きるための理解を得るための手段である（塩崎 2016：25）。このファトワーの結果，マレーシア国内でのヨガの実践人口は激減していたという。ただし，この見解に法的な拘束力はなく，時間がたつにつれその影響も薄れ，2024年現在では，クアラルンプールではイスラーム教徒のヨガ実践者・指導者も増加している。

7) ヨガではクラスによって，複数のポーズを連続して行う時間がある。ダウンドッグというのは，その連続したポーズのなかの一つであり，チャイルドポーズとは，正座で上半身を前に倒す休憩のためのポーズである。休む時間がなく繰り返しポーズをとることで，運動量があがるため，参加者のなかには辛く感じる人がいることも多い。この場面では，ダウンドッグよりもチャイルドポーズの方が

330　第Ⅱ部　〈内なる惑星〉に"出会う"

難易度が低いことを前提に，もし生徒自身がつらいと感じるようであれば，休憩の意味でチャイルドポーズを選択するよう促している。また，現代ではヨガ実践者のことを男女問わず「ヨギー」と呼ぶことがある。ここでは，「あなた自身」という二人称の意味で使われている。

8）筆者は別稿において，ヨガの指導現場での参与観察の結果から，ヨガの指導実践では，実践中の意識と実践の結果に到達されるべき目標が言語的に一致していることに焦点を当てて論じている（栗原 2022b）。

9）今日実践される大衆化されたヨガについては，かつての修行としてのヨガにあった師弟関係は構築されないと指摘されることも多いが（たとえば，入江 2015 など），筆者によるマレーシアでの調査では，ヨガ実践者たちはある程度の実践期間を経ると，次第に自分に合う指導者を探すようになる。また，本章の目的は「身体に耳を傾ける」という「わざ」を体得するプロセスを検討することであり，ヨガ実践の様相や特徴をとらえることではない。本章では，継続年数の長いヨガ指導者を対象とすることで，「わざ」の世界の様相を分析することが可能となっている。

10）あおむけ状態で四肢を開いて横たわる，リラクゼーションのポーズ。ヨガのクラスでは必ず最後に行われる。

11）2024 年 9 月 3 日：フィールドノート。

12）2018 年 3 月 15 日に，クアラルンプール市内で実施した。インタビューには，X に通う日本人の M さんも同席していた。本項に記述したリサさんと M さんの会話はこのインタビューのときのものである。また，本章を執筆するにあたり，このインタビューの内容については，2024 年 8 月，9 月にフォローアップしている。

13）筆者の博士論文においても，現代社会のヨガ実践において学習者が通常複数の指導者に習っている理由の一つについて考察した。ヨガが消費社会のなかで展開され，商品化されることで，その消費者たちは元来のヨガ実践と比べて複数の指導者に習う機会が増加していると推察できる（栗原 2022a）。したがって注 9）と併せると，現代のヨガ実践のなかには，消費文化的な側面と修行的な側面が混在していると言える。消費社会という文脈の上に，師弟関係というヨガの仕組みが乗ることで，複数の師匠に付くという現象が起きやすいと考えられる。

14）現代のヨガ実践においては，1 つのポーズに複数の名前が与えられていることも多い。ここで話されている「ホイールポーズ」も，「ブリッジポーズ」などの呼ばれ方がある。

15）たとえば，インド系ヨガ指導者 L さんは「ヨガでは，全てに意味がある。いつでも，なぜそれをするのかを問われる」と話し，ヨガが自分について考えることを促す実践であると述べる（2017 年 8 月 15 日：インタビューの記録）。リサさん自身も，側弯症のヨガのワークショップにおいて「骨の構造はかえられないけど，筋肉を変えることはできる」と前置きし，そのために自分の姿勢や身体と向き合うためには自分の習慣（habit）を知らないといけないことと，それは自分で観

察することで知り得るものであることを説明していた（2019年8月19日：フィールドノート）。

16）アドヴァイタは、「六派哲学の一つであるヴェーダーンタ哲学の中のもっとも有力な学派である」（成瀬編著 2010）。したがってもともとヨガとは別の哲学であったとされるが、「昔はヴェーダーンタとヨーガの間に現代のヴェーダーンタの師が主張するほどの差はなかった」とも論じられる（Maehle 2006=2009：36）。現代のヨガ指導においてアドヴァイタは、この世界のつながりや不可分さを理解するために参照される。

17）ここで直接語られたのは、ニーシャさんではない指導者のアドヴァイタのワークショップに参加したときのことであったが、このときにしかアドヴァイタの知識を得なかったというわけではなく、内容自体は日常的にニーシャさんからも学んでいたという。ただし、それがアドヴァイタと呼ばれることを知ったのが、ワークショップだったそうである（2024年9月3日：フィールドノート）。

18）ヨガの実践の場では「委ねる」という日本語に訳されることが多く、リサさん自身もインタビュー中には「委ねる」と語っているが、surrender の一般的意味や、ヨガでの文脈などをふまえて最も適切な訳語について、本章の執筆にあたって改めてリサさんと対話しながら検討した際、リサさんからは surrender の解釈として「腑に落ちる」「思い通りにいかないことを受け入れる」ということばが発された（2024年9月3日：フィールドノート）ため、本章でも「受け入れる」ということばを採用した。

19）筆者も2019年8月17日に行われたワークショップに参加者としてその場にいた。ワークショップの内容に関する記述はそのときの記録に基づいている。

20）身体や道具を使って、筋膜をほぐす施術のこと。

21）リサさん自身もワークショップ中に「それぞれ身体が違うから自分のヨガをやらないといけない（We have to do "our" yoga）」（2019年8月17日：フィールドノート）と話し、自分の身体に立脚したヨガを構成していると認識しているようである。

22）リサさんは、ヨガのクラス中に自身が発することばについて、「自然に口から出てきて、なんで私これ話してるんだろって思うときあるけど、言わされてるというか、おりてくるというか、相手が聴きたい言葉を話してるんだろうね。ニーシャとかから聞いて覚えてるんだよね。自分が聴いて、聴きたかったって思ったことを私も伝えてる。だからセラピーみたいな感じよね、ほんと」と話していた（2024年8月29日：フィールドノート）。

23）リサさんが話す通り日本語では「真我」と訳され、サーンキヤ哲学の二元論において、プラクリティと対を成す原理のことである（成瀬編著 2010：373）。サーンキヤ哲学では「物質原理」としてのプラクリティと「精神原理」であるプルシャという2つの純粋観念の絶え間ない葛藤によってこの世界が成立しているとする（伊藤 2016：25）。

24）この語り自体は、2018年のインタビュー時のものであるが、それから6年経っ

332 第Ⅱ部 〈内なる惑星〉に "出会う"

た現在においてもクラス中に「私もまだ実践の途上です。実践は終わらないで
しょう?」(2024 年 9 月 5 日:フィールドノート)と発言しており,当時に揺ら
いでいたものが確立されたわけではないことがうかがえる。

25) リサさんは,自分の実践について「できることをしてるっていうのもある。私
は側弯があるからアクロバティックなことはできないし,いろんなものののの中で
動いて自分ができることを探っていって,居心地いいとこに落ち着いてる」と認
識している(2024 年 8 月 29 日:フィールドノート)。

26) リサさん自身も,現代に無限に存在する(カテゴライズされた)身体実践の中
で個々人が何を選ぶかについては「結局自分が心地よさを感じるかどうかだよね」
と話していた(2024 年 8 月 29 日:フィールドノート)。

参 考 文 献

Eliade, Mircea, 1954, *Le yoga: immortalité et liberté*, translated by Willard R.
Trask, 1969, Bollingen Series LVI Princeton University Press.(= 1975,立川武
蔵訳『ヨーガⅠ』せりか書房)

橋本裕之,1995「『民俗芸能』における言説と身体」福島真人編『身体の構築学:
社会的学習過程としての身体技法』:143-206。

生田久美子,2007[1987]『「わざ」から知る』東京大学出版会。

入江恵子,2015「女性化される現代ヨガ:日本におけるブームとその変遷」『スポー
ツとジェンダー研究』13:148-58。

伊藤武,2016『図説ヨーガ・スートラ』出帆新社。

倉島哲,2007『身体技法と社会学的認識』世界思想社。

Kleinman, Arthur, 1992[1980], *Patients and Healers in the Context of Culture:
An Exploration of the Borderland between Anthropology, Medicine, and
Psychiatry*, University of California Press.(= 2021[1992],大橋英寿ほか訳『臨
床人類学:文化のなかの病者と治療者』河出書房新社)

栗原美紀,2022a「ヨガにおける身体的経験と言語的実践:マレーシア・クアラル
ンプール周辺の指導者を事例として」2021 年度上智大学大学院総合人間科学研究
科社会学専攻博士論文(未刊行)。

―――.2022b「ヨガにおける身体的実践の意味:マレーシア・クアラルンプール
での指導実践を事例として」『保健医療社会学論集』33(1):46-55。

Lave, Jane, and Etirnne Wenger, 1991, *Situated Learning: Legitimate Peripheral
Participation*, Cambridge University Press.(= 1993,佐伯胖訳『状況に埋め込
まれた学習:正統的周辺参加』産業図書)

Maehle, Gregor, 2006, *Ashtanga Yoga: Practice and Philosophy*, Kaivalya
Publication.(= 伊藤雅之監訳,2009,『現代人のためのヨーガ・スートラ』ガイ
アブックス)

真木悠介,2003[1977]『気流の鳴る音:交響するコミューン』ちくま学芸文庫。

Mauss, Marcel, 1968, *Sociologie et anthropologie: Précédé d'une Introduction à l'œuvre de Marcel Mauss A Claude Lévi-Strauss*, 4e éd, Presses Universitaires de France.（＝有地亨・山口俊夫訳，1976，『社会学と人類学Ⅱ』弘文堂）

Melucci, Alberto, 1996, *The Playing Self: Person and Meaning in a Planetary System*, Cambridge University Press.（＝2008，新原道信ほか訳『プレイング・セルフ：惑星社会における人間と意味』ハーベスト社）

成瀬貴良編著，2010『ヨーガ事典』BAB JAPAN。

日本整形外科学会，2024「側弯症」（最終閲覧日 2024 年 7 月 28 日，https://www.joa.or.jp/public/sick/condition/scoliosis.html）。

新原道信，2010「A. メルッチの"境界領域の社会学"—2000 年 5 月日本での講演と2008 年 10 月ミラノでの追悼シンポジウムより」『中央大学文学部紀要』社会学・社会情報学 233（20）：51-76。

Polanyi, Michael, 1966, *The Tacit Dimension*, The University of Chicago Press.（＝2003，高橋勇夫訳『暗黙知の次元』ちくま学芸文庫）

塩崎悠輝，2016『国家と対峙するイスラーム：マレーシアにおけるイスラーム法学の展開』作品社。

Singleton, Mark, 2010, *Yoga Body: The Origins of Modern Posture Practice*, Oxford University Press.（＝2014，喜多千草訳『ヨガ・ボディ：ポーズ練習の起源』大隈書店）

内田樹・町田宗鳳・齋木潤・棚次正和・鎌田東二，2017「平成二三年度第二回身心変容技法研究会一般公開シンポジウム　身心変容技法の比較宗教学：心と体とモノをつなぐワザの総合的研究」鎌田東二編『身心変容の科学〜瞑想の科学：マインドフルネスの脳科学から，共鳴する身体知まで，瞑想を科学する試み』：354-438。

Versteeg, Wytske, Hedwig te Molder, and Petra Sneijder, 2018, '"Listen to your body": Participants' alternative to science in online health discussions', *Health*, 22（5）：432-50.

山下博司，2009『ヨーガの思想』講談社選書メチエ。

湯浅泰雄，1990『身体論：東洋的心身論と現代』講談社学術文庫。

第 8 章
惑星社会をはだしで歩く
——〈内なる惑星〉と身体のフィールドワーク——

鈴 木 鉄 忠

1．はじめに——惑星社会における 2 つの「自然」

2016 年 2 月，新原道信先生と私はミラノのアンナ・メルッチ・ファブリーニさんを訪ねた[1]。市街地のリバティ様式の建物が多く立ち並ぶ地区のなかにアンナさんのお宅はあった。アパートの扉からでてきたアンナさんは，シンプルで洗練された黒色の服を身にまとった小柄な女性で，表情豊かな明るい笑顔で私たちを待っていた。新原先生とアンナさんは抱き合って再会を喜んだ。私は初対面だったのだが，アンナさんは会った人をすぐに安心させるような笑顔で迎えて下さった。

アンナさんは先日にスウェーデンの旅行から帰国したばかりだった。オーロラを見るのが長年の夢であり，「そのために新しいカメラまで買ったのよ」とうれしそうに話す。アンナさんは写真に造詣が深く，写真集を出すほどの腕前だ[2]。お土産の紅茶とビスケットをいただきながら，私たちは旅の話に耳を傾ける。「2 日目についにオーロラがでてきたの。そうしたらツアーに参加していた人たちはみんな一斉に写真を撮りだした。あるご婦人は携帯電話でオーロラを撮って，それを SNS に載せて仲間に送っていた。そのときのコメントが "Wow!" の一言よ。」

アンナさんは話を続ける。「かつては旅の途中に写真を瞬時に送受信するこ

336　第Ⅱ部　〈内なる惑星〉に "出会う"

となんてできなかった。その人が旅から帰るのを待ち望んで，帰ってきたら『話を聞かせて！』といって，時間をかけてそのときの体験を話して，みんなの前で再現して，やがて自分自身の経験にした。オーロラを初めてみたとき，広い夜空から何筋ものオーロラがたちのぼる光景を目にしたわ。パンフレットの写真だと一筋のオーロラしかないけれどもね。たくさん写真を撮ったけれど，それらを全部写真に収めるなんてできない。つまり世界は，写真で切り取られた外にも広がっているのよ。だけどいまはスマートフォンでオーロラを撮影して，友達に送ったら，帰国した後に話すことなんて何もないのよ」。

　アンナさんの夫であり，惑星社会論を構想したアルベルト・メルッチは，人間の体験および経験[3]に何が起こっているのかに深い関心を寄せていた。なぜなら「情報を欠くべからざる資源として用いる社会は，人間の体験を成り立たせる構造を変えてしまった」からだ（Melucci 1996=2008：2）。スマートフォンのカメラで切り取られたオーロラとそれへの短いリアクションは，「偽の体験」ではなく，それこそリアルだと感じるのが情報社会の転倒した体験である。体験はまさに「人工的な構築物」となり，「状況，自然の法則，偶然性などの産物」というより「諸々の関係や表象の産物」となった（Melucci 1996=2008：2）。しかしながら，それでもなお，自然現象としてのオーロラがあり，自然とのつながりを完全に断ち切ることのできないことも事実だ。画像と記号のやりとりだけではなく，包囲360度のいつ現れ消えるかもわからないオーロラとそれを目撃したときの驚きも同時に存在する。日々送受信される「人工的な構築物」と惑星地球の有する「状況，自然の法則，偶然性などの産物」との間の二重の緊張関係（Melucci 1996=2008：3）が，惑星社会の日常生活に刻み込まれている[4]。

　惑星社会の可能性と限界の緊張関係は，オーロラのような人間の「外なる自然」だけにとどまらない。身体というもう一つの自然にも，そうした緊張関係は存在する。「どちらかというと当初はアルベルトより私のほうが身体への関心が強かったの。その後に彼も身体に関心を持つようになって，いっしょに考えるようになったのよ」と，木製の棚に飾られた家族写真のアルベルト・メ

第8章　惑星社会をはだしで歩く　*337*

ルッチさんをみながらアンナさんはいう[5]。後に〈内なる惑星[6]〉と定式化された身体をめぐる論点は，現代社会において「焦眉のこととされている膨大な問題群の中に，もう一つの新たなアイテムを付け加える」ためではなく，「私たちのものの見方を変え」るためだとメルッチは強調した（Melucci 1996=2008：80-81）。

　現代は，空前の「身体ブーム」（Melucci 1996=2008：99；Melucci 2000a：60）である。身体は理想化され，商品化され，医療化される。インターネットやスマートフォンを開けば「美しい」「健康で」「正常な」身体の表象があふれ出る情報社会において，私たちはどのように生身の身体を意味付けるのか。「あれかこれか」の身体の二元論（第2節で述べる）とは別の方法で，身体に根ざした体験を名付けることはいかにして可能か。本章では，メルッチの"境界線の束"としての身体観と，はだし歩き[7]という実践を手がかりとしながら，これらの問いに取り組んでいきたい。惑星社会を（比ゆ的にも実際的にも）はだしで歩くことで，身体をめぐる両極性を意識化し，身体に根ざした体験を生きられたものにするための道筋を探ることが本章の課題である。

2．"境界線の束"としての身体[8]

　社会学のなかで身体は長らく日の当たらない研究テーマだった。アンナ夫人は当時のことを次のように思い出す。「1980年代に私たちがミラノ大学で神経科学のセミナーを開いたの。この分野の重要をすでにアルベルトはわかっていた。だけど周りの人たちにはほとんど理解されなかったわ。それから15年くらい経って，神経科学ブームになったの。そうしたら同僚の教員はなんていったと思う？　『メルッチさん，これからは神経科学の時代だよ』って。かれらは私たちが開いた神経科学のセミナーに参加していたはずなのに，そんなことすっかり忘れていたのよ[9]」。

　身体の語られ方には暗黙の前提がある。ここでは身体をめぐる「あれかこれか」の二元論として整理しておこう。まず身体なるもの（the body）と精神な

338　第Ⅱ部　〈内なる惑星〉に"出会う"

るもの（the mind）との二元論があり，前者は後者よりも劣ったものと評される。そして身体の働きはあくまで手段であり，肉体的な活動や労働という目的の道具とみなされることである。ここでは手段と目的の二元論を前提に，身体はもっぱら前者の文脈でのみ評価される。メルッチの指摘にしたがえば，心身二元論を前提とした西洋文化の身体論，そして社会学の古典的な身体論[10]においても，身体は社会的行為を補助する役割程度しか与えられていなかった（Melucci 2000a：57-58）。

　メルッチはそれほど明示的に述べていないが，近代政治と身体の関連も重要である。それは「生きるに値する身体」と「生きるに値しない身体」の二元論である。フーコーの定式化によれば，17世紀以降の社会変動のなかで，「死なせながら生きるがままにしておく」という古典的な主権的権力から，「生かしながら死ぬがままにしておく」という「生権力」への変容が生じた（Foucault 1976=1986：175；Agamben 1998=2018：109）。生権力の一方の極には，身体の隷属化を目的とした「人間の身体の解剖−政治学」があり，他方の極には人間集団の管理をめざした「人口の生−政治」がある（Foucault 1976=1986：176）。それら二つが生権力を駆動する両輪として，「生きるに値する身体」と「生きるに値しない身体」の二元論を強化した[11]。

　心なのか体なのか，手段なのか目的なのか，「生きるに値する身体」なのか「生きるに値しない身体」なのか，こうした「あれかこれか」の二元論的な身体観は現在もなお大きな影響を持ち続けている。しかしながら，おおよそ1970年代以降，様々な研究分野における進展や社会の変化のなかで，心身二元論の身体観でもなく，手段や残余としての身体化でもない，また「生きるに値する身体」とは異なる，身体への新たな見方や関心が生まれていった。そうした潮流をメルッチは四つにまとめている。

　第一に，人間の身体が自然の一部であること，「内なる自然」の発見である。これには生物学と遺伝子工学の分野における研究成果が大きい。またメルロー・ポンティに代表される現象学もこれにおおいに寄与した。そして精神分析も，心身二元論の伝統を色濃く残してはいるものの，人間の本能や情動が身

体に宿っており，人間が関係を築く際に身体が重要な位置を占めることを強調した。「身体への関心が一新したのは，私たちが自然に属していて，私たちの根と尊厳は自然の中にあるという事実に新たに気づいた」ことによる（Melucci 1996=2008：97-99）。後述するように，はだし歩きは身体の「内なる自然」への気づきを提供する。

　第二に，身体が社会変革の芽を宿していることへの注目である。とくに欲望の次元と身体の深い関連への気づきである。「身体は，私たちにリアリティやその他のものにふれさせてくれ，そしてまたリアリティを創造し変えていくことを可能にする生命エネルギーを表している」（Melucci 1996=2008：97-99）。つまり社会運動が始まる構成要素になり得る。

　第三に，他者関係における身体的コミュニケーションの重要性である。「対人関係は，単に感情や観念で構成されるのではなく，身体同士の物理的な出会いとかかわる」ことの再評価である。あとで述べるように，裸の付き合いならぬ「はだしの付き合い」により，はだし歩きをする人々のコミュニケーションが活性化される。

　最後に，アイデンティティの源としての身体である。身体は「自分しかアクセスする鍵を持っていない場所であり，自分が個人として存在するという体験を確認するために戻っていく場所」である。とりわけ不確実性が常態化した現代社会において，身体は「自己承認の力」を与えるものであり，「奪うことのできない私たち独自の所有物」である（Melucci 1996=2008：97-99）。

　メルッチの最晩年の仕事の一つとなった日本での講演会のなかで，「聴くことの社会学」（Melucci 2000b=2001）とともに，メルッチは"境界線の束（catena dei confini)"としての身体という新たな視点を提示した（新原 2010）。それまでは「限界としての身体」というとらえ方だったが，それが「境界としての身体」になり，最晩年には"境界線の束としての身体"へと移っていった[12]。複数の輪が分かちがたく組み合わさる鎖（catena）のように，私たちの身体は複数の境界線の束である。メルッチは四つの"境界線の束"を析出する（本書第2章）。この視点は上述した身体への新たな関心の四つの点を再整理することに

340　第Ⅱ部　〈内なる惑星〉に"出会う"

もなっている。第一に身体は内部と外部をつなぐ境界線である。私たちの身体は有機的生命体としてその内側に情動や感覚を宿すと同時に，外部に対しては他者とのコミュニケーションの媒体となっている。うれしさや悲しさといった個的な情動や感覚が，表情やしぐさを通して他者に伝えられる。

　第二は，個的なるものと社会的なるものとの境界線である。私の身体をあなたのものと交換できないように，個体の身体は代替不可能である。だが生物として同じ種であるにもかかわらず，それに刻み込まれた歴史と地理，社会構造と社会関係，体験を通して，身体は社会のなかで異なった在り方で形成される。それゆえ身体ほど社会的なものはないし，また身体ほど個的なものはないのである。

　第三に身体は，自然と文化との境界線である。身体は途方もないタイムスパンで行われた種の進化の結果として，いまここに生きている生命体である。他方で身体技法は幾重にも文化によって規定される。身体ほど自然なものはないし，また身体ほど文化的なものはないというパラドックスがある。

　最後に，現代社会の身体をめぐる焦眉の問題となるのが，自律と管理の境界線である。

　　　様々な体験の中で私たちを人間たらしめているもっとも奥深くにある体験
　　　とは，愛情と痛みにかかわる体験です。これらの体験は，私たちの身体に
　　　関係しています。そして，文化が身体への関心を示すことで，いまだ潜在
　　　的な意味への要求が表出され，一人ひとりが自分自身のために，そして社
　　　会全体が求めているのです。
　　　　　　　　　　　　　　　　　　　　　　　　　　　　　（本書第2章の6）

「私は誰なのか」という現代人の自問自答に，身体に根ざした愛情と痛みが深くかかわっている。アイデンティティの問いに自律的に答えたいという欲求が身体への関心の根幹にある。だが同時に，身体への社会の介入も強まる。メディアや広告で商品化された「美しい身体」がたえず宣伝される。私たちの生身の身体は現代社会の「身体ブーム」のなかで日々，「広告の爆撃」にさらさ

れている。身体の医療化は，専門家や医療市場を通して「正常な身体」の基準を設定する。美しく，健康で，正常な身体なるものの標準モデルが，個々人の身体を圧倒する。私の身体をよりよくしたいという欲求や自らを表現したいという身体の実践が，自らの身体の声ではなく，「身体なるもの」の大きな言説で語られるようになる。あるいは身体が新たな神秘主義に近づけば近づくほど，「内なる惑星の植民地化」が進行する（Melucci 1996=2008：96）。それゆえに身体は個人の自律の拠り所になると同時に，個人を管理する拠点になっている[13]。

　「社会科学者の責務」としてメルッチは二つを指摘する。まず「身体という闘技場が持つ両極性を明らかにすること」，そして「多くのひとに気付かれないかたちで身体を介して行われている操作，権力と社会統制の現代的形態の中身について，あばきだすこと」である（本書第2章の7）。"境界線の束としての身体"に着目する意義は，医療化や市場でもっともらしく語られる「望ましい身体」と新たな神秘主義の「語り得ない身体」の方便のはざまに立って，自律の主体でもあり管理の標的でもある身体，生命体でもあり文化的構築物でもある身体，それらの両極性を開かれたままにすること，そして愛と痛苦を個々人の支配ではなく自律の拠り所にするための諸条件を明るみに出すことにある。

　ではいかにして可能か。〈内なる惑星〉の探索をどこから始めるのがよいか。以下ではシンプルで効果的な身体化の実践として，大地の上でのはだし歩きに着目したい。

3．大地をはだしで歩く──〈内なる惑星〉の一人旅

　2023年1月末の晴れた冬の朝，私は一人で公園を訪れた。初めてはだし歩きをするためだ。ベンチに座って靴を脱ぎ，靴下も脱いだ。土の上にはだしで立つ。ひんやりとした感覚が足の裏から頭まで走る。懐かしいような，大それたことをやってのけたような不思議な感覚が生まれる。そして歩き出す。湿った土から枯れた芝生の上へ，そして落ち葉の上へと歩みを進める。小さな石を

342 第Ⅱ部 〈内なる惑星〉に"出会う"

踏んづける度に，鋭い刺激が足裏から頭のてっぺんまで伝わる。土は冷たいが，芝生は温かい。普段使うことのない足裏の細胞が大騒ぎしているようだ。大地という「外なる自然」と身体という「内なる自然」が直接的に接触する。屋外ではゴム底の靴を履き，屋内ではコンクリートの建物のなかでパソコンの画面とにらみ合って仕事をする人間から，生態系の一部としての人間に還った気がする。アース（大地）に接続する「アーシング」の意味を前頭葉からではなく足裏から体感する。

その一方で安全性については，いつも以上に注意しなければならない。歩きながら地面に目を光らせる。松の葉，杉の枯れ葉，栗のイガをよけて歩く。ガラス瓶の破片，ペットボトルのキャップ，タバコの吸い殻が捨てられていることにも気がつく。また周囲の視線も気になる。はだしで歩いている「変な人」だと思われるのではないかと内心ではビクビクしている。

はだし歩きを 30 分ほど行った。足裏の土ふまずが刺激され，凹凸が大きくなった感覚がする。とくに足の指の付け根がふくらんだ。公園の水道で足の汚れを落とす。タオルで拭き，靴下を履く。サウナ後の水風呂のような感覚があり，冷たいが心地よい。

翌朝に再び公園をはだしで歩いた。昨日と比べると足も慣れてきたようだ。土踏まずの凹凸がさらに立体的になった。足の爪に土が入り込む。嫌がる人はいるだろう。はだし歩きをした後，足先の冷たさはやや気になる。

数日後に 3 度目のはだし歩きを行った。今回は約 40 分実施した。小石を踏んでできたのか，足裏に点々とした汚れが目につく。足は慣れてきたようで，初めてのような劇的な変化はみられない。

それから数日後，足裏にできた小さな傷がふさがったので，4 度目のはだし歩きを行った。だいぶ慣れてきた。土踏まずと足裏のアーチがより一層，立体的になった。些細なことだが，あいかわらず親指の爪に土が入り込み，除去しづらいのが気になってしまう。歩くルートがマンネリ化してきた。新しい風景を眺めながら歩きたいと思い始める。

その後，何日間かはだし歩きを中断すると，足先が冷たく感じる。毎日しな

いと期待される効果は得られないのかもしれない。

　はだしで歩きながら，ブルーノ・ラトゥールの著書「地球に降り立つ（Down to Earth）」を思い出す（Latour 2018=2019）。自然から離陸した近代人は，再び大地へ着陸する必要がある。脳ではなく足がそうしたメッセージを伝達しているようだ。メルッチは，地球という「外なる惑星」と対比して，個々人の身体の自然性を〈内なる惑星〉と呼んだ（Melucci 1996=2008：81）。過剰に「脳化」する現代社会において，それでもなお，私たちの身体は生態系の一部に属している。はだし歩きは，大地という「外なる惑星」と身体という〈内なる惑星〉をシンプルかつ意義深いかたちで結び付ける日常行為であったことに気づかされる。

　地面でのはだし歩きを初めて知ったのは，前の職場の同僚であり環境心理学者の呉宣児の SNS の投稿からだった。呉が投稿する公園での毎日のはだし歩きの様子をみて，最初は単純な興味関心を抱いた。だが雨の日も雪の日も毎日1時間ほど公園ではだし歩きをする呉の投稿から，並々ならぬ真剣さが伝わってきた。さらに，韓国はだし歩き運動のリーダーであるパクドンチャン会長による説明や解説動画，パク会長の著書の日本語訳を紹介しており，はだし歩きとはどのようなものかを詳しく知ることができた。はだし歩きはシンプルで，費用や特別な道具は必要なく，すぐに実行でき，地球にも人間にもやさしい取り組みに思えてきた。そして個人の健康だけでなく，地域やまちの魅力を高めることにもつながり，チッタスロー（スローシティ）運動の理念に通ずる取り組みに思えた（鈴木 2022）。はだし歩きはまさに私にとって"コロンブスの卵"だった。そしてはだし歩きの継続は，〈内なる惑星〉の自覚化をもたらし，「社会学的想像力」──個人の私的問題から社会の公的問題へ，あるいはその逆へといったように，ある視点を別の視点へ切り替えていく能力（Mills 1959=2017：23）──を豊かにする可能性があるのではないかと考えるに至った[14]。

4．〈内なる惑星〉の共同探索──身体を介した対話

　単独でのはだし歩きが〈内なる惑星〉への一人旅だとしたら，二人でのはだしウォーキングは〈内なる惑星〉の共同探索になるだろう。2023 年 4 月半ばの土曜日，私と呉宣児は二人ではだしウォーキングを行った。呉は既にはだしで歩く健康法とその理論的意義について一定の知識を有していた。呉とともに歩くことではだしウォーキングへと質的に変化した。

　私たちの向かった場所は，前橋駅から車で 30 分ほど北にある元牧場の公園である。前日の天気予報は大雨だったが，朝には小雨となり，風も弱かった。私たちは予定通り実施することにした。

　いよいよ靴下と靴を脱いではだしになる。雨でぬれた芝の上にはだしで立った。思ったよりも冷たくはなく，適度な温度だ。呉によれば，はだし歩きには芝よりも土の方が伝導性がよいという。そこで私たちは数少ない土のエリアを選んで歩くことにした。園内の舗装された道は歩きやすいが，コンクリートで固められている。よくみると土のエリアもあり，一人が歩く程度の幅はあった。私たちは舗装された歩道の脇にある土や雑草の部分を好んで歩く。濡れた土と時々当たる草の感触が爽快だ。

　歩きながら次のような考えが浮かぶ。コンクリートが歩道の真ん中に位置し，土のエリアは端っこに追いやられている。私たちは現代社会のわき道をはだしで歩くマイノリティだ。公園の道は，靴を履いて歩いたり走ったりする人，あるいは公園整備の車が通行するのに適した環境に整備されている。コンクリートの道では，はだしで歩くという選択肢はなくなる。はだしで歩きたければ「端」に追いやられ，肩身を狭くして歩かなければならない。だがまだ土が残っているだけよいのかもしれない。市街地では土を見つけることすら難しい。ましてや土の上を自由に歩くことなど不可能に近いからだ。現代社会のすぐれた思想家で批判者であったイヴァン・イリイチが「根元的独占」とよんだ事態が，はだし歩きをめぐって起こっているのだ[15]。

「刈り払いしたばかりの芝や雑草は，足を切る可能性があるから注意した方がいいですよ」「もし蛇が出てきたとしても，こちらから攻撃しなければ噛まないのでそっとしておくのがいいです」と呉が折に触れてアドバイスしてくれる。はだし歩きを始めて日の浅い私とすれば，指南役が傍にいてくれるのは心強い。

園内をゆっくりと一周歩いて30分ほど，スタート地点まで戻った。呉は「木の根っこは指圧効果があって気持ちいいのよ」という。目の前には立派な根が地中に出ている桜の大木があった。根っこに足裏を押し付けると足つぼマッサージになる。「屋内のアーシングパットだと，指圧効果が得られないんです。それに対して屋外だとアーシングだけでなく，指圧効果も得られるのです。何より大気や自然に触れること自体が心地よいですしね」という。

パクドンチャンの理論的な貢献は，アーシングだけでなく，指圧効果や筋骨格の効果を総合して，はだしウォーキングを体系化したことにある。アメリカのクリントン・オーバーと心臓学者のシナトラ博士のアーシング理論では，電子生化学のメカニズムとその効果が強調される。屋外に出られない高齢者や障害者，また時間がなくて外に出られない現代人にとって，屋内で手軽にできるアーシングパットは安全で画期的だ。だが屋内のアーシングの場合，指圧効果や筋骨格への刺激は期待できない。屋外でのはだしウォーキングがもっともシンプルかつ総合的な効果を持つのだ。

二人で対話しながらはだしで歩くと，様々な着想や疑問が浮かぶ。まずは，はだし歩きを始めるときの周囲の人々の反応だ。ある人からは「スピリチュアルは信じない」と一蹴された。だがはだし歩きに科学的な根拠があることを説明すると，相手は不思議そうな表情になった。またある人は「冗談でしょう」と一笑した。だが近いうちにはだし歩きで韓国に行くつもりだと伝えると，「本気なんですね」とビックリする。またある人は「危なくない？」「破傷風になるのでは」「新興宗教の一種ですか」と怪訝な反応を示す。他の人には「私は信じない」「よくやるよね」と呆れられる。おおむねこのような反応である。

パクドンチャンもクリントン・オーバーも同じような体験を語っている。

「固定観念」「人生最高の日と最悪の日」「相手にされない日々」を読むと，はだし歩きやアーシングという画期的な健康法をみつけたにもかかわらず，専門家たちや周囲の人々からは見向きもされなかったことがわかる。パクドンチャンは金融業のビジネスマンであり，クリントン・オーバーは電気技術者である。医学者でも健康の専門家ではない「アマチュア」からはだし歩きは発見されたのだ。

　否定的な反応を示す人々の共通点は，体験していないのにもかかわらず，はだし歩きを否定することだ。はだしで歩くことは危険であり，不衛生であり，理に適っておらず，よくないことだと決めつける。他方で，靴を履いて歩くことは，当然であり，安全で，衛生的で，合理的で，つまり正しいことだとする。体験してから否定するならまだしも，なぜ体験なしに否定するのだろうか。社会学的に回答すれば，はだしで歩くことに否定的な意味付けをする文化があり，規範が存在するからである。近現代社会においてはだし禁止が社会的事実になったのだ。これが近現代社会の社会秩序であり，「身体なるもの」の支配的な表象である。はだし歩きに対して，正常／異常の文化的な線引きが適用され，それは逸脱行動であり，危険で汚ない異常な行為であるとみなされる。

　以下のような仮説が思い浮かぶ。第一に，近代化，より大きく言えば「文明化の過程」を通じて，人間のふるまいにたいする「文明／野蛮」の象徴的な線引きがつくられていった。「靴が買えないほど貧しい」「はだしは野蛮である」という言説の広まりは，ヨーロッパの近代化と帝国主義の拡大と関連性があるのではないだろうか。「繁栄と貧困」の線引きもある。

　第二に，社会化である。「はだしで屋外を歩いてはならない」という規範を人々が内面化していくのは，すぐれて社会的な現象である。子どもは平気ではだしで外を歩く。だが靴を履く練習を始める。徐々に「はだしで歩くのは，汚いから，危ないから，恥ずかしいからやめなさい」と親や先生に繰り返し言われる。学校では，運動会の騎馬戦などの例外を除けば，常に靴を履く。そうした慣習行動と社会規範が子どもたちに内面化していく。

何か手がかりはないかと，エラスムスの『子供の教育について』，マルセス・モースの『身体技法』，ノルベルト・エリアスの『文明化の過程』，フィリップ・アリエスの『〈子供〉の誕生』，アラン・コルバンの『記録を残さなかった男の歴史——ある木靴職人の世界』，レベッカ・ソルニットの『ウォークス——歩くことの精神史』といった，人文・社会科学の名作から探してみた。だが，はだしに関する記述を残念ながら見つけだすことはできなかった。はだし歩きという所作，行為，ふるまいが人文・社会科学の考察の対象になっていないのだろうか。だとしたらなぜだろうか。

　私が自由に屋外をはだしで歩くことができないのは，私の不能力ではなく，環境がそうさせているからだとも言える。よって，はだし歩きを求める権利が存在するならば，そうした環境を整備するのは政治の責務になる。韓国のはだし歩き市民運動が提唱する「アーシング権（接地権）」（パク 2023：178）はまさにそうした権利のことだ。そして接地権の主張を認め，はだし歩きのための環境整備を定めた条例を制定した自治体も誕生している（パク 2023：180-181）。

　呉から韓国のはだしウォーキングの SNS コミュニティをみせてもらう。投稿の頻度やルールがしっかり定められており，事務局スタッフの奮闘ぶりがうかがえる。こうした運動は，最初は盛り上がるが，時間とともに自然消滅したり停滞したりすることが少なくない。その点，パクドンチャン会長のリーダーシップと組織運営，精力的な講演，周囲のボランティアの献身により，うまく運営できているようだ。社会運動の資源動員論，マネジメントや組織論の観点からもとても興味深い。

　韓国の土の道はどのようになっているのか。呉は，韓国ではだしウォーキングのために造成された土の道をスマートフォンの写真で見せてくれる。土が雨で流れないように舗装されている。従来の公共事業とは逆を辿る事業である。コンクリートをはがして自然な素材に戻す公共事業に通ずるものと言える。

5. 「生きるのに本気の人々」の巡礼
──ソウルをはだしで歩く

　もし数名ではなく，数百，数千人が一斉にはだし歩きをしたら，何が起こる
だろうか。そうしたうごきが始まっているのが韓国である。2023年7月，私
と呉はソウルを訪れた。はだし歩き市民運動本部とはだしウォーキングを全国
規模に広げたパクドンチャン会長に会い，彼らの主催する行事に参加するため
だった。

　ソウルの中心街から本部事務所がある水西駅まで地下鉄で40分ほど移動す
る。あまりにも空腹だった私と呉は，事務所のある高層ビルの1階にあったカ
フェで軽食をとりながら，パクドンチャン会長を待つことになった。ほどなく
して入店してきたパク会長は，柔和な表情の小柄な男性だった。白と黒のボー
ダーのポロシャツに紺色のジャケットを羽織り，ジーンズという格好に，素足
でサンダルを履いていた。呉からどのような人柄かを聞いていたので，おおむ
ね想像通りだったが，包容力のある雰囲気の方だった。両手で握手を交わし，
私たちを歓迎して下さる。「まったく気にしないで，食べてください」とパク
会長は私たちに配慮を示しながら，英語と韓国語を流ちょうに切り替えながら
インフォーマルな会話をする。

　オフィスを一通り案内していただいた後，私たちはいっしょにはだしウォー
キングを行った。「ここ水西駅の立地がとてもいいのです。鉄道駅があるので，
地方への講演に行くにも便利です。それに大母（デモ）山があります。すぐに
はだしウォーキングができる森の路があるのも魅力です」とパク会長は説明す
る。オフィスビルの目の前にある信号をわたると大母山という小高い山があ
る。入口で私たちは靴を脱ぎ，はだしになる。手入れがよく行き届いた森であ
り，歩きやすい。旅の疲れも大地に染み出していくようだ。またお互いにはだ
しになることで，距離が縮まるような気がする。この日はあいにくの大雨だっ
たのだが，一人で黙々とはだしウォーキングをする中年の男性と女性とすれ違

う。

　私たちがソウルを訪れる前日に，韓国の国営放送ではだし歩き市民運動が取り上げられた。番組終了後にははだし歩き市民運動の SNS 登録メンバーが急増するなど，大きな宣伝効果があった。「しかし放映されなかった部分がありました。特にがん患者の治癒の事例について話したシーンです。テレビ制作者側の編集でカットされました。はだし歩きが健康によいことまでは放送しますが，がん患者の治癒に効果があることまで踏み込んでは放送しないのです。それは医療業界が認知しないことでもあります」と，終始穏やかな表情だったパク会長が珍しく鋭い表情で話す。

　その様子から，パク会長が望んで始めたはだしウォーキングが「社会運動」であることに改めて気がつく。社会運動は現状変更をめざす。はだし歩き運動は，科学と医療と政治の三つのフロンティアで現状変更を要求する。地面でのはだし歩きと健康促進の因果関係を証明する科学的根拠は存在するのか，はだし歩きの習慣と病からの治癒の間に因果関係を打ち立てることは可能か。はだし歩きは権利として認められるのか。これらすべてに YES と答え，その承認を勝ち取るのがパク会長率いるはだし歩き市民運動の到達点である。「はだし歩きを広めることは，私の使命と言ってもいい」と強い確信を持って述べていたことが，次に述べる全国大会によく表れていた。

　パク会長と会った翌々日，ソウル国会議事堂で団体発足 7 周年を記念するはだしウォーキング全国大会が開催された。呉と私と学生 7 名が参加した。私たちはこの日にはだし歩き市民運動本部の高い組織力と熱意を随所に目の当たりにした。国会大講堂の最寄り地下鉄駅を降りて地上に出ると，開始 1 時間前からはだしウォーキングのたすきをかけた女性の道案内スタッフの方がいて，親切に案内して下さる。国会議事堂において身分証明の提示と手荷物検査を終えて，私たちは講堂に入る。400 名程収容可能な階段式の立派な会場である。既に韓国全土から到着した人々の熱気を感じる。

　記念セミナーは 11 時頃に開始された。7 周年の活動をまとめた動画が流され，アーシング界で有名なクリントン・オーバーらのビデオメッセージが続

く。発表者は，国会議員，地方知事，地方自治体の首長，高齢者スポーツ協会の事務局長，はだし歩き市民運動の地方支部長，西洋医学と東洋医学の医師，小学校の教員，大学の教員など多岐にわたる。共通点は，はだし歩きを自ら実践し，他の人々に広めようと主体的に行動している人々だ。呉と私にも発表の機会が設けられた。「いつか日本と韓国の首相がはだしで歩いて交流できるようになったらいい」というコメントが司会進行から寄せられた。パク会長は，はだしウォーキング推奨政策を世界保健機構に提言することを宣言し，2時間半を超えるセミナーを締めくくった。私たちは集まった人々の真剣さと熱気に圧倒されるばかりだった。

　それは昼食からも伝わって来た。ゲストとして招待された私たち一人ひとりに仕出し弁当が提供された。弁当箱はプラスチックだったものの，飲料はペットボトルではなく紙と再生可能なキャップの作りだった。弁当のおかずは手の込んだ自然食であり，体にしみる味だった。はだし歩き運動は，会議室の内と外で整合的な言動をしていると私には思えた。

　もっとも印象的だったのは昼食後の合同はだしウォーキングだった。この日のソウルは例年の7月では考えられない悪天候であったり，国会大講堂の敷地スペースをはだし歩きする予定だったが当日に許可が下りなかったりと，運営者側にとって想定外の事態が複数起きていた。国会議事堂の内部のよく整備された芝生エリアではなく，議事堂外部を歩くことに急きょ変更された。日本で言えば永田町から皇居付近までを歩くようなものだろうか。70名ほどの人々が国会大講堂から漢江の河べりまで，どしゃ降りのなか傘を差しながらアスファルトの道をはだしで歩くことになった。地方から団体バスでソウルまで来たのに人数制限で参加できなかったり，人数が多いので幹部メンバーを除いて会議後に解散となったりと，参加者の間で不満もあったようである。私たちは特別ゲストということもあり，そのままはだしウォーキングも参加することになったが，はだし歩きに慣れていない私や学生たちはついていくのにやっとであった。だが韓国の人々は過酷な状況でも文句も言わず，歩きながらおしゃべりをしたり，写真を撮ったりと，はだし歩きを楽しんでいた。

第8章　惑星社会をはだしで歩く　*351*

　私はレベッカ・ソルニットの『ウォークス』の一節を思い出した。歩くことをめぐる人類史的な意味を縦横無尽に論じたこの傑作には，残念ながらはだし歩きの記述は見当たらないのだが，気晴らしや楽しみで歩くというより，過酷な条件下を巡礼や宗教的な意味をこめて集団で歩く人々にあてた一章がある。「歩くことのもっとも基本的な様式のひとつは巡礼だ」とソルニットは論じる。通常の散歩やランニングは「できるだけ身体を快適にして，効率よく動けるように道具や技術を利用する」が，「巡礼者はしばしば旅路の困難さを歓迎する」（Solnit 2000=2017：78-79）。アメリカの東海岸から西海岸までの過酷なルートをひたすら歩く人々が登場する。スペイン北西部のサンティアゴ・デ・コンポステーラの巡礼路は800kmを踏破する。雨だろうが猛暑だろうが，毎日歩くのだ。苦しい条件で歩くことは宗教的な意味を与えられる。ソルニットは人類学者のヴィクター・ターナー夫妻の研究を引きながら次のように論じる。

　　巡礼へとおもむくとき，人は世界との係累——家族，愛するもの，地位，あれこれの義務——を置き去りにし，歩く群れのひとりになる。成就したことと捧げたものを除いては，巡礼者たちを隔てるものはない。ターナー夫妻は，巡礼をひとつの境界的な状態と論じている。自らのアイデンティティの過去と未来の間隙にあって，それゆえに既成の秩序から遊離し，可能性のうちに漂う状態。リミナリティ＝境界性はラテン語 *limin* すなわち「敷居」に由来する。その一線を，巡礼者は象徴的にも現実にも踏み越えていく。
　　　　　　　　　　　　　　　　　　　　　　　　（Solnit 2000=2017：88）

　いまにも音を上げそうな私たちの前を，大雨のなか傘を差しながらはだしでアスファルトを黙々と歩いている韓国の人々が，趣味や気晴らし以上の意味を込めて歩いていることは明らかだった。なぜだろうか。その理由の一つは，その後に設けられたがんサバイバーたちの語りからおのずから伝わってきた。

　1時間ほど歩いた後，シェッガン生態公園の公的施設に到着した。ここで足を拭き，施設の一室に入る。ほどなくしてミーティングが始まった。50名ほ

どが簡易イスを並べて座り，パク会長の司会進行で３名が話をする。いずれも
がんを体験した人たちだ。はだし歩きを始めたことでどう自身の体調が変わっ
たのか，当事者たちの体験談である。呉が適宜訳して私たちに伝える。印象深
かったのは，パク会長の関わり方だ。たとえば一人目の当事者が「はだし歩き
をしてがんが収まった。うれしくて，食事制限を辞めた」と話す。呉は「それ
はかなり危ないのよ。がんが根絶したわけではないから」とコメントする。す
るとパク会長も同じ趣旨のことをみんなの目の前で本人を諭す。本人の話を単
に肯定して「がんが治った成功事例」として披露するのではなく，どうしたら
その人が健康で生き続けられるかを伝えようとしていた。はだし歩きは１回
行ってがんが治るような特効薬ではない。実践をやめてしまえば，体は過剰な
活性酸素をためこみ，めぐりめぐってがんの再発につながるおそれがある。毎
日の食事や歯磨きのように土の上でのはだし歩きを習慣にしなければ，治癒の
効果は期待できない。はだし歩きの無理解と無批判な受容のはざまに立って，
いかにしてはだしウォーキングを習慣にしてもらえるかにパク会長は心を砕い
ていた。

　パク会長自身もかつて大病を患った。金融業界でグローバルに活躍するビジ
ネスマンとしてポーランドにいた 2000 年代初頭，激務とストレスがたたって
体調を大きく崩した。そのようなときに偶然にもテレビ番組で，末期の肝臓が
ん患者がはだしウォーキングをして治癒したという話を知った。はだしウォー
キングのなかに治癒の秘密があると直感したパク会長はすぐに実行に移し，
ポーランドのカバティの森をはだしで歩いた。それは確信に変わった。「はだ
しで歩く驚くべき喜び，その治癒の秘密を１日でも早くたくさんの人にしらせ
なければいけないという使命を感じた」（パク 2023：X）。そして金融業をリタ
イアしたあとの人生を，はだしウォーキングの研究と普及に捧げることを選ん
だ。なお同じ時期に大地との接触の重要性を発見した電気技師のオーバーも同
様で，自身の手がけた事業で大成功したものの，50 歳を迎える直前に肝臓に
複数の腫瘍がみつかり，摘出手術により一命をとりとめた経緯がある（オー
バーほか 2015：66）。今回の参加者においても，病によって生と死の「敷居」を

彷徨い，アイデンティティの危機に直面した人々が少なからずいた。身体の不調や不治の病の発症によって自らの〈異質なる身体[16]〉に直面し，それに応答しようとする過程ではだし歩きに"出会った"のである。

この日の行事がすべて終わった後，私たちは簡単な振り返りを行った。はだし歩きに対する熱意が日本から来た私たちとは比べ物にならないほど違うことを痛感した。韓国のはだし歩きの人々と交流のある呉は，「生きるのに本気の人々がはだし歩きをしている」と表現した。大病を抱えた人たちの真剣さにそれが如実に表れていた。はだし歩きを続けている人々の持つ健康に対する見方や本気度は，健康な人と比べ物にならないほど違う。単純な善し悪しではないが，その差をはっきりと感じた。ただし，その線引きを基に区別するような疎外感はない。ソルニットが述べたように，「成就したことと捧げたものを除いては，巡礼者たちを隔てるものはな」く，いっしょにはだしで歩いている限りは，世代も国籍も病気の経験の有無も，私たちを隔てるものは何もなかった（Solnit 2000=2017：88）。

私はこれまでに大病を患ったことはなく，幸運にも健康に生きてきた。だが，はだし歩きを初めて知ったとき，引っかかる何かがあった。その理由の1つとして，メルッチの身体をめぐる問いかけがある。私たちは自分の身体の主体になれるのか。メルッチは大病でなくても，誰もが日常生活で感じる些細な心身の不調を聴くという視点を打ち出した。身体の「ちょっとした不具合」に耳を澄ますことを通じて，自らの身体と対話できるとした（Melucci 1996=2008：101）。だがメルッチは白血病のため59歳で亡くなってしまった。白血病の徴候を身体の声として聴くことの困難に直面し，医療機器のデータによって自らの体調を把握する他なかった現実に，現代社会の不条理を感じざるを得なかった[17]。

ここで確認したいのは，はだし歩きを身体の二元論で理解しないことである。もしはだし歩きを最近登場した数ある健康法の一つとみなすとしよう。あるいはがんのような難病を解決する画期的な治療方法として注目するとしよう。もしくは環境や健康への意識が高い富裕層のライフスタイルの一つとして

取り上げるとしよう。そうするとはだし歩きは「私たちのものの見方を変え」るためというより，単に「望ましい身体」を手に入れるための手段とみなされ，「焦眉のこととされている膨大な問題群の中に，もう一つの新たなアイテムを付け加える」ことになってしまう（Melucci 1996=2008：80-81）。むろん治療効果やライフスタイルの選択という意味もあるのだが，はだし歩きにはより深い欲求が存在するのではないだろうか。それは，身体の些細な不調であれ大病であれ，「身体のシグナルを聴きそれを読みとる力，身体の限界と潜在力とを認識する力」を育むこと[18]，それによって「私たち自身が治療の主体となること」（Melucci 1996=2008：112）への深い欲求である[19]。それには“境界線の束”としての私の身体に私が気づくことが，深い欲求の意識化のスタート地点になる。はだしで大地に立つとは，「天と地の結び目，連続点」に自らを位置付けること，「身体と言語が行動と再帰性の間で出会う点」を創ることである（Melucci 1996=2008：96）。“出会い”は何も人と人の間だけではない。大地やオーロラといった惑星地球の物理的限界と身体，そして地上に属する（terrestorial）あらゆる動的存在（Latour 2018=2019：133）との接触も“出会い”に含まれる。大都市のなかで土の道や海辺を探してはだしで歩くとは，脱魔術化した世界で居場所を失った「遊びと驚嘆」（Melucci 1996=2008：197）を取り戻す意義があるのではないだろうか。

おわりに――惑星社会を歩くために

　最初の問いに立ち戻って議論をまとめよう。本章では「美しい」「健康で」「正常な」身体の表象があふれ出る情報社会において，「あれかこれか」の身体の二元論とは別の方法で身体を名付けることはいかにして可能かを探った。メルッチの“境界線の束”としての身体観を手がかりとして，私たちの身体が体験する両極性に焦点を当てた。自律の主体でもあり管理の標的でもある身体，生物学的構造を有した生命体でもあり，文化的構築物でもある身体，それらの両極性を開かれたままにすること，愛と痛みを個々人の支配ではなく自律の拠

り所にするための諸条件を明るみに出す意義があることを論じた。そしてはだし歩きの実践とリフレクションは，身体的実践に関する支配的な表象を意識的に判断停止し，身体の両極性を可視化する一助になることを示した。韓国のはだしウォーキングの市民運動は，「生きるのに本気の人々」の集合行為として，現代社会における個々人の生とアイデンティティに直結する問いを投げかけていることを示唆していた。

　最初のエピソードに戻ろう。2016 年 2 月にミラノを去るとき，私たちはアンナさんが自前で作成した冊子をいくつも頂いた。そのなかの『転換点』（Fabbrini 2013）と題する冊子を開くと，「ベルリンの壁の落書き」と題したエピグラフがあった。

　　君は世界を変えることはできない。
　　でも，視点を変えることはできる。
　　視点を変えるとき，
　　君は事実を変える。
　　そして，事実を変えるとき，
　　君は世界を変えることができる　　　　　（1989 年　ベルリンの壁の落書き）

　「世界」と同じように，生老病死を逃れられない私たちは身体のすべてを自らの思い通りに変えることはできない。しかし視点を変えることはできる。二つの世界を分け隔てていた「ベルリンの壁」のように，いやそれ以上に私たちの身体は複数の両極性の壁が撃ち込まれている。これらを完全に認識することも，これらから完全に解放されることもないが，視点を変えるとき，「壁」の双方の側の往来が期待できる。その始まりの一歩は私たちのすぐ足もとにあるのかもしれない。

1) 「"惑星社会"の問題に応答する"未発の社会運動"に関するイタリアとの比較調査研究」をテーマとして，2016年2月22日から28日に新原道信と筆者はイタリアのサッサリとミラノを訪れた。サッサリ大学では大学と地域調査に関するセミナーへの参加，アルベルト・メルレル教授へのインタビュー，サッサリ大学の地域研究所が進めてきた調査研究成果の資料収集を行った。その後にミラノへ移動し，アンナ・メルッチ・ファブリーニ女史へのインタビューを行った。本章で紹介するエピソードは，このときのフィールドノートに基づいている。

2) 『プレイング・セルフ』（Melucci 1996=2008）の日本語版の装丁に使用された写真は，アンナ女史の撮影したものであり，写真集『静寂の日々』（Fabbrini 2001）に収録されている。

3) メルッチとも親交のあったジグムント・バウマンは，社会学における「経験 Erfahrung」と「体験 Erlebtnis」を区別する重要性について，次のように説明する。経験と体験は人間と世界の境界面で生じる出来事の二つの異なる現象を名付けたものである。経験は「私たちが世界と遭遇するとき，私に生じるもの」で「行為者の外側にある世界についての報告」であるが，体験は「そうした遭遇の際に，「私が味わい感じとる」もの」であり「行為者の「内側」から生じ，私的な思考や印象，情動に関わるもので，行為者の報告という形で表出される」ものである。もしくは経験は「出来事を認識すること」に向かうのに対して，体験は「それを吸収し理解しようとする努力」を目指す。バウマンによれば，社会学とは「経験」と「体験」を突き合わせるたえまない会話であり，「体験」の「相対化」を通じて固定観念を揺るがし，会話者の選択の範囲を広げる努力だとした（Bauman et al. 2014=2016：18-28）。

　　この区別に基づけば，メルッチの着眼点の優先順位はまずは「体験」にあったと言える。それは現象学のアプローチ，サイコセラピーの臨床研究，社会運動と個々人の欲求の結節点の把握といった認識論および方法論上の選択による（Melucci 1996=2008：1-9）。こうした見方は，「身体に根ざした人間体験の根源性」が「個々人に属し，外的な操作に対する抵抗や反対の核」そして「過剰に文化・化された社会システムを変化させる潜在力を提供」する可能性への関心につながる（Melucci 1996=2008：209）。

　　だがテキストの文脈によっては，メルッチの「esperienza」（英語で experience）には，バウマンの言う「経験」の意味も含まれることもある。「情報を欠くべからざる資源として用いる社会は，人間の体験を成り立たせる構造を変えてしまった」と述べた後，「私たちが，現実そして私たち自身を体感する仕方（the way we conceive reality **and** ourselves）―太字は引用者挿入」と説明を続けるとき，「現実」は「経験」を指すと同時に，「そして（and）」で接続された「私たち自身」は「体験」を指していると理解できるからである（Melucci 1996=2008：2）。

　　なお，メルッチの主張には，上述のような近現代社会における「経験の喪失」と「体験の変質」という時代診断だけではない文脈がある。それは「経験の探究」とよび得るものであり，メルッチは"出会い"というかたちで述べている。出会い

は「意味の2つの領域（region）」が重なり，揺れ動く境界面である。出会いは，世界と人間，人間と人間，自己と内なる他者性との間に，「自己を失うことなく他者の観点を引き受ける力」によって橋をかけるとき，私たちのつくり出すことのできるものとされる。そして出会いは，他者の痛み・苦しみ（パテーマ）をともにすること（sym-path, com-passion, feeling-with-another）と定義される（Melucci 1996=2008：139-140）。ここで出会いに含まれる「esperienza」は，近世以前の「経験」概念に近い。つまり経験を実験（experiment）というかたちで切り出し，それを可能な限り人間の外にある道具と数量に移し替え，近代科学が認識を得るための通過点とみなすのではなく，「死を先取りすることをつうじて，人間を成熟へともたらすことこそが，経験の最終目的」であるという文脈である（Agamben 2001=2007：30）。「他者の痛み・苦しみ」の究極の形態が「死」であるとすれば，出会いは，限界と有限性の先取りを通じて，自己の解体と再形成（メタモルフォーゼ）をもたらす経験になり得る。

4）メルッチの現代社会論を理解する試みの一つとして拙稿を参考（鈴木 2013；2014；2015）。

5）アンナ女史がパリ大学に提出した博士論文は身体をテーマにした研究であり，それを基にした単著として『身体のなかへ——子どもたちはどのように身体の内部を想像するのか』（Fabbrini 1980）がある。

6）〈内なる惑星〉は，自然環境の危機や気候変動の問題で表象される「外にある惑星（external planet）」の対比として，私たちにとってもっとも身近な「もう一つの惑星」として提示された概念である。「私たちの体験や関係の基盤をなし，生物学的，情動的，認知的構造」からなる，身体の新たな表象である（Melucci 1996=2008：81）。惑星地球が物理的な限界と時間的な制約を持つ有限の存在であるように，身体もまた明確な物理的な限界と寿命を持った限りある生命体である。社会の発展もこれら二つの〈惑星〉の物質的限界のなかにおいてのみ可能であるということが，現代社会の「限界と可能性の間の緊張関係」の意味である（Melucci 1996=2008：2-3）。

7）はだし歩きに関する三つの基本用語を整理しておきたい（図8-1）。私たちの日常生活は，様々な行為で営まれている。アーシング（またはグラウディング）とは，「地面に接触する行為」（パク 2023：26），「地球の自然な表面電荷に接続する生活」（オーバーほか 2015：35）を意味する。アーシングは，屋内でアース線につながれたアーシングパットにふれることによって可能である。それゆえアーシングは屋内でも可能な行為である。また屋外で地面に手をつける行為もアーシングである。よって，屋外ではだしにならなくてもアーシングは可能である。はだし歩きは「靴を履かずに裸足で歩く行為」（パク 2023：26）である。靴を脱いではだしになって地面を歩けば，必ずアーシング作用が生じる。はだしウォーキングとは，はだし歩きを自覚的かつ習慣的に選択する行為のことである。ビーチサンダルを脱いで浜辺をはだしで歩くのはよく見かける行為だが，公園をはだしで定期的に歩く人を見かけることはないだろう。前者は砂浜という例外的

な時間と空間における自然発生的な徒歩行為だが，後者は韓国の「裸足ウォーキング市民運動本部」やアーシング理論が指南する特定の時間（毎日3回・1〜2時間を推奨）と空間（伝導性の高い湿った地面や浜辺が好ましい）において意識的かつ習慣的に行われる一人または集合的な徒歩行為である。両者を区別するために，前者を「はだし歩き」，後者を「はだしウォーキング」とした。なお「はだし」は，特に断りのない限り平仮名または漢字を互換的に使用する。

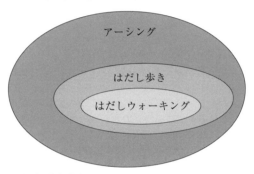

図8-1　はだし歩きの概念図

出所：著者作成。

8) 本書の第1章と第2章を参照のこと。
9) 神経科学をめぐるトピックスは，『プレイング・セルフ』の第4章「内なる惑星」で掘り下げて議論された（Melucci 1996=2008：第4章）。
10) 身体の社会学の代表的な論者であるブライアン・S. ターナーは，身体の社会学を二つの理論的伝統に大別した。一つは「身体を，個々人の意図や考えの外側に位置する一定の構造をもった，意味の装置」とみなし，表象としての身体を文化的に読解する理論である。もう一つは，「ライフコース（誕生，成長，生殖や死）をめぐって構成された人間の実践を理解する取り組み」である。前者は「身体なるもの（the body）」という集合表象のレベルなのに対して，後者は人々の生身の身体に根ざした「身体化（embodiment）」という，実践や体験のレベルである。「身体なるもの」と「身体化」は，実際には，たえざる緊張関係の二つの極としてある。理論的には，意味の装置と体験，集合表象と実践を区別するのがよいというのがターナーの主張である（ターナー 2005：97-102）。
11) イタリア精神医療の領域における「生きるに値する身体」と「生きるに値しない身体」の産出メカニズムの解明と破壊をめざしたのが，フランコ・バザーリアと彼の共鳴者たちの反施設化運動だった。1960〜70年代当時の隔離型精神病院（マニコミオ）の実態と論理の分析を通じて，バザーリアは「二重構造の精神医

療」を指摘した。つまり精神医療には，健常者か障害者，健康な人か患者かという二分法だけでなく，裕福か貧困かという二分法も構造化されていた。裕福な病人は支払い能力があり，貧しくても健常者であれば労働力として交換価値を持つため，両者ともに生産システムのなかで居場所を与えられる。しかし「貧しい障害者」は唯一生産性がない者とみなされる。彼らの最終的な行き場が精神病院だった。1960年代当時イタリアの公立精神病院に収容されていた患者はほぼすべて労働者階級の出身だった。病かどうかは二次的な問題で，実際は生産性があるかないか，つまり産業資本主義社会において「生きるに値する身体」と「生きるに値しない身体」の線引きがあるのが「二重構造の精神医療」の意味である。イタリアの隔離型精神病院の廃止と地域精神保健サービス網の構築は以下を参照（Basaglia 2000=2017；Zanetti e Parmegiani 2007=2016）。現代日本社会における「生きるに値する身体」と「生きるに値しない身体」のメカニズムとそれへの応答の試みは，本書の第4章と第5章を参照。

12）メルッチのイタリア語版『自己の遊び』では「（諸々の）限界としての身体」（Melucci 1991：134）のように，limite／limiti を使用していた。だが英語版『プレイング・セルフ』では，限界（limit）だけでなく境界（confine）を用いることもあった（Melucci 1996=2008：131）。それゆえ新原は，body as limit という英語版の第5章の標題を「限界」ではなく「境界としての身体」とした。そして2000年の一橋大学の講演会では，境界に「束」や「鎖」の意味を持つイタリア語の catena が付け加えられ，「諸々の境界線の束としての身体」になっている。

13）フーコーのミクロ権力論に代表されるフランスのポスト構造主義について，山之内靖と矢澤修次郎によるインタビューでメルッチは次のように答えている。第一に，社会変動はマクロなレベルだけではなく，様々な水準で観察可能であること，それゆえ「分子的な変化」もあり得ること，第二に，変動の形態とその焦点は一度で決まってしまうものではないこと，これらの諸点にメルッチも同意する。だが，第三に，「彼らは社会関係にはあまり注意を払って」おらず，「常に社会関係は作り出されるものであり，またアンビヴァレントなものであるということに留意していない」と批判する。「フーコーの権力のミクロ物理学というものは，先に述べた分子的形態の一つ」であり，「これは非常に重要なもの」と前置きした上で，「権力のミクロ物理学だけがあるのではなく，同時に紛争のミクロ物理学もまたある」と主張した（メルッチ 1995：29）。
　　現代社会の「新しい社会運動」のなかに，権力のミクロ物理学への抵抗を見出そうとするメルッチの意見は，「楽観的」だと批判されることがあった。なぜなら現代の社会運動は脆弱で暫定的な特徴を持つからだ。『現在に生きる遊牧民』の収録インタビューでこの点が指摘された。それに対してメルッチは，なぜ社会運動がなくならないのかという問いを立て，次の2点を根拠に答える。まず現代社会の権力は，「中心」の一元的な操作でなく，常に「周縁」に位置する個人や集団からの資源投入や協力確保を必要とする。それゆえに「中心」と「周縁」の間には，単なる従属関係ではなく，複雑な両義的関係が存在する。もう一つは，

360 第Ⅱ部 〈内なる惑星〉に"出会う"

人間が自らの生きる意味を探し求め，与えられた生の形式を超えようとする存在であることに由来する（Melucci 1989=1997：305-308）。

14）現在，はだし歩きの再評価が始まっている。その源流には，大地とはだしの重要な結びつきをほぼ同時期に発見した二人の創始者の経験と思索と情熱がある。韓国のパクドンチャンと米国のクリントン・オーバーである。両者の議論の共通点と異同については，2023年に日本語訳が出版されたパクの『裸足で歩こう』（パク 2023），2015年に邦訳されたオーバーの『アーシング』（オーバーほか 2015）で読むことができる。上記を踏まえた考察として呉の整理（呉 2024）と拙稿（鈴木 2024）がある。

　本書の第4章で論じられているように，人類の歩みを振り返れば，人がはだしで大地を歩くことは特異なことではなかった。人は家族や共同体や社会のなかで靴を履くことを習得していくことになる。そしていつしか靴を履くことが「自然」「正常」「清潔」であり，はだしで歩くことが「異常」「逸脱」「不潔」とみなされていくようになる。

　日本の場合，手がかりの一つを民俗学者の柳田国男の『明治大正史　世相篇』に見つけることができる。「足袋と下駄」と題したエッセーで「明治34年の6月に，東京では跣足（はだし）を禁止した」と柳田は書いた。続けて，「主たる理由は非衛生ということであったが，いわゆる対等条約国の首都の対面を重んずる動機も，十分に陰にはたらいていたので，げんにその少し前から裸体と肌脱ぎとの取り締まりが，非常にきびしくなっている」と述べた（柳田 2023：78）。明治34年は西暦1904年であり，日露戦争の渦中だった。

　現代の私たちの多くは，この事実に驚きを隠せないだろう。第一に，禁止令が出たということは，当時の東京で相当数の人々が街中をはだしで歩いていたと推測できるからである。『明治大正史　世相篇』の詳しい注と解説によれば，車力・馬丁・人力車夫・職工などにはだしで往来するものがとくに多かったという。第二に，はだし歩き禁止の理由も関心をひく。柳田国男は「非衛生」と「対等条約の首都の対面を重んずる動機」の2点を指摘している。つまり公衆衛生上の理由だけではなく，国際的な体裁と国内の治安維持という政治的な動機が「十分に陰にはたらいていた」（柳田 2023：79）。第三に，禁止令の運用の手法である。警視庁令として発布されたはだし禁止令は，東京市内において屋外をはだしで歩けば罰せられると，当時の新聞各社は報じた。はだし歩きは，裸体と肌脱ぎと同義の禁止事項であり，「取り締まりが，非常にきびしくなっている」というのだ。

　この事実を書き残した柳田国男の慧眼にも驚かされる。1930年初頭に刊行されたこの書には，日本社会の近代への移行が一般庶民の生活の変化から縦横無尽に論じられている。文字通り足下から生じていた社会変動を柳田国男は見逃していなかった。むろん禁止令の施行日から人々が一斉にはだし歩きを止めたわけではないのだろうが，現在の日本のどの都市を見回しても，はだしで歩いている人をみかけることはない。はだしの禁止は，個人に外在する規範であり，強制力を持つ「社会的事実」（デュルケーム）となった。

15) イヴァン・イリイチは，移動に関する議論のなかで靴とはだしについて次のように述べている。

> ラテン・アメリカ諸国では靴は稀少であり，靴を履いていない人が大勢いる。かれらは裸足で歩くか，あるいはさまざまな職人がつくるまことに多種多様なすばらしいサンダルを履いている。靴がないからといって，かれらの自律的移動が制約されることは少しもない。ところが南米の国々のなかには，通学，通勤，公務などに裸足が禁止されて以来，住民に靴を履くことを強制している国がある。教師や政党のお偉がたは靴を履かないことは「進歩」に対する無関心の印だと決めこんでいる。国家発展の推進者と靴製造者との間に何も意図的な陰謀がなくても，これらの国々ではいまや，職場から裸足が締めだされているのである（Illich 1974=1979：47）。

イリイチによれば，交通（traffic）は自律的移動（transit）と他律的移動（transport）に区別できる。前者は，歩く，走る，自転車をこぐといった人間の新陳代謝エネルギーを使用する移動であるのに対して，後者は自動車や新幹線といった人間や動物の外部で転換されるエネルギー源に依存した移動形態である。進歩とその加速を求める近現代社会は，自律的な移動形態を駆逐すると同時に，自動車に代表される他律的な移動形態の「根元的独占（radical monopoly）」を不可逆的に推し進めた（Illich 1973=2015：121）。

ここでイリイチは，二重の意味での根元的独占を指摘している。第一に，車がなければ必要な移動が困難になるだけでなく，車以外の自律的な移動形態を選択する権利が奪われる事態である。もはや車を持ちたくない，車を手放したいけれども，それ以外の選択肢が存在しないという事態である。これは公共交通の発達した大都市より，地方圏や過疎地域で深刻な問題になっている。第二に，自律的な移動形態についても根元的独占が進行中である。歩くのに靴を履くという選択肢以外は存在しない事態である。実際にはだしで大地を歩く権利を大都市で行使することはほぼ不可能である。

16) メルッチは『プレイング・セルフ』のなかで〈異質なる身体〉の用語を用いてはいない。ただし，身体の徴候や病に関する議論において，自らの思い通りにはならないちょっとした身体の不具合（Melucci 1996=2008：101），あるいは「社会の時間」と個々人の身体に宿る「内的な時間」の矛盾によって顕在化する身体的な病（Melucci 1996=2008：29）は，〈異質なる身体〉と読み替えることが可能だろう。

17) 『プレイング・セルフ』の日本語訳の刊行後，メルッチの予見していたことが私の身近の人々に起こったことも大きい。大学の後輩だった Fn 君が 20 歳代半ばで胸部のがんを患った。彼を襲った病と痛みは，『うごきの場に居合わせる』（新原編 2016）の共同研究のなかで若干ふれた限りだが，語るべき何かを指し示す指針となっていった。Fn 君の身体には手術の難しい胸部に悪性腫瘍ができ，摘出手術や抗がん剤治療を何度も行うこととなった。彼の家族や友人たちは祈るような思いで彼の恢復を願った。だが高度医療でも太刀打ちできない腫瘍が彼の身

体を蝕んだ。もはや手術や抗がん剤治療ができなくなったとき，入院していた大学医学部附属病院の最先端の医療は彼の身体を事実上見放したのだった。彼は病院を出て，自然療法を試し，食事に注意し，海のある故郷でサーフィンをして体力を養ったり，自然療法の著名な人に会いに行ったりした。よくなったという朗報を受け取って喜び，しかし定期検査でがんの転移がみつかり，そうしたことが何度も続いた。3年余りの闘病生活の末，29歳の若さでFn君は逝ってしまった。彼は故郷の砂浜を歩いたとき，きっとはだしで歩いていたはずである。もしはだし歩きをあのとき知っていたら，「奇跡」は起きただろうかという思いが頭をよぎる。同じ時期に，高校の同級生だった私の友人は，まだ幼かった長男を白血病でなくした。年末に体調不良を訴えた後，精密検査でがんが見つかり，わずか1ヶ月半で逝ってしまった。

18) メルッチとは異なる文脈だが，経験的調査を通じて身体と日常生活の考察を深めた草柳千早は，「からだの声をきく」を「身体がその時々に何を求めているかを敏感に感じとりそれに従うこと」（142頁）と定義する（草柳 2015：142）。そして「からだの声をきく」アプローチの意義に関して，「身体の36億年の歴史という「事実」が，「社会」に対して対置されている，と本質主義的にとらえているのではない。そうではなく，身体をそのようなものとして捉え語ること，このような身体観を掲げることで，身体と自然をいわば資源として，「根拠」化し，そこから社会を問う，そのような態度が，「からだの声をきく」アプローチを取ることを通じて獲得されうる，ということ，それがここでの要点である」と結論付けた（草柳 2015：168）。ここでは身体の二元論と本質主義を注意深く回避しつつ，自然と社会の境界線としての身体と聴くことのアプローチを結び付けている。

19) イリイチは「人々は生まれながらにして，治療したり，慰めたり，移動したり，学んだり，自分の家を建てたり，死者を葬ったりする能力を持って」おり，「この能力のおのおのが，それぞれひとつの必要を満たすようにできている」と力説する（Illich 1973=2015：125）。私たちが生まれながらにして持っていたはずの能力に基づいて，身体の基本的必要に応えたいという深い欲求がはだし歩きにはあると言える。

参考文献

Agamben, Giorgio, 1998, *Quel che resta di Auschwitz: l'archivio e il testimone*, Torino: Bollati Boringhieri.（＝2018，上村忠男・廣石正和訳『アウシュヴィッツの残りのもの—アルシーヴと証人』月曜社）

――――, 2001, *Infanzia e storia: Distruzione dell'esperienza e origine della storia*, Einaudi.（＝2007，上村忠男訳『幼児期と歴史—経験の破壊と歴史の起源』岩波書店）

Basaglia, Franco, 2000, *Conferenze Brasiliane*, Raffaello Cortina Editore.（＝2017，大熊和夫・大内紀彦・鈴木鉄忠・梶原徹訳『バザーリア講演録 自由こそ

治療だ！ イタリア精神医療ことはじめ』岩波書店）

Bauman, Zygmunt, Michael Hviid Jacobsen and Keith Tester, 2014, *What use is Sociology*, Polity.（＝2016，伊藤茂訳『社会学の使い方』青土社）

Fabbrini, Anna Melucci, 1980, *Il Corpo Dentro: Come i bambini immaginano l'interno del corpo*, il punto Emme/emme edizioni.

――――, 2001, *I Giorni della Quiete*, Pazzini Stampatore Editore.

――――, 2013, "Punti di Svolta" in *Imparare Sbagliare vivere: Storie di lifelong learning*, Laura Balbo（a cura di）, Milano: Franco Angeli.

Foucault, Michel, 1976, *Histoire de la sexualité: La volonté de savoir*.（＝1986，渡辺守章訳『性の歴史 I 知への意志』新潮社）

Illich, Ivan, 1973, *Tools for Conviviality*, Harper Colophan paperbook edition.（＝2015，渡辺京二・渡辺梨佐訳『コンヴィヴィアリティのための道具』ちくま学芸文庫）

――――, 1974, *Energy and Equity: The right to useful unemployment and its professional enemies*, Calder & Boyars Ltd. London.（＝1979，大久保直幹訳『エネルギーと公正』晶文社）

草柳千早，2015『日常の最前線としての身体――社会を変える相互作用』世界思想社。

Latour, Bruno, 2018, *Down to earth: politics in the new climatic regime*, Polity.（＝2019，川村久美子訳『地球に降り立つ――新気候体制を生き抜くための政治』新評論）

メルッチ，アルベルト，1995「インタビュー 新しい社会運動と個人の変容」（聞き手 山之内靖・矢澤修次郎；矢澤修次郎・高橋準訳）『思想』1995年3月号：4-37。

Melucci, Alberto, 1989, *Nomads of the Present: Social Movements and Individual Needs in Contemporary Society*, Philadelphia: Temple University Press.（＝1997，山之内靖・貴堂嘉之・宮崎かすみ訳『現在に生きる遊牧民――新しい公共空間の創出に向けて』岩波書店）

――――, 1996, *The Playing Self: Person and Meaning in the Planetary Society*, Cambridge University Press.（＝2008，『プレイング・セルフ――惑星社会における人間と意味』（新原道信・長谷川啓介・鈴木鉄忠訳）ハーベスト社）

――――, 2000a, *Parole Chiave: Per un nuovo lessico delle scienze sociali*, Carocci.

――――, 2000b, "Sociology of Listening, Listening to Sociology"（＝2001，新原道信訳「聴くことの社会学」地域社会学会編『市民と地域――自己決定・協働，その主体 地域社会学会年報13』ハーベスト社）

Mills, C. Wright, 1959, *Sociological Imagination*, Oxford University Press.（＝2017，伊奈正人・中村好孝訳『社会学的想像力』ちくま学芸文庫）

新原道信，2010「A. メルッチの"境界領域の社会学"――2000年5月日本での講演と2008年10月ミラノでの追悼シンポジウムより」『中央大学文学部紀要』（233）：51-76。

新原道信編，2016『うごきの場に居合わせる』中央大学出版部。

オーバー，クリントン，スティーブン・T. シナトラ，マーティン・ズッカー，2015『アーシング』（エハン・デラヴィ／愛知ソニア・共訳）ヒカルランド。

呉宣児，2024「韓国における裸足ウォーキング市民運動の現状と展望—スローシティ・SDGs・裸足ウォーキング運動の連携の可能性」『共愛学園前橋国際大学論集』（24）：1-20。

パクドンチャン，2023『裸足で歩こう—大地がくれる治癒の奇跡』（伊波浩樹・訳，呉宣児・監修）博英社。

Solnit, Rebecca, 2000, *Wanderlust: A history of Walking*, Verso Books.（＝2017，東辻賢治郎訳『ウォークス—歩くことの精神史』左右社）

鈴木鉄忠，2013「3. 11 以降の現代社会理論に向けて—A. メルッチの惑星社会論への道行きを手がかりに」『中央大学社会科学研究所年報』（18）：127-146。

――――，2014「3. 11 以降の現代社会理論に向けて(2)—『"境界領域"のフィールドワーク』の再検討と A. メルッチの「多重／多層／多面の自己」の一考察」『中央大学社会科学研究所年報』（19）：95-109。

――――，2015「3. 11 以降の現代社会理論に向けて(3)—惑星社会におけるコンフリクト・社会運動・身体」『中央大学社会科学研究所年報』（20）：83-97。

――――，2022『「見知らぬ私の地元」の探究—前橋赤城スローシティのフィールドワーク』上毛新聞社。

――――，2024「はだし歩きの社会学的想像力」『共愛学園前橋国際大学論集』（24）：103-121。

ターナー，S. ブライアン，2005「身体の社会学の過去そして未来—研究アジェンダの確立」大野道邦・油井清光・竹中克久編『身体の社会学—フロンティアと応用』世界思想社。

柳田国男，2023『明治大正史　世相篇』（佐藤健二・校注）角川ソフィア文庫。

Zanetti, Michele e Francesco Parmegiani, 2007, *Basaglia: una biografia*, Lint.（＝2016，鈴木鉄忠・大内紀彦訳『精神病院のない社会をめざして　バザーリア伝』岩波書店）

第Ⅲ部
コミュニティに"出会う"

第Ⅲ部　梗　概

　本書の第Ⅲ部の主題は，「コミュニティに"出会う"」となっている。自らの内なる心身現象，身体をメディアとした個別の他者との関係性という，微細な"うごき"を探究のフィールドに据えたのが第Ⅱ部の論考群であるとすれば，第Ⅲ部は具体的な地域で展開する個別の二者関係から三者関係の形成，小集団の動態，諸集団間の動的な連関などの空間的／集合的な現象を探究のフィールドに据えて，現代社会における地域コミュニティ（the local community）の存立条件をとらえようとするものである。

　本書における第Ⅲ部の位置付けを，新原道信の"境界領域"の三つの位相（本書序章）との関係で言うならば，第Ⅱ部が"心身／身心現象の境界領域"を媒介としながら"メタモルフォーゼの境界領域"へと探究を進める試みであるのに対し，第Ⅲ部は"テリトリーの境界領域"から"メタモルフォーゼの境界領域"をとらえようとする試みである。すなわち，「地理的・物理的・生態学的・地政学的・文化的な成層」からなる具体的な地域をフィールドとして，「多方面へと拡散・流動する潜在力の顕在化を常態とする成層」にある主体の"うごき"をとらえる試みであった（新原 2014：39）。

　しかしこの"うごき"は，"メタモルフォーゼ"が萌芽する瞬間なのであって（新原 2019，本書序章），いつ，どこで，誰によって生起するのかを，前もって予測することは困難である。具体的なフィールドで観察されるのは一時的な現象――「出来事」――であって，その意味を経験的に確かめることができるのは，ずっと後になってからにならざるを得ない。

　私たちの研究チームでは，こうした現象を"未発の状態（stato nascente）"概念によってとらえ，そのための方法論を錬成してきた。以下では，第Ⅲ部の伏流水となっている"未発の状態"概念について，阪口の論稿（阪口 2015）を元に，現時点での理解を記しておきたい。

　化学用語で「発生期状態」と訳される"stato nascente"は，元素が化合物よ

368 第Ⅲ部 コミュニティに"出会う"

り遊離した非常に反応性の高い状態，すなわち「いつ」「どの」元素が反応するかは予測できないがいつどこで反応が起こってもおかしくない状態を指す。新原は F. アルベローニが用いたこの概念を，A. メルッチの社会運動論における「可視性（visibility）／潜在性（latency）」概念（Melucci 1989=1997）や鹿野政直の「未発の一揆」概念（鹿野 1988）と結びつけ，社会運動の潜在性のメタファーとして用いている。

　すなわち"未発の状態"とは，社会過程の可視性／潜在性の"境界領域"であり，"メタモルフォーゼ"として解釈し得る「集合的な出来事」が生起する蓋然性が高いという意味で，多方向の可能態と収束した現実態という両義的な契機を併せ持っている。潜在性の位相において社会過程は常に進行しており，特定の時間と空間において「出来事」が生起する。「出来事」は一連のプロセスの線形的な終着点としてではなく，プロセスの認識媒体（media）として把握される。

　その一方で，時間と空間を限定して「集合的な出来事」の生起する過程と因果連関に着目する問題設定もあり得るだろう。この場合，観察対象としての「出来事」の主体は，所与の「整合的な実体」としてではなく，潜在性の位相に存在する諸要素からの「創発（emergence）」過程の特異点として把握される。創発性は下位レベルの諸要素に還元不可能な実在の性質を表すため「実体主義」を呼び込むが，"未発の状態"という蓋然性の時空間のなかでは，主体は「非線形的で常に生成（becoming）途上にある」（吉原 2011：32）ものとして把握されなければならない。

　"未発の状態"にある主体は，それが個人であれ二者関係であれ集団であれ「単一の性格」を持つ「整合的な実体」ではなく，「多重／多層／多面的な自己（the multiple self）」を抱えながら繰り返し自己を再定義し続ける「プレイング・セルフ（the playing self）」である（Melucci 1996=2008）。このような主体は，自らの欠落や不完全性を識るがゆえに，具体的な他者を必要とし，"個別の二者関係"をとり結ぶなかで繰り返し自己を作り直していく（changing form）。それが異質な他者と出会い，関係性を変化させていくための条件である。"未発の

状態" の主体像とは，個人であれ集団であれ，単一の「確固たる自己」を持つ実体としては「閉じて」おらず，「（閉じた実体として見れば）異質な」他者との「あいだ」で新たな二者（ないし三者）関係が生まれる蓋然性が高まった状態である。

　新原がメルッチとの対話のなかで錬成した "未発の状態" 概念は，社会運動の「潜在性」のなかでとり結ばれる "関係性の動態" を感知することを主眼としていた。たしかに理論的なレベルでは，蓋然性の時空間のなかで "未発の状態" の位置を推定することは可能であろう。あるいは実践智や経験則のレベルでは，"未発の状態" の直観的な把握が可能かもしれない。

　しかし具体的なフィールドにおける経験的研究においては，既に生起した「集合的な出来事」を認識媒体として，その時点から社会過程をふりかえることで "未発の状態" としての "関係性の動態" を後付けるしかない。"関係性の動態" は確かに蓋然性の時空間のなかに位置付けられるが，過去をふりかえるとき，生起した「集合的な出来事」の連なりの「水面下」にある "関係性の動態" は，収束した一連の現実態として把握される。これは調査者にとっては客体であるが，当事者にとっては選びとられた一筋の道程であり，その再帰的な認識行為にこそ主体性がある。だとするならば，"未発の状態" をとらえるための方法論とは，フィールドで観察された「出来事」の意味のみならず，調査者自身および被調査者（当事者）の認識の変化，両者の "関係性の動態" をも射程に据えた「ふりかえり（reflection）」を，戦略的に組み込んでいる必要がある。

　第Ⅲ部の著者たちは，こうした一連の議論を前提とし，メルッチの「リフレクシヴな調査研究（reflexive research）」（本書第9章，第11章）を踏まえて，以下の方針を共有してきた。

　その1.　"未発の状態" だけをとらえるための調査研究，という組み立てはあり得ない。いつでも限定されたリサーチクエスチョンはあり，それ以外の意味に「後から気づく」という設計になる。可能な戦略としては，"未発の状態" に「後から気づく」ための「余地」を残しておくということである。すなわち，ひとつの調査研究に複数の意味を持たせる戦略としての方法論ということにな

370 第Ⅲ部 コミュニティに"出会う"

る。

その2. いつ，誰が"未発の状態"をとらえる（"居合わせた"ことに後から気づく）かは先験的にはわからない。限定されたリサーチクエスチョンには答えが出るが，「人事を尽くせば報われる」という組み立て（近代の線形思考）にはなっていない。自分が出会い，記録した出来事の意味に「後から気づく」のは，自分ではないかもしれない。自身の「有限性」の自覚と「断念」が，"未発の状態"をとらえるための必要条件であり，これは相互性・集合性のなかでこそ可能となる。

その3. "未発の状態"にある主体を捉えるための概念と方法を集合的に錬成する。そのための"場"づくりそれ自体を，研究プロジェクトに埋め込むこと。その方法論的な戦略は次のように分節化できる。(1)対象を分析するカテゴリーを練り上げるための"場"づくりを，集合的に行う（practice）。(2)自らの"場"づくりという集合的な実践と，対象についての知見との比較を通じて，分析概念を練り上げる（creation）。すなわち，対象を分析する概念によって，自分たちの「集合的な試み」をも分析することになる。(3)両者の"関係性の動態"を比較分析する（reflection）。

第Ⅲ部を貫くテーマは，現代社会における地域コミュニティの"うごき"にある。しかし同時に各論考は，"未発の状態"にある"うごき"をとらえるための「リフレクシヴな調査研究」への挑戦にもなっている。

第9章「"コミュニティ研究"から"惑星社会のフィールドワークへ"──"フィールド／フィールドワーク"の再定義」は，本書の編者，新原自身によるコミュニティ研究のリフレクションの試みである。新原は地球規模の"惑星都市化／境界領域化"に直面する現代社会におけるコミュニティ研究の主題を，"異質性を含み混んだコミュニティ"，"未発の状態から多系／多茎の方向へと生成していくコミュニティ"として据える。こうしたコミュニティは所与の実体ではなく，"揺れ動きつつかたちを変えていく"過程であり，その"うごきの場"に"居合わせる"ために，研究チームは「湘南団地」や「立川団地」（いずれも仮名）において10年以上にわたってデイリーワークとしてのフィールドワー

クを継続してきた（新原 2016；2019）。しかし2019年末からの「新型コロナウイルス感染症」のパンデミックは，こうした方法論に再考を突き付ける。デイリーワークとして "居合わせる" ことができなくなったとき，果してフィールドワークは可能なのか，その場合の「フィールド」とは何なのか，そもそもフィールドワークをしてよいのか……。

　新原は，デイリーワークとしての観察と膨大な記述・記録を粘り強く続けながら，その意味を惑星社会の文脈──〈惑星の目〉で再解釈し，自らの認識や実践の限界を識ることで "フィールド／フィールドワーク" そのものを再定義していくという，困難な細道を歩んでいく。ただしこれは卓越的な「一者」による孤独な道程ではない。「複数の目で見て，複数の声を聴き，複数のやり方で書いていく」（Melucci 1989b=2025：390-391）という集合的な実践である。その意味で，第9章は第Ⅲ部の「原論」や「総論」としてではなく，集合的なリフレクションを可能とする "場（フィールド）"，各自の経験的研究の知見を持ち寄るプラットフォームとして受け止められるべきものである。

　本書「序章」で述べられているとおり，第Ⅲ部は，研究チームの前作『"臨場／臨床の智" の工房』（新原 2019）第Ⅱ部の続編という位置付けにあり，東京郊外の公営立川団地をフィールドして2012年から継続されてきた研究・教育・実践活動，「立川プロジェクト」の知見に基づく2編のモノグラフが収録されている。

　第10章「『晴れ女』の祭り──都市公営団地の自治会行事からみる地域コミュニティの再生産」は，前作（阪口 2019）で取り上げた初期「立川プロジェクト」の時期における立川団地自治会の実践を描いている。本章が記述の対象とするのは2010年代初頭の時期であるが，2015年の自治会長の代替わりや「コロナ禍」以降に噴出した様々な困難に直面した2024年現在の地点から，「コミュニティの成功例」とされた立川団地自治会における「地域コミュニティの再生産」の仕組みとその意味をとらえ直していく。

　第11章「フィールドワークの "創造力"──都市公営団地における "リフレクシヴな調査研究" の実践」では，2015年から2024年頃までの立川団地自治

372 第Ⅲ部 コミュニティに"出会う"

会と「立川プロジェクト」各々の展開と両者の"関係性の動態"を「リフレク
シヴな調査研究」の観点からふりかえる。リーダーの代替わりと「コロナ禍」
をきっかけに顕在化した活動の継承の困難に対して、「これまでのやり方」を
手放し、新たな応答の方法を「発明」する「創造的なプロセス」へと至る道筋
を探っていく。

これら2編のモノグラフ以外に、第Ⅲ部には付論として「記憶のなかの公設
市場——大阪市西成区玉出のモノグラフ」を収録している。大阪のインナーエ
リアにおいて「シャッター化」が進む商店街で生きる人々のショートストー
リーと、著者が撮影した記録写真とを編み合わせ、失われた「公設市場」をめ
ぐる生活風景の記憶を浮かび上がらせる。

第Ⅲ部に収録された「立川プロジェクト」の2編のモノグラフは阪口毅と大
谷晃の共著、付論は史涵と阪口毅の共著となっている。第10章は初期「立川
プロジェクト」が収集した資料とフィールドノート、大谷（2019；2022）を主
要な素材として阪口が執筆し、大谷と繰り返し議論しつつ加筆修正を加えた。
第11章は全体の構成について協議を行った上で大谷が草稿を執筆し、阪口が
全体の加筆修正を行った。また付論は、史涵が自身の修士論文（史 2018）を元
に草稿を作成し、阪口が全体の再構成と加筆修正を行った。構想から脱稿まで
のすべての段階において、私たちはサブチームとして繰り返し集まり、一文ず
つ読み合わせながら議論し、お互いの「あいだ」に生まれた新たなアイディア
を記述に埋め込んでいった。すなわち第Ⅲ部は、書かれたものと、書かれるプ
ロセスの双方における、集合的なリフレクションの試みである。

引用・参考文献

鹿野政直，1988『『鳥島』は入っているか—歴史意識の現在と歴史学』岩波書店。
Melucci, Alberto, 1989, *Nomads of the Present : Social Movements and Individual Needs in Contemporary Society*, Philadelphia: Temple University Press. （＝1997，山之内靖・貴堂嘉之・宮崎かすみ訳『現在に生きる遊牧民—新しい公共空間の創出に向けて』岩波書店）
———, 1996, *The Playing Self : Person and Meaning in the Planetary Society*, Cambridge University Press. （＝2008，新原道信・長谷川啓介・鈴木鉄忠訳『プ

レイング・セルフ―惑星社会における人間と意味』ハーベスト社）
新原道信（編著），2014『"境界領域"のフィールドワーク―"惑星社会の諸問題"に
　応答するために』中央大学出版部。
―――（編著），2016『うごきの場に居合わせる―公営団地におけるリフレクシヴ
　な調査研究』中央大学出版部。
―――（編著），2019『"臨場・臨床の智"の工房―国境島嶼と都市公営団地のコミュ
　ニティ研究』中央大学出版部。
大谷晃，2019「立川プロジェクトの展開―立川団地での『問い』の深化」新原道信
　編著『"臨場・臨床の智"の工房―国境島嶼と都市公営団地のコミュニティ研究』
　中央大学出版部：275-323。
―――，2022「現代における『地域コミュニティ』再編と担い手たちの『ローカル
　な実践』―都営『立川団地自治会』における参与的行為調査」中央大学大学院文
　学研究科博士論文。
阪口毅，2015「"未発の状態"のエピステモロジー―『惑星社会のフィールドワーク』
　に向けて」『中央大学社会科学研究所年報』19：111-122。
―――，2019「立川プロジェクトの始動―新たな契約の行方」新原道信編『"臨場・
　臨床の智"の工房―国境島嶼と都市公営団地のコミュニティ研究』中央大学出版
　部：215-274。
史涵，2018「大阪市西成区玉出商店街の『変容』に関する調査研究―公設市場の閉
　鎖をめぐるインタビュー調査を中心に」中央大学大学院文学研究科修士論文。
吉原直樹，2011『コミュニティ・スタディーズ―災害と復興，無縁化，ポスト成長
　の中で，新たな共生社会を展望する』作品社。

（阪　口　　毅）

第 9 章

"コミュニティ研究" から "惑星社会の フィールドワーク" へ

——"フィールド／フィールドワーク" の再定義——

新 原 道 信

可能性のフィールドが，ある一定の範囲をこえて拡張すると，境界（boundaries）の問題は，個人的および集合的な生活にとって最重要となる。その背後には，選択，不確実性，リスクといった問題があり，この問題は，複雑性の超高度化したテクノロジーのシナリオのなかで，人間の体験の限界——そして自由——を新たなものにしている。社会が自らを破壊できる力を備え，何ら保証もない選択に個人の生活が依存しているような時代において，どこに私たちの境界線を置く（where to put our boundaries）のか，これが人間生活の向き合うべき課題である。今日では，私たちの境界線をどこに置くか（setting our boundaries）は，意識的なことがらとなり，私たちが持つ限界を受け容れる自由（free acceptance of our limits）ともなった。　　　　　　　　　（Melucci 1996a=2008：78-79）[1]

1. はじめに——"コミュニティ研究（コミュニティでの デイリーワーク）" という "フィールド"

　本章は，第Ⅲ部の "コミュニティ研究（コミュニティでのデイリーワーク）" を位置付けるとともに，本書全体を通しての試みである "惑星社会のフィールドワーク（Doing Fieldwork in the Planetary Society, Dentro alla società planetaria）" の立ち位置を明らかにすることをめざす。

　序章の第3節では，惑星社会のもとでの都市と地域のコミュニティの現在を

376 第Ⅲ部 コミュニティに"出会う"

見てきた。都市は，「相互に依存しあう高度に複雑／複合的な惑星システムの端末」（Melucci 1996a=2008：62）へと「変容」し，非都市空間での廃棄や環境破壊は，都市的生活との全面的・全方位的に「結合」している。すなわち，地球規模の"惑星都市化／境界領域化"である。

このような社会における「惑星地球における生」の"場"は，物質圏（大気圏・水圏・地圏），生物圏，人間圏によって構成される"地域社会／地域／地"として再定義される[2]。「成長という限界」のなかで，〈惑星社会〉を，"異質性を含み混んだコミュニティ（comunità composita con eterogeneità, composite community with heterogeneity）"として"組み直す"必要がある。

メルッチは，「コミュニティ」「地域」といった"フィールド"について語ることはほとんどなかった。「ただ存在するという理由のみによって静かに尊重されるテリトリー（the territory where silence and respect are, territorio del silenzio e del rispetto dovuto a ciò che esiste in quanto esiste）」（Melucci 1996a=2008：176）（Melucci 1991：131）という表現が見られるのみである。メルッチは，他者との間の"無償性の交感（interazione emozionale di guratuità, emotional interaction of gratuitousness）"の場，「社会的連帯」「倫理」という文脈で人間の共同性を考えていた[3]。その含意は，"異質性の衝突・混交・混成・重合によってつくられるコミュニティ"として理解することができる。

本研究チームの"コミュニティ研究"は，"未発の状態から多系／多茎の方向へと生成していくコミュニティ（comunità nacenti, nascent communities）"が，揺れうごきつつかたちを変えていく（of playing and changing form）"場"に，"居合わせる"ことを志向したものであった。そのために，特定のコミュニティでの〈デイリーワーク〉を少なくとも10年単位で続けてきた。

序章でも述べたように，コミュニティでの〈デイリーワーク〉は，"対位法"的構成による"惑星社会のフィールドワーク"のアプローチである。第Ⅱ部では，別のアプローチであるステイ型の"内なる惑星のフィールドワーク"を見てきた。

"惑星社会のフィールドワーク"の条件については，「"惑星社会のフィールド

ワーク"の条件」（新原 2020c）で論じている。第Ⅲ部の主要な"フィールド"となる立川・砂川地区の立川団地における"コミュニティ研究（コミュニティでのデイリーワーク）"については，「コミュニティでのフィールドワーク／デイリーワークの意味」（新原 2019b）でとりまとめている。

　また，「新型コロナウイルス感染症（COVID-19, Coronavirus Disease 2019)」のもとでのフィールドワークの限界と可能性については，「"フィールドに出られないフィールドワーク"という経験」（新原 2021b)，「フィールドワークの"想像／創造力"」（2022b）で考察している。さらに，『人間と社会のうごきをとらえるフィールドワーク入門』（新原 2022a）の序章では，「成長という限界」のもとで「そもそもフィールドワークをしてよいのか」という問題提起をしている。

　これらの考察をここで再確認し，惑星社会の"限界状態（Grenzzustand, stato di limiti / confini, limit state)"でのフィールドワーク，とりわけコミュニティでの〈デイリーワーク〉の方向性を考えていくこととしたい。

2．うごきの場に居合わせる[4]

　本研究チームが行ってきた主要な"コミュニティ研究（コミュニティでのデイリーワーク）"は，湘南団地，立川団地（いずれも仮名）という地域コミュニティ，および，様々なエスニシティを"背景（roots and routes)"に持つ"移動民の子どもたち（children of immigrants)"のヴォランタリーなマルチ・エスニック「コミュニティ」である「聴け！プロジェクト」を"フィールド（campo in continua ridefinizione, field in continuous redefinition)"としていた[5]。

　都市公営団地である湘南団地と立川団地は，それぞれ湘南市（仮名）と立川市の郊外に位置する地区のなかにつくられた「島」（メルレルの概念で言えば"社会文化的な島々（isole socio-culturali)"）のような存在であった（新原 2016a：2019a)。これに対して，「聴け！プロジェクト」は，在日コリアン，イラン人，中国からの帰国者，ベトナム・ラオス・カンボジアからの「定住難民」，上海

人，台湾人，日系南米人，在日日本人などの自発的な集まりとして始まった E-JAPAN は，東京・神奈川圏に存在するエスニック・グループごとの組織から "ぶれてはみ出し（deviando, abweichend）" ている存在だった（新原 2016a：375-416）。

　いずれの "フィールド" でも，本研究グループのメンバーと，"フィールド" の人々，かかわりを持った人々が混成チームを結成し，あらかじめ（pro）我が身をその場に投げ出す（gettare）という意味での「プロジェクト（progetto）」（「湘南プロジェクト」「立川プロジェクト」「聴け！プロジェクト」）を立ち上げ，活動をともにした。

　これらの "フィールド" との出会い方に共通していたのは，「居合わせる」「引き寄せられる」「巻き込まれる」という要素だった。その場に居て，引き込まれ，導かれる。その場に「居合わせる」ということは，異質なものたちが，外からも内からも集まってきたという含意がある。集まる（ritrovarsi）とは，顔を突き合わせる（confrontarsi），真剣な試合のように仕合わせる（incontrarsi）ことでもある。Being Involved with the Field（フィールドに巻き込まれる），Witnessing the Movements（うごきの場に居合わせ，目撃し証言する），Essendo coinvolto nel campo dinamico（ダイナミックなフィールドに巻き込まれ続ける），Essendo inghiottito（呑み込まれ続ける）というプロセスである。

　最初は，社会的に必要である「問題の解決（problem solving）」，目的，目標なども意識されていた。しかし，その場に「巻き込まれていく（involved）」ことで，気がつくと，外に在ったはずのものが，自らの生きる「理由（cause）」ともなっていく。厳密な意味での inter-esse（何ごとか，誰かに「関心を持つ」），自らの内側，こころと身体の内奥に（inter），誰かの存在（esse）が入り込み，時として，時をとらえて，身体の奥底からほとばしり，こころをつかまれるという道行き（passaggio）である。

　英語の involve, participate にあたるイタリア語の coinvolgere は，「責任を伴うこと，リスクや回避したい帰結をもたらすような状況に引きずりこむ，連れ込む」というもともとの意味と，「人々や組織機関などに興味を抱かせる」

という意味がある。inghiottire には，呑み込む，飲み下すという意味がある。すべてを受けとめられるわけではないが，ぐいっと呑み込む（ingerire, inghiottire, keeping perception / keeping memories）しかないというかたちでの応答である。

　居合わせているという点では，「調査者」も「当事者」も，異なるかたちで，その場に結ばれ，結んでいることで，場がうごいていく。「公営団地」の部屋ごとに，一人一人に，路地裏に，川べりに，ばらばらの願望や企図，欲望，欲求，要求，夢が埋め込まれている。リアルな場としての公営団地において，瞬間的・断続的・脱領域的に，"異質性を含み混んだコミュニティ"が立ち現れていた。その場にたまたま居合わせることになったという含意がある。

　リフレクシヴであったのは，「調査者」だけではない。団地住民も移動民の子どもたちも戦略的かつリフレクシヴに考え，行動していた。バラバラに，多方向に，乱反射する不協の多声（polifonia disfonica）として，調和し安定することなく，その流動性のなかにやすらぐ（Flüssichkeit, in sich ruhe）しかないような，「乱反射するリフレクション（Dissonant reflection, riflessione disfonica）」であった。純粋な「観察」とも，系統的な「介入」とも異なる関係性の在り方であった。

　"うごきの場に居合わせる（being involved with the field, essendo coinvolti nel campo di ascolto）"という営みは，調査の"舞台（arena/scena）"上での「オン」の状態のみならず「オフ」の状態，日々の"不断／普段の営み（attività incessanti / quotidiane, relentless / daily activities）"のなかでの親密さの相互作用（interazione di intimità, interaction of intimacy）を必要とした[6]。この"フィールド"では，「調査者／当事者」という境界線は揺らぎ，"衝突・混交・混成・重合の歩み（percorso composito, composite route）"を持たざるを得なかった。

　メルッチは，白血病となる直前の社会運動に関する共同調査研究の成果であり質的調査の方法論についての集大成である『リフレクシヴな社会学にむけて』（Melucci 1998a）のなかで，「観察か介入かという（観念的）対立はフィールドのなかでは乗り越えられてしまう（現実に先を越されてしまう）。なぜなら，社

380 第Ⅲ部 コミュニティに"出会う"

会調査においては，『純粋な観察』はあり得ず，観察はすでに介入であり，フィールドを変えてしまうからだ」（Melucci 1998a: 26）と述べている。

さらに，科学的観察がリフレクシヴであることの困難についても言及し，「リフレクシヴな観察者は，自らが観察しているフィールドの内側に自らも在ることで，その場に居つつ同時に客体として自らを観察することは出来ないことに自覚的である。（フィールドの）内側にあるリフレクシヴな観察者は，自らを観察するためにはフィールドの観察をやめざるを得ない」（Melucci 1998a: 298-299）。そして，「観察者と被観察者という二つの側面を持つアクターは，不透明な部分を常に残し，主体としてまったく判明であることはない。そのため，調査は，より可視的な部分を俊別し，『他者からの視点で見る』可能性へとむかってしまう」（Melucci 1998a: 306-307）のだとする[7]。

後に，メルッチは，2000 年 5 月来日した際に，ホテルにて「調査者と当事者の関係性の困難」の問題を自ら語り直し，その録音テープの文字起こしをしたものを「リフレクシヴな調査研究にむけて」（Melucci 2000d=2014）として『"境界領域" のフィールドワーク』（新原 2014a）に収録した。

> 調査者と当事者は，同じフィールドで調査という体験をともにするプレーヤーである。……経験的調査を体験したものなら誰しも，調査のなかで調査のプロセスそのものも変わっていくこと，実際に行われたことは，始まった当初のプロジェクトから異なることを知っている。……両者の関係性そのものの動きを，リフレクションとメタ・コミュニケーションの場に含みこまざるを得ない。……関係性の『遊び』によって，社会調査が主観から分離された客観的な現実を忠実に映し出すという幻想はこわれてしまう。……本当の意味で調査者と当事者の間に適切な距離を得るためにはこのメタレベルの認識が必要である。　　　（Melucci 2000d=2014：100-101）

"うごきの場（moment of becomings, momento di metamorfosi）" において，調査者も当事者も，それぞれの個体性と身体性を持った「個」として，親密さを

持った相互作用（interazione con intimità, interaction with intimacy）により，"身体感覚を通じて出会う（incontrando attraverso i sensi corporei）"ことが，「調査者／当事者」，「観察／介入」の二元論をこえる道筋だと，メルッチは考え，「遺言」とした。

それゆえ，本研究チームは，「この認識のあり方が調査研究グループ内部にも組み込まれ……自らに対してもリフレクシヴな調査研究の実践を通じて，社会を認識するための調査研究の意義を鼓舞する多元的で双方的な性質の意義を再確認」（Melucci 2000d=2014：103）することをめざしてきた。

すなわち，以下のような姿勢（attegiamento）である。

フィールドワーカー（調査者）とフィールドで出会うひと（当事者）との関係性：
① フィールドワーカーの使命は，その能力を，あくまであらたな社会の構想につながる認識の地平を生産することのみに活用することである。
② この営みに参加する者は，有意の情報や知見を他の調査者にもたらす必要がある。
③ 調査者は調査によって獲得した新たな認識をなんらかのかたちで他の調査者や自分が属するコミュニティ／かかわるフィールドに返す必要がある。そして調査に応じた当事者もまた他の当事者に新たな認識を返す必要がある。そこで重要となるのは，結果の伝達を通じての直接的なコミュニケーションそのものである。
④ 当事者は，社会と自らの行為のリフレクションをしていくという意味での調査者でもある。その当事者と調査者は，対話的にふりかえり交わるなかで，おたがいの関係性を組み直し続ける。当事者も調査者も，それぞれの目的に応じたかたちで，調査の結果をわがものとする。

（Melucci 2000d=2014：99 のメルッチよるまとめをもとに改作）

「湘南プロジェクト」「立川プロジェクト」「聴け！プロジェクト」による"コミュニティ研究（コミュニティでのデイリーワーク）"は，対面し，"場（place, space,

382 第Ⅲ部　コミュニティに"出会う"

site, case, circumstance, moment, condition, situation)" をともにし，「自分を開き，そこに居合わせ，待つ」(Melucci 1989b=2025：87) ような営みであった[8]。

3. フィールドワークの"限界状態"からの〈エピステモロジー〉[9]

　しかしながら，"うごきの場"に居合わせ，対面で，多くのことがらを"ともに（共に／伴って／友として）"することを基本としていたコミュニティでの〈デイリーワーク〉は，2020年以降の「新型コロナウイルス感染症（COVID-19, Coronavirus Disease 2019)」により，"限界状態（Grenzzustand, stato di limiti / confini, limit state)"に直面した。自分の／周囲の人間の感染を恐れ，他者と接する「あたりまえ」の暮らしを喪失しつつある状態で，親しいひとに対面することも，ふれることもできない，この不条理な日常のなかで，何をするのか？いかにことに臨むのか，いかに"痛み／傷み／悼み（patientiae, doloris ex societas)"を分かち合うのかが問われた。「生老病死」が，個々人の身体性とかかわって生起しただけではなく，コミュニティそのものの「生老病死」に直面したのである。

　"パンデミック"の意味するところについては，序章第4節でその一部を紹介したが，"パンデミック"をきっかけとして，"人間の内面崩壊／人間の亀裂（degenerazione umana / spaccatura antropologica)"，外なる「壁」のみならず，内なる"「壁」の増殖（proliferation of 'barrier', proliferazione di 'barriera')"，人間の"廃棄（dump [ing])"は，可視的に，また心性のより奥深くにまで浸潤し，コミュニティを熔解・瓦解させていった。フィールドワークもまた，ひたすら現場に行きデータを蓄積するというやり方（ways of exploring）の限界（limite）と向き合わざるしかなくなった。

　立川団地における諸活動もストップし，これからの団地の自治の在り方（ways of being）にとっても，〈調査研究／教育／大学と地域の協業〉を対面ですすめてきた大学での諸活動（立川プロジェクト）にとっても，今後ずっと残る

大きな影響があることが予想された。

　ここでは，いかに"生物（なまもの, cose crudi, causa cruda, corpi crudi）"である現実への応答を試み，リフレクシヴに事態をとらえ，"フィールドに出られないという状況をフィールド"とした〈デイリーワーク〉をなすのかが焦点となる。ではこの時期に，いかなる〈エピステモロジー／メソドロジー／デイリーワーク〉が醸成されていったのだろうか。以下の記述は，"境界領域のフィールドワーク"であれ，"コミュニティ研究（コミュニティでのデイリーワーク）"であれ，「野外」調査がすべてストップした時期に培われたものである。

　2020年4月から2021年1月にかけて，フィールドワークを教える講義やゼミで，"フィールドに出られないフィールドワーク"という体験をともにすることとなった学生・院生には，オンラインで下記の〈デイリーワーク〉を促した。

　　いま起こっている社会現象そのものを"フィールド"として，社会や自分のどのような"うごき"が顕わになり，そこにはいかなる意味が潜在しているのかを"描き遺す"こと：

　(1)　まずは，自分にとって「空気」のように「あたりまえ」に存在してきた「身近な場」を記述する。「ホーム」であったはずの場所が，突然，異質なもの，「異境の地」になっていくかのような変化，とりわけ微細な変化について，気付いたことを"描き遺す"。少し時間が経つと，その変化は「自明」のものとなり，変化したことにさえ気付かなくなるが，自分の言葉で「日誌（フィールドノーツ）」を「遺して」おけば，過去の自分を通して，かつて存在していた社会・空間の特定の局面を，歴史性のなかでとらえることが可能となる。

　(2)　次に，自分に「縁」のある土地，関心のある「土地」の変化を身近な場所の変化と比較する。以前暮らしていた場所や，訪れたことのある場所，縁のある人が暮らす場所，関心を持っていた場所など——少しだけでも生活した経験などあれば，インターネットからの情報だけだったとして

も，その背後にある "生身の現実" を "感知／感応" するチャンスが増える。

⑶　さらに，これまで自分にとっての "端／果て" だと思っていたことを考えること。「グローバル社会」でもっとも疎外されているひとたち，たとえば，家庭内の虐待，解雇，スラムや難民キャンプの衛生状態などについて，考えてみること。「自分が考えるには，複雑あるいは深刻すぎて」と意図的あるいは非意識的に目をそらしてきた "ひとごと（not my cause, misfortune of someone else)" が，たやすく "わがこと（cause)" へと転換することに気付くチャンスが増す。

こうした〈デイリーワーク〉の一例として，2009 年 5 月の新型インフルエンザウイルスの感染拡大の時期に試みた "大量で詳細な記述（acumen, keeping perception / keeping memories)" の一部を公開した。そのなかで，自らの身体性，「生老病死」とかかわらせるやり方（ways of exploring）を紹介している[10]。

少なくない学生が，既存の手法や知識が通用しない新しい状況のなかで，それでもなんとか眼前でいままさに起こっている出来事をとらえようとすることの意味を実感していた。メルッチは，「諸関係の微細な網の目」を通じて「私たちがしていることの意味が創り出され，またこの網の目のなかにこそ，センセーショナルな出来事を解き放つエネルギーが眠っている」（Melucci 1996a=2008：1）と言った。

この言葉は，2020 年の惑星社会の状況・条件にとって，極めて時宜を得たものであった。「コロナ禍」という社会現象の観察・リフレクションは，「観察者」あるいは，知識や情報の「消費者」である自分もまた，生身であり，ふだん意識しない，ちょっとした行動の違いが，身心の状態を簡単に左右してしまう脆弱な存在だということに，痛切なかたちで気付く機会をもたらした。ではこうした〈デイリーワーク〉から，いかなる〈エピステモロジー／メソドロジー〉がもたらされるのだろうか。

私たちは，生身の身体（corporeality）としては，プラスチックや化学物質，放射能による汚染，そして感染症の「実験場に暮らす生物」と化している[11]。

第9章 "コミュニティ研究" から "惑星社会のフィールドワーク" へ　*385*

私たちの身体は，"生体的関係的カタストロフ (la catastrophe biologica e relazionale della specie umana)" に直面し，既に造り出された物質，過去の「豊かさ」を支えた物質がもたらす「収支決算」の債務相続者となっている。この「債務相続」は，何世代にもわたって，他の生物も含めて続いていく。私たちは，いわば，"惑星社会の劇的収支決算による債務相続者 (eredi del debito a causa di bilancio drammatico della società planetaria, heirs to debt due to the planetary society's dramatic balance)" である。「人間圏の肥大化」が，生物圏，大気圏，水圏，地圏に与える影響について，なぜ私たちは深慮しないのか？　惑星地球の病と私たちの身体の病はどうやって治すのか。私たちは，惑星社会に生きる「個人／個体」として，何ができるのだろうか？

　食肉生産の効率化のための森林伐採と遺伝子工学，その産物として生み出された家畜の病と感染症．遺伝子操作はできても遺伝子をゼロから創り出すことはできず，「野生」の遺伝子は，貴重な資源として「狩猟」の対象となる。ここでは，人間による「自然の改造」の限界が示されている。惑星システムから見た場合の人間とは何か？　人間は，多様な生物の "共存・共在の智 (saggezza di convivenza, wisdom of coexistence)"，部分と全体の調和，相補性を切り裂くだけの存在なのか？　微生物の秩序と生命・生態系と物質循環のダイナミズムをつかさどる〈惑星地球〉から何をどう学ぶのか？

　私たちは「新型コロナウイルス」と "出会う (incontrare l'altro, encountering the other)" 体験をした。しかしこれは人間の目線である。人間よりはるかに長い時間，多細胞生物の誕生とともに，この地球上で「生きて」きたウイルスは，どのように人間を「発見」したのだろうか，あるいは人里に下りてきたイノシシやクマやシカは，どのように人間を「発見」したのだろうか？

　ここにおいて，「虫の目／鳥の目」の "対位法" は，まず，人類史以前のウイルスや菌類も含めた「微生物の目」へと深化せざるを得ない。免疫の意味を問い直すことも含めて，より微細な相互作用の "うごき" への着目が必要となってくる。「鳥の目」もまた，"生身 (corporalità cruda, raw corporeality)" あるいは "生物（なまもの，cose crudi, causa cruda, corpi crudi)" の観点からとらえ直され

る。たとえば，海深くもぐるクジラや南の島のアホウドリの身体の問題と，自分たちのもとに生まれ来る子どもたちの脳や生殖器官，精子などへの影響は，複合し重合する"根本問題"となっている。子どもたちのために命をかけて必死にエサを集めてきた結果が子どもの命を奪うことになる。これは，私たちがいま直面している"生体的関係的カタストロフ"を象徴する出来事である。

さらに，イノシシやシカ，ウシの身体が放射能に汚染されてしまっていることは，山野河海の視点とかかわる。「國破レテ山河アリ」はもはや自明のものではなくなってしまった。私たちは，膨大な時間と無数のひとの努力の集積である「山河」が，極めて短期間に根こそぎにされていくという"底知れぬ喪失／痛みの深淵（perdita abissale / abisso di dolore）"に直面している。

この剝奪は偏差を伴って現象し，それは"社会的痛苦（doloris ex societas）"であるのにもかかわらず，特定の人間のみならず動植物個々の生体的関係的な"痛み／傷み／悼み"として深く沈殿していく。ここで取り上げた生物の"生身"をメタファーとして，"生身"の人間の間身体性（intercorporéité, intercorporeality）の母体である「生態系（ecosystem）」を考えることが必要となる（南方熊楠が熊野の森の粘菌の世界を視野に組み込んだように）。

ここまで見てくると，「虫の目／鳥の目」は，「（ウイルスを含めた）微生物の目／（野生・家畜・栽培を問わず動植物すなわち）生物の目／生態系の目」といった深化と展開を必要としていることとなる。では〈惑星地球〉は，どのように人間を「発見」し，理解しているのだろうか？──つまり，ここでの"問いかけ"は，"惑星社会論的な転回"を求めている．

〈個人と社会〉〈国家と市場〉〈人間と自然〉といったパラダイムを超える現実に，いま私たちは直面している。〈惑星社会／内なる惑星〉〈惑星地球／身体〉という「布置連関（constellation / costellazione）」をどうとらえるのか。「自分」の「外部」と「内部」という主観的な世界認識，〈個人と社会〉という科学の認識の双方のパラダイムの革新──「惑星の限界（Planetary boundary）」，"成長（するという心性）の限界（la liminalità della mentalità di crescita, the liminality of growth mindset）"を見据えた「惑星の目」による"組み直し

(ricomposizione / rimontaggio, recomposition / reassembling)"が求められている。そしてもし，〈惑星社会〉が，ひとつの"異質性を含み混んだコミュニティ"として成立するのだとしたら，〈微生物の目／生物の目／生態系の目〉も含めた〈惑星の目〉を持つことが求められている。コミュニティ論の"惑星社会論的な転回"である。

　以上が，「新型コロナウイルス感染症（COVID-19, Coronavirus Disease 2019）」の奔流のなかでの考察である。その影響を，以前ほど意識しなくなった2024年現在（本章の執筆時点），ここでの苦闘と考察は，どう継承されるのか。

　実践面では，"大量で詳細な記述"を〈デイリーワーク〉とすることは，別の日常性のなかでも続いていく。理論面では，コミュニティを，〈惑星の目〉から見ていくという視点は，新たにコミュニティを名付け直していくときの端緒となる。また，「なかなかうまくとらえられないが，ひとの付き合い方が，『コロナ』以前と少し変わった気がする」といった学生の所感（感知）の意味を解析していくときの，分析的な構成概念（costruzione analitica）を創出していく可能性を提供してくれるだろう。

4．フィールド／フィールドワークの再定義[12]

　「新型コロナウイルス感染症（COVID-19, Coronavirus Disease 2019）」で問題になっていたのは，都市封鎖やワクチンの供給や財政悪化の問題だけではなかった。大気圏，水圏，地圏を母体として存立する生物圏，そのなかの人間圏──人間／動物／植物／ウイルスの関係性から見る〈微生物の目／生物の目／生態系の目／惑星の目〉による〈エピステモロジー〉への"問いかけ"の問題でもあった。

　「虫の目」「鳥の目」よりさらに，時間・空間，森羅万象の"深層／深淵（obscurity, oscurità / abyss, abisso）"への拡がり・深まりとともに世界を見てきた古代の智者（saggio）のように，"宇宙のなかの惑星地球という視点（perspective of a planet Earth in the universe）"から，「新型コロナウイルス感染

症」という"フィールド"をとらえ直してみる。

　細胞も細胞膜も持たないウイルス／細胞壁を持つ植物／複雑化と組織の分化をおしすすめた動物という物質と生命の相互連関の位相について，より複雑化した人間の身体が進化の頂点に立つと考えられてきた。しかしながら，細胞壁によって内と外を峻別した植物からさらに，免疫機構を発達させた動物のひとつである人間とは別に，"かたちを変えつつうごいていく（changing form）"ことを極限までおしすすめたウイルスもまた，ひとつの進化の到達点ではないかとも考えられる。つまり，ウイルスを，"かたちを変えつつうごいていく（changing form）"，「変化に対する責任と応答を自ら引き受ける自由」[13]を持った存在だと考えてみる。

　あるいはまた，病原体の攻撃に対して病原体に感染した自らの細胞を犠牲にして病原体もろとも死滅させ，全体を守る植物と，人間社会における「トカゲのしっぽ切り」「抑圧移譲」を，生存戦略という同一の基準で考えてみる。さらには，人間の免疫細胞，免疫系が，「非自己」と「自己」を区別して個体のアイデンティティを確保し，異物を死滅させるという構造（「超システム」）をどう考えるのか？　免疫学者の多田富雄は，「非自己」と「自己」が互いにつながる「生命のもつあいまいさや多重性」に着目し，「寛容」という言葉で，"共存・共在の智（saggezza di convivenza, wisdom of coexistence）"を表し出した（多田　1993：1997）。これは，"異質性を含み混んだコミュニティ"を構想するときに求められる"智（cumscientia）"でもある。

　こうして，私たちの「生」の"フィールド"として"未発の状態から多系／多茎の方向へと生成していくコミュニティ（comunità nacenti, nascent communities）"を定義し直すときには，免疫学，生物学，社会学，どこからでも入ることができる。唯一条件となるのは，自分中心主義（centrism）を相対化し，"端／果て（punta estrema / finis mundi）"からの視点を持つこと，科学の「枠」など軽々と踏み越え，打ち砕く，現実そのものの"うごき"に対して，何ができるのか／何をするのかを考えることである。

　しかしながら，このような"うごき"をとらえようとするとき，「地球の裏側」

へも足を伸ばすフィールドワークを可能としていた現代社会とそこでの調査研究者の在り方（ways of being）も問い直される。そもそもフィールドワークをしてよいのか？

たとえば，二酸化炭素（CO_2）を大量に排出するジェット旅客機で世界各地を移動することは，有限な地球環境に悪影響を与えることとなってしまわないか。自分とは異なる条件で懸命に生きるひとたちの生活に悪影響を与えないか。自由に移動できる人間が，簡単には移動できないひとたち，自分の意志とは関係なく移動を余儀なくされたひとたちに会いに行くとはどういうことか。フィールドワーカーの移動と環境難民や政治難民の移動とのちがいをどう考えるのか。飛行機に乗ることはない，"コミュニティ研究（コミュニティでのデイリーワーク）"においても，「新型コロナウイルス感染症（COVID-19, Coronavirus Disease 2019）」が突きつけたように，そもそも対面でひとにふれることがどういう意味を持つのかが問われることになる。

他方で，私たちは，惑星地球規模に拡がる情報ネットワークのなかで，ヴァーチャルに様々な「土地を訪ね」，「ひとと出会い」，「世界を飛び回る」ことが可能となっている。だったら，わざわざ「現地」まで行って，ひとに会わなくてもよいのではないか。わざわざ「現地」のひとに迷惑をかけてまで，本人たちの自己満足のために，「現地入り」しなくてもよいのではないかという意見も出てくるかもしれない（新原道信 2022a：10）。

すなわちこれは，これまで十分には自覚的に意識されていなかったフィールドワークの境界線をどこに置くのか（where to put our boundaries of fieldwork）というメルッチからの"問いかけ"である。"うごきの場に居合わせる"フィールドワークは，メルッチの言葉のように，「人間の体験の限界，そして自由」のなかで再定義・再構成されざるを得ない。「自らを破壊できる力を備え，何ら保証もない選択に個人の生活が依存しているような時代において，どこに私たちの境界線を置くのか」という想像力が，フィールドワークの現在的な課題となっているのである。

〈惑星社会〉は，きわめて"複合・重合"的な，ひとつのまとまりを持った有

390　第Ⅲ部　コミュニティに "出会う"

機体として形成されており，しかしそれゆえに，自分が属している小さな場（いまここで）から始める可能性を秘めている。〈惑星社会〉で生じる諸問題は，個々の問題の複雑さや微細さとともに，かたちを変えつつうごいていく（changing form）という様態を持って立ち現れる。そのため，問題に応答する側もまた，その "うごき" を自らの "うごき" のなかでとらえ，応答することが求められる。

　フィールドワークは，なかなか実感のわかない〈惑星社会〉の "うごき" を "感知し（percieving / sensing / becoming aware）" "感応する（responding / sympathizing / resonating）" ための "創造的プロセス（the creative process, il processo creativo）" である。「いま私たちが生きる社会はどこに来てしまっているのか？」──この "問いかけ" は，すべてがローカルな運命共同体，逃げていく場所のないテリトリーとなった〈惑星地球〉，「グローバルなフィールドとその物理的な限界（the global field and its physical boundary）」を持つ〈惑星社会〉を生きる人間であることを身体感覚も含めて理解し，うごき出す手助けをしてくれる。

　"惑星社会のフィールドワーク" は，物理的であれ想念のなかであれ，土地とひととの間での新たな関係性を創出していく〈エピステモロジー／メソドロジー／デイリーワーク〉である。物理的な移動や人との接触が制限されている状況・条件下でも，人間と社会の "うごき" を察知し，気配を感じ取り，"うごきのなかで書くこと（writing in the field while being there by accident at the nascent moments）" はできる。

　ひとつの "地域社会／地域／地" となった〈惑星社会〉は，極めて小さなコミュニティであれ，個々人の身体の内側にある〈内なる惑星〉であれ，そこから "[何かを] 始める（beginning to）" ことができる社会である。探求の "フィールド" と「いまここ」での営み（ワーク）の境界線を意識し再定義・再構成しようとすることが，私たちが持つ「限界を受け容れる自由」へとつながっていく。

　本研究チームにおいても，メルッチの遺志を引き継ぎ，複数の目で見て，複

数の声を聴き，複数のやり方で書いていくことを集合的にやってきた。"うごき"の場を"ともに（共に／伴って／友として）"にし，ともに"居合わせ"，"フィールドのなかでフィールドを定義し直す（redefining field while engaged, ridefinire il campo mentre si lavora）"ことを同時進行形で続けてきた。このスタイルについては，『うごきの場に居合わせる』のなかで，"乱反射するリフレクション（riflessione disfonica, Dissonant reflection）"という言い方をしていた（新原 2016a：417-456）。

　境界線を引き直し，不規則な断片（フラクタル）を寄せて集め，複数の目で見て，見過ごしてしまった"多系／多茎の可能性"を"すくい（掬い／救い）とり，くみとる（scoop up / out, scavare, salvare, comprendere）"ことで，フィールド／フィールドワークを再定義していく。

　このようなやり方（ways of doing）であるならば，「フィールドに出られないフィールドワーク」も可能となり，研究チームの各氏や，当事者が遺したメモなどは，複数の目で"サルベージ（渉猟し，踏破し，掘り起こし，掬い／救いとる）"することも可能となる。ここでの"乱反射するリフレクション"は，さらに"多重／多層／多面"的なものとなることによって，解釈の"多系／多茎の可能性"を確保し，そのことによって，「解釈の配置変えをしていくことに対して開かれた理論（teorie disponibili）」（Melucci 2000d=2014：103）となっていくはずである。

　「新型コロナウイルス感染症（COVID-19, Coronavirus Disease 2019）」を経て，他者との親密さを持った相互作用に根本から「変容」がもたらされた"未発の状態"で，自らのフィールド／フィールドワークを再定義する道を，これからまた歩いて行く。「自分を開き，そこに居合わせ，待つ」（Melucci 1989b=2025：87）ことを忘れずに。

392　第Ⅲ部　コミュニティに“出会う”

5．おわりに──それでも“惑星社会のフィールドワーク”へと歩き出す[14]

　メルッチによれば，「私はいまここに居る。ここが私のホーム（故郷）だ」という感覚が根底から突き崩される現在を私たちは生きている。突然，舞台は転換し（「ペリペティア」），“見知らぬ明日（unfathomed future, domani sconosciuto)”がやって来る。それ以降，“見知らぬ明日”は，常態となり，「私」は，「ホームであったはず」の場所との違和感，異物感，疎外感，隔絶や孤絶を“感知する”（新原 2020c：134）。

　こころもとない「生」を生きる「惑星社会の住人」である私たちのそれでも手元にあるものは何か？　どこから始めるのか？　メルッチならば，「私たちの身に現在何が起こっているのかを理解するには，様々な類の知がぶつかりあう十字路に身をおく必要がある」（Melucci 1996a=2008：7）と言うだろう。

　“惑星社会のフィールドワーク”は，地球規模の“惑星都市化／境界領域化”がすすむ世界各地の都市と地域における“境界領域のフィールドワーク”を重要な構成要素としていた。“境界領域のフィールドワーク”は，メルレル・新原の間での「テリトリーの境界領域」におけるサーベイ型のフィールドワークであった。

　本書では，“コミュニティ研究（コミュニティでのデイリーワーク)”を，メルッチが言うところの「様々な知がぶつかりあう十字路（the crossroads of various kinds of knowledge, incrocio di diversi saperi)」として再定義した。しかし，そもそも，“境界領域（cumfinis)”概念が，「十字路」として定位されるものであった。いくつもの多重／多層／多面の「境界（finis)」が“衝突・混交・混成・重合”しつつ「ともにある（cum)」場としての“境界領域（cumfinis)”を，(1)“テリトリーの境界領域（frontier territories, liminal territories)”，(2)“心身／身心現象の境界領域（liminality, betwixst and between)”，(3)“メタモルフォーゼの境界領域（nascent moments)”という三つの位相から考え，知見を蓄積してきた（新

原 2014a：38-41)。

"境界領域 (cumfinis)" は，グローバル・イシューズが衝突・混交・混成・重合する "場" であり，グローバル・ナショナル・リージョナル・ローカル，マクロに対するミクロという空間把握，発展段階論的な線形の時間認識のなかにおかれたひとつの「点」ではなく，多系／多茎の可能性を持った "うごきの場 (moment of becomings, momento di metamorfosi)" として理解された。

そこでは，「問いのレベルにおけるフィールドを再構築することを常に求める (always requires a restructuring of the field at that level of interrogation, richiede sempre una ristrutturazione nel campo a livello dell'interrogazione)」(Melucci 1996a=2008：196)(Melucci 1991: 146) こととなる。

こうして，構築の途上にある "惑星社会のフィールドワーク (Exploring the Planetary Society, Esplorando la società planetaria)" は，以下の特徴を持っている：

① "惑星社会のフィールドワーク" は，"境界領域のフィールドワーク""内なる惑星のフィールドワーク""コミュニティ研究(コミュニティでのデイリーワーク)" による構成体である。〈個人と社会〉〈国家と市場〉といった従来の社会認識のパラダイムを，〈惑星社会／内なる惑星〉〈惑星地球／身体〉という拡がりと深まりによって把握する試みである。すべてがローカルな運命共同体，逃げていく場所のないテリトリーとなった〈惑星地球〉，「グローバルなフィールドとその物理的な限界 (the global field and its physical boundary)」を持つ〈惑星社会〉を生きる人間を身体性も含めて "感知／感応" するためのフィールドワークである。

② "生体的関係的カタストロフ (la catastrofe biologica e relazionale della specie umana)" が多発する惑星社会においては，危機の瞬間，予想外の出来事がすぐに常態化していき，その "うごき (becomings, metamorfosi)" は，少し後になるだけで "感知する" ことが困難となる．この "特定の場と時間に生起したことがらを忘却する性向 (amnesia)" を抑止するため，日常生

活のあらゆる様々な場面で，臨機応変に，感じ，考え，"大量で詳細な記述法（methods of acumen, keeping perception/keeping memories）"によって，すべてを"描き遺す"ことを〈デイリーワーク〉とする。たいへんな時期，ゆっくりものを考え書くことなどできない状況で，たとえそれがつたないものでも，その日の社会と自分を観察し，その日に"描き遺す"という"不断／普段の営み（デイリーワーク）"を基本とする。

③　とりわけ，身体感覚，"内なる惑星のフィールドワーク"を重視し，生身の身体で，現実のうごきのなか，余裕のないなかで，自らふりかえり続ける，その営みを他者との間で"交感／交換／交歓"し続け，なけなしの経験と智恵を"組み直し（recompose/reassemble）"，"織り合わせる（intrecciare insieme, weave together）"。

　それでは，このような惑星社会のフィールドワーク——"境界領域のフィールドワーク""内なる惑星のフィールドワーク""コミュニティ研究（コミュニティでのデイリーワーク）"を再定義していく道はどこにあるのだろうか。

　生身の身体と対話すること，声を「聴くこと」「自然に引き戻される」ことによって，「絶対に侵犯してはならぬ境界を定め」ようとしていくしかない。かつては，"ただ存在するという理由のみによって静かに尊重されるテリトリー（the territory where silence and respect are）"は，等身大の地域小社会であり，「地域主義」から始めることも可能であった（cf. 玉野井 2002a；2002b）。しかしいまや，「テリトリー」の圏域は，地球規模となってしまっている。かつて，都市は「出会いの場」であり，"異質性を含み混んだコミュニティ"を希求する場であった（新原 2021c）。しかし，その都市は，地球規模の「操作」と都市的病の「闘技場（arena）」となり，あらためてその役割をとらえ直し，地球規模の"異質性を含み混んだコミュニティ"を構想し直す必要に迫られている。

　「テリトリーを自ら定義し直す」という「感性的人間的営み（sinnlich menschliche Tätigkeit）」を，〈惑星地球／身体〉という"舞台裏（retroscena）"を「自覚」しつつ，〈惑星社会／内なる惑星〉を"舞台（arena / scena）"として，ご

くふつうの個人の行為から始められねばならない。

「3.11」,「コロナ」,"「壁」の増殖"——個々の身体も,コミュニティも,こうした"見知らぬ明日"に直面し続けることが"予感／予見(doomed premonition, premonizione dell'apocalisse / previsione, prevision)"される。それでも,「有限性」のなかで,「惑星地球における生」(Melucci 1996a=2008:177)を創っていくしかない。どこから,どのように？

海外でのフィールドワークも,コミュニティでのデイリーワークも,〈内なる惑星〉のフィールドワーク／デイリーワークも,厳密な意味で,「在り難い(そう在ることが難しい)」ことであることを自覚する必要がある。いつまたすべてが停止するかわからないという,「制限(confinement),フロンティア(frontier),分離(separation)」(Melucci 1996a=2008:177)のなかに在ることの自覚である。

「限界を受け容れ(acceptance of our limits)」つつ,"低きより(humility, humble, umiltà, humilis をもって,高みから裁くのでなく,地上から,廃墟から)"歩んでいくしかない。メルッチが選んだ言葉である umiltà は,英語の humiity に相当し,ラテン語の húmilis から来ている。húmilis は,humus すなわち「大地」に由来し,地上から,地面から,廃墟から,低く,深く,謙虚に,果断にではなく,慎ましく,痛みとともに,弱さと向きあい,おずおずと,失意のなかで,臆病に,貧相に,平凡に,普通の言葉で,といった含意を持つ。

そう,つまりは,それでも,大地にふれ,地球を感じ,そこから学ぶしかないだろう。ゆっくりと歩き,耳をすまして聴く。石牟礼道子が水俣病の裁判で東京に来たとき「東京のアスファルトの上で自分のおしっこの跡に砂をかけようとしたが果たせず恥ずかしそうな顔をした猫がいた」と言ったように。その視線のなかにある新たなシステムを"創起するうごき(movimenti emergenti)"は,コンクリートの巨大都市を歩くときにも発見できる。「土」と「謙虚」は humilis という共通の語源から来ているが,どのような"智"で地に臨むのか？

ある特定の場に臨む"智"としての"臨場・臨床の智(cumscientia ex klinikós)","慎み深く,思慮深く,自らの限界を識りつつ(umiltà, decency とともに)","低きより(humiity, humble, umiltà, humilis をもって,高みから裁くのでなく,地上か

ら，廃墟から）"，よりゆっくりと，やわらかく，深く，耳をすまして聴き，勇気を持って，たすけあう（lentius, suavius, profundius, audire, audere, adiuvare）智である。

　成長という限界，惑星の限界，想像力の限界，知覚の限界，等々，"多重／多層／多面"の"限界状態"のなかで，単線的・効率的に，目的を求めて迅速に歩くのでなく，「巡礼者（pilgrim）」のように「いま，ここに在る／ここに居ることから始まる未来」を感じ取ろうとしつつ，大地への感謝とともに巡礼するという営みをする。多くの宗教や思想や文学の到達点として表現されているように，一瞬のなかに永遠はある（「世の中は何にたとへん水鳥のはしふる露にやどる月影」という道元の和歌のように）。これこそ，「朝に道を聞かば，夕に死すとも可なり」『論語』「里仁第四」という「道」なのだろう。

　しかしながら，"限界性"を抱えた人間にできることは，「誠者天之道也，誠之者人之道也（誠は天の道なり，これを誠にするは人の道なり）」『中庸』である。すなわち，「正解」を聞くだけでは，決して自分のものとはならない。"自ら学ぶ／骨身にしみる／身体でわかる（autoistruirsi nel corpo）"という"身実（自ら身体をはって証立てる真実）"を獲得するためには，自分の足で大地を踏みしめ，ゆっくり歩む，特定の個々人に固有の体験，"旅程"が不可欠となる。「巡礼」は「目的」ではない。日々の営み（デイリーワーク）として，声をかけられたら，なんとかあり合わせの道具で応答すべく奔走し，自分を開き，居合わせ，待つ。

　この〈デイリーワーク〉のなかで，「コミュニティづくりの成功例」という状況で入った立川団地が，もともと抱えていた世代継承の問題に加えて，「新型コロナウイルス感染症」の影響もあっての関係性の変化に直面している現在，湘南団地がそうであったように，"低きより"，ともに創り直していくプロセスが可能となるかもしれない。

　「惑星としての地球に生きる（living on the planet Earth）」ものとして，"低きより（humility, humble, umiltà, humilis をもって，高みから裁くのでなく，地上から，廃墟から）"，"踏査・渉猟する（esplorando , exploring）"，"探究／探求"する [15]。

"限界状態" に向き合い，個々人の身体や小集団，あるいは社会システムの「ちょっとした不具合・不調（piccoli mali, minor ailment)」として知覚されるような "心身／身心現象" として生起する "社会的痛苦／痛み" と潜在的局面における微細な社会変動に寄り添い，耳をすます。その場所で "惑星社会の病（malattie della società planetaria, diseases of planetary society)" も含めた "うごき" の "感知／感応" していくという〈エピステモロジー／メソドロジー／デイリーワーク〉を探求していく。

　ここから，限界と向き合う "惑星社会のフィールドワーク"——愚直に，寡黙に，鈍足で，惑星地球の「地（terra)」に足をつけ，足をひきずるように，"跛行的に歩む（walking lamely unsymmetrically, contrapuntally and poly / dysphonically, trascinando le gambe in modo asimmetrico, contrappuntistico e poli / disfonico)" という構想が生み出されるのである（新原 2020c：136-140 を改作）。

1)「社会が自らを破壊できる力を備え……私たちが持つ限界を受け容れる自由ともなった」の文章は，イタリア語版（Melucci 1991）には存在しない。英語版で書き足された文章である。
2) 地球科学の立場から人間と社会をとらえることを試みた『社会地球科学』における松井孝典の「人間圏とは何か」に大きな示唆を得ている（松井 1998：1-12）。
3)『プレイング・セルフ』では，下記のような記述が見られる。
　　　人間の関係が，ほぼ完全に選択によって統治されるとき，連帯の基盤は揺らぎ，社会的紐帯は危険なほど脆弱化する。これから先，社会の解体や破局的な個人主義の脅威が，永久に地平線上をちらつくことになる。
　　　しかし，もし私たちの関係性のすべてが計算可能なものではなく，すべてが交換によって説明し尽くされるわけではないことを受け容れるのならば，あらゆる個人の体験を特徴づける還元不能の他者性は，新たな自由の基盤を提供し，分別ある（盲目的ではない）情熱に支えられた連帯を育むことになる。この脆弱性への自覚が，社会的連帯を根元から支えうる倫理的態度の変化の始まりである。
　　　私たちは，選択のリスクから私たちを絶縁させるような倫理ではなく，決断の根底にある選択の目的や判断の基準と，深いところからコミュニケートすることを可能にしてくれるような倫理を切望している。そのような倫理は，還元不可能な状況的な倫理として，個人のなした決断を尊重しつつも，人間という種へ，生きとし生けるものへ，そして宇宙へと，私たちを結びつける

絆を新たにつくりあげる。端的に言えば，それは形を変える（change form）
力を妨げることなしに，眼前の現実に対して驚きを持ちつづける力を保持し
てくれる倫理である（Melucci 1996a=2008：179）。

4）Being involved については，『うごきの場に居合わせる』の「序」で述べてい
る（新原 2016a：15-19）。

5）イタリアでは，ほぼ同じかたちの"フィールド"へのかかわり方で，メルレルた
ちの研究グループが，サルデーニャ州サッサリ市郊外のサンタ・マリア・ディ・
ピサ（Santa Maria di Pisa）地区に入っていて，定期的に知見の交換を行ってき
ている。新原（2019a：183-198）を参照されたい。

6）たとえば湘南団地においては，『うごきの場に居合わせる』の補遺に収録した
1996 年 4 月～ 2008 年 7 月の年表をみると，10 年ほどの間，毎週，月曜金曜には，
湘南団地に集まり続けている。これ以外にも，週末に，あるいは別の場所（病院
や，裁判所，警察署など）に行き，膨大な時間とエネルギーをともにしている。

7）ラウラ・ボヴォーネは，双方向的／相補的にリフレクシヴな相互行為がいかに
して可能かという自らの「問い」に対して，2000 年 5 月の日本での講演「聴くこ
との社会学」におけるメルッチの言葉を長く引用している（Bovone 2010: 135）。
Niihara（2003a: 195-196），新原（2017c：115-118）参照。

8）コミュニティへのこうしたかかわり方の意味・位置付けについては，中筋直哉
が，「第二の細道」というかたちでの定位を試みてくれている（中筋 2023：127-
128）。

9）本節における考察は，「"フィールドに出られないフィールドワーク"という経
験」（新原 2021b）という論稿において一度論じた内容と重なる。

10）一例を挙げる。2009 年 5 月 8 日㈮のフィールドノーツ「既知への迅速な転換／
皮膚感覚の沈殿」より：

……「他人事」なら，「弱毒性」で「対策済み」「まあ，いいか」となる．し
かしこの「弱毒」が，生身の身体のなかで生きられた状態とはどのようなも
のか。昨年のこの時期，重度の気管支炎（「ほぼ肺炎」）となり，39 度 5 分
から 40 度の熱が一週間ほど続いた。そのとき，生身の"個・体（individuo
corporale）"としてのわたしが体感したのは，自分の吐息が腐敗し，その腐
臭が死臭へと変成していくような感覚だった。他方で，わたしの「病状」は，
病院で見せてもらった「ほぼ真っ白となった」わたしの「肺のレントゲン写
真」と「血液検査の数値データ」についての医師の説明によって「確認」さ
れた。私たちの知覚（perception）と記憶（memories）のなかに「データ」
は進入し，計測され数値化され映像化された可視的「データ」によって，自
らの皮膚感覚に「形」が与えられているということだ。たしかに，「形」を
与えられることで「安心」をする。しかしそれでもなお，脱水し，消耗し，
腐臭が自分の身体の奥から湧き出てくるという皮膚感覚は，一見「明晰・判
明」な「形」とは別に身体にのこり，沈殿していく。遠くで眺める「弱毒」
報道と，自らの身体から出で来る吐息との間にわたしたちの日常生活は存在

している。

11)　"生物（なまもの, cose crudi, causa cruda, corpi crudi）"あるいは"生身（corporalità cruda, raw corporeality）"の人間が直面した限界状況，とりわけ，「私たちは，実験場に暮らす実験動物だ」と自らを理解し語るチェルノブイリの人々については，『曝された生』（Petryna 2013=2016），『チェルノブイリの祈り』（Alexievich 1997=2011）などから示唆を受けている。

12)　本節における考察は，「"フィールドに出られないフィールドワーク"という経験」（新原 2021b）と「フィールドワークの"想像／創造力"」（新原 2022b）において一度論じた内容と重なる。

13)　「変化に対する責任と応答を自ら引き受ける自由」（Melucci 1996a=2008：7）については，「変化に対する責任と応答を自ら引き受ける自由をめぐって―古城利明と A. メルッチの問題提起に即して」（新原 2009b）を参照されたい。

14)　本節における考察は，「惑星社会のフィールドワークの条件」（新原 2020c）において一度論じた内容と重なる。

15)　ここで念頭にあるのは下記の人たちである。「水俣にはいま私たちが直面している地球全体の問題の核がある」と言った石牟礼道子の『蘇生した魂をのせて』（石牟礼 2013）には，水俣病患者の緒方正人との対談が掲載されている。緒方正人の言葉を受けとめた辻信一との共作である緒方正人（語り）・辻信一（構成）『常世の舟を漕ぎて―水俣病私史』（世織書房，1996 年）は，緒方正人・辻信一・中村寛の協業により，「増補熟成版」として，2020 年 3 月に素敬 SOKEI パブリッシングより刊行された（緒方・辻 2020）。

　　神経難病となったロバート・マーフィーは，日々刻々と他者へとなりゆく自分の身体についての「旅の報告書」として著書『ボディ・サイレント』を遺し，マーフィーと親交のあった辻信一によるすばらしい訳書となっている（Murphy 1990=2006）。すぐれたフィールドワーカーであったマーフィーは自らの身体が変成していく歩みと二重写しにするかたちで，運動神経系麻痺者たちがどのような態度と行動をもって「強く美しく若々しい」アメリカ文化のなかに順応し，また順応できないでいるかを，眼に焼き付け，耳をすました。これは，メルッチが病のなかで再確認した「自らの病とともにある社会の医者」としての「生」とも相通じるものだった。生前のメルッチとは，マーフィーについて何度も話し合い，2002 年のミラノの追悼シンポジウムにおいても，このことを報告し（「痛むひとと聴くことの社会学」と「ボディ・サイレント」），追悼本に収録している．さらに，2008 年ミラノでの追悼シンポジウムにおいても，「惑星人の境界，移動，メタモルフォーゼ」という報告，2021 年ミラノの追悼シンポジウムの報告「メルッチとの対話―意味は出会いのなかで与えられる」のなかでも言及している（Niihara 2003a；2003b；2008；2021）。

　　病とともに社会学を創り続けた 50 代のメルッチの「最晩年」については，「生という不治の病を生きるひと・聴くことの社会学・未発の社会運動」（新原 2004b）を参照されたい。『境界領域への旅』では，「コルプス／コルポリアリティ

―社会的痛苦を聴くことの社会学」という節を設け，メルッチの「社会の医者」論についてまとめている（新原 2007a：217-227）。

引用・参考文献

安部公房，1986『死に急ぐ鯨たち』新潮社。

阿部豊，2015『生命の星の条件を探る』文藝春秋。

Alexievich, Svetlana, 1997, *Chernobyl prayer: a chronicle of the future*, London: Penguin.（＝2011，松本妙子訳『チェルノブイリの祈り―未来の物語』岩波書店）

網野善彦，1992『海と列島の中世』日本エディタースクール出版部。

―――，1994『日本社会再考―海民と列島文化』小学館。

網野善彦他，1986-1988『日本の社会史』全8巻，岩波書店。

―――，1990-1993『海と列島文化』全11巻，小学館。

Bartelson, Jens, 2000, "Three Concepts of Globalization", in *International Sociology*, Vol. 15, No. 2.

Bauman, Zygmunt, 2003, "«Il gioco dell'io» di Alberto Melucci in un pianeta affollato", in L. Leonini (a cura di), *Identità e movimenti sociali in una società planetaria: In ricordo di Alberto Melucci*, Milano: Guerini: 58-69.

―――, 2004, *Wasted lives : modernity and its outcasts*, Cambridge: Polity.（＝2007，中島道男訳『廃棄された生―モダニティとその追放者』昭和堂）

Becker, Howard S., 1998, *Tricks of the trade : how to think about your research while you're doing it*, Chicago: University of Chicago Press.（＝2012，進藤雄三・宝月誠訳『社会学の技法』恒星社厚生閣）

Bellah, Robert N. et al., 1985, *Habits of the Heart : Individualism and Commitment in American Life*, The University of California.（＝1991，島薗進・中村圭志訳『心の習慣―アメリカ個人主義のゆくえ』みすず書房）

Bovone, Laura, 2010, *Tra riflessività e ascolto: l'attualità della sociologia*, Roma: Armando Editore.

Braudel, Fernand, 1966, *La Méditeranée et le monde méditerrnéen à l'époque de Philippe Ⅱ*, Paris: Armand Colin, Deuxième édition revue et corrigée.（＝1991，浜名優美訳『地中海 Ⅰ 環境の役割』藤原書店）

Brenner, Neil, 2019, *New urban spaces : urban theory and the scale question*, New York: Oxford University Press.（＝2024，林真人監訳，玉野和志他訳『新しい都市空間―都市理論とスケール問題』法政大学出版局）

Cacciari, Massimo, 1997, *L'arcipelago*, Milano: Adelphi.

Chakrabarty, Dipesh, 2023, *One planet, many worlds The climate parallax.*（＝2024，篠原雅武訳『一つの惑星，多数の世界―気候がもたらす視差をめぐって』人文書院）

Chiaretti, Giuliana e Maurizio Ghisleni (a cura di), 2010, *Sociologia di Confine: Saggi intorno all'opera di Alberto Melucci*, Sesto San Giovanni : Mimesis.

第 9 章 "コミュニティ研究" から "惑星社会のフィールドワーク" へ　*401*

Fabbrini, Anna, 1980, *Il corpo dentro: come i bambini immaginano l'interno del corpo*, Milano: Emme.

――, 2013, "Punti di Svolta", in Laura Balbo (a cura di), *Imparare Sbagliare vivere: Storie di lifelong learning*, Milano : Franco Angeli: 66-79.

古城利明，2000「地域社会学の構成と展開」地域社会学会編『キーワード地域社会学』ハーベスト社。

――(編著)，2006a『リージョンの時代と島の自治―バルト海オーランド島と東シナ海沖縄島の比較研究』中央大学出版部。

――，2006b「序」古城利明監修，新原道信他編『地域社会学講座　第 2 巻　グローバリゼーション／ポスト・モダンと地域社会』東信堂。

――，2011a「総論・地域社会学の構成と展開［新版］」地域社会学会編『キーワード地域社会学 新版』ハーベスト社。

――，2011b『「帝国」と自治―リージョンの政治とローカルの政治』中央大学出版部。

――，2014「再び "境界領域" のフィールドワークから "惑星社会の諸問題" へ」新原道信編『"境界領域" のフィールドワーク―惑星社会の諸問題に応答するために』中央大学出版部。

Galtung, Johan, 1984, "Sinking with Style", Satish Kumar (edited with an Introduction), *The Schumacher lectures*. Vol. 2, London: Blond & Briggs. (= 1985，耕人舎グループ訳「シュマッハーの学校―永続する文明の条件』ダイヤモンド社)

――, 2003, *Globalization and intellectual style : seven essays on social science methodology*. (= 2004，矢澤修次郎・大重光太郎訳『グローバル化と知的様式―社会科学方法論についての七つのエッセー』東信堂)

Ghisleni, Maurizio, 2010, "Teoria sociale e società complessa: il costruzionismo conflittuale di Alberto Melucci", in G. Chiaretti e M. Ghisleni (a cura di), 2010, *Sociologia di Confine: Saggi intorno all'opera di Alberto Melucci*, Sesto San Giovanni : Mimesia: 53-77.

Glissant, Édouard, 1990, *Poétique de la relation*, Paris : Gallimard. (= 2000，管啓次郎訳『〈関係〉の詩学』インスクリプト)

――, 1997, *Traité du tout-monde*, Paris : Gallimard. (= 2000，恒川邦夫訳『全-世界論』みすず書房)

Guizzarci, Gustavo (a cura di), 2002, *La scienza negoziata. Scienze biomediche nello spazio pubblico*, Bologna: Il Mulino.

Hegel, Georg Wilhelm Friedrich, 1986, *Enzyklopädie der philosophischen Wissenschaften I*, Frankfurt am Main: Suhrkamp. (= 1996，真下信一・宮本十蔵訳『小論理学』岩波書店)

平田周・仙波希望（編著），2021『惑星都市理論』以文社。

稲上毅，1984「現代社会論」佐藤守弘他編・北川隆吉監修『現代社会学辞典』有信

402 第Ⅲ部 コミュニティに "出会う"

堂。

Ingrosso, Marco (a cura di), 1990, *Itinerari sistemici nelle scienze sociali. Teorie e bricolage*, Milano: Franco Angeli.

―――, 2003a, "Il limite e la possibilità. Riflessioni sulla sociologia del corpo di Alberto Melucci", in L. Leonini (a cura di), *Identità e movimenti sociali in una società planetaria: In ricordo di Alberto Melucci*, Milano: Guerini: 244-256.

―――, 2003b, *Senza benessere sociale. Nuovi rischi e attesa di qualità della vita nell'era planetaria e*, Milano: Franco Angeli.

―――, 2010, "Dal Corpo ignoto agli Homines Patientes: un percorso fra salute e cura in Alberto Melucci", in Giuliana Chiaretti e M. Ghisleni (a cura di), 2010, *Sociologia di Confine: Saggi intorno all'opera di Alberto Melucci*, Sesto San Giovanni : Mimesis: 147-173.

石牟礼道子, 2004『新装版 苦海浄土―わが水俣病』講談社。

―――, 2013『蘇生した魂をのせて』河出書房新社。

Jedlowski, Paolo, 2000, *Storie comuni. La narrazione nella vita quotidiana*, Milano: Bruno Mondadori.

―――, 2010a, "Costruzione narrativa della realtà e mondi possibili", in A. Sant'Ambrogio (a cura di), *Ostruzionismo e scienze sociali*, Perugia: Morlacchi: 46-65.

―――, 2010b, "Soggettività, interdipendenza e narrazione di sé", in G. Chiaretti e M. Gislena (a cura di), 2010, *Sociologia di Confine: Saggi intorno all'opera di Alberto Melucci*, Sesto San Giovanni : Mimesia: 129-146.

鹿野政直, 1988『「鳥島」は入っているか―歴史意識の現在と歴史学』岩波書店。

栗原康, 1975『有限の生態学』岩波書店。

Langer, Alexander, (a cura di Edi Rabini e Adriano Sofri), 2011 [1996] , *Il viaggiatore leggero. Scritti 1961-1995*, Palermo: Sellerio.

Latour, Bruno, 2017, *Où atterrir? Comment s'orienter en politique*, Paris: La Découverte. (=2019, 川村久美子訳・解題『地球に降り立つ：新気候体制を生き抜くための政治』新評論)

Leonini, Luisa (a cura di), 2003, *Identità e movimenti sociali in una società planetaria: In ricordo di Alberto Melucci*, Milano: Guernii.

Lundin, Susanne and Malign Iceland (eds.), 1997, *Gene Technology and the Public. An Interdisciplinary Perspective*, Lund: Nordic Academic Press. (=2012, 粟屋剛・岩崎豪人他訳『遺伝子工学と社会―学際的展望』渓水社)

真下信一, 1979「思想者とファシズム」『真下信一著作集 第2巻』青木書店。

松井孝典, 1998「人間圏とは何か」鳥海光弘・阿部勝征・住明正・鹿園直建・井田喜明・松井孝典・平朝彦・青木孝『岩波講座 地球惑星科学14 社会地球科学』岩波書店。

Melucci, Alberto (a cura di), 1984a, *Altri codici. Aree di movimento nella metropoli*, Bologna: Il Mulino.

―――, 1984b, *Corpi estranei: Tempo interno e tempo sociale in psicoterapia*, Milano: Ghedini.

―――, 1989a, *Nomads of the Present: Social Movements and Individual Needs in Contemporary Society*, Philadelphia: Temple University Press. (=1997, 山之内靖・貴堂嘉之・宮崎かすみ訳『現在に生きる遊牧民：新しい公共空間の創出に向けて』岩波書店)

―――, 1989b, "Risorse e limiti del pianeta interno", in Convegno Internazionale "I nuovi limiti fisici sociali ed etici dello sviluppo", a Siena, 1–2 novembre 1989. (＝2025, 新原道信訳「〈内なる惑星〉―資源であり限界と可能性でもある」新原道信編『惑星社会のフィールドワーク―内なる惑星とコミュニティに"出会う"』中央大学出版部)

―――, 1990a, "Debolezze del guaritore: una riflessione sul prendersi cura", in Franca Pizzini (a cura di), *Asimmetrie comunicative. Differenze di genere nell'interazione medico-paziente*, Milano: Franco Angeli

―――, 1990b, "Frontierland: la ricerca sociologica fra attore e sistema", in Marco Ingrosso (a cura di), *Itinerari sistemici nelle scienze sociali. Teorie e bricolage*, Milano: Franco Angeli: 193–209.

―――, 1991, *Il gioco dell'io　Il cambiamento di sé in una società globale*, Milano: Feltrinelli.

―――, 1994a, *Passaggio d'epoca: Il futuro è adesso*, Milano: Feltrinelli.

―――(a cura di), 1994b, *Creatività: miti, discorsi, processi*, Milano: Feltrinelli.

―――, 1994c, *"Star bene"*, in Laura Balbo (a cura di), *Friendly : Almanacco della società italiana*, Milano: Anabasi: 128–141.

―――, 1996a, *The Playing Self: Person and Meaning in the Planetary Society*, New York: Cambridge University Press. (＝2008, 新原道信他訳『プレイング・セルフ―惑星社会における人間と意味』ハーベスト社)

―――, 1996b, *Challenging Codes. Collective Action in the Information Age*, New York: Cambridge University Press.

―――, 1997, "The Social Production of Nature", in S. Lundin and M. Ideland (eds.), *Gene Technology and the Public. An Interdisciplinary Perspective*, Lund: Nordic Academic Press. (＝2012, 村岡潔訳「社会的産物としての自然―遺伝子技術，身体，新たなるジレンマ」粟屋剛・岩崎豪人他訳『遺伝子工学と社会―学際的展望』溪水社)

―――(a cura di), 1998a, *Verso una sociologia riflessiva: Ricerca qualitativa e cultura*, Bologna: Il Mulino.

―――(a cura di), 1998b, *Fine della modernità ?* Guerini: Milano.

―――, 2000a, *Zénta: Poesie in dialetto romagnolo*, Rimini: Pazzini.

―――, 2000b, *Giorni e cose*, Rimini: Pazzini.

404　第Ⅲ部　コミュニティに "出会う"

————, 2000c, *Parole chiave: Per un nuovo lessico delle scienze sociali*, Roma: Carocci.

————, 2000d, "Verso una ricerca riflessiva", registrato nel 15 maggio 2000 a Yokohama. (＝2014, 新原道信訳「リフレクシヴな調査研究にむけて」新原道信編『"境界領域" のフィールドワーク—惑星社会の諸問題に応答するために』中央大学出版部)

————, 2000e, *Culture in gioco: Differenze per convivere*, Milano: Il saggiatore.

————, 2000f, "Sociology of Listening, Listening to Sociology", relazione orale della conferenza commemorativa alla conferenza dell'Associazione giapponese di studi regionali e comunitari, 14 maggio 2000. (＝2001, 新原道信訳「聴くことの社会学」地域社会学会編『市民と地域—自己決定・協働, その主体 地域社会学会年報 13』ハーベスト社)

————, 2000g, "Homines patientes. Sociological Explorations", relazione orale al seminario dell'Università Hitotsubashi, 16 maggio 2000. (＝2025, 新原道信訳「〈身体〉—境界線の束であり境界領域でもある」新原道信編『惑星社会のフィールドワーク—内なる惑星とコミュニティに "出会う"』中央大学出版部)

————, 2000h, *Diventare persone: Conflitti e nuova cittadinanza nella società planetaria*, Torino: Edizioni Gruppo Abele.

————, 2002a, *Mongolfiere*, Milano: Archinto.

————, 2002b, "La medicina in questione. Il caso Di Bella", (con E. Colombo e L. Paccagnella), in G. Guizzardi (a cura di), *La scienza negoziata. Scienze biomediche nello spazio pubblico*, il Mulino, Bologna.

Melucci, Alberto e Anna Fabbrini, 1991, *I luoghi dell'ascolto: Adolescenti e servizi di consultazione*, Milano: Guerini.

————, 1992, *L'età dell'oro: Adolescenti tra sogno ed esperienza*, Milano: Guerini.

————, 1993, *Prontogiovani: Centralino di aiuto per adolescenti: Cronaca di un'esperienza*, Milano: Guerini.

Merler, Alberto (e gli altri), 1982, *Lo sviluppo che si doveva fermare*. Pisa-Sassari: ETS-Iniziative Culturali.

———— (e G. Mondardini), 1987, "Rientro emigrati: il caso della Sardegna", in *Antropos*, n. 18.

————, 1988, *Politiche sociali e sviluppo composito*, Sassari: Iniziative Culturali.

————, 1989, "Tre idee-forza da rivedere: futuro, sviluppo, insularità", in *Quaderni bolotanesi*, n. 15.

————, 1990, "Insularità. Declinazioni di un sostantivo", in *Quaderni bolotanesi*, n. 16.

————, 1991, "Autonomia e insularità. La pratica dell'autonomia, vissuta in Sardegna e in altre isole", in *Quaderni bolotanesi*, n. 17.

———— (e M. L. Piga), 1996, *Regolazione sociale. Insularità. Percorsi di sviluppo*,

Cagliari: Edes.

───（con G.Giorio e F. Lazzari, a cura di), 1999, *Dal macro al micro. Percorsi socio-comunitari e processi di socializzazione*, Verona:CEDAM.

───, 2003a, *Realtà composite e isole socio-culturali: Il ruolo delle minoranze linguistiche*. (＝2004，新原道信訳「"マイノリティ"のヨーロッパ─"社会文化的な島々"は，"混交，混成し，重合"する」永岑三千輝・廣田功編『ヨーロッパ統合の社会史』日本経済評論社）

───（con M. Cocco e M. L. Piga), 2003b, *Il fare delle imprese solidali. Raporto SIS sull'economia sociale in Sardegna*. Milano: Franco Angeli.

───, 2004, *Mobilidade humana e formação do novo povo / L'azione comunitaria dell'io composito nelle realtà europee: Possibili conclusioni eterodosse*. (＝2006，新原道信訳「世界の移動と定住の諸過程─移動の複合性・重合性から見たヨーロッパの社会的空間の再構成」新原道信ほか編『地域社会学講座　第2巻　グローバリゼーション／ポスト・モダンと地域社会』東信堂）

───（and A. Vargiu), 2008, "On the diversity of actors involved in community-based participatory action research", in *Community-University Partnerships: Connecting for Change*: proceedings of the 3rd International Community-University Exposition (CUexpo 2008), May 4-7, 2008, Canada, Victoria, University of Victoria.

───（e M. Niihara), 2011a, "Terre e mari di confine. Una guida per viaggiare e comparare la Sardegna e il Giappone con altre isole", in *Quaderni Bolotanesi*, n. 37. (＝2014，新原道信訳「海と陸の"境界領域"─日本とサルデーニャを始めとした島々のつらなりから世界を見る」新原道信編『"境界領域"のフィールドワーク─惑星社会の諸問題に応答するために』中央大学出版部）

───（e M. Niihara), 2011b, "Le migrazioni giapponesi ripetute in America Latina", in *Visioni Latino Americane*, Rivista semestrale del Centro Studi per l'America Latina, Anno III, N° 5.

───（a cura di), 2011c, *Altri scenari. Verso il distretto dell'economia sociale*, Milano: Franco Angeli.

Morin, Edgar et Anne Brigitte Kern, 1993, *Terre-patrie*, Paris: Seuil. (＝2022，菊地昌実訳『祖国地球─人類はどこへ向かうのか　新装版』法政大学出版局）

Morris, Meaghan, 1999, "Globalization and its Discontents". (＝2001，大久保桂子訳「グローバリゼーションとその不満」『世界』2001年4月号）

Murphy, Robert F., 1990, *The Body Silent—The Different World of the Disabled*, New York: W.W. Norton, 1990. (＝2006，辻信一訳『ボディ・サイレント─病いと障害の人類学』平凡社）

中筋直哉，2023「都市社会学のコミュニティ論─その論理と現代的課題」吉原直樹編『都市とモビリティーズ』ミネルヴァ書房。

中村雄二郎，1992『臨床の知とは何か』岩波書店。

406　第Ⅲ部　コミュニティに"出会う"

新原道信，1990「小さな主体の潜在力―イタリア・サルデーニャ島の「開発・発展」をめぐって」季刊『窓』3号。

―――，1992「島嶼社会論の試み―「複合」社会の把握に関する社会学的考察」『人文研究』21号。

―――，1996「地中海の『クレオール』―生成する"サルデーニャ人"」『現代思想』Vol. 24-13。

―――，1997a「"移動民（homo movens)"の出会い方」『現代思想』Vol. 25-1。

―――，1997b「沖縄を語るということ―地中海島嶼社会を語ることとの比較において」『沖縄文化研究』23号。

―――，1998a「THE BODY SILENT―身体の奥の眼から社会を見る」『現代思想』Vol. 26-2。

―――，1998b「境界領域の思想―『辺境』のイタリア知識人論ノート」『現代思想』Vol. 26-3。

―――，1998c「島への道―語り得ぬすべてのものを語るという試み」『ユリイカ』No. 407。

―――，2000a「領域」「移動とアイデンティティ」地域社会学会編『キーワード地域社会学』ハーベスト社。

―――，2000b「『恐怖の岬』をこえて―サイパン，テニアン，ロタへの旅」『EDGE』No. 9-10合併号。

―――，2001a「生起したことがらを語るという営みのエピステモロジー」大阪大学『日本学報』No. 20。

―――，2001b「境界のこえかた―沖縄・大東島・南洋」立命館大学『言語文化研究』Vol. 13-1。

―――，2003a「ヘテロトピアの沖縄」西成彦・原毅彦編『複数の沖縄　ディアスポラから希望へ』人文書院。

―――，2004a「深層のヨーロッパ・願望のヨーロッパ―差異と混沌を生命とする対位法の"智"」廣田功・永岑三千輝編『ヨーロッパ統合の社会史』日本経済評論社。

―――，2004b「生という不治の病を生きるひと・聴くことの社会学・未発の社会運動―A・メルッチの未発の社会理論」東北大学『社会学研究』第76号。

―――，2006a「深層のアウトノミア―オーランド・アイデンティティと島の自治・自立」古城利明編『リージョンの時代と島の自治』中央大学出版部。

―――，2006b「現在を生きる知識人と未発の社会運動―県営団地の「総代」「世間師」そして"移動民"をめぐって」新原道信・奥山眞知・伊藤守編『地球情報社会と社会運動　同時代のリフレクシブ・ソシオロジー』ハーベスト社。

―――，2006c「いくつものもう一つの地域社会へ」新原道信ほか編『地域社会学講座　第2巻　グローバリゼーション／ポスト・モダンと地域社会』東信堂。

―――，2007a『境界領域への旅―岬からの社会学的探求』大月書店。

―――，2007b『未発の「第二次関東大震災・朝鮮人虐殺」の予見をめぐる調査研

究』科学研究費基盤研究(C)研究成果報告書（研究代表者・新原道信）。

――――，2008a「『グローバリゼーション／ポスト・モダン』と『プレイング・セルフ』を読む―A. メルッチが遺したものを再考するために」『中央大学文学部紀要』社会学・社会情報学第 18 号（通巻 223 号）。

――――，2008b「『瓦礫』から"流動する根"」A. メルッチ，新原道信ほか訳『プレイング・セルフ―惑星社会における人間と意味』ハーベスト社。

――――，2009a「境界領域のヨーロッパを考える―移動と定住の諸過程に関する領域横断的な調査研究を通じて」『横浜市立大学論叢　人文科学系列』第 60 巻第 3 号。

――――，2009b「変化に対する責任と応答を自ら引き受ける自由をめぐって―古城利明と A. メルッチの問題提起に即して」『法学新報』第 115 巻第 9・10 号。

――――，2010「A. メルッチの"境界領域の社会学"―2000 年 5 月日本での講演と 2008 年 10 月ミラノでの追悼シンポジウムより」『中央大学文学部紀要』社会学・社会情報学 20 号（通巻 233 号）。

――――，2011a『旅をして，出会い，ともに考える―大学で初めてフィールドワークをするひとのために』中央大学出版部。

――――，2011b「領域」「移動とアイデンティティ」地域社会学会編『新版キーワード地域社会学』ハーベスト社。

――――，2012「現在を生きる『名代』の声を聴く―"移動民の子供たち"がつくる"臨場／臨床の智"」『中央大学文学部紀要』社会学・社会情報学 22 号（通巻 243 号）。

――――，2013a「"惑星社会の諸問題"に応答するための"探究／探求型社会調査"―『3. 11 以降』の持続可能な社会の構築に向けて」『中央大学文学部紀要』社会学・社会情報学 23 号（通巻 248 号）。

――――，2013b「"境界領域"のフィールドワーク(3)―生存の場としての地域社会にむけて」『中央大学社会科学研究所年報』17 号。

――――（編著），2014a『"境界領域"のフィールドワーク―惑星社会の諸問題に応答するために』中央大学出版部。

――――，2014b「A. メルッチの『限界を受け容れる自由』とともに―3. 11 以降の惑星社会の諸問題への社会学的探求(1)」『中央大学文学部紀要』社会学・社会情報学 24 号（通巻 253 号）。

――――，2015a「『3. 11 以降』の惑星社会の諸問題を引き受け／応答する"限界状況の想像／創造力"―矢澤修次郎，A. メルッチ，J. ガルトゥング，古城利明の問題提起に即して」『成城社会イノベーション研究』第 10 巻第 1 号。

――――，2015b「"未発の状態／未発の社会運動"をとらえるために―3. 11 以降の惑星社会の諸問題への社会学的探求(2)」『中央大学文学部紀要』社会学・社会情報学 25 号（通巻 258 号）。

――――，2015c「"受難の深みからの対話"に向かって―3. 11 以降の惑星社会の諸問題に応答するために(2)」『中央大学社会科学研究所年報』19 号。

――――，2015d「"交感／交換／交歓"のゆくえ―「3. 11 以降」の"惑星社会"を生き

408 第Ⅲ部 コミュニティに"出会う"

るために」似田貝香門・吉原直樹編『震災と市民 第Ⅱ巻 支援とケア：こころ自
律と平安をめざして』東京大学出版会。

―――（編著），2016a『うごきの場に居合わせる―公営団地におけるリフレクシヴ
な調査研究』中央大学出版部。

―――，2016b「惑星社会のフィールドワークにむけてのリフレクシヴな調査研究」
新原道信編『うごきの場に居合わせる―公営団地におけるリフレクシヴな調査研
究』中央大学出版部。

―――，2016c「乱反射するリフレクション―実はそこに生まれつつあった創造力」
新原道信編『うごきの場に居合わせる―公営団地におけるリフレクシヴな調査研
究』中央大学出版部。

―――，2016d「『うごきの場に居合わせる』再考―3. 11 以降の惑星社会の諸問題に
応答するために(3)」『中央大学社会科学研究所年報』20 号。

―――，2016e「A. メルッチの"未発の社会運動"論をめぐって―3. 11 以降の惑星社
会の諸問題への社会学的探求(3)」『中央大学文学部紀要』社会学・社会情報学 26
号（通巻 263 号）。

―――，2017a「A. メルレルの"社会文化的な島々"から世界をみる試み―"境界領
域の智"への社会学的探求(1)」『中央大学文学部紀要』社会学・社会情報学 27 号
（通巻 268 号）。

―――，2017b「"うごきの比較学"にむけて―惑星社会の"臨場・臨床の智"への社
会学的探求(1)」『中央大学社会科学研究所年報』21 号。

―――，2017c「A. メルッチの"未発のリフレクション"―痛むひとの"臨場・臨床
の智"と"限界状況の想像／創造力"」矢澤修次郎編『再帰的＝反省社会学の地平』
東信堂。

―――，2017d「社会学的介入」「未発の社会運動」日本社会学会理論応用事典刊行
委員会編集『社会学理論応用事典』丸善出版。

―――，2018「"うごきの比較学"から見た国境地域―惑星社会の"臨場・臨床の智"
への社会学的探求(2)」『中央大学社会科学研究所年報』22 号。

―――（編著），2019a『"臨場・臨床の智"の工房―国境島嶼と都市公営団地のコ
ミュニティ研究』中央大学出版部。

―――，2019b「コミュニティでのフィールドワーク／デイリーワークの意味―惑
星社会の"臨場・臨床の智"への社会学的探求 (3)」『中央大学社会科学研究所年
報』23 号。

―――（他編著），2020a，『地球社会の複合的諸問題への応答の試み』中央大学出版
部。

―――，2020b「願望のヨーロッパ・再考―「壁」の増殖に対峙する"共存・共在の
智"にむけての探求型フィールドワーク」『横浜市立大学論叢 社会科学系列』第
71 巻第 2 号。

―――，2020c「"惑星社会のフィールドワーク"の条件―惑星社会の諸問題に応答
する"うごきの比較学"(1)」『中央大学社会科学研究所年報』24 号。

———，2021a「移動民の側から世界を見る―「周辺」としていた土地や人を理解するためのフィールドワーク」中坂恵美子・池田賢市編『人の移動とエスニシティ』明石書店。

———，2021b「"フィールドに出られないフィールドワーク"という経験―惑星社会の諸問題に応答する"うごきの比較学"(2)」『中央大学社会科学研究所年報』25号。

———，2021c「『出会いの場』としての都市」横浜国立大学都市科学部編『都市科学事典』春風社。

———（編著），2022a『人間と社会のうごきをとらえるフィールドワーク入門』ミネルヴァ書房。

———，2022b「フィールドワークの"想像／創造力"―惑星社会の諸問題に応答する"うごきの比較学"(3)」『中央大学社会科学研究所年報』26号。

———，2022c「書評：平田周・仙波希望編著『惑星都市理論』以文社，2021年」『日本都市社会学会年報』No. 40。

———，2023「A. メルレルとの"対話的フィールドワーク"のエラボレーション―"境界領域の智"への社会学的探求(2)」『中央大学文学部紀要』社会学・社会情報学33号（通巻298号）。

———，2024「アルベルト・メルッチの惑星社会論と身体への問いかけ―「内なる惑星」概念をめぐって」『中央大学社会科学研究所年報』28号。

Niihara, Michinobu, 1989a, "Sardegna e Okinawa: Considerazioni comparative fra due sviluppi insulari," in *Quaderni bolotanesi*, n. 15.

———, 1989b, "Alcune considerazioni sulla vita quotidiana e sul processo dello sviluppo. Confronto fra due processi: Giappone Okinawa e Italia Sardegna," in *Il grandevetro*, n. 102.

———, 1992, "Un tentativo di ragionare sulla teoria dell'insularità. Considerazioni sociologiche sulle realtà della società composita e complessa: Sardegna e Giappone," in *Quaderni bolotanesi*, n. 18.

———, 1994, "Un itinerario nel Mediterraneo per riscoprire il Giappone e i giapponesi, Isole a confronto: Giappone e Sardegna," in *Quaderni bolotanesi*, n. 20.

———, 1995, "Gli occhi dell'oloturia."Mediterraneo insulare e Giappone," in *Civiltà del Mare*, anno V, n. 6.

———, 1997, "Migrazione e formazione di minoranze: l'altro Giappone all'estero e gli'estranei' in Giappone. Comparazioni col caso sardo," in *Quaderni bolotanesi*, n. 23.

———, 1998, "Difficoltà di costruire una società interculturale in Giappone," in *BETA*, n. 3.

———, 2003a, "Homines patientes e sociologia dell'ascolto," in L. Leonini (a cura di), *Identità e movimenti sociali in una società planetaria: In ricordo di*

410 第Ⅲ部 コミュニティに"出会う"

Alberto Melucci, Milano: Guerini.

————, 2003b, "Il corpo silenzioso: Vedere il mondo dall'interiorità del corpo," in L. Leonini (a cura di), *Identità e movimenti sociali in una società planetaria: In ricordo di Alberto Melucci*, Milano: Guerini.

————, 2008, "Alberto Melucci: confini, passaggi, metamorfosi nel pianeta uomo," nel convegno: *A partire da Alberto Melucci ...l'invenzione del presente*, Milano, il 9 ottobre 2008, Sezione Vita Quotidiana - Associazione Italiana di Sociologia, Dipartimento di Studi sociali e politici - Università degli Studi di Milano e Dipartimento di Sociologia e Ricerca Sociale - Università Bicocca di Milano

————, 2011, "Crisi giapponese—Conseguente al disastro nucleare degli ultimi mesi", nel *Seminario della Scuola di Dottorato in Scienze Sociali*, Università degli Studi di Sassari.

————, 2012, "Il disastro nucleare di FUKUSHIMA. Scelte energetiche, società cvile, qualitàdella vita", nel *Quarto seminario FOIST su Esperienze internazionali nell'università*, Università degli Studi di Sassari.

————, 2021, "Il dialogo continua con Alberto Melucci: Il senso ci è dato nell'incontro", in atti di *Seminario internazionale IL FUTURO È ADESSO: Dialogando oggi con Alberto Melucci*, Milano: Casa della cultura.

Novosseloff, Alexandra et F.Neisse, 2007, *Des murs entre les hommes*, Paris:Documentation française. (=2017, 児玉しおり訳『世界を分断する「壁」』原書房)

緒方正人（語り）・辻信一（構成）, 2020 [1996]『常世の舟を漕ぎて―水俣病私史（増補熟成版）』素敬 SOKEI パブリッシング。

Parmegiani, Francesco e Michele Zanetti, 2007, *Basaglia. Una biografia*, Trieste: Lint. (=2016, 鈴木鉄忠・大内紀彦訳『精神病院のない社会をめざして バザーリア伝』岩波書店)

Petryna, Adriana, 2013, *Life exposed: biological citizens after Chernobyl*, Princeton: Princeton University Press. (=2016, 森本麻衣子・若松文貴訳『曝された生―チェルノブイリ後の生物学的市民』人文書院)

Pigliaru, Antonio, 1975, *Il banditismo in Sardegna. La vendetta barbaricia*, Milano: Giuffré.

————, 1980, *Il rispetto dell'uomo*, Sassari: Iniziative Culturali.

————, 2006, *Il codice della vendetta barbaricina*, Nuoro: Il Maestrale.

————, 2008, *L'eredità di Gramsci e la cultura sarda*, Nuoro: Il Maestrale.

————, 2011, *Il soldino nell'anima. Antonio Pigliaru interroga Antonio Gramsci*, Cagliari: CUEC.

Pira, Michelangelo, 1978, *La rivolta dell'oggetto. Antropologia della Sardegna*, Milano: Giuffré.

————, 1981, *Paska devaddis*, Cagliari: Della Torre.

第 9 章 "コミュニティ研究" から "惑星社会のフィールドワーク" へ　*411*

―――, 1985, *Sardegna tra due lingue*, Cagliari: Edes.

Rockström, Johan and Mattias Klum, 2015, *Big world small planet: abundance within planetary boundaries*, Stocholm: Max Ström. (＝2018, 谷淳也・森秀行他訳『小さな地球の大きな世界―プラネタリー・バウンダリーと持続可能な開発』丸善出版)

Said, Edward W., 1975, *Beginnings : intention and method*, New York: Basic Books. (＝1992, 山形和美・小林昌夫訳『始まりの現象―意図と方法』法政大学出版局)

―――, 1994, *Representations of the Intellectual: The 1993 Reith Lectures*, London: Vintage. (＝1998, 大橋洋一訳『知識人とは何か』平凡社)

―――, 1999, *Out of Place. A Memoir*, New York:Alfred A.Knopf. (＝2001, 中野真紀子訳『遠い場所の記憶　自伝』みすず書房)

Sassen, Saskia, 2014, *Expulsions : brutality and complexity in the global economy*, Cambridge, Mass.: Belknap Press of Harvard University Press. (＝2017, 伊藤茂訳『グローバル資本主義と「放逐」の論理―不可視化されゆく人々と空間』明石書店)

多田富雄, 1993『免疫の意味論』青土社。

―――, 1997『生命の意味論』新潮社。

高谷好一, 1996『「世界単位」から世界を見る―地域研究の視座』京都大学学術出版会。

高柳先男 (編著), 1998a『ヨーロッパ統合と日欧関係』中央大学出版部。

―――(編著), 1998b『ヨーロッパ新秩序と民族問題』中央大学出版部。

玉野井芳郎, 2002a『エコノミーとエコロジー―広義の経済学への道〔新装版〕』みすず書房。

―――, 2002b『生命系のエコノミー―経済学・物理学・哲学への問いかけ』新評論。

Tora, Salvatore, 1994, *Gli anni di Ichnusa. La rivista di Antonio Pigliaru nella Sardegna della rinascita*, PisaSassari, ETIESSEIniziative Culturali.

Touraine, Alan, 1978, *La voix et le regard*, Paris :Seuil. (＝2011, 梶田孝道訳『新装　声とまなざし―社会運動と社会学』新泉社)

―――, 1980, *La prophétie anti-nucleaire*, Paris; Seuil. (＝1984, 伊藤るり訳『反原子力運動の社会学―未来を予言する人々』新泉社)

―――, 2003, "Azione collettiva e soggetto personale nell'opera di Alberto Melucci", in L. Leonini (a cura di), *Identità e movimenti sociali in una società planetaria*, Milano: Guerini.

鶴見和子・市井三郎, 1974『思想の冒険―社会と変化の新しいパラダイム』筑摩書房。

鶴見和子, 2001『南方熊楠・萃点の思想―未来のパラダイム転換に向けて』藤原書店。

梅棹忠夫著，小長谷有紀編，2012『梅棹忠夫の「人類の未来」暗黒のかなたの光明』勉誠出版。

Vargiu, Andrea (and Stefano Chessa, Mariantonietta Cocco, Kelly Sharp), 2016, "The FOIST Laboratory: University Student Engagement and Community Empowerment Through Higher Education, Sardinia, Italy", in Rajesh Tandon, Budd Hall, Walter Lepore and Wafa Singh (eds.), *KNOWLEDGE AND ENGAGEMENT. Building Capacity for the Next Generation of Community Based Researchers*, New Delhi: UNESCO Chair in Community Based Research & Social Responsibility in Higher Education. Society for Participatory Research in Asia (PRIA).

Vico, Giambattista, 1994 [1953 (1744 e 1730)], *Principj di Scienza nuova d'intorno alla comune natura delle nazioni: ristampa anastatica dell'edizione Napoli 1744*, a cura di Marco Veneziani (Lessico intellettuale europeo, 62), Firenze: Leo S. Olschki. [1953, *La scienza nuova seconda: giusta l'edizione del 1744, con le varianti dell'edizione del 1730, e di due redazioni intermedie inedite*, a cura di Fausto Nicolini, Bari: Laterza.]（＝2007-2008，上村忠男訳『新しい学 1-3』法政大学出版局）

Whyte, William F., 1993, *Street Corner Society: The Social Structure of An Italian Slum*, Fourth Edition, Chicago: The University of Chicago Press.（＝2000，奥田道大・有里典三訳『ストリート・コーナー・ソサエティ』有斐閣）

Williams Terry and William Kornblum, 1994, *The uptown kids : struggle and hope in the projects*, New York: Grosset / Putnam Book.（＝2010，中村寛訳『アップタウン・キッズ──ニューヨーク・ハーレムの公営団地とストリート文化』大月書店）

山之内靖他編，鶴見和子他執筆，1994『生命系の社会科学 岩波講座社会科学の方法 第12巻』岩波書店。

山下範久，2009「グローバリズム，リージョナリズム，ローカリズム」篠田武司・西口清勝・松下冽編『グローバル化とリージョナリズム』御茶の水書房。

山内一也，2018『ウイルスの意味論──生命の定義を超えた存在』みすず書房。

第 10 章

「晴れ女」の祭り

――都市公営団地の自治会行事からみる地域コミュニティの再生産――

阪 口　 毅・大 谷　 晃

　したがって，絶えず自己を再定義していくプロセスと，自分の境界を定める必
要との間には，絶えざる緊張がある。概念的には，アイデンティティを考慮する
上で，あれかこれかという見方から，あれもこれもの可能性を含み込むような，
直線的ではない見方へと移行することが重要になる。

　　　　アルベルト・メルッチ『プレイング・セルフ』(Melucci 1996=2008：72)

　流体に重要なのは，それが占める空間でなく，時間の流れである。結局，流体
が空間をみたすのも，「かぎられた時間」でしかないのだから。……流体の説明
で時間に言及しないのは，重大な過失である。流体は撮影された日付のはいった
スナップショットで説明されなければならない。

　　　　ジグムント・バウマン『リキッド・モダニティ』(Bauman 2000=2001：4)

1. はじめに――「晴れ女」は何を象徴するのか

(1)　プロローグ――雨上がりの運動会

　前日の天気予報では一日中雨とのことだったが，朝起きてみるとすっかり雨
は止み曇り空となっていた[1]。もし雨天であれば「運動会」は中止という可能
性もあったが，幸いにして降水確率は30％程度まで回復し，翌日は晴れの予
報であるので，天気は大きく崩れないだろうと思われた。念のため，小雨のな
か撤収作業をするのに適した格好で家を出たのだが，これはまったくの杞憂で

414 第Ⅲ部 コミュニティに "出会う"

あった。

2012 年 6 月，私たち「中央大学・立川プロジェクト」の学生たちが初めて立川団地（仮称）の自治会主催の「運動会」に「手伝い」として参加した日のことだ[2]。当日 10 時頃に会場である団地内の小学校に到着すると既に競技が始まっており，黒色 T シャツの自治会幹部たち，緑色 T シャツを着た数十名の協力員（行事運営のために各棟から募集されるスタッフ）の他，数百人の観客たちが棟ごとに組分けされたテントの下で応援していた。私たち中央大学の学生たちは競技に必要な物品を扱う用具係の仕事を一部分けてもらうかたちで，半日間の「手伝い」をさせてもらうこととなった。

私たちの「手伝い」をサポートしてくれたのは，Sm さんという中年の男性であった。過去の 12 回の「運動会」すべてに協力員として参加した，用具係の大ベテランであった。Sm さんによれば，過去 12 回の運動会のうち雨で延期になったのは 1 回だけとのこと。前日まで雨が降っていても当日になるとカラッと晴れるのだといって，St 自治会長が相当の「晴れ女」であることを強調する。

「晴れ女」という語りは，この日，複数の場所で，複数の人物から繰り返し語られていた。たとえば以下は，ある学生の日誌に記されたエピソードである。

> 本部のテント裏で，緑 T シャツの女性の方と缶ジュース釣りの竿の片づけをした。そのとき，「今日は雨が降らなくて本当によかったですね」と話をしていて，「晴れ女か晴れ男か，いるんですかね」というと，女性はニッと笑い，「ここはね，晴れ女なんですよ」と即座におっしゃられた。これはスタッフの方々の共通認識なのかもしれない，すごいなぁと思った。
>
> （2012 年 6 月 3 日：学生の日誌）

あるいはまた，「運動会」後に協力員たちを労うために開催される「反省会」の場で，協力員のリーダーが晴れて良かったと感想を述べた際に，「晴れ男か晴れ女か？」と誰かが口を挟み，即座に自治会幹部の男性から「それは女だ

ろ！」と突っ込みが入って会場がひと盛り上がりした。誰が「晴れ女」なのか
について一々語られなくとも，その場にいる人たちにとってそれがSt会長の
ことであることは明白で，お決まりのフリに対してお決まりのツッコミが入る
このくだりが行事のたびに繰り返されているのだとわかる。もちろんこうした
くだりが，団地住民のすべてに共有されているわけではない。しかしSt会長
を支える自治会役員たち，行事運営の中心を担うベテラン協力員たち，そして
毎年ある程度入れ替わりつつ各棟から動員される協力員たちに，こうした語り
が一定程度定着していたことは確かである。

　さて先ほど「過去12回の運動会のうち雨で延期になったのは1回だけ」と
語ったSmさんだが，後になって過去3度延期があったと訂正された。ここで
重要なのは，実際に「運動会」や他の年中行事において晴天であったかという
ことではない。まして団地の住民たちがSt会長の「晴れ女」としての呪術的
な力を信仰している，ということではない。団地の年中行事は，ここで話題に
なった統制不可能な天候をはじめ，団地内外の諸団体・組織の連携や，役員や
協力員たちといった団地に関わる人々の社会関係，そして行事や日々の自治会
活動をめぐる理念の構築と共有など，様々な要素が複合的に絡み合って生起す
る「集合的な出来事（collective events）」[3]である。どんなに周到に準備を行っ
ても最後まで計画通りに進行するわけではなく，次々に直面する小さなトラブ
ルに役員たちや協力員のリーダーたちが都度対応しながら行事の終わりまで駆
け抜けていく。「晴れ女」とは，「何か問題があっても最後にはうまくいく」と
いう願いを象徴する語りなのであり，10年以上にわたって自治会長を務め続
けたSt会長への信頼の表現である。

　St会長は1996年に棟の代表である区長，1998年に自治会副会長，そして
1999年には初の女性自治会長となった。そしてこの間，自治会規約の改正に
よる民主的改革，「夏祭り」や「運動会」などの休止していた自治会行事の再
開，「防災ウォークラリー」などの新行事の立ち上げ，高齢者の見守り活動，
子育て支援，被災者支援などに精力的に取り組んできた。後述するように，そ
の背景には1990年代の団地建替・新棟建設による新住民の流入といった地域

416 第Ⅲ部　コミュニティに"出会う"

コミュニティ形成の課題があり，また児童虐待事件や青少年の非行，介護苦による無理心中などの事件があったという[4]。しかし St 会長とそれを支えた住民たちの自治会改革と日々の活動がやがて実を結んでいく。St 会長個人としては内閣府男女共同参画局「女性のチャレンジ大賞」(2004 年)，東京都「地域活動功労者賞」(2011 年) を受賞，自治会としては「全国防災まちづくり大賞・消防科学総合センター理事長賞」(2009 年) を受賞しており，それ以降，「コミュニティの成功例」として，自治体，大学，マスコミ，他の町会・自治会などから月数件の視察が来るようになった。

　私たちが立川団地に関わり始めた 2012 年頃は，St 会長をリーダーとする一連の自治会改革が一定の完成を迎えた時期であった。私たちが出会った頃から既に St 会長は退任を公言しており，結果としてその後 2 年間会長職を継続した後，2014 年度をもって職を辞した。St 会長の後を受け継いだのは，それまで副会長として尽力していた中年の男性，Hs さんであった。初期の「立川プロジェクト」は St 体制の完成と Hs 新体制への引継ぎの時期に居合わせ，年間を通じての自治会行事に「手伝い」として参加し続けるなかで，急速に行事運営の制度に組み込まれていったのだが (阪口 2019)，こうした外部団体の組み込みが可能だったのは，団地自治会において 10 年以上にわたっての行事運営の経験が蓄積され，既に安定した運営体制が存在していたためであった。「何か問題があっても最後にはうまくいく」という願いを込められた「晴れ女」の語りは，自治会改革のリーダーとしての St 会長の功績を表象すると同時に，St 会長とともに築き上げてきた自治会体制への信頼をも表象している。団地自治会もまた，1990 年代以降の様々な社会問題・地域問題を創意工夫によって乗り越えてきたのである。

　両義的な記号とは，すなわち象徴である。E. デュルケームが部族社会におけるトーテムとは聖なるものと社会集団との二重の象徴であると述べ，祭儀とは聖なるもの＝集団の象徴を用いた社会集団の周期的創造の仕掛けであることを明らかにしたように (Durkheim 1912=1975)，「晴れ女」は立川団地という場所を基点にある一時期に形成・維持された「地域コミュニティ (the local community)」の象徴なのである。本章が主題としたいのは，「晴れ女」の語りに象徴化されるような，2010年代初頭のSt体制完成期における「地域コミュニティ」の周期的な創造／想像の過程である。この含意とアプローチの方法については次節で述べることとして，まずは本章が記述の対象とする立川団地と年中行事の概要を述べておきたい。

(2) フィールドの概要

立川団地は，1962（昭和37）年に東京郊外，立川市北部に建設された東京都住宅供給公社を管理主体とする都営住宅である。現在の敷地面積は約17万㎡，鉄筋コンクリート3階建てから14階建てまでの住宅棟計29棟からなり，約1,400世帯3,700人の人口を抱えている。団地竣工の翌年，1963年に入居が開始された当時は，南側には米軍立川基地があって立川駅へ向かう公共交通機関や公道の整備も不十分であり，「陸の孤島」と呼ばれる状況であった。日常生活にも様々な困難が生じており，当時の立川団地を知る住民は，「砂川という畑地の一角に位置し風吹けばたちまち砂塵と化し洗濯物は勿論家のなかまで真黒でざらざら。道路には石がゴロゴロ雨降ればこれまた泥沼と化し」（立川市自治会連合会 1986：247）とふりかえる。こうした状況に対して住民たちは，団地内の地区ごとに13の単位自治会，全体組織として「立川団地連合自治会」を結成した。連合自治会は，インフラ整備等の専門機関との交渉や団地内の年中行事（夏祭りや各種スポーツ大会）を担っていた。1960年代以降の日本の都市郊外における団地建設の他の事例と同様，「全く"人為的"に"大規模"に，しかも"突然"に地域が決定される」（磯村 1960：6）状況のなかで，「新たな地域社会形成」（大塩 1960：19）が模索されてきた。

1994年に開始された団地の全面的な建替えプロジェクトは，それまでの連合自治会体制にとっての重大な転換点となった。建替えに伴う居住者の転出により人口は40%程度に落ち込み，転出者との自治会繰越金分配をめぐる対立や連合自治会の解散が起こり，それに伴い自治会活動が途絶した。一方で建替えは，団地自治会の改革を伴う再編の契機となった。当時高齢化が進行してい

た団地へ若年層が新たに入居し，団地自治会における役員公選制の導入といった改革が行われた。また違法駐車や子どもの虐待・非行，孤独死などといった新たなイシューに応じた地域組織の形成・再編も行われていった。こうした一連の自治会改革の過程で生まれ，またそれを牽引したのが St 体制であった。建替えに伴う移動性の増大と居住者の大規模な入れ替わりによって，奥田道大が主著『都市コミュニティの理論』（奥田 1983）で主題とした 1960 年代の都市郊外における「旧住民／新住民」の混住とコンフリクト，「共通の問題」の発見からの新たな共同性の再構築といった「コミュニティ形成」のモチーフが再び浮上したのである。

　1990 年代以降の St 体制の背景としてもう一つ指摘しておきたいのは，東京都の社会政策，とりわけ福祉政策や住宅政策の変更に大きく左右されるという，都営団地の特性である。1950 年代後半から 1960 年代に集中的に建てられた大規模郊外公営団地は，1980 年代以降，高齢化や建物の老朽化が問題化されるようになり，都市計画において住宅ストックの有効利用を目的とした「再生」の対象となっていく。立川団地の建替えもこの文脈で行われたのであった。1990 年代以降，都営住宅ではさらなる福祉住宅化が進められ，高齢者専用住宅であるシルバーピア住宅棟をコミュニティ福祉センターと併設することで，単身高齢者の「自立的な共同生活」がめざされた。一方で，建替え後に一時的に流入した若年層は，「若年夫婦・子育て世帯向（定期使用住宅）」制度や収入制限によって転出が迫られ，団地の定住層が高齢者に限られていく傾向が増大した。単身高齢者の孤立と孤独死の問題など，急速な高齢化の問題が生じていった[5]。

2．研究の方法

(1)　「地域コミュニティ」概念と三つの位相

　本章の主題は，2010 年代初頭の立川団地において St 体制の団地自治会がど

のように「地域コミュニティ」を形成・維持していたのかにある。この含意を明確にするため，手短に社会学的なコミュニティ論のレビューを行った上で，本章における「地域コミュニティ」概念を規定し，「集合的な出来事」に焦点を置く本研究の方法論に沿ってリサーチクエスチョンを定めておきたい。

　社会学における「コミュニティ」の古典的な定義は，「地域性と共同性という二つの要件を中心に構成されている社会」（園田 1993：478）であるが，空間的な移動性（mobility）が増大した近代以降の社会において，組織・集団や社会関係，人々の諸活動が一定の地理的な範域に準拠しているという意味での「地域性（locality）」と，その成員が外集団と識別されたアイデンティティを有し連帯的な関係を築いているという意味での「共同性（communality）」との分離が拡大してきた[6]。20世紀初頭からの「都市化とコミュニティ」をめぐる一連の都市社会学的なコミュニティ研究は，地域性を重視した「コミュニティ喪失（lost）論」「存続（saved）論」を経て，「近隣（neighborhood）」を「コミュニティ」概念から切り離す「ネットワーク論＝解放（liberated）論」に至った（Wellman & Leighton 1979=2012）。ネットワーク論以降のコミュニティ研究にとって，地域性と共同性の強固な結合様式としての「コミュニティ」は，実態としても概念としてももはや自明ではない。それゆえに，地域性と共同性との再結合様式を指し示すために，本章ではあえて「地域コミュニティ」概念を用いることにしたい。

　しかし今日，地域性と共同性の概念は分離しているだけでなく，それぞれの実態的な基盤を失っている状況にある。移動性によって特徴付けられた都市社会において，人々の織り成す社会関係の網の目も日常の諸活動も，一定の地理的範域に収まることはない。あるいはまた，下位文化の増大によって特定の地理的範域に居住する人々が，あらかじめ共通の集合的アイデンティティを持つと想定することも難しい。地域性と共同性のいずれも与件とすることはできず，それぞれ特定の条件化でのみ成り立つものとして説明されるべき現象となっている。E. デュルケームや V. ターナーらの象徴主義の伝統を引き継ぐ構築主義的アプローチは，こうした問題への方法論的な回答である（Cohen

420 第Ⅲ部 コミュニティに"出会う"

表 10-1 コミュニティの 3 つの位相

位相	研究の焦点	典型的な理論
関係的 (relational)	社会関係	居住者の共棲関係（Park） ネットワーク（Wellman & Leighton）
制度的 (institutional)	社会集団	共棲関係から生まれる社会秩序（Park） 枠組みの構造としてのアソシエーション（MacIver）
象徴的 (symbolic)	象徴	シンボリズム（Durkheim, Turner） 境界の象徴的構築（Cohen） 対話的な帰属の経験（Delanty）

出所：筆者作成。初出は阪口（2022）

1985=2005; Delanty 2003=2006）。コミュニティの「境界（boundary）」や「帰属（belonging）」は，人々の相互行為の過程で象徴的に構築される。この立場からすれば「地域コミュニティ」とは，その境界や帰属——本章ではこの両者を合わせて「領域性（territoriality）」と呼ぶ——が，特定の地理的空間に準拠しまた限界付けられている状態であると言えるだろう。

阪口（2022）は，ネットワーク論に至る都市社会学的アプローチと象徴性を重視する構築主義的アプローチの双方に依拠し，「コミュニティ」を三つの位相（関係的／制度的／象徴的）が複合的に絡み合う社会過程と定義している（表10-1）[7]。これまでの議論を踏まえて本章における「地域コミュニティ」概念をとらえなおすならば，人々の織り成すネットワークや諸組織・集団の制度的連関が特定の地理的空間に準拠しており，人々の相互行為の過程において地理的空間に準拠した領域性（境界と帰属）が象徴的に構築されている現象と定義できるだろう。

阪口（2022）は，東京のインナーエリア新宿・大久保地域をフィールドして，必ずしも地域的な領域性に収斂しない「流れゆく者たちのコミュニティ」をとらえ，担い手の入れ替わりとともに領域性が変動していく過程を明らかにしたが，本章ではむしろ，一定の型の領域性が周期的に構築されていく現象に着目している。武岡暢は，「地域／地域社会／コミュニティ」概念における「空間」「居住」「共同性」観念の癒着を問題視し，「地域社会」を「活動の再生産過程」

（安定的なパターン）として再定義したが（武岡 2017），本章ではこの「活動の再生産過程」という着想に示唆を得て，「地域コミュニティの領域性の再生産過程」に焦点を置くこととしたい[8]。すなわち本章が解き明かすべき問いは，2010 年代初頭の立川団地において，St 体制の団地自治会が支えた「地域コミュニティ」がいかなる領域性を帯びていたのか，またその領域性がどのような関係的／制度的／象徴的な位相の連関によって再生産されていたのかということである。

(2) 活動アプローチによるイベント分析

本章では「地域コミュニティ」の領域性を把握するにあたって，コミュニティ研究における「活動アプローチ」に基づく自治会年中行事のイベント分析を行う。このアプローチは阪口（2022）が新宿・大久保地域において移動性の観点を組み込んだコミュニティ研究のために考案したものであり，コミュニティの三つの位相の動的な連関をとらえる上で適合的な方法となっている[9]。たしかに立川団地はインナーエリアに比べれば定住性の強い地域ではあるが，実際には年中行事において観察される諸組織・集団の連関や社会関係には伸び縮みがあり，筆者らは，この重層的かつ可変的な領域性の在り方こそが，立川団地における「地域コミュニティ」再生産の条件であるという作業仮説のもとで議論を重ねてきた[10]。コミュニティの三つの位相の動的な相互連関は，W. F. ホワイトが「活動写真（motion picture）」に例えたように，一定の時間軸のなかで観察しなければとらえることができない（Whyte 1993=2000）。まさに「流体は撮影された日付のはいったスナップショットで説明されなければならない」（Bauman 2000=2001：4）のである。

もちろん活動アプローチはコミュニティ研究における万能の方法ではない。年中行事という「集合的な出来事」に焦点を置くため，そこに関与しない住民層に接近することはできない。しかし一方で，団地自治会を中心とする「地域コミュニティ」の中心的な担い手たちは，そのほとんどが年中行事においても中心的な担い手であり，また本章でも明らかにするように，年中行事と日常の

422　第Ⅲ部　コミュニティに"出会う"

表10-2　活動アプローチの分析枠組

位相	コミュニティの分析枠組
関係的	移動とネットワーク形成
制度的	諸組織・集団の動的連関
象徴的	領域性の象徴的な構築

出所：筆者作成。初出は阪口（2022）

　自治会活動とは相互に支え合うような循環する過程となっている。この循環過程が途絶することで生じる問題については，次章でコロナ禍における自治会活動の困難さとして描く予定である。

　活動アプローチに基づくイベント分析を行うにあたって，先に提示したコミュニティの各位相について，表10-2の観点に基づき記述を進めていく。関係的位相においては年中行事の中心的な担い手たちのネットワーク形成を，制度的位相においては行事運営のための諸組織・集団間の資源の流れを，象徴的位相においては活動の理念を把握していく。

　2012年からHs新体制に移行する2015年頃まで，初期「立川プロジェクト」に参加した学生たちは，St体制における行事運営を内側から観察し，一次資料を収集し，膨大な調査日誌（フィールドノート）を残してきた。本章では，これらの記録と資料を紐解き，St体制完成期の年中行事の運営過程を記述していく。また具体的な記述においては，大谷（2019；2022）の内容を大幅に再構成して組み込んでいる。なお日誌やインタビュー記録を参照した箇所については，その都度明記する。

　さて最後に，本章が着目する立川団地の三大年中行事について，その概要を記しておきたい。年中行事とは，5月末から6月初旬の「運動会」，8月半ばから末に行われる「夏祭り」，11月初旬から中旬に行われる「防災ウォークラリー」の三つを指す。これらの年中行事は，1994年から開始された建替えによって一度途絶したものの，建替え後の1990年代後半から2000年代初頭にかけて順次再開・新設されていった。なおコロナ禍によって2020年にはすべての行事が中止となった。その後の展開については次章で記述する。

「運動会」は，2001年から2019年までに19回開催された。参加者は例年1,500人以上になる。プログラムは，午前中から昼休みを挟んで午後まで，全部で10数種類の競技から編成されている。団地住民の人口をできるだけ均等に等分されるようにチームが編成されており，2013年度までは赤・青・黄・白の4チーム，2014年度以降は緑が加わって5チームによる構成となったが，2016年度以降，参加者の減少により従来の4チーム構成に戻った。子どもが少ないチームには団地外の子ども会から応援が入るなど，地域との連携体制もとられている。

「夏祭り」は，建替え後の第2期入居があった1998年に再開された，最大の動員数となる年中行事であり，団地住民の家族や友人，団地内外の地域諸団体の人々を含め2,500人以上が参加する。かき氷，焼きそば，焼き鳥，ジュース類等，様々な地縁団体が出店するほか，近隣の八百屋や農家から提供された格安野菜の即売会，地元の中学・高校生たちによるバンドや吹奏楽の演奏，夜になると盆踊りやよさこいソーラン節が催される。

「防災ウォークラリー」は，2007年に新設された年中行事で，2019年までに13回開催された。事前申込を前提としていることもあって，動員規模は350人ほどとなっている。ゲーム参加者たちは，コマ図（団地内の地図を細切れにしたもの）を頼りにチェックポイントを通過しながら団地内を1周する。各チェックポイントでは，防災に関する○×クイズと，ミニゲーム（ゲートボール・輪投げ・初期消火訓練など）に挑戦する。昼には焼きそば，焼き芋，豚汁などが無料でふるまわれるが，これは炊き出しの訓練にもなっている。

次節以降では，これら三大年中行事を対象として，活動アプローチに基づく記述・分析を進めていく。なお説明のしやすさから，第3節では制度的位相，第4節では関係的位相，第5節では象徴的位相という順番で記述・分析を進めることとしたい。

3. 自治会組織と年中行事の運営体制──制度的位相の検討

(1) 自治会組織

　年中行事の運営体制について述べる前に，まずは St 会長時代に確立された立川団地自治会の組織体制を把握しておきたい。

　団地自治会の日常的な運営の中心を担うのは自治会規約第18条に定められた「役員会」である。役員会は年1回の総会につぐ議決機関であり，「三役（会長1名，副会長5名，会計2名）」，「専門部長（体育・文化・交通安全・環境生活・防災防犯の部会より各1名）」，そしておおむね団地の棟ごとが設定された「区」の代表者である「区長（全29棟・31区より各1名）」の計31名から構成される。役員会は1月を除いて月に1度定例で開催され，団地の共同生活上の様々な問題に関する報告・協議・決定が行われる。毎月の役員会での協議事項は毎年4月に行われる総会にて事業報告としてあげられ承認を得ることになる。

　報告事項としては，前回の定例会から1ヶ月の間に自治会執行部が対応した案件がリスト化され，会長より読み上げがなされる。内容としては，団地内の共同生活上のイシューに関わるもの（違法駐車，不法投棄，犬・猫飼育，定期清掃，防災・防犯等），団地自治会の年中行事や団地外の地域行事に関わるもの，そして団地外の組織との交渉に関わるもの（立川市や都公社への要望・説明・依頼対応，警察や民間業者との連携など）が含まれる。各棟から参集した区長らにとっては，徴収された自治会費がどのように活用され，また自治会執行部が日常的にどのような問題対応を行っているのかを定期的に知る機会となっており，また団地全体に関わる共同問題を認識する契機ともなっている。

　協議事項としては，前述の報告事項に関わる事柄の他に，「孤独死」などの重大案件への対応，各区の定期清掃等の在り方をはじめ自治会運営の見直しに関わる案件が取り上げられる。たとえば2013年12月の役員会では，長年の懸案であった違法駐車問題について，団地自治会が都公社への要望を行った件が

報告された[11]。一方で St 会長からは区や個人での警察通報や，区の予算での
バリケード設置などの提案がなされるなど，自治会執行部から区長らへ助言の
機会ともなっている。あるいは案件によっては，区長間で意見交換や情報共有
がなされることがある。たとえば区長の多くが苦労するのが，各棟の住民が行
う定期清掃への動員方法である。清掃活動への参加は完全に任意とし参加者に
区費を還元する区もあれば，欠席者に 500 〜 1,500 円の罰金を区費に上乗せし
て徴収する区，体調不良時など事前連絡があれば罰金を課さない区など，各区
で様々な自主的なルールが存在しており，役員会の場は各棟の独自の取り組み
について知る機会となっている。月 1 回，定例の役員会の場では，すべての案

図 10-1　役員会における座席配置

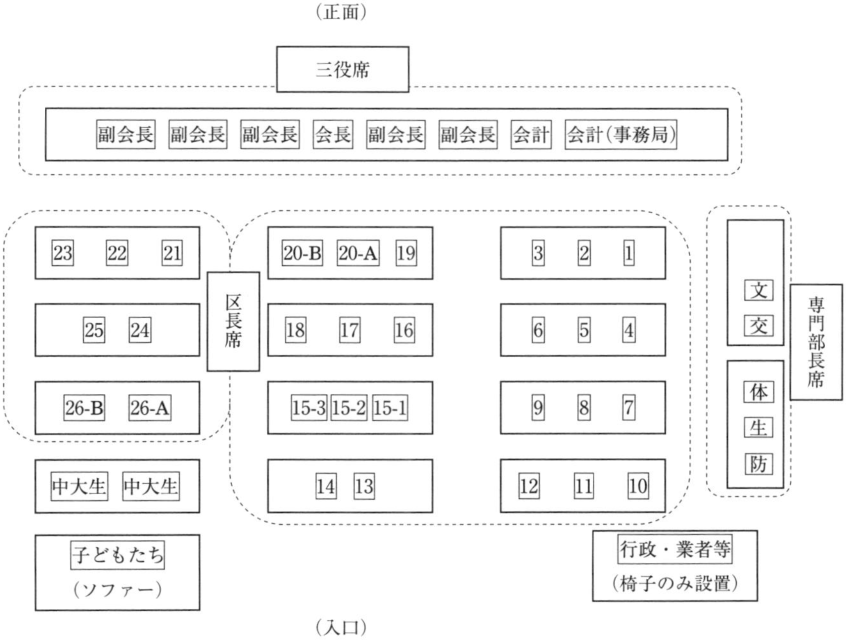

（正面）

注：「区長席」の数字は居住号棟を表す。また「専門部長席」の配置は次のように略記している。
　　「文」＝文化部長，「交」＝交通安全対策部長，「体」＝体育部長，「生」＝生活環境部長，
　　「防」＝防災防犯部長。
出所：観察記録をもとに筆者作成。初出は大谷（2022）

426 第Ⅲ部 コミュニティに "出会う"

件に団地自治会（執行部）が対応するのではなく，執行部と区長，また区長同士の間で，各区の自治を促すコミュニケーションがなされていたのである。

団地自治会を執行部だけで運営するのではなく，各区の代表者からなる定例の役員会を重視するという St 体制の在り方は，建替え以前には独立して存在していた 13 の自治会が連合体制をとって「立川団地連合自治会」を構成していたことに由来している。現在でも区ごとに独自の予算を区費として徴収・使用する権限が維持されており，定期清掃をめぐる罰金制度の有無や内容など，各区の自治に任されている部分が多く残されている。

こうした区ごとのまとまりの重視は，図 10-1 で示した役員会における座席表にも表れている。役員会の始まる前には，役員たち，区長同士の間で他愛のない挨拶や雑談が行われるのだが，一方で違法駐車や不法投棄といった共同生活上のイシュー，不審人物の噂や対応方法の相談，書類手続きの確認など，いわば役員会の「プレ会議」としての「井戸端会議」が自然発生的に展開する。隣接する棟の区長同士が役員会の席次においても隣り合って座ることには，各自の区の事情をインフォーマルに共有し，共同の問題として認識し直し，隣人としての区長と顔見知りになるという潜在的な機能が埋め込まれているのである。

(2) 年中行事の運営体制

先述した通り，立川団地の年中行事のうち「運動会」と「夏祭り」は 1990 年代の建替えと連合自治会の解散を機に中止されたものを新自治会が復活させた。これに 2000 年代後半から新行事の「防災ウォークラリー」が加わって，St 体制における三大年中行事が構成されることとなった。メインの会場としてはいずれも団地内にある市立の「立川団地小学校」校庭が使用される。観客・参加者の動員規模は行事によって異なるが，「運動会」は約 1,500 人，「夏祭り」は約 2,500 人，「防災ウォークラリー」は約 350 人となっている。「夏祭り」は特に団地住民以外の参加者も含まれるため，動員規模はもっとも大きくなっている。

第10章 「晴れ女」の祭り　*427*

　立川団地自治会が主催するこれらの年中行事を担うのは，団地自治会の三役（会長・副会長・会計）と各行事に対応した専門部長と専門部員である。たとえば「運動会」なら体育部会が，「夏祭り」なら文化部会が主担当となり，さらに各棟から募集された「協力員（当日ボランティア）」がこれに加わる。ただし規模の小さい「防災ウォークラリー」では協力員は募集されず，その代わりにすべての専門部長・専門部員が運営を担うことになる。行事ごとに若干の差異はあるものの，年中行事の運営体制は基本的に，自治会三役・専門部長・専門部員・協力員からなると考えてよい。

　三役が年中行事において果たす役割は多岐にわたるが，もっとも大きな役割は行事全体の企画と管理である。三役は専門部長らとともに，準備段階から会議を重ね，専門部員や協力員らに仕事を割り振り，そして当日は行事全体の進行を総合的に把握している者として統括役をこなす。特に副会長らは，設営時の指示や柔軟な人員再配置を行ったり，各係代表らの指示を適切なタイミングで補足したりと，運営の下支えをする重要な存在である[12]。時には自らの軽トラックで備品運搬のために団地中の倉庫を駆けまわり，あるいはまた団地外の商店にまで臨時の買い出しを行う。三役らが各倉庫から備品を運び出す際には，専門部員や協力員らに備品の数や保管場所を伝え一緒に行動するのだが，これは次回の行事運営に向けた知識の伝達に留まらず，大規模災害など非常時に備品を適切に使用するための訓練となっている。三役のみが団地自治会の名称が白地で印字された黒いTシャツを着用しており，通用「黒T」と呼ばれるが，度々耳にする「何かあったら黒Tを着ている人に聞いてください」との言葉は，三役らの「なんでも屋」としての性格をよく表している。専門部員や協力員らはともに汗を流すなかで，自ら率先して団地を駆けまわり行事運営を支える「黒T」たちの姿を目に焼き付けるのである。

　専門部長と専門部員らもまた，各行事の担い手として欠くことのできない存在である。とりわけ「運動会」においては体育部長が，「夏祭り」においては文化部長が，三役とともに運営の中核を担う。また各行事における交通整理は交通安全対策部，ゴミなどの片づけは生活環境部が担う。避難所開設時のテン

ト設営や炊き出しなどの訓練の側面を持つ「防災ウォークラリー」では，防災防犯部がウォークラリー部分を担いつつ，体育部が焼きそば，文化部が豚汁，生活環境部が焼き芋を調理・提供するなど，自治会総動員で運営される。三役（特に副会長）と同様，専門部長や複数年担当しているベテランの専門部員らは，新しく運営に加わった専門部員や協力員らに仕事を割り振り，行事運営の知識を伝える役割も果たす[13]。

　協力員らは，自治会規約には明記されておらず，日常の自治会組織においては明確な地位を持たないが，各区から立候補・推薦されて行事の運営を担う当日ボランティアである。行事の企画・運営における意思決定を行うわけではないが，とりわけ動員規模が1,000人を超える「運動会」や「夏祭り」は協力員の存在なしに運営することは不可能である。10代20代の若者から，70代以上の高齢者まで様々であり，三役や専門部長，ベテランの専門部員らの指示にしたがって，各行事の設営から撤収までの一連の業務に携わる。ただし協力員のなかには何度も行事に関わり，業務に熟達したベテラン協力員らが存在する。彼女／彼らは「運動会」などにおける係代表（用具係，誘導係等）となったり，役職は持たなくとも設営・撤収時などにお互いに声をかけ合ったりして，行事運営に関わる集合知を蓄積していく[14]。なお係担当と参加者が入り乱れる「運動会」のみ，専門部長や専門部員と同一のカラーTシャツが配布されるのだが，ここでもやはり一般参加者（住民）らは行事運営に奔走する「黒T」や「スタッフT」の存在を目にし，行事を支える隣人たちの存在を知ることになる[15]。

　私たち「立川プロジェクト」の学生たちが初めて行事に参加した2012年頃には，建替え後に初めての年中行事として「夏祭り」が再開されて14年，「運動会」が再開されて11年が経過していた。ここに記述した年中行事の運営体制は，St会長を中心に立川団地自治会の担い手たちが十数年にわたって試行錯誤を積み重ねるなかで築き上げてきたフォーマル／インフォーマルな制度である。こうして構造化された運営体制は，新しく参加した専門部員や協力員たちを適切に支えながら，役割を与え，知識を伝達する優れた仕掛けとなってい

た。たとえば以下は，私たちが初めて「運動会」に参加した際のエピソードである。

　　（ベテラン協力員の）Sm さんが早速，私たちの仕事の割り振りと説明をしてくださった。荷物を本部に置かせていただいて，「倍々リレー」の準備をする。緑色の T シャツの男性たちが荷物を運ぼうとするのを，Sm さんがわざわざ止めて，「大学生の方に『お手伝い』してもらいますから」と伝えた。こういう場面は，この日に何回もあった。あらためて私たちが「お手伝い」をさせてもらうというサービスを受けていることを感じた。同時に，急に当日やってきた人たちを組み込み，働かせることができるだけのノウハウの蓄積があることがわかる。　（2012 年 6 月 23 日：阪口の日誌）

　St 体制の完成期において構造化された運営体制があったからこそ，私たちにとって初めての「運動会」においても，ピンポイントでの「お手伝い」という関わり方が可能となった。こうした運営体制のなかで，三役や専門部長が行事全体を把握し，専門部員や協力員らに運営に関わる知識を伝達し，団地自治会としての集合知を蓄積していく。初めて参加した専門部員や協力員らは，自らもまた身体を動かしながら，「黒 T」や専門部長らの汗かき仕事の存在を知る。そして一般参加者らもまたそれを見ているのだ。

(3)　年中行事からみる諸組織・集団の制度的連関
——二重の構造とその機能

　立川団地の年中行事は，自治会内外の様々な組織・集団が連関し，各々の持つ資源を動員することで成り立っている。行事の運営に必要な資材は基本的に団地自治会が所有し，通常時には各集会所に保管されている。行事開催にかかる経費は各戸から徴収された自治会費によって賄われており，「運動会」参加者 1,500 人弱に配布される昼食の弁当や，「防災ウォークラリー」の炊き出しで提供される豚汁や焼きそばなどはすべて無料であるため，年中行事は自治会

430　第Ⅲ部　コミュニティに"出会う"

費の会員への還元という側面を持つ。その一方で，行事運営を担う三役や専門部長，協力員らは無償で労働力を提供しているのであり，また団地自治会の関連団体や外部団体もまた様々な形での物資・労働力を年中行事に持ち出している。こうした非市場的な（その意味でコミュナルな）資源動員の仕組みがなければ行事は成り立たない。資源動員に用いられる諸組織・集団の連関の在り方は行事によって異なる部分もあるのだが，まずはある程度共通してみられる特徴を整理しておきたい。

　立川団地自治会は建替え前の連合自治会の特徴を色濃く残しており，おおむね棟ごとに構成される区の単位での小規模な自治の体制が存在していることは，既に述べた。団地自治会という全体組織から供給される資源を除くと，とりわけ労働力の調達という側面でもっとも大きな存在なのは区である。先述した通り，「運動会」や「夏祭り」の運営に不可欠な協力員は，各区から立候補・推薦されるからだ。立候補者がいなければ，区長らが適切な人物を見つけることになるのだが，こうした声掛けが可能なのは，日常において区長らが自治会費や区費を対面で徴収したり，定期的な清掃活動のなかでお互いに知り合い，コミュニケーションを重ねてきているからである。

　「区の連合体」としての団地自治会という側面の強調は，年中行事における集団の単位や会場の空間構成にも表れている。図10-2は「運動会」の会場図であるが，校庭を挟んで本部の反対側には色分けされた組ごとにテントが設置され，参加者の座席がつくられる。そしてこの組分けは区の単位と結び付いており，2012年度は「赤組：1～5区，15-1区」「白組（6～13区，15-2・3区）」「青組（16～20区）」「黄組（14区，21～25区，団地外子ども会）」となっていた。チーム対抗戦に参加する際にはもちろんのこと，観戦・応援時や無償配布される弁当での昼食の際にも，必然的に区の住民同士が隣り合って座ることになり，互いに知り合いコミュニケーションの契機をつくる仕掛けとなっている。これは「夏祭り」の際にも同様で（図10-3），盆踊りの櫓を囲んで各テントには区ごとの座席が設けられる。日常の自治会体制がそうであるように，年中行事もまた「区の連合体」に支えらえているのであり，またそのことが空間的に

図 10-2　運動会会場図

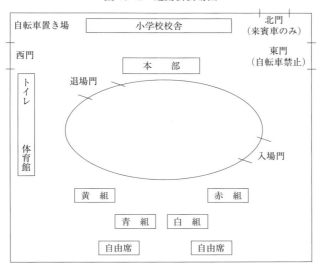

出所：「第 12 回運動会」プログラム（2012 年）より引用

も表現されているのである。

　自治会組織以外で重要な地域諸団体として，自治会公認団体である「交通安全協会立川団地支部」，「立川団地子ども会」，高齢者の交流団体「けやき会」が存在する。いずれも各行事の共催・協力団体となっている。これらの団体は団地住民のみで構成されているわけではなく，団地の位置する砂川地区に広がる緩やかなネットワークの結節点となり，団地内外の住民を結び合わせ行事に動員する機能を持つ。

　交通安全協会立川団地支部（通称「安協」）は，日常時には公道の交通整理や学童の登下校を見守る全国的な地域団体であり，立川団地にもその支部がある。年中行事においては，自動車や自転車の整理，歩行者の安全確保のための交通整理などを担う。自治会三役や交通安全対策部長などの経験を持つ人物が安協でも中心的な役割を果たしており，自治会体制とも緊密な連携をとっている。

　立川団地子ども会は，その上位団体である「砂川地区子ども会連合会」を介

図 10-3　夏祭り会場図

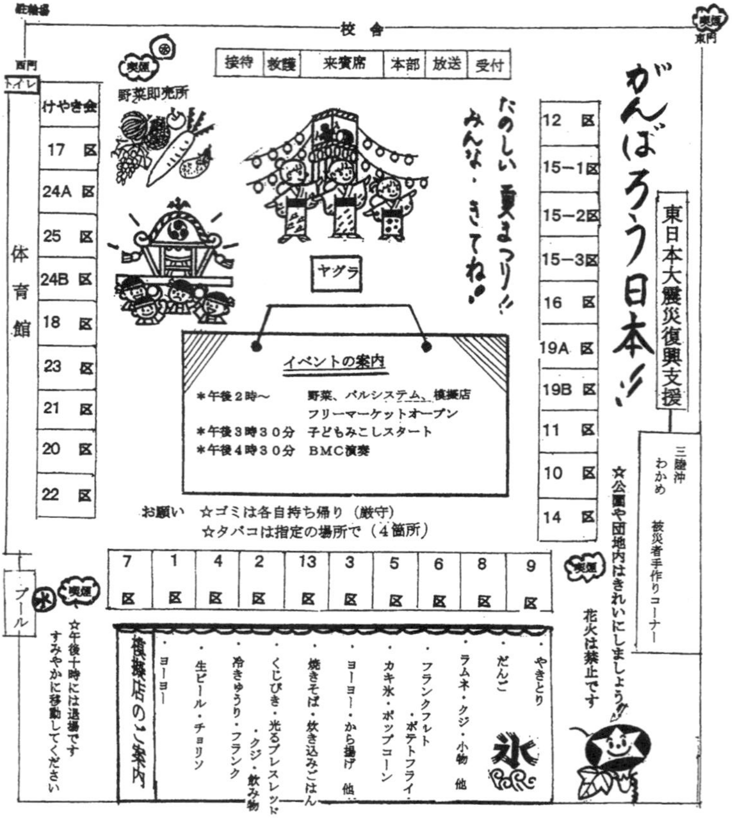

駐輪場　　校舎　　東門

西門　トイレ

接待　救護　来賓席　本部　放送　受付

東屋　野菜即売所

けやき会

17区
24A区
25区
24B区
18区
23区
21区
20区
22区

体育館

プール　東屋

たのしい 夏まつり！！ みんな・きてね！！

ヤグラ

イベントの案内
＊午後2時～　野菜、パルシステム、模擬店
　　フリーマーケットオープン
＊午後3時30分　子どもみこしスタート
＊午後4時30分　BMC演奏

お願い　☆ゴミは各自持ち帰り（厳守）
　　　　☆タバコは指定の場所で（4箇所）

12区
15-1区
15-2区
15-3区
16区
19A区
19B区
11区
10区
14区

がんばろう日本！！

東日本大震災復興支援

三陸沖 わかめ

☆公園や団地内はきれいにしましょう！

花火は禁止です

被災者手作りコーナー

7区　1区　4区　2区　13区　3区　5区　6区　8区　9区

東屋

☆午後十時には退場です　すみやかに移動してください

模擬店のご案内

ヨーヨー
生ビール・チョリソ
冷きゅうり・フランク
くじびき・光るブレスレット・クジ・飲み物
焼きそば・炊き込みごはん
ヨーヨー・から揚げ 他
カキ氷・ポップコーン
フランクフルト・ポテトフライ 他
ラムネ・クジ・小物 他
だんご
やきとり

氷 PaPc

出所：「夏祭り」チラシ（2012年）より引用

して団地外に広がるネットワークを持ち，それを生かすかたちで各行事に関わる。「運動会」では，毎年いずれかのチームに「団地外子ども会」という枠が設けられ，子どもの参加者が少ないチームを補塡する。また砂川地区子ども連合会の「ジュニアリーダー」（子ども会を支える中高生たち）たちは，競技の審判係として不可欠な存在となっている。あるいは「夏祭り」では，ゲームの模擬店を出店しつつ，手づくりの子ども神輿や山車の進行を担う。子どもたちの育成者であるNsさんは，自身がジュニアリーダーであった頃から25年以上に

わたって活動に関わり，子どもたちを引率するだけでなく，係業務に熟達した
ベテランの協力員としての側面を持つ，行事運営に不可欠な人物である。

けやき会は，60歳以上の団地および近隣の住民たちによって構成されてい
る。さらに小部会としてカラオケ，グラウンドゴルフ，踊り，輪投げなどの趣
味ごとの集まりが構成されており，各々が好きな部会で日常の活動を行ってい
る。各行事では，こうした日常の趣味の延長線上で，その技能を生かす機会が
設けられている。「夏祭り」では中央の櫓を囲んでの盆踊りの「お手本」とな
り，飛び入りの参加者たちは「輪のなかにいる浴衣の女性の真似をすればいい
から，どんどん踊ろう！」と声をかけられ[16]，見よう見まねで初めての盆踊り
に加わることができる。あるいはまた「防災ウォークラリー」では，コースに
設置されているミニゲームの一つである「輪投げ」の備品を提供し，設置方法
やルール設定について実演で教える役目を果たしている。年中行事は彼女／彼
らにとっても「晴れの舞台」となっている。

これら公認3団体の他にも，各行事の重要な協力団体として，「立川団地小
学校」「青少年健全育成委員会」「レクリエーション協会」「子育て支援団体M」
が存在する。

立川団地小学校は，団地の中央に位置する公立小学校であり三大年中行事の
すべてにおいて会場となる校庭を提供している。学区と団地自治会の範囲とは
大部分が一致しており，それゆえ団地自治会との組織的な連携がとられ，校長
や生活主任担当の教員は来賓としても行事に参加する。「夏祭り」では体育館
もフリーマーケットなどの会場として併せて提供され，また「運動会」では競
技に必要な備品等も貸与されている。

青少年健全育成委員会（通称「青少健」）は，東京都が制定した「東京都青少
年の健全な育成に関する条例」に基づき，地域における青少年の健全な育成・
見守り，およびそのための環境浄化等を目的に，各市町村の教育委員会の下部
組織として整備された地域団体である。立川市でもおおよそ各中学校区をもと
に設置されている。砂川地区子ども会連合会の役員と兼務する人物も多く，
「防災ウォークラリー」でも連合会元会長の男性がスタッフとして参加してい

434 第Ⅲ部 コミュニティに"出会う"

た。

　レクリエーション協会は，立川市に生涯学習・福祉・青少年健全育成・まちづくりなどを目的として設置された地域団体である。St 会長もその一員であり，「防災ウォークラリー」ではコースの作成やゲームの企画を行っていた。

　子育て支援団体 M は，団地および近隣住民の女性たちによって，1999 年に設立された任意団体である。次節で詳述するが，その代表は St 会長であり，団地自治会における St 体制の展開と歩みを合わせるように，団体 M もまた建替え後の団地で頻発した子どもをめぐる問題や課題に取り組んできた。年中行事おいて，「運動会」では「接待係」として本部にかまえて来賓の接客や怪我人の救護を担当し，「夏祭り」ではフリーマーケット運営や子どもたちとのソーラン節，模擬店の出店など多岐にわたる業務にあたる。また行事後に行われる，協力員を含めたスタッフを労う「反省会（兼懇親会）」では会場の準備や飲食物の提供なども担っている。この反省会の場に，団体のまとまりとして参加しているのは私たち「立川プロジェクト」を除けば団体 M だけである。St 会長の右腕を務め続けた自治会会計・事務局の Sk さんもまた団体 M の主要な担い手であることからもわかるように，団体 M は自治会外の組織ではあるが，St 体制を日常／行事ともに下支えする基盤となっていた。

　その他にも，年中行事に対して様々な資源を供給する様々な諸組織・集団が存在する。「夏祭り」においては，模擬店やフリーマーケットというかたちで数多くの出店がみられる。先にあげた団地子ども会，砂川地区子ども会連合会，子ども支援団体Mの他にも，立川団地小学校 PTA，ビックバンドクラブ，避難者支援団体など立川団地を活動拠点とするもの，少年野球チーム，太鼓はやし団体，近隣自治会，交通少年団など，砂川地区全体の広がりを持つもの，パルシステムやギャラリーカフェなど砂川地区を越えた範囲から参加するものなどが存在する。これらの団体は，出店によって活動費用を集めたり広報・募集活動の一環として参加するなど，まったくの非営利目的というわけではないが，動員規模 2,500 人を超える団地最大の行事である「夏祭り」を彩り，賑わいを生む重要な役割を果たしているため，これもまた，物資や労働力の提供の

側面を持つと考えてよい。

　これまで見てきたように，立川団地の年中行事は，日常生活を支える区の連合体的な自治会組織を基盤としながら，団地内外の様々な諸組織・集団が連関し，資金・場所・資材・労働力などの資源を動員することによって成り立っている。規約に基づく自治会組織とは異なり，外部団体との協力関係は明文化されていないインフォーマルな制度である。すなわち年中行事の運営体制は，自治会組織というフォーマルな制度と，自治会以外の諸組織・集団の連関というインフォーマルな制度という二重の構造によって成り立っているのであり，これは団地建替え後に各行事が再開・創出される過程で徐々に形成されてきたのである。

　こうした二重の構造には大きく二つの機能がある。第一に，自治会組織を基盤とするフォーマルな制度によって，団地自治会および各区からの資源動員が確実に行われるとともに，三役，専門部長，専門部員，協力員，さらに各係の役割が明確となり，担い手が入れ替わってもある程度滞りなく行事を行うことができることだ。新たに参加した（あるいは動員された）協力員たちは，ベテラン協力員や三役らに教えてもらいながら，自らの仕事に取り組み，やがて自らもベテラン協力員となっていく。私たち「立川プロジェクト」の学生たちもまた，協力員として既存の役割を割り振られることで，極めて迅速に行事運営の担い手として組み込まれていった。ただし実際のところ，協力員たちには効率よく行事運営を行うことだけが求められているわけではない。日常生活の上では顔見知りになることのない見えない隣人と出会い，ともに活動し，汗をかき，休憩中に他愛のないおしゃべりをしながら行事の一日を過ごす。傍らには無償で駆け回る三役や専門部長らの姿が見える。強固に構造化された制度があるからこそ，より多くの人たちが行事の担い手となり，自治会活動に触れる機会を数多く創り出すことができる。

　第二の機能は，行事運営において連関する諸組織・集団の活動範囲が差異を持ちながら重合することによって，団地内外をつなぐ緩やかな制度が形成・維持されることである。自治会組織の成員資格はその定義上，また規約上，団地

住民に限定されるものであるが，自治会主催行事を自治会単独で運営しないことによって，団地外の諸組織・集団からの資源動員が可能となり，またその資源動員によってインフォーマルな制度が形成されるという循環過程が生まれる。確かに団地自治会の資源に限界があるがゆえに，団体外の資源が必要であるという側面はある。しかし一方で，盆踊りや輪投げゲーム，ウォークラリー，参入障壁の低いフリーマーケットなど，あえて資源を持ち寄るための舞台を用意しているという別の側面がある。私たち「立川プロジェクト」が初めて「夏祭り」に参加した際，最初に提案されたのは「模擬店」であったが，三役らと調整するなかで最終的には，かつて行われていた「子ども山車」を制作・運行することになった（阪口 2019）。つまりは学生たちが参入するための舞台の方が後から創られたのである。資源動員の構造に隙間を設けるという構造によって，団地というローカルに閉ざされた範囲を超えて諸組織・集団の連関が生まれ，また新たな諸組織・集団の参入の契機がもたらされるのだ[17]。

4．自治会活動と年中行事の担い手たち ——関係的位相の検討

(1) St 体制の中核たち①——母親たちのネットワーク

St 体制の基盤には，会計・事務局として立川団地自治会のバックオフィス業務を一手に担ってきた Sk さんをはじめとする，子育て支援団体 M の女性たちの存在がある。St 体制において拡充された子育て支援や高齢者の見守りなどは，自治会三役や区長らの努力のみならず，団体 M との連携によって成立するものであった。団地自治会と連携しつつ，その隙間を埋めるように，現役世代の子育て相談，子どもの一時保育，高齢者の見守りや介護支援，子どもたちの見守りや虐待・非行の防止，被災者支援活動など多岐にわたる活動を行ってきた。また先述した通り，年中行事の運営においても団体 M は様々な業務にあたり，来賓の接客や怪我人の治療など本部機能の一翼を担っていた。

いわば団体 M は St 体制における実働部隊かつ秘書部門的な役割を果たし，その実質的な中核を担ってきたのである[18]。

　団体 M は，St さんが自治会長となった 1999 年に，建替え前から団地で子育てを経験してきた女性 24 名によって結成された。直接のきっかけとなったのは，建替え後に子どもの虐待，青少年の夜間徘徊，窃盗，悪質ないたずらなどが頻発したことであった。発起人となったのは St 会長と Sk さん，そして彼女たちと子ども会，立川団地小学校 PTA，その他地域活動をともにしてきた母親たちであった。後に緩和されたが，「自分か自分の子が団地小学校を卒業している」ことが参加条件の一つであった。

　Sk さんが St 会長と出会ったのは，1980 年代に団地に入居してまもなくのことであった。当時の状況について Sk さんは次のように語る。

　　「そこ（入居当時の居住棟）で，St さんと同じ建物だったんですよ。……2 階建ての 6 軒長屋が 1 棟で，そこが 1 つの班みたいになるんですけど。St さんの家が 1 号室で，2，3 号室を挟んで，4 号室が私の家だったんです。その頃は，今みたいに親しくなかったけどね。でも同じ棟ですから，いろいろ集金に行ったりとか，話はするわけですよ。それで，St さんは面倒見がいいから，しょっちゅうおかずつくって，『いっぱいつくったから食べる？』って言いながら来てました。変わらないの，昔から。」

（2017 年 12 月 11 日：インタビュー記録）

　St 会長と Sk さんとの個別の二者関係は，この様な「向こう三軒両隣」的な近隣関係から始まった。そしてこの二人が各々の知り合いに声をかけるかたちで，団体 M が発足することになる。図 10-4 は，子育て支援団体 M が発足した時期の担い手たちのネットワークを示したものである。St 会長と Sk さんの二人がネットワークの中心となり，共通の知り合いも存在するが，それぞれ別の系とを仲介する「局所ブリッジ」（Granovetter 1973=2006）の機能を果たしていることがわかる。これはどういうことか。

図10-4 子育て支援団体M発足時期の担い手のネットワーク

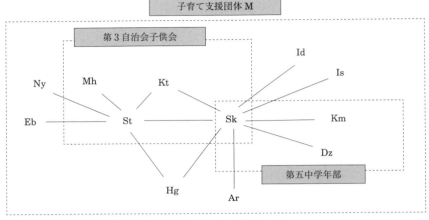

出所：インタビュー記録をもとに筆者作成。初出は大谷（2022）

　St会長もSkさんも，ともに建替え前（連合自治会時代）に第3自治会に所属し，子ども会の役員なども担っていた。また子どもも団地小学校や第五中学校に通い，学校PTAの役員なども担っていた。しかし子どもの年齢は6学年異なり，同じ時期に同じ学校に通学していたわけではなかった。Skさんが初めて子ども会の役員を務めたのは，子どもが小学2年生の頃だった。そのとき，中学2年生の子どもを持つStさん，Ktさんらとともに，役員を務めることになり，子ども会の活動を通じて，異年齢の子どもを持つ母親同士のつながりが形成されていった。図10-4でSt会長から独立して派生する系列は，基本的にはSt会長の子どもと同世代の子どもを持つ母親たちのものだった。一方，Skさんの子どもと同世代で，団体M発足当時，第五中学校に子どもを通わせていた母親たちの系列が存在した。たとえばSkさんとDzさん，Kmさんは子どもが中学3年生のときに，一緒にPTA役員を務めたことがきっかけとなり，親交を深めたという。

　そして団体Mの立ち上げ時期に，Skさんの声掛けをきっかけに二つのネットワークの系列が結び合うことになる。Skさんは次のように語る。

「子育て支援団体 M のメンバーを決める時にすごく面白いことがあった
の。作ろうと言い出したのは St さんなんだけど，秘密は守らなきゃいけ
ないから，メンバーは誰でもいいわけではないからと。それで，『あなた
がこれと思う人を連れておいで』って言われたの。それで Dz さん，Is さ
ん，Ar さん，Km さん，Id さんたちは，みんな私が連れてきたの。Kt さ
ん，Mh さん，Eb さん，Ng さん，この辺の人たちは St さんが連れてき
て。本当は名簿上はもっと大勢いるの。引っ越した人とかね。」

（2017 年 12 月 11 日：インタビュー記録）

　こうして St 会長と Sk さんが隣人として出会い，日々のコミュニケーショ
ンのなかで生まれた個別の二者関係は，子ども会や学校 PTA を通じてそれぞ
れ展開していた二つのネットワークの系列を取り込み，やがて子育て支援団体
M として組織化されていった。中学校区は団地の範域に収まらないので，団
体 M の基盤となるネットワークは団地内に閉じてはいない。たとえば Km さ
んは団地内の居住者ではない。さらに新たな担い手の参入とともに，当初重視
されていた「自分か自分の子どもが団地小学校出身」という条件も緩和されて
いった。「局所ブリッジ」の効果を「弱い紐帯の強さ」として提示した M. S.
グラノヴェターによれば，「局所ブリッジの数が多いほど……コミュニティは
凝集的であり，一致して行動を起こす能力が高い」（Granovetter 1973=2006：
144）という。そして現に団体Mは St 会長を窓口として，団地内外の自治会，
小中学校などの地域団体からの依頼を受けて，様々な活動に取り組んでいった
のである。本章が焦点を置く年中行事もその一つであった。

(2)　St 体制の中核たち②——新住民たちの参入

　建替え後に入居した新住民たちのなかにも，長年にわたって St 体制を支え
てきた重要な人物がいる。ここでは 1998 年から 2010 年まで自治会副会長を務
めた Kw さん，2008 年から副会長となり，2015 年に St 会長の後を引き継ぎ
新会長となった Hs さんを取り上げる。

440 第Ⅲ部 コミュニティに"出会う"

Kw さんは，私たち「立川プロジェクト」が団地に関わるようになる前年の 2011 年に団地外に転出していたが，毎年のように年中行事に通い続け，行事運営の全体の業務を把握し，経験の少ない協力員たちに指示や助言を与える実質的な「係代表」の役割を果たしていた。彼が自治会役員になったのは，入居して間もない 20 代の頃であった。当時の状況について，Kw さんは次のように語る。

> 「俺が引っ越してきた頃，Mi さん（建替え前後の時期の自治会長）なんか一番良い役員だったんだけど，1-13 号棟に建替え前の人たちもたくさんいて，俺が役員になった時なんかは，役員を押し付け合って取っ組み合いの喧嘩になった。それで，俺やりますよって。違法駐車も物凄くて，張り紙とかもパトロール部員の人たちとやって。」
>
> （2017 年 8 月 12-14 日：大谷の日誌）

Kw さんが語る建替え当初の「違法駐車問題」は，彼に限らず新住民らが自治会活動に参入する大きなきっかけの一つであった。1996 年に順次入居が始まると，はやくも 8 月の役員会で駐車場問題が取り上げられた。自家用車を所有する住民たちの駐車スペースが不足しており，対策として民間の駐車場の手配などが進められたが，これは完全な問題解決には至らず，翌年には「迷惑駐車調査」が行われ，その結果を踏まえて東京都住宅供給公社に「団地内駐車禁止標識設置」を求める要望書が提出されるに至る[19]。そして 1998 年度の自治会総会にて，東京都住宅供給公社から委託された駐車場管理業務を担う専門部として，新たに「駐車場管理部」の設置が承認されたのだった。Kw さんはまさに，この時期に自治会副会長を引き受け，焦眉の問題としての「違法駐車問題」に取り組んでいった。

Kw さんが役員を引き受けるきっかけとして，彼と同じ棟に子育て支援団体 M の中心的な担い手である Dz さんが居住しており，彼女の働きかけがあったのではないかと，Sk 会長は考えている。自身が初めて会長となった際に副会

長を務め，団地外に転居した後も年中行事に通い続ける Kw さんを思い起こしながら，Sk 会長は次のように語る。

> 「（Kw さんの役員歴について）長かったね。Kw さんの棟には Dz さんが住んでいたんですよ。……だから，いつもの調子で，『あんたがやりなさいよ』って Dz さんから言われたんだよ，きっと。『なんでも手伝うから，若い人やりなさい』ってね。20 代だったんだから。」

（2017 年 12 月 11 日：インタビュー記録）

キーパーソンとなる近隣住民を起点としつつ，Sk 会長らとともに団地の問題に取り組むなかで築かれた社会関係が，Kw さんを転居後も年中行事に向かわせるのである。

St 体制を支えた新住民として，もう一人取り上げたいのが Hs さんである。Hs さんは第一期建替え直後の 1996 年に入居し，2002 年から区長を務めた。区長となった当初，旧住民が多く住む自身の棟での親睦の機会を企画したところ，それを手伝ってくれたのが団体 M の担い手でもあった Hg さんだった[20]。彼女は旧住民の間では顔が広く，「棟のボス」的な存在だったという。「新しい区長がバーベキューやるって言ってるから，みんな協力しろ」と声をかけたという。バーベキューは盛況だったようで，「隣の棟の Kw とか Se さんたちがみんな，匂いを嗅ぎつけて集まってきてね。結構遅くまでやってたよ」と Hs さんは振り返る。先ほどの Kw さんと同様，ここでもやはり同じ棟に住むキーパーソンとの社会関係が，自治会活動に一段深く関わるきっかけとなっている。

その後 Hs さんは，2004 年に駐車場管理部の活動に携わることとなり，部長も引き受けた。建替えから 5 年ほどは特に路上駐車が多く，管理部の活動に対しても暴力が振るわれるなどの状況があったという。これに対して，部員も全棟から一人ずつ募りパトロールを行うなどの対応が進められた。最終的には 2006 年，管理業務に入札制度が導入され，業者委託となったことによって管

理部は解散することとなり，2008年には自治会副会長となる。当初は「よかった，これで辞められる」と思ったそうなのだが，「本当に蛇に睨まれたようなものだ」と，Hsさんはふりかえる。その後St体制を副会長として支え続け，年中行事では「黒T」姿で設営・撤収作業を仕切り，会場を見回り，「なんでも屋」として駆けめぐった。そして2015年にはSt体制を引き継ぎ新会長となったのである。

(3) 年中行事の担い手たち──存続型／解放型コミュニティの併存

　立川団地の年中行事を支える中心的な担い手たちは，第2節で記述した運営体制に沿って動員されている。三役や専門部長，専門部員らは自治会組織に制度的に組み込まれており，行事の際にのみ動員される協力員たちの存在を除けば，基本的に年中行事の担い手たちは日常の自治会活動と大きく異なるわけではない。担い手たちの参入のきっかけや活用されるネットワークは様々であるが，本節で記述してきたように，その中核部分にはSt会長を起点とする近隣住民の個別の二者関係が束のように連なっている。それは一方ではSt会長とSkさんを「局所ブリッジ」とした母親たちのネットワークであり，また一方では団体Mの担い手を仲介としながら居住棟を起点に形成された新住民たちのネットワークであった。

　実はSt体制における三大年中行事のひとつ，「運動会」の再開においても新住民たちが重要な役割を果たしていた。1998年に当時のMi自治会長のもとで「夏祭り」が再開されると，2000年にSt会長のもとで「ミニ運動会」が試験的に行われ，翌年「運動会」が本格的に再開された。この中心となった担い手は，建替え後まもなく入居したSeさん（2001-2013, 2015-2016年度体育部長）や，Smさん（2014, 2017-2019年度体育部長）であった。Seさんはもともと，立川市内の別地域に居住しており，そこでも体育部会に近い役割として実に40年以上にわたって地元住民らの「運動会」に関わってきたのだという[21]。立川団地に転居したあと，午前中のみであった「ミニ運動会」をさらに盛り上げたいという思いから体育部長を引き受け，翌年の「運動会」再開を担ったのだっ

た。一方 Sm さんは，小学校 PTA の「親父組」のつながりで Se さんと出会い，そこからずっと一緒にやってきたのだという。その後，実に 20 年間にわたって，体育部の部長を二人で担い，「運動会」運営を中核として支え続けてきたのである。私たち「立川プロジェクト」が初めて「運動会」に参加した2012 年には，Se さんは体育部長として全体を仕切りつつ，審判係の代表を務めていた。Sm さんは用具係の代表として，各競技に必要な作業に熟達し，私たちに仕事を割り振ってくれた。

　年中行事に一日ボランティアとして関わる協力員たちには，毎年新しく入れ替わる層と，リピーターとして毎年行事に関わる層とが存在する。後者が「ベテラン協力員」となり，やがて係代表や新しく参加した協力員たちへの指導的な立場に就くことについては，既に述べた。なかには親子孫 3 世代で協力員として行事に関わる者もいる。団地建替えの時期に自治会長を務めた Mi さんは，長年「運動会」や「夏祭り」会場の放送係を担当してきた「ベテラン協力員」である。Mi さんの主な仕事は，会場放送のための配線やスピーカーの設置・設定であり，ある程度の専門的な知識が求められる。Mi さんには団地内に居住する息子と孫がおり，2013 年の「夏祭り」では孫の J くんは放送係の仕事を手伝う傍ら，子ども神輿の列にも参加し子どもたちを誘導していた。彼は他の中高生とは異なり，砂川地区子ども会連合会の「ジュニアリーダー」としてではなく，祖父や父親の仕事ぶりを見て，その縁から自治会行事の担い手となっていった。三役や専門部長とは異なり自治会規約上の位置付けはないが，様々なかたちでの「ベテラン協力員」もまた，行事の重要な担い手である。

　ここまで記述してきた行事の担い手たちは，基本的にはすべて団地住民であり，St 会長や Sk さんはもちろんのこと，Hg さんや Dz さんなど団体 M の中心的な担い手たちが新住民たちとも相互に結び合うという，密度の高いネットワークを形成している[22]。つまり担い手たちのネットワークの構造的形態は，地理空間上に凝集した「存続型コミュニティ」（Wellman & Leighton 1979=2012）の特徴を有していると言える。B. ウェルマンが指摘するように，緊密なネットワークからなる存続型コミュニティは，日常的な相互扶助など共同的な活動

444　第Ⅲ部　コミュニティに"出会う"

の基盤として機能する（Wellman 1979=2006）。こうした閉鎖的なネットワークは互酬性や信頼の社会規範（社会関係資本）の源泉となるだけでなく，異なる組織や運動に転用されることも知られており（Coleman 1988=2006），St 会長やSk さんの近隣関係から団体 M が派生したこと，また団体 M に関わる担い手たちのネットワークが St 体制の自治会組織の基盤となったことも，同様の現象として理解できるだろう。

　一方で，年中行事を支えているのは必ずしも団地住民ないし自治会員だけではない。先に登場した Kw さんは，St 体制の最初期から 10 年以上にわたって副会長を務めた人物だが，2011 年に所得制限の関係で団地外に転居した後も，行事の重要な担い手として関わり続けていた。2013 年に団地小学校の PTA 会長の任に就いていた Kw さんは，その年の「運動会」の開会式において，市議会議員，他地区の自治会長，小学校副校長らスーツ姿の来賓客が並ぶなか，ただひとり協力員のカラー T シャツ姿で佇んでいた[23]。開会式後，テント席に他の来賓客が座して団体 M の接待を受けるなか，ベテラン協力員の一人として汗を流して働いていた。翌年も「夏祭り」では子ども神輿の引率を担い，「防災ウォークラリー」では自転車に乗って各チェックポイントを見回っていた。

　St 会長は，転出した Kw さんを重要な担い手の一人として扱い続けていた。定期総会の懇親会の場において，来賓の PTA 会長として陪席していた Kw さんの自己紹介を受けて，次のように語った。

　　「15 年前から，彼は 26 歳で副会長をやってくれました。20 年以上の付き合いになります。当時は，ウサギの耳が切られていたり，動物の虐殺事件が続いていました。その時は，Kw さんたち若い人たちが一緒になって考えてくれました。今は引っ越してしまいましたが，こうしていつも手伝いに来てくれています。今後も『こき使って』いかせて頂きたいと思います。」

（2015 年 4 月 19 日：大谷の日誌）

St 会長がこう話すと，会場に拍手と笑いが巻き起こった。ともに自治会活動に尽力してきた三役や専門部長らもまた，Kw さんとの関係性を大切にしていた。

2013 年まで副会長を務めていた Kr さんもまた，2014 年に団地外に転出した後も年中行事に通い続けていた。翌年の「運動会」のスタッフ会議では三役に交じって打ち合わせを行い，当日は協力員のカラー T シャツを着て二人の娘と一緒に参加し，撤収作業時には軽トラックで資材を運搬するなど重要な作業に従事していた[24]。「夏祭り」や「防災ウォークラリー」においても，副会長時代とほとんど変わらない役目を果たしていた。三役の一人が行事の反省会の際に「Kr とかがいねえとやっていけないんだよ，ホントに大切なんだ」と語り，Kr さんが「なかなか抜けさせてくんねえからだよ！」と応える一幕があった[25]。

元住民以外にも，地区子ども会の指導者や，必ずしも住民ではないジュニアリーダーたちもまた年中行事における中心的な担い手の一翼であった。前節で述べたように，「運動会」での審判係，「夏祭り」での子ども神輿の引率など，彼女／彼らも重要な役割を果たしていた。2012 年頃から関わるようになった私たち立川プロジェクトの学生たちもまた，行事における中心的な担い手であった。学生側のリーダーであった阪口や大谷と三役（特に副会長であった Hs さん）との関係はネットワーク構造的には「局所ブリッジ」の機能を果たし，自治会と立川プロジェクトという二つの集団を結び付けた。

このように，年中行事の運営において活用される担い手たちのネットワークは，必ずしも団地住民のみで形成されているわけではない。ネットワークはいくつかの個別の二者関係を「局所ブリッジ」としながら，地理的な範囲を超えて分岐し広がる「解放型コミュニティ」（Wellman & Leighton 1979=2012）の側面を持つ。動員のネットワークが自治会員という制度上の成員資格で境界付けられていないからこそ，日常の自治会活動から離脱した転出者たちを呼び留め，またジュニアリーダーや大学生といった異なる系（クラスター）から担い手を調達することが可能となる。R. S. バートは，経営組織における付加価値

446 第Ⅲ部 コミュニティに "出会う"

の創出という観点から社会関係資本とネットワーク構造の関係を分析し，ネットワーク閉鎖性に対して冗長性（「構造的隙間（structural hole）」）を強調したが（Burt 2001=2006），枝分かれしたネットワーク構造は，日常の自治会体制において不足する人的資源の調達とし，時限的な相互扶助の基盤となるのである（Wellman 1979=2006）。

　バート自身が論文の結論として「構造的隙間のなかに埋蔵されている価値を実現するためには閉鎖性が決定的に重要な役割を果たす」（Burt 2001=2006：273）と述べている通り，凝集性の高い存続型コミュニティと緩やかに枝分かれした解放型コミュニティとは，それぞれ異なる機能を持ち，相互に補完し合うものである。St 体制における担い手たちのネットワークは，日常と行事とを循環する時間軸のなかで，団地を基点としつつ地理空間上を伸縮し，明確な成員資格を有する自治会組織を基盤としつつ開いたり閉じたりしながら，自治会活動を支えてきたのである。

5．自治会活動と年中行事の理念——象徴的位相の検討

(1) 「向こう三軒両隣」の理念——記憶の風景と「集合的記憶」

　立川団地自治会には，新たに入居する住民に向けて配布される小冊子がある。『住民に必要とされる自治会づくり——人を助け，人に助けられる自治会でありたい』（2012 年発行）と名付けられたその小冊子には，自治会組織の概要や関連団体の活動紹介，施設の利用法，年中行事，防災・防犯の取り組み，団地の全体像を示す地図など，団地生活に必要な情報がまとめられている。そのなかに St 体制における団地自治会の理念をよく表す一節がある。

　　自分たちの出来ることは，自分たちで行動する。向こう三軒両隣，人と人とのつながりを大切に。とにかく，自分はここに生まれ，ここの地に縁あって居を構えたのです。ここに住んで良かった，ここに生まれて良かっ

た，ここで恋をし，ここで子どもを育て，ここで死ぬことができて幸せだった，そう思えるような街，まち，を一人ひとり心をひとつにし，仲間みんなで作り上げることが，自治なのではないかと思います。

　私たち役員は「身のまわりを良くみて，人助けが出来ないかを考える。」そして人助けの出来る社会，行政に頼らない自治組織を私は社会的発明とよんでいます。

　人を助け，人に助けられる自治会でありたいです。

　着目したいのは「向こう三軒両隣」という言葉，そして繰り返される「ここ（here）」という空間的な準拠枠組である。St 会長は団地自治会の理念を説明するために繰り返し「向こう三軒両隣」という言葉を用い，また全戸配布の自治会広報誌「立川団地だより」においても度々この言葉が使われ，団地自治会の理念を住民たちに伝えていた。大谷（2022）は自治会事務所に保管されていた「立川団地だより」第 51 号（2004 年 12 月発行）〜第 145 号（2018 年 10 月発行）を素材として総計 537 件の記事の計量テキスト分析を行い，団地自治会が住民たちに伝達する主要な理念が「地縁による相互扶助」「安心・安全」「自立・自律」「社会臨床」[26] の四つのカテゴリーから構成されることを明らかにしているが，このうち「向こう三軒両隣」に象徴化される「地縁による相互扶助」の理念は，他のカテゴリーの基盤となる存在である。たとえば，2012 年の「夏祭り」での挨拶の際にも，St 会長は「祭りのテーマは，親睦と交流，そしてあと一つ，防災です。近隣の方と顔見知りになること，それが防災に繋がります」[27] と語り，住民同士のコミュニケーションの目的が「安心・安全」と結び付けられていた。すなわち「向こう三軒両隣」という言葉は，団地自治会という居住者のアソシエーションを中心とする諸組織・集団の制度的連関や，団地住民たちが織りなす社会関係の網の目を，立川団地という地理的空間＝「近隣（neighborhood）」を構成単位として統合する「地域コミュニティ」の理念なのである。

　しかし一方で，1990 年代の建替えを経て，現在の立川団地には最大 14 階の

図 10-5 現在の団地の風景（2019 年）

出所：筆者（大谷）撮影

図 10-6 建替え前の長屋の前を子ども神輿が通る様子

出所：立川団地自治会所蔵

鉄筋コンクリート造りの建物が立ち並んでいる（図 10-5）。その風景からは，小冊子で描かれているような「向こう三軒両隣」の「人と人のつながり」を直接に想像することは難しい。St 会長は折に触れて「江戸時代やめいじの時代の長屋に見られた共同生活」[28]を「向こう三軒両隣」の具体的なイメージとして語るが，そうした住宅環境はもはや存在しないのである。それでもなお St 会長がこれを重視するのはなぜか。

St 体制において「地域コミュニティ」の理念となった「向こう三軒両隣」

の背後には，St 会長とその右腕である Sk さんの生活の記憶が存在している。子育て支援団体 M の発端となった二人の関係性が団地建替え前の長屋での隣人としての生活から始まったことについては，既に第 3 節で述べた。高層の鉄筋コンクリートの建物群とは異なる当時の生活風景について，Sk さんは次のようにふりかえる。

　　「周りに子どももたくさん居て，団地の中の道路も当時はあんまり車も走らなかったから，家の目の前で『わいわいがやがや』って感じでね。後ろも前も，玄関から出てすぐ家があるしね。だから，1 日しゃべらないなんてことは絶対なかったね。台所仕事してても，誰かが通ったらすぐに出て行ったり，窓越しでしゃべったりしてました。……子育てには，すごくいい環境でしたね。」
　　　　　　　　　　　　　　　　　（2017 年 12 月 11 日：インタビュー記録）

　団地という集合住宅の住宅設計は，扉と公道との間に開放的な門や塀があったそれまでの戸建住宅と異なり共用部とドア 1 枚を隔てて直接部屋に接続されているため，しばしば公的空間と私的空間との概念を明確化させるきっかけとなったと言われてきた。また開け閉め自在なシリンダー錠や世帯ごとの浴室が設置されたことは，プライヴァシーの概念を日本の庶民にはっきりと浮かび上がらせたとされる[29]。すなわち L. ワースの言うような「都市的生活様式としてのアーバニズム」（Wirth 1938=2011）の空間的な表現としての団地である。
　しかし Sk さんの記憶の風景が描き出しているのは，長屋の前の共用部分（通路）が公的／私的空間の間のある種の境界領域となり，隣人たちとの対面的コミュニケーションの舞台となっていたという事実である。現在の鉄筋コンクリートの建物ほど気密性や遮音性が高くなく，お互いの生活の気配を感じ，通りで話す声が聴こえ，台所の窓を開ければ通りにいる隣人たちと話すことができる距離感があった。そこには H. J. ガンズが 1950 年代末のボストンで観察した——中産階級の規範であるようなプライバシー意識が弱く，互いに知り合いであり問題があれば近隣住民が協力して解決するような——「都市のなか

450 第Ⅲ部 コミュニティに"出会う"

の村」（Gans 1982=2006）が形成されていた。

St 会長もまた，団地入居以前から同様の体験をしてきた。東北地方から上京後，立川市内のアパートや借家に 10 年ほど暮らしていたのだが，近所に住む夫妻と家族ぐるみの付き合いになり，子どもをお風呂に入れてもらったり，病院に送迎してもらったりすることがあったという。1975 年に立川団地に入居した後も，「下の子おいていっていいよ」「（おかず）余分に作ったから」と声をかけ合えるような隣人関係を築いてきた。そして子育てがひと段落し今後の生き方を模索していた 50 歳の頃，団地建替えによって高層化された建物とプライバシー重視の生活を前に，「あの江戸時代の長屋のような団地を再生させたい」と思い，自治会改革に深く関わるようになっていったのだという（佐藤 2012）。

1990 年代の建替え前から立川団地で生活してきた旧住民たちにとって，「向こう三軒両隣」の理念は実際の生活体験に根差しており，個別具体的な人々との共同生活の記憶と分かちがたく結び付いている。また一方で団地自治会によって「向こう三軒両隣」という語りが繰り返されるなかで，旧住民たちは自らの個人史と個別の体験を，団地を基盤とする地域コミュニティの理念として受け止めていった。生きられた体験に根差しながら社会的に構築される記憶とは，すなわち「集合的記憶（collective memory）」である。たしかに建替えを経た団地に「向こう三軒両隣」を具体的に表現する「長屋」の構造物は存在しない。しかし「石は運び去ることはできるが，石と人間との間に樹立された関係を変えることは容易ではない」（Halbwacks 1950=1989：172）。旧住民らの「集合的記憶」を源泉とする共同生活の規範や生活様式，社会関係こそが，St 体制における自治会運営を支えてきたのである。

（2）「同じ釜の飯を食う」──年中行事の時空間

しかし一方で，団地建替え後に入居した新住民たちにとって「向こう三軒両隣」は直ちには「集合的記憶」になり得ない。彼女／彼らは長屋の風景やそこで営まれた生活を共同の記憶としては有していないからである。あるいはま

た，かつて Sk 会長が団地外の生活でも体験したような隣人との支え合いの原体験を，とりわけ若い世代である何世代目かの都市生活者たちは有していないからである。ガンズが明らかにしているように，大都市ボストンに移住した移民たちが「都市のなかの村」を形成し第二世代がそれを再生産することができたのは，第一世代の多くが南イタリアの農村部出身であり，農業労働者の階級文化（ハビトゥス）を持っていたからである（Gans 1982=2006）。日本における町内会は近代都市の産物ではあるが，地方出身者らが村落的／前近代的なハビトゥスを持ち込み，そのことによって単線的な「コミュニティ喪失」には至らず，前期近代的な地縁的結合（都市的なコミュニティ）を子・孫世代まで維持できた側面がある[30]。旧住民たちに共有された「集合的記憶」を核にした理念だけでは，新住民らをも取り込んだ St 体制における自治会運営を十分に説明することはできない。

　ここで鍵を握っているのは，定期清掃などの日常の諸活動や，年中行事において繰り返される区＝棟ごとの集団形成である。第 2 節で記述したように，「運動会」や「夏祭り」の観客席は区ごとに設定されており，また「運動会」ではいくつかの区を組み合わせてチーム編成がなされる。特に専門部員や協力員といった役割を持っていなくても，これらの行事に足を運び同じ時間と空間に居合わせるだけで，都市的生活様式によって分離された「コンクリートの壁」の向こうにいる隣人たちと顔を突き合わせるささやかな機会が生まれる。さらに重要なのが，St 会長をはじめとする自治会三役たちが度々口にする「同じ釜の飯を食う」体験である。実際に「運動会」では，事前に区ごとに申し込むことですべての参加者に昼食の弁当が無償で提供される。その意図について St 会長は次のように語る。

　　「お弁当を出すのは，最後までいてもらうためです。そうしないとお昼に帰っちゃうでしょう。それから単身の高齢者の方は，お昼を作ってくるのも大変でしょう。それでなかなか参加してもらえないなら，お弁当出しちゃおうということになりました。お金もかかりますけど，運動会に来

図10-7　「夏祭り」にて区ごとに集まる観客席（2019年）

出所：学生撮影

て，同じ釜の飯を食べることが大事です。」　（2012年6月3日：阪口の日誌）

　こうして「運動会」で提供される弁当は実に1,400個を超える。興味深いのは，こうした弁当の提供が必ずしも自治会員に厳密に制限されているわけではないということだ。「団地のなかの人だけじゃなくて，出ていった家族を呼んで，皆で集まれた方がいいじゃないですか」[31]とSt会長は語る。すなわち年中行事を契機とした「里帰り」である。年中行事は「同じ釜の飯を食う」体験を提供することで，過去と結び付いた現在の区のまとまりを可視化させるのである（図10-7）。

　さらに重要なのは，年中行事の運営における専門部員や協力員らの体験である。特に「運動会」や「夏祭り」は観客規模が大きいため，各区から当日ボランティアの協力員が募集・推薦されることについては既に述べた。一日の行事運営の仕事を終えると，団地集会室に三役，専門部長，専門部員，協力員，団体Mの面々やジュニアリーダーの指導者らが集まり，「反省会」が開催される。各係代表からのふりかえりや申し送り事項の整理もなされるのだが，酒も酌み交わされ，実際には自治会三役らが協力員らを労う慰労会としての側面が強い。ここでもまた，ともに一日を過ごした協力員らと「同じ釜の飯を食う」

第 10 章 「晴れ女」の祭り　*453*

体験が提供されている。やがて一次会がお開きになると，協力員らは解散し，後には三役，専門部長，ベテラン協力員らが残る。協力員らや外部団体の協力者を労うという「お役目」を終えた後のこの二次会が，もう一つの「打ち上げ」である[32]。

　こうした体験を通じて，協力員らのなかには，やがて「ベテラン協力員」となり，係代表や専門部長として年中行事に深く参与していく者が現れる。たとえば以下は，その年はじめて「運動会」の係代表を務めた男性のエピソードである。

　　　Ks さんが隣にきて，一緒に飲む。「今日はすごい焼けちゃったよ」と K さん。「もうずっと走り回ってましたもんね」「だって今年はじめて代表だったからさ，しょうがないじゃん。集合・誘導係は一昨年もやったんだけどさ，もっと協力員のときにやっておけばよかったよ」「今年は（体育部長を重任してきた）Se さんいなかったですもんね」「いや，いたよ」「あ，協力員にってことです」「ああ，そうだね。……あの人がいると仕事をまわりに教えてくれるじゃん，だから良いんだよな。」

　　　　　　　　　　　　　　　　　　　（2013 年 6 月 2 日：阪口の日誌）

　Ks さんは，建替え後の「運動会」を復活させた立役者であった Se さんの「弟子」のように，「運動会」の係の仕事に習熟していき，係代表となっていった。Se さんと同じ大工の職に就き，真っ黒に焼けた顔でニカっと笑う人だった。配偶者の女性も同じ係でリーダーシップを発揮し，大きな声で子どもたちを誘導する姿が印象的であった。

　第 4 節で登場した Kw さんは，10 年以上にわたって副会長として St 体制を支え，2012 年に団地外に転居した後も行事運営の中心的な担い手として関わり続けてきた。なぜ立川団地に関わり続けるのか。Kw さんは次のように語る。

　　　「建替えの前には運動会をやっていたみたいなんだけど，96 年の建替え

454 第Ⅲ部 コミュニティに"出会う"

の時に人が半分くらい入れ替わって，夏祭りなど他の行事も一度無くなっ
たんだよ。何も引継ぎ資料は残っていなかった。St 会長になってから，
本当にゼロから始めたんだ。……ちょうど私が引っ越して，自治会を抜け
たくらいの時期に中大生がやってきたんだ。自治会を抜けても関わり続け
ているのは，やっぱり人との関わりだね。Hs さんにも，Hg さん（副会長）
にも，最初の頃からずっとお世話になってるから。」

(2015 年 6 月 14 日：阪口の日誌)

　建替え後の混乱期を，St 会長や Hs さんをはじめ三役らとともに乗り越え
てきた体験，その過程で築かれてきた社会関係が，Kw さんを転出後も団地に
呼び留める。「楽しかったし，今の自分があるのもここのおかげなんだよな」[33]
と当時を追懐する。別の場所で St 会長もまた Kw さんについて「みんな離れ
がたいんだよね。やっぱり楽しかったんだと思うよ。大変なことはすごく大変
なんだけど，でも，なんか楽しかった。……そうじゃなかったら，手伝いにな
んか来ないよね」[34]と語ったことがあるが，新住民の担い手たちを引き付ける
のは，苦楽をともにした自治会活動の担い手たちとの体験と記憶である。
　新住民たちは「向こう三軒両隣」の実際の体験を有しなくとも，日常の自治
会活動や年中行事の時空間のなかでその「集合的記憶」を追体験する。あるい
はまた，第 3 節で記述した「違法駐車問題」への集合的な取り組みや，年中行
事で「同じ釜の飯を食う」体験が，新たな「集合的記憶」として構築されてい
く。それは歴史的事実としての「向こう三軒両隣」でもなければ，旧住民たち
のノスタルジーの単なる再生産でもない。ここに新／旧住民の「集合的記憶」
は溶け合うのである。そしてまたこうした「集合的記憶」が，新しい世代の担
い手たちの実際の体験を通じて，少しずつかたちを変えながら継承されてい
く[35]。年中行事は日常の自治会活動への参与が少ない層の住民たちも観客や協
力員として巻き込みながら，同じ時空間を共有させ「向こう三軒両隣」の理念
を追体験させる仕掛けであった。

6．おわりに——地域コミュニティの周期的な再生産

(1) 日常と年中行事——ローカルな領域性の再生産

　本章の中心的な課題は，2010年代初頭のSt体制完成期における立川団地を基点とする「地域コミュニティ」の領域性がどのように再生産されていたのかを明らかにすることであった。まずはコミュニティの三つの位相（関係的／制度的／象徴的）について，三大年中行事の記述・分析から得られた知見をまとめていこう。

　制度的位相の特徴は，日常生活を支える団地自治会というフォーマルな制度と，それを核としつつも団地自治会に包摂されない様々な組織・集団を緩やかに連関させるインフォーマルな制度の二重の構造にあった。フォーマルな制度は自治会規約に基づいており，建替え前の連合自治会体制の特徴を色濃く残す各区の分権的な体制と，建替え後の改革によって実現した民主的な体制とが結び付いて成り立っていた。これにより年中行事における各区からの資源動員を確実なものとしつつ，三役や専門部長といった役職と権限が明確化されることで，担い手の入れ替わりに対してもある程度の耐久性を有していた。一方，必ずしも自治会規約に明文化されていないインフォーマルな制度は，とりわけ行事運営の際に団地外からの資源動員を可能としていた。あえて団地自治会と関連組織のみで運営を完結させないことによって，団地外の新たな担い手を取り込む仕掛けがなされていた。

　関係的位相の特徴にも，制度的位相の二重の構造と類似した特徴が見られる。St体制の中心的な担い手たちは，St会長とSkさんを起点とした母親たちのネットワークや，団体Mの担い手を「局所ブリッジ」とした新住民たちのネットワークなど，近隣地区を中心に形成された凝集的なネットワークに組み込まれていた。しかし一方で，とりわけ行事においては団地外の住民や地区子ども会，大学生といった異なる系（クラスター）に広がる枝分かれしたネッ

トワークが活用された。日常時の自治会運営を担う「存続型コミュニティ」と，それを核としつつ行事運営に活用される「解放型コミュニティ」という，二重の構造がここでも見られるのである。

象徴的位相の特徴は，建替え前の長屋の風景を反映し旧住民たちの「集合的記憶」に根差した「向こう三軒両隣」の理念として表現されていた。定期清掃などの日常の諸活動や年中行事で繰り返される共通の行為は，新住民たちにも棟＝区ごとのまとまりとしての「向こう三軒両隣」を追体験させていく。またとりわけ年中行事の時間と空間を共有した体験は，旧／新住民を越えた新たな「集合的記憶」を創り出し，それが転出者たちや団地外の住民たちをも引き付けていく。興味深いのは，制度的位相や関係的位相で見られた異なる領域性——ローカルなものと脱領域的なもの——の二重の構造が，象徴的位相においてはほとんど語られないことだ。むしろ解放的なネットワークを象徴する存在でもあった元住民の Kw さんは，行事の中心的な担い手として活躍した後の反省会の場では「どうも，部外者の Kw です」と自己紹介し，あえて「近隣」の領域性を明確にする振る舞いをするのだった[36]。「向こう三軒両隣」の理念は，実際には脱領域的な特徴を併せ持っている諸組織・集団の制度的な連関やネットワーク形成を，立川団地という「近隣」の範域に境界付ける効果を持っていた。

2010 年代初頭，立川団地において観察された St 体制の団地自治会を中心に形成された「地域コミュニティ」は，制度的位相と関係的位相においては「近隣」の地理空間に準拠した構造と「近隣」を越えた構造との二重性を持ち，それらが象徴的位相においてローカルな領域性に包摂されるという特徴を有していた。そして前二者において，諸組織・集団の制度的連関やネットワーク形成がローカルな領域性を越えて活発化されるのは，とりわけ年中行事の局面においてであった。反対に日常の諸活動——役員会や区ごとの清掃活動など——の局面では，区＝棟ごとの居住の近接性に基づく集団形成や，地理空間上に凝集したネットワーク形成が行われていた。年中行事の時空間は，担い手たちに「向こう三軒両隣＝近隣」の単位を追体験させると同時に，その領域性を外に

向かって開き団地外の資源や新たな担い手たちの参入を促すという，両義的な過程であった。

　日常と年中行事という時間軸上の二つの極の間で振幅しながら，ローカルな領域性は伸縮を繰り返す。三つの位相が動的に連関し「開放性と閉鎖性との弁証法的な過程」（阪口　2022：281）を辛抱強く歩み続けることで，St 体制における立川団地の「地域コミュニティ」は，1990 年代末から 2010 年代初頭にかけて安定的に再生産されていったのである。プロローグで描いた「晴れ女」の語りは，統制困難な寄る辺ない現実に対する一時的な安定へのささやかな願いであり，「移動と静止の，流動化と再構造化の，脱領域化と再領域化の『律動（rhythm）』」（阪口　2022：280）という終わりのない航海の「寄港地（anchor point）」（Melucci 1996=2008）への祈りであった。

（2）　エピローグ——「晴れ女」のいない祭り

　COVID-19 の感染拡大で休止となるまでの間，「夏祭り」の日の午後には子ども神輿と山車のプログラムがあった。地区子ども会のジュニアリーダーや大学生らが付き添い，大人たちが用意した休憩ポイントを練り歩くのだ。私たち立川プロジェクトが初めて年中行事に参加した 2012 年の「夏祭り」の後，当時副会長だった Hs さんが「子ども神輿」の由来について話してくれた。

　　「さっきの反省会の時にも出ていたけど，若い人をどう呼ぶかはずっと課題で。だけど若い人向けの曲をやったら今度はお年寄りが来ないんだよ。これまでのやり方を変えていきたいという思いはずっと持っていて，だから 4 年前，文化部長になった時にお神輿をつくった。買えばいいんだけどね，高いけど。だけど自分たちの手でつくりたかった。それを担ぐ人たちが出てくればいいなと思ってつくったんだ。高齢者と子どもだけでなく，真ん中の代を繋ぎたい。」　　　　　　（2012 年 8 月 19 日：阪口の日誌）

　子どもたちが担いでいるのは，角材で組まれアニメのキャラクターが描き込

まれた手づくりの神輿である。立川団地の「縄張り」を確認するように，神輿は団地の範囲を一周する。そこに「神」はいないのだが，いったい誰がそんなことを気にするだろうか。

「晴れ女」が語られるとき，そこにはいつも人々の笑いがあった。「晴れ女」は立川団地の「地域コミュニティ」の象徴であり，その語りには年中行事の成功への真剣な祈りが込められているのだが，一方で，誰しもがそれは虚構であることを知っている。中筋直哉が日本のコミュニティ論の系統的レビューから在るべき「コミュニティの時空間」の意味を，それが社会的構築物であることを知りながらなお「ゲームを期限付きで実践しながら時空間の共有の仕方を身につける」（中筋 2023：122）ことに見出そうとしたように，人々は虚構を真剣に「遊ぶ」のである。構造か象徴かという構築主義以降のコミュニティ論のアポリアは，ここでは意味を持たない[37]。

2015 年 11 月，St 会長から Hs 新会長に代替わりして初めての「防災ウォークラリー」の日は，あいにくの雨模様だった[38]。朝から雲に覆われ小雨が降り続き，次第に大粒の雨へと変わっていった。雨宿りをしながらの作業となり，情報に行き違いがあるなど例年以上に準備時間がかかっていた。それでも「雨でも関係なく災害はやってくるんだから」と語りながら，350 名以上の参加者が集まった。必要な備品をすべて運び出し，設営作業が終わって一息ついていると，副会長の Hg さんがやって来た。「まだ時間あるし雨が強いから休んでてな。椅子出して座ってていいからよ！」。この頃には，打ちつける粒を体で感じることができるほど雨が強くなってきていた。やがて一仕事終えた Sd さんもやって来て声をかけてくれる。彼は新しい世代の副会長だ。「雨だけどよぉ，もうこれ以上悪くなることはねえと思えばいいじゃねえか，なぁ！」，そう言うと，Sd さんはニヤっと笑った。

　──そして「晴れ女」のいない祭りは続く。

第 10 章　「晴れ女」の祭り　*459*

付記　本章は，科学研究費（若手研究：19K13921，研究代表者：阪口毅）の成果の一
　　　部を含んでいる。

　1)　以下の記述は，2012 年 6 月 3 日の阪口の日誌に基づく。
　2)　運動会参加の 1 ヶ月前に，中央大学文学部教員の新原道信，当時大学院生だっ
　　　た阪口毅らが初めて立川団地を訪れ，当時の自治会長 St さんとお話するなかで，
　　　運動会の「手伝い」としての参加が認められたのだった。当時の具体的なやりと
　　　りについては阪口（2019）を参照のこと。
　3)　「集合的な出来事」概念については，A. メルッチの社会運動論における可視性
　　　（visibility）／潜在性（latency）の分析（Melucci 1989=1997），儀礼の過程に焦点
　　　をおく象徴的コミュニティ論の系譜（Durkheim 1912=1975；Tuner 1969=1996；
　　　Cohen 1985=2005），日本の都市エスニシティ論における「一時的な社会的凝集」
　　　への着目（広田 1997；広田 2003；広田・藤原 2016）などに示唆を得ている。
　4)　St 会長は自著で次のように回顧している。「子どもたち自身の非行も目立つよ
　　　うになりました。子どもたちの一人ひとりと話をすると，とてもいい子ばかり。
　　　ところが，集団になると自転車を盗んだり，万引きや落書き，喫煙など，どんど
　　　んエスカレートしてしまいます。窃盗を働いていた子どもの背景を調べると，周
　　　囲に悩みを聞いてくれる大人がいないため，自暴自棄になっていたことがわかり
　　　ました」（佐藤 2012：108）。他に記録に残っているものでも，2002 年には 78 歳
　　　の父親を介護していた長男が無理心中をはかり父親を殺害したという痛ましい事
　　　件も起こっている（『朝日新聞』2002 年 11 月 16 日，朝刊，多摩版，1 面）。
　5)　立川団地の範域にほぼ相当する町丁別人口から算出すると，2020（令和 2）年
　　　国勢調査では総人口 3,203 人，65 歳以上は 1,312 人であり，高齢化率は 41.0％で
　　　ある。初期の立川プロジェクトが居合わせた St 体制の完成と Hs 新体制への引継
　　　ぎの時期にあたる 2015（平成 27）年の 31.5％（総人口 3,542 人，65 歳以上 1,116
　　　人），2010（平成 22）年の 29.7％（総人口 3,184 人，65 歳以上 945 人）と比べる
　　　と，2015 年以降に高齢化が急速に進んだことがわかる。2016 年以降，立川団地
　　　自治会でも担い手不足が顕著になり，従来の形式での年中行事運営が困難になっ
　　　ていくが，この点は第 11 章で詳述する。
　6)　松本康は優れた入門書である『都市社会学・入門』において，地域性と共同性
　　　の分離について「地域性なきコミュニティ」である「ネットワーク」と，「共同
　　　性なきコミュニティ」である記述概念としての「地域社会」とを対比させて説明
　　　している（松本 2014）。
　7)　紙幅の都合上，各位相の詳細な説明については阪口（2022）を参照されたい。
　8)　かつて筆者は武岡（2017）への書評において，「地域社会」を「活動の再生産」
　　　として再規定する武岡の方法論を「歓楽街」という移動性の強い地域以外にも適
　　　用し比較研究を行っていくことで，「居住地としての性格が強い空間においても，
　　　活動『内容』の差異を越えて再生産『形式』の共通性が見られるかもしれない」

460 第Ⅲ部　コミュニティに"出会う"

（阪口　2018：124）と述べたことがある。本章は，自らの課題提起への筆者なりの回答である。

9）活動アプローチの詳細については阪口（2013；2015；2022）を参照されたい。

10）移動性の高いインナーエリアでのコミュニティ研究のために練り上げられた活動アプローチを，相対的に定住性が高く成員資格が明確な都市郊外の団地における「地域コミュニティ」研究に適用することには，近年の「移動論的転回」（吉原　2018）——移動を例外的状況ではなく常態と見なす社会認識への転換——へのコミュニティ研究からの応答という意図もある。玉野和志もまた，「移動論的転回」を踏まえて「以前のコミュニティ論が前提としていた定住が基本で，そこに移動が加わるという発想そのものが間違っていたのであって，むしろ絶えず移動することが基本で，定住はその限られた一局面に過ぎないという理論的な転換を主張すべきではないか」（玉野　2024：166）と述べる。活動アプローチを踏まえた本章の「地域コミュニティ」概念は，担い手の移動性と構造的な流動性を前提に，それでもなおローカルな領域性が一時的に構築され，繰り返し再生産されるパターンをとらえるための分析装置である。

　　また活動アプローチの「地域コミュニティ」研究への展開可能性について，かつて筆者は次のように述べた。「活動アプローチに基づくコミュニティ研究の対象は，都市祝祭やデュルケームらが着目した宗教儀礼に限定されるものではない。地域清掃や見守り活動などの諸活動，井戸端会議や会食などの小さな集まり，町内会の役員会議や市民グループの定例会といったあらゆる日常的な出来事と，集会やシンポジウム，盆踊りや体育大会や寺社の例大祭などの『ハレ』の出来事を，同様の系列で記述・分析することが論理的には可能である。本書では十分に展開できなかったが，ウェルマンらがコミュニティをネットワークの凝集として記述し直したように，コミュニティを『集合的な出来事』の束として記述し直すことで，『地域コミュニティ研究』をも刷新できるのではないかというのが，活動アプローチの真の展望である」（阪口　2022：297）。

　　なおJ．アーリを踏まえた吉原の「移動論的転回」に先んじて，日本の都市・地域社会学においてはコミュニティ研究の定住性偏重に対する西澤晃彦（1996）の批判があり，また「移動民」（定住者の視点からみた漂泊者とは異なる）の立ち位置からの認識論的転回を説く新原道信（1997）の論考があったことも付言しておく。ただしこれらの重要な知見は，直ちには主流の都市・地域社会学におけるコミュニティ論の刷新には結び付かなかった。「ホームレス研究」や「都市エスニシティ研究」が「定住者の視点からみた流動的な生活様式の研究」として主流に組み込まれていくのに従って，都市・地域社会学のパラダイム転換に向けた批判力は失われていったのではないか。

11）以下の記述は，2013年12月11日の大谷の日誌に基づく。

12）たとえばHs副会長の次のような行動が特徴的である。「用具係のミーティングは，昨年と同様，代表となったXさんが仕切りをするが，競技ごとの説明はなされないままであった。途中でHsさんが来て，校内にある用具を競技の順番通り

に並べておけばよいと補足した。適切なタイミングでの介入がなされたということは，Hs さんが用具係に注意を払って，介入できる距離に立って全体をみていたということ。」（2014 年 6 月 1 日：阪口の日誌）。

13）たとえば「運動会」に協力員として参加した学生は次のようなエピソードを記録している。専門部長が自らの職能を生かす場面も多々見られた。「コースがグラウンドの斜め直線に作ってあるため，直角にスタートラインを引くための方法が思いつかなかった。（体育部長の）Se さんが，『3・4・5 の法則ってのがあるんだよ』と言いながら，高さ 3 メートル，底辺 4 メートル，斜辺 5 メートルの直角三角形を作って，スタートラインに対して直角に線を引くための技を教えてくださった。『このやり方は大工でも使ってるやり方なんだ』とのことだった。」（2014 年 5 月 31 日：学生の日誌）。

14）たとえば以下のエピソードは集合知の蓄積という意味で示唆的である。「テントを立ち上げる際には，すでに何度か経験したことのある者が，周りの人たちに声をかけていた。『先に屋根のひもを結ぶ』『（テントを立ち上げるときにポールが抜けるため）横の棒を持ってはいけない』『（ポールの継ぎ目に）手を挟まないように気を付ける』など，小さな知識が蓄積されている。立ち上げる時が最も危険なので，ポールが外れてしまった時に『横棒を持つなって言ってるだろ！』と荒々しい声があがる。30 分ほどで全てのテントが立つ。『皆でやるとあっという間ですね』と隣にいた中年の女性に話しかけると『ほんとに早いね』と女性。そばにいた初老の男性が『ここいらの人は皆慣れてるからな』と言った。」（2013 年 6 月 2 日：阪口の日誌）。

15）協力員らの仕事を見ているのは一般参加者らだけではない。その家族もまた彼女／彼らの下支えの仕事を目にし，手を貸したりすることで，見えないところで行事の運営を担っている。「次の協議は缶つり。たくさんの缶ジュースと缶ビールの釣り竿が用意されており，手作りの釣り竿（植栽用の支柱と思われる緑色の棒にたこ糸，S 字フックをつけたもの）で飲み物をゲットする競技である。……一つひとつの缶についている輪っかをニッパーで切るのをやらせていただいた。……小学校低学年の女の子が，『これ，私がつけたんだ！』と，にこっと誇らしげに教えてくれた。『えーそうなんだ，すごいねぇ！』というと，『ママと一緒にやったの』という。缶ジュースに一本一本つける作業は，数人で分担したとしても果てしない作業にちがいないと思った。同時に，女の子は，楽しみながらやっていたんだろうな，と感じられた。」（2012 年 6 月 23 日：学生の日誌）。

16）2014 年 8 月 23 日の大谷の日誌より。

17）諸組織・集団の制度的連関の「構造的隙間（structural hole）」（Burt 2001=2006）によって新たな担い手の参入機会が生まれること，また必要な資源のすべてを自己調達できないゆえにそうした「隙間」が生まれることの意義については，阪口（2022）が新宿・大久保地域における「アジアの祭」の詳細なモノグラフ研究を通じて明らかにしている。

18）筆者の一人である大谷が子育て支援団体Mの担い手たちにインタビューした際

のエピソードが思い起こされる。調査の終了間際，彼女たちは「私たち（の話）でいいの？」「勉強になっているのかしら？」と口々に言ったのだが，それに対してSkさんはこう切り返した。「でも，現場はやってんだよ，みんなが，実はね。公園の掃除にしても子守にしてもね。Stさん一人ではできないんだから。」（2019年12月23日：インタビュー記録）。

19) 立川団地自治会，1998「平成10年度定期総会資料」より。

20) 以下の記述は，2017年12月11日のインタビュー記録に基づく。

21) 以下の記述は，2016年6月5日の大谷の日誌に基づく。

22) これまで述べてきたように，担い手のネットワーク形成の初期段階においては，居住の近接性（同じ棟）や子どもを媒介とした小中学校PTA活動などをきっかけに別々に発展してきた系（クラスター）を，キーパーソンが「局所ブリッジ」となり結び合わせていった。しかし日常の自治会活動や行事運営を通じて同じ担い手たちが繰り返し関わり合うことで，これはやがて「禁じられた二者関係」（Granovetter 1973=2006）の原理に沿って凝集的なネットワークへと推移していったのだ。

23) 以下の記述は，2013年6月2日の大谷の日誌に基づく。

24) 以上の記述は，2014年5月25日の大谷の日誌，同年6月1日の阪口の日誌に基づく。

25) 以上の記述は，2017年11月12日の大谷の日誌に基づく。

26) 本章で言及するにあたって用語については若干の修正を行った。

27) 2012年8月18日の阪口の日誌より。

28) 「立川団地だより」第67号，2006年発行より。

29) 以上の記述は，日本住宅公団，1965『日本住宅公団10年史』より。ただし本章では原（2012）を参照している。

30) こうした筆者の議論について，立教大学コミュニティ政策研究会において名和田是彦氏から次のようなリプライを頂いた。「自治会町内会そのものは都市の産物（生産共同体と生活共同体の区別）。しかし一方で前近代的な遺産を食ってきた。これまでの加入率の低下は財政力・行政サービスとの関連（行政サービスが大きければ自治会・町内会は必要ない）だったが，今世紀の加入率の低下は新しい現象（世帯規模の減少，自治会の自動加入が効かなくなっている）。「新人類」といわれた世代が不動産を買って世帯主になったときに自治会に入らなくなった。親世代が文化を伝えなくなっている＝前近代の遺産が尽きているという説明がよくわかる。」（2021年1月31日，立教大学コミュニティ政策学研究会にて）

31) 2013年5月26日の阪口の日誌より。

32) 私たち立川プロジェクトも当初は一次会までの参加であったが，やがて二次会まで残り三役や専門部長らと行事運営の課題や今後の協力体制について腹を割って話し合う機会となっていった。

33) 2017年8月20日の学生の日誌より。

34) 2017年12月11日のインタビュー記録より。

35）大谷（2020）はこの「記憶」をめぐる二つの側面を「実態としての記憶（集合的記憶）」と「構築された記憶（コミュニティ理念）」として分析している。ただしアルヴァックスの「集合的記憶」概念が，そもそも個人の記憶が社会的に構築されている側面を強調しているため，本章では「実態／構築」という分類方法をとらなかった。

36）2015年6月14日の阪口の日誌より。

37）阪口（2022）への辻岳史の以下のレビューが示唆的である。「阪口氏が提示した活動アプローチが，社会科学における実証主義・解釈主義の分断を乗り越えうるという意味で，コミュニティ研究の可能性を拡げていると評価する。社会科学の諸分野において，実証主義的アプローチと解釈主義学的アプローチの併用を志向する理論・方法は限られるのではないだろうか。」（辻 2022：29）。

38）以下の記述は，2015年11月8日の大谷の日誌に基づく。

引用・参考文献

Bauman, Zygmunt, 2000, *Liquid Modernity*, Polity Press.（＝2001，森田典正訳『リキッド・モダニティ―液状化する社会』大月書店）

――――, 2001, *Community: Seeking Safety in an Insecure World*, Polity Press.（＝2008，奥井智之訳『コミュニティ―安全と自由の戦場』筑摩書房）

Burt, Ronald S., 2001, "Structural Holes versus Network Closure as Social Capital," in Nan Lin, Karen Cook, & Ronald Burt (eds.), *Social Capital: Theory and Research*, Aldine de Gruyter.（＝2006，金光敦訳「社会関係資本をもたらすのは構造的隙間かネットワーク閉鎖性か」野沢慎司編・監訳『リーディングス　ネットワーク論―家族・コミュニティ・社会関係資本』勁草書房：243-281）

Cohen, Anthony P., 1985, *The Symbolic Construction of Community*, Ellis Horwood Ltd.（＝2005，吉瀬雄一訳『コミュニティは創られる』八千代出版）

Coleman, James, 1988, "Social Capital in the Creation of Human Capital", *American Journal of Sociology*, 94: 95-120.（＝2006，金光淳訳「人的資本の形成における社会関係資本」野沢慎司編・監訳『リーディングス ネットワーク論―家族・コミュニティ・社会関係資本』勁草書房：205-241）

Delanty, Gerard, 2003, *Community*, Routledge.（＝2006，山之内靖・伊藤茂訳『コミュニティ―グローバル化と社会理論の変容』NTT出版）

Durkheim, 1912, *Les Formes Elementaires de la Vie Religieuse: Le Systeme Totemique en Australie*, Paris.（＝1975，古野清人訳『宗教生活の原初形態』上下，岩波文庫）

Gans, Herbert J., 1982, *The Urban Villagers: Groups and Class in the Life of Italian-Americans, Updated and Expanded ed.*, Free Press.（＝2006，松本康訳『都市の村人たち―イタリア系アメリカ人の階級文化と都市再開発』ハーベスト社）

Granovetter, Mark S., 1973, "The Strength of Weak Ties," *American Journal of Sociology*, 78: 1360-1380.（＝2006，大岡栄美訳「弱い紐帯の強さ」野沢慎司編・監訳『リーディングス ネットワーク論―家族・コミュニティ・社会関係資本』勁草書房：123-154）

Halbwachs, Maurice, 1950, *La Mémoire Collective*, Paris: Albin Michel.（＝1989，小関藤一郎訳『集合的記憶』行路社）

原武史，2012『団地の空間政治学』NHKブックス。

広田康生，1997『エスニシティと都市』有信堂。

―――，2003『エスニシティと都市〈新版〉』有信堂。

―――・藤原法子，2016『トランスナショナル・コミュニティ―場所形成とアイデンティティの都市社会学』ハーベスト社。

磯村英一，1960「団地社会形成の社会学的意義」『都市問題研究』117：3-16。

松本康，2014『都市社会学・入門』有斐閣。

Melucci, Alberto, 1989, *Nomads of the Present : Social Movements and Individual Needs in Contemporary Society*, Philadelphia: Temple University Press.（＝1997，山之内靖・貴堂嘉之・宮崎かすみ訳『現在に生きる遊牧民―新しい公共空間の創出に向けて』岩波書店）

―――, 1996, *The Playing Self : Person and meaning in the planetary society*, Cambridge University Press.（＝2008，新原道信・長谷川啓介・鈴木鉄忠訳『プレイング・セルフ―惑星社会における人間と意味』ハーベスト社）

中筋直哉，2023「都市社会学のコミュニティ論―その論理と現代的課題」金子勇編・吉原直樹編著『都市とモビリティーズ（シリーズ・現代社会学の継承と発展 3）』ミネルヴァ書房：109-150。

新原道信，1997『ホモ・モーベンス―旅する社会学』窓社。

西澤晃彦，1996「『地域』という神話―都市社会学者は何を見ないのか？」日本社会学会『社会学評論』47（1）：47-62。

奥田道大，1983『都市コミュニティの理論』東京大学出版会。

大塩俊介，1960「地域社会としての団地の性格」『都市問題研究』117：17-31。

大谷晃，2019「立川プロジェクトの展開―立川団地での『問い』の深化」新原道信編著『"臨場・臨床の智"の工房―国境島嶼と都市公営団地のコミュニティ研究』中央大学出版部：275-323。

―――，2020「『記憶』による都市コミュニティの統合―東京都立川市の都営団地の建替えと自治会再編」『地域社会学会年報』32：106-120。

―――，2022「現代における『地域コミュニティ』再編と担い手たちの『ローカルな実践』―都営『立川団地自治会』における参与的行為調査」中央大学大学院文学研究科 2021 年度博士論文。

阪口毅，2013「『都市コミュニティ』研究における活動アプローチ―大都市インナーエリア・新宿大久保地域における調査実践より」『地域社会学会年報』25：77-91。

───，2015「『都市コミュニティ』の創発性への活動アプローチ─大都市インナーシティ・新宿大久保地区の市民活動を事例として」『日本都市社会学会年報』33：191-211。

───，2018「書評　武岡暢著『生き延びる都市─新宿歌舞伎町の社会学』」『地域社会学会年報』30：123-124。

───，2019「立川プロジェクトの始動─新たな契約の行方」新原道信編『"臨場・臨床の智"の工房─国境島嶼と都市公営団地のコミュニティ研究』中央大学出版部：215-274。

───，2022『流れゆく者たちのコミュニティ─新宿・大久保と「集合的な出来事」の都市モノグラフ』ナカニシヤ出版。

佐藤良子，2012『命を守る東京都立川市の自治会』廣済堂出版。

園田恭一，1993「コミュニティ」森岡清美・塩原勉・本間康平編，1993『新社会学辞典』有斐閣：478-479。

立川市自治会連合会，1986『立川市自治会連合会二十年のあゆみ』。

武岡暢，2017『生き延びる都市─新宿歌舞伎町の社会学』新曜社。

玉野和志，2024「書評　祐成保志・武田俊輔編著『コミュニティの社会学』」『日本都市社会学会年報』42：165-167。

辻岳史，2022「流動する現代コミュニティを研究するための視角」『地域社会学会ジャーナル』8：25-31。

Turner, Victor W., 1969, *The Ritual Process: Structure and Anti-Structure*, Aldine Publishing Company, Chicago.（＝1996年，冨倉光雄訳『儀礼の過程〈新装版〉』新思索社）

Wellman, Barry, 1979, "The Community Question: The Intimate Networks of East Yorkers", *American Journal of Sociology*, 84: 1201-31.（＝2006，野沢慎司・立山徳子訳「コミュニティ問題─イースト・ヨーク住民の親密なネットワーク」野沢慎司編・監訳『リーディングス ネットワーク論─家族・コミュニティ・社会関係資本』勁草書房：159-200）

───, and Barry Leighton, 1979, "Networks, Neighborhoods, and Communities: Approache to the Study of the Community Question," *Urban Affairs Review*, Vol. 14, No. 3: 363-390.（＝2012，野沢慎司訳「ネットワーク，近隣，コミュニティ─コミュニティ問題研究へのアプローチ」森岡清志編『都市空間とコミュニティ　都市社会学セレクションⅡ』日本評論社：89-126）

Whyte, William Foote, 1993, *Street Corner Society : The Social Structure of An Italian Slum, Fourth Edition*, The University of Chicago Press.（=2000，奥田道大・有里典三訳『ストリート・コーナー・ソサエティ』有斐閣）

Wirth, Louis, 1938, "Urbanism as a Way of Life," *American Journal of Sociology*, 44, University of Chicago Press: 1-24.（＝2011，松本康訳「生活様式としてのアーバニズム」松本康編『近代アーバニズム　都市社会学セレクションⅠ』日本評論社：89-115）

吉原直樹，2018『都市社会学──歴史・思想・コミュニティ』東京大学出版会。

第 11 章
フィールドワークの "創造力"
——都市公営団地における "リフレクシヴな調査研究" の実践——

大谷　晃・阪口　毅

　調査対象の当事者における創造力を調査研究するということは，その創造のプロセスを理解するための認識の方法を研究グループ自身が創造しているのかという問題も含めてリフレクシヴにならざるを得なかった。この意味でのリフレクシヴな調査研究の在り方，自らが観察するものへの視線の在り方を自らにも向けるという在り方は，これまで異なる位相で行なわれた調査研究の歴史すべてに向けられ，これまで，そしてこれからの調査活動のプロセスすべてに対して，徹底的なリフレクションを求めることになる。

アルベルト・メルッチ「リフレクシヴな調査研究にむけて」
(Melucci 2000=2014：103)

1．はじめに——私たちは "創造力" を持ち得るのか

(1)　"リフレクシヴな調査研究" の実践をふりかえる——本章の目的

　学生と地域住民の協業に基づく調査研究プロセスにおいて，両者の認識と関係に変化が生じていくことに，いかなる意味があるのだろうか。本章の目的は，A. メルッチの "リフレクシヴな調査研究" の観点から，2010 年代半ば以降の「立川プロジェクト」の歩みをふりかえり，都営「立川団地（仮名）」と「中央大学の学生団体」という「構造的な差異」を抱えた二つの集団の間で，社会問題に応答する「創造的なプロセス」が生まれていくための条件をとらえるこ

468 第Ⅲ部 コミュニティに"出会う"

とにある。

メルッチによれば，近代社会科学の観察主体と対象の関係は二元論的なモデルで語られてきた。すなわち，客観的・中立的な視点を確保しようとする「距離を保つ」立場と，救済・伝道を前提に自らを「透明」な存在として介入・同化しようとする「距離を縮める」立場である。こうした二元論に対してメルッチは，社会調査を調査者と当事者（被調査者）との固有の関係性とみなす。調査者は独自の「動機」「目的」「経験」「認識」を資源として持つ一方で，当事者もまた自らの行為の意味を振り返り自覚的に行為するリフレクシヴな存在である。そして，個別具体的な調査プロセスにおいて，この両者によって結ばれなおす適切な「距離」の「間隔」を，「契約」のメタファーでとらえた。ここでいう「契約」とは，インフォームド・コンセントのように固定された目的や認識を持つ整合的な実体としての社会集団同士の取り決めではない。むしろ両者の相互作用のプロセスで各々の目的や認識は組み替えられていき，両集団の関係性のみならず，各々の集団の在り方そのものにも変化がもたらされるような再帰的な実践である（Melucci 2000=2014）。

ここから，メルッチが"リフレクシヴな調査研究"の重要なテーマとして論じる"創造力（creativity）"に関する論点が導かれる。すなわち，① "創造力"というテーマに関してシステム化された研究が可能か，概念設定そのものが矛盾ではないか。② 「きわめて内的かつ自発的，高度に主体的な活動である創造の要素」を，個々の実際の行為から析出し，プロセスを客観化することの困難。③ 研究グループは新たな知的認識を生産しているのか，それとも既に自分たちに埋め込まれているステレオタイプをなぞっているのか，ということである（Melucci 2000=2014）。

これらの課題に応えるために，メルッチは「当事者との対話や調査メンバー間の対話のなかで，解釈の配置換えをしていくことに対して開かれた理論（teorie disponibili）」，すなわち「創造のプロセスを理解するための認識の方法」も含めてリフレクシヴにとらえるための理論の構築を試みていった（Melucci 2000=2014：102-103）。彼はまた，主著『プレイング・セルフ』で「創造性の定

第 11 章　フィールドワークの "創造力"　*469*

義そのものが，社会的論争の的になっている」と指摘し，「問題の中に予め答えが含まれているような問題解決ではなく，新たな問いを立てることにこそ私たちの創造的な力を向ける」ことがますます求められていることを論じている（Melucci 1996=2008：196）。それゆえ，"リフレクシヴな調査研究" の実践をふりかえるという営みは，立川団地と立川プロジェクトとの協業による調査研究プロジェクトの単なる年代記的記述に留まるものではない。私たちがどのような社会的背景のもと，どのような社会認識を持ち，いかなる実践を試みてきたのか，それによって私たちはどのように関係性を結びなおしていったのか，そのプロセスの意味をとらえなおさなければならないのだ。

（2）　リフレクションの三つの観点——本章の射程

　本研究チームは既に，前作『"臨場・臨床の智" の工房』収録の「立川プロジェクトの始動——新たな『契約』のゆくえ」（阪口　2019）において，阪口が中心的にかかわっていた，2012 年の立川プロジェクト発足から 2015 年頃までのふりかえりを行っている。年中行事への参加をきっかけとして速やかに行事運営体制に組み込まれながら，学生団体と自治会組織という「ともに代替わりしていく集団間の協業」が成立していくプロセスが明らかにされた[1]。

　後述するように，2016 年以降には，初期立川プロジェクトが結んだ「契約」を土台に立川団地自治会と立川プロジェクトの協業体制がさらに深化していった。時に立川団地の「身内」として学生を語る言説が生まれ，時に団地自治会と立川プロジェクトに共通する担い手不足という課題をともに考える機会が設けられた。やがて団地自治会と立川プロジェクト双方において，学生が行事の担い手として参加することは自明のものとなっていった[2]。しかし 2020 年以降の「新型コロナウイルス感染症（以下，COVID-19）」[3] の感染拡大以降，年中行事がすべて中止になるなど，二つの集団は従来通りの活動継続が困難となり大きな変化を迫られていく。本章は前作の続編として，2016 年以降の立川団地と立川プロジェクトの協業のプロセス，とりわけ 2020 年以降の「コロナ禍」を経て両者の関係性および両集団そのものが再編されていくプロセスをモノグ

ラフとして記述するものである。

　本章の記述にあたっては，以下三つの観点を組み込んでいく。第一に，本研究チームにおいて重視してきた概念である「潜在性（latency）／可視性（visibility）」，「未発の状態（stato nascente）」との接続である。2020年以降の「コロナ禍」をきっかけとする劇的な変化の予兆は，それ以前から二つの集団の担い手たちに感知されていた側面がある。後述するように，問題を感知していたからこそ，2019年にはこれまでとは異なる活動を行うという動きもみられた。つまり，2020年以降の変化は，水面下で進行していた潜在的な問題が顕在化したに過ぎなかったのである。一方で，2020年以降に二つの集団に訪れた活動継続の限界は，そうした状況を認識するという行為のもとに，2022年には新行事の開催というかたちに結び付いていった。本章では，このような「潜在性」と「可視性」の循環の観点から，調査研究プロジェクトのプロセスをとらえていく。

　第二に，既存の社会調査・フィールドワーク論との接点を考えておきたい。社会調査のプロセスにおける調査者と当事者（被調査者）の関係性を問うたのが，1970年代の似田貝香門と中野卓の議論である（似田貝－中野論争）。高度経済成長期の住民運動を目の当たりにし，構造分析から支援を伴う関与型の調査に移行していった似田貝は，「見せかけの人間関係」と断じた近代社会科学の調査者-被調査者関係に対して研究者が運動に対して直接的にコミットメントする「共同行為」というコンセプトを提示した（似田貝 1974：2-6）。一方で，日本の同族団，生活史研究の基礎を確立していった中野は，「異質性の認識こそが異る（ママ）の間の協力のための根底」になると反論する（中野 1975b：30）。両者の議論の焦点を，「構造的差異の乗り越え方」＝「共同行為」はいかにして成り立ち得るのかという点に整理した人類学者の松田素二は，民俗学・人類学の「心と生活感覚で接近する回路」による分析的理性とは異なる「もうひとつの認識世界」の可能性に言及している（松田 2003：511）。本章の記述は，言い換えれば，「構造的差異」（中野卓）を抱えたままの「共同行為」（似田貝）の条件を，調査研究にかかわる二つの集団自体の変化と，両者の関係性の変化

を描き出すことによって明らかにするものである。

　第三に，大学と地域の協業による調査研究の意義を，両者の間で新たな認識や方法が生み出されていくプロセスとしてとらえる。ボストンのイタリア系コミュニティにおける参与観察調査を行った W. F. ホワイトは，その後の調査から展開した「参与的行為調査（participatory action research）」を提唱している。これは，「調査者が研究対象の組織のメンバーを招き，データの収集と分析を通しての調査計画や，調査での発見を実際に適用していくという研究のプロセスのすべての段階において，共に参加し研究する方法」（Whyte 1993=2000：358）である。本研究チームは，こうした調査プロセスを通じて，後にホワイトがアメリカ社会学会の会長就任演説で述べた「社会的発明（social invention）」（Whyte 1982=1983）が両者の間に生み出されることを企図している[4]。これは言い換えるならば，「構造的差異」を抱えた二つの集団が，共通性のある問題を抱えながら補い合う実践を通じて，社会問題に応答する新たな認識と方法を生産していくプロセスをとらえるということである。

　本章では，以上の三つの観点を踏まえ，2016 年以降，立川団地自治会と立川プロジェクトの協業体制が自明となった時期に中心的にかかわってきた筆者（大谷）と学生の調査日誌（フィールドノート）を主なデータとし，以下の問いに答えていく。① 2016 年以降の団地自治会と立川プロジェクトという各々の集団内部，および両者の間には，活動の継続をめぐっていかなる潜在的な問題があったのか。② 各々の集団と，両者の関係性はどのように変化していったのか。③ 二つの集団は互いの間にある構造的差異，および共通する問題をどのように認識し，どのように補い合おうとしてきたのか。これらの問いかけを通じて，社会問題に応答する新たな認識と方法を生産していくプロセスが生まれるための，調査研究プロジェクトの条件をとらえていきたい。私たちは「コロナ禍」を経て，「新たな契約」を結びなおすことができるのだろうか。

472 第Ⅲ部 コミュニティに"出会う"

2.「新たな契約」の行方
──「代替わり」後の協業の可能性と困難

(1) 2つの「代替わり」

「会長」の交代

2015年4月19日，立川団地自治会の「定期総会」が行われた[5]。この日，100名程度の自治会役員，「代議員（議決権を持った各号棟の代表）」となる住民が集まるなか，1999年から16年間にわたり自治会長を務めたStさんが職を退いた。

> 「日曜日の忙しい中，ありがとうございます。15年間，平成11年からやってきましたが，長い道のりで，難問の連続でした[6]。この間に，438人の方を見送っているんですね。それだけの仲間が天国に召されました。大勢の人に助けられ，支えられて，やってくることができました。より良い自治会にするために，みなさんの声を届けてもらい，少しでも寄り添おうとしてきました。いろいろな社会がありますが，私がめざしてきたのは臨床社会というものでした。人に寄り添う，社会に寄り添う，少しでも心の通う，そんな社会をめざしてやってきました。」(2015年4月19日：大谷の日誌)

St会長の挨拶に対して，会場からは割れんばかりの拍手が送られた。1年間の事業報告，決算報告を経て，新役員が発表された。通常通り議事が進行されていく一方で，質疑応答のなかで「16年間自治会長をやられてきたのは大変，すごいこと。St会長から頂いた温情に少しでも報いることができないか」といった区長の発言もあり，会場はSt会長への感謝や労いのムードに溢れていた。そんななか，新役員が発表され，全会一致で承認。新会長に就任したHsさんが，緊張した面持ちで登壇した。その第一声は，「Stさんがいいことを

第 11 章　フィールドワークの"創造力"　473

言ったので，あまり言うことはないですけど」であった。

　　「St さん以上のことはできないですけど，新しい『三役』[7]で協力してやっ
　　ていきたいと思います。仕事があるので，平日は St さんのように団地に
　　いません。何かあったら，副会長の Hg（夫）さん，Sd さんにご連絡いた
　　だければと思います。」
　　　　　　　　　　　　　　　　　　　　　（2015 年 4 月 19 日：大谷の日誌）

　St 前会長を中心に築かれた自治会組織を継承し新会長に就任するという重
責を感じていたのだろう。また，Hs 会長は土木・建設等を手がける会社を自
ら営んでいるという立場もあり，平日は自治会活動に時間を割けないという事
情もあった。それでも，会場からは激励の大きな拍手が送られた。
　会議を終えた後の懇親会の場，ここでも St 前会長がこれまでの活動を振り
返る発言に皆が聞き入った直後に，Hs 会長の挨拶が回ってきた。苦笑いを浮
かべながら，「えー，前会長が良いことを言ったのでもう言うことがないので
すが」と総会の時と同様の「つかみ」を Hs さんが話し出すと，会場内が
「ドッ」と沸いた。「前会長以上のことはできませんが，その，（指でつまむよう
な仕草をしながら）ほんの 100 分の 1 くらいのことしかできませんが」と続ける
Hs 会長に対して，「大丈夫だよ！」「よろしくね！」などと周りから声がか
かった。気持ちよさそうな赤ら顔になりながら，ずっと役員席の前で正座をし
て聞き続けていた「区長」[8]の一人も，「Hs さん，大丈夫ですよ。大丈夫です
よ」と言い続けていた。
　「ほんの 100 分の 1」。筆者もその場に居合わせていたが，この言葉が当時の
団地自治会の人々にとって，非常に心強く響いていることを感じていた。St
前会長という，長年を自治会活動に捧げ，全国的に注目されるコミュニティ活
動にまで育てた人物の会長職からの勇退。自治会組織にとっても，これまで活
動をともにしてきた人々にとっても，大きな意味を持っていたに違いない。た
だ，それ以上に，「今まで通り」でなくとも，形を変えながらでもこれまでの
活動が続いていくのだという予感を，その場をともにしていたすべての人が共

474 第Ⅲ部 コミュニティに"出会う"

有しているように思われた瞬間であった。

「リーダー」の交代

　同じく2015年，立川プロジェクトも大きな転機を迎えていた。2012年の立川プロジェクトの立ち上げ期は，指導教員であった新原道信や，阪口ら当時の大学院生たちが中心となり，立川プロジェクトが運営された。阪口（2019）は，このタイミングでプロジェクト立ち上げが可能だった理由として，中央大学内の学部横断プログラムが設置されたことに伴い「新原ゼミ」に所属する学生が大幅に増加したこと，またそうした「拡大ゼミ」を支える大学院生や共同研究者たちが存在したことをあげている。

　とりわけ，初期立川プロジェクトにおける阪口の貢献は，その前身である「湘南プロジェクト」[9] に関与した経験や，個人研究のフィールドであった新宿・大久保地域での参与観察調査から得た知見を，ともに活動することを通じて学部生たちに伝達したことにある。たとえば，2012年に初めて参加した「立川団地運動会（以下，「運動会」）」や「立川団地夏祭り（以下，「夏祭り」）」で得た知見をどのように分析するかという点では，資源の流れや担い手の布置連関を行事ごとに比較する視点を導入した[10]。また，フィールドワークを行う上での心構えという点では，湘南プロジェクトにおける「失敗」や，大久保地域で外から視察・取材などに来る調査者たちを目撃してきた経験から，行事の「舞台裏」への想像力を学生たちに伝えた（阪口 2019）。これらは，阪口にとっては博士論文を書きあげるために，新宿・大久保地域とは異なる地域で自らの分析枠組みを磨いていくプロセスでもあったのだが，大谷をはじめ当時の学生たちへの影響力は大きかった。

　阪口はまた，St会長時代から当時の行事運営を取り仕切っていた副会長のHsさんに「リーダー」と呼ばれ，立川プロジェクトの実質的な代表として認識され連絡・調整役を担っていた。2015年になると，阪口が博士論文執筆の準備に入り，立川プロジェクトの世代交代を明示的に行っていく必要が生じていた。一方で大谷は修士課程2年目であり，翌年には博士課程への進学が控え

ていた。そして Hs 新体制における最初の行事であった「運動会」の反省会の場において，次のようなやり取りがなされた。

> 19 時頃，一次会はお開きになる。簡単な片付けを手伝う。トイレから出てくると，Hg さんと Hs さんが煙草を吸っていた。「僕はあと 1 年で卒業しますけど，今年は 2 年生たちも多く来てくれたので，また 2 年くらい同じ人が来てくれると思います。大谷はあと 3 年はいますから，もし何か必要なことがあれば，大谷！大谷！って言ってもらえれば大丈夫ですから，これからもよろしくお願いします」と伝える。Hs さんは，「よしよし，わかった」と悪戯っぽくニヤッと笑った。固く握手を交わす。
>
> （2015 年 6 月 14 日：阪口の日誌）

　こうして，立川団地自治会と立川プロジェクトという二つの集団で，同時期に「会長」と「リーダー」の交代が起こり，新たな「契約」の行方は次世代に託されていったのであった。

(2) 「新たな契約」の可能性

砂川地域への展開

　2016 年 6 月，毎年恒例となっていた第 16 回目の「運動会」が行われた[11]。早朝から雨が降り続いた天候だったものの，その後の予報も参考にした役員協議の結果，1 時間遅れで開催となった。

　事務局の Sk さんは，携帯電話で各所に電話をかけ始める。副会長の Hg（夫）さん，体育部長の Se さんは，何度か校庭の地面の状態をチェックして回っていた。「砂川地区子供会連合会（以下，S 連）」の役員を務めている Ns さんは自身のネットワークを用いて「俺連絡しておくよ！」と市議会議員など来賓の人たちへの連絡を取り始めた。各自がその場で「役割」を果たしながらも，時間が余ると，団地自治会の人々と「中大生」[12] が入り混じって別の話を始める。待機時間が発生したことで，この日の朝はいつも以上にゆっくりとし

476 第Ⅲ部 コミュニティに"出会う"

た時間が流れていた。一時解散となった後も残っていた協力員の男性二人は，私たちに唯一中止になった際の「運動会」の話をしてくれた。「あの時は水たまりができてたから」「今年は大丈夫だろ」と「運動会」の歴史をふりかえりながら話す。ふと，「本当に助かるんだよ，若い人が来てくれて」と私たちの方を向きながら言った。

　既に「中大生」が立川団地に通い始めて4年が経っていた。この年の「運動会」における「中大生」の参加者は14名であり，運営に必要な各係に配置されるようになっていた。阪口（2019）は，「中大生」が通い始めてから3年後には，団地住民の語りのなかで東日本大震災の避難者たちを受け入れた時期と重ねられ，「中大生が来た頃」が歴史になっていたと述べている。この頃，自治会三役のみならず協力員などの一時的な手伝いとしてかかわる人々まで含め，「中大生」は年中行事において自明の存在になっていた[13]。

　この2016年の「運動会」の反省会にて，「中大生」は「運動会」の運営責任者の一人である体育部長のSeさんから，砂川地域で行われるソフトボール大会へと誘われた[14]。実際に，当時大学院生であった筆者と本書第4章の執筆者である鈴木将平の2名が参加したが，それでも人数が足りず近隣の自治会チームや運営から人手を借りることになった。運営団体である「砂川スポーツクラブ」は1978年に発足し，砂川地域の体育・スポーツ活動を担ってきた。町内会・自治会などの地縁団体との連携も密であり，対戦相手のチームは地区の消防団を中心としたチームであった。また立川団地チームが使っていたバットのなかには別の自治会の名前が刻まれていた[15]。チームの統廃合を繰り返しながら現在まで続いてきた活動の歴史の一幕に，「中大生」が足を踏み入れた瞬間であった[16]。

　砂川スポーツクラブは，1978年の発足以来2019年まで，毎年秋に「町民体育祭」を開催してきた[17]。これは，立川団地を含めた砂川地域の五つの自治会がチームをつくり，チーム対抗競技を行う行事であった。チーム（自治会）対抗競技のほかにも，自由参加競技，砂川スポーツクラブ内のサークル対抗競技などが設けられており，地域の少年野球チーム，サッカーチーム，中学校の陸

上部などが参加する。運営側にも，子供会連合会や青少年健全育成会のメンバーが加わり，来賓には国会議員，都議会・市議会議員，小中学校の校長，地域諸団体の代表が顔を出す。砂川地域をあげての一大行事である。

「中大生」は，上述のソフトボール大会に続き，立川団地チームからの参加者として，この「町民体育祭」にも参加することとなった[18]。立川団地チームは，毎年5位（最下位）が定位置となっていたが，毎年常連の30代，40代の父親たちは必ず「優勝する」というこだわりを持っていた。「中大生」もその熱に浮かされ各競技の勝敗に一喜一憂という，不思議な絆が生まれていた。「3位以上になったら反省会で飲ませてあげるから！」と事務局のSkさんに言われたこともあったが，結局4位が最高順位であった。

こうして，「中大生」は「立川団地の若い者たち」というかたちで，砂川地域に顔が知られていった。もちろん「中大生」は立川団地の日常においては不在である。しかし団地行事において「中大生」の存在が常態となっていたがゆえに，砂川地域との関係においてはあたかも立川団地の一員であるかのように扱われていったのである。

子どもを軸とした活動への展開

「町民体育祭」に初めて参加した2016年，隣接学区の「K小学校」の特別支援学級支援員のアルバイトをしないかとSt前会長から誘われ，大谷が単独で週1回のみのボランティアのかたちで参加することとなった。特別支援学級という現場にはじめは戸惑い，どのようにその場で動くことができるのかを探る時間が続いたため，約2年間，週1回通って残せた記録は手元にない。ただ，その後も2名の院生が通うようになり，本書第6章の執筆者である利根川健が支援員として正式に勤務し続けている。

2017年には，砂川地区の子供会連合会であるS連が毎年夏に八ヶ岳山麓で行う2泊3日のキャンプ（以下，「八ヶ岳キャンプ」）への参加が始まった。声を掛けてくれたのは，立川団地自治会の「運動会」に協力員として毎年参加していたNsさんだった。砂川地域では，「S連の会長を経験した人物はそれぞれ

の自治会で会長になったり，スポーツクラブの会長になる」[19] といった証言があるほどに，子供会組織とのつながりが重視されていた[20]。砂川地域内のファミリーレストランで Ns さん，同じく S 連で会長などを歴任した Fg さんと，「八ヶ岳キャンプ」の打ち合わせを行ったときのことである[21]。「八ヶ岳キャンプ」で利用するキャンプ場内の道の補修について，「Hs さんに頼んで，トラック出してもらって砂利運んで，安くやってもらったよ」と Fg さんが笑いながら話していた。聞けば，もともとキャンプで使っていた市の山荘が使用できなくなり，代わりのキャンプ場を見つけたものの道が崩れていたために，自分たちで直せばいいのかと管理者に交渉し，S 連のメンバーではないにもかかわらず Hs 会長に依頼したのだった。S 連の活動は，団地自治と子供会という組織的な協力のみならず，個人的なネットワークと「持ち出し」によって運営されていた[22]。

　「八ヶ岳キャンプ」をはじめとする S 連の活動は，異年齢集団による社会教育の場になっている。活動の主な参加対象は，小学校 4 年生〜6 年生までの子どもたちで，彼らは「メンバー」と呼ばれる。この「メンバー」たちに活動を楽しみつつ成長してもらうために，様々なレクリエーション活動や備品の下準備などを行うのが，中学生〜高校生までの「ジュニアリーダー」たちである。彼らもまた，大学生から社会人若手の「青年リーダー」や大人たちに見守られながら，集団運営の難しさと楽しさを学ぶ[23]。そして，「メンバー」のなかから次世代の「ジュニアリーダー」が，「ジュニアリーダー」のなかから次世代の「青年リーダー」や大人たちが排出されていくという，循環的な構造を持っている。そのため，S 連関係者たちには家族単位でかかわっている人たちも多い。

　立川プロジェクトの学生たちは，この「八ヶ岳キャンプ」への参加と同時期に，他の子どもたちの地域教育に関する行事の手伝いにも参加していった。そして，立川団地内の児童館の宿泊行事，砂川地域内の自治会夏祭りにおける子ども神輿の運営など，どこに行っても「ジュニアリーダー」たちは手伝いをしていた。「ジュニアリーダー」たちは，砂川地域のなかで年下の子どもたちの

面倒を見つつ，自らも学び成長していくという在り方を示しており，「子ども」をテーマに砂川地域にさらにかかわろうとしていた立川プロジェクトの学生たちにとって，一つの「ロールモデル」になっていた。一方で学生たちは，「ジュニアリーダー」たちから見れば「お兄さん」「お姉さん」であり，相談を受けたり頼られることもあった。このような「ともに学び合う」関係のなかで，学生たちは「地域で子どもが育つ」ということの意義を学んでいった。

協業体制の深まり

　2018 年 11 月，第 12 回となる「防災ウォークラリー」が行われた[24]。例年，ラリーに参加する参加者たちは「常連」が多いのだが，この年もいつもの顔が目立った。一方で，参加者（チーム）数は 30 前後と，初めて「中大生」が参加した 2012 年の 63 チームに比べ半分ほどになっていた。この日の反省会の席で，St 前会長が「参加する人数が少なくなっている。来年は違うものをするのはどうかという意見もある。1 ヶ所に集めればそれは訓練になってしまう。たとえば 4 つのゲームを校庭に集めるなどの案がある」と発言した。これを皮切りに，「ずっとスタッフだったからまだ参加したことがなく，来年もやってほしい」といった意見が「子育て支援団体 M」の女性たちからも出され，翌年もひとまず継続しつつ行事の形式を再検討していくことになった。

　翌 2019 年 2 月，Hs 会長より「St さんの家でご飯でも食べながら相談したいことがある」という電話があり，立川団地内の St 前会長の自宅に大谷と利根川が出向いた[25]。おそらく行事の再編に関することだろうと推測していた。St 前会長お手製の食事を，St さんの夫，事務局の Sk さん，Hs 会長と囲みながら頂いた後，「さて，そろそろ話すか」という Hs 会長の一言で，自治会新行事に向けた打ち合わせが始まった。

　　「去年頃から話に出たんだけど，「防災ウォークラリー」も始めて 10 年以
　　上経って，どうしても参加者も減ってきてる。このまま続けるのはなかな
　　か難しいってことになって。それで，新しい企画を立てるのに，ぜひ「中

大生」からも意見をもらって，できれば行事の企画の中心になってもらえればと思ってる。今年が難しければ，来年の行事に合わせて考えていければな。」

(2019 年 2 月 28 日：大谷の日誌)

　これまで「中大生」は，準備段階から行事にかかわることはあったものの，あくまで既存の行事の「お手伝い」の枠を超えることはなかった。しかしこのとき初めて，行事の企画段階から中心的にかかわってほしいというメッセージが発せられたのだった。

　同時に，当時の G 中学校の校長先生と生徒会委員が地域にかかわる活動に積極的であり，行事運営に巻き込んでいきたいという企図も共有された。St 前会長や Sk さんは，S 連の活動を回顧しながら，「子どもはやりたいことから考えるからね」(Sk さん)，「初めてジュニアリーダー制度ができたとき，その記念に何かやろうってことになったんですね。それで，子どもたちから何をしたいか募ったら，街をきれいにしたいっていうのが出てきて。ちょうど 5 月 30 日だったから『ゴミ 0 運動』っていうのが立ち上がったんですよ」(St 前会長) と話してくれた。

　自治会行事の担い手として，「中大生」に加えて G 中学校の中学生たちが見出された背景には，立川団地が抱えていた地域社会構造上の問題が存在していた。「団地は高齢化社会で，今はもう 60 歳以上が 45％ を超えたから，この地域には何がいいんだろうということを考えてもらえればと思います。高齢者と子どもをつなげるような行事にしたいと思っています」と，St 前会長は大谷らに投げかけた。この日のやり取りでは，それまでのような人員の提供というかかわり方のみならず，「若者としてのアイディア」や「地域にいい（合った）」知恵を出してほしいといった要望が出されていた。新たな地域課題に応答する方法の創出（＝「社会的発明」）をともにしてほしいという，新たな立場が求められるようになったのである。その後，まずは企画会議を自治会三役，G 中学校の生徒，立川プロジェクト代表の 3 者で協議しながら進めていくことになった。実際には，G 中学校の生徒代表との予定が合わないという事情によっ

第11章 フィールドワークの"創造力" *481*

て，打ち合わせは実現しなかった。しかし，自治会行事の見直しを共にするというかたちで，二つの集団の協業体制が新たな段階に入ったのは確かであった。

同年，S連からも同様のことが求められた。2019年の「八ヶ岳キャンプ」の後，長年S連の活動にかかわってきたFjさんから，「キャンプも素晴らしいけど，ジュニアたちにアカデミックなことを体験させてあげたい。新しいジュニア獲得の可能性を広げたい」という相談を受けた。S連もまた，新たなジュニアリーダーの担い手が不足しており（この年の中学生のジュニアリーダーは3名のみだった），役員たちは活動継続に危機感を持っていた。「中大生」はこの年で4回目の「八ヶ岳キャンプ」参加となり，6名が参加したことで，「班つき」スタッフという子どもたちの活動を直接見守る役割を担った。これも従来はジュニアリーダーの役割であった。既存のキャンプを手伝うだけでなく，ジュニアリーダーたちの新たな学びの場を提供するという，新たな関係性が求められたのである。

このFjさんからの相談を受けて企画したのが，2019年10月に行われた「S連・中大生1日体験ゼミ」であった[26]。S連の人たちに大学キャンパスに来てもらい，屋外広場で弁当を食べたのち，教室にてゼミ形式のディスカッションを体験してもらうというものであった。お題となったのは，「S連と立川プロジェクトに人を呼び込むためにはどうすればよいか」というものであった。立川プロジェクトもまた，拡大した活動のなかでどのように持続性を担保していくのか，共通した悩みを抱えていたのであった。

2019年は，立川団地自治会やS連と立川プロジェクトという集団の間で，新たな協業体制が構想されていった年であった。立川プロジェクトの学生たちは，はじめは既存の行事に対する「お手伝い」として組み込まれ，年を経るごとに立川団地や砂川地域諸団体とのかかわりを深めていった。しかし，この年には団地自治会とS連の双方から，「社会的発明」を共にする関係が明示的に求められるようになっていた。

立川プロジェクトから生まれた作品群

　立川団地やＳ連などの砂川地域諸団体との協業体制が深まっていくなかで，立川プロジェクトのなかから立川団地や砂川地域を対象とした研究成果が生まれていった。

　本書第４章の執筆者であり立川プロジェクトの中心的な担い手であった鈴木将平は，砂川地域へと活動が展開していった時期に，立川団地西側の基地跡地のフィールドワークを行い，軍需工場の工具のために建てられた八清住宅と出会った。その成果は「立川プロジェクトからの展開――戦時下の昭島市域における『八清住宅』と人々の移住」（『“臨場・臨床の智”の工房』所収）としてまとめられており，名古屋からの軍需工場移転や小河内ダム建設計画に伴う移住といった，「帝都」の「防衛網」と「御用水」の構築をめぐる人々の移住が，八清住宅という場で交わっていることを明らかにした（鈴木 2019）。八清住宅と同じように，複数の地域からの移住によってつくられてきた立川団地の歴史をとらえなおそうとする作品であった。

　2017 年度に卒業した Ｏ さんは，「八ヶ岳キャンプ」に「中大生」から初めて参加した一人であり，２年生から３年間にわたり立川プロジェクトにかかわった。彼女の卒業論文となった「『コミュニティ』における自治会の役割――東京都都営立川団地を事例に」では，東日本大震災の避難者の人々がいかにしてコミュニティに溶け込んでいくのか，受け入れ側のコミュニティの条件とは何かを，団地自治会の取り組みから明らかにした。３年間の参与観察の知見のみならず，大谷と共同で行った，自治会長，事務局，避難者の夫妻へのインタビュー調査のデータが用いられている。富士山の麓にある富士河口湖町出身であるＯさんにとって，この論文は，噴火災害への危機意識を常に抱いている自分自身の問題意識を，立川プロジェクトを通じて深めていくものとなった。

　2019 年度には，Ｉさんと Ｒ さんの２名が立川団地や砂川地域の子どもを題材に卒業論文を執筆した。Ｉさんの「相互行為による自己形成への自覚の考察――立川市『Ｓ連』への参与観察を通じて」は，「八ヶ岳キャンプ」をはじめ

としたS連の活動にかかわった視点から，「ジュニアリーダー」たちのアイデンティティ形成のプロセスを考える作品になっていた。また，Rさんの「子どもがいることで地域に与える影響に関する考察——『子ども観』についてのインタビュー調査を中心として」は，立川団地の子育て支援団体Mのメンバー，および八王子市の子ども食堂を運営する団体の関係者へのインタビュー調査から，子どもという存在への社会のまなざし，そして子どもから受ける影響を考察したものであった。Rさんは，「自分にとって一生考え続ける人生のテーマになった」と卒業論文のあとがきに書き残してくれている。

　筆者の1人である大谷は別稿にて，立川プロジェクトの活動が自治会行事の「舞台裏」や，砂川地域諸団体とのかかわりへと展開していったことに伴い，筆者自身の問いもまた「深化」していったことを述べた（大谷 2019）。2015年度に修士論文を執筆した時点では，4年間の参与観察調査から得られたデータを単に並置したに留まっていた。立川プロジェクトの展開に伴って様々な活動に参加し，様々な場に居合わせるなかで，モノグラフとして構成するのに必要なリサーチ・クエスチョンが定まっていった[27]。

　立川プロジェクトの活動が展開し拡大していく時期に参加した学生たちは，それぞれの生い立ちや素朴な問題関心から出発し，立川団地や砂川地域での活動を通じて，地域課題に共に応答しようとするなかで，自らにとっての探究すべき問いを見つけていったのである。

(3)　立川団地と立川プロジェクトの抱えていた潜在的な問題

年中行事に支えられた組織構造

　さて，ここまで立川団地自治会や砂川地域諸団体と立川プロジェクトの間で，2016年以降に協業体制がいかにして深まっていったのかを述べてきた。一方で，前項でも触れたように，団地自治会の高齢化やS連における担い手不足の問題が浮上していた。新行事の企画や「1日体験ゼミ」といった団地自治会やS連との新たな協業は，潜在的な問題の「裏返し」でもあったのである。

484 第Ⅲ部 コミュニティに"出会う"

　団地自治会における年中行事の担い手不足は，単に行事運営が滞るという問題ではなく，年中行事を欠くと日常的な自治会活動の維持が困難になりかねないという問題であった。第10章で論じたように，立川団地の年中行事は，新たな担い手との出会いやネットワーク形成，諸組織・集団の連関を生み出すという機能を有していた。そして，1990年代半ばの建替え以前からの「旧住民」のネットワークと，建替え後に形成された「新住民」のネットワークに代表されるように，複数の文脈を持つ住民たちの関係を「橋渡しする」仕掛けでもあった。あるいはまた，協力員などの当日ボランティアや，一般参加の住民たちにとっても，行事を支える隣人たちを横目に，「向こう三軒両隣」や「困ったときはお互い様」といった自治会理念を「追体験」する機会となっていた。ゆえに，立川団地自治会にとって年中行事を支える担い手や参加住民が減少することは，単に親睦の場が失われるだけに留まらない深刻な問題となっていた。

　また，このような年中行事をとりまく運営体制は，St前会長を中心とした建替え後の自治会再編のなかで生み出されていったが，それに代わる対応策を見出せなくなっていたのも大きな課題であった。年中行事を支える担い手や参加者の減少，高齢化の問題は，「若年夫婦・子育て世帯向（定期使用住宅）」制度や，入居者の個人情報保護など，行政の政策からも大きな影響を受けていた。これにより，現役子育て世代が年中行事の担い手や参加者として定着しづらくなり，また団地自治会側からのアクセスが困難な住民層が増大するといった問題が生じた。

　こうした諸問題に対して，この時期の団地自治会が持っていたのは「運動会」の競技要綱を見直したり，あるいは先述したように新行事を企画したりするといった処方箋であった。個々の会議や打ち合わせの時間では，団地自治会の担い手たちは知恵を持ち寄り，懸命に話し合いを続けた。しかし，建替え後にSt前会長たちが行った自治会改革のように，新たな住民層を巻き込んでいくようなかたちでの関係性の再編に至ることはなかったのである。

リフレクションの変質

　立川プロジェクトの側でも同様に，コアメンバーの減少，世代交代に伴う活動の持続性の問題が顕在化してきていた。様々な活動へと展開した立川プロジェクトの舵取りを今後どうしていくのかも議論された。しかし，より根本的な問題として生じたのが，立川プロジェクトにおけるリフレクションという行為の質が変化したことであった。

　2015年頃までの初期立川プロジェクトは，阪口ら院生たちにリードされつつ，初めて訪れる立川団地というフィールドにどのようにかかわるのか，最低限の緊張感が学部学生まで共有されるかたちで進められた。また，実際に団地の年中行事に参加するなかで書かれたフィールドノートは，教員・院生・学生同士で厳しくチェックをし合い，複数の視点で得られたデータから行事の担い手の布置連関をマッピングするなど，分析的なリフレクションが進められた。この時の分析の基準は必ずしも明示的ではなかったものの，阪口の「活動アプローチ」をはじめ，別のフィールドで院生たちが培ってきた調査の手法，分析の指標・枠組みが参考にされていたことは明らかであった。

　2016年度以降の立川プロジェクトにおいても，一方では立川団地の「外」の砂川地域へと視点が移り，砂川地域の歴史や文化，住民層の構成をとらえようとするような共同研究が生まれつつあった。また，立川プロジェクトに参加した個々の学生たちに対しては，自身の問題関心を見つけ深めるための機会はこれまで以上に多く提供されていた。2016年から始まった「忘年会」と称した自治会三役と「中大生」の交流の場では，毎年必ず「中大生」によるその年の活動報告が行われるようになっていった。

　他方で，既に述べたように，団地自治会とのかかわりが自明なものとなりつつあったのもこの時期であった。参加した個々の行事について毎回必ずリフレクションの場をつくるという所作は失われていなかったが，単に事実確認を行うことで時間切れになってしまうことが多くなっていった。この傾向は学生たちが参加する活動の数が急激に増加していったことの影響が大きく，2017年にS連の活動に参加するようになって以降，より顕著になっていった。毎回

の話し合いの時間は，次の行事の準備や調整などの打ち合わせに費やされるようになり，やがて個々の行事のフィールドノートの記録すらも抜けが多くなっていった。

　問題の根源は，団地自治会や地域諸団体とのかかわりが自明視されていったことにより，いわば「構造的な差異」への認識が，大谷をはじめとする院生・学生たちのなかで薄まっていってしまったことにあった。かつて W. F. ホワイトが論じた「観察なき参与」（Whyte 1993=2000）の極に近づきつつあり，そのことを自覚しながらも抜け出せずにいたのであった。立川団地の年中行事運営に学生たちが不可欠な存在となっていったように，立川プロジェクト側も年中行事をはじめとする自治会活動に依存していったのである。

　以上に見てきたように，団地自治会や砂川地域諸団体と立川プロジェクトは，構造的に引き起こされる担い手不足の問題と，集団間の関係性が自明視されていくことによる分析の視点の欠如という課題を抱えていた。前項で述べた協業体制の深まりは，潜在的な危機を課題として認識していた集団間において，新たな「場」をともに生み出すことで課題に対応していこうとする意図のもとに進められていた。行事の「反省会」や「競技要綱改定会議」，「忘年会」での報告，論文執筆などを通じて，「新たなリフレクションの場」が設けられていた。ここで言う「新たなリフレクションの場」とは，新行事や新企画の具体的な計画を立てることで，手元にある互いの資源の限界と可能性を見直し，新たな関係性を結びなおす試みであった。こうして，新たな行事をともにつくりあげるという「契約」が立ち上がろうとしていたのである。

3．顕在化した「共通の問題」——「コロナ禍」の団地と大学

（1）　不可視の団地自治会——役員会の紛糾と年中行事の途絶

役員会の短縮

　2020 年，中国武漢市で前年に発生した COVID-19 の感染拡大に世界中が揺

第 11 章　フィールドワークの"創造力"　487

らいだ。急速な感染拡大は，都市のロックダウンをはじめ人々の社会的活動を
大きく制限した。また，感染源やワクチン開発をめぐる国際政治的な闘争が繰
り広げられ，様々な偏見や差別といった社会的矛盾が露わになった。2012 年
より協業を続けてきた立川団地自治会，砂川地域諸団体と立川プロジェクトも
また，大きく活動を制限せざるを得ない状況に直面した[28]。団地自治会および
立川プロジェクトは，「コロナ禍」をいかに体験し，いかなる困難に直面した
のだろうか。当時のフィールドノートと活動記録をもとに記述していく。

　2020 年 6 月，団地自治会の新年度初の「役員会」[29]が行われた。例年よりも
2 ヶ月遅い開催となった。東京都下の多摩地域でも感染拡大が進み，マスク着
用と消毒を徹底し，間隔を取るためにいつもより広い集会室を使用して行われ
た。自治会長の Hs さんの挨拶で会が始まった。

　　「4 月から役員会，総会と新型コロナウイルスの影響で実施出来ませんで
　　した。例年なら総会で三役を選考委員会から発表してもらうところでした
　　が，今年は紙面でみなさんに承認してもらい，今年も同じメンバーでやっ
　　ていくこととなりました。この状況で大変なことも多いと思いますが，区
　　長さんたちの活動も三役としてサポートしていきたいと思っております。
　　何かあったら遠慮なく言って下さい。あと，この人数で長時間会議してい
　　るということになるとまずいので，報告事項は省略させてもらいます。ま
　　た後ほど説明します。」　　　　　　　　　　　　（2020 年 6 月 16 日：大谷の日誌）

　第 10 章でも述べたように，役員会の場は三役たちから区長たちへの助言に
よって共同問題の解決策が講じられたり，「井戸端会議」が始まったりするこ
とで問題が共有されつつ近隣の区長と顔見知りになる，といった機能を持って
いた。しかし，これ以降の役員会では，全体の時間短縮のために必要な協議を
行うのみのかたちで運営せざるを得なくなった。また，東京都の要請に応じ
て，地域行事の一斉の自粛が砂川地域諸団体の協議によって決定された。「運
動会」「夏祭り」「防災ウォークラリー」などの自治会行事や，砂川地域諸団体

主催の行事も軒並み中止となったため，団地住民たちの関係を築くことも難しくなっていた[30]。

そのような状況下でも生活上の「悩みごと（trouble）」が「問題（issue）」として共有されていく仕組み[31] そのものは，なんとか維持しようと試みられており[32]，例年と変わらない数（平均して月30～40項目ほど）の報告事項があった。しかし「コロナ禍」において，住民同士の騒音等のトラブルや「いたずら」，家庭内の不和や事件性も疑われるような問題の割合が，明らかに高くなっていた。2020年6月から8月の役員会を例に，問題としてあげられていた事項を列挙すると，以下のようなものがあった。「駐輪場で騒いでいる人がいる」，「ピンポンダッシュの被害があった」，「壁に落書きが見つかった」，「上の階から自転車が投げ落とされる」，「夜中に留守した間に玄関ポストの内側にボイスレコーダーを仕掛けられた」，「ゴミ集積所の緑の袋（不燃ごみの袋）が破かれる」，「ある区の人隣の区のゴミ集積所に粗大ゴミを捨てて困っている」，「2階のあたりから母親の怒鳴り声と子どもの泣き声がすごい」，この他にも「コロナの影響で自治会費を払えない人がいる」という相談が2件ほど寄せられていた。

8月の役員会の冒頭の挨拶で，Hs会長は次のように話した。

> 「こんばんは。報告事項の中にも書いてあるのですが，ショックな事件がありました。コロナ禍の自粛生活で，うつになってしまったり，閉じこもりがちな人も多いと思います。立川市も現在60人くらい，都知事も会見で多摩の方に感染が移りつつあると言っています。月1回ですが，顔を合わせてやっていきたいと思いますので，皆さんも区の方で，感染防止対策にも十分気をつけて，集まりなどあればやって頂きたいと思います。」
>
> （2020年8月4日：大谷の日誌）

Hs会長は，「月1回ですが，顔を合わせてやっていきたい」と従来の役員会が持っていた機能を強調していた。役員会という場が持つ機能と意義につい

て，Hs 会長から言及があったのはこの時だけではなく，「コロナ禍」において何度も繰り返し発信されていた。実際に，報告事項にあがる日常的な騒音，いたずら，共同清掃の困難，不法投棄，違法駐車などの個々のトラブルへの対応については，以前と同じように議論がなされていた。様々な象徴的な事件も団地内で生じ，因果関係は不明だが，少なくとも「コロナ禍」と関連付けるリアリティを多くの人々が共有していた。接触時間を短くするという意識をその場にいた全員が共有していたなかで，三役たちはできることを続けていたのであった[33]。

　他方で，従来の団地自治会の活動を支えていた「区」[34]の自治が機能しなくなりつつある予兆も見られた。2020 年 6 月の役員会では，ある区長から「各区で行う清掃は，あくまで親睦のためのものであると思うが，何年かに一度必ず強制化するべきだ，罰金をとるべきだという声がある。あくまで親睦の一環であると，自治会から指導を入れてくれないか」と発言があった。団地自治会の各区は，自治会内の基礎的な組織として近隣での親睦を深めるというだけでなく，合計で 31 ある区ごとに異なる共通の「問題」に対応していけるように配慮された制度となっている。たとえば，公道に近い居住号棟の区では，他に比べて不法投棄や違法駐車が起きやすい。また，シルバーピア住宅（高齢者専用住宅）や建替え前後の新旧住民の割合など，住民構成も区ごとに異なっている。上述した 6 月の役員会で発言した区長の居住号棟は，65 歳以上の高齢者のみが居住できるシルバーピア住宅であった。区ごとの自治と連合体制について周知が行き届いていないという問題のみならず，人口構成として完結した自治が困難であるという問題提起が含まれているのであった[35]。団地自治会としては，相談には乗れるものの，最終的な決定は区に一任されることが述べられた。

　11 月の役員会でも，「区ごとの清掃で，コロナで実施していいのかジレンマを抱えている。皆さんのところはどうか？」という問いかけが，ある区長からあった。各区から意見が述べられた後，Hs 会長は，「私どもの方ではやれともやめろとも言えないんですよ。市に直接電話して苦情を言った人もいるみた

490　第Ⅲ部　コミュニティに"出会う"

いですけど，たぶんお金を取られることに対する不満があるんじゃないかと思うんですね」と漏らした。「コロナ禍」の役員会では，「悩みごと」の噴出に加え，その共有（問題発見）と解決のプロセスに大きくかかわっていた各区の自治という，立川団地自治会の体制が機能しなくなりつつあることも明らかになった。このことは，2019 年以前から進行してきた住民の高齢化，これまでとは異なる価値や志向を持つ住民たちの増加といった，立川団地を取り巻く構造的な問題が顕在化していったことを示していた。

年中行事の中止

　役員会が短縮開催される一方で，自治会主催の年中行事は「コロナ禍」により中止せざるを得なかった。2020 年 7 月の役員会では，Hs 会長より「運動会，夏祭りが中止になったのに，なんで自治会費を集めてるんだという声も何件かありますが」と前置きがされた上で，自治会費を一部返金するという対応が行われることが周知された。第 10 章でも述べたように，団地自治会の運営は，年中行事と日常の自治会活動とは相互に支え合うような循環する過程によって成り立っていた。最大で 4,000 人程度が生活する立川団地において，日常的な自治会活動を成り立たせるためには，極めて多くの担い手が必要になってくる。そのためにも，年中行事では周辺的な担い手，一般参加者などだとしても，共有された時空間に集まることが企図された。「運動会」「夏祭り」では弁当，「防災ウォークラリー」では焼きそば・豚汁・焼き芋と，いずれも多額の予算をかけて参加者全員に食事がふるまわれる――「同じ釜の飯を食う」――のが良い例である。立川団地にとっての年中行事は，団地自治会の運営体制全体を支える重要な仕掛けだった。それゆえ，年中行事の途絶は，自治会運営にとって極めて重要な問題となった。

　2022 年 5 月の役員会では，Hs 会長より「夏祭り」を 3 年ぶりに行うことが発議された[36]。同時に，Hs 会長は区長たちに「夏祭り」開催可否を問うた[37]。結果，31 人の区長の内 22 人，約 7 割が実施に反対した。Hs 会長は少し苦い顔をしながら，以下のように述べた。「ありがとうございました。今年は何か

第11章　フィールドワークの"創造力"　*491*

しないとなと思っていますので，みなさんの意見をふまえて三役で検討して役員会で改めて報告させて頂くということでよろしいでしょうか」。

　翌6月の役員会[38]では，再度Hs会長より，三役で検討した結果「夏祭り」を「自由参加」で行うことが発せられた。これを皮切りに，議論は紛糾した。シルバーピアである号棟の区長が「高齢者が多いので遠慮したい」と強い口調で発言すると，対して別の区長が「子どもには必要だ」と反論する。区長たちもまた一枚岩ではなく，様々な意見が，時に強い表現で発せられた。少なくとも新任の区長たちにとって，自治会主催で年中行事を行うこと，その意義は自明のものではなくなっていた。

　さらに年中行事の途絶によって，三役をはじめとする役員たちの実際の働きが見えづらくなり，結果として団地自治会に対する不満が出やすくなったとも考えられる。第10章で述べたように，年中行事には，一般参加者だとしても，三役や協力員など行事を下支えしながら働く隣人の存在を知る機会となる側面があったが，「コロナ禍」以降その機会はまったく失われた。2023年3月，交通費関連の清算を行うため，筆者が自治会事務所のSkさんを訪ねたときのこと，今後の自治会活動の構想を思いつくままに話した際に，Skさんが次のように漏らした。

> 「この前の役員会も，同じ人がいつまでも（役員を）やっているのはおかしいとか，副会長は何も働いていないのに手当をもらってるとか，いろいろと言ってくる人がいて。手当なんてもらってないんですよ，いつも何かあればすぐ行ってくれる人たちだし。まあ，それに対して多くの人はあの人おかしかったねって後で言いに来てくれる人もいるんだけど。」

（2023年3月9日：大谷の日誌）

　ここで話にあがった「同じ人がいつまでもやっている」という言葉は，三役が「寡頭制」のような体制になっているのではないか，という批判に読み替えられる。たしかに現在の三役のなかには歴代在任期間が25年にわたる人物も

おり，平均しても 10 年以上となる。つまり，「同じ人がやっている」のは半ば事実と言えるのだが，立川団地自治会の三役は選挙で選ばれる仕組みとなっており，また立候補者も十分に出てこないのが現状である。それ以上に，「何も働いていないのに手当をもらっている」という発言が出てくるのは，より深刻な問題である。実際には，Sk さんが「何かあればすぐに行ってくれる人」と言うように，三役たちは日常における緊急時の対応や担当専門部の統括，「コロナ禍」以前であれば行事の運営などに努めてきた。そもそも「手当」と呼べるようなものは受け取っていない。「手当」を懐に入れているのではないかという事実に反する憶測は，自治会活動への不満が，三役という象徴に過剰に投影されたものであると考えられる。三役たちの実際の働きが，申し立てをした住民にとっては見えなくなっているのである。「見えない」ことによって生じる問題は，単に活動の継承が断絶するということに留まらず，憶測による相互不信，分断にもつながりかねない危険性をはらんでいた。

(2) オンラインの立川プロジェクト──自治会と共通する問題

集まる場所を求めて

2020 年 4 月 7 日，筆者（大谷）は中央大学内にある大学院生用の共同研究室を訪れ，慌てながら荷物を整理していた。前日，首都圏をはじめとする感染拡大地域への「緊急事態宣言」が政府から発令される見通しであることが報道された（実際に 7 日夕方，東京，神奈川，埼玉，千葉，大阪，兵庫，福岡の 7 都府県に発令された）。これを受け，大学からも翌日より入構禁止措置を取ることが予告され，直近の研究に必要な荷物を引き揚げることが推奨された。例年，この時期をにぎわす卒業式，入学式も中止となった。

大学の施設や活動を契機としたクラスターが発生する事例が全国で相次ぎ，中央大学も 6 月までは入構禁止となった。この措置は段階的に緩和されたが，事前申請が必要となるなど入構制限は継続し，ゼミや実習も含め新年度からほぼすべての授業がオンラインで行われることとなった。大学教員・職員たちは，学生への特別支援措置（支援金の給付），図書館の郵送貸し出しサービス・

オンライン閲覧サービスなど，学生たちの学びを確保するために奔走した。

「新原ゼミ」でも，教員とリサーチ・アシスタント（RA）の大学院生をハブとした相互扶助体制が整備された。WEB会議システムを利用しての各自の研究相談に加え，メーリングリストなどを通じた支援情報の共有，歴代の卒業論文題目リストの整備など，「できることはすべてやる」というスタイルで，学生たちが参照し利用できる資源を整えていった。それは，2003年から中央大学で始まった「新原ゼミ」という小集団運営の知恵を運用したものであった[39]。長らく「新原ゼミ」にかかわってきた大学院生たちも，頻繁にオンライン会議ツールを用いて日々の生活や論文の進捗を報告し合い，他者と話す時間を確保していた。これもまた，研究室や教室といった場所で行われていたコミュニケーションを，デジタル空間で再現したものであった。

一方で，学部3年生，修士課程1年生など，一から関係を構築しなければならなかった学生たちはより大きな困難に見舞われた。カメラのオン／オフ，マイクのミュート機能，順番にしか発言できないオンライン会議の性質など，急遽つくったデジタルな空間は学生たちの円滑なコミュニケーションに困難をもたらした。課外活動（首都圏でのフィールドワーク調査や遠方での合宿調査）を行うことができなくなったことで，学生たちの交流を深める機会が大きく減っていった。例年，卒業論文の締め切り時期になると，4年生たちが学内のフリースペースに一日中集まり，論文を書きあげるためのピア・サポートの体制を構築し，下級生である3年生も数名がここに混じり，次の世代にも伝えていくのが慣例化していたが，これも困難になった[40]。

2021年以降，ゼミや実習は対面化，ハイブリッド化していった。「新原ゼミ」でも対面とオンラインを組み合わせたかたちでの運用が行われていった。しかし，論文の書き方，調査の進め方，合宿やOB・OG会，卒業生の追い出しコンパなどの行事を行う際に複数のゼミ間で調整を進める技術など，対面の関係で伝達・継承されていた小集団内の様々な知恵の断絶が次第に明らかになっていった。やはり，デジタルなコミュニケーションで再現できる「新原ゼミ」の知恵は多くなかったのである。

494　第Ⅲ部　コミュニティに"出会う"

　2年ほどでメンバーが入れ替わる立川プロジェクトも例外ではなかった。2020年には，前年までの参加者を中心に，各自の卒業論文を書くための検討会の場に「立川プロジェクト」という名前を引き継ぎ，オンライン環境のもとでかろうじて継続した。2021年からは，新しくメンバーとなった学生たちのなかから，オンラインでの簡単なゲームなど，懇親会を開催するなどの努力が行われた。秋には，週1回教室に集まることができるようになった。非関与型観察調査として，実際に砂川地域，立川団地のフィールドワークを，3・4年生のゼミ生たちが中心となり立案・実施していった。一方で，立川団地自治会や砂川地域諸団体が主催する行事が中止になったことから，関与型フィールドワークは2年間絶たれたままだった。

顕在化した問題

　ここまで，立川団地自治会と立川プロジェクトにとって，「コロナ禍」という社会状況はいかなる体験であったのかを記述してきた。「構造的な差異」を抱えた二つの集団にとって，「コロナ禍」において顕在化した問題とは何であったのか。ここでは，2点あげておきたい。

　第一に，ともに居合わせることのできる時空間の喪失である。立川団地自治会の場合，役員会における「井戸端会議」や年中行事という「集合的な出来事」のなかで，自治会活動の担い手を充足し，自治会組織運営の知識を継承してきた。他方で，担い手の高齢化や年中行事への参加者の減少の問題に対して，従来の行事以外の解決策を見出せずにいた。それゆえ，「コロナ禍」によって対面で集まることのできる既存の機会を失ったとき，自治会活動は一気に不可の存在となり，その継承も困難になっていった。立川プロジェクトでも類似の問題が生じた。2016年以降の立川プロジェクトは，団地自治会に加えて砂川地域諸団体へと活動の場を展開していき，両者の協業体制は大きな深まりをみせていた。他方で，日常的な大学での集まりは，地域行事や活動の打ち合わせの割合が増え，観察データの蓄積や，分析的な枠組みの錬成のためのリフレクションの場は減少していった。それゆえ，「コロナ禍」によって団地自

治会や砂川地域諸団体の活動が止まったとき，それらに依存していた立川プロジェクトの活動もまた停止状態となってしまったのである。

　第二に，異化作用の喪失である。立川団地自治会では，年中行事や役員会などの活動への，現役子育て世代を中心とした新たな担い手の参加が減少していった。結果として，「新住民」たちの意見が取り入れられる機会が減ってしまった。建替え以前からの居住者や，建替え直後の入居者が中心となる現在の三役たちが，新たな意見を取り入れることを望んでいないわけということではない。むしろ，積極的に取り入れたいとすら思っている。2019 年には，St 前会長がつくってきた体制から，状況の変化に応じてかたちを変えていこうと新行事の企画を立ち上げようとしていた。立川プロジェクトもまた，新行事企画に「賭ける」かたちで，立川団地・砂川地域の諸問題を分析的にとらえつつ，地域に参与していくという新たなプロジェクトを立ち上げようとしていた。まさにそのとき，「コロナ禍」が生じてしまったのであった。これまでの活動から何を継承し，いかなる新たな契機を生み出していくべきか。対話的に考えていくための「リフレクションの場」が，二つの集団内においても，両集団の間においても失われてしまったのである。

　2020 年以降の「コロナ禍」は，立川団地自治会と立川プロジェクトが潜在的に直面していた問題を鋭く顕在化させた。しかし「コロナ禍」において二つの集団が共通して経験した困難は，「創造的なプロセス」を再構築していくための条件と表裏の関係にあるのではないだろうか。次節では，2022 年以降に萌芽的に生じつつある取り組みについて論じていこう。

4. 「新たな契約」の萌芽——「小さなフェスタ」の開催

(1) 「他者」と"出会い"なおす——活動の再構築へ

年中行事の行方

　先述したように，2022 年 5 月の役員会では「夏祭り」開催の賛否が問われ

た際に 2/3 超の区長が反対し，6 月の役員会では「自主参加」での「夏祭り」開催という Hs 会長の提案をめぐり議論が紛糾した。既に自治会主催の年中行事が途絶して 3 年目を迎えていた。後日，「夏祭り」開催をめぐる「三役会」[41] が急遽開催され，「中大生」[42] も同席することとなった[43]。この日検討されたのは，COVID-19 への対策を含めて，「夏祭り」をどのように開催できるのかであった。始めは櫓や紅白幕，提灯など，どのような備品をどのように調達するかといった具体的な話題が続いていたのだが，前述した役員会での反対意見，感染拡大の状況を受けて，そもそも「夏祭り」をやれるのかという議論に戻っていった。

　　ふと，Sk さんより，「『祭り』としてやりたいわけね？」と発言がある。Hs 会長が少し悩みながら，「どうする？」と聞き返すと，「そこから決めないと」と Sk さん。どれくらい，従来通りの「夏祭り」の体裁をとるのかも含めて，考えるところに議論が戻ってくる。「文化部の人の意見もきいたほうがよいのではという区長さんもいるけど」と再び Sk さんが発言する。「文化部はどうするか？ 7 月 11 日の役員会の前にするか後にするか」と，Hs 会長が担当副会長の Ib さんの方を見て投げかける。Ib さんは，「部会できんのかなあ」と，そもそも文化部長さんが積極的ではないと分かった状態[44] での部会開催を決めかねている様子であった。

　　　　　　　　　　　　　　　　　　　（2022 年 6 月 29 日：大谷の日誌）

　Sk さんは，St 前会長の時代から 20 年以上，会計と事務局を務めている古参である。その Sk さんの発した問いかけによって，何がしたいのか，何ができるのか，どこから人材を集めるのか，といった根本的な議論が行われた。同時に，第 10 章で論じたような旧来の年中行事のやり方で，人的資源を確保することの困難が明らかになっていった。区長たちは「自由参加」となっているため，「夏祭り」の運営には文化部から例年以上に人員を確保することが不可欠であった。しかし，Ib さんが言葉を漏らしたように，文化部も会議を開く

ことすら危ぶまれる状態になっていた。年中行事を当たり前に開催することができなくなったことが、この場に居合わせた三役たちと「中大生」によって再確認された。それは、基本的には前年踏襲で年中行事を行ってきた団地自治会にとって、大きな転換期にあることが認識された瞬間であった。

　また、当時「引っ越してきて3年目」であった副会長のTnさんより、これまでの「夏祭り」のスケジュールについて確認があった。過去の開催スケジュールと照らし合わせつつ、子ども神輿、近隣中学校の吹奏楽部の演奏などはすべて中止にし、野菜の即売会に関しては人が並んでしまわないように短い時間で開催することが決められていった。続けて、会場となる小学校の許可について、Tnさんから質問が出る。長年団地自治会との協力関係があること、問題なく予約できることをHs会長、Skさん、Ibさんたちが説明する。「ズブズブの関係」と冗談交じりに言葉が発せられたことに対して、Tnさんは「それって危なくないですか」と、正式な使用手続きを踏んでいないことに疑問を呈す。同じく建替え以前から立川団地に居住しているOsさんから、「立川団地自治会と立川団地小学校の関係だからできること」という言葉で説明が加えられるが、Tnさんは文字通り頭を抱えて動揺していた。Tnさんの会場使用をめぐる問いかけは、近年立川団地に居住し始めた住民たちの団地自治会への眼差しと重なるものである。従来は、自治会活動に対する様々な疑問は、行事に参加し実際に活動を体験することで解消されていた側面が強かったのだが、コロナ禍の年中行事の途絶によって、その回路が絶たれてしまったのである。

　三役会の最後には、「盆踊りの練習まだですかって聞きに来る人たちがいるのよ」と、Skさんが話してくれた。住民たちのなかにも、「夏祭り」に毎年のように参加していた体験が記憶に残っている者がいる。三役も区長も、住民たちも一枚岩ではない。これまでの団地自治会の活動から何を引き継ぐのか。そのために、実際にできることは何か。それは本当に「祭り」あるいはこれまでのような年中行事なのか。これらの課題は、先述したように「コロナ禍」以前から、潜在的な問題として認識されていたものでもあった。「夏祭り」再開の検討を契機として、立川団地自治会は年中行事そのものの再考と再構築という

難題に直面していったのである。

立川プロジェクトを問いなおす

　一方，立川プロジェクトもまたこれまでの活動の在り方の再考が求められていた。これまでの活動から何を受け継ぎ，何を変えていくのか。自治会行事の再構築に「中大生」はどのようにかかわることができるのか。2022 年，前年に博士論文を提出し兼任教員となった大谷は，当時の学生たちとこれらの問題に向き合うことから再出発することになった。当時の 4 年生[45]を中心として，「コロナ禍」以前に書かれたフィールドノートや文献の講読会を活動に盛り込んだ。これは，この年から立川団地自治会でも本格的に再開が検討され始めた年中行事にかかわりなおすための準備であった[46]。

　私たちはまた，団地自治会や砂川地域諸団体の「コロナ禍」での活動継続の苦闘を目の当たりにした。先述したように，団地の役員会では行事再開をめぐる議論の紛糾があった。S 連の「八ヶ岳キャンプ」も 2020 年以降は中止となっていたが，2022 年 8 月に再開された。砂川地域の諸団体が行事を中止していたこともあり，開催に反対する意見もあったが，直前まで協議が重ねられ，スタッフ，参加者全員が PCR 検査を受けて臨むという厳戒態勢のなかでの実施だった。こうしたなかで，新たな地域課題は何なのか，どのように活動を継続・再構築していくのかということについて，団地自治会や砂川地域諸団体の人々と言葉を交わし，教員や学生も入り混じって意見を交換した。従来の活動から何を継承し，何を断念し，代わりに新たな担い手たちを招き入れるために，行事以外の取り組みの可能性も含めて，何が必要かを模索していった。

　こうした問いへの回答は，2024 年現在でも，未だ途上にある。ただ，立川プロジェクトとしては，この 2022 年が実質的な再出発の年となった。2020 年に，ともに居合わせることのできる時空間の喪失という状況に危機感を持った学生たちは，オンラインの自主ゼミとしての立川プロジェクトに集まり続けていた。その努力は，その年には明確なかたちで実を結ぶことはなかったが，その苦闘を傍らで見ていた下級生が 2021 年に新たな後輩へと伝承することで，

第11章　フィールドワークの"創造力"　*499*

2022 年の本格的な活動再開に至ったのであった。

　2022 年以降の立川プロジェクトでは，「新原ゼミ」の組織運営や，時にゼミ生同士のコンフリクトも含めて議論をする機会が複数あった。これは，約 2 年間にわたり対面で会う機会を十分に持てなかったことで，従来のゼミ活動の継承，あるいは再構築が困難になっていたことの裏返しであった。一度は断絶したゼミ合同合宿をはじめとする諸活動をどのように再開するのか，相互扶助的な活動に十分にコミットできていない学生への対応といった話題が，学生個々人から立川プロジェクトに持ち込まれ，時に異なる意見がぶつかりあった。安定した秩序が失われたことによって，既存の活動の自明性を覆す「他者」の存在が意識されていった。

　また，立川団地役員会や「八ヶ岳キャンプ」への参加によって，フィールドワークの知見がもたらされるだけでなく，複数の学生たちの中に「違和感」が生まれた。たとえば地域諸団体・組織の運営の在り方，自分たちの文化的コードとは異なる言葉遣い，自身の立ち位置の不明確さなどへの「違和感」である。その「違和感」はどこから生じたのか，どのような場面や状況で感じたのか，学生個々人の価値意識に由来するのか。様々な可能性を複数の視点で検討しつつ，立川団地・砂川地域，そして立川プロジェクトの今後をどのように考えていくのか，何週間にもわたって議論した。立川団地・砂川地域と立川プロジェクトの協業の経緯についても，当時の学生たちの集まりに同席した大谷から都度伝え，何を継承し，何を新たに生み出していくべきかを，参加者全員が検討した。

　立川プロジェクトやその基盤となる「新原ゼミ」もまた，「コロナ禍」によって従来の秩序が失われ，活動の継承と再構築の可能性を検討するという過渡期にあった。その場をともにした教員，学生たちは，目の前にいる「他者」の存在を強く意識せざるをえなかった。「他者」は既存の活動の在り方を問い直し，その自明性を覆す。未だ明確なかたちとはなっていないが，「コロナ禍」の渦中の個々の瞬間において，「他者」との対話を通じてそれぞれの「ものの見方」をつくり変えていくという可能性が開かれていた。

(2) 年中行事の再構築——「防災フェスタ」の開催

新企画の始動

　立川団地自治会と立川プロジェクトという「構造的差異」を抱えた二つの集団は，「コロナ禍」を経て，従来の秩序の揺らぎと活動の断絶という共通の困難に直面した。そして各々の集団の在り方そのものを再考し，活動の再構築に向かう道が開かれていった。こうした二つの集団の共通の課題は，団地自治会の新行事の検討へと収斂していった。

　2022年9月初旬，年中行事中止から3年目となり危機意識を持っていたHs会長より，「大谷くんさぁ，秋の行事について相談したいから，来れる？」と電話があった。従来の年中行事では「食べ物目当て」に人が集まっていたが，「コロナ禍」でそれも難しい状況をふまえ，「子ども集めてゲームかなんかするか」と，その場でアイディアを簡単に交換した。従来は11月に「防災ウォークラリー」を開催していたが，「今年は期間が短くてできないということであれば来年でもいい，という前提で案を持ち寄ろう」となった。2019年，潜在的な問題を認識し「防災ウォークラリー」に代わる新行事を考案しようとした議論が，「コロナ禍」による問題の顕在化とともに，3年越しに復活したのであった。

　9月下旬，自治会事務所にて，新行事企画のための三役会が開かれた[47]。まず，企画の内容から話し合いは始まる。Hs会長をはじめ三役たちと「中大生」から自由に意見が出されていく。「運動会で行っていたような綱引きをやりたい」，「頭を使うゲームにしたらどうか」，「子どももお年寄りも楽しめる昔遊びはどうか」。並んだアイディアを見比べながら，議論が進んでいく。最終的に，これまでの「防災ウォークラリー」の考え方を一部踏襲し，各ブースをまわっていくラリー形式の行事とすることになった。

　この議論の際，「中大生」側も独自の資料を用意していった。具体的なゲームのアイディアだけでなく，「中大生からみた現在の立川団地の状況とこれから」という項目が盛り込まれていた。団地自治会の新行事をどのような目的で

行うのかという観点から，「お年寄りと子どもをつなぐ」，「元々自治会活動を担っていた層と新しい住民をつなぐ」という二つの視点が提示された。この年の「中大生」がこれまでの立川プロジェクトの活動に関する資料を読み込み，「コロナ禍」の自治会活動の苦闘を観察し，そして自分たちの活動の困難さとも共鳴させながら議論した結果生まれたものだった。また，役員会などの場に立ち会わせてもらったことに対する，団地自治会への「返礼」の意味を持っていた。過去の年中行事や役員会の活動の系統的な記録とふりかえりの視点は，調査研究グループとしての立川プロジェクトが継承してきた独自の「資源」でもある。Hs 会長たちからも共感を得て，二つの集団の間で目的が共有された瞬間であった。

「名前はどうする？」。Sk さんが投げかけた。「ラリーなのか」，「防災は入れたい」，「祭りのようなイメージで」。また，各々が自由に意見を出していく。このときの話し合いでは，「立川団地防災ミニフェスタ」という名称が採用されることになった。「防災」という目的はこれまでの行事から引き継ぎ，「フェスタ」は様々なブースがある「祭り」のようなイメージで，そして「ミニ」は行事開催に反対する意見に対して配慮し，団地住民全体の行事ではないことを示すためにつけられた。

ここからは急ピッチで準備が進められていった。まず，開催日時は11月第4週の日曜日となった。準備に充てられるのは正味2週間であった。出展ブースは立川団地自治会側の「防災倉庫の中身当てクイズ」「初期消火訓練」「千本くじ」と，「中大生」側の「防災クイズ（雑学・自治会の知識含む）」「昔遊び（おはじき・輪投げ・カードじゃんけん）」となり，各々準備を進めていくこととなった。感染防止への配慮から，「飲食なし，全体集合なしで，ブースごとにまわってもらう（ブースごとの景品があり，最後にくじを引ける）」という形態にした。チラシの印刷ミスで行事名の「ミニ」が抜けてしまうといったトラブルもあったが，それでも，10月に1回，11月に2回の事前会議を行い，なんとか当日を迎えることができた。こうして，二つの集団が手元にある資源を持ち寄り，「いまできること」を目一杯工夫して，新行事としての「小さなフェスタ」

が生まれたのであった。

「また行事をやろう」──新たな協業体制の意味

2022年11月末，紆余曲折を経て「立川団地防災フェスタ（以下，「防災フェスタ」）」が開催された[48]。運営には，立川団地自治会の三役と「中大生」を中心に，団地自治会内の各専門部の協力を得ることができた。会場は，これまで「運動会」や「夏祭り」にも協力していた立川団地小学校の校庭であった。協力してくれた専門部のスタッフには「運動会」の賞品係代表を毎年務めていたTgさんがおり，また「中大生」のなかには，「コロナ禍」で行事に参加することができないまま卒業となってしまったり，立川プロジェクトの現状を心配して駆けつけてくれた卒業生たちも含まれていた。「コロナ禍」を経て，それでもなおたしかに残されていた，各々のネットワークを見直す機会にもなっていた。

「防災フェスタ」の参加者たちのなかには，かつてともに行事を支えた「顔見知り」たちの姿もあった。「夏祭り」で三陸産のわかめを売っていたYさん（東日本大震災で被災し立川団地に避難，後に移住）や，防災防犯部長や「けやき会」[49]会長を歴任したKbさん[50]は，すぐにこちらに気づいて挨拶をしてくれた。そして，「久しぶりにできたね」「また行事やろうね」と一言声を掛け合って，次のブースに移っていった。「防災フェスタ」終了後は，過去の年中行事と同様に反省会が行われた。団地自治会が用意した弁当を食べながら，行事の感想，運営の改善点，参加者から出た苦情など，思い思いに言葉を交わしていった。大谷と長年立川プロジェクトにかかわってきた利根川健は，Hs会長と来年度の行事の構想を話し合い，「運動会とかは密になるから難しいと思うけど，夏祭りはやるべ」と約束を交わした。かつて年中行事のたびに繰り返されていた光景が，このひと時に再現されていた。

翌2023年，「夏祭り」は会場となる小学校の改築工事の影響で開催できなかったのだが，「防災フェスタ」は第2回が行われた。そして2度の新行事開催を経て，立川団地自治会と立川プロジェクトの協業体制には複数のレベルで

変化が生じていった。

　第一に，行事運営体制の構造的な変化である。2022 年度の運営スタッフの内訳は，立川団地自治会から三役 8 名と各専門部から 2 名ずつ（10 名）の合計 18 名，「中大生」からも 18 名であった。また 2023 年の第 2 回からは，阪口が勤務する立教大学コミュニティ福祉学部のゼミ生や，大谷が担当する中央大学法学部ゼミ（2 年生の基礎演習）の学生も加わった。それによって，人数比では立川団地自治会が 17 名に対して，立川プロジェクトが 34 名と 2 倍となった。従来の年中行事は，団地自治会の三役，専門部員，協力員といった住民たち，地域諸団体や「元役員」たちとの組織間・個人間でのネットワークによって運営が支えられており，立川プロジェクトもまたこの多様な担い手たちのネットワークの一部であった。しかし，「防災フェスタ」は半分の運営スタッフを「中大生」が担うことになった。少なくとも人的資源の上では，以前のように自治会主催の行事を立川プロジェクトが「手伝う」という運営体制ではなくなっていたのである。

　第二に，年中行事の運営は「構造的差異」を持つ二つの集団の間につくられた「共同行為」としての側面を持つようになった。「防災フェスタ」は既存の行事ではなく，一から行事をつくりあげるプロセスに立川プロジェクトが参与した。これもまた，運営スタッフ全体のなかで「中大生」が占める割合が大きくなったことの帰結でもある。しかしそれ以上に，団地自治会と立川プロジェクトという二つの集団が，「コロナ禍」で顕在化した問題を打開するという目的を，「防災フェスタ」という行事に込めていた意味合いが強い。2019 年までに予感されていた潜在的な危機に対して，一度は断念せざるを得なかった新行事の模索を，その構想段階から協業し，3 年越しに実現したのが「防災フェスタ」だったのである。団地自治会にとっては，「防災フェスタ」の開催は自治会主催行事の再開の一歩目であり，これまでのように住民たちが集まる機会をつくることで既存の社会関係を強めつつ，新たな担い手たちをリクルートする機会であった。立川プロジェクトにとっては，「防災フェスタ」が開催されるようになったことで，地域コミュニティのなかで学ぶ体験が行えるようにな

り，新しいメンバーの勧誘も進んでいった。

　第三に，「共同行為」の場が再構築された結果，異化作用の場が確保されていった。2023 年以降の立川プロジェクトは，中央大学文学部「新原ゼミ」の学生たちに加え，立教大学コミュニティ福祉学部の「阪口ゼミ」，中央大学法学部の「大谷ゼミ」の学生たちから構成されるようになった。このことによって，「防災フェスタ」では学生だけで運営するブースが増えるなど，できることも多くなった。一方で，プロジェクトの運営を中心的に担う「新原ゼミ」の学生たちにとっては，行事運営のプロセスにおいて自治会役員と直接交渉するだけでなく，複数のゼミ間の連絡や調整など，コーディネート役を担う機会となった。共通の前提が多くないなかで，情報を一つ一つ確認しながら，企画を進めることが求められた。立川団地自治会もまた，「防災フェスタ」開催に至る経緯のなかで，行事開催に反対する声，自治会活動に対する不満の声が少なくないことに気づかされていった。従来通りの年中行事開催では，住民たちの賛同が得られなくなり，新たな活動のかたちを模索せざるを得なくなった。「防災フェスタ」に参加した学生たちからも，運営スタッフとして参加する自分たちへの住民の視線から，現在の行事運営に対する批判的な解釈もあがった[51]。新たな立川プロジェクト，新たな立川団地自治会，両者の新たな「契約」を創り上げていくためには，集団間の「構造的差異」と集団内の異質性を認識することから始める必要があった。「これまで通りにはいかない」と，二つの集団のメンバーたちがそれぞれに限界を感じた先で，即興的に考案されたのが「防災フェスタ」だった。かつてのように，何も言わずとも毎年開催される行事とは異なる状況であったからこそ，新たな地域課題に対して，異なる立場から対話を重ねていくという，「共同行為」の萌芽になったのである。

5. おわりに——差異に"出会う"

(1) フィールドワークの"創造力"

　本章の目的は，地域組織と大学の調査研究プロジェクトという「構造的な差異」を抱えた二つの集団の間で，社会問題に応答する「創造的なプロセス」が生まれていくための条件を考察することにあった。

　立川団地自治会と立川プロジェクトという，社会的な文脈も歴史的経緯も異なる二つの集団は，しかし一方で，ともに居合わせることのできる時空間をつくり，共通の体験を通じてコミュニティを継承していくという点では共通性を持っていた。2012年に，St前会長と新原との間に交わされた「地域社会の発展とひと（住民・学生）の育成」という「初めの契約」は，Hsさんら三役たちと阪口ら当時の大学院生たちによって年中行事の運営への準備段階からの協業というかたちで具体化されていった。2016年以降，立川プロジェクトは団地自治会に加え砂川地域諸団体とのかかわりへと展開していき，協業体制は新たな段階に入りつつあったが，適切な関係性を結びなおす「新たな契約」には至らなかった。むしろ，「構造的差異」を見失い同化していくプロセスが進行していた。

　2019年以降に検討を重ねていた新行事企画，その後の「コロナ禍」の状況は，団地自治会と立川プロジェクトそれぞれの内部の，そして二つの集団間の課題を顕在化させた。「コロナ禍」がもたらしたのは，単に共有された時空間や共通の体験が失われるといった問題に留まらない。むしろ，そもそも団地自治会の年中行事や大学の課外活動は必要なのか，「私たち」の内側にどのような差異があるのか，何を継承して何を更新するのか，いま手元にある資源はどのようなもので何が一緒にできるのか，そうした条件をつぶさに見直さざるを得ない機会となった。

　重要なのは，団地の「旧住民」と「新住民」，立川プロジェクトの「古参」

と「新規」，そして立川団地自治会と立川プロジェクトという二つの集団間で「構造的差異」を再認識することだ。既存の秩序に問いを投げかける「他者」との出会いを通じて，自らの在り方と活動を対話的にふりかえるとき，「地域コミュニティ」の再構築に向かう新たな認識と方法が生まれ得る。新行事としての「防災フェスタ」の試みは，まさにこの新たな「社会的発明」をもたらす「共同行為」の萌芽であった。それは未だかたちを成していないのだが，ともに居合わせる時空間で「共同行為」に巻き込まれるなかで，新たな参加層が新たな意味をこの試みに見出すとき，社会問題に応答する「創造的なプロセス」が生まれていくことだろう。

　このプロセスは，実は私たちが既に通ってきた道でもある。1960年代初頭の高度経済成長期の最中，立川団地が砂川地域の最果てに造成されたとき，移住者たちは各自の「田舎」から持ち寄った共同生活の知恵を寄せ集め，自治会活動を切り拓いてきた。1990年代半ばの団地建替え直後の時期には，St前会長ら建替え前からの「旧住民」たちのネットワークに「新住民」たちを巻き込んでいくことで，自治会改革が進み，年中行事が再開された。そして，建替え前の立川団地における共同生活という過去の体験が自治会理念に投影され，子育て世代の苦労や高齢者の介護・孤独死といった現代的問題と接続されていった。「旧住民」たちの過去の体験に基づく理念は，年中行事などの共同行為を通じて「新住民」らにも追体験され，また新たな体験が「集合的記憶」を再構築していったのである（第10章）。人々は，これまでも新たな危機に相対したとき，手元にある資源を見直しながら，新たなかたちでコミュニティをつくりあげてきた。私たちが自らの限界を認識したとき，実は「他者」との間には"創造力"の可能性が拓けているはずだ。

(2)　エピローグ——5年ぶりの「夏祭り」

　2024年8月，立川団地の集会室には，自治会三役や専門部長のみならず，専門部員や各区から集まった協力員たちが集まっていた[52]。三役を含めて総勢50名以上となり，これは「コロナ禍」以降も継続されていた役員会の規模を

遥かに上回る。自治会主催の会議としては 2020 年以来の参加者数となった。私たち立川プロジェクトからも，大谷と中央大学・立教大学の学生数名が末席に加わった。

この日は「コロナ禍」以来 5 年ぶりとなる「夏祭り」の最終説明会だった。文化部担当の副会長の進行で当日のスケジュールが説明され，専門部員や協力員らの役割分担の検討に入る。実際にはそれほど大変な仕事ではないのだが，三役たちはわざとおどけたふるまいで，協力員の人たちが手を上げやすい雰囲気をつくりあげる。「誰もいないと俺がやる羽目になって大変なことになります……」「誰かいないかなぁ……困ったなぁ……お願いします」「いつも頑張ってくれる団体 M の方たちもいるのですが，寄る年波の方もいらして」「はい，年寄りばっかりだから！」。はじめのうちは，建替え前からの「旧住民」が多い地区からのみ手が上がっていたが，やがて「新住民」が多い棟からも担当に名乗り出る者が増えていった。

会場には，ベテラン協力員の男性たちや，前々会長でかつての夏祭りでは音響を担当していた Mg さんの姿も見られた。焼き団子屋を出店する S 連の顔ぶれのなかには，かつて「八ヶ岳キャンプ」に参加した若者たちもいた。当時は高校生で，現在は大学 4 年生になった 2 人と「久しぶり」「覚えてますか」と言葉を交わす。5 年ぶりの「夏祭り」を契機に，かつて築かれた社会関係の網の目が，息を吹き返したようだった。諸組織・集団の連関や担い手のネットワークを周期的に点検する，これもまた年中行事の隠れた機能である。

8 月末，5 年ぶりの「夏祭り」の日は朝から曇り模様で，午後から雨予報だった[53]。このところ天候が不安定で，ゲリラ豪雨にも注意が必要な状況だった。朝早く会場の団地小学校校庭につくと，中央には既に櫓が建てられており，40 名以上の協力員たちの姿があった。Hs 会長に挨拶をして「午後，雨が降らないといいですね」と言うと，「雨のことばっか言うなよなぁ！」と声を張り上げる。おそらく朝から誰かと会うたびに，同じ話題となっているのだろう。

Hs 会長，文化部長の挨拶の後，担当副部長の Ib さんの指示のもと，設営作

業を開始する。校舎2階に預けていたマーキーテント10張ほどを運び出し，汗をかきながら住民たちも学生たちも混ざり合って，皆で設営する。年中行事が中止され5年になるため，テント設営の知識を持った「ベテラン」協力員も少なくなり，三役たちの指示のもと，設営方法を習いながら作業を進めていく。協力員たちもすぐに習熟し，あっという間にテント設営は終わる。机やパイプ椅子を設置し，寄付金の掲示板の花飾りや，櫓の飾りつけを行い，1時間半ほどですべての作業が終わった。

　学生たちは午後から体育館で「子どもゲーム」コーナーを担当した。かつての「子ども神輿・山車」の代わりになるものとして，新たに企画されたものである。学生が作成したチラシを自治会三役が各小学校に配布してくれたおかげもあって，100人以上の子どもたちが体育館に詰めかけた。

　夕方の盆踊り開始を前に，櫓の周りの各区の区画には机や椅子が並べられ，次第に住民たちが集まってきた。設営の仕方や器材には区ごとの違いがみられる。徴収した区費を飲み物やお菓子として還元している区もある一方で，まとまったかたちでの参加を行っていない区も見られた。それでも，数百人の住民が共に居合わせる風景は，「コロナ禍」以来，初めて見るものだった。

　17時に盆踊りが始まり，「けやき会」の浴衣姿の女性たちを中心に踊りの輪ができる。5年ぶりということもあってか，かつてほど踊りの輪は大きくならないが，団地の若者や子どもたち，教員や数名の学生たちも踊りの輪に加わる。踊りを眺めながら，各区の机では小さな宴会が催される。レジャーシートを敷いてピクニックのように寛ぐ女性たちの姿もある。区のまとまりに入りづらければ，出店をまわって校庭の片隅に座っていても良い。「祭り」のなかに生起する，いくつもの「小さな祭り」。

　最後のプログラムである，立川市長や国会議員，都議，市議，St前会長，近隣自治会長，地域団体代表等の来賓の挨拶と紹介が終わってしばらく経つと，ぽつりぽつりと雨が降り始めた。すぐに雨足は強くなり，土砂降りとなる。祭り太鼓は櫓の下に避難し，各区の小さな宴会も蜘蛛の子を散らすように解散する。予定より早く「夏祭り」を切り上げることになり，協力員や学生ら

がびしょ濡れになりながら，テント内の機材等を昇降口から校舎に運び込む。テントや机・椅子の撤収は翌日の作業だ。

　本部テントの下で雨宿りしながら一息つく。すっかり陽も落ちて，雨足は弱まる気配がない。プログラム全体を終えるまで天候が持ったのが嘘のようだった。Sk さんに「最後まで天気がもって良かったですね。Hs さんも晴れ男になったんですかね」と言うと，Sk さんは「とうとう晴れ男になったねぇ。ひとつ格が上がったね，Hs っちゃん！」と悪戯っぽく Hs 会長に声をかけた。Hs 会長は「いや，どうかな」という素振りで首を傾げて，苦笑いを浮かべた。

1) 阪口（2019）は，大学院生として自身が立川プロジェクトの立ち上げの中心人物であったという明確な立場（positionality）から，リフレクションの対象と条件を以下の三つに設定していた。①「東京郊外の公営団地という地域社会の構造と歴史」，②「立川プロジェクトとその基盤となった『新原ゼミ』という社会集団」，③「そこにかかわる『住民』や『学生』を含めた重層的な関係の動態」である（阪口 2019：222）。阪口（2019）の記述は上記②を中心とするものであった。①に関しては，大谷（2020a；2020b；2022）が立川団地自治会の再編プロセスを，住民のみならず転出者たちや筆者を含めた立川プロジェクトの学生たちの関係の動態に着目し，地域社会学・都市社会学におけるコミュニティ論との対比で論じた。本章では特に③に着目する。

2) 2019 年 2 月には，立川プロジェクトが研究助成を受けた公益財団法人前川財団の「未来教育シンポジウム」に団地自治会の役員を招き，学生と地域住民の協業を通じた教育プロジェクトの報告を行った。これについて，新原による詳細なリフレクションがある（新原 2019b）。新原は，団地自治会と立川プロジェクトの結節点であり協業の試みを，「『子どもたち』の育成（すなわち地域社会発展とひとの育成というふたつの development の追求）の試み」と述べている。新原の背景には，イタリアの A. メルッチや A. メルレルと練り上げてきた共同研究と理論的背景，そして神奈川県の県営団地やゼミの学生たちとつくりあげてきた共同調査がある。

3) 周知の通り，2019 年末〜2022 年中頃までの時期，世界中で COVID-19 の感染拡大によって移動や対面での集まりの規制や自粛の要求，それに伴う経済的・政治的・社会的な不安定がもたらされた。本章では，このような社会状況を通例に則って「コロナ禍」と称し，その渦中にあった立川団地と立川プロジェクトの描写を試みる。

4) 本研究チームにおける「社会的発明」の位置付けについては，新原による分析が既になされている（新原 2019a：26-28）。

510 第Ⅲ部 コミュニティに"出会う"

5) 以下の記述は，2015 年 4 月 19 日の大谷の日誌に基づく。

6) St 前会長はこの後発行された自治会広報誌のなかで，次のように当時の団地自治会が直面していた課題を回顧している。「振り返ると就任当時は沢山の課題をかかえ，自治会の再生にとりかかりました。幼児虐待があり，子どもの健全な育成にとりかかり『子育て支援団体 M』を設立しました。現在も続けて活動していますが，最近は高齢化率が進み『子育て・高齢者支援』の二本立てとなりました。又当時は孤独死も多くあり，『孤独死 0 作戦』『自治会葬』『違法駐車撲滅』『中学生の徘徊生徒の指導』『生活困窮者支援』『悩み相談の解決策』（年間で九十件）『動物飼育モデル事業』『ゴミのリサイクル事業』等，数え切れない程の住民に必要とされる自治会，『社会臨床』（人によりそう）を目指し，本気で自治会づくり一筋で過ごして参りました」（「立川団地だより」第 118 号・2015 年，すべて原文ママ）。

7) 自治会規約に定められた自治会長 1 名，副会長 5 名，会計 2 名の計 8 名の役員。詳細は第 10 章を参照のこと。

8) 立川団地では，おおむね居住号棟ごとに「区」を設置しており，「区長」はその住民代表のことを指す。詳細は第 10 章を参照のこと。

9) 「湘南プロジェクト」については，第 9 章および本研究チームから刊行されている『うごきの場に居合わせる』（新原編 2016）を参照のこと。

10) 阪口は後に，新宿・大久保地域での知見と立川プロジェクトの活動の比較を通じて構築された分析枠組みを，コミュニティ研究における「活動アプローチ」としてまとめている（阪口 2013：2015：2022）。

11) 以下の記述は，2016 年 6 月 5 日の大谷の日誌に基づく。

12) 立川団地の人々が立川プロジェクトメンバーを呼ぶ時の呼称。

13) 例えば 2017 年の「運動会」では，教員の新原と筆者ら学生たちが会場となる小学校の昇降口前で弁当を食べていたとき，空の弁当の箱を持った区長に「弁当屋」として間違われたことがあった。当時の立川プロジェクトの記録には，このことを指して新原が『『ストリートコーナー・ソサエティ』のホワイトが『君はこの町の街路灯になったね』と言われたように，みなさんが景色に馴染んでいることに意味がある」といったと記録されている（2017 年 6 月 7 日の立川プロジェクト活動記録より）。

14) 以下の記述は，2016 年 7 月 3 日の大谷の日誌に基づく。

15) 当日，「立川団地」と書かれたバットには「かなり年季が入っていた」と筆者は記録している。団地自治会所有のバットが数本あり，以前はチームのメンバーも集まっていたと推測される。また，「A 自治会」の名前が入ったバットからは，かつて「A 自治会」にも独自のチームを持っていたことがわかる。

16) ゲートキーパーであるドックに「街路灯」のように街角に定着したと評されたホワイトは，ノートン団に溶け込んでいった時期のことを次のように回顧している。「おそらく，ノートン街に私が受け容れられたことを示す最大の出来事が，ベースボールの試合であった。……マイクの信頼に励まされて，私は二つの空振

りをした後に，次の球を思い切り強打し，球はセカンドとショートのあいだを抜けていった。少なくとも打球は彼らが私にそっちの方向にと言った通りとなった。私は夢中でファーストベースに辿り着いたので，それがエラーなのかヒットなのか後になるまでわからなかった」（Whyte 1993＝2000：309-310）。

17）2020年〜2022年は，COVID-19の感染拡大により中止となったが，2023年には再開されている。

18）以下の記述は，2016年10月2日，2017年10月1日，2018年10月7日の大谷および学生の日誌に基づく。

19）2017年8月12日の大谷の日誌より。

20）砂川地域では伝統的な名主層も力を持っているものの，備品や記念品などの贈呈で支援に回っている場合が多い。むしろ，地域住民組織の役員には1960年代以降の新住民が多く，地域行事の運営も，人員面では新住民たちが中心的な担い手となっている。

21）以下の記述は，2017年6月26日の大谷の日誌に基づく。

22）初めて参加した「八ヶ岳キャンプ」は，初日の夜から大雨，2日目は台風に見舞われた。道は川のようになり，Hsさんが修繕した砂利は流されてしまった。「またHsに頼めばいいよ，安く」とFgさんが笑った（2017年8月14日：大谷の日誌）。

23）たとえば，S連に長年かかわっているAgさんは，初めて筆者らが参加した「八ヶ岳キャンプ」の前日準備の場で，次のように話してくれた。「うちは全部子どもたちに任せるってスタイルなんですよ。責任は大人が取ります。ほら，例えばM（企画のこと）だと，今あそこで指揮してるAが育っていくように，ある程度この子はここで育てようって，何年も同じ役割をさせるんです。それで，卒業した子たちは青年リーダーになってやってもらうというところまで考えてね。青年の子たちは分かるようになってるから表に出ちゃうんだけど，そうしたら叱って，主役はジュニアだからってね」（2017年8月11日：大谷の日誌）。

24）以下の記述は，2018年11月11日の大谷と学生の日誌に基づく。

25）以下の記述は，2019年2月28日の大谷の日誌に基づく。

26）以下の記述は，2019年10月27日の大谷と学生の日誌に基づく。

27）この成果は，大谷（2022）にて公表している。

28）東京都では，2020年4月〜2021年9月の約1年半の期間，以下の通り断続的に「緊急事態宣言」や「まん延防止等重点措置」が取られ，各種の社会的活動が制限された。

　　「緊急事態宣言」：2020年4月7日〜5月25日，2021年1月8日〜3月21日，2021年4月25日〜6月20日，2021年7月12日〜9月30日。「まん延防止等重点措置」：2021年4月12日〜4月24日，2021年6月21日〜7月11日。

　　また，以降も2023年の初頭までは感染者数増加の「波」が繰り返された。

29）立川団地自治会の役員会は，毎月1回，平日の夜に各居住号棟の長である区長たちと団地全体の自治会本部役員が一堂に会し意志決定をする，住民自治にとっ

て重要な会議である。詳しくは第 10 章を参照のこと。

30) 第 10 章で述べたように立川団地では,「都市的生活様式」の空間的表現である団地建物構造において,建替え前には共用部の活用と移住者のハビトゥスによって,建替え後も「同じ釜の飯を食う」ことによる「集合的記憶」の追体験を通じて,「向こう三軒両隣」の理念がリアリティを持って維持されてきた。「コロナ禍」の「自粛」「自宅待機」は「都市的生活様式」を極端な形で貫徹し,この理念の実在的な基礎を掘り崩すものだった。コンクリートと鉄扉の向こうに,隣人の姿は見えないのである。

31) 個々の「悩みごと (trouble)」を住民たちに共有される「問題 (issue)」にしていき,対応策の知恵を集団的に蓄積するという試みは,C. W. ミルズが『社会学的想像力』で構想した「公分母」としての社会科学というモチーフと重なっている (Mills 1959=2017)。

32) 以下の記述は,2020 年 6 月 16 日,7 月 7 日,8 月 4 日,11 月 4 日の大谷の記録に基づく。

33) 2020 年 9 月の役員会では,敬老品の配布について説明があった。その際,事務局の Sk さんより「今年の区長さんは本当に皆さん真面目で,締め切りを守ってくれて本当に助かります。例年,何でも 5 日くらいは遅れたりするのですが。これからもお手数かけますがよろしくお願いいたします」と労いの言葉があった。区長さんの中には,頷いていたり,少し笑顔になっている人が見受けられた (2020 年 9 月 8 日:大谷の日誌)。

34) 各区は独自の会計を持ち,廊下や駐輪場など共同スペースの管理,会費の回収などが一任されている。また,「運動会」の際にはチーム構成の単位となり,「夏祭り」の際には会場でのお座敷の単位となっている。建替え以前の立川団地には 13 の単位自治会があり団地全体で「立川団地連合自治会」が存在していたため,歴史的にはその名残とも言える。詳しくは第 10 章を参照のこと。

35) 当該区長は,自分の区の状況を次のように説明していた。「うち棟の 1・2 階には,要介護の人も多いです。そうした,(少し言いよどみながら)「社会的弱者」の人に出て来いとは言えない。そのため,罰金というよりも,会費を一律で 500 円多く徴収することにして,清掃に出てきた人に戻すというしくみにしています。出て来れない人たちにもそれで納得してもらっており,要介護の方たちは出ていけないことに申し訳なさを感じています」(2020 年 7 月 7 日:大谷の日誌)。

36) 以下の記述は,2022 年 5 月 18 日の大谷の日誌に基づく。

37) 行事の開催は「三役」が主体となるため,ここでの Hs さんの発議はあくまで意見を聞くというものであった。

38) 以下の記述は,2022 年 6 月 9 日の学生の日誌に基づく。

39) 「新原ゼミ」の組織運営の在り方については,阪口 (2019) を参照のこと。

40) 2020 年度の文学部ゼミの 4 年生たちは,オンライン上にフリースペースをつくり執筆を進めるなどの努力をしたが,参加者数が芳しくなかった。

41) 三役 8 名で行われる会議のこと。「三役会」は,議決機関である役員会の議事

第 11 章　フィールドワークの"創造力"　513

進行の準備，年中行事の企画，行政機関や他の地域諸団体との渉外活動，視察への対応など，インフォーマルな打ち合わせが行われる。通常は役員会の日に同時開催，その他必要に応じて開催される。

42) この年から教員になっていた大谷および学部 4 年生の S さん。

43) 以下の記述は 2022 年 6 月 29 日の大谷の日誌に基づく。

44) この直前に，現在の文化部長が「夏祭り」開催に乗り気でないことを，文化部担当副会長である Ib さんが漏らしていた。

45) 香港からの留学生であり前年のオンライン懇親会やフィールドワーク企画の立案の中心的役割を果たした K さんは，「新原ゼミ」の立て直しにも奔走し，各ゼミの下級生たちにも声をかけ立川プロジェクトのメンバーとして勧誘してくれた。自身がかかわってきた気仙沼の学習支援プロジェクトの持続性と可能性をテーマに卒業論文を執筆した S さんは，立川プロジェクトにおいても「参与的行為調査」として，団地自治会との行事開催を探る協議に参加し下級生たちのケアの役割も果たしてくれた。

46) 文献講読会で取り上げたのは，立川プロジェクトの先行研究としての『"臨場・臨床の智"の工房─国境島嶼と都市公営団地のコミュニティ研究』（新原編 2019）や大谷の博士論文（大谷 2022）であった。

47) 以下の記述は，2022 年 9 月 27 日の大谷の日誌に基づく。

48) 以下の記述は，2022 年 11 月 27 日の大谷の日誌に基づく。

49) 立川団地内の高齢者団体。

50) Kb さんは，「防災ウォークラリー」に参加していたときと同じチーム名（「月下美人」）・メンバーで参加していた。

51) 大谷が担当している中央大学法学部ゼミの学生たちが書いたフィールドノートには，「行事に参加していない人たちから『冷たい目線』を感じた」「参加者が住民のなかでは相対的に少ないのに，予算をこんなに使ってよいのか」といった解釈が書かれていた。このような解釈は，立川団地で人々が紡いできた自治の歴史からすると，外在的な部分もあるかもしれない。とはいえ，学生たちにとっては運営スタッフとしての自分たちへの目線，翻って団地自治会活動への目線として，上記のようなリアリティがあったということは重要だ。少なくとも，このような視点を持っている住民層を想定して，今後の自治会活動をつくりなおしていく必要があるだろう。

52) 以下の記述は，2024 年 8 月 18 日の大谷の日誌に基づく。

53) 以下の記述は，2024 年 8 月 24 日の阪口のメモに基づく（日誌は未整理）。

引用・参考文献

松田素二，1989「フィールドワーク再考─フィールド理解の非定型化のための一試論（〈シンポジウム〉フィールドからわかるということ）」京都大学人類学研究会編『季刊人類学』20(3)：4-33。
───，2003「フィールド調査法の窮状を超えて」日本社会学会編『社会学評論』

514 第Ⅲ部 コミュニティに"出会う"

53(4)：499-515。

Melucci, Alberto, 1996, *The Playing Self: Person and Meaning in a Planetary System*. Cambridge University Press.（＝2008，新原道信・長谷川啓介・鈴木鉄忠訳『プレイング・セルフ―惑星社会における人間と意味』ハーベスト社）

―――, 2000, "Verso una ricerca riflessiva", regisrato nel 15 maggio 2000 a Yokohama.（＝2014，新原道信訳「リフレクシヴな調査研究にむけて」新原道信編『"境界領域"のフィールドワーク―惑星社会の諸問題に応答するために』中央大学出版部：93-111）

Mills, Charles, Wright, 1959, *The Sociological Imagination*, Oxford University Press.（＝2017，伊奈正人・中村好孝訳『社会学的想像力』筑摩書房）

中野卓，1975a「歴史社会学と現代社会」『未来』101：2-7。

―――，1975b「社会学的調査における被調査者との所謂『共同行為』について」『未来』102：28-33。

―――，1975c「社会学的な調査の方法と調査者・被調査者との関係」『未来』103：28-33。

―――，1975d「環境と人間についての緊急調査と長期調査」『未来』104：45-8。

―――，1975e「社会学的調査と『共同行為』」『UP』33：1-6。

新原道信編，2016『うごきの場に居合わせる―公営団地におけるリフレクシヴな調査研究』中央大学出版部。

新原道信編，2019『"臨場・臨床の智"の工房―国境島嶼と都市公営団地のコミュニティ研究』中央大学出版部。

新原道信，2019a「何をめざし，何を試みたのか―惑星社会と"臨場・臨床の智"」新原道信編『"臨場・臨床の智"の工房―国境島嶼と都市公営団地のコミュニティ研究』中央大学出版部：1-71。

―――，2019b「コミュニティでのフィールドワーク／デイリーワークの意味―惑星社会の"臨場・臨床の智"への社会学的探求(3)」『中央大学社会科学研究所年報』23：23-59。

似田貝香門，1974「社会調査の曲がり角―住民運動調査後の覚え書き」『UP』24：1-7。

―――，1977「運動者の総括と研究者の主体性（上・下）」『UP』(55)：22-6，(56)：28-31。

―――，1986「コミュニティ・ワークのための社会調査」『公衆衛生』50(7)：441-5。

―――，1996「再び『共同行為』へ阪神大震災の調査から」『環境社会学研究』2：50-62。

―――，2001「市民の複数性―今日の生をめぐる〈主体性〉と〈公共性〉」『地域社会学会年報』13：38-56。

―――，2009「コミュニティ・ワークと〈実践知〉」コミュニティ・自治・歴史研究会編『ヘスティアとクリオ』8：5-17。

大谷晃，2019「立川プロジェクトの展開―立川団地での『問い』の深化」新原道信編著『"臨場・臨床の智" の工房―国境島嶼と都市公営団地のコミュニティ研究』中央大学出版部：275-323。

―――，2020a「『記憶』による都市コミュニティの統合―東京都立川市の都営団地の建替えと自治会再編」『地域社会学会年報』32：106-120。

―――，2020b「コミュニティ・リーダーの統合に対する『記憶』の作用―東京都立川市の都営団地自治会役員層のネットワーク形成の検討を通じて」『中央大学社会科学研究所年報』24：179-196。

―――，2022「現代における『地域コミュニティ』再編と担い手たちの『ローカルな実践』―都営『立川団地自治会』における参与的行為調査」中央大学大学院文学研究科 2021 年度博士論文。

阪口毅，2013「『都市コミュニティ』研究における活動アプローチ―大都市インナーエリア・新宿大久保地域における調査実践より」『地域社会学会年報』25：77-91。

―――，2015「『都市コミュニティ』の創発性への活動アプローチ―大都市インナーシティ・新宿大久保地区の市民活動を事例として」『日本都市社会学会年報』33：191-211。

―――，2019「立川プロジェクトの始動―新たな契約の行方」新原道信編『"臨場・臨床の智" の工房―国境島嶼と都市公営団地のコミュニティ研究』中央大学出版部：215-274。

―――，2022『流れゆく者たちのコミュニティ―新宿・大久保と『集合的な出来事』の都市モノグラフ』ナカニシヤ出版。

鈴木将平，2019「立川プロジェクトからの展開―戦時下の昭島市域における『八清住宅』と人々の移住」新原道信編『"臨場・臨床の智" の工房―国境島嶼と都市公営団地のコミュニティ研究』中央大学出版部：325-367。

Whyte, William Foote, 1982, "Social Inventions for Solving Human Problems: American Sociological Association, 1981. Presidential Address", *American Sociological Review*, Vol. 47. (＝1983，今防人訳「人間の諸問題を解決するための社会的発明―アメリカ社会学会，1981 年会長就任演説」，「社会と社会学」編集委員会編『世界社会学をめざして 叢書 社会と社会学 I』新評論)

―――，1988, Making Mondragon: The Growth and Dynamics of The Worker Cooperative Complex, New York, Cornell University. (＝1991，佐藤誠・中川雄一郎・石塚秀雄訳『モンドラゴンの創造と展開―スペインの協同組合コミュニティ』日本経済評論社)

―――，1993, Street Corner Society, 4ed., Chicago: The University of Chicago Press. (＝2000，奥田道大・有里典三訳『ストリート・コーナー・ソサイエティ』有斐閣)

付　論
記憶のなかの公設市場
——大阪市西成区玉出のモノグラフ——

史　　涵・阪　口　毅

　記憶，すなわち過去との連続という感情は，いくつかの場（リュー）に残存するのみとなっている。このような「記憶の場」が存在するのは，記憶の集団（ミリュー）がもはや存在しないからにほかならない。（…）

　記憶は，いつでも現在的な現象であり，永遠に現在形で生きられる絆である。それに対して，歴史とは，過去の再現（ルプレザンタシオン）である。

ピエール・ノラ「記憶と歴史のはざまに」

（Nora 1984＝2002：30-32）

1．はじめに——「玉出商店街」に"出会う"

　2008 年に中国から来日して最初の 1 年半，筆者は大阪で暮らした[1]。大学進学を目指して日本語学校で勉強するかたわら，「サボイア」というピザ屋でアルバイトをしていた。ある日，同僚が仕事を辞めることになり，皆で彼女のために送別会を行った。筆者にとっては日本の人たちと初めて居酒屋に入る経験となり，たくさんの話をすることができた。そこで出会ったのが，本章が描く「玉出商店街」に筆者を引き合わせてくれた小出幸司さんだった。小出さんは生まれも育ちも，また現在の住居も「玉出商店街」の近くである。彼は筆者と同じく写真を撮ることが大好きで，送別会の場で筆者と同じようにカメラを持ってその場の雰囲気を写真に収め，またお互いの姿を撮りあった。写真のことをはじめ，近しい感性を持つ二人の会話は尽きなかった。これをきっかけに

筆者と小出さんは現在まで連絡を取り合う親友になっていった。

2010年に東京の大学に進学し，2014年に中央大学大学院に進学してからも，小出さんとは連絡を取り続け，毎年大阪に「帰省」して「玉出商店街」を訪ねては，写真を撮って歩いていた。新幹線の駅を降りて，梅田を経由して大阪の街へ入っていくのだが，毎年少しずつ，街の匂いが変わっていくように感じていた。街の独特な匂いが薄くなり，東京とも変わらない空気になっているような気がしていた。

そんなある日，小出さんから電話をもらって，以前からずっとお世話になっていた豆腐屋と洋食屋の店主の二人が亡くなったことを知った。その子どもたちのほとんどが上京し，あるいはサラリーマンとなり，店を継ぐ意思はまったくなかったという。改めて街を歩いてみると，「玉出商店街」を構成する「玉二商店街」と「玉新本通商店街」の約9割，「玉出本通商店街」も約半分が空き店舗となっていた。大都市・大阪のインナーエリアに位置付けられる「玉出商店街」は，人口流出，少子高齢化，建物の老朽化などの「インナーシティ問題」が深刻化し，現在では「シャッター街」となりつつある。

2015年頃，大学院で都市社会学のゼミにいた筆者は，修士論文を作成するため「玉出商店街」の本格的なフィールドワークを開始した。変わりゆく「玉出商店街」の風景を写真に記録し，街の歴史を調べ，小出さんをはじめ，彼に紹介してもらった商店街の店主たち，住民たちにインタビューを重ねた[2]。全部で15名のインタビューを通じて，「玉出商店街」で生きる人々のなかに共通する語りが見られることに気づいた。それは既に閉鎖して20年が経っていた「玉出公設市場」の記憶である。20世紀初頭の近代都市・大阪の急速な都市化に対応するため約100年前に建てられた公設市場は，既に閉鎖され当時の姿を見ることも，跡地に入ることもできないのだが，たしかに地域住民の記憶のなかに残されていた。

失われつつある商店街のなかで，かつて公設市場という，自由に人が行き交い出会うことのできる公共空間が存在したこと，またその共通の記憶が残されてきたことには，どのような意味があるのだろうか。本章は「玉出商店街」の

写真記録と資料，住民たちのライフストーリーの記述を通じて，「玉出商店街」と失われた公設市場，そして地域住民たちの関係性の歴史を描いていく。

2．「玉出商店街」のフィールドワーク

(1) 玉出地域の概要

玉出地域は大阪市西成区の南東部に位置し，都市社会学的には都心外周部のインナーエリアに位置付けられる（図付-1）。このあたりは大正から昭和初期にかけて急激に人口が増加したところで，住宅地の形成を背景に戦前から商店街が発展してきた。玉出は西成区の南部に位置し，住居表示では玉出西・玉出中・玉出東に分かれている（図付-2）。西側は南津守，津守，北側は岸里，東

図付-1　西成区の位置

出所：西成区行政ホームページより引用
https://www.city.osaka.lg.jp/nishinari/page/
0000000788.html（最終閲覧：2024 年 9 月 1 日）

図付-2　西成区の各地域

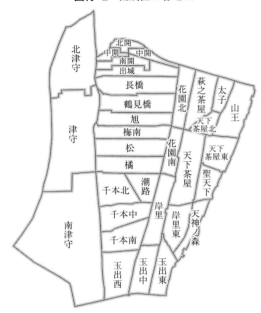

出所：西成区の行政地図より引用
https://minchizu.jp/osaka/o-nishinari.html
（最終閲覧：2024年9月1日）

側は北畠，帝塚山（阿倍野区，住吉区），南側は粉浜（住之江区，住吉区）となっている。地域を縦断するように国道26号と南海本線が縦断しており，南海電鉄の岸里玉出駅が最寄り駅である。

「玉出商店街」で100年以上の歴史を持つ「フミヤ書店」の店主，法西一雄さんは，かつて商店街振興組合の理事長も務めた人物だが，地域の歴史にも詳しい。玉出地域のインナーエリアとしての歴史について，次のように語ってくれた。

「玉出はあれやね，帝塚山族のいわゆる台所やったんですよ，ここの真ん中に公設市場あって，昔はこの辺から，みんな御用聞きに行ってんね。い

まはそういうどんな大きい家でも女中さんとかおらんようになってね，だから，時代が変わったというのが本当やと思いますね。ほんで，ここ自体は生根神社とか，その向こうに誓源寺，それから最後長源寺かな。あ，その向こう光福寺や。光福寺，生根神社，誓源寺，長源寺かな，この四つの寺と神社で一つの村やってんね。それが「こつま村」，そういう村で，ほんで日本で最初の私鉄がここにできてね。」　　（2016 年 11 月 28 日：映像記録）

　玉出の旧称は「勝間（こつま）村」，西成郡勝間村のうち生根神社周辺の字名だった。仁治年間（1240 ～ 43 年）に勝間大連によって開拓されたものと伝えられ，まだ津守新田は元禄年間（1688 ～ 1704 年）以降開拓されたものである。開拓された新田は，稲作には不向きであったことから主として畑作が行われた。江戸時代には畑場 8 ヶ村と呼ばれる大坂市街へ野菜を供給する農村の一つとなった。現在ではなにわの伝統野菜「勝間南瓜」（こつまなんきん）の産地として知られ，「勝間南瓜」と呼ばれている祭りも現地で毎年開催されている（大阪市西成区役所 1990：5）。

　近代に入り，1907 年に南海鉄道の玉出駅（現在の岸里玉出駅）が開業すると人口が急増し，1915 年に町制施行して西成郡玉出町となった。そして 1925 年の大阪市第二次市域拡張の際に新設の西成区へ編入された（川端 1968：10）。法西さんの語りからは，大正時代に大阪郊外に建設された「帝塚山」の高級住宅地との公設市場を通じた結びつきもうかがわれる。

（2）「玉出商店街」を歩く

「玉出商店街」は，玉出地域の東西に延びる「玉出本通商店街」を中心に，そこから派生する「玉二商店街」，「玉新本通商店街」が逆「ユ」字型につながって構成されており，全蓋式アーケードの通りとなっている（図付-3）。初めて訪れたとき，昭和中頃にタイムスリップしたような非常にレトロな街並みに，人情と活気が溢れるのを感じた。

図付-3 「玉出商店街」

出所：Google Map より筆者作成

「色あせた景色」——玉出本通商店街

　玉出本通商店街は，南海岸里玉出駅（玉出口）前から国道26号線玉出中1交差点まで，約230mにわたって延びる商店街である。『西成区史』によると，大正初年頃まで現在の商店街中央側に松林があり周辺には田畠も多かったが，玉出駅ができて急速に店も増え，商店街の形態が整えられていった。当時付近には後に玉出公設市場となった私設市場と，玉出連合市場（現代の協和銀行付近）の2ヶ所の市場があったが，後者は国道26号線の設置とともに廃止された。そして商店街の組織としては1923（大正12）年頃から，西部に「玉盛会」，東部に「玉光会」という親睦団体が生まれ，その後1928（昭和3）年に玉出本通商店会に改組され会員数も84店の盛大なものとなったという（川端1968）。

　当時は道路の南側に井路があり，南側の商店の一部ではそれぞれ石橋を架け，客はそれを渡って買い物する状態であったが，その後都市計画によって井路を埋め現在の四間幅の道路となった。戦前には，帝塚山の高級住宅街からの顧客も多く繁栄していたというが，そのことは先の法西さんの語りにも表れている。戦時中，商店街は被災を免れたものの，周辺地区の大半が罹災し客数が

大きく減少した。1960年代の末頃までには，戦後の復興とともに往年の姿に戻っていった。なお1964（昭和39）年，区内最初の商店街振興組合法に基づく商店街を組織した（川端1968）。

前身となる親睦団体を含めれば100年以上の歴史を持つ玉出本通商店街は，現在どのような風景だろうか。2016年8月頃，筆者は玉出本通商店街で観察調査を行い，商店街の様子を図でまとめた（図付-4）。

2016年当時，店舗（テナント）の物件49軒の内，空き店舗は18軒であった。商店街のシャッター化が進行しつつある一方で，大阪でとても有名な「スーパー玉出」の1号店，2号店はこの商店街の国道26号線沿いに今もある。「黄色い看板」が目印で，安売り，24時間営業，年中無休などの特徴を持つ人気スーパーである。

夕方6時くらいになると，玉出本通商店街のそれぞれの店舗がどんどん閉まっていく。チカチカしたアーケードの照明がスーパー玉出の黄色い看板の色

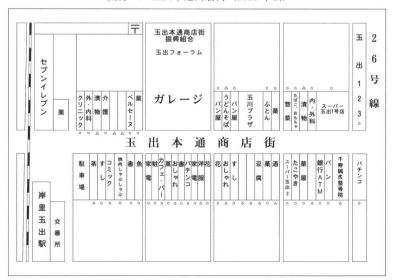

図付-4　玉出本通商店街（2016年頃）

注：「△」は空き店舗，「○」は当時営業していた店舗。
出所：現地での観察調査に基づき筆者作成

図付-5　玉出本通商店街（南海電鉄入口）　　図付-6　玉出本通商店街（国道入口）

出所：筆者撮影（2016年11月11日）　　　　出所：筆者撮影（2016年5月5日）

に反射され，夕暮れの街を照らす。夜の玉出本通商店街は，スーパー玉出の色に染まっていた。

「昭和の町」——玉二商店街と玉新本通商店街

　玉二商店街は，玉出本通商店街の中ほどから北へ延びる，南北100mほどの通りである。商店会組織は1929（昭和4）年に設立され，90年以上の歴史を持つ。当初はアーケードを設置してなかったが，1958（昭和33）年にアーケードが設置された。図付-7は，玉出本通商店街と玉二商店街とが隣接する地点にある，「おぐに」という花店である。

　道幅の狭いアーケード街のなかにあった線香屋は2015年の8月に閉店となり，2016年頃には漬物屋，熱帯魚屋，服屋，花屋の4軒しか残されていなかった。店舗（テナント）の物件29軒の内，空き店舗は25軒であった（図付-9）。

　シャッターを下ろしたままの店が目立っているが，昭和時代の看板がそのまま街のなかに残されている。古い街並みをそのままに，高度経済成長期以前のものと思しき凄まじく古いアーケード，くすんだ緑色の塗装が剝げ落ちてボロボロになっている。まるで時間が止まっているような感覚がある（図付-8）。

　玉新本通商店街（玉出北商店街）は，玉二商店街の北端から東へ，玉出本通と並行して延びる商店街である。1973（昭和48）年まで，このあたりの地名は「玉出新町通」だった。「玉新本通り」の名前もこれに由来する。図付-9を見

付論　記憶のなかの公設市場　525

図付-7　玉二商店街入口
　　　　（玉出本通商店街側）

出所：筆者撮影（2016 年 5 月 5 日）

図付-8　玉二商店街景色

出所：筆者撮影（2016 年 5 月 5 日）

図付-9　玉二商店街と玉新本通商店街（2016 年頃）

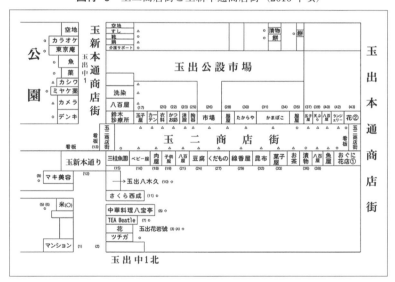

注：「△」は空き店舗，「○」は当時営業していた店舗。
出所：現地での観察調査に基づき筆者作成

ると，2016 年当時の玉新本通商店街の店舗（テナント）物件は 16 軒，その内空き店舗は 7 軒であった。

　図付-10 と図付-11，図付-12 と図付-13 はそれぞれ，玉新本通商店街の同

図付-10　玉新本通商店街入口 a

出所：筆者撮影（2016年5月5日）

図付-11　玉新本通商店街入口 b

出所：筆者撮影（2017年5月3日）

図付-12　玉新本通商店街景色 a

出所：筆者撮影（2016年11月11日）

図付-13　玉新本通商店街景色 b

出所：筆者撮影（2017年5月3日）

じ場所で撮った景色である。わずか1年の間にアーケードが撤去され，商店街の雰囲気も一気に変わった。玉出本通商店街から玉二商店街を通じての街並みの一体感は，すっかり失われてしまった。

(3)　「消えた公共空間」──玉出公設市場

公設市場と商店街

　先ほどの玉新本通商店街の写真（図付-12, 13）をよく見てみると，左側に個人商店とは異なる建物があるのに気づく。正面にまわってよく見てみると，そこは閉鎖された「玉出公設市場」の北側入口である。看板には1990年に開催された「花の万博」のキャラクター「花ずきんちゃん」のイラストが描かれて

図付-14 玉出公設市場入口跡（北側）

出所：筆者撮影（2016 年 11 月 11 日）

いた（図付-14）。イラストの上には「ミンナーノ玉出」と書かれており，その下には「美しい町，暖かい心で」というコピーが掲げられていた。それは「玉出商店街」がもっとも賑わっていた時代を象徴するものだった。

> 「全盛期のときね，それ言ってくれてよかった。ここに入り口，玉出の公設市場，心斎橋並み。私は昭和 32 年からでした（お店をやっている）からね。ずうっと，昭和 40 年ぐらいから，もうここから，向こう（まで）心斎橋並み。ここから向こうが見えなかった，人の頭で。（お客さん）いっぱい。だから最高のとき年末で，昭和 60 年か 70 年（平成初期）までは 12,000 人くらい入っててん，年末はな。年末やで，それはな。それからだんだん減って，もう閉鎖になったときは 1,500 人かな。1,500 人から，1,200 人になりましたな。すっごい売れたからね。大阪市でね，（市が経営していた市場の）42, 3 軒，これがもう今はほとんどが閉鎖になってしまって。」
> 　　　　　　　　　　　　　　　　　　　　（2016 年 11 月 9 日：映像記録）

このように語るのは，公設市場の東口にある餅屋「福信堂餅店」の店主河野

カツ子さんである。河野さんは 2016 年の取材当時 70 代後半であった。1935 年に高松市に生まれ，1957 年に玉出公設市場へ来て商売を続けてきた。河野さんの語りからは，繁忙期には 12,000 人が来場したという公設市場の全盛期の頃の風景がよく感じられた。しかし 2003 年 3 月に大阪市設小売市場の廃止条例が公布されると，「福信堂餅店」は公設市場の外の東入口へ移転することとなった。かつて公設市場で商売を営んでいた商店として，唯一残っていた店舗であった。

　「玉出商店街」は公設市場を中心に発展した商店街であり，連続する本通・玉二・玉新商店街に囲まれて一体的な街区を形成してきた（図付-9）。『西成区史』によれば，大阪市設小売市場は，1918（大正 7）年 4 月に急速な都市化に対応するために，生活必需品の市価標準を示し需給の円滑化の目的を持って開設された。はじめに境川，天王寺，福島，谷町の 4 ヶ所に仮市場を設け，試験的に運営が開始された。当時は第 1 次世界大戦の影響で物価が急騰していたが，これらの市設市場は市民生活安定のために十分な機能を果たしたため継続運営が決定した。西成区でもいくつかの公設市場が増設され，玉出公設市場もこの内の一つである。その後，大阪市域拡張に伴う整理や，第 2 次世界大戦中の配給制に伴う休業などによって相ついで公用廃止となった結果，戦後直後に残存していたのは玉出市場のみとなった（川端 1968）。そして戦後も高度成長

図付-15　玉出公設市場内の様子
　　　　（1993 年頃）a

出所：玉出本通商店街振興組合所蔵

図付-16　玉出公設市場内の様子
　　　　（1993 年頃）b

出所：玉出本通商店街振興組合所蔵

図付-17　玉出公設市場内の様子（1993 年頃）c

出所：玉出本通商店街振興組合所蔵

期を経て 1990 年代まで，「玉出商店街」の中心には公設市場があり続けてきた。

　　史涵：中はどんな感じでしたか？
　　瀬戸さん：どういうんかな，ここから入ったら，まっすぐ行ける，右に行ける，左に行ける，ほんでこっち（奥）もこう回れる，間も通れる。せやからお店がこう（2 列に）並んでるだけとちごうて，こう（縦にも）並んでもいるし，こう（横にも）並んでもいるし。そやから入り口がここと，ほんで裏と，マツスヱさんの近くな，あそこと，ここのホンダの魚屋さん，みんな入れる。どこにでも行き来できるように，うん。スペース的には 1 軒のお店がここの 3 倍くらい違うんかな。このお店の 3 倍くらい，1 軒のスペース。
　　　　　　　　　　　　　　　　　　　　（2016 年 11 月 10 日：映像記録）

　　瀬戸さん：本通りの方は分からんけどな，そういうの，店員さんもおったり，家族でしてるから，誰かがどこへ用事で出て行っても，誰かがお店に残ってるやんか，本通りのひとはな。そやけどここはもう二人やから，

530　第Ⅲ部　コミュニティに"出会う"

どっちかがおらんようになったら留守番するし，その，こうこう（交代交代）。そやから，親よりか旦那さんよりか仲ええかもしらんな。そういうのんが，公設市場の中ではあったんや，昔な。そやから珍しいお野菜が出ても，「えっ，こんなお野菜初めてや，どないして食べるん？」っていうのんは聞ける。な，昨日も言うたけどな。「このおさかなどないして食べるん？」っていうのも聞けるけども，今はスーパーでもおさかなこんなん（そのまま）売ってないでしょ，みんな切って売ってるから。物言わんとかごに入れてぽっぽっとカート押してかごにいれてレジに持って行ってたらさあ，「どないしてたべんねやろ」，いうかね。

(2016 年 11 月 10 日：映像記録)

　公設市場内部の様子についてこのように語るのは，公設市場の東入口にある漬物屋「瀬戸つけもの」の店主，瀬戸節子さんである。瀬戸さんは 2016 年の取材当時 70 代半ばであった。高知県に生まれ「集団就職」のため大阪に来ることになって，お手伝いさん，家政婦，メイドとして，また本通商店街の「小国花香」花店で働いてきた。約 20 年前，漬物屋の店主が高齢になったことで瀬戸さんが後を継いだのだという。

　瀬戸さんの語りからは，かつての公設市場の内部の空間の広さや人々の交流の雰囲気が感じられた。現在のコンビニやスーパーと違い，ただ物を売り買いするだけではなく，店員やお客との間で日常的な雑談や情報交換が行われていた。公設市場は「玉出商店街」に関わる人々が行き交い，集い，交流する公共空間であり，そこには顔の見える信頼関係や家族的な雰囲気が存在していた。

公設市場の閉鎖

　しかし 2003 年の公設市場の公用廃止に伴って，市場は閉鎖され，「玉出商店街」の交流の中心であった公共空間はシャッターによって閉ざされていったのであった。長年「玉出商店街」で暮らしを営んできた人々にとって，公設市場の閉鎖はどのような出来事として体験されたのだろうか。

付論　記憶のなかの公設市場　*531*

〈魚屋「成田水産」店主　松元勇さん〉

私：他の店主さんの話を聞いたら，みんな以前はよく公設市場に行ってたんですよね。

松元：そう，そう。僕らの店はもともと公設市場の入り口にあって，そこで先代がやっているところへ僕が16歳の時に入って，働かしてもらってたけど。何年前かな，10年ぐらい前に，大阪市としてもその公設市場というのが負担になってきてて，ほんで，結局公設市場を閉める形，うん，だから他の商店街でも，もう，公設市場というの残ってないかな。そのあおりで，まあ，いうたら，シャッター閉まって，行き止まりになってしまったから，ここへ出てきたという形かな。うん，公設市場ところがあった時はやっぱり，うん，そうやね，いまの倍ではきかんぐらいの人がいったと思うし。やっぱりそういうのもあって，時代というのもあるやろうけど，そういう難しいところも確かにあるかもわかれへんね。

（2016年11月9日：映像記録）

〈米屋「北川米穀店」店主　北川禎彦さん〉

北川さん：ここらはね，昔は賑やかやったんですよ。まずあの，そこに玉出公設市場，大阪市の公設市場ありましたからね。公設市場が賑おうてましたから。ずいぶんたくさんのお客さんがね，来られたんです。ちょっと坂上がりますと，帝塚山からね，下りてこられたお客さまとか，それから私のとこの前やったらですね，千本通，あれは南津守，まあそこらあたりからですね，ずいぶんとお客さんが玉出公設市場，非常に人気があったんですよ。何が人気があったかと言いますと，お値段よりも品質が非常にいいと。いいものを販売してる，いうようなことで，たくさんのお客さんがここ通っていただいて。ですからね，うちの前も賑やかにね人がたくさん通っていただきました。……だけどもう，公設市場自体がね，昔ほど人気なくなりましたから。昔はほんとにね，いい品物を売ってね，人気がありましたよ，よその地域からもどんどん来はりましたわ，ここの玉出は。

532　第Ⅲ部　コミュニティに"出会う"

……そやからうちの前を大きなトラックが，八百屋さんの，満載してね，シートかけてね，ダーって通りはりましたけど，それ1日中で売りきってましたからね。「うわー」いうていっつも感心してました。ほんまもう，トラックが傾くくらい，走っててね。あれが毎日通りはるから，1日で売り切るわけよ。その時代が懐かしいですね。もう夢の夢ですわ。

（2016年11月11日：映像記録）

〈漬物屋「瀬戸漬物」店主　瀬戸節子さん〉
私：みんなこっちから帰るんですね。
瀬戸さん：そやから，わりとここ入る人よりか帰る人の方が多いくらいやね。ここの近所の人はこっから入るけど，向こうの人は向こうから入って，ずっとお店で買いながら来たら，こっちに抜けて帰る，うん。そう。その時分はやっぱり，私らでもものすごいよかったよ。帰る人がちょこちょこっと買っていってくれるからよかったけど，今はもうな。そやから12，3年くらい前からこんだけ寂しくなってきた。そやけど，よう一人で今まで持ちこたえたと思う。隣がなかったらやめてるかもしれん。また隣もうちがやめたらやめてたかもしれん。　（2016年11月10日：映像記録）

　これらの語りは，それぞれの店主の玉出公設市場と自身との関係についての物語である。公設市場の閉鎖後も商売を続けてきた人々のなかには，公設市場内で自らのキャリアをスタートさせた者や，公設市場に帝塚山や千本や南津守などから訪れるお客たちを相手に商売を営んできた者などがいた。公設市場に通ってくるお客たちは商店街を通っていったので，周辺も含めて賑やかさがあったという。公設市場が閉鎖されたことで，移転を余儀なくされたり，商売そのものが立ち行かなくなったり，また寂しさを抱く人たちがいた。それは失われた「夢の夢」の風景であった。
　2016年の取材当時の玉出本通商店街振興組合理事長で，雑貨屋「パウパウ」の店主，吉田勝さんは，公設市場の閉鎖から10年以上が経過した商店街の現

状について，次のように話してくれた。

　　「このまま，お店さんの数が今のまま減らなかったらこのまま維持はでき
　　ていくんですけど。あとアーケードですわ，アーケードあと何年持つかなん
　　んです。このアーケードなくなると，ちょっときついですね。（雨の時の）
　　人の流れですね。だからその辺ですね。修理したいんですけれども，おか
　　しなことに，梁と柱いらえない（さわれない）んです。梁と柱いらえない
　　というのは，もう耐震設計ができないんです。だからそこだけいろうても
　　耐震のあれがでないんですよ，全体の。だから，梁とあれ（柱）は，いま
　　あるやつ腐ってきたら，上にカバーしてやっていくっていう。一本すぽっ
　　と入れ替えるとか，何本か入れ替えるということはできないんですよ。耐
　　震設計っちゅうのがありまして。地震の後，阪神（大震災）からあと。触
　　れないんです。アーケードやってる業者が少なくなってる，専門業者が。
　　関東はアーケードのない商店街が多いですね，屋根がない商店街ね。（アー
　　ケードがあるのは）関西だけですね。私らも何件か商店街見に行ってますけ
　　ど，アーケードがあって，取った商店街は死んでます。」

（2016 年 11 月 28 日：映像記録）

　「玉出商店街」を構成する三つの商店街が公設市場を囲み，その天井をアー
ケードが覆うことで一体的な街区がつくられてきた。公設市場が閉鎖され，商
店街の店舗のシャッター化が進むなか，最後に残された重要な要素がアーケー
ドであった。吉田さんは，2016 年の取材当時，アーケードの維持可能性につ
いてとても悲観的に話していた。前項で紹介した図付-10 と図付-12 は，2016
年 11 月に撮影した玉新本通商店街側，公設市場の北口の写真だが，そこには
アーケードが残っている。しかし翌年 5 月，同じ場所を訪れると，まったく異
なる風景が目に飛び込んできた。現地の住民に尋ねてみると，老朽化のために
2017 年 3 月頃にアーケードが撤去されたのだという（図付-11, 付-13）。
　また 2017 年 1 月頃，玉出本通商店街にある，玉出でもっとも古いパチンコ

図付-18 玉出公設市場の跡地（玉出本通商店街側）

出所：筆者撮影（2017年5月3日）

屋が取り壊され（閉店は2012年頃），空き地を通して，公設市場跡地の建物が筒抜けに見通せるようになった（図付-18）。約1世紀の歴史を持つ建築の時代を感じさせられる。

アーケードは雨天時に人々を守るだけではなく，「玉出商店街」三つの商店街を繋げる絆である。だからこそ吉田さんは「アーケードなくなると，ちょっときつい」「取った商店街は死んでます」と語るのである。公設市場の閉鎖から10年以上が経過し，個人商店の閉店とともに衰退が進む商店街において，かつての賑やかな商店街の痕跡として残されていたアーケードまでも失って，「玉出商店街」はいかなる道筋を辿っていくのだろうか。

3．「玉出商店街」の人々――ショートストーリーズ

「玉出商店街」で生きる人々は，公設市場やそれを取り巻く商店街という場所とどのように関わり，生活を営んできたのだろうか。公設市場の閉鎖と，それを一つのきっかけとする商店街の衰退の歴史を，どのように体験してきたのだろうか。本節では，筆者が行ってきたインタビューの記録から，5名の人物を選んだ。一度も地元を離れず住み続けている住民，元・商店街振興組合理事

長，一度地元を離れ戻って来た店主，後継者がいないため閉店した店主，後継者として店を継ぐ店主の5人の物語をショートストーリーの形式で描く。なお年齢はすべて2015～16年の取材当時のものであり，既に亡くなられた方もいる。

(1) 小出幸司さん（住民，当時50代）

筆者を「玉出商店街」へと出会わせてくれた小出幸司さんは，玉出本通商店街の近くに生まれ，今も住んでいる。性格が明るく，いつも大きな声で笑っている。普段の生活ではよく周りの商店街を使い，ただ買い物をするだけではなく，店主たちとも長い時間おしゃべりする。彼は商店街での暮らしについて笑いながら，次のように話した。

> 小出さん：成田水産の前を通るのは注意しなければならない。ここの魚は新しいからいいけど，そんな毎日魚ばかりはいらないけど，店の二人のお姉ちゃんに「こんなあるよー」，「まけとくよー」っと，声をかけられたら，アウト（俺の負け）。何か買うしかなくなる。
> （2015年12月8日：インタビュー記録）

小出さんと店主たちのやり取りからは，「玉出商店街」特有のユーモアが感

じられる。小出さんのおかげで筆者は商店街の店主たちと親交を深め，この商店街特有の雰囲気を体験させてもらってきた。

　この取材は本人の2階建ての実家1階の5畳半の部屋で，古いストーブを挟んで行われた。取材の数年前に，彼は両親を見送った。独身の彼は，一人でこの老朽化した家屋に住んでいる。当時はまだ両親との別れの悲しみのなかにいたため，以前のやや綺麗な部屋には荷物や食べ終わったラーメンのカップがあちこちに散らばっていた。小出さんには兄がいるが，普段あまり実家を訪れることはなく，連絡も少なかった。しかし，両親が亡くなった頃，お兄さんは小出さんに猫を1匹買ってあげた。

　小出さんの両親はとても優しい方で，筆者は両親がまだ健在の頃，よく小出さんの家に泊まらせてもらっていた。お風呂に入っている間に，83歳のお母さん（おばあちゃん）が靴下を洗ってくれて，ストーブで乾かしてくれたことがずっと記憶のなかに深く，強く残っている。小出さんのお父さん（おじいちゃん）は口のかたい，心の優しい方だった。2012年の1月頃おじいちゃんが癌となり，7月に永眠した。半年後，おばあちゃんも亡くなった。いまこの家では小出さんとミーという猫とで暮らしている。散らばった荷物，以前おばあちゃんが座っていたソファーの上にある猫の毛，神棚と仏壇の扉に残る猫の不自然な爪痕。かつての雰囲気を思い出すと，その部屋はなんとも寂しかった。

　小出さんと知り合って既に15年になる。これまでにも何度か話は聞いていたのだが，改めて個人史の話を含めて商店街で暮らす日々の物語を話してもらった。筆者と「玉出商店街」との縁は小出さんから始まったため，この商店街のショートストーリーも小出さんから始める[3]。

玉出で生まれて

　私は大阪市西成区の玉出というところで生まれ育ちました。玉出という町は昔「新町通り」というたんですけど，いまは玉出中という住所に変わりました。玉出って，難波からすこし電車やったら7分ぐらいですかね，それぐらいのところにあります。駅からも5分以内ですかね。近いところです。そこで木

造の2階建ての家でずうっと生まれ育って，いまも住んでいます。家族はおじいさん，おばあさん，父，母，兄，私は次男。ずっといまして，いまもう両親も見送ることになり，私一人でこの家に住んでいます。

　子どもの頃は，玉出という町はほんまに下町で，木造の2階建ての町がずうっと軒を並べて，めったに3階，4階のマンションっていうのはなかったんですけれども。小学校，中学ぐらいですかね，その頃から，ぽちぽちマンションというのか，個人の家の改築で建ち始めて。今はもう，うちの家のような木造の2階建ての家は，ほんまに高いビルの谷間にボコンとある感じですね。まあ，なにがいいのかわからないですけれども，そういう町の景色というのも時代とともに日々変わっていっております。人間も同じく何か木造のあったかい感じではなくて，コンクリートの，鉄骨のなんか冷たーい気がしますね。それは大阪だけではなくて，全国的なような気がしますけれども，寂しい気がします。

商店街の原風景

　私の家は市場からほんま2，3分のところで，住むにはもうほんま恵まれた場所ですね。公設市場，商店街，玉出本通，玉二本通，そんな何も規模大きくないですけれども，いろんな店が並んだところです。

　昔の方から（話して）いきましょうかね。昔は，私の子どもの頃は，八百屋さんがありまして，電器屋さん，カメラ屋さん，豆腐屋さん，それからカシワ屋さん，魚屋さん，うどん屋さん，スナック，古着屋さんですね，ほんでからなんやろう，雑貨屋さんですね。で，その向こうに有名な玉出の木村屋さん，パンですね。ほんで，お菓子，和菓子の店ですね。いろんな店がありましたね。昔は子どもの駄菓子の店がうちの近所にも3，4軒ありましたね。で，乾物屋が，干物とか，味の素，塩，なんかちょっとかわった店ですね。そういうのを専門に売ってる店もありましたね。

　あと洗い張りちゅうってね，昔は町の人が着物をやっぱり着てたんで，その仕立て直しから洗い張りというてね。いっぺんばらして，生地を洗って，ほん

でまたしわを伸ばして，また仕立て直しというもう大変なことですね。米屋さん，いまもありますけれども何軒もありましたね。ほんでから，金物屋さん，茶瓶とかね，鍋，カキ氷する機械とか，そういう店ですね。ほんでから靴屋さん，傘屋さん。いまもうコンビニいけば，固めてそういうのがちょこちょこっと置いてますけどね。それぞれの専門の店っていうのが何軒もありましたね，瀬戸物屋っていうのもありましたね。茶碗，急須，ラーメン鉢，うどんのどんぶり鉢，小皿ですね。そういうのもありましたね。

　それから豆腐屋さんも 5，6 軒ありましたね。少し前までは木下豆腐店ていう，おいしい豆腐屋さんがあったんですけどね。もうおじさんが 70 過ぎてきましてね，今もご健在なんですけどね，お歳も重ねてくるんで，だんだんぽちぽち。それから後継者が，息子さんが継がれたらいいんですけど，それも社会問題の一つですね。そういうのでもうやめていかれましたけど，おいしい豆腐屋さんもいっぱいありましたね。

　魚屋さんも 4，5 軒はありましたかね。天ぷら屋さん，これもおいしい天ぷら屋が 2，3 軒ありましたね。あとクジラの肉だけ売ってる店がありましたね，まあ時代ですね，捕鯨が禁止になってきて調査捕鯨しかダメっていうことになって，そちらのほうの店もなくなりましたね。あと花屋もまあ 4 軒ありましたね，今は 2 軒ですね。あとボタン，ホックとかね，服のボタン，毛糸，小さい生地，そういうのを売ってた店は今も残ってますね，不思議なことに。いろんなやっぱり，趣味でやっておられる方がおられるんでしょうかね。

　いろんな若い女性，おじいさん，おばあさん，おばさん，それからおっさん，おじいさん，孫，いろんな年齢層がいろんなところの専門の店に行って，「おっちゃんこれちょうだいな」「おばちゃんこれちょうだい」なんか言うて。私らなんかは，天ぷら屋行ってほしくても天ぷら買ってもらえない頃なんかは，じーっと芋の天ぷら眺めてるんですよね。「また来はったで，小出の息子やこれ」言うて「なんや今日は」って言うたら，「芋」って言うて。そしたら「芋か，ほなはよ持っていき」って言うて「ありがとう」って言うて。ほんで次の日なったら，じーっとみて，「何見てんねん僕」って。「しょうが」って

「しょうがいな，ないやん今日，まあ揚げたるわ」言うて，しょうが揚げてもろて，「ありがとう」言うて持って帰るっちゅう，子どものときやから許されたんか，親が怒られてたんか知らないですけど。まあそういう風な子ども，孫がそういう風に，遊ぶっていうか，そうしてこうウロウロするっていう市場ですね。

　そういうところっていうのはいろんな年齢層の人が，いろんな人がいろんなところから行き交ってたもんですよね。隣町から，向こうの町から，難波からも買いに来た人がいましたね。それこそ，難波っていうたら玉出から電車で7分ですわ。そこ7分かけて電車で来はるっていうね。ほんでまあそういう市場で，夜はまあ店屋が閉まるもんですよね。今はコンビニって言ってもほんまずっと開いてますけどね。

変わりゆく商店街
　やっぱり時代の流れもあるんでしょうけどね，店がこうシャッターを下ろすっていうのはいろいろあるんでしょうけどね，なんかやっぱり人が変わるのと同じように，市場もシャッター下ろし始めましたね。おじいさんおばあさんと別居し始めたとか，まあ家庭問題で離婚したとか，いろんなことでこう，家庭が家庭でなくなったような，町が町でなくなってきたような，親戚とか身内が身内でなくなったような，なんかねいろんなものがちょっとアンバランスというのか，心からというのが薄れてきたような気がしますね。何かそういうのと市場っていうのが相通じる気がしますね。

　昔はいろんな店屋の人と，あんまり好きじゃない店屋の人でも話はできたもんですけども，もう今やったらコンビニとかスーパーとか行って，「なんぼなんぼです，はい，ありがとうございます，またお越しくださいー」って言うて終わりですよね。市場やったら，「今日はせやなあ，なすび，ええの入ったで」って言うて，「あっついし茄子のつけもんでもしたらええんとちゃうの」って「なすび嫌いやねん，おばちゃん」「嫌いかいな，しゃあないなそれ，じゃあキュウリは？」「キュウリもあんまり」「そうかあ……」，しょうもない落語

やないけど。八百屋ですね。八百屋さんでそういう風な店屋さんの人と話をしたりして，ほんで今日はどれやこれやって言うて，暑いなあって言うて，ほんで産地の方はどこやどこやって言うて，ようけ入るの入らんの，情報もやっぱり聞けたりして，いろんな話が井戸端会議やなんやらで市場っていうところでは日常的にできたもんですけどね。

　だんだんやっぱりそれが，今の人っていうのはね，煩わしいっていうか，うっとおしいっていうかね，そういう風な表現で，店の人のことを言うようになってきて，ほんで結果的にスーパーに移行しましたね。たしかに売る方も，店屋の人かていろんな人がいますからね，ええもんばっかり売ってるんじゃのうて，悪いもんまで「これおいしいで」っていう悪い店の人もいますからね。そりゃあまあそこで買わんときゃええだけの話やからね。でもやっぱりそれも煩わしいっていうか，それはまあ店の問題やからね。こっちの問題じゃないから，それはもう勝手に悪いもん，品の悪いもん売るっていうのは店の者としてどうやって思うから，そりゃそこはしゃあないとして，おいしい店のおいしい素材をやっぱり買って，それでおいしい晩御飯，おやつ，いろんなものを食していったら，なかなか豊かなものになるんちゃうかなと思うんですけどね。今はもう，スーパー，コンビニみたいなものになってしまったらもう，こう人間味がないっていうか。なんか寂しいような気がしますね。

生きるになくてはならない

　やっぱり市場っていうのは，あってもなくってもええっちゅうものやけども，なんか生きるになくてはならないもんやと思いますね，市場は。なんでって，店の人もそこで生きて，生活してはりますからね。コンビニ行ったら，お客さんに提供しに働きに，パートなり店長なりが来てますからね。市場はそこに住んでますからね。なんかこう，地に足ついたというか。ちょっと浮足立ったというか，なんやろうね，車で来て車で乗って帰ったみたいなスーパーとちごうて。歩いてきて，戸，シャッター下ろして，店の2階の家に上がるっていうのがね，なんかいろんなところでこう，生活，日常と，人対人っていう，そ

れが市場。コンビニ，スーパー，まあまあ百貨店なんかね，いろんなものがあってええと思うんですけどね。なんか，なにか物足らん気がしますね。

　市場がシャッター下ろしたというのがね。人が人でいられなくなるというかね。そりゃあもう，私みたいな敏感な者だけやないと思うんですけどね，結果的にはやっぱり人ってなんらか欲してるものやと思うんですけどね。もううるさいおばはん，おっさんがえらそうに言うことがどうのって煩わしいっていうことやのうて，うるさいおっさん，おばはんも必要なもんやないかなという気もしますしね。生きてるなかにはいろんなものがこう，うっとおしかったり，それこそ親の言葉っていうのはある意味うっとおしい，煩わしいもんやけど，それはなんやったら，子どものことを思って親が一言言うっていう，そりゃあもう「耳が痛い」っていう言葉で言いますけど，うっとおしいことでもあるけど，それは何かってったら愛情の一言なんですよね。

　市場っていうのはなんていうか，そこまでやないけど，それに近いものがあるような気がするんですよね。コンビニ，スーパーなったら「ピンポンパンポンピンポンパンポン，いらっしゃいませ，はい，なんぼなんぼ，はいありがとうございましたー，はい次の方どうぞ，なんぼなんぼなんぼです，ありがとうございましたー」って，別にロボットが言うてもええんちゃうかいなお前，みたいなね。きれいなお兄さん，お姉さんこう言うたからって別に特別なことは言いませんからね。なんかその時間，そのときが終わっていくんですよね。

シャッターを開くには

　市場の人って煩わしいこと言うたりするけど，ええことも言うけど，商品のことも言うけど，なんか生きるに大事なことをちょっと，その日に伝えてくれる，言葉を交わし合う，なんかそれが市場なような気がするんですよね。そこがこうシャッター下ろして，ここが今となればもう，市場のおっちゃん，おばちゃんも，おじいちゃん，おばあちゃんになってますわ。それはもう子どもも孫もみな家出ていって，シャッターぱっと開いて，シャッター開いたと思ったら中からえらいおじいおばあでてきよって，「ああ豆腐屋のおっちゃんおば

542　第Ⅲ部　コミュニティに "出会う"

ちゃん年いったな」と思ってるけど。「おっちゃんどない，元気かいな」言うて，「ああもう腰痛いわ」言うて。

　まあそうね，年いきますよそらね，そら高齢化ですね。後を息子が継げばええけど，息子はまた電機屋やなんやって就職して，またその後後継者がなくて，おっちゃんおばちゃんもやめてシャッター下ろすしかないっていう現状もありますしね。いろんなお店側の話と，お客さんの方の話と，いろんなことが交差して，せやけど生きるのにちょっと大事なこと，必要なこと，努力せないかんこと，努力した方がええこと，ちょっと手伝った方がええこと，なんかいろんなことがこの世の中のことが，市場が閉まったということに，なんかそこに，ちょっとしたことが，ヒントがあるんちゃうんかなともね。それは「商売」っていうんじゃなくて，生きる，生活するっていうこととつなげた中での，日常のほんの少しやけど，それがそこにある気がします。

　市場が毎日シャッター閉まってて，そこでこう，ラーメン屋やなんや，線香屋や金魚屋やって，ちょちょっとシャッター開いて。なんか寂しくて，しゃあないんですけどね。なんかそのシャッターが開いたところが，また一軒一軒違う店やけど，全然関係ない店やけど，シャッターあげて違うもんが入ってるって，それもまた一つ，きっかけの一つにでもならんかなと。さびれた街が活気づくっていうのが，またなんか，生きるに生きやすい街になってきたらなあって思うんですよね。世の中どうなっていくんかわからんっていうのがあるけど，どないしていこうっていう，ちょっとこう手つなぐっちゅうこと，人対人，人と人っていうものとして必要なことやないかなって思うんですよね。

　シャッター閉まってたら，シャッター開けて掃除するだけでもええとかね。ちょっとペンキ塗るとか。なーんか電気ちょっと球替えてみるとか。なんか雰囲気を変えてしたら，誰も通らへんかった人が，「なんやこれ人通りはるねん，ややこしいな」って言っても，人が通り始めたらまたシャッターを開けるかもしれないですよね。それがまた貸して，おっちゃんももう年いってはるから，誰かに借りてもろうて，そこでなんかしてもらうっていう，そういうやり方もあるやろうし，なんかその場所を，スペースを有効に使うやり方ってなんかあ

るような気がしますね。その町の今，数軒しか開いてへんなかで後継者として後を継いでいってる人，若いもんが，なんかちょっと最近言い始めてますね。なんかになればなあって思いますね。その人らが生きるから，その人らがようけ儲かるからって，ようけ儲かる時代はもう終わったと思うんですよね。やっぱり心豊かに生きるまちであったり，そういうのがあったらなあって思いますね。なんかそこにヒントがあるような気がします。何ができるかな。

(2) 法西一雄さん（フミヤ本屋店主，元・玉出本通商店街振興組合理事長，当時70代）

　筆者が本格的にフィールドワークを始めた2015年11月頃，当時の玉出本通商店街振興組合理事長の吉田勝さんと出会い，そこから玉出本通商店街唯一の本屋「フミヤ」の店主が元・理事長であったことを知った。本屋「フミヤ」は玉出本通商店街の南海電鉄側の入り口に近いところにある。店に入った瞬間，古書独特の匂いがぷんとする。普段は弟さんも一緒にいて店を営業していた。
　法西さんへの取材は，本屋「フミヤ」のなかの一番奥にある事務室で行った[4]。

100年続く本屋

　玉出で三代目の本屋ですけれども，本屋としては一応105年かな。大正元年

にその古いとこちょっと僕わかれへんけれども，その前はどうもレコード屋とか文具屋してたみたいやね。木津市場の近所の敷津小学校の近くが出身なんですよ。木津市場のあの辺の沿革に，ものすごく変な苗字があるいうて，うちの名前も書いてあった。「法西」という名前ね。もともとあっち出身で，まあ，おばあさんがなんか療養がてら，その頃，この辺まだ空気よかったとか言うて，金があったら帝塚山に家建ててんけど，そこまでないから，この辺（玉出）に。……

南海鉄道ができて大和川にね。昔から田んぼのなか走らした方が安くつくから，作ったわけね。そこに駅に行く道筋にぽつんぽつんできたんが，この玉出の商店街やね。だから，昔は確か真ん中に堀割があったはずなんですよ。実際にこの真ん中ね，1メートル四方の溝が埋まってますねん。再開発とかいろいろのときに調査やったことあるねんね。そういう古い町やなんですけどね。うちはまあ，あとから木津市場から入ってきて，それも100年超えて。一番古い人は，たとえば「領木さん」とか，「水野さん」とか「和田さん」とか，そういう人らは昔から玉出の住人かな。いわゆる太平記に載ってる村やからね，「こつま村」てね，そういうところで古いことは古いねんけれども，でも新しいことに対してね，ちょっと保守的な困った面もあります。

商店街の活動

まちづくりやったときはね，再開発やったときに，そういうんが足枷になりましたね。でもね，ああいうときに要するに新しいことを改革するのなかなか難しい。大体皆さん，現状維持，新しく変えるのがその冒険心がないし，物事って突き詰めると最後は損得で動く人間が8割以上おるね。善悪で動けって僕言うてんねんけどね，僕は。……

この商店街もおわかりになるようにシャッター街になってきてね，もう大変な時代になってきたけども，まあまだ遺産と言うたらおかしいけども，みな教えを守ってやっぱりイベントとかいろんなことをなんとかしようと思ってやってますから。まだよその商店街からみたら，この空き店舗とか空き地やらいっ

ぱいあるけどもなんとか，やっていけてんのとちゃうかなっていう気はします
ね。まあせやから年間，忙しいけども，いろんなことをやってきたし。

　だけどもこの頃ね，ボランティア的なのがみんななかなか出てけえへんの
が，みんなそんな余裕がないというのが本当のところなんか，その辺はわから
へんけどね。まあ僕らから言わすと，自分で得する話はさっさと行くくせに言
うて，よう怒んねんけどな。……

　まあ僕も嫁さんに怒られてもうて，やっぱり1/4は会の，みんなのために
やってたからね。店の仕事は半分，あと何やってるかわからんけども。弟にも
怒られもうてやってたやろ，兄貴ええ加減にせや！って。そらそやわな，時間
ないいうときでもこうして，まあしゃあないなあって思ってね，応対するで
しょ。やっぱりその辺はよそから来てくれはった人に対して，というのがやっ
ぱりあるね。新しくね，理事長も吉田さんがもうものすごく頑張ってくれてる
しね。青年部で若い子で，種子島がいうのは，「ちほりあん」のね。彼も頑
張ってくれてるから。まあ，あの僕らの考えとちょっと違うてもね，やっぱり
それはそれでみんなカバーしていかなあかんなと思うてます。

　どんな活動してるかいうてもね，まあどこの商店街でもそうやろけど，共同
で売り出しとかね，イベント，まあその他，それから駅前掃除はこの頃止まっ
てるけどね。駅前掃除も月1回すんのも，僕が提案してみんなやってたんやけ
ど，だんだん廃れてきて。まあちょっとしたそういうことでも，皆でやるいう
ことが大事やと僕は思うんよね。その，日本の良さっていうので，こんなんい
うたらね，ほかの外国の人に申し訳ないけど，日本は日本の特徴があるわけ
ね。その良さは置いていかなあかんなと。

　それで，僕アメリカの，実際海外行ったことないけども，アメリカの感じか
らすると汚く無茶して儲けて，あるときから急にきれいに使うと，ボランティ
アに代わりますよね。ああいう精神というのはすごいなと思いますね。日本人
はどない言うの，儲けてもみんなに，どうやの，配るということはしないよ
ね。それは日本の税法が悪いんか，何が悪いんかしらんけどね。もうそんな
ん，人間生きていくには畳一枚でいいわけや，極端に言うとね。ほんで，財産

もそんな残したら揉めるだけで。アメリカはだいたいある程度あれでしょ，20歳になったら全部放り出す。日本の男の悪いとこは，みんな家のなかでね，優しい草食男子を作りすぎてると思います。

公設市場と再開発

　（以前公設市場があったから周りの商店街が栄えていたのが，再開発によって失われていったのか，という筆者の質問に対して）それは，間違いね。やっぱりその，公設市場で，公用廃止っていうのがあったんですよ。まず（昭和）50何年まで廃止すると。それやったら，ここの街づくりをして，何とかしようというのが我々の発想。あの，再開発があるからなくなったんじゃないのよ。だから，ここの公設市場が廃止になったのが一番後ですわ。だからなかにはね，そういうふうに間違うて考えてる人もあんねんやね。

　そもそも僕らが，そんなんもう，同じするんやったら再開発して，そのなかでうまいことスーパー方式とかいろんなこと考えたらどうかっていうて，提案していったんやね。ほんで，ところがまあ，はっきり言うてみんな，まあ僕らの力不足でできなかった。それはそれでもうしゃあないなと。2，3億か知らんけど，お金は使われたと思うねんな。ムダ金やったかもわからんけども。

　まあ僕はそのなかで人の気持ちというのは，まあ普通では測れんなと。私も，「この人こんな考えすんのか」って思って。信用した人を，「あっこの人はちょっとあれやな，考えなあかんな」っていう人が出ます。もうそんな，財産問題になったらものすごい損得の，まああれですわ，中国でどうか知らんけども，日本でいうたら相続になったら兄弟の間でも本音でるやんか，あれと一緒ですわ。いわゆる実際に本音のところね。

(3) 国島喜代子さん（中華料理店「八宝亭」店主，当時40代）

　中華料理店「八宝亭」は，玉二商店街と玉新本通商店街が隣接するところにある。朝10時から夜10時まで営業。コンクリート製の店舗は2013年頃リニューアルしたものである。取材当時には，ここで取り上げる国島さん，国島さんのお母さん（おばあちゃん），お父さん（おじいちゃん），弟さん，もう一人の中年の女性店員が働いていた。おばあちゃんは取材当時70歳をすぎていたが疲れを知らない人である。接客のときに誰に対しても同じ笑顔でいつも元気な声を出していた。とても魅力的で，中華料理に対する情熱を持っている方である。弟さんがコックで，国島さんとおばあちゃんがサポート，おじいちゃんがお金の計算をしていた。ほとんど一つの家族で営業していると言える。また，国島さんの夫はサラリーマンで，息子さんは当時大学生であった。平日のお客さんはあまり多くはないが，常に3，4人の常連客がいた。小皿料理を注文して，店の壁のテレビを見て，仕事終わりの疲れを癒す。一方で週末になると，居酒屋の雰囲気となり店が賑わう。

　「八宝亭」は小出さんの家から歩いて1分以内の距離で，年齢的に近い国島さんと小出さんは小さい頃からの知り合いである。中華料理が好きな小出さんはよく「八宝亭」へ行き，性格が明るい二人と疲れを知らない元気なおばあちゃんはいつも冗談を言って笑っていた。お客と店員の関係性は，この空間で

548 第Ⅲ部 コミュニティに"出会う"

はまるで家族のように感じられる。

　国島さんは20歳の頃（1988年），中国の北京に滞在したことがあった。北京で過ごした日々は，国島さんの人生のなかで大切な記憶となった。筆者はよく小出さんと「八宝亭」へ行くが，料理を美味しく頂くだけではなく，国島さんとおばあちゃんの笑顔や大きな笑い声を聞くのが一番の楽しみである。筆者は北京出身であるため，よく国島さんと北京の話をする。近年，北京の変化は激しく，古い街並みがどんどん高層ビルやオフィス街になっている。以前国島さんが過ごしていた「前門」の周辺は特に変化が激しく，北京オリンピック開催前から翌年の中国の旧正月の頃までずっと改修工事をしていた。十数年間で以前の街並みの風景がほとんど消えてしまった。筆者が近年帰国した際「前門」で撮った写真を国島さんに見せると，以前暮らしていた街の様子とまったく違うことに心を痛め，国島さんは涙を流していた。

　国島さんへの取材は夜11時頃，シャッターが下りた「八宝亭」1階で行った[5]。

自分のなかで大きなものになっていた

　私は1968の2月に生まれてますが，ちょうど私が生まれたときに，父が中国人の大きな宴会料理屋さんで働いてたんです。あの当時で1，2年で「ヒラ」からコック長になってるんで割と早い出世をして，そこから私が生まれたときと同じくして店を開く，ということで。生まれたのが2月，父がいまのお店，ここの「八宝亭」という中華料理店ですが，6月から8月の間にお店を開くというので，大阪の庄内から，西成区玉出に移ってきました。

　新しいお店を開くにあたって，うちの母は中華料理そのものの名前も知らないし，客商売も何もやったことがなかったので，私がいては，商売ができないということで，その生まれた年の10月頃，8ヶ月目で，母の実家である石川県に預けられました。恐らく預けられたのは，迎えにきたのが年明けぐらいなので，4，5ヶ月といったところでしょうか。そのときには，母の顔も父の顔もすべて忘れていて，じいちゃんの後ろから母をこう覗いて，「あんた

誰？」っていう感じで不審な顔をしてたそうです。で，大阪に連れて帰って来られて，私は寝かされるのも，当時のラーメンの箱のなかの麺を抜いて，そこで寝かされてたそうです。……

　一番初めは，玉出のカウンターだけのお店で育ったんですけど，そこの店から筋を一本越えた今のここの場所に4年目で店舗替えをした。そのきっかけとなったのが近くにある永和信用金庫の店長さんが毎日一番最初の店のところで食べに来てくれてはって，うちの母が毎月同じ日にち，同じ時間にお金を入れてる，すごく真面目な人だということで，こんな借りたお店でやっててはいけないと，家とお店と一緒になった物件があるから，何も心配しないでいいからと（言われて），今のこの店を父たちは買って。店に移って41年ここでやってるんで，私の記憶は，ここのリニューアル前の古い「八宝亭」のイメージ。そこでずっと育ってました。

　41年やったあと，私も45歳くらいでここリニューアルするんですけど。40歳くらいのときにもう母たちもしんどそうやったんで，店やめるか，それか建て直しするか，どっちか決めた方がいいというのをずっと喋っていたなかで，やっぱり私にとったらこの場所っていうのがすごく，自分が思ってる以上に，自分のなかで大きなものになっていたらしく，家を売るのはやめてほしいというようなことを母に言って，手伝うことは手伝うということをつい口走ってしまって。んで1年半くらいかけてリニューアルして，店をオープンさせました。そこからずっともうフルでやってますね。

公設市場の記憶

　公設市場があって，その周りに玉二商店街がある。公設市場のなかに入ってた大きい「まこと屋」というお菓子屋さん，用もないのに毎日行ってた。お菓子のチェックにし行くねん，新しいの何が出たか，いつもチェックしに行くねん。で，玉二商店街にちょっといけずなおっさんがおるお菓子屋さんがあって，そこは知らん顔していつものって行くんやけど，よくね，券くれるねん。で，母が券もらってきて，玉二商店街のお菓子屋さんでこの券を持って行く

と，お菓子がいくら分買えますよという券なんね。それを何にも聞かないで，やった，お菓子を買える券，と思って，玉二商店街が嫌いやから（笑），公設市場の「まこと」に行って，お菓子を買おうとして，「弟も連れて行き」と言われて。弟と一緒に行って，「姉ちゃんこれ換えて，やめときや，これにしや，おれこれいやなん，これでいいやん，これで」，さんざん（弟と）喧嘩して。「もう，キヨちゃんら喧嘩せんといて！」。「まこと屋」のおっちゃんに怒られて，「これちょうだい，これを買うでいいから，これちょうだい」と言うて，券を渡そうとしたら，おっちゃんに「もう！喧嘩はするわ，これ玉二商店街の券や！」って怒られて，「んなん……言われても……」と思って，そのまま帰るというね，なんか辛い思い出……。

　店（八宝亭）が忙しかったんでね，当時玉二商店街のなかで，野菜屋があって，そこの野菜屋さんでは「月ズレ」で買うということあまりせず，お金渡して現金で受け渡しするんやけど，忙しいときに，足らんもんをパーと買いに行って，かまへんで，あとからお金もらいにいくからというのをやってた。それを私見てた。で，本当に忙しかったんでね，今の時代と違って，お腹空いたなあと思ったときに，言うても何も作ってもらえへんから，自分で作ろうと思って（笑）。そこの野菜屋さんに行って，「キヨちゃんなんかいるもんあるんか？」，「うん，これとこれとこれ」と言うて。で，「おかあちゃんが後で払いに行くるんか？」，「うん，『つけ』で」って，もの買って，母に報告せず，そのまましばらくしてた（笑）。母に怒られ，その次に行ったら，「あ，キヨちゃんか，お金持って来たんか？」，「ううん」。「あのな，お母さんにお金をもらってから買いにおいで，おばちゃんはええけど，おかあちゃんに怒られるやろう？　売ったらあかん，言われてんねん」って言われて。「あ，そうなんか」と思って。家に帰るとかね（笑）そんなことばかりやってました。でもね，みんなすごく可愛がってくれたんですよ。すごいええ思い出ですね。

　職人さんがいてね，かまぼこ屋でも，なんでも，全部（自分のところで）魚からすりみにしてやってるようで。商店街という仕組みがすごい好きでしたね。個々の味を競う，そういう場所でもあった。大手が入ったんで，いろんなスー

パーが入る，チェーン店が入る，ほんたら，商店街って物を買うときに，顔見知りやから心安いんやけど，「これいいなあ」と思ったときに，「あ，これちょっと悪うなってんな，やめよう」ということができない，買わないといけない．なら，大手のスーパーで，「いらんわこれ，こっちがいい」，そっちのが楽なんですよ．でも商店街もさびれてくるでしょう．で，そんなん無くなってきてね．

(4) 中野聖子さん（線香屋店主，当時70代）

「中野線香屋」の店舗は玉二商店街の中央部に位置している．左隣は商店街で象徴的な看板を持つ「くだもの」という果物屋，右隣は昆布屋である．向かい側には公設市場の西口が見える．周りの店舗はすべてシャッターを下ろしているが，2017年の8月に「中野線香屋」も閉店することになった．「中野線香屋」は公設市場に近い場所に位置するため，市場の全盛期にはどれほど多くの人々がこの店の前を通っただろうかと想像すると，もの寂しく感じられる．

2017年の11月の夜に小出さんと一緒に店の前を通ったとき，筆者は閉店したことを知らなかった．店主の中野さんに会うため，下りたシャッター横のベルを押すと，店の常連だった小出さんの声に気づいたおばあちゃんはシャッターを半分開けて出てきた．取材は，まだ少し線香や蝋燭などの商品が残っていた店舗内で行った[6]．

商店街の全盛期

　生まれは大阪府の富田林市です。昭和40（1965）年11月にね，ここの店ありましたんで，ここを住まいにしました。それからずっと店に携わりまして。そのときはもう賑やかでね，この前が市場でしたんで。年末になりましたら，ちょっと向こうの店に行こうと思って，なかなか行けないぐらいの人でね。ここしか買い物ができなかったもんですから，帝塚山とか，津守とか，千本とか，皆こちらの方へ見えてまして。大阪市の中の公設市場でも，まあ，五本の指に入ったくらいの市場やったらしいですわ。……

　（商店街の全盛期は）賑やかでしたな。本通りよりもこの辺はよかった時代ですわ。あとはやっぱり公設市場でしょうな。それはやっぱり職種が多いでしたな，公設市場の方は。この子（隣に座っている息子さん）は小学校から帰ってくるのに，なかなか歩けなかったというてますもん。私らももうね，子どもの自転車はね，本通りに出すまで瀬戸内海から太平洋行くくらい大変やな，言うたくらい。置き場もなかったし。それぐらいの人でしたな。私は田舎もんですから，府内からきておりますから。人に酔いましたわ，最初。もう，朝目覚めたら，わーと人出てきはるから。それぐらいの感じの人出でしたよ。

　人の流れというのは，恐ろしいもんでね。いまもう目覚めたら，もうぱーっと散ってしもてはりますやん，スーパーへな。もうここ，どういうてええか，「エリア」じゃなくなりますやん。買い物のね，地域じゃないです。いまのもう小学生なんかは「市場」って知らはれへんな。いまみんなコンビニでな。コンビニにぱって行きますな。いまの子はな。

あんパンのなかのあんとられたみたいなもんやな

　……昭和の終わり頃から，ちょっとあちらこちらスーパーというものができましたでね，かげりが見えてきたと思います。それでもまだどんどんお買い物をされておりましたけれども，徐々に衰退になってきまして，平成になりまして，うんともう悪くなりましたかな。それでぼちぼちとこう閉められて，この辺は再開発ということになってね。その開発がなかなかうまくいかずに，私の

とこと，この辺も開発の声がかかって，立ち退きということになったんですけれども，それはなかなか家を買えるような金額が出ませんでしたのでね。自分はまだ商売もできましたので，なかなか開発に乗ることができなかったんです。そのうち，だんだん市場も，スーパーのおかげで，歯抜けになってきましてね，暗くなってきまして。再開発もならずで，市自体はその開発で公設市場を買ってもらうと思わはって，それで，もう閉店ということになってね。平成15年ですかな，今年で13年になりますわね。そのおかげで，この周囲の商店街が徐々に閉まってきたわけです。

　それで，食品の店なんか特にその日に売ってしまわなならんお商売ですもんね，ダメになっていって。わたくしとこの店はね，腐らないもんですし，どんどん売れるような商品でもございませんけどもね，仏様がいらっしゃるお家は必需品ですのでね，いったんやめようと思いましても，やめられなくて。週2日だけは開けておりましたんですが，だんだんと私も年齢になりまして，ご近所も閉まりまして，それでもう閉めようかなと思って，今年の8月に閉めたわけでございます。閉めましたところは，やはり長年51年もこの店に携わっておりますと，気持ちも，なんかね，切り替えというのはなかなかできなくて，いろいろと反省して，困っている状態ですわ。いつかこんな日が来ますので，あとするものがございませんので，思い切らな仕方ないかなーって思っているんです。……

　前（の店）閉まりましたんでね。みんなご近所の人が言わはりましたわ。「この商店街はあんパンのなかのあんとられたみたいや」っていうて。これはもう堪えましたわ。堪えました。聞こえてきました。「あんパンのなかのあんとられたみたいなもんやな」って。本当にこの市場が閉まってもう，どんと堪えましたよね。やっぱり。半年してもう，お豆腐屋さんやめね，明くる年の鳴門さん，それから牛肉屋さんな，やめはりましたな。そこはもうええ年齢になってるから，店主さんがね亡くなられたりとかすると。まあ，うちらのこんな店はね，言うたら持ってきてくれはる。やっぱり配達したりとか，朝仕入れに行かんならんお店は，店主さんが亡くなるとやめざるを得ませんやん。それが徐々

に，なっていきましたな。

(5) 種子島さん（ケーキ屋「ちぼりあん」店主，当時30代）

　ケーキ屋「ちぼりあん」は玉出本通商店街の中央部にある。店に入った瞬間，洋菓子の甘い香りが感じられる。お店はショートストーリーを取り上げる種子島さん，奥さん，60代のお母さんの3人で切り盛りしている。お母さんはレジと手伝い，種子島さんは奥さんと調理器具のある裏手の厨房で商品を作っている。他の洋菓子店と違い，ケーキや菓子を提供するだけではなく，小さなガラス製の雑貨やイヤリング，ネックレスなども取り扱っている。クリスマスや祝日などには限定商品を提供し，きれいなチラシを配っていた。
　種子島さんへの取材は閉店後の夜，ショーケース横のレジの前で行った[7]。

商店街の記憶
　子どもの頃の思い出というと，僕がいま40手前なんですけど，この商店街にしたら少し下り坂というか，人が少し減ってきた時代でして。それでも僕らにしたらたくさんいてる方で，いろんなお店の人がいてて，子どもながらにいろんな店のおじさんたちが僕のことを面倒見てくれる，そういう商店街です。よう駆け回って，後ろに公設市場というのがあったんですけども，いろんなお店があってですね，そこの駄菓子屋さんでお菓子を買うのがお小遣いの使い道

のほとんどでした。

　僕は言うたら商店街のお店の子どもだったので，やっぱりお店のまわりをうろうろしながら。うちの隣が親戚で，おじさんのところだったんで，隣の息子と一緒に遊んだりしてたりとか，やっぱり商店街のなかでよく遊んでました。そうですね，情があるというと変ですけど，商売する地域なんですけど，面倒見てもらう場所，近所のおっちゃんたちとか，自分が誰か知ってる人間がたくさんいる，そういう商店街でした。なかなか，ねえ，当たり前のように暮らしてたんですけど。

　やっぱりこう，10代後半になってくると，なかなか地元にいない時間っていうのが増えてくるので，しばらく離れてたんですね。東京行ったりとかしてて，23のときに帰ってきて，まあまあ別にしたい仕事もないんで，父親のやってたこの菓子屋の手伝いをしてたんですけど。そのときにはやっぱりもう，以前よりね，お店が無くなってるというか。僕が帰ってきてからいろんなお店が無くなってきましたんで。今もう何の店があったか思い出せないようなくらい，いろいろ無くなっていきました。豆腐屋さんが無くなったとかそうでしたけども。みんなその，自分たちが日ごろ使ってたりだとか，買い物に行ってたりだとか，僕のこと知ってくれてたりだとか，そういうお店だったんですけど，やはりその，どんどん無くなっていく。

公設市場の副効果

　皆一人一人の商売には真剣なんですけど，もともとがすごくいい立地やったんですよ，この玉出というのは。戦後すぐ，帝塚山にその進駐軍，アメリカ軍のその駐屯地があって，そっからこの南港の方への流れがすごくあってですね。そこの間で商売するっていう，すごい人の通る場所の商売で，その時期に強くなった商店街だったものなので，今度こう，下がってきたときの工夫っていうのが得意じゃなかったんですよね。

　なおかつ日頃お客さんに対して商売するっていうのに自分で一生懸命やってきたもんだから，困ったときに皆で協力してやるっていうのはよくわからない

556 第Ⅲ部 コミュニティに"出会う"

わけです。一人一人はいい人なんですよ？ だけど，一人一人の商売があるから，そういうのがこう難しくて，衰退してきたのかなって，この年になって見てて思うんですけどね。だから，こういうふうになって寂しくはなっても，やっぱりお商売自体はまじめにされてきたというか，お客さんに感謝して商売してきた商店街ではあったので，個店個店が人とお話しするっていうのは残ってて。だけど新しいことに対して，変わっていく状況に対しては，やっぱりなかなかうまく追いつけなかったのかなっていうふうに，僕は思ってます。……

（公設市場があった頃）人も多かったんで，狭いところに人がおるのに，おるもんやから余計みんなやってきて。一生懸命お客さんに売ろうという気持ちは強くて，そういう人が来る場所でもありましたね。人が悪いわけじゃないんだけど，コミュニケーションして，みんなで協力して，っていうのは不得意だったんですよ，すごく。器用にできない人の方が多いですよ。「あぐら」かけるだけの場所だったっていうのが，毒になっちゃったっていうのがあるかな。「あぐら」かくっていうのは，その人が悪いように聞こえるかもしれないけどそうじゃないですからね。単純に，まあいうたら，「どんくさい」人間。そうですよ，50年近くそれで暮らしてきた人間が，そこから変化するっていうのは非常に難易度が高い。

どう新しいエネルギーとか価値を生み出していくのか

今，まあだからうまくやれない部分を，自分なりになんとかできるだけね。うまくはやれないんですけど，やっぱりお客さんにそういうふうな部分でほかのお店と違うところがしてあげれるので。せやからね，少しでも皆さんがね，長く商売できるようにと，思いながら，日々商売を，一応しております。……

仕事とか商売を「なぜするのか」っていうところを，もういっぺん呼び覚ますような，人が来てくれてうれしいよねっていうところに，人に必要とされることはうれしいよねっていうところに変えられるような促しができないかなと思って。いろんなハロウィーンのイベントしてみたりだとか，敬老の日に人呼んでみたりだとか，1月2月あたりに厄除けのお餅つきをしたりだとか。

付論　記憶のなかの公設市場　557

そういうのも商売してる人間からしたら，「そんなことして」ってどっかで思ってるんですけど，それでもやっぱり人が寄ってきたりとか，楽しい思いをして帰って行ってくれる画を見るとやっぱり，商売人としてなんか楽しいなってみんな少しずつ感じてはくれるんですよね。だから，できないなりに，やりたいんだったら商売を復活させるまではいかないけど，せめてその本来持ってるお客さんにいいものをあげたいっていう気持ちを呼び起こすだけでもしたいなって思ってやってるんですけどね。

ただでもやっぱり歯止めになるほどにはなかなかならないですね。お金がないと皆どうしてもつぶれていきますから。（まあきれいごとではなく）そういう人もうれしいから商売してる。「いくらでも買うてくれる」っていうのは，お金もらえるじゃなくて，自分の商売を必要としてくれるのがうれしいっていうのがあってだと思うんですけどね。僕もやっぱりわからなかった，そういう世代だったと思うので。

……もうほんまにね，玉出で「仲良うせえよ」とか「うまくみんなでやれよ」って思う部分がある反面，付き合いやすいというか親しみやすい人が多いのも事実なんですよね，この変な街で。協力するのへたくそなんです。だけど，一人一人見ると非常に優しかったりするんですよ。わかってないんでしょうね。だから，商店街っていう名前はついてるけど，商売へたくそなんです。せやけど，シンプルに人付き合いは好きやって言う人が多いですね。そうなのかなとずっと思っています。

もし学問としてされているんであれば，僕の希望なんですけど，この人たちがどういうふうに新しいエネルギーとか価値を生み出していくのかの解の一つでも出していただけたらありがたいかなと僕は思うんですけどね。結果がどうこういうことよりも，その過程を踏めることが幸せだったりすることが多いっていうのを，思えるように，もっぺん立ち返れば，そう感じてもらえたら「良いなあ」っていうところが残していけるんじゃないかな。そういうふうに感じられるっていうことを，伝えられることでまた良いものが生まれたりするのかなと。

558 第Ⅲ部 コミュニティに"出会う"

４．おわりに——記憶のなかの公設市場

(1) インナーシティ問題と公共空間の喪失

「玉出商店街」のフィールドワークとショートストーリーの記述を通して描き出された，商店街と公設市場をめぐる人々の物語には，いくつかの共通点が見られた。戦後から高度成長期にかけての商店街の最盛期，公設市場には地域内外の様々な人々が集い，行き交う場所となっていたこと。それらの顧客を取り込みながら，三つの商店街が発展し，店主や顔なじみのお客，住民たちの間には活発な会話が生まれ，顔の見える関係性が築かれていくなかで，「生きるになくてはならない」ものとなったこと。商店街が1980年代以降に徐々に衰退し，2000年代以降は急速に廃業や「シャッター化」が進行したこと。そこに得も言われぬ心寂しさを抱いていること……。

こうした商店街をめぐる小さな歴史は，大都市インナーエリアに共通する問題でもあった。若年層の流出による高齢化，個人商店の後継者不足による代替わりの困難，建築の老朽化などは，「インナーシティ問題」を構成する主要な要素である。また2000年代以降の小売規制緩和も零細小売業には最大の打撃となった。

しかし「玉出商店街」の衰退の内実をとらえるためには，「インナーシティ問題」として把握するだけでなく，もう一つの重要な要因に注目しなければならない。それは玉出公設市場という公共空間の閉鎖であり，商店街に関わる人々にとってもっとも大切な記憶が詰まった場所の消失ということである。玉出公設市場は約100年の歴史を持ち，交通の便と商品の品質の高さから，地元の住民だけではなく，南津守や，千本，帝塚山など他の場所からの顧客も集まるほどだった。市場と同じく約100年の歴史を持つ漬物屋「奈良漬け　松清商店」の店主の語りは，商店街にとっての公設市場の存在の大きさを物語る。

付論　記憶のなかの公設市場　*559*

　昔はほんまに，この玉出は「西成の芦屋」っていうくらいね，ものすごく客筋が良かったんですよ。山から下りてきはる，帝塚山のお客さんがすごく多かったからね，せやからもうほんまに，やっぱり玉出は西成区でも一番端になるからね。それでも玉出は客筋がいい，言うてね。玉出のお客さんほんまにみんな上品なお客さんばっかりでね。よかったんですけどね。あの時のことを思うとやっぱり残念です。もう，昔はこの通りなんか本当に「押すな押すな」でね，通れないくらい。そうですね，公設市場もあったしね。ほんとによう栄えたね，いい商店街やったんですけどね。ほんとに残念です。

（2016 年 11 月 9 日：映像記録）

　100 年という年月を，商店街とともにしてきた奈良漬屋の店主の語りには，いかんともしがたい，やるせない気持ちが滲んでいた。ショートストーリーからも明らかなように，ほとんどすべての店主や住民にとって，個々人の生活史と商店街の歴史，そして公設市場の存在は切り離せないものだった。だからこそ 2003 年に公設市場が閉鎖されたことは「あんパンのなかのあんとられたみたいなもん」なのである。「玉出商店街」に関わる人々が認識している商店街の「衰退」の根底には，物理的かつ心理的な公共空間の喪失が横たわっていたのである。

　2009 年に初めて「玉出商店街」を訪れてから，筆者はたびたび小出さんの家を訪ねる機会があり，その度に繰り返し商店街を歩いていた。しかしフィールドワークを始めるまで，東西南北四つの入口のシャッターが下ろされた「玉出公設市場」の存在を一度も意識することはなかった。フィールドワークと取材を終えてあらためて玉出の街を歩いたとき，シャッターが下りた他の店舗と同じように，今はもう見ることのできない時代の痕跡のなかで，公設市場が静かに眠っているような印象を受けた。

(2)　エピローグ──手描きの地図

　2016 年 11 月頃，筆者が現地での調査を終えて東京に戻ってからも，小出さ

んは電話で公設市場のことを話し続けた。今は入ることができないが，隠された場所のなかに以前どのような店があったか，どのような商売がされていたのかについての長い会話となった。

それからしばらくして，筆者の自宅に小出さんから荷物が届いた。紐解いてみると，それは大きなカレンダーの裏紙に描かれた，かつての公設市場の地図であった（図付-19）。全盛期の頃の公設市場の空間設計と各店舗の細かな配置が再現され，丁寧に書き込まれている。地図を開いた瞬間，時代をさかのぼり，塵に埋まった公設市場に足を踏み入れたかのように感じられた。

後から伺ったところによると，筆者との長い電話での会話の後，小出さんは行きつけの中華料理屋「八宝亭」へ行き，店員たちや常連客たちと公設市場のことを話し合ったのだという。記憶の底に眠っていた当時の公設市場の輪郭が，人々の記憶からあふれ出し，かつての生活の情景や匂いなども浮かんできたそうだ。そして小出さん，「八宝亭」の店員たち（国島さん，国島さんのお母さ

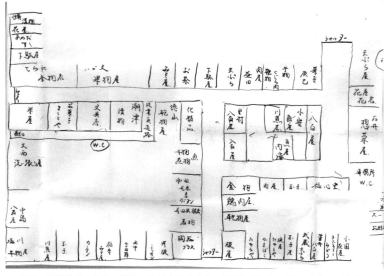

図付-19　玉出公設市場復元図

出所：玉手地域の住民，店主，お客が自分たちの記憶に基づいて描いたものである

ん），店の常連客たち5人が話し合いながら，記憶の地図を描き上げたのだという。

それぞれの店舗，間口，通路の位置，店舗の名前，業種などが書き込まれているだけではなく，事務所やトイレの位置，隣接した二つの商店街（玉新本通商店街と玉二商店街）の空間との関係も再現されていた。ただ商売の場所であるというだけではなく，公設市場の空間設計は住民の「生活様式」をも表現している。フィールドワークと取材を踏まえて，手描きの地図と図付-9の地図を見比べてみると，公設市場の四つの入口の内側には，こんなにも広い構造の空間があったのかと驚かされた。かつてこの場所に，今ではもう見ることのできない人々の会話や想いがあったのである。

筆者の取材をきっかけの一つとして，店主や住民たちは，かつての商店街の面影を記憶のなかに探るようにして，公設市場の地図を描いた。地図には住民たちの公設市場について思い出だけではなく，かつて存在した公共空間での人々の出会いや日常的な会話，日々のささやかな出来事に対する様々な感情が込められていた。かつての記憶を共有する人々が集まって地図を描く過程で，公設市場を目に見えるかたちで再現したいという想いと，今は見ることのできない故郷への念が重なったとき，その小さな中華料理屋もまた，公設市場と同じような場所ではなかっただろうか。

玉出公設市場が無くなってもう20年以上が経った。インナーエリアにおける商店街の衰退の現状もますます深刻化している。現地の商店街の人たちの幸せを祈っている。

1) 本章は史涵（2018）を元に大幅に加筆修正したものであり，用いられたデータはすべて史涵が行ったフィールドワークに基づく。原稿の執筆にあたっては，まず史涵が粗原稿を作成し，阪口が史涵の意図を確認しながら文章の入れ替え作業を行い，全体を読み直して補足説明を加え，全面的に日本語表現の修正を行った。
2) インタビューは映像記録として残している。なお本章で登場する人物は基本的にすべて実名であるが，これは事前にご本人に承諾を得たものである。
3) 以下の記述は，2016年9月8日の映像記録を再構成したものである。
4) 以下の記述は，2016年11月28日の映像記録を再構成したものである。なお法

562 第Ⅲ部 コミュニティに"出会う"

西さんは既に他界されている。
5) 以下の記録は，2016 年 9 月 9 日の映像資料を再構成したものである。
6) 以下の記述は，2017 年 11 月 6 日の映像記録を再構成したものである。
7) 以下の記述は，2016 年 11 月 6 日の映像記録を再構成したものである。

引用文献・参考文献

川端直正編，1968『西成区史』西成区市域編入四〇周年記念事業委員会。
中村勝，2002『創られた市場―近代日本・東アジアの在来市場と公設市場』ハーベ
　スト社。
成田孝三，1987『大都市衰退地区の再生―住民と機能の多様化と複合化をめざして』
　大明堂。
―――，2010『都心・まちなか・郊外の共生―京阪神大都市圏の将来』晃洋書房。
西村雄郎，2008a『京阪神都市圏の重層的なりたち―ユニバーサル・ナショナル・
　ローカル』昭和堂。
―――，2008b『大阪都市圏の拡大・再編と地域社会の変容』ハーベスト社。
Nora, Pierre, 1984, "Entre Mémoire et Histoire: La Problématique des Lieux",
　Pierre Nora（dir.）, *Les Lieux de Mémoire: La République, la Nation, les*
　France, Gallimard.（＝2002，長井伸仁訳「記憶と歴史のはざまに」ピエール・
　ノラ編『記憶の場―フランス国任意市域の文化＝社会史』岩波書店：29-56）
大久保武，2011「インナーシティ」地域社会学会編『キーワード地域社会学』：
　210。
大阪市西成区役所，1990『データブック西成―西成区を考える資料集』。
大阪市都市整備協会編，1990『西成・わがまち―写真でみる西成の今昔』大阪市建
　設局。
大澤善信，2011「空間の社会理論」地域社会学会編『キーワード地域社会学』：162
　-163。
史涵，2018「大阪市西成区玉出商店街の『変容』に関する調査研究―公設市場の閉
　鎖をめぐるインタビュー調査を中心に」中央大学大学院文学研究科修士論文。

終　章
身体・地・時間

石 岡 丈 昇

1．はじめに——「物理的な限界」を考えること

　本書は惑星社会という概念と視座を，具体的なフィールドワークの作業を通じて鍛え上げていく試みである。一読してわかるように，本書には身体を扱った論稿が多く収められている。理論的・方法的な基礎を提供する新原（序章，第3章，第9章）とメルッチ（第1章，第2章）の序盤の論稿の次には，生殖−再生産をめぐる遺伝学的検査（第4章，鈴木将平），障害者雇用（第5章，竹川），ひきこもりからの回復をめざす当事者集団・自助グループ（第6章，利根川），ヨガ指導者（第7章，栗原），はだし歩き（第8章，鈴木鉄忠）と続く。その後，都市・地域におけるコミュニティを扱った論稿が並べられる。

　筆者には，この章構成がとても新鮮に思えた。新原道信を中心とした研究グループは，これまで何冊も重厚なモノグラフやエスノグラフィを刊行しているが，そこでの中心的テーマは，都市や地域に比重があったと言えるからである（新原 1997：2007；新原編著 2014：2016：2019）。けれども，本書では身体を幹に据えた論稿が並び，都市・地域を扱った論稿は，後半に置かれている。この構成に，新原たちの研究の新たな展開を読み取ることができるだろう。

　では，新原たちの研究グループの関心は，都市・地域から身体へと変化したのだろうか。そうではないことが，本書を通読すればわかる。たしかに身体を主題にした論稿を中盤に集めた仕事は，これまでの論集とは異なる。しかし，

都市・地域から身体へというテーマの比重の変化はあっても，そこで貫かれている問題関心は，これまでの新原たちの研究と地続きであるからだ。その問題関心こそが「惑星社会」である。

本書では，身体の研究群が「内なる惑星」，都市・地域の研究群が「コミュニティ」という枠組みが与えられており，そのふたつを接続しながら惑星社会という概念と視座が練り上げられていく。この全体構成は，新原たちの仕事に対して，かつて古城利明が寄せたコメントへの応答とも言えるだろう。『境界領域のフィールドワーク』（新原編著 2014）の終章で，古城は次のように書いている。

> 本書の序章を，新原は「社会的行為のためのグローバルなフィールドとその物理的な限界という，惑星としての二重の関係は，私たちがそこで私的生活を営む"惑星社会（the planetary society）"を規定している」というメルッチの文章を引用することから始めている。……しかしながら，本書では全体として，こうした問題設定は後景化している。それは何故か。それは単なる諸科学の分担の問題ではない。むしろ"境界領域"論がこの「物理的な限界」を取りこむ「エピステモロジー／メソドロジー」を充分に練り上げていないからではないか，あるいは先送りしているからではないか。
> 　　　　　　　　　　　　　　　　　　　　　　　　　（古城 2014：442-443）

「物理的な限界」を社会学的考察はどのように取りこむことができるのか。古城の問題提起に対する 10 年越しの応答として，本書を読むことができる。この終章では，「物理的な限界」を取りこむ社会学的考察が，本書においてどのように展開されたのかを，私なりに考察したい。以下 3 点の視座から，その考察を行う。第一に身体の物理的な限界について，第二に問題を「聴く」ことについて，第三に身体とコミュニティをつなぐ惑星社会という視座について，である。そこから，「身体」「地」「時間」という三つの観点を通して読んだ本書の像を描き出したい。

2. 身体の物理的な限界について

　古城の言う「物理的な限界」を，身体という主題から考えたい。その際，鈴木鉄忠による第8章のはだし歩きの分析は示唆に富む。

　はだし歩きという実践を，私はこの章の論稿を読むまで知らなかった。はだしで歩くことは，身体と大地が直に接続する「アーシング」の営みである。普段，靴を履いて歩行する私たちは，靴を媒介にして身体と大地を経験している。しかし多くの媒介物がそうであるように，媒介物はいつのまにか媒介している両者のありようをも変態させる。靴は両者を媒介するだけでなく，靴が私たちの身体と大地のありようを作り変えているとも言えるだろう。

　第4章の鈴木将平による叙述とつなげるなら，靴を履くことで，踵から接地する歩き方が文明を生きる人間において標準となった（身体の変化）。またモータリゼーションの前提となるアスファルト道路——第8章によればはだし歩きにおいて避ける路面——が大地を占めるようになったとも言えるだろう（大地の変化）。靴を履くことが起点となって，身体（踵からの着地法という身体技法）と大地（アスファルト道路）がともに作り替えられていったとも言える。

　はだし歩きをめぐる考察からは，身体が生老病死に基礎付けられた「物理的な限界」を有するものであると同時に，そこには様々な「正常／異常の文化的な線引き」の介入が見られることがわかる。そうした「境界線の束としての身体」のありようが，はだし歩きというひとつの具体例から，ビビッドに浮かび上がってくる。

　身体をめぐっては，第8章でも指摘されているように，社会学的な研究蓄積は，いまだ充分ではない。その上で，管見の限り，身体をめぐる社会学的論稿で多く論じられてきたのは，身体を象徴論的に，あるいは社会学主義的に考察するというものであった。前者は身体を「宇宙」としてとらえるシンボリズムであり，後者は監視や操作の「対象」としてそれをとらえるものである。どちらもが，身体の物性あるいは直接性の位相を見過ごしてきたとも言えるだろ

う。同様のことは，たとえば，次の有名な一節に向けても指摘できる。

> しっかりした，よく仕上がった大地の上に立ち，あらゆる自然力を呼吸している，現実的で肉体をもった人間が，彼の現実的で対象的な本質諸力を自分の外化を通じて疎遠な諸対象として措定するとしても，この措定が主体であるわけではない。この措定が対象的な本質諸力のもつ主体性であり，したがってこれら本質諸力の活動もまた一つの対象的なものであらざるをえない。
>
> （マルクス 1964：205）

人間が受苦的存在であること，さらには対象的存在であることを議論する際に，マルクスが挿入した重要な箇所だ。しかしマルクスが「よく仕上がった大地の上に立」つ人間をイメージする際に，その人間は靴を履いていただろうか？ 「人間的な目が粗野な非人間的な目とはちがうように感受し，人間的な耳が粗野な耳とは違うように感受する等々は，自明のことである」（マルクス 1964：138）と書くマルクスにとっては，そこでイメージされた「人間」は間違いなく靴を履いていただろう。彼は，はだしの者を「粗野」であると一蹴したに違いない。

靴を履くことが人間的であると措定される前に，そもそも靴を履くこと自体が，なぜいかにして正常なことと自明視されるようになったのか。そこに滑り込んだ正常／異常の枠組みこそをとらえようとするのが，第8章のねらいであると言える。はだしという身体と大地の物的接触に照準することで，単なる身体のシンボリズムや，規律訓練の対象としての身体といった，抽象化された「身体論」に陥ることなく，古城の言う「物理的」な領域から離れないで身体を考えることができる。そのひとつの論稿として，第8章を読み込むことができるだろう。

「物理的な限界」をめぐっては，第4章で生殖を論じた鈴木将平の論文もまさに，その論点を扱っている。サラセミア，テイ・サックス病の保因者検査をめぐる実態を描出しながら，この論文では生殖−再生産が，自然と文化の境界

領域において現れることが指摘されている。ただし，今日においては，この第4章が指摘するように，それが技術によって「開発」されている。その「開発」の前提にあるのが，生物学的な「情報」であり，確率やリスクの「表象」である。生殖－再生産が「情報」や「表象」抜きには考察不能なのが今日の事態である。

　印象的なのは，こうした事態を，否定も肯定もしない鈴木将平の書きぶりである。こうした事態に新たな統治を見出すこともできるし，逆に，別の潜在力をとらえることも可能である，と論文を結んでいる。ただ，自己を形成するプロセスが，自然選択の結果ではなく，人間の選択の結果となっていることを，この章は冷静に指摘するのである。

3．耳を傾ける

　こうした世界の「物理的」な領域の照射は，同時に，今日における様々な社会問題を独自に考える道筋を与えてもくれる。身体は物理的場を占める以上，私たち個々人は，身体的には特定の一地点にしか身を置くことができない。メルッチの本から引いておこう。

> たとえば経済的に可能だとしても，モルジブとセーシェル諸島に同時に行くことも，フロリダと南フランスに同時に行くこともできない。同じように，テレビで受信可能な九十九チャンネル全てを，いちどきに見ることはできない。　　　　　　　　　　　　　　　　　　　　（Melucci 1996=2008：29）

　しかしながら，現代において情報の波を生きる私たちは，「入手可能であるうんざりするほど多くの可能性」にうんざりさせられている。そして新たな困難が生み出されるのである。

> 私たちは，あらゆる所にいることなどできず，あらゆるものであることも

できず，単にバラバラの瞬間の後を追うだけの生活に終始してしまうこと
もよくある。点のような形をした時間は，時間の断片化をもたらし，過去
の諸文化から受け継いだ遺産を解体させてしまうこともしばしばあるだろ
う。

(Melucci 1996=2008：32)

　この指摘は，今日においてますます当てはまっているとも言える。SNSや
YouTubeに触れることがデフォルトで育った若者たちは，処理能力を超えた
情報に日々対処することが求められる。それはまた，身心の不調を生み出す条
件ともなっているだろう。そこには「ちょっとした不調」もまた，介在するに
違いない。

　こうした不調をめぐる論点は，第5章から第7章までの各論稿の論点ともつ
ながっているだろう。SHGをめぐる利根川論文（第5章），障害者雇用を考察
する竹川論文（第6章），ヨガ指導者の語りを記す栗原論文（第7章）に通底
しているのは，身心の不調と，その不調を管理する社会的操作のあり方である。

　重要なのは，これらの論文が，問題を「解決する」よりも「耳を傾ける」点
に注力している点だ。たとえば第5章では，SHGでの活動を通じて，〈異質な
る身体〉が他者のなかにだけでなく，それを発見している自分自身のなかに在
るものとして観念されている模様が記されている。利根川の言葉によれば，
「〈仲間〉との間に相互浸透」が生まれるのである。たとえば，SHGがいまだ
〈仲間〉にとって安心できる場ではないことを，自らの大学のゼミの経験に
「置き換える」ことで共鳴・共感・共苦の地平を作ろうとする。他者の声を聴
くことは，自分の声を発見することに接続する。これは，本書の編者である新
原の表現に倣うならば，聴くことを通じて，多重／多層／多面の自己に出会っ
ていくプロセスとも言えるだろう。

　聴くことのダイナミズムは，第7章の栗原論文におけるヨガ指導者の実践を
めぐる論文でも中心的に取り上げられている。ヨガを始めて間もない方が，ポ
テトチップスが大好きでやめられないという相談をしたときの指導者リサさん
の反応などは，まさにそれを示したものだろう。食べるという行為は，身体的

な存在である私たちにとって必要不可欠なものだ。しかしながら昨今の「コーポレート・パッケージド・フード（CPF）」——食品産業体企業によって生産されたパッケージ詰めされた食べ物——のグローバル化は，筆者のフィールドであるフィリピンの都市周縁地帯においても，大きな健康問題を引き起こしている（Tafoya 2023）。CPFをやめたいけどやめられない。CPFは「身体がすでに市場の現象へと還元されてしまっていること」（Melucci 1996＝2008：99）を端的に示す例だ。そうした状況とどう付き合うのかをめぐる示唆をも，栗原論文は与えてくれる。

栗原は指導者リサさんのライフヒストリーを丹念に記した後，結論部にこう記している。「人は出会いを繰り返すことで，いわば自分と他者との境界を複数自覚していくことになる」。一足飛びに問題を解決したり取り除いたりするのではなく，耳を傾けること。身体はそれぞれに固有である。栗原は「その人の状況が起点」となって新たなものの見方が獲得される点を結論で強調するが，まさに「その人」という個別具体性が重要だろう。「その人」には固有性があり，わたしともあの人とも違うという点において「異質」でもある。この異質性があるからこそ，境界領域が生まれるのであるし，その境界領域において新たな認識が生み出されていく。

第6章の竹川論文においては，障害者雇用の事例から，異質なる身体を考察したものである。竹川もまた，具体的な声を収めている。日々の生活の「リズム」の水準を注視することの重要性についてだ。竹川は，障害者雇用の現場において，就労者からもキャリアアップや無期雇用を求める意見があがってこない背景を考察している。より収入や地位の条件が高い職場へと積極的に転職するというよりは，ひとつの職場でしっかりと定着をして働くことを望む就労者が多いという現実である。就労環境を短期間で変えるのではなく，生活の「リズム」をまずは安定させること。こうした就労者側の論理のありようを竹川はとらえている。

この論文は，翻って，今日において支配的とされている働き方が，ある種，異常性を含んでいることを照らし出してもいるだろう。「リスキリング」とい

う言葉がもてはやされ、働きながら新たなスキルを学習し、どんどん転職することをよしとする現代のキャリア論の在り方は、竹川が示した生活の「リズム」の面を度外視している。

それはまた、本節の冒頭に引いたメルッチの言葉で言えば「バラバラの瞬間の後を追うだけの生活に終始してしまう」ことでもあるだろう。「バラバラの瞬間の後を追う」のではなく「リズム」を確保すること。その重要性があらためて見えてくる。

4. おわりに――内なる惑星、コミュニティ、惑星社会

本書はこのように身体を中軸に据えた論集となっていることが、これまでの新原グループの研究叢書との違いである。しかし同時に、コミュニティ研究の流れも新たに展開されている。理論的・方法的な基礎を提供する新原（第9章）の論稿に続いて、具体的には第10章の阪口と大谷、第11章の大谷と阪口による重厚なモノグラフ記述に結実している。

さらに史涵と阪口による西成玉出のショートストーリーを記した付論も、とても興味深い。写真とテクストが結合されながら、玉出公設市場とともに生きてきた人々の生活史が再構成されていく。また筆者は、2024年7月に偶然夕飯を食べた東京・大久保の中華料理店で、史涵の企画した「混合の地域」（主催・中央大学文学部社会学研究室）のチラシを手にしたことも、ここに書き添えておきたい。地域に生きる人々を写真で表し出す。それは、社会学と写真の接合の可能性を考えさせてくれるものだ。

身体を「内なる惑星」と措くなら、身体は「惑星社会」とカップリングの関係にある。「惑星社会」は、まさに新原がこれまで力強く論じてきたように、地域社会に根ざすコミュニティ（新原編 2014；2016；2019）から、家畜や原子力発電の危機を含む「生体的関係的カタストロフ」をも含む全体を枠付けている。

コミュニティと身体をそれぞれ別個の主題としてではなく、両者を貫くかた

ちで存在する惑星社会のうごきを聴きとることが，本書では展開されていると言えるだろう。ここにおいて，身体と地（アース）を包含する惑星社会のありようが視野に入ってくる。

社会学でよく使われるグローバリゼーションという言葉では不十分だ。なぜなら，その言葉は，政治・経済・文化といった社会的なレベルの変容しかとらえられないからである。そうではなく生体的関係をも含んだ「社会学」を構想すること（だから第4章で遺伝性疾患をめぐる論文が置かれていると言える）。ここに本書の大きな論点があるだろう。

生体的関係の領域を含んだ変化をとらえようとするなら，社会学者はもっと微視的かつ長期的な視座を持つ必要があるだろう。しかしながら昨今のSNSを中心としたオンラインメディアの発達は，私たちの視野をより近視眼的で短期的なものに作り直しているとも言える。学問的動向ですら，SNSを用いて広報や議論が行われるようになっている。そして盛り上がったコンテンツは，あっという間に忘れ去られていく。

こうした時代の趨勢と対決する意味でも，時間をかけて仕事を「残す」ことが，よりいっそう重要になってきていると筆者は考えている。学問とは，本来的に反時代的なものであるはずだ。時代を対象化することは，時代に迎合することとは相容れないからである。本書の各章は，数年におよぶ時間を要して，フィールドと自己の変容をしっかりと記録した作品群である。時間をかけて地道な仕事を積み重ねることで，初めて根底的な思索が立ち上がってくるのだ。

引用・参考文献

古城利明，2014「再び"境界領域"のフィールドワークから"惑星社会の諸問題"へ」新原道信（編著），2014『"境界領域"のフィールドワーク—惑星社会の諸問題に応答するために』中央大学出版部。

マルクス，1964，城塚登・田中吉六訳『経済学・哲学草稿』岩波文庫。

Melucci, Alberto, 1996, *The Playing Self: Person and Meaning in the Planetary Society*, New York: Cambridge University Press. (＝2008，新原道信他訳『プレイング・セルフ—惑星社会における人間と意味』ハーベスト社)

新原道信，1997『ホモ・モーベンス—旅する社会学』窓社。

―――. 2007『境界領域への旅―岬からの社会学的探求』大月書店。

――― (編著). 2014『"境界領域"のフィールドワーク―惑星社会の諸問題に応答するために』中央大学出版部。

――― (編著). 2016『うごきの場に居合わせる―公営団地におけるリフレクシヴな調査研究』中央大学出版部。

――― (編著). 2019『"臨場・臨床の智"の工房―国境島嶼と都市公営団地のコミュニティ研究』中央大学出版部。

Tafoya, Heriberto Ruiz, 2023, *Packaged Food, Packaged Life: Corporate Food in Metro Manila Slums*, Kyoto: Kyoto University Press.

あ と が き
──それでもまだ夜は照らし出される──

足跡を探し求めよう　アスファルトの道に
夜の闇を照らす　野生の真実の痕跡を
...Cerchiamo piste
tra le strade d'asfalto,
tracce della selvaggia verità
che illumina la notte.
Ancora s'illumina la notte

メルッチの死後に出版された詩集『熱気球（Mongolfiere）』から，
追悼シンポジウムで朗読された詩「それでもまだ夜は照らし出される」より
（Melucci 2002：11）

1．はじめに──メルッチの背中，表情

いま私たちが暮らすグローバルなフィールドである〈惑星地球〉は，人間の活動の肥大化によって，"惑星の限界／惑星システムに不可逆的な変化をもたらさない人間活動の境界線（Planetary boundary, limite planetario）"の問題（question）に直面している。しかし私たちは，惑星地球規模で相互依存しシステム化・ネットワーク化した社会，（ある生物や植物や森や川が地球の「裏側」で死に瀕している。その出来事が自分の暮らしに突然つながる）惑星社会に生きているという実感を持てないでいる。

地球上で様々な問題が起こっているが，"グローバル社会で生起する地球規模の諸問題（global issues）"の「解決（solving）」の方向性は，必ずしも「明晰」「判明」ではない。惑星社会は，極めて"複合・重合"的な，ひとつのまとまりを持った有機体となっていて，分解・分離・分析困難な"流体（fluido）"として存在している。

しかし，これほどまでに，社会が深いところで結合したひとつの惑星システ

ムとなったことで，このシステムのどこから何を始めても，システム全体に影響を与えてしまう。つまりは，自分が属している小さな場で（いまここで），惑星システムの破壊に加担する危険性と，新たに"［何かを］始める（beginning to)"可能性のアンビヴァレンス（ambivalence）を抱えている。

"物理的／生体的な次元（dimensione fisica / corporea, physical / corporeal dimension)"における限界と可能性を直視すること。「あたりまえ」を見直し，"かたちを変えつつうごいていく（changing form)"こと，「限界を受け容れる自由（free acceptance of our limits)」への勇気を持つこと，他者を理解しようとし続けることに絶望しないこと——これが，晩期のメルッチから託された，全身全霊のメッセージだった。

本書では，惑星地球規模の「拡がり」と個々人の身心の内奥への「深まり」を持つ現代社会（惑星社会）の問題に対して，"フィールド"を再定義しつつ，〈あるき・みて・きいて・しらべ・ふりかえり・かんがえ・ともにかく〉ことを試みてきた。"複数の目で見て複数の声を聴き，複数のやり方で書いていく"ことに，惜しみなく「（我が）身を投ずる」（上野英信）ことが研究チームの「共通感覚（sensus communis)」（中村雄二郎）であった。

「プラネタリゼーション（planetarizzazione)」と「内部化（internalizzazione)」，「惑星システム」化のもとでの"惑星都市化／境界領域化"に対して，何をどこから考えるかというところから"智（cumscientia)"を"組み直す（ricomporre / rimontare, recompose / reassemble)"——これが，メルッチの背中や表情を想い出しながらやろうとしたことである。

メルッチが亡くなる直前に遺した詩「それでもまだ夜は照らし出される」の言葉のように，アスファルトの道に腰を降ろし，手をふれ，はだしで感触を確かめ，大地の，生命の，人の足跡を探し求める。高みから見れば整序された人工物であっても，"低きより（地上から，廃墟から）"，"跛行的に歩む（walking lamely unsymmetrically, contrapuntally and poly / dysphonically)"ことで，"裂け目（spaccatura, rupture)"に"出会う"ことができる。側溝にたまった泥土や塵，草の根，プラスチックの切れ端——人間の日々の営みのささやかな「痕跡」

が，この"地"の胎動，"［時代の］裂け目（spaccatura d'epoca / epoca di spaccatura）"とつながっているかもしれない（第9章第5節も参照されたい）。

極度に「脱自然化（denaturalization）」「文化・化（culturalization）」「脳化（cerebralization）」した社会と身心のなかに，それでも，もう一方の極に生き続けている「野生の真実」の「痕跡」を見出すことができる。そうすることで，夜の闇が照らし出されると，メルッチは考えていた。

メルッチは，新原の恩師・真下信一と同じく，考えるとは，存在と契りを結ぶ（s'engager）こと，枠組みそのものを考えることだと思っていた。そして，「何をどこから考えるのか」から始める「初代」たれ，"思行するひと（思い，志し，想いを馳せ，言葉にして，考えると同時に身体がうごいてしまっているという投企をするひと）"であれというメッセージを発していた。

現代社会の問題の"複合・重合性（compositezza, compositeness）"に対して，問題解決（仮説検証）型の対応は困難となってきている。それでも，"声をかけられたら，なんとかありあわせの道具で現実の課題に応答するという生き方・哲学（filosofia di disponibilità）"が，メルッチから学んだことだ。

2．"始める""表し出す""守破離"

> ……私のアプローチは，現象学的にならざるを得ない。というのも，観察者は自身が叙述しようとするフィールドの外側に立つことはないのだし，ましてやそのフィールドにおける労苦や情熱に巻き込まれること（becoming passionately involved）を躊躇すべきではないからである。……私の視線は，人間の行為の様々に異なった領域が相互にふれあい，相互浸透しているような場所である境界領域（frontiers）に集中することになるだろう。
> (Melucci 1996=2008：7)

「前人未踏の地（no-man's-land）」で，アンビヴァレントな状態のまま遺されているものに"出会い"，名付け直していく。そのために必要なのは，いまだ構

築の途上にある「変化に対する責任と応答をすべてのひとに促す自由（a freedom that urges everyone to take responsibility for change）」である（Melucci 1996=2008：7）。

既に数々の社会運動の研究で世界的に認められていたメルッチは，それでも諸個人の体験に即した新たな"智（cumscientia）"を"始める（beginning to）"ことを躊躇しない人だった。新たに"始める"とは，既存の枠組みからするなら，"異物（corpi estranei, foreign bodies）"となることを意味する。

社会現象を因果関係のみから解釈する在り方を相対化するため「対位法的読解（contrapuntal reading）」を試みたエドワード・サイード（Edward Said）は，その著書『始まりの現象』のなかで，『新たな学（Principi di scienza nuova d'intorno alla natura delle nazioni)』（初版 1725 年，二版 1730 年，三版 1744 年）の著者である哲学者ヴィーコ（Giambattista Vico）と「対話」しつつ，「始まり（beginnings）」とは何か，それはいかなる「活動（activity）」「瞬間（moment）」「場所（place）」「心構え（frame of mind）」を持つものかについて考察している（Said 1975=1992：xiv)。

ここで提起されているのは，根本的な意味での"異端（estraneo contrapponendo）"から"始める"ことである。顕在化し可視的なものとしてとらえ得る「出来事」の水面下に潜在しつつ流動し変化し蓄積されている"未発の状態（stato nascente, nascent state)"という，測定あるいは把捉の困難・限界を抱える対象に対して，"［何かの理解を］始める（beginning to）"ためには，異なる境界線の引き方，補助線の引き方を提示することで"メタモルフォーゼ（変身・変異)"を誘発する必要がある。

メルッチは，個々人の内なる体験が経験化されていくプロセスと社会変動が結び付いたときに起こる"時代のパサージュ（passaggio d'epoca)"を，ジレンマやアンビヴァレンスも含めて，表し出そうとした。

本書が直面した困難は，メルッチから託されたものを"表し出す（hervorbringen)"ということは，メルッチが言う通りにする／やった通りにすることではないということであった。ここでは"守破離"が必要となる。根本

あとがき　577

的な理解の"道行き・道程（passaggio）"である"守破離"を学んだのは，真下信一先生からだった。

> もっともたやすきことは，実質のある堅固なものを［外側からいいとかわるいとか］裁く（beurteilen，"批評／批判／判断"する）ことである。難しいのは，それを把握することだ。もっとも難しいのは，［この"批評／批判／判断"と"把握"という］二つの契機を結びあわせて，［自分ならどのように生きるかを］表し出す（hervorbringen）ことだ。
>
> G. W. F. ヘーゲル『精神現象学』「序論（Vorrede）」より
>
> 新原が訳出（Hegel 1986: 13）

まずは，「外側から」でなく，その心意／深意／真意を把握することだが，その先にあるのは，自分の足で歩き出すことだ。この"うごき"の意味については，フェルナン・ブローデル（Fernand Braudel）からも学んだ。

> 個人としての人間は文明を裏切ることがある。それでもやはり文明は，いくつかの決まった，ほとんど変質しない地点にしがみついて，自分自身の生活の仕方で生きつづける。……人間には，あらゆる山登り，あらゆる移動が許されている。人間がただ一人で，自分の名で旅をするとき，その人間と，その人間が運ぶ物質的ならびに精神的財産を止めることは何ものもできない。集団や社会全体となると，移動は困難になる。一個の文明はその荷物全部を移動することはない。国境（frontière）を超えるとき，個人は慣れない環境で居心地が悪くなる。彼は背後に自分の属する文明を捨て，「裏切る（trahit）」。　　　　　　　　　（Braudel 1966=1993：192）

語り尽くせぬ恩義に報いるために，自らを"表し出す（hervorbringen）"。移動し，"かたちを変えつつうごいていく（changing form）"ことを，ブローデルは「裏切る（trahir）」という言葉で表現し，メルッチは，"メタモルフォーゼ

(metamorfosi)"とは「変化に対する責任と応答」を誰もが自ら引き受ける自由であると表現した。

この"守破離"は，私たちの研究グループにおける個々人の"コミットメント (s'engager＝存在との契り)"の在り方 (ways of being) としても共有され，いずれは旅立つことを"予感／予見 (doomed premonition)"しつつ，協業の試みを続けてきた。

この関係性は，研究グループ内にとどまらず，"フィールド"との関係にも当てはまるものだった。とりわけ，日本おける初期の"コミュニティ研究（コミュニティでのデイリーワーク)"の試みであった「湘南プロジェクト」においては，入るときから離れることを覚悟しその準備をしていた（新原 2016：6-8)。

ある特定の"場 (place, moment, condition)"を"ともに（共に／伴って／友として)"にした面々は，それぞれに固有の"道行き・道程"を歩き，散開／散会していくことを，あらかじめ共有し，"うっすらと予感 (presentimenti)"していたのである。

3．惜しみなく与えてもらい，"地"を耕す

困難な時期，ミラノで病に苦しむメルッチに連絡すると，電話口で，「申し訳ないけれど，いまはあまりにも体調が悪くて，君に捧げるエネルギーを持てていない (non riesco a tenere l'energia da dedicarti)」という言葉が発せられたことがあった。そのときあらためて，ずっと惜しみなく与えてもらっていたのだと気づいた。

メルッチをはじめとして，哲学の師・真下信一先生，社会学の師・矢澤修次郎先生，アルベルト・メルレル，実に多くの方々から惜しみなく与えてもらってきた。古城利明先生も，その一人だったのだが，2023 年 7 月に突然の訃報が届いた。他大学の大学院生だった私を大学院のゼミに誘い，その初回で，ローマ，ナポリ，ミラノなどで集めた資料と読書ノートのコピーをわたしてくださった。地域社会学会での報告をした際，司会をしてくださったのも古城先生だった。その後，広島・長崎・沖縄での平和運動の調査，沖縄とオーラン

ド，トリエステ，ボルツァーノ，ローマ，ナポリ，アレッツォ，ミラノなどでのフィールドワークをともにしていただいた。イタリアで集められた資料を，生前に「形見分け」するために，私と鈴木鉄忠さんをご自宅に招待してくださったこともあった。

古城先生が研究者としての生涯にわたって意識されていたのは，異なる分野の研究者による共同研究であった。中央大学社会科学研究所のヨーロッパ研究ネットワークを古城先生から託され，同じかたちをとることはできなかったが，水平的関係による共同研究の新たなかたちを追求するという志を引き継ごうと考えた。

『“臨場・臨床の智” の工房』（新原 2019：22-30）でも一部書いたことだが，真下先生，シカゴ学派，奥田道大先生，古城利明先生・矢澤修次郎先生，メルレル，メルッチ——先達の共同研究の在り方から多くを学び，「力なき者」としてできることについて考えた。その際，念頭にあったのは，チェコの「ビロード革命」を牽引した劇作家・大統領のハヴェル（Václav Havel）が『力なき者たちの力』で言うように，共同研究チームの「構造は，開かれ，ダイナミックで，小さいものとなることができ，そうあるべきだろう」「コミュニティは意義深いという共通の感情が共有された構造である」という思想と行動だった（Havel 1999=2019：116）。

中央大学で追求したことは，“社会のオペレーター（生活の場に居合わせ，ひとにこころを寄せ，声を聴き，要求の真意をつかみ，様々な「領域」を行き来し，〈ひとのつながりの新たなかたち〉を構想していくひと）” の育成だった。そのための “地（terra）” を耕すことを第一に考えた。研究叢書などの共同研究の成果は，この “フィールド” を耕す（lavorare sul campo）なかで育てた「作物」の一つである。しかしむしろ，主たる恵みは，「地域に寄りそい，ひとにこころを寄せるフィールドワーク」により，この “地” を耕した人たちのなかに刻み込まれた “智（cumscientia）” であった。

こうした協業の “背景（roots and routes）” には，アルベルト・メルレルがブラジル・大西洋・アフリカから「持ち帰り」，イタリア・サルデーニャの地で

開墾した"地（terra)"があった。そしてまた，メルッチ夫妻がポーランドやパリから「持ち帰り」，イタリア・ミラノの地で開墾した"地"があった。そして，古城先生をはじめとした先達から惜しみなく分け与えてもらったものを支えに，わずかばかりの"地"を耕してきた。

4．ひさしぶりの「祭り」

　学部長補佐，研究科委員長，学部長と大学内での行政職への注力，「新型コロナウイルス」の影響もあり，狭義の「フィールドワーク（野外調査)」や対面での〈調査研究／教育／大学と地域の協業〉は，「休止」の時期が続いた。今回の研究叢書づくりは，ひさしぶりの「祭り」となった。

　「開墾」の"道行き・道程（passaggio)"で，研究チームのメンバーは入れ代わっていった。メンバーは巣立ち，いまそれぞれの"地"を耕している。オーランドと沖縄の比較研究（古城 2006）では，自然地理学，農学，国際関係論，国際法学，政治学，経済学，社会学，等々の様々な分野の研究者による共同研究を牽引した古城利明先生を，中島康予さんたちと支えることを試みた。今回は，若い人たちに牽引してもらい，第Ⅰ部はなんとか新原がとりまとめたが，第Ⅱ部は鈴木鉄忠さんを中心とした身体部会のメンバー，第Ⅲ部は阪口毅さんを中心とした地域部会のメンバー，そして全体を石岡丈昇さんに見わたしていただいた。実質的に本書は，これらの方たちの共編著という性格を持っている。

　「生老病死」の常であるが，年老いた者は，少しずつ開墾作業から身を引いていくことになる。若い人たちとともに開墾してきた"地"をもとにもどして，後から来る人たちが，「アスファルトの道に，夜の闇を照らす野生の真実の痕跡を探す」ことができるようにすることが，"晩年の様式を生きる（living in late style, vivere in stile tardo)"ということなのだろう。この点でも，古城利明先生の「晩節」から学んでいる。

　今回の研究叢書では，"境界領域のフィールドワーク"，そして"コミュニティ研究（コミュニティでのデイリーワーク)"というかたちで進めてきた「作物」の

収穫に，"内なる惑星のフィールドワーク"の「果実」を付け加えた。今回の理論的な「果実」は，〈惑星社会／内なる惑星〉〈惑星地球／身体〉という，メルッチの分析的な構成概念（costruzione analitica）についての理解の到達点をまとめたことにあるだろう。今後は，手元にある"境界領域のフィールドワーク""コミュニティ研究（コミュニティでのデイリーワーク）"との"織り合わせ（intreccio, interweaving）"をさらに意識していくことになる。

　共同研究の在り方／やり方（ways of being / exploring）という観点では，執筆者を第Ⅱ部の身体部会，第Ⅲ部の地域部会に分け，全体会と部会を開催した。そのなかで，本づくりのプロセスそのものが，メルレル／メルッチから引き継いだ協業のスタイルである"対話的にふりかえり交わる創造的プロセス（il processo creative con riflessione e riflessività）"となるよう試行してきた。

　お互い忙しくなり，中央大学の新原研究室で終電の直前まで談論するというかたちはとりにくくなった。しかしそれでも，原稿提出まで，それぞれの考えや個々の概念の理解について，やりとりした。互いの文章を読み合い，相互にコメントし，理解を変化させていった。少なくない概念や想念（idea）が，こうしたやりとりのなかから生まれた。

　また，今回もまた，執筆者ではないメンバー（とりわけ中村寛さん）から，"智"と「骨折り」が惜しみなく与えられたことも申し添えたい。

　ここから先は，次の研究叢書の課題となるのだが，後に続く人たちに，伝言しておきたいことは以下のこととなる：

◇　メルレルとの"旅／フィールドワーク"，メルッチ夫妻との"出会い"，"聴くこと"，FOIST/INTHUM，Centro ALIA，"臨場・臨床の智"の工房の現在地を確認する。

◇　理論的課題として，限界と向き合う〈エピステモロジー／メソドロジー〉，メルレルとの"移動民（homines moventes）"，メルッチ夫妻との"痛む／傷む／悼むひと（homines patientes）"のエラボレーションと"織り合わせ（intreccio, interweaving）"。

◇　実践的課題としては，"うごきの場に居合わせる"フィールドワークの"多系／多茎"の展開と過去の調査の"サルベージ（沈没，転覆，座礁した船の引き揚げ，salvage, salvataggio）"。ここからさらに，フィールドで働きかけると同時にふりかえるフィールドワークへの"組み直し"。

5．おわりに——意味は"出会い"のなかで与えられる

2024年3月，メルレル，アンナ夫人と再会を果たした。メルレルとは2019年3月マラガの空港で別れて以来，アンナ夫人とは2018年3月ミラノ・リナーテ空港で会って以来の再会だった（2021年9月ミラノの追悼シンポジウムは，「新型コロナ」の影響で，オンラインでの参加とせざるを得なかった）。お互いの年齢を考えると，何かあれば，もう会えないのではという緊張感がずっとあった。

サッサリとミラノ，それぞれ3日ほどの滞在だったが，共同研究の試みの現在地と今後について話した。家族の死や成長をともにしながら，旅をしてともに考え，言葉と気持ちを交わすという「こころある（spirituale e con anima）」やり方は，誰もが誰とでもできるものではないことを話し，ここでこそ生まれる意味があるのではないかということをあらためて確認した。

メルッチからの"贈りもの（dono, blessing）"への返礼をずっと果たせないままで来た。この社会が抱える"根本問題"を深く洞察し，それゆえにペシミスティックになっても不思議ではないところを，"想いを／あきらめない気持ちを持ち続ける力（power of idea）"で常に励ましてくれたメルッチの「パッショーネ」に，まだ応えられていない。個々のテクストは，いま読み返してみても，宝の山だ。身体をめぐるミクロな世界と，社会の変動，さらには宇宙の存在を意識させるような，異なる次元の"量子もつれ（quantum entanglement, l'entanglement quantistico, correlazione quantistica）"の芽が，言葉の一つ一つに埋め込まれている。

しかし，それ以上に，本書で伝えたいのは，「生（なま）」のメルッチ，「野生の真実の痕跡（しるし）」を照らし出す力だ。「対話・談話（dialogo e chiachierata）」を大切にしたメルッチは，"書き手／描き手（scrittore/rappresentatore"として

のみならず，"聴き手（ascoltatore）／語り手（narattore）" としてもその "智"
を発揮する人だった。彼が「聴き／話す」たびに，ちがう「展開」や「発見」
がある。しかもその「話」の背後には，特定の人・特定の場面が "背景（roots
and routes）" として在り，自在に「対話・談話」を進めていくなかで，特定
の相手との「間」で異なる意味が生まれていく。アンナ夫人からこんな話を聞
かせてもらったことがある。

　ハーバード大学のキャンパスのベンチで夕日を浴びながら，メルッチ夫妻
は，二人で続けてきたミラノでの心理療法（サイコセラピー）による知見をど
のようなかたちで著作にとりまとめるかの話をしていた。アンナ夫人が "出会っ
た" 人たちについての生々しい記憶が次から次へと湧き出てきた。個々の瞬間
をとらえて，メルッチは，生々しい感覚が残る，一見とりとめもない話の断片
を，まるで蜘蛛の糸に吸い付けるようにして，"すくい［掬い／救い］とり"，
言葉のつらなりへと "織り合わせ（intreccio, interweaving）" ていった。こうして
『黄金の年代』（Melucci e Fabbrini 1992）というタイトルの本が生まれた。

　"臨場・臨床の智（cumscientia ex klinikós, composite wisdom to facing and being
with raw reality）" は，自分の原理・原則を相手に押しつけるものではなくて，
様々な場所，様々な目線から，上から下から，内から外から，まっ正面から背
後から，多声を発する。「喧騒」な現実の奥底にある，静謐なる声を聴き，そ
の "うごき" のなかで，相手との "交感／交歓" によりかたちを変えていく。

　病のなか，新たな本の構想について話しながら，英語でのタイトルを考えよ
うとしたとき，使い込まれたケンブリッジの中辞典を取り出してきて，言葉を
探していたときのメルッチの表情，ぴくっと眉毛がうごいた瞬間を想い出す。
身体が本当にうごかなくなり，「後は全部まかせたよ」と言った声のかすれも
忘れていない。そこからずいぶんと時間を必要としてしまったのは，私の非力
に起因している。しかし，惑星地球規模となり身体の内奥にまで入り込んだ現
代社会が，メルッチの "想像／創造力（immaginativa / creatività）" を今こそ必要
としていることを確信している。

　"物理的／生体的な次元" の限界と可能性を組み込んだ学問は，極めて「感性

的人間的営み（sinnlich menschliche Tätigkeit）」である。今回もまた，至らぬことを識りつつも，目一杯の背伸びをして書くことを試みた。だが，まだ道半ばである。

あらためて，2000年5月の一橋大学でのセミナーで質問に応えるかたちで発せられたメルッチの意志のオプティミズムを想い起こし，旅の道標としたいと思う。

傲慢にならずに，驕り高ぶらずに，慎み深さ（umiltà）をもって，個々人の経験に根ざすかたちで，この世界を変えていく……悲観論と不信感は，予言の自己成就となってしまいます。私たちが何かを変えられると信じることは，すでに変わるための方法であり，これは私たちの行為が，パッショーネ（passione）を持つことの必要性へと私たちを連れ戻すのです（Melucci 2000=2005: 106）。

2024年9月20日

日本とイタリアの共同研究チームの「名代」として

新 原 道 信

引用・参考文献

Braudel, Fernand, 1966, *La Méditeranée et le monde méditerranéen à l'époque de Philippe II*, PARIS: Librairie Armand Colin, 2 édition revue et corrigée, Deuxième Partie. （＝1993，浜名優美訳『地中海 III　集団の運命と全体の動き2』藤原書店）

古城利明（編著），2006『リージョンの時代と島の自治―バルト海オーランド島と東シナ海沖縄島の比較研究』中央大学出版部。

Havel, Vàclav, 1999, *Moc bezmocných, Spisy, sv.4. Eseje a jiné texty z let 1970-1989. Dálkový výslech*, Praha: Torst. （＝2019，阿部賢一訳『力なき者たちの力』人文書院）

Hegel, Georg Wilhelm Friedrich, 1986, *Phänomenologie des Geistes*, Frankfurt am Main: Suhrkamp.

あとがき　*585*

Melucci, Alberto, 1996, *The Playing Self: Person and Meaning in the Planetary Society*, New York: Cambridge University Press.（＝2008，新原道信他訳『プレイング・セルフ—惑星社会における人間と意味』ハーベスト社）

―――, 2000, "Homines patientes. Sociological Explorations", relazione orale al seminario dell'Università Hitotsubashi, 16 maggio 2000.（＝2025，新原道信訳「〈身体〉—境界線の束であり境界領域でもある」新原道信編『惑星社会のフィールドワーク—内なる惑星とコミュニティに "出会う"』中央大学出版部）

―――, 2002, *Mongolfiere*, Milano: Archinto.

Melucci, Alberto e Anna Fabbrini, 1992, *L'età dell'oro: Adolescenti tra sogno ed esperienza*, Milano: Guerini.

新原道信（編著），2016『うごきの場に居合わせる—公営団地におけるリフレクシヴな調査研究』中央大学出版部。

―――，2019『"臨場・臨床の智" の工房—国境島嶼と都市公営団地のコミュニティ研究』中央大学出版部。

Said, Edward W., 1975, *Beginnings : intention and method*, New York: Basic Books.（＝1992，山形和美・小林昌夫訳『始まりの現象—意図と方法』法政大学出版局）

Vico, Giambattista, 1994 [1953 (1744 e 1730)], *Principj di Scienza nuova d'intorno alla comune natura delle nazioni: ristampa anastatica dell'edizione Napoli 1744*, a cura di Marco Veneziani (Lessico intellettuale europeo, 62), Firenze: Leo S. Olschki. [1953, *La scienza nuova seconda: giusta l'edizione del 1744, con le varianti dell'edizione del 1730, e di due redazioni intermedie inedite*, a cura di Fausto Nicolini, Bari: Laterza.]（＝2007-2008，上村忠男訳『新しい学 1-3』法政大学出版局）

項 目 索 引

ア 行

アーシング　*118, 342, 345, 346, 357*
アーシング権（接地権）　*347*
アイデンティティ　*32, 339, 340, 351, 353, 413, 419*
愛と痛み　*100, 102*
アシュケナージ系ユダヤ人　*183, 189, 196*
遊び　*317*
アゾレス　*14*
温かな応答　*82, 92*
新しい社会運動　*89, 359*
アドヴァイタ　*307, 308, 312, 317*
網の目　*39, 141, 384*
新たな問いを立てる　*39*
表し出す　*576, 577*
アルヘシラス　*14*
合わせ鏡　*40*
アンビヴァレンス　*10, 71, 83, 90, 219, 220, 230-232, 235, 245, 246, 574*
居合わせる　*18, 41, 87, 376*
生きづらさ　*216, 220, 245*
異境の地　*383*
生きるに値しない生　*117*
生きるに値する身体と生きるに値しない身体　*338, 358, 359*
居心地の悪さ　*137*
遺産　*88*
石垣島　*2, 14*
異質性を含み混んだコミュニティ　*370, 376, 387*
異質なる身体　*116, 117, 124, 134, 135, 210, 211, 215-217, 219-221, 225, 227-229, 234-237, 239-241, 243, 244, 246, 251, 252, 254-257, 263, 270, 275-281, 353, 361*
異人　*25*
イストリア　*2*
痛み／傷み／悼み　*37, 139, 382*
痛む／傷む／悼むひと　*37, 138*

異端　*576*
遺伝学的検査　*173*
遺伝子操作　*9, 101, 106, 385*
移動性（mobility）　*419, 460*
移動・変転　*28*
移動民　*37, 138*
移動民の子どもたち　*2, 17*
移動論的転回　*460*
居場所の喪失　*81*
異物　*10, 15, 124, 135, 209, 210, 214, 576*
異物感　*136, 217, 245*
違法駐車　*418, 424, 440, 489*
意味　*95, 96, 100, 101, 125, 583*
癒し　*328*
インターネット　*105*
インド　*290, 303*
インナーエリア　*421, 460, 519*
インナーシティ問題　*558*
インフォーマルな制度　*435, 436, 455*
受け入れる　*309-312*
うごき（becomings, metamorfosi）　*ix, x, 39, 251, 256, 278, 367, 390, 577*
うごきのある　*xi*
うごきの場　*39, 41*
うごきの場に居合わせる　*2, 40, 41, 377, 391*
内奥　*33, 36, 89, 108, 123, 142*
内なる異質性　*124, 126, 130*
内なる「壁」の増殖　*382*
内なる自然　*338, 339, 342*
内なる社会変動　*35*
内なるプログラム　*48*
内なる惑星　*vii, 11, 27, 29, 30, 35, 72, 87, 88, 115, 116, 118, 256, 257, 273, 275-278, 284, 288-290, 325, 327, 337, 341, 343, 344, 357*
内なる惑星の植民地化　*341*
内なる惑星のフィールドワーク　*vii, 394*
内なる惑星論　*28*
宇宙船地球号　*22*
裏切る　*577*

エコロジー　72, 73, 87, 288
エナジー　308, 311
エネルギー　141
エピステモロジー／メソドロジー／デイリーワーク　36, 135
エピファニー　36
エンプロイアビリティ　262, 270
応答する　84, 85, 141
応答力　141
大きな世界／小さな惑星　9
オミネス・パツィエンテス　128
オルタナティヴ　234, 236, 326

カ　行

カーボベルデ　14
介入　101
開発　165, 168, 195
開発原病　177
解放型コミュニティ　445, 456
科学　296, 320, 323, 328
科学知　130, 133, 143
拡張保因者検査　176, 188, 189
カタストロフ　73, 80, 104, 105, 107
かたちを変えつつうごいていく　388, 577
かたちを変える　85, 91, 127, 137, 368
活動アプローチ　421, 422, 460, 485
壁の増殖　6, 8, 20, 47, 126
鎌状赤血球症　185, 195
寡黙　397
からだの声をきく　362
変わる自由　77
関係史　256, 257
関係性の危機　47
関係性の動態　369
関係性の媒体　135
関係的位相　420, 422, 436, 455
還元主義的モデル　135
観察なき参与　486
感性的人間的営み　394, 583
感染症　385
感知　12, 37, 125, 390
感知／感応　38, 136
感応　12, 125, 390
願望　46
願望のコミュニティ　17

寛容　388
危機的瞬間　27
危機の時代の総合人間学　39
聴く　vi, 72, 97, 123, 394
聴くこと　116, 288, 289
聴くことの社会学　108, 128, 139, 339
聴く／話す　108
聴け！プロジェクト　381
兆し・兆候　101, 103, 134
帰属（belonging）　420
帰属の多重性　80
基地　15
基地の増殖　21, 47
旧住民　418, 484, 489, 505-507
9.11　20
境界　3, 35, 78, 91, 420
境界状態（リミナリティ）　252, 254, 263, 280
境界線　25, 97
境界線の束　3, 98, 109, 339
境界線の束としての身体　31, 118, 281, 337, 354
境界線の揺らぎ　25
境界線をどこに置くのか　389
境界に佇む人間　26
境界領域（cumfinis）　2, 4, 98, 109, 116, 173, 193, 197, 367, 392, 449
境界領域の社会学　110
境界領域のフィールドワーク　vii, 2, 39
境界領域論　vi, 33, 41, 110
境界を定める　67, 413
共感・共苦・共歓　143
共創・共成　140
共存・共在の智　385, 388
驚嘆する　85-87, 92
共同行為　470, 503, 504, 506
共同問題　424
協力員　427, 476, 506-508
局所ブリッジ　437, 439, 442, 445, 455, 462
規律権力論　117
緊急事態宣言　492, 511
近代性（モダニティ）　7, 80, 81
近隣（neighborhood）　447, 456
区（長）　424, 430, 451, 487, 489, 490,

索　引　*589*

491, 496, 497, 506, 508, 510, 511, 512
愚直　397
靴　195
区分　34, 89
組み直す　17, 32, 40, 574
グローバルな村　75
ケア　68
経験　140, 141, 305-307, 311, 315, 319,
　320, 336, 356, 357
経験の内奥の次元　28
契約　469, 471, 472, 475, 486, 495, 504,
　505
劇的な収支決算　23, 25, 105, 134
限界　7, 9, 91, 123, 127
限界状況　34
限界状態　10, 11, 68, 123, 134, 377, 382
限界性　9
限界と可能性　78
限界と向き合う　6, 7, 69
限界を受け容れる自由　11, 35, 45, 126,
　144, 375, 574
現在に生きる遊牧民　79
現象学　39
権力　102
個（individuo）　x, 90
故意の近視眼　8
交感　29, 49
交感／交歓　91, 137, 141, 583
構成概念　89, 251
公設市場　518, 526, 528, 530-532, 537,
　546, 549, 552, 556, 560
構造的差異　467, 470, 471, 486, 494, 500,
　503-506
構造的隙間（structural hole）　436, 446,
　461
拘束　37, 76
合理性　85, 87, 261-263, 272, 273
合理的　103
故郷喪失　98
ごくふつうの人々　96, 132, 133
固執観念　37
個体化　81, 90, 140
個体的／個人的　99, 101
国境島嶼　2
COVID-19　167, 177, 457

個別的根源性　38, 140, 141
コミュニケーション　83, 91
コミュニティ　vii, 419, 460, 473, 482
コミュニティ研究　vii, 376, 389
コミュニティ［地域—］（local community）
　416
コミュニティ［—の３つの位相］　418,
　420, 455
固有の生の軌跡　37
雇用関係　251
コロナ禍　384, 422, 469-471, 486-492,
　494, 495, 497-503, 505-509, 512
根源（radice）　31, 101
根元的独占　344, 361
根絶・排除　208, 209, 214, 225, 234, 235,
　239, 246
コントロール　210, 225, 228, 235, 241,
　246
コンフリクト　75, 106
根本的瞬間　38
根本的な変容　71

サ　行

差異　91, 124, 126, 255-256
サイコセラピー　97, 135
再生産　213, 237, 239, 242, 246
再定義　33, 38, 73, 78, 124, 376
差異の深淵（abyss of difference）　255,
　327
差異への権利　77, 90
差異への問い　125
債務相続者　25, 385
作業デザイン　261
裂け目　137, 574
サラセミア　175, 178, 189
サルデーニャ　4, 179
サルベージ　6, 44, 124, 391
産業社会　7, 73
3.11　5, 6, 8, 9, 36
山野河海　386
三役　424, 427, 473, 491, 492, 496, 497,
　500, 502, 503, 505-508, 510, 512
参与的行為調査（participatory action
　research）　471, 513
死　102, 106, 122

シカゴ学派　579
時間論　132
思行　x
思考態度　8
自己を決定する　193
システム　91
システム論的アプローチの必要性　49
姿勢　29
自然　210
思想　291, 294, 317, 322
時代のパサージュ　31, 132, 144, 576
実質的な近視眼　74
実践　24
ジブラルタル　14
自分中心主義　388
資本主義社会　7
使命　69
社会運動　97, 134, 136, 339, 347, 349,
　356, 576
社会学的介入　49
社会学的想像力　162, 343
社会的な関係（social relationships）　251,
　256, 261-264, 270, 273, 275, 278, 282
社会的時間　251, 279
社会的な事実　346, 360
社会的な痛苦　8, 37, 386, 397
社会的な排除　261
社会的な発明（social invention）　471, 480,
　481, 506, 509
社会的な包摂　261
社会統制　101
社会の医者　400
社会のオペレーター　579
社会の病　144
社会文化的な島々　377
社会変動　576
若年夫婦・子育て世帯向（定期使用住宅）
　484
宗教　319, 325
集合的記憶（collective memory）　450,
　454, 456, 463, 506, 512
集合的な出来事（collective events）　368,
　415, 421, 459, 460, 494
十字路　40, 392
修行（修練）　289, 290

出生前検査　173
受難　24
受難者／受難民　10, 20, 23
ジュニアリーダー　432, 478-481, 483,
　511
守破離　576
障害者雇用　251-252
常染色体潜性（劣性）遺伝病　174, 189
象徴　415, 416
象徴的位相　420, 422, 456
衝突・混交・混成・重合　3, 110
衝突と出会い　126
湘南団地　370, 377, 398
湘南プロジェクト　381, 474, 510, 578
情報　80, 336
情報社会　104, 336, 337
情報の過剰さ　105
生老病死　vii, 34, 36, 125, 142, 382
初期シカゴ学派　3
植民地化　87
思慮深さ　85
痕跡（しるし）　574
シルバーピア住宅　489
ジレンマ　75, 76, 90
新型インフルエンザ　384
新型コロナウイルス感染症（COVID-19）
　6, 9, 167, 177, 382, 387, 457
人工授精　171
人工妊娠中絶　170
身実　143, 396
新住民　415, 418, 439, 442, 484, 489, 495,
　505-507, 511
心身／身心現象　39, 397
心身／身心現象の境界領域　vii, 3, 367
心身論　295
新生児マススクリーニング検査　173
身体　24, 31, 84, 98, 101, 115, 116, 135,
　210, 215, 239, 251, 252, 257, 279, 336-
　339, 343, 367
身体化　24
身体が体験する両極性　354
身体感覚　225, 229, 289, 305, 312, 320-
　323, 325, 328
身体感覚を通じて出会う　17, 109, 123,
　141, 142, 381

索　引　591

身体実践　　290, 291, 294, 298, 308, 319,
　321, 323, 326, 328
身体性　　9, 78, 90, 92, 108, 122, 125, 382
身体でわかる　　142
身体と言語　　85, 90
身体に聴く　　42, 106
身体の差異　　107
身体の出会い　　107
身体の二元論　　337, 338, 353, 354, 362
身体のパラドックス　　102
身体の両極性　　341, 355
身体への関心　　98, 100, 102
身体をめぐる両極性　　337, 341, 355
振動数　　121, 124, 125
神秘　　295, 326, 328
心理療法　　97, 583
人類の運命　　74
水圏　　39
超システム　　13, 388
ずれ　　307, 311, 324
生活智　　130, 133, 143
制限　　35, 91
生権力　　338
正常化　　117, 213-215, 217, 220, 225,
　229, 235-239, 241-243, 246, 247
生殖－再生産（reproduction）　　116, 161,
　172, 177, 193, 197
生存可能な未来　　74
生存の在り方　　5
生存の場　　16, 26
生体（corpus corporale）　　x
生態系の目　　49
生体の関係的カタストロフ　　14, 23, 47,
　104, 134, 141, 385, 386, 570
生体的関係的想像／創造力　　123, 138,
　141
成長という限界　　7, 9, 12, 376
性と生殖の分化　　168
制度的位相　　420, 422, 424, 455
征服の地　　12
生物圏　　16, 39
生物の目　　49
セウタ　　2, 14
世界システム論　　39
脊髄性筋萎縮症　　174, 190

責任／応答力（responsibility）　　6, 11,
　67, 75, 215-217, 219, 237, 239, 243-
　245, 247
セクシュアリティ　　101, 106
設計　　279
接地権（アーシング権）　　347
セルフヘルプ・グループ（SHG）　　216,
　218, 219, 244
セラピー　　97, 145
全景把握　　68
潜在性（latency）　　368, 459, 470
潜在性（latency）／可視性（visibility）
　470
全体論　　33, 40, 135
選択　　84
選択的盲目　　8, 23, 34
線引き　　16, 17, 25
専門部（長）　　424, 427, 492, 502, 503,
　506
素（elemento）　　31
相互承認　　38
相互浸透　　228, 239
操作　　31, 33, 68, 107, 394
創始者効果　　183
喪失　　86, 141
想像／創造力　　90, 132, 583
創造的プロセス　　39, 390, 467, 495, 505,
　506, 581
創造力（creativity）　　129, 246, 247, 467,
　468, 506
想像力　　86
側弯症　　299, 301, 302, 315, 316, 318
組織デザイン　　261
外なる惑星　　9, 30, 71, 115, 343
存続型コミュニティ　　443, 456

タ　行

対位　　40
対位的　　109, 138
対位法　　40, 135
対位法的読解　　576
大気圏　　39
体験　　140, 141, 336, 337, 340, 356, 450,
　452, 454, 456
大地と空の間　　84

胎動　36, 38, 49, 575
大量で詳細な記述　41, 384
対話　218, 237, 243, 244, 247
対話・談話　582
対話的なエラボレイション　viii
耕す　86, 88, 136, 578, 579
多系／多茎の可能性　viii
他者　210, 214-216, 219, 234, 237-240, 244, 246, 247, 367
他者性　83, 91
他者性との出会い　35, 78, 90, 124
多重／多層／多面　3
多重／多層／多面の私　88, 110, 368
立川基地　417
立川団地　370, 377, 382, 414, 417, 467, 469, 472, 475-480, 482, 484, 485, 490, 494, 497, 502, 506, 509, 510, 512
立川団地運動会　423, 474-476, 484, 487, 490, 502, 510, 512
立川団地夏祭り　423, 474, 487, 490, 491, 495-497, 502, 506-508, 512, 513
立川プロジェクト　371, 381, 414, 416, 422, 467, 469, 471, 474, 475, 478-483, 485-487, 492, 494, 495, 498-507, 509, 510, 513
脱自然化　26, 31, 68
建替え　417, 422, 447, 484, 489, 495, 497, 506, 507, 512
玉出商店街　517, 521, 528, 533
団地自治会　471-473, 478-481, 483, 484, 486, 487, 489-492, 494-498, 500-509, 511, 513
智（cumscientia）　39, 143, 576
地（terra）　397, 579
地域コミュニティ（local community）　367, 418, 447, 456, 503, 506
地域社会　420, 459
地域社会／地域／地　16
地域主義　394
地域小社会　394
チェルノブイリ　21
地球科学　49
地球規模の諸問題　8
地球中心主義　39
地球に住む　6, 8, 11, 78

地圏　39
チッタスロー（スローシティ）運動　343
着床前検査　173
中央大学　414, 474-477, 479-482, 485, 492, 496-498, 500-504, 507
徴候　72
調査研究／教育／大学と地域の協業　382
直観　32, 303, 315
直観力　86
ちょっとした違和感　251
ちょっとした不具合　118, 134, 137, 353, 361, 397
沈黙　105
追体験　484, 512
通過儀礼　252, 254
通奏低音　37
慎み深さ　82, 92, 106, 395
冷たさ　82, 85
出会い　38, 78, 91, 116, 121, 138, 140, 141, 215, 237, 239-241, 244, 246, 247, 251, 255-257, 264, 270, 275, 276, 278, 279, 289, 290, 305, 319-327, 354, 356
出会いの場　394
出会う　ix, 115, 121, 123-125, 353, 574
定義し直す　6, 91
定期総会　472
抵抗　219, 235, 239, 243, 246, 247
テイ・サックス病　175, 189
停泊地　85
デイリーワーク　38, 40, 41, 376
デイリーワークとしてのフィールドワーク　257
出入りのリズム　82
出来栄え（goods and services / performances）　276
テリトリー　11, 16, 39, 78, 394
テリトリーの境界領域　vii, 3, 367
テレストリアル　354
転移　72
問いかける　29, 95, 125
闘技場　24, 106, 133, 394
踏査・渉猟する　396
同質化　76

都市　　376
都市公営団地　　2, 17
都市的生活様式　　512
閉じない循環　　38, 108
どっちつかず（betwixt and between）
　280
ともに在ること　　3, 83
ともに生きる　　35, 83-85
ともにする　　121, 122
どよめき　　109, 136
鈍足　　397

　　ナ　行

内的時間　　251, 279
内部化　　76, 574
名付けようとする努力　　138
名付ける（名付け直す）　　85, 110
生身　　24, 385, 386, 399
生身の現実　　2, 12
生身の現実に対して開かれた理論　　29,
　68
生身の身体　　29, 384
生物（なまもの）　　385, 399
悩みごと（trouble）　　488, 490, 512
新原ゼミ　　474, 493, 499, 504, 509, 512,
　513
二者関係　　298
人間圏　　16, 39
人間中心主義　　39
人間という種　　31
人間の境界線　　5
人間の境界線のゆらぎ　　48
人間の内面崩壊／人間の亀裂　　382
ネットワーク　　419, 436, 442, 455, 459
根のどよめき　　38
年中行事　　415, 422, 426, 455, 483-486,
　490, 491, 494-497, 500, 501, 503-505,
　507, 513
脳化　　31, 68, 79
囊胞性線維症　　188
能力の共同性　　117, 275, 276, 278

　　ハ　行

場　　ix, 4
媒介性　　141

廃棄　　6, 18, 19, 382
廃棄物（wasted lives / defused）　　279
廃棄物の発明　　20
廃棄物の反逆　　19
背景　　37, 579
配置変え　　29
跛行的に歩む　　397, 574
端／果て　　4, 384, 388
始まり　　576
始める（beginning to）　　7, 576
はだし歩き　　337, 339, 341, 344, 346, 347,
　349-355, 357, 358, 360, 362
はだしウォーキング　　344, 345, 348-350,
　352, 355, 357, 358
はだしで歩く　　118
波長　　304, 305, 313
白血病　　122, 134, 143
パッショーネ　　37, 82, 83, 91, 92, 106,
　584
パッショーネとともに　　103
パトスの知　　196
ハビトゥス　　451, 512
パラダイム　　7, 386
パラダイムシフト　　104
パラドックス　　83, 87, 100
晴れ女　　414, 416, 457, 458, 509
パンデミック　　21, 22, 47, 382
晩年の様式を生きる　　580
比較　　305, 319, 325
低きより　　36, 395, 396, 574
引き込まれる　　40
引き戻される　　35, 84, 136, 394
非言語　　295, 305
微細　　89
微生物の目　　49
ひとごと　　384
拡がり・深まり　　387
フィールド　　ix, 27, 32, 68, 371, 376, 393
フィールドノーツ（ノート）　　41, 471,
　485-487, 498
フィールドのなかでフィールドを定義し直
　す　　36, 39, 67
フィールドワーク　　371, 470, 494
フィルター　　29, 96
不可逆的　　76, 80

不可逆的に惑星化した一つのシステム
　91
不確実性　210
不協の多声　xi, 40
複合し重合する私（io composito）　183
複合社会　67, 136
複合・重合性　27, 137, 575
複合・重合的な問題　14
複合体（corpo composito）　x
複合的限界　7
複合的身体　33, 110
複雑性　85
複雑／複合的な惑星システム　13
複数の目で見て複数の声を聴き，複数のや
　り方で書いていく　viii, 41
不思議なこと　326
舞台裏　474, 483
不断／普段の営み　41
物質圏　16, 39
物理的限界　5, 7, 13, 67, 564-566
物理的／生体的な次元　xi, 68, 574, 583
不妊治療　170
プラネタリー　3
プラネタリゼーション　76, 89, 574
ふりかえり（reflection）　369
プルシャ　317, 318, 323, 327
プレイング・セルフ（the playing self）
　368
プレーヤー　69
プロセス　32
フロンティア　32, 35, 78, 91
文化　210, 236, 237, 239, 241
文化・化　26, 31, 68
文化的構築物　74
文化的に自然になる　87
文化的モデル　74
文化の差異　107
分岐点　103
分析的な構成概念　xi, 29, 96, 136, 210,
　241
分断　107, 126
文明病　48
分離　35, 91
分立　78, 91
ペリペティア　12, 27, 122, 392

ペルソナ　197
変化に対する責任と応答を自ら引き受ける
　自由　388
変容　3
保因者検査　175, 193
防災ウォークラリー　423, 479, 487, 490,
　500, 513
防災フェスタ　500-504, 506
包摂／排除　76
ホーム　136, 383
ポーランド　185
ポーランド農民　186
母体　101
没思考　8
ホモ・エレクトス　163
ホモ・サピエンス　163, 167

マ　行

マイノリティ　236, 242, 245
巻き込まれる　40
マグマ　37
待つ　87
マラリア　177, 195
マレーシア　292, 299
見方　29, 68
見知らぬ明日　6, 22, 392
未知なる大陸　86
未知の領域　306, 314, 321
道行き・道程　37, 194
ミッション　7, 39
水俣病　395, 399
未発のコミュニティ　17
未発の社会運動　36, 49
未発の状態（stato nascente）　2, 5, 17,
　34, 40, 43, 367, 391, 470, 576
未発の状態から多系／多茎の方向へと生成
　していくコミュニティ　370
宮古島　14
民間療法　302
向こう三軒両隣　446, 447, 454, 456
虫の目／鳥の目　385
無償性　83
無償性の交感　376
無秩序（chaos）　279
メソドロジー　41

メタ・コミュニケーション　84, 108
メタモルフォーゼ　38, 82, 85, 86, 91,
110, 357, 576, 577
メタモルフォーゼの境界領域　3, 367
メメント・モメント　38
メメント・モリ　38
メリリャ　2, 14
免疫　388
毛細管現象　36, 49
モダニティ　80, 81
問題・イッシュー（issue）　487, 488,
489, 512
問題解決（problem solving）　10, 14, 20,
39, 72

　　ヤ　行

役員会　424, 486-489, 491, 494-496, 498,
501, 506, 511, 513
野生の真実　575
病んだ近代　134
唯一性　81, 140
有限性　8, 9, 35, 78, 84, 122, 370
有体化　17
揺らぐ　317, 318, 324, 327
揺れうごきつつかたちを変えていく　28
ヨーロッパ研究ネットワーク　579
予感／予見　122, 395
呼び戻される　41, 136

　　ラ　行

ラベル　323, 324, 327
乱反射するリフレクション　391
ランペドゥーザ　2, 14
リスク　210
理想像（vision）　279
立教大学　503, 504, 507
リフレクシヴ（リフレクシヴィティ）
123, 129, 140, 380, 381
リフレクシヴな調査研究（reflexive research）
2, 41, 129, 256, 369, 467-469
リフレクション　289, 312, 326, 327
リプロダクティブ・ヘルス＆ライツ　170
リミナリティ（境界状態）　252, 254, 263,
280, 351
領域性（territoriality）　420, 455, 456

領域／フィールド　　ix, 130
両極性　101
療法　217, 218, 222, 229, 236, 237, 240,
241, 244-246
療法的実践　135, 136
療法的でリフレクシヴな調査研究　　vii
旅程　396
理論　95
臨場・臨床の智　11, 34, 122, 139, 395,
583
臨場・臨床の智の工房　2
倫理　84, 85, 90, 376
連合自治会　426, 430
レンズ　29
連帯　83, 376, 397
ローカル　11, 12, 39

　　ワ　行

わがこと　38, 384
惑星システム　73, 76, 90, 137, 138, 385,
573
惑星社会　11, 12, 16, 68, 251, 279, 289,
337
惑星社会／内なる惑星　32
惑星社会／内なる惑星論　vi, 31, 41, 89
〈惑星社会／内なる惑星〉〈惑星地球／身
体〉　ix, 29, 89, 136
惑星社会の住人　392
惑星社会のフィールドワーク　vi, 393
惑星社会の問題　8
惑星社会の病　397
惑星社会論　336
惑星社会論的な転回　11, 386
惑星地球（the planet Earth）　12, 16, 23,
31, 135, 354, 357, 385, 390
惑星地球／身体　16, 32
惑星地球における生　6, 16, 38, 91, 122
惑星都市化／境界領域化　14, 15, 376,
574
惑星の限界　9, 26, 68, 386, 573
惑星の旅人　80
惑星の目（planetary）　16, 49, 371
惑星の問題　90
私は誰のか　80

人名索引

ア 行

アーリ, J. *460*
アガンベン, G. *338, 357*
安部公房 *46*
天田城介 *242*
アリエス, P. *347*
アルヴァックス, M. *450, 463*
アルベローニ, F. *368*
生田久美子 *295-298, 306, 312, 324*
池田信虎 *212, 213*
石岡丈昇 *221, 246, 257, 580*
石川准 *245*
石牟礼道子 *46, 395, 399*
磯村英一 *417*
伊東俊太郎 *164*
イリイチ, I. *344, 361, 362*
イングロッソ, M. *138, 139*
ヴィーコ, G. *576*
ウェーバー, M. *251, 262, 263, 272*
上野英信 *574*
植松聖 *205, 206, 208, 209, 234, 240*
ウェルマン, B. *419, 443, 445, 460*
ウェンガー, E. *294*
梅棹忠夫 *10, 42*
エラスムス, D. *347*
エリアス, N. *347*
呉宣児 *343-345, 347, 348, 350, 352, 353, 360*
大塩俊介 *417*
大谷晃 *372, 422, 447, 463, 474, 475, 477, 479, 483, 486, 492, 498, 502, 503, 509*
オーバー, C. *345, 346, 349, 352, 360*
緒方正人 *399*
奥田道大 *3, 418, 579*

カ 行

カオ, A. *180*
カバック, M. *184*
ガルトゥング, J. *47*
河本英夫 *243*

カンギレム〜

カンギレム, G. *241*
ガンズ, H. J. *449, 451*
ギデンズ, A. *168*
グールドナー, A. W. *123*
草柳千早 *362*
クラインマン, A. *328*
グラノヴェター, M. S. *437, 439, 462*
コーエン, A. P. *419, 459*
コールマン, J. *444*
ゴフマン, E. *196*
コルバン, A. *347*

サ 行

サイード, E. W. *50, 576*
阪口毅 *372, 420, 421, 457, 459-461, 469, 474, 475, 503, 505, 509, 561, 580*
佐々木滋子 *211, 242*
サッセン, S. *44*
ジェドロウスキー, P. *139*
鹿野政直 *368*
史涵 *372, 561*
シナトラ, S. C. *345*
島崎稔 *3*
鈴木将平 *476, 482*
鈴木鉄忠 *x, 579, 580*
関良徳 *213, 214*
関水徹平 *241*
園田恭一 *419*
ソルニット, R. *347, 351, 353*

タ 行

ターナー, B. S. *358*
ターナー, V. *245, 351, 419, 459*
竹内章郎 *275*
武岡暢 *420, 459*
多田富雄 *13, 17, 388*
立岩真也 *263, 282*
玉野和志 *460*
チャクラバルティ, D. *44*
柘植あづみ *171*
辻信一 *399*

辻岳史　*463*
テドロス, A. G.　*21*
デュルケーム, E.　*360, 416, 419, 459, 460*
デランティ, G.　*420*
利根川健　*477, 479, 502*

ナ　行

中島康予　*580*
中筋直哉　*398, 458*
中野卓　*470*
中村寛　*x, 399, 581*
中村雄二郎　*x, 196, 574*
中山元　*213*
ナトーリ, S.　*143*
名和田是彦　*462*
新原道信　*251, 257, 279, 335, 356, 359,*
　367, 459, 460, 474, 505, 509, 563, 570
西角純志　*208, 209, 240*
西澤晃彦　*460*
似田貝香門　*470*
ノラ, P.　*517*

ハ　行

パーソンズ, T.　*187*
バーテルソン, J.　*43*
バート, R. S.　*445, 461*
バーバー, E.　*245*
ハーバーマス, J.　*123*
ハヴェル, V.　*579*
バウマン, Z.　*47, 262, 279, 356, 413, 421*
パク, D.　*343, 345, 347-350, 352, 360*
バザーリア, F.　*358*
橋本裕之　*294*
蓮澤優　*212, 242*
原武史　*462*
廣瀬浩司　*214, 241, 242*
広田康生　*459*
ファブリーニ＝メルッチ, A.　*v, 88, 335,*
　337, 355-357
フーコー, M.　*117, 168, 192, 211-214,*
　241, 242, 338, 359
フォックス, R.　*187*
福重清　*244*
古城利明　*v, 3, 39, 142, 564, 565, 578,*
　580

ブルデュー, P.　*123*
プレーヤーズ, G.　*143*
ブレナー, N.　*15*
ブローデル, F.　*577*
フロム, E.　*239, 247*
ベイトソン, G.　*72*
ヘーゲル, G. W. F.　*577*
ベラー, R. N.　*49*
ボヴォーネ, L.　*122, 123, 140, 398*
ポランニー, M.　*295*
ホワイト, W. F.　*421, 471, 486, 510, 511*

マ　行

マートン, R.　*196, 245*
マーフィー, R. F.　*42, 117, 205, 251-255,*
　263, 269, 279-281, 399
前川真行　*241*
真木悠介　*323*
真下信一　*46, 575, 577, 578*
松井孝典　*49*
松田素二　*470*
松野充貴　*241*
松本康　*459*
マルクス, K.　*566*
宮坂敬造　*245*
ミルズ, C. W.　*512*
メルッチ, A.　*v, 37, 42, 115, 116, 118, 168,*
　210, 214-218, 223, 225, 229, 237, 239,
　240, 242-246, 251, 254-256, 275, 279,
　287-289, 322, 323, 325-327, 336-339,
　341, 343, 353, 354, 356, 357, 359, 361,
　362, 368, 413, 457, 459, 467, 468, 509,
　563, 567, 578
メルレル, A.　*v, 27, 37, 42, 356, 509, 578*
メルロー・ポンティ, M.　*338*
モース, M.　*296, 347*
モラン, E.　*44*

ヤ　行

矢澤修次郎　*3, 93, 110, 359, 578*
柳田国男　*360*
山之内靖　*359*
湯浅泰雄　*295*
吉原直樹　*368, 460*

ラ　行

ライリー, P.　　*184*
ラトゥール, B.　　*44, 343, 354*
リーバーマン, D.　　*195*
レイヴ, J.　　*294*

ローズ, N.　　*192*
ロックストローム, J.　　*44*

ワ　行

ワース, L.　　*449*

執筆者・翻訳者紹介（執筆順）

執筆者

新原　道信　中央大学社会科学研究所研究員，中央大学文学部教授

アルベルト・メルッチ（Alberto Melucci）
　　　　　　ミラノ大学政治科学部教授（2001 年在職中に夭逝）

鈴木　将平　中央大学社会科学研究所客員研究員，
　　　　　　国立国際医療研究センター特任研究員

利根川　健　中央大学社会科学研究所準研究員，
　　　　　　中央大学大学院文学研究科博士課程後期課程

竹川　章博　中央大学社会科学研究所客員研究員，
　　　　　　ランスタッド株式会社人事本部採用担当

栗原　美紀　中央大学社会科学研究所客員研究員，
　　　　　　共愛学園前橋国際大学国際社会学部専任講師

鈴木　鉄忠　中央大学社会科学研究所客員研究員，東洋大学国際学部教授

阪口　毅　　中央大学社会科学研究所客員研究員，
　　　　　　立教大学コミュニティ福祉学部准教授

大谷　晃　　中央大学社会科学研究所客員研究員，
　　　　　　社会構想大学院大学実務教育研究科助教

史　涵　　　中央大学社会科学研究所準研究員，
　　　　　　中央大学大学院文学研究科博士課程後期課程

石岡　丈昇　中央大学社会科学研究所客員研究員，日本大学文理学部教授

翻訳者

新原　道信　前出

惑星社会のフィールドワーク
　　　―内なる惑星とコミュニティに"出会う"―
　　　　　　　　　　　中央大学社会科学研究所研究叢書 46

2025 年 3 月 20 日　　初版第 1 刷発行

　　　　　　　　　　編 著 者　　新　原　道　信
　　　　　　　　　　発 行 者　　中 央 大 学 出 版 部

　　　　　　　　　　代 表 者　　松　本　雄一郎

〒 192-0393　東京都八王子市東中野 742-1
発行所　中 央 大 学 出 版 部
電話 042（674）2351　FAX 042（674）2354

Ⓒ Michinobu Niihara 2025　　　　　　　　　　　　恵友印刷㈱
　　　　ISBN 978-4-8057-1348-8

本書の無断複写は，著作権法上での例外を除き，禁じられています。
複写される場合は，その都度，当発行所の許諾を得てください。

■ 中央大学社会科学研究所研究叢書 ■

中央大学社会科学研究所編

1 自主管理の構造分析
－ユーゴスラヴィアの事例研究－

A 5 判328頁・品切

80 年代のユーゴの事例を通して，これまで解析のメスが入らなかった農業・大学・地域社会にも踏み込んだ最新の国際的な学際的事例研究である。

中央大学社会科学研究所編

2 現代国家の理論と現実

A 5 判464頁・4730円

激動のさなかにある現代国家について，理論的・思想史的フレームワークを拡大して，既存の狭い領域を超える意欲的で大胆な問題提起を含む共同研究の集大成。

中央大学社会科学研究所編

3 地域社会の構造と変容
－多摩地域の総合研究－

A 5 判482頁・5390円

経済・社会・政治・行財政・文化等の各分野の専門研究者が協力し合い，多摩地域の複合的な諸相を総合的に捉え，その特性に根差した学問を展開。

中央大学社会科学研究所編

4 革命思想の系譜学
－宗教・政治・モラリティ－

A 5 判380頁・4180円

18 世紀のルソーから現代のサルトルまで，西欧とロシアの革命思想を宗教・政治・モラリティに焦点をあてて雄弁に語る。

高柳先男編著

5 ヨーロッパ統合と日欧関係
－国際共同研究Ⅰ－

A 5 判504頁・5500円

EU 統合にともなう欧州諸国の政治・経済・社会面での構造変動が日欧関係へもたらす影響を，各国研究者の共同研究により学際的な視点から総合的に解明。

高柳先男編著

6 ヨーロッパ新秩序と民族問題
－国際共同研究Ⅱ－

A 5 判496頁・5500円

冷戦の終了と EU 統合にともなう欧州諸国の新秩序形成の動きを，民族問題に焦点をあて各国研究者の共同研究により学際的な視点から総合的に解明。

中央大学社会科学研究所研究叢書

坂本正弘・滝田賢治編著

7 現代アメリカ外交の研究

A 5 判264頁・3190円

冷戦終結後のアメリカ外交に焦点を当て，21世紀，アメリカはパクス・アメリカーナⅡを享受できるのか，それとも「黄金の帝国」になっていくのかを多面的に検討。

鶴田満彦・渡辺俊彦編著

8 グローバル化のなかの現代国家

A 5 判316頁・3850円

情報や金融におけるグローバル化が現代国家の社会システムに矛盾や軋轢を生じさせている。諸分野の専門家が変容を遂げようとする現代国家像の核心に迫る。

林　茂樹編著

9 日本の地方ＣＡＴＶ

A 5 判256頁・3190円

自主製作番組を核として地域住民の連帯やコミュニティ意識の醸成さらには地域の活性化に結び付けている地域情報化の実態を地方のＣＡＴＶシステムを通して実証的に解明。

池庄司敬信編

10 体制擁護と変革の思想

A 5 判520頁・6380円

A．スミス，E．バーク，J.S.ミル，J.J.ルソー，P.J.プルードン，Ф.И.チュッチェフ，安藤昌益，中江兆民，梯明秀，P．ゴベッティなどの思想と体制との関わりを究明。

園田茂人編著

11 現代中国の階層変動

A 5 判216頁・2750円

改革・開放後の中国社会の変貌を，中間層，階層移動，階層意識などのキーワードから読み解く試み。大規模サンプル調査をもとにした，本格的な中国階層研究の誕生。

早川善治郎編著

12 現代社会理論とメディアの諸相

A 5 判448頁・5500円

21世紀の社会学の課題を明らかにし，文化とコミュニケーション関係を解明し，さらに日本の各種メディアの現状を分析する。

中央大学社会科学研究所研究叢書

石川晃弘編著

13 体制移行期チェコの雇用と労働

A 5 判162頁・1980円

体制転換後のチェコにおける雇用と労働生活の現実を実証的に解明した日本とチェコの社会学者の共同労作。日本チェコ比較も興味深い。

内田孟男・川原　彰編著

14 グローバル・ガバナンスの理論と政策

A 5 判320頁・3960円

グローバル・ガバナンスは世界的問題の解決を目指す国家，国際機構，市民社会の共同を可能にさせる。その理論と政策の考察。

園田茂人編著

15 東アジアの階層比較

A 5 判264頁・3300円

職業評価，社会移動，中産階級を切り口に，欧米発の階層研究を現地化しようとした労作。比較の視点から東アジアの階層実態に迫る。

矢島正見編著

16 戦後日本女装・同性愛研究

A 5 判628頁・7920円

新宿アマチュア女装世界を彩った女装者・女装者愛好男性のライフヒストリー研究と，戦後日本の女装・同性愛社会史研究の大著。

林　茂樹編著

17 地域メディアの新展開
- CATV を中心として-

A 5 判376頁・4730円

『日本の地方CATV』（叢書9号）に続くCATV研究の第2弾。地域情報，地域メディアの状況と実態をCATVを通して実証的に展開する。

川崎嘉元編著

18 エスニック・アイデンティティの研究
-流転するスロヴァキアの民-

A 5 判320頁・3850円

多民族が共生する本国および離散・移民・殖民・難民として他国に住むスロヴァキア人のエスニック・アイデンティティの実証研究。

中央大学社会科学研究所研究叢書

菅原彬州編

19 連続と非連続の日本政治

A 5 判328頁・4070円

近現代の日本政治の展開を「連続」と「非連続」という分析視角を導入し，日本の政治的転換の歴史的意味を捉え直す問題提起の書。

斉藤　孝編著

20 社会科学情報のオントロジ
－社会科学の知識構造を探る－

A 5 判416頁・5170円

オントロジは，知識の知識を研究するものであることから「メタ知識論」といえる。本書は，そのオントロジを社会科学の情報化に活用した。

一井　昭・渡辺俊彦編著

21 現代資本主義と国民国家の変容

A 5 判320頁・4070円

共同研究チーム「グローバル化と国家」の研究成果の第3弾。世界経済危機のさなか，現代資本主義の構造を解明し，併せて日本・中国・ハンガリーの現状に経済学と政治学の領域から接近する。

宮野　勝編著

22 選 挙 の 基 礎 的 研 究

A 5 判152頁・1870円

外国人参政権への態度・自民党の候補者公認基準・選挙運動・住民投票・投票率など，選挙の基礎的な問題に関する主として実証的な論集。

礒崎初仁編著

23 変 革 の 中 の 地 方 政 府
－自治・分権の制度設計－

A 5 判292頁・3740円

分権改革と NPM 改革の中で，日本の自治体が自立した「地方政府」になるために何をしなければならないか，実務と理論の両面から解明。

石川晃弘・リュボミール・ファルチャン・川崎嘉元編著

24 体制転換と地域社会の変容
－スロヴァキア地方小都市定点追跡調査－

A 5 判352頁・4400円

スロヴァキアの二つの地方小都市に定点を据えて，社会主義崩壊から今日までの社会変動と生活動態を3時点で実証的に追跡した研究成果。

━━━━ 中央大学社会科学研究所研究叢書 ━━━━

石川晃弘・佐々木正道・白石利政・ニコライ・ドリャフロフ編著

25 グローバル化のなかの企業文化
－国際比較調査から－

A 5 判400頁・5060円

グローバル経済下の企業文化の動態を「企業の社会的責任」や「労働生活の質」とのかかわりで追究した日中欧露の国際共同研究の成果。

佐々木正道編著

26 信頼感の国際比較研究

A 5 判324頁・4070円

グローバル化，情報化，そしてリスク社会が拡大する現代に，相互の信頼の構築のための国際比較意識調査の研究結果を中心に論述。

新原道信編著

27 "境界領域"のフィールドワーク
－"惑星社会の諸問題"に応答するために－

A 5 判482頁・6160円

3.11以降の地域社会や個々人が直面する惑星社会の諸問題に応答するため，"境界領域"のフィールドワークを世界各地で行う。

星野　智編著

28 グローバル化と現代世界

A 5 判460頁・5830円

グローバル化の影響を社会科学の変容，気候変動，水資源，麻薬戦争，犯罪，裁判規範，公共的理性などさまざまな側面から考察する。

川崎嘉元・新原道信編

29 東 京 の 社 会 変 動

A 5 判232頁・2860円

盛り場や銭湯など，匿名の諸個人が交錯する文化空間の集積として大都市東京を社会学的に実証分析。東京とローマの都市生活比較もある。

安野智子編著

30 民 意 と 社 会

A 5 判144頁・1760円

民意をどのように測り，解釈すべきか。世論調査の選択肢や選挙制度，地域の文脈が民意に及ぼす影響を論じる。

中央大学社会科学研究所研究叢書

新原道信編著

31 うごきの場に居合わせる
－公営団地におけるリフレクシヴな調査研究－

A5判590頁・7370円

日本の公営団地を舞台に，異境の地で生きる在住外国人たちの「草の根のどよめき」についての長期のフィールドワークによる作品。

西海真樹・都留康子編著

32 変容する地球社会と平和への課題

A5判422頁・5280円

平和とは何か？という根源的な問いから始め，核拡散，テロ，難民，環境など多様な問題を検討。国際機関や外交の意味を改めて考える。

石川晃弘・佐々木正道・リュボミール・ファルチャン編著

33 グローバル化と地域社会の変容
－スロヴァキア地方都市定点追跡調査Ⅱ－

A5判552頁・6930円

社会主義崩壊後四半世紀を経て今グローバル化の渦中にある東欧小国スロヴァキアの住民生活の変容と市民活動の模索を実証的に追究。

宮野　勝編著

34 有権者・選挙・政治の基礎的研究

A5判188頁・2310円

有権者の政治的関心・政策理解・政党支持の変容，選挙の分析，政党間競争の論理など，日本政治の重要テーマの理解を深める論集。

三船　毅編著

35 政治的空間における有権者・政党・政策

A5判188頁・2310円

1990年代後半から日本政治は政治改革のもとで混乱をきたしながら今日の状況となっている。この状況を政治的空間として再構成し，有権者と政策の問題点を実証的に分析する。

佐々木正道・吉野諒三・矢野善郎編著

36 現代社会の信頼感
－国際比較研究（Ⅱ）－

A5判229頁・2860円

グローバル化する現代社会における信頼感の国際比較について，社会学・データ科学・社会心理学・国際関係論の視点からの問題提起。

中央大学社会科学研究所研究叢書

星野　智編著

37 グローバル・エコロジー

A 5 判258頁・3190円

地球生態系の危機，人口・エネルギー問題，地球の環境破壊と軍事活動，持続可能な国際循環型社会の構築，放射性物質汚染廃棄物の問題を追及する。

新原道信編著

38 "臨場・臨床の智"の工房
−国境島嶼と都市公営団地のコミュニティ研究−

A 5 判512頁・6380円

イタリアと日本の国境島嶼と都市のコミュニティ研究を通じて，地球規模の複合的諸問題に応答する"臨場・臨床の智"を探求する。

中島康予編著

39 暴力・国家・ジェンダー

A 5 判212頁・2640円

ルソー，アダム・スミス，モーゲンソー，アガンベン等を読み解き，平和や生のあり方に迫る思想史・現代思想研究を中心に編まれた論集。

宮野　勝編著

40 有　権　者　と　政　治

A 5 判196頁・2420円

世論調査・政治意識・選挙などにかかわる重要な問題を取りあげて研究し，社会への提案・変化の可能性・含意などに言及する。

星野　智編著

41 アントロポセン時代の国際関係

A 5 判310頁・3850円

人類が地球の地質や自然生態系に影響を与えているというアントロポセン時代における国際関係を視野に入れ，地球社会の様々な地域や諸問題を取り上げる。

西川可穂子・中野智子編著

42 グローバル化による環境・社会の変化と国際連携

A 5 判296頁・3740円

グローバル化する環境・社会の問題に対し，日本はアジアの国々とどう連携するべきか。モンゴルを中心に様々な視点から読み解く。

━━ 中央大学社会科学研究所研究叢書 ━━

西海真樹編著

43 グローバリゼーションへの抵抗

中央大学＝エクス・マルセイユ大学交流40周年記念シンポジウム

A 5 判328頁・4070円

中央大学とエクス・マルセイユ大学交流40周年記念シンポジウムの成果集。「グローバリゼーションへの抵抗」を法，政治の分野で議論。

三船　毅編著

44 政治空間における諸問題

―有権者，政策，投票―

A 5 判240頁・2970円

世論調査・政治意識と政治行動などにかかわる重要な問題を取り上げて研究し，社会への提案・変化の可能性・含意などに言及する。

鳴子博子編著

45 ジェンダーと政治，歴史，思想の交差点

A 5 判346頁・4290円

変容し維持されるジェンダー構造。格差解消に必要とされるものは何か。政治，歴史，思想の角度から，複合的な分析を試みた一書。

＊価格は税込価格です。